普通高等教育"十一五"国家级规划教材
21世纪交通版高等学校教材

Highway Engineering
道 路 工 程
（第二版）

严作人　陈雨人　张宏超　主编
　　　　王秉纲　黄晓明　主审

人民交通出版社

内 容 提 要

本书为普通高等教育"十一五"国家级规划教材。全书共分十一章,内容包括绪论及道路行车特征和道路通行能力,道路规划与道路设计,道路安全与环境保护及施工与管理等内容。

本书为高等院校土木工程类专业非道路方向学生专业课教材,也可供从事道路建设的技术人员参考。

图书在版编目(CIP)数据

道路工程/严作人,陈雨人,张宏超主编.—2版.—北京:人民交通出版社,2011.3
ISBN 978-7-114-08883-4

Ⅰ.①道… Ⅱ.①严… ②陈…③张… Ⅲ.①道路工程—高等学校—教材 Ⅳ.①U41

中国版本图书馆 CIP 数据核字(2011)第 018666 号

审图号:GS(2019)3405 号

普通高等教育"十一五"国家级规划教材
21 世纪交通版高等学校教材

书　　名:	道路工程(第二版)
著　作　者:	严作人　陈雨人　张宏超
责任编辑:	沈鸿雁　韩亚楠
出版发行:	人民交通出版社股份有限公司
地　　址:	(100011)北京市朝阳区安定门外外馆斜街 3 号
网　　址:	http://www.ccpress.com.cn
销售电话:	(010)59757973
总　经　销:	人民交通出版社股份有限公司发行部
经　　销:	各地新华书店
印　　刷:	北京市密东印刷有限公司
开　　本:	787×1092　1/16
印　　张:	25.5
字　　数:	629 千
版　　次:	2005 年 8 月　第 1 版　2011 年 3 月　第 2 版
印　　次:	2022 年 7 月　第 7 次印刷　总第 10 次印刷
书　　号:	ISBN 978-7-114-08883-4
定　　价:	46.00 元

(有印刷、装订质量问题的图书由本社负责调换)

21 世纪交通版
高等学校教材(公路与交通工程)编审委员会

顾　　　问：王秉纲　（长安大学）
主 任 委 员：沙爱民　（长安大学）
副主任委员：（按姓氏笔画排序）
　　　　　　王　炜　（东南大学）
　　　　　　陈艾荣　（同济大学）
　　　　　　徐　岳　（长安大学）
　　　　　　梁乃兴　（重庆交通大学）
　　　　　　韩　敏　（人民交通出版社）
委　　　员：（按姓氏笔画排序）
　　　　　　马松林　（哈尔滨工业大学）
　　　　　　王殿海　（吉林大学）
　　　　　　叶见曙　（东南大学）
　　　　　　石　京　（清华大学）
　　　　　　向中富　（重庆交通大学）
　　　　　　关宏志　（北京工业大学）
　　　　　　何东坡　（东北林业大学）
　　　　　　陈　红　（长安大学）
　　　　　　邵旭东　（湖南大学）
　　　　　　陈宝春　（福州大学）
　　　　　　杨晓光　（同济大学）
　　　　　　吴瑞麟　（华中科技大学）
　　　　　　陈静云　（大连理工大学）
　　　　　　赵明华　（湖南大学）
　　　　　　项贻强　（浙江大学）
　　　　　　郭忠印　（同济大学）
　　　　　　袁剑波　（长沙理工大学）
　　　　　　黄晓明　（东南大学）
　　　　　　符锌砂　（华南理工大学）
　　　　　　裴玉龙　（哈尔滨工业大学）
　　　　　　颜东煌　（长沙理工大学）
秘　书　长：沈鸿雁　（人民交通出版社）

总 序

当今世界,科学技术突飞猛进,全球经济一体化趋势进一步加强,科技对于经济增长的作用日益显著,教育在国家经济与社会发展中所处的地位日益重要。进入新世纪,面对国际国内经济与社会发展所出现的新特点,我国的高等教育迎来了良好的发展机遇,同时也面临着巨大的挑战,高等教育的发展处在一个前所未有的重要时期。其一,加入 WTO,中国经济已融入到世界经济发展的进程之中,国家间的竞争更趋激烈,竞争的焦点已更多地体现在高素质人才的竞争上,因此,高等教育所面临的是全球化条件下的综合竞争。其二,我国正处在由计划经济向社会主义市场经济过渡的重要历史时期,这一时期,我国经济结构调整将进一步深化,对外开放将进一步扩大,改革与实践必将提出许多过去不曾遇到的新问题,高等教育面临加速改革以适应国民经济进一步发展的需要。面对这样的形势与要求,党中央国务院提出扩大高等教育规模,着力提高高等教育的水平与质量。这是为中华民族自立于世界民族之林而采取的极其重大的战略步骤,同时,也是为国家未来的发展提供基础性的保证。

为适应高等教育改革与发展的需要,早在 1998 年 7 月,教育部就对高等学校本科专业目录进行了第四次全面修订。在新的专业目录中,土木工程专业扩大了涵盖面,原先的公路与城市道路工程,桥梁工程,隧道与地下工程等专业均纳入土木工程专业。本科专业目录的调整是为满足培养"宽口径"复合型人才的要求,对原有相关专业本科教学产生了积极的影响。这一调整是着眼于培养 21 世纪社会主义现代化建设人才的需要而进行的,面对新的变化,要求我们对人才的培养规格、培养模式、课程体系和内容都应作出适时调整,以适应要求。

根据形势的变化与高等教育所提出的新要求,同时,也考虑到近些年来公路交通大发展所引发的需求,人民交通出版社通过对"八五"、"九五"期间的路桥及交通工程专业高校教材体系的分析,提出了组织编写一套 21 世纪的具有鲜明交通特色的高等学校教材的设想。这一设想,得到了原路桥教学指导委员会几乎所有成员学校的广泛响应与支持。2000 年 6 月,由人民交通出版社发起组织全国面向交通办学的 12 所高校的专家学者组成 21 世纪交通版高等学校教材(公路类)编审委员会,并召开第一次会议,会议决定着手组织编写土木工程专业具有交通特色的**道路专业方向、桥梁专业方向以及交通工程专业**教材。会议经过充分研讨,确定了包括**基本知识技能培养层次、知识技能拓宽与提高层次**以及**教学辅助层次**在内的约 130 种教材,范围涵盖**本科与研究生用**教材。会后,人民交通出版社开始了细致的教材编写组织工作,经过自由申报及专家推荐的方式,近 20 所高校的百余名教授承担约 130 种教材的主编工作。2001 年 6 月,教材编委会召开第二次会议,全面审定了各门教材主编院校提交的教学大纲,之后,编写工作全面展开。

21 世纪交通版高等学校教材编写工作是在本科专业目录调整及交通大发展的背景下展开的。教材编写的基本思路是:(1)顺应高等教育改革的形势,专业基础课教学内容实现与土木工程专业打通,同时保留原专业的主干课程,既顺应向土木工程专业过渡的需要,又保持服务公路交通的特色,适应宽口径复合型人才培养的需要。(2)注重学生基本素质、基本能力的培养，为学生知识、能力、素质的综合协调发展创造条件。基于这样的考虑，将教材区分为二个主层次与一个辅助层次，即基本知识技能培养层次与知识技能拓宽与提高层次，辅助层次为教学参考用书。工作的着力点放在基本知识技能培养层次教材的编写上。(3) 目前，中国的经济发展存在地区间的不平衡，各高校之间的发展也不平衡，因此，教材的编写要充分考虑各校人才培养规格及教学需求多样性的要求，尽可能为各校教学的开展提供一个多层次、系统而全面的教材供给平台。(4) 教材的编写在总结"八五"、"九五"工作经验的基础上，注意体现原创性内容，把握好技术发展与教学需要的关系，努力体现教育面向现代化、面向世界、面向未来的要求，着力提高学生的创新思维能力，使所编教材达到先进性与实用性兼备。(5) 配合现代化教学手段的发展，积极配套相应的教学辅件，便利教学。

教材建设是教学改革的重要环节之一，全面做好教材建设工作，是提高教学质量的重要保证。本套教材是由人民交通出版社组织，由原全国高等学校路桥与交通工程教学指导委员会成员学校相互协作编写的一套具有交通出版社品牌的教材，教材力求反映交通科技发展的先进水平，力求符合高等教育的基本规律。各门教材的主编均通过自由申报与专家推荐相结合的方式确定，他们都是各校相关学科的骨干，在长期的教学与科研实践中积累了丰富的经验。由他们担纲主编，能够充分体现教材的先进性与实用性。本套教材预计在二年内完全出齐，随后，将根据情况的变化而适时更新。相信这批教材的出版，对于土木工程框架下道路工程、桥梁工程专业方向与交通工程专业教材的建设将起到有力的促进作用，同时，也使各校在教材选用方面具有更大的空间。需要指出的是，该批教材中研究生教材占有较大比例，研究生教材多具有较高的理论水平，因此，该套教材不仅对在校学生，同时对于在职学习人员及工程技术人员也具有很好的参考价值。

21世纪初叶，是我国社会经济发展的重要时期，同时也是我国公路交通从紧张和制约状况实现全面改善的关键时期，公路基础设施的建设仍是今后一项重要而艰巨的任务，希望通过各相关院校及所有参编人员的共同努力，尽快使全套21世纪交通版高等学校教材(公路类)尽早面世，为我国交通事业的发展做出贡献。

21世纪交通版
高等学校教材(公路类)编审委员会
人民交通出版社
2001年12月

第二版前言

《道路工程》(第一版)出版已有5年,并入选了普通高等教育"十一五"国家级规划教材。《道路工程》(第二版)主要是针对这一阶段新的规范和标准做了修订,同时适当调整了各章的内容,使之更符合目前学生学习需要。

目前,我国高等院校一直在进行教学改革,专业课时相对压缩。为使《道路工程》教材能够适合交通工程和土木工程等与道路相关专业的学生使用,在第二版中增加了道路工程材料一章。此外,全书各章均新增了"思考与练习"习题。

第一章、第二章、第三章为绪论及道路行车特征和通行能力等道路设计基础知识,在原姚祖康教授编写的基础上由张宏超副教授做了修编;第四章、第五章、第六章阐述道路规划与设计方面的知识,依然由陈雨人教授修编;第七章道路工程材料由李立寒教授新编;第八章、第九章道路路面结构和道路排水在原陈雨人教授编写的基础上由张宏超做了修编;第十章、第十一章道路工程施工和道路交通安全与环保设施,依然由严作人教授修编;第十二章道路设施管理在原严作人编写的基础上由陈长做了较大修编。全书由严作人统稿。

王秉纲教授和黄晓明教授作为主审人对原书稿提出许多宝贵的修改意见和富有建设性的建议,在此对两位专家表示衷心的感谢。

本书得到了同济大学教材、学术著作出版基金委员会的出版资助。

编 者
2010年9月于同济大学

第一版前言

本书是为高校土木工程专业本科生学习道路工程而编写的教材。目前我国高校土木工程专业通常细分为工民建、道路、桥梁等方向，本教材主要用于非道路方向的土木工程专业教学。

当前，我国高校正在进行专业面的拓宽、专业课时相对压缩的教学改革，在专业合并整合过程中，原来面向行业的窄口径专业中细分的课程体系正面临综合与归并。以土木工程专业为例，要实行不分专业方向的"大"土木工程专业的教学体系，必须对目前各专业方向的课程进行合并，理想的目标可能是"一本书"教学，即道路工程仅以一门课程就完成专业方向的教学。其他专业方向情况也基本相同，在宽泛而坚实的基础课前提下，各细分的方向以尽可能少的课程完成相应专业方向(行业)的教学。因为舍此，在有限的课时下，很难真正做到拓宽专业面，让学生具备在更广阔领域就业所需要的知识面。这种情形也同样会发生在交通工程专业、交通运输专业等其他的专业中。因此，本教材编写的目标是能够适用于各专业的道路工程专门知识的教学，包括不分专业方向的土木工程、交通工程、交通运输等。

按此目标，本教材力求较全面地介绍道路工程学科中各方面的知识，它不仅包含了传统道路工程课程的主要内容：道路设计和道路施工两方面知识，还根据汽车运输的发展和高等级公路网的建设和维护所面临的问题，增加了道路网的规划及道路的交通、安全、环境等方面的知识，以及建成道路(设施)的科学管理的知识等。希望通过本教材的学习，使学生对道路工程主要的专业知识有一个较全面的了解。

道路工程共分十一章，第一、二、三章为绪论及道路行车特征和通行能力等道路设计基础知识，由姚祖康编写；第四至第八章阐述道路规划与设计方面的知识，由陈雨人编写；第九、十、十一章介绍道路安全与环境及施工与管理等道路工程方面的内容，由严作人编写，全书由严作人统稿。

本书主审王秉纲教授对全部书稿作了详细审阅，提出了许多宝贵意见和建议，并帮作者对全文的文字表述作了细致推敲和润色。在此谨表示衷心感谢。同时，也向为支持本书编写出版提供教学资料和做了大量工作的学校教师和研究生以及本书责任编辑赵蓬博士表达我们诚挚的谢意。

本书被列为普通高等教育土建学科专业"十五"规划教材，同时列入人民交通出版社21世纪交通版规划教材、同济大学"十五"规划教材，并得到同济大学教材、学术著作出版基金委员会的资助。

本教材选材时已注意引用较新的理论和技术，并采用最新的技术标准。因本书涉及面广，限于作者的学识水平，书中难免存在不少问题，恳请读者批评指正和提出宝贵意见。

编　者

2005年4月于同济

目 录

第一章 绪论 ... 1
- 第一节 道路交通运输系统 ... 1
- 第二节 道路的分类与分级 ... 3
- 第三节 道路的组成及道路工程 ... 5
- 第四节 我国道路建设概况 ... 8
- 思考与练习 ... 11

第二章 道路车辆及其运行特性 ... 12
- 第一节 车辆类型、尺寸和质量 ... 12
- 第二节 车辆的驱动力及行驶阻力 ... 15
- 第三节 汽车的加速性能 ... 18
- 第四节 车辆减速性能 ... 20
- 第五节 弯道行驶 ... 21
- 第六节 车辆运行费 ... 23
- 思考与练习 ... 24

第三章 道路交通流特性及通行能力 ... 25
- 第一节 速度 ... 25
- 第二节 交通量 ... 27
- 第三节 交通密度与车头间距 ... 30
- 第四节 通行能力与服务水平 ... 31
- 第五节 道路通行能力和服务水平分析 ... 35
- 思考与练习 ... 39

第四章 道路规划 ... 41
- 第一节 概述 ... 41
- 第二节 规划技术 ... 44
- 第三节 调查与分析 ... 50
- 第四节 需求预测和交通预测 ... 53
- 第五节 规划方案的综合评价 ... 56
- 思考与练习 ... 62

第五章 路线几何设计 ... 63
- 第一节 道路平面设计 ... 63
- 第二节 道路纵断面设计 ... 71
- 第三节 道路横断面设计 ... 79
- 第四节 行车视距分析 ... 91
- 第五节 道路线形几何设计质量评价 ... 96

思考与练习 ··· 100
- 第六章 道路交叉设计 ··· 101
  - 第一节 概述 ··· 101
  - 第二节 交叉口平面设计 ··· 104
  - 第三节 交叉口立面设计 ··· 114
  - 第四节 交叉口定时信号配时设计 ·· 120
  - 第五节 立体交叉类型及适用条件 ·· 125
  - 第六节 立体交叉设计 ·· 130
  - 思考与练习 ··· 140
- 第七章 道路工程材料 ··· 142
  - 第一节 道路工程材料的主要类型 ·· 142
  - 第二节 矿质集料 ·· 142
  - 第三节 沥青材料 ·· 149
  - 第四节 沥青混合料 ··· 156
  - 第五节 水泥与水泥混凝土 ·· 173
  - 思考与练习 ··· 185
- 第八章 道路结构设计 ··· 186
  - 第一节 概述 ··· 186
  - 第二节 一般路基设计 ·· 190
  - 第三节 沥青混凝土路面结构设计 ·· 200
  - 第四节 水泥混凝土路面结构设计 ·· 218
  - 思考与练习 ··· 234
- 第九章 道路排水设计 ··· 235
  - 第一节 概述 ··· 235
  - 第二节 路界表面排水 ·· 237
  - 第三节 道路横向排水 ·· 255
  - 第四节 地下排水设计 ·· 258
  - 第五节 路面内部排水 ·· 264
  - 思考与练习 ··· 269
- 第十章 道路工程施工 ··· 270
  - 第一节 概述 ··· 270
  - 第二节 路基土石方施工 ··· 276
  - 第三节 底基层和基层施工 ·· 288
  - 第四节 沥青面层施工 ·· 295
  - 第五节 水泥混凝土面层施工 ··· 304
  - 第六节 道路工程中其他工程的施工 ··· 309
  - 思考与练习 ··· 321
- 第十一章 交通安全与环境保护工程 ·· 322
  - 第一节 概述 ··· 322
  - 第二节 护栏 ··· 324

第三节　隔离与防眩设施……………………………………………………… 332
　　第四节　标志、标线………………………………………………………… 341
　　第五节　绿化工程与声屏障………………………………………………… 350
　　思考与练习………………………………………………………………… 356
第十二章　道路设施管理……………………………………………………… 357
　　第一节　设施管理与设施管理系统概要…………………………………… 357
　　第二节　使用性能评价……………………………………………………… 362
　　第三节　使用性能预估……………………………………………………… 376
　　第四节　设施管理系统的建立和实例……………………………………… 382
　　思考与练习………………………………………………………………… 389
参考文献………………………………………………………………………… 390

第一章 绪 论

道路交通运输是综合交通运输系统的重要组成部分。道路是道路交通运输系统中最主要的基础设施。按其在系统中的不同功能,道路可分为高速道路、干线道路、集散道路和地方道路四类。公路、城市道路按功能、任务和交通量等分别分为五个和四个等级,相应采用不同的设计标准。道路由路线、结构物和沿线附属设施三部分组成。道路工程的内容涵盖了道路规划、设计、施工、养护和运营管理等方面。20 世纪 90 年代中期以来,我国的道路建设发展迅速,积累了丰富的经验,技术水平也得到很大的提高。

第一节 道路交通运输系统

运输活动是使用运载工具(如火车、汽车、船舶、飞机和管道等),使运输对象(货物或旅客)实现地理位置上(空间)的转移。这种活动推进了不同地区之间的人和物的交流和交换,对国家经济的发展、社会的进步、文化的交流、生活方式的改变和生活水平的提高都起着重要的作用,从而成为社会赖以生存和发展的基础。

交通运输系统是实现运输活动的载体。整个交通运输系统是由五种基本类型的交通运输系统组成的综合系统。

(1)轨道交通运输——由内燃、电力或蒸汽机车牵引的列车在固定的重型或轻型钢轨上行驶的系统;
(2)道路交通运输——由汽车在道路上行驶的交通运输系统;
(3)水路交通运输——由各种船舶在内河河道、沿海或远洋航线航行的交通运输系统;
(4)航空交通运输——由飞机利用空中航路飞行的交通运输系统;
(5)管道交通运输——利用管道连续输送原材料的交通运输系统。

各类交通运输系统具有不同的特点和性能,使之能在综合交通运输系统中并存和互补,发挥各自的优势和特长。表 1-1 和表 1-2 分别为我国各种运输方式的货物运输和旅客运输组成结构比例。可以看出,这些年来,在各种运输方式中,道路交通运输系统所承担的旅客运输量和旅客周转量比重呈现出持续增长的趋势,而铁路和水路交通运输系统的旅客运输量和旅客周转量比重则相应地出现下降的趋势。货物运输量和货物周转量也表现出类似的趋势。道路交通运输系统在综合交通运输系统中承担了绝大部分旅客和货物运输,其承担的旅客周转量过半,但货物周转量所占的比例不大。上述情况与道路交通运输系统的特点和性能有关。

我国各种运输方式的旅客运输构成比例　　　　表 1-1

年份(年)	旅客运输量(%)				旅客周转量(%)			
	铁路	公路	水运	航空	铁路	公路	水运	航空
1950	77.0	11.3	11.7	0.01	88.5	5.3	6.1	0.04
1960	57.9	30.5	11.6	0.02	76.3	16.5	7.0	0.18

续上表

年份(年)	旅客运输量(%)				旅客周转量(%)			
	铁路	公路	水运	航空	铁路	公路	水运	航空
1970	40.3	47.5	12.1	0.02	69.7	23.3	6.9	0.17
1980	27.0	65.2	7.7	0.1	60.6	32.0	5.7	1.7
1990	12.4	83.9	3.5	0.2	46.4	46.6	2.9	4.1
2000	7.1	91.1	1.3	0.5	36.9	54.3	0.8	7.9
2005	6.3	91.9	1.1	0.7	34.7	53.2	0.4	11.7
2008	5.1	93.5	0.7	0.7	33.5	53.8	0.3	12.4

我国各种运输方式的货物运输构成比例　　　表1-2

年份(年)	货物运输量(%)					货物周转量(%)				
	铁路	公路	水运	管道	航空	铁路	公路	水运	管道	航空
1950	46.3	41.2	12.4	0.0	0.0	86.6	2.0	11.3	0.0	0.0
1960	39.4	41.5	19.1	0.0	0.0	75.4	3.6	20.9	0.0	0.0
1970	45.4	37.8	16.9	0.0	0.0	76.2	3.0	20.4	0.0	0.0
1980	20.4	69.9	7.8	1.9	0.0	47.6	6.4	42.0	4.1	0.0
1990	15.6	74.6	8.3	1.6	0.0	40.6	12.8	44.2	2.4	0.0
2000	13.1	76.5	9.0	1.4	0.0	31.3	13.8	53.4	1.4	0.1
2005	14.5	72.1	11.8	1.6	0.0	25.5	10.8	61.9	1.4	0.1
2008	12.8	74.1	11.4	1.7	0.0	22.8	29.8	45.6	1.8	0.1

　　道路交通运输系统是综合交通运输系统的重要组成部分,是一种可以实现"门到门"运输的方式。即货物和旅客可以在起点(厂门、店门、家门)装上汽车后,通过支线迅即进入道路系统,而后直接运送并卸到终点(厂门、店门、家门),中间不需倒换装卸作业。因而,利用道路系统运输货物和旅客具有很大的便利性。

　　道路路线布设的平面曲率半径可比轨道线路小很多,纵坡也可以比它大。因而,道路交通运输系统的建设受地形限制的程度较轨道交通运输低,易于建成密度较大的路网,使系统具有很高的通达性。但在地形复杂地区,道路交通运输的通达性仍受到一定的限制。

　　道路交通运输的平均运行速度为中等(30~120km/h),受交通密度(车辆拥挤程度)的影响很大,车辆的装载容量较小。一般情况下,道路交通运输基础设施修建和维护的投资量较轨道交通运输低,而其运营费用(运输成本)则较轨道和水路交通运输高;能源(燃油)的消耗量较大。道路交通运输的可靠性和安全性不如其他运输方式。因而,道路交通运输适宜于短途旅客和货物运输,以及小批量商品或时间价值较高的货物的中途运输。如表1-3所示2008年我国各类交通运输系统的客货运输平均运距。由表可知,水路客运的平均运距不足30km,是各种交通运输方式中最短的;公路货运的平均运距约为170km,在各种交通运输方式中最短。

2008年各类交通运输的平均运距(单位:km)　　　表1-3

运输方式	铁　路		公　路		水　运		航　空		管道	合　计	
运输类型	客运	货运	客运	货运	客运	货运	客运	货运	货运	客运	货运
平均运距	532	760	47	171	29	1 707	1 497	2 934	428	81	426

道路交通运输系统主要由下列五个基本部分组成：

(1)运载工具——汽车、摩托车、自行车等，用以装载所运送的旅客和货物；

(2)道路——作为地面运输的通道，供运载工具由一个目的地行驶到另一个目的地；

(3)枢纽、站场——汽车站、堆场、物流中心等，作为运输的起点、中转点或终点，供旅客和货物从运载工具上下和装卸；

(4)交通控制和管理——为保证运载工具在道路和站场上安全、有效率地运行而设置的各种监视、控制和管理装置、设施及规章等，如各种信号、标志、通信、诱导和规则等；

(5)设施管理——为保证各项道路设施处于完好或良好的使用或服务状况而设置的设施状况监测和维护(维修)管理。

道路是道路交通运输系统中最主要的基础设施，是系统得以运转的基本条件。

第二节 道路的分类与分级

一、道路分类

按服务对象和运输要求的不同，可以赋予道路不同的名称，如连接各个城市为较长距离的客货运输服务的道路，称之为公路；在城市区域内(包括市区和市郊)主要为当地居民生产、工作和生活等活动服务的道路，称作城市道路；在大型工厂、矿山、站场(机场、码头和火车站)等企业场地范围内为内部生产流程的运输需求服务的道路，通常归为厂矿道路；在林区为木材开采、加工运输服务的道路，则命名为林区道路。不同类型的道路，由于运输对象的差异，对运载工具及道路的性能和技术要求也有所不同。同时，这些道路的行政管理分别隶属不同的管理部门，他们为各种类型的道路分别制订了相应的技术标准、规范、指南等。本课程的主要论述对象为公路和城市道路。

道路交通运输系统的通达性与道路网的布局和密度密切相关。而道路网由不同类型和等级的道路所组成，各条道路在道路网中担负不同的使命，具有不同的功能，发挥着不同的作用。按照道路在道路网中的地位、行程性质和类型、行程长度以及所承担的交通量，公路和城市道路可分为四类。

(1)高速道路——满足车辆长距离、快速行驶要求的主干线道路，进出高速道路的出入口完全受到控制，同其他道路无平面交叉，对向行车道之间设置分隔带，在各类道路中具有最高的服务水平和安全性；

(2)干线道路——承担重要集散中心(各个重要城市或城市内各主要地区)之间大量长途车流的道路，它们组成道路网的主要骨架，并为之提供尽可能高的服务水平；

(3)集散道路——连接地方道路(或支路)和干线道路的道路，起着将各个地区的车流汇集和输送到干线道路，或者将干线道路的车流分散到各个地区的作用；

(4)地方道路(或支路)——直接为小区内部居民交通运输需求服务，延伸到家门口的道路，行程距离较短，交通量较小。

道路的设计标准和服务水平主要按照上述各类道路的功能要求和交通量确定。

二、道路分级

以上述道路的功能分类为基础，我国交通运输部、住房和城乡建设部分别对公路和城市道

路进行分级。分级的依据主要考虑道路在设计控制和设计标准方面的差异,如:
(1)出入口控制;
(2)设计速度(计算行车速度);
(3)交通量和服务水平;
(4)设计年限等。

我国的公路按使用任务、功能和所适应的交通量水平分为五个等级:高速公路、一级公路、二级公路、三级公路和四级公路。高速和一级公路为汽车分向、分车道行驶的专用公路,二级、三级和四级公路都为汽车和其他车辆共用(混合交通)的公路。各级公路所规定的车道数和相适应的交通量列于表1-4。

根据我国《公路工程技术标准》(JTG B01—2003)的规定,高速公路最多可设计成双向八车道,而四级公路特殊条件下可采用单车道。各级公路的计算行车速度(设计速度)可根据地形及环境条件而变,如表1-5所示。

公 路 分 级　　　　　　　　　　　表1-4

等　级		高　速	一　级	二　级	三　级	四　级
设计交通量预测年限		20 年	20 年[②]	15 年	15 年	≤15 年
适应交通量 AADT[①](辆/d)	8 车道	60 000~10 000	—			
	6 车道	45 000~80 000	25 000~55 000			
	4 车道	25 000~55 000	15 000~30 000			
	2 车道	—	—	5 000~15 000	2 000~6 000	<2 000
	单车道					<400
出入口		完全控制	部分控制	部分控制	—	

注:①AADT 为各种车辆折合成标准车(小客车)的年平均日交通量。
②一级公路作为集散公路时,设计交通量预测年限为 15 年。

各级公路的设计车速　　　　　　　　　　　表1-5

公路等级	高 速 公 路		一 级 公 路		二 级 公 路		三级公路		四级公路
设计速度 (km/h)	120	100	80	100	80	60	80	60	40	30	20

注:①可根据地形条件及是否为干线公路按表选择合适的设计速度。
②高速公路和二级公路特殊困难路段,经论证设计速度可采用 60km/h 和 40km/h。

我国的城市道路可分为四类:快速路、主干路、次干路和支路(表1-6)。快速路为仅供汽车行驶的道路。对于主干路,采用机动车与非机动车分隔行驶的形式。而对后三类道路,又按照城市的规模、交通量和地形等因素分为 I、II 和 III 三级。大城市采用 I 级设计标准,中城市采用 II 级,小城市采用 III 级。

城 市 道 路 分 级　　　　　　　　　　　表1-6

类　别	快速路	主 干 路			次 干 路			支 路		
		I	II	III	I	II	III	I	II	III
设计年限(年)	20	20			15			10~15		
出入口	完全控制	信号控制						—		
设计速度(km/h)	80、60	60、50	50、40	40、30	50、40	40、30	30、20	40、30	30、20	20

注:设计速度在条件许可时,尽量采用高值。

道路的等级应根据道路网规划,道路的功能、使用任务和要求以及远景交通量,综合论证后选定。

第三节 道路的组成及道路工程

一、道路的组成

道路(公路和城市道路)是主要供汽车行驶的线形工程结构物,由路线、结构物(或构造物)以及沿线附属设施三个基本部分组成。

道路路线是指道路在地面上的位置及其三维外貌特征(形状和尺寸)。这些特征包括:

(1) 横断面——由车道、中间带、路肩、人行道、自行车道、路侧坡面、绿化带、设施带、路界(红线)等部分组成(图 1-1 为高速公路横断面,图 1-2 为四幅式城市道路横断面);

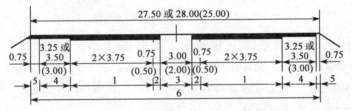

图 1-1 高速公路横断面布置图(尺寸单位:m)
(括号内数值为低限值)
1-行车道;2-左侧路缘带;3-中间带;4-硬路肩;5-土路肩;6-路基宽

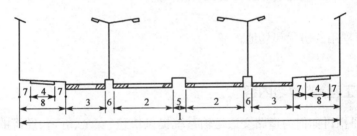

图 1-2 城市道路(四幅式)横断面布置图
1-红线宽;2-行车道;3-非机动车道;4-人行道;5-中间分隔带;6-两侧分隔带;7-绿化带或设施带;8-路侧带

(2) 平面——直线、圆曲线、回旋线;

(3) 纵断面——升坡段和长度、降坡段和长度、竖曲线;

(4) 交叉——道路与其他道路及道路与铁路的平面交叉和立体交叉(图 1-3)。

道路结构物(或构造物)是道路的实体或主体,包括:

(1) 路基——按路线的外形尺寸,在地面上修筑的土质或石质结构物;

(2) 路面——在路基顶面铺设的供车辆快速、舒适、安全行驶的路表结构物;

(3) 涵洞——跨越小河、溪流、渠道的小型横向穿越排水构造物;

(4) 桥梁——跨越江河、湖泊、海湾、已有道路的中型和大型横向穿越排水构造物;

(5) 隧道——穿越山脊、地下的构造物;

(6) 排水——为排除路界表面水、地下水、路面结构内部水、构造物表面及内部水而设置的排水结构物。

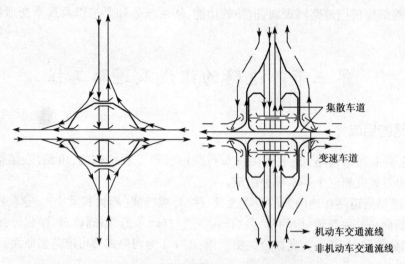

图1-3　立体交叉(苜蓿形)布置图

为了保证行车安全、方便驾驶、提供服务、进行管理,在道路沿线设置各种附属设施,包括:
(1)交通安全设施——护栏、防眩栏(板)、反光标志、防护设施(防积雪、积沙、坠石等);
(2)交通管理设施——交通信号、标志、标线、标记、情报板、紧急电话、通信和监视系统;
(3)停车——停车站、停车场;
(4)照明;
(5)声屏障;
(6)服务区——车辆加油、维修、餐饮、休息等;
(7)收费站;
(8)养护管理用的房屋和场地;
(9)绿化。

二、《道路工程》的学习内容

道路工程是探讨如何为道路交通运输系统提供快速、安全、舒适、经济的道路设施。围绕这一目标,道路工程覆盖了规划、设计、施工、养护和运营管理等方面的内容。通常将桥梁、涵洞和隧道构造物分别归属于桥梁工程和隧道工程的范畴,而将交通控制和交通管理设施归属于交通工程的范畴。因而,这些构造物和设施不在《道路工程》课程内论述。

1. 规划方面

道路规划的目的是通过对道路现状的调查和评价以及对未来运输需求的预测分析,弄清现有道路网和道路设施存在的问题和不足,以便制订合理的发展或改善目标,提出适应此发展或改善需求的合理或合适的对策、策略以及实施计划。

道路规划的主要内容包括:
(1)调查现有道路网和道路设施的状况(包括设施的物理状况、交通运行状况和经济性等),采集所服务地区的经济和社会数据,并对现有道路网和道路设施对现有运输和交通需求的适应程度进行评价;
(2)依据所服务地区的经济和社会发展预测分析,对道路网和道路设施的未来运输和交通需求进行预测,并对现有道路网和道路设施对未来运输和交通需求的适应能力进行评价;

(3)制订道路网和道路设施适应未来运输和交通发展需求的发展或改善目标,并提出若干个规划方案;

(4)对各规划方案进行道路网和道路设施的使用性能分析,在此基础上进行单独和综合评价,并对选用方案拟订实施计划。

2. 设计方面

道路路线设计通常称为几何设计,其任务为按照设计速度、交通量和服务水平要求以及驾驶特点和车辆运行特性设计出安全、舒适、经济的道路。路线设计的内容为:

(1)依据道路的功能和技术等级要求,通过实地政治、经济、地形、地质、水文和气象调查,选择路线的走向、控制点(必经地点)、大桥桥位和隧道位置;

(2)结合沿线地形、地质和水文条件,按照技术标准,在规定的控制点之间选定路线的布局并设定其位置,确定路线平面、纵断面和横断面的各项几何要素,进行道路的平面和立体交叉设计等。

对路基的基本要求是整体稳定性好,永久变形小。路基设计的内容主要包含:

(1)依据路线设计确定的路基填挖高度和顶面宽度,结合沿线岩质、土质和水文条件等情况,设计路基的横断面形状和边坡坡度;

(2)依据当地气候、地质和水文等状况,分析高填深挖路基的坡体稳定性,稳定性不足时设计支挡结构物;

(3)对位于软弱地基上的路基,进行稳定性和沉降分析,需要时选择合适的地基加固处理措施;

(4)路基坡面有可能出现剥落、碎落现象或者易受冲刷时,选用合适的坡面防护措施。

对路面的基本要求是足够的承载能力,平整、抗滑和低噪声。路面设计的任务是以最低寿命周期费用提供在设计使用期内满足使用性能要求的路面结构。其内容主要包含:

(1)依据设计年限、使用要求、当地自然环境(温度和湿度)、路基支承条件和材料供应情况,提出路面结构类型和层次的选择和组合方案;

(2)根据对所选材料的性状要求和当地环境条件(温度和湿度),进行各结构层的混合料组成设计;

(3)应用力学模型和相应的计算理论和方法,或者按经验方法,确定满足轴载作用、环境条件和设计年限要求的各结构层的厚度;

(4)综合考虑投资、施工、养护和使用性能等方面因素,对可能提供的各备选设计方案进行寿命周期费用分析,选择费用—效果最佳的设计方案。

排水设计的任务是迅速排除落在道路路界内的地表水,将道路上侧方的地表水和地下水排泄到道路的下侧方,以防止道路路基和路面结构遭受地表水和地下水的浸湿、冲刷等破坏作用。其设计内容为,按照地表水和地下水的流向和流量及其对道路的危害程度,设置各种拦截、汇集、疏导、排泄等地表和地下排水设施,如沟渠、管道、渗沟、排水层等,并将它们组成道路排水系统。

3. 施工方面

施工是实现设计的意图,修筑符合质量指标,满足预定使用性能要求的道路设施(主要是路基和路面结构物)。施工的主要内容为:

(1)开工前进行组织、技术、物资和现场方面的准备工作,包括落实和培训施工队伍、会审和现场核对设计图纸、恢复定线和进行施工测量、编制施工组织设计和工程预算、准备材料和机具设备、准备施工现场(供水、供电和运输便道)等；

(2)进行路基土石方作业(开挖、运输、填筑、压实和修整)，进行地基加固处理，修筑排水构造物、支挡结构物、坡面防护等；

(3)铺筑路面的垫层、底基层、基层和面层(混合料的拌和、运输、摊铺、碾压、整型和养生等)；

(4)按施工规程和进度要求进行施工管理，并对施工质量进行控制、监督、检查和验收。

4. 养护和运营管理方面

道路设施在使用过程中会因受行车荷载和自然因素的不断作用而逐渐出现损坏。为保持道路设施的使用性能经常处于符合使用要求的状态，须对道路设施的使用状况进行定期的观测和评价，为制订养护计划提供依据。对于可能或已经出现损坏或不满足使用要求的道路设施，按养护计划和养护规范进行维护、修复或改建，以延缓设施损坏的速率，恢复或提高其使用性能。

第四节 我国道路建设概况

截至2008年底，我国共有公路线路里程373.02万公里，拥有民用汽车5 099.61万辆(其中，客车占75.28%，货车占22.08%)。公路网的覆盖面已达全国所有的县、98.3%的乡和89.5%的村。2008年，共完成货物运输量191.67亿吨，占交通运输部门总货物运输量的74.1%；货物周转量32 868.19亿吨公里，占交通运输部门总货物周转量的29.8%，平均运距171km；完成旅客运输量286.79亿人次，占交通运输部门总旅客运输量的93.5%；旅客周转量23 196.7亿人公里，占交通运输部门总旅客周转量的53.8%，平均运距47km。公路交通运输在沟通城乡间的客货交流，繁荣地区经济，提高人民物质和文化生活水平，促进市场经济发展和开发西部地区等方面发挥了积极作用。

全国公路网的密度，按面积计为38.85km/100km²，按人口计为28.08km/万人。各地区的路网密度示于表1-7。可看出，中南和华东地区按面积计的路网密度最大，而西北和西南地区则为按人口计的路网密度最大。表中还列出了各地区的汽车拥有量数据，华东和中南地区所占的比重最大；而公路上的车辆密度则为华北和华东地区最高，它反映了路网内公路的利用程度。

公路线路里程和汽车拥有量分布情况(2008年) 表1-7

地 区	线路 (km)	占全国 (%)	路网密度		汽车拥有量 (万辆)	占全国 (%)	车辆密度 (辆/km)
			(km/100km²)	(km/万人)			
华北	453 964	12.17	29.15	30.72	1 034	20.28	22.78
东北	339 088	9.09	41.84	31.48	420	8.24	12.39
华东	848 016	22.73	106.04	22.83	1 609	31.56	18.97
中南	914 570	24.52	90.00	24.58	1 214	23.81	13.27
西南	713 546	19.13	30.16	35.24	531	10.41	7.44
西北	460 978	12.36	14.81	48.04	291	5.71	6.31
全国	3 730 164	100	38.85	27.87	5 099	100	13.67

我国公路按其重要性及其行政管理等级分为：国道、省道、县道、乡道和专用道路五类。国道为在国家公路网中具有全国性政治、经济和国防意义的国家级干线公路，主要包括连接首都与各省(自治区)首府和直辖市的公路、通向各大港口和铁路干线枢纽以及重要工农业基地的干线公路、具有重要国防意义的干线公路。省道为具有全省(自治区、直辖市)政治、经济和国防意

义,连接省内中心城市和主要经济区的省级干线公路。县道为具有全县政治、经济意义,连接县城与县内主要乡镇及主要商品生产和集散基地的公路。乡道主要为乡村居民经济、文化和生活服务的公路。专用公路由工矿、农林等部门投资修建,主要供该部门使用和管理的公路。

1981 年,原交通部制定了国家干线公路网(国道)的路线布局,并于 1994 年进行了局部调整。国道共有 68 条,呈放射和网格相结合的形式,总计 10.6 万公里。其中,由北京向四周放射的线路 12 条,共 2.3 万公里,占国道总里程的 21.7%;由北向南的纵向线路 25 条,共 3.6 万公里,占总里程的 34.0%;由东向西的横向线路 29 条,共 4.7 万公里,占总里程的 44.3%。2013 年国务批准了新的国家高速公路网规划方案。新方案中,国家高速公路网采用放射线与纵横网格相结合的方式布局,由 7 条首都放射线 11 条南北纵线和 18 条东西横线组成。简称为"71118"网,总规模约 11.8 万公里,其中主线 6.8 万公里,地区环线、联络线等其他路线约 1.7 万公里。具体路线参见图 1-4。

我国现有公路线路除符合等级的外,还有些低于四级标准的公路,称为等外路。全国和各个地区路网内不同技术等级公路的分布状况列于表 1-8。如表所示,高速和一级公路所占的比例很小,其和仅为 3.1%;三级、四级公路和等外公路占了大部分,分别占到 63.77% 和 25.51%。这表明,虽然近年来公路基本建设的投资有很大的增长,但是我国公路的技术状况水平仍较低。从各个地区的公路技术等级分布状况来看,华东和中南地区的高速和一级公路的比例较高(其中,江苏省的比例最高,达 14.6%),而西南和中南地区的三级、四级公路和等外公路的比例较高。

公路技术等级分布状况(2008 年) 表 1-8

地区	等级公路		高速		一级		二级		三级、四级		等外	
	(km)	(%)	(km)	(%)	(km)	(%)	(km)	(%)	(km)	(%)	(km)	(%)
华北	393 515	86.68%	8 689	1.91%	8 991	1.98%	45 286	9.98%	330 549	72.81%	60 450	13.32%
东北	259 054	76.40%	4 716	1.39%	5 725	1.69%	31 671	9.34%	216 942	63.98%	80 035	23.60%
华东	733 746	86.53%	18 277	2.16%	20 723	2.44%	81 386	9.60%	613 360	72.33%	114 270	13.47%
中南	681 799	74.55%	16 225	1.77%	12 845	1.41%	73 186	8.00%	579 534	63.37%	232 775	25.45%
西南	411 040	57.61%	6 757	0.95%	3 214	0.45%	26 014	3.65%	375 055	52.56%	302 506	42.39%
西北	299 370	64.94%	5 639	1.22%	2 707	0.59%	27 683	6.01%	263 341	57.13%	161 609	35.06%
全国	2 778 524	74.49%	60 303	1.62%	54 214	1.45%	285 226	7.65%	2 378 781	63.77%	981 645	25.51%

自 20 世纪 90 年代中期以来,我国公路交通运输和公路建设的发展很快。但在运输能力、服务水平和运输效率方面仍不能满足经济发展和人民生活的需要。这主要表现在以下几方面。

(1)公路里程少、路网密度低。2008 年底,我国公路里程仅有 373.1 万公里,按面积计的路网密度为 $0.39km/km^2$,而美国的路网密度为 $0.68km/km^2$,印度的密度为 $0.54km/km^2$;按人口计的路网密度为 27.9km/万人,而美国的密度为 280km/万人,印度的密度为 24km/万人。因此,里程过少,密度过低,公路的普遍性和通达性尚嫌不足,使许多地区的交通仍感不便,经济发展受到影响。

(2)公路技术状况较差,虽然近年来修建了不少高速公路和一级公路,但全国三级、四级和等外公路的比重高达 89.3%。较差的路况使公路网的通行能力低,行车速度低,运营费用

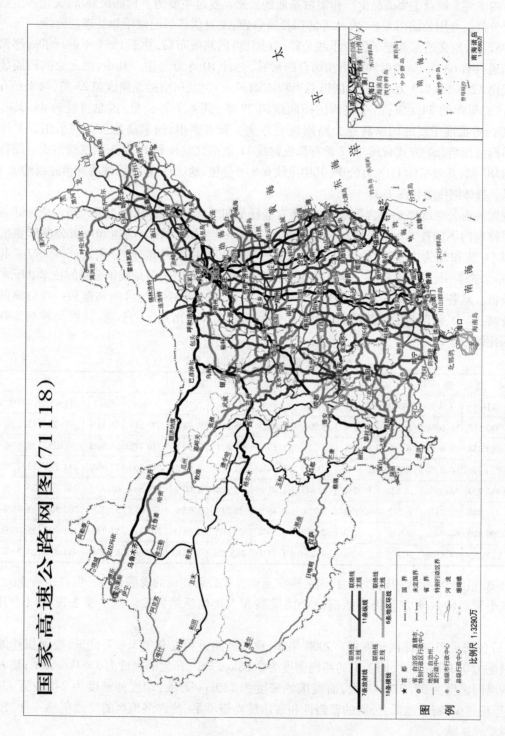

图1-4 我国国家高速公路网布局示意图

高,服务水平低。

(3) 汽车保有量低、性能差、组成不合理。2008 年全国的民用汽车保有量仅为 2 299.6 万辆,不及美国的 1/10;而且,车辆的性能,在可靠性、燃料经济性、动力特性、稳定性、耐久性和舒适性方面都较差;同时,货车的组成比例也不合理,中型货车比重过大,柴油车比例过低。这种状况影响了公路设施的利用效率及运输的成本和效益。

(4) 一般公路上混合交通严重、车速低、事故多。机动车和非机动车、汽车和其他车辆在一般公路上混合行驶,相互干扰,严重影响行车速度和通行能力,并大大增加交通事故发生的可能性。2003 年,全国公路上发生交通事故 389 773 起,造成 80 589 人死亡、322 694 人受伤,分别占总数的 58.4%、77.2% 和 65.3%;城市道路发生交通事故 277 734 起,造成 23 783 人死亡、171 480 人受伤,分别占总数的 41.6%、22.8% 和 34.7%。公路与城市道路事故起数比为 1.4:1,而公路交通事故死亡人数是城市道路死亡人数的 3 倍;公路上平均每 5 起事故死亡 1 人,城市道路上平均每 12 起事故死亡 1 人。我国道路交通事故致死率(死亡人数/伤亡总人数)比较高,约为 30%,而英、美、日等国家只有 1% 左右。2003 年我国交通事故致死率达到 17.4%,而发达国家保持在 1%~4%。同发达国家相比,我国公路交通事故率水平是很高的。

(5) 技术水平、管理水平和服务水平有待进一步提高。我国修建高等级公路的历史很短,经验不足,在设施的修建和管理及交通的运行和管理等方面尚存在着经验和技术水平不能适应的问题。

思考与练习

1. 试从运输特性的角度分析道路运输在整个交通运输系统中的地位。这样的地位决定了道路工程在设计时应注意哪些问题?
2. 公路分级的依据是什么?查阅相关资料列举不同等级公路的设计指标,并试分析各等级公路在设计时应优先考虑的问题。
3. 查阅相关年鉴,试分析我国公路事业近年的发展趋势以及发展布局。

第二章 道路车辆及其运行特性

道路运输的载运工具主要为利用燃油(汽油、柴油)、电或其他能源作动力,通过轮胎在各种道路上行驶的车辆,如汽车(客车和货车等)、无轨电车、各种装卸载运车辆、摩托车等。道路运输工程设施的规划和设计,要考虑并满足这些设施的使用对象——载运工具的运行特性要求。例如,工程设施的几何设计要能容纳车辆在体积尺寸和通行能力方面的使用要求,而工程设施的结构设计则要能经受住车辆重力的重复作用等。因此,道路工程的规划和设计人员,虽然不需要了解和掌握运载工具的设计、制造和使用知识,但必须了解它们的运行特性,以便规划和设计出能满足其使用要求的各项工程设施。

本章首先介绍车辆(主要是汽车)的类型、尺寸和质量方面的知识,而后进一步介绍同工程设施规划和设计有关的一些运行特性,如行驶阻力、功率、加速和减速性能以及车辆运行费。

第一节 车辆类型、尺寸和质量

一、车辆类型

汽车可分为客车和货车两大类。客车包括小客车(轿车)、面包车、公共汽车(小型、中型和铰接式)等。货车可进一步分为轻型、中型和重型和组合式货车(各种拖挂式货车)两类。

1. 小客车

小客车为二轴四轮车辆,可坐2~6人,主要作为个人交通工具,按质量和尺寸可分为小型、中型和重型三种。其质量为680~1 800kg,车身长度为3.5~5.6m,前后轴的中心距为2.3~3.1m,车身后缘到后轴的长度(后悬距离)为0.6~1.5m,车身宽度为1.6~2.0m,高度为1.15~1.65m。

2. 面包车

面包车通常由小客车或轻型货车的底盘改装而成,可乘坐6~15人。

3. 公共汽车

小型公共汽车通常有15~25个座位,供短途运输用。其车身长约为5.5~7.6m,宽为2.0~2.5m。中型公共汽车可为二轴或三轴,车身长9~12m,宽2.4~2.6m,约有45个座位。把半挂车固定地连接在二轴中型公共汽车上,便组成铰接式公共汽车。其长度约为16~18m,宽度为2.6m,包括站立乘客在内可容纳约100人以上。

4. 货车

货车是指载货区和动力设备装在共同的车架上不能分开的车[图2-1a)],包括二轴四轮(轻型货车)、二轴六轮、三轴(双后轴)和四轴(三后轴)四种。轻型货车的总质量一般小于4 500kg,二轴六轮卡车的总质量大都在4 500~18 000kg范围内,而三轴和四轴货车的总质量可高达26 000~30 000kg。

5. 组合式货车

组合式货车由牵引车或卡车同一个或多个挂车组合而成,可总称为拖挂车。牵引车和挂车通过铰接方式连接时,彼此可相对转动,因而也可称为铰接车。组合式货车的总质量一般可达到 40 000～50 000kg,通常用于长途运输。

挂车有两种:

(1)后端有一个轴或多个轴,但前端无轴的半挂式,其前端放在牵引车的后端上,并把一部分重力传给前面牵引车[图 2-1b)];

(2)前后各有一个轴或多个轴的全挂式,由货车或带半挂车的牵引车拖带,但不把重力转给前面[图 2-1d)]。

组合式货车可有单拖挂货车、双拖挂货车、三拖挂货车等多种组合形式。

(1)单拖挂货车:可以是牵引车加一辆半挂车,共有 3 个轴(牵引车前轴、单后轴和半挂车单轴)、4 个轴(牵引车前轴、单或双后轴和半挂车双轴或单轴)或 5 个轴(牵引车前轴、双后轴和半挂车双轴);也可以是货车加全挂车,共有 4 个轴(货车和全挂车各一个单后轴)、5 个轴(货车或全挂车的后轴为双轴)或 5 个以上轴(货车和全挂车的后轴为双轴,或货车的后轴为三轴)。

(2)双拖挂货车:由牵引车加半挂车再加上全挂车组成,共有 5 个轴、6 个或 6 个以上轴;也可以是卡车加两辆全挂车,共有 6 个或 6 个以上轴。

(3)三拖挂货车:由牵引车加半挂车后再加上两个全挂车组成,最多可有 16 个轴,总质量可达 115 000kg。

图 2-1　货车和组合式货车示意

a)货车;b)货车带全挂(一般为 4 轴、5 轴或 6 轴);c)牵引车带半挂(一般为 3 轴、4 轴或 5 轴);d)牵引车带半挂和全挂(一般为 5 轴、6 轴或 7 轴)

二、车辆尺寸及设计车辆

各类汽车的外廓尺寸由总长度、宽度和高度组成,它们影响到对道路的车道宽度、净空和转弯半径等方面的要求。影响道路几何设计和结构设计的其他尺寸参数还有:车身前缘到前轴的长度(前悬距离)、车身后缘到后轴的长度(后悬距离)、前后轴中心距(轴距)、双轴中心距、三轴中心距、轮中心距等(图 2-2)。

路上行驶着不同类型的车辆,各具不同的尺寸,对道路的几何尺寸分别提出不同的要求。道路几何设计时,通常选择一些车辆作为设计车辆,这些车辆的尺寸和行驶特性要求将对设计起控制作用。设计车辆的选择依据为道路的功能等级和使用该道路的车辆组成。轿车和货车一般是道路设计选用的最小的车辆。大多数公路设计时应考虑选择一种半挂式组合货车作为设计车辆,特别在弯道处设有路缘石或分隔带时。

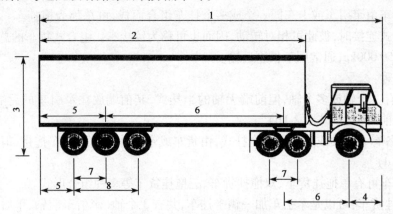

图 2-2　汽车的外廓尺寸图
1-总长度;2-宽度;3-高度;4-前悬;5-后悬;6-轴距;7-双轴中心距;8-三轴中心距

我国公路工程技术标准和城市道路设计规范以三种类型的车辆——小客车、货车和半挂车(铰接车),并分别规定了设计车辆的外廓尺寸,作为设计时的控制指标(表2-1);此外,还限定了路上行驶车辆的总长度不得超过20m,总高度不得超过4.3m,宽度不得超过3m。

公路和城市道路设计用的设计车辆外廓尺寸(单位:m)　　　表2-1

车辆类型	长　度	宽　度	高　度	前　悬	后　悬	轴　距
小客车	6(5)	1.8(1.8)	2(1.6)	0.8(1.0)	1.4(1.3)	3.8(2.7)
货车	12(12)	2.5(2.5)	4(4)	1.5(1.5)	4(4)	6.5(6.5)
半挂车(铰接车)	16(18)	2.5(2.5)	4(4)	1.2(1.7)	2(3.8)	4+8.8(5.8+6.7)

注:括号外数值公路的设计车辆外廓尺寸,括号内数值为城市道路的设计车辆外廓尺寸。

三、车辆质量

车辆的重力通过车轴和车轮传递给道路和桥梁结构物。汽车前轴的轴型都为单轴,后轴的轴型可采用单轴、双联轴或三联轴。前轴两侧的车轮都由单轮胎组成,而后轴两侧的轮胎可由单轮胎或双轮胎组成。

车辆质量大小,主要影响到对道路和桥梁的结构承载能力的要求。其重力特性主要由车辆总重和轴重以及轴型和轮型表征。车辆总重或轴重越大,对道路和桥梁结构承载能力的要求越高,同时,在使用过程中对道路和桥梁的损坏越严重,因而,所建工程的造价(投资)和工程的运营(维护)费用便越高。为了兼顾道路建设和运营部门及道路使用者双方的利益和便利,对道路上行驶车辆的总重和轴重的最高值进行定量限制。

各国对道路上行驶车辆的最大轴重和总重有不同的限定。单轴最大允许轴重变动于80~130kN;双联轴最大允许轴重变动于140~210kN;三联轴最大允许轴重变动于180~270kN。货车的最大允许总重变动于240~400kN;半挂式和全挂式货车的最大允许总重变动于360~500kN。我国公路部门规定的单轴最大允许轴重为60kN(每侧单轮胎)或100kN(每侧双轮胎),双联轴最大允许轴重为100kN(每侧单轮胎)或180kN(每侧双轮胎),三联轴最大允许轴重为120kN(每侧单轮胎)或220kN(每侧双轮胎);货车和单拖挂货车的最大允许总重为400kN,双拖挂或三拖挂货车的最大允许总重为460kN。

第二节 车辆的驱动力及行驶阻力

确定汽车的动力性,就是确定汽车沿行驶方向的运动状况。为此,需要掌握沿汽车行驶方向作用于汽车的各种动力,即驱动力与行驶阻力。根据这些力的平衡关系建立汽车行驶方程式,就可以估算出汽车的最高速度、加速度和最大爬坡度。

一、车辆的驱动力

一般用根据发动机外特性确定的驱动力与车速之间的函数关系曲线 $F_t - u_a$ 来全面表示汽车的驱动力,称其为汽车的驱动力图。汽车设计中有了发动机的外特性曲线、传动系的传动比、传动效率、车轮半径等参数后,即可用式(2-3)求出各种挡位的 F_t 值。再根据发动机转速与汽车行驶速度之间的转换关系求出 u_a,即可求的各个挡位的 $F_t - u_a$ 曲线。

$$u_a = 0.377 \frac{nr}{i_g i_0} \qquad (2-1)$$

式中:u_a——汽车行驶速度,km/h;
n——发动机转速,r/min;
r——车轮半径,m;
i_g——变速器传动比;
i_0——主减速器传动比。

图 2-3 是具有 5 挡变速器的一货车驱动力图。驱动力图中的驱动力是根据发动机外特性求得的,因此它是使用各挡位时在一定车速下汽车能发出的驱动力的极值。实际行驶中,发动机常在节气门部分开启下工作,相应的驱动力要比它小。

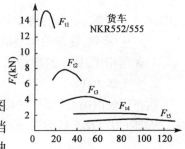

图 2-3 货车 NKR552/555 的驱动力图

二、车辆行驶阻力

汽车在道路上行驶时须克服各种阻力,如滚动阻力、空气阻力、坡度阻力、弯道阻力和惯性阻力等。这些阻力,一方面与道路的特性有关,如路面平整程度、坡度、弯道曲率半径等,另一方面则随车辆的运行特性而变,如车辆总重、行驶速度、速度变化速率、车身迎风面积和外廓线形等。

1. 滚动阻力

汽车在道路上行驶时的滚动阻力来源于轮胎表面与路面之间的摩阻滑移,轮胎橡胶在接触表面处的弯曲变形,车轮滚过路表面突出的石子或不平整的破碎路面,车辆从道路的低洼处爬出,推动车轮通过砂、雪或泥地,在轮、轴和组合器轴承处以及变速齿轮中的内部摩阻等。

客车在平整路面上行驶时的滚动阻力可按下式确定。

$$R_r = (c_1 + 0.0772 c_2 v^2) W \qquad (2-2)$$

式中:R_r——滚动阻力,kgf;
W——车辆总质量,kg;
v——车辆行驶速度,km/h;
c_1——常数,客车的典型值为 0.012;

c_2——常数,客车的典型值为 $7\times10^{-6}\,s^2/m^2$。

注:文中滚动阻力和空气阻力采用汽车工程中的惯用单位:公斤力(kgf)1kgf = 9.806 65N,后同。

表2-2列出了客车以不同的速度在平整的路面上行驶时依据式(2-2)计算得到的滚动阻力值。可以看出,滚动阻力随着汽车行驶速度的增加而增大。除了车速外,滚动阻力还随着路面状况的变差而迅速增大。表2-2中列出了依据其他研究成果得到的在质量较差的路面上行驶时的滚动阻力值。路面表面状况越差,滚动阻力受车速的影响越显著。

客车在不同路表面上行驶的滚动阻力(kgf 吨车质量) 表2-2

车速(km/h)	平整的路面	已破损和修补的沥青路面	干的修补好的砾石路面	疏松砂
32.2	11.34	13.15	14.06	15.88
48.3	12.25	15.42	15.88	18.14
64.4	13.14	18.14	22.68	25.86
80.5	14.06	23.13	28.12	34.47
96.6	15.42	—	—	—

货车的滚动阻力可以按下式估算。

$$R_r = (c_3 + 0.278\,5c_4v)W \tag{2-3}$$

式中:c_3——常数,货车的典型值为 0.244 5;

c_4——常数,货车的典型值为 0.001 44s/m。

与客车相比,货车的滚动阻力要大许多,但行驶速度对滚动阻力的影响程度不及客车大。

2. 空气阻力

汽车行驶时的空气阻力包括车辆迎风面处的空气直接作用、空气越过车辆表面(包括车底)的摩阻力以及车后的局部真空。它可按下式估算。

$$R_a = 0.5\,\frac{0.17c_D\rho Av^2}{g} \tag{2-4}$$

式中:R_a——空气阻力,kgf;

ρ——空气密度,在海平面处为 0.038 2kg/m³,随高程的增加而降低;

A——车辆正面的横断面面积,m²;

g——重力加速度取 9.81m/s²;

c_D——空气动力阻力系数。

路上行驶客车的空气动力阻力系数平均为0.5,新出产汽车的平均值为0.4,个别客车的空气动力阻力系数可低至0.3,甚至0.15。过去,货车的空气动力阻力系数取 0.5~0.8,如今降低为0.5左右,今后还将继续下降。表2-3汇总了一些汽车的空气阻力系数 c_D 和迎风面积 A 的数值。

汽车的空气阻力系数与迎风面积 表2-3

车 辆	迎风面积(m²)	空气阻力系数(C_D)
典型轿车	1.7~2.1	0.30~0.41
货车	3~7	0.6~1.0
客车	4~7	0.5~0.8

3. 坡度阻力

汽车在坡道上行驶时,车辆受到其重力平行于坡面的分力的作用,此坡度阻力可按下式确定。

$$R_g = \frac{Wi}{100} \tag{2-5}$$

式中：R_g——坡度阻力，kgf；
  i——坡度，上坡时为正，下坡时为负，%。

4. 弯道阻力

汽车在弯道上行驶时，为改变车辆方向，使之沿曲线路径行驶，需在前轮与路面的接触处施加一弯道阻力。车辆行驶速度越快，弯道曲率半径越小，为改变行驶方向所需的弯道阻力便越大。它可按下式确定。

$$R_c = 0.5 \frac{0.0772 v^2 W}{gR} \tag{2-6}$$

式中：R_c——弯道阻力，kgf；
  R——弯道曲率半径，m。

5. 惯性阻力

汽车行驶速度变化（加速或减速）时，车辆受到运动惯性阻力的作用。此惯性阻力是车辆重力及加速或减速速率的函数，可按下式计算确定。

$$R_i = \frac{Wa}{g} \tag{2-7}$$

式中：R_i——惯性阻力，kgf；
  a——加速度，加速时为正，减速时为负，m/s²。

综合上述各项阻力，车辆在路上的总行驶阻力为：

$$R_m = R_r + R_a + R_g + R_c + R_i \tag{2-8}$$

式中：R_m——车辆总行驶阻力，kgf；

在下坡或减速时，式(2-8)中的坡度或惯性阻力为负值。

由上述各项阻力的关系式可以看出，除空气阻力外，其他各项阻力均与车辆的总质量成正比；而除了坡度阻力和惯性阻力外，其他各项阻力还与车辆的行驶速度或速度平方成正比。因此，车辆总质量和行驶速度是影响行驶阻力的两项最主要的因素。

三、功率及质量-功率比

为克服行驶阻力，保持一定的行车速度，车辆的发动机必须提供足够的功率。行驶阻力越大，行车速度越高，所需提供的功率越大。功率通常以马力单位（hp）表示。用于推进车辆所需的实际功率可按下式确定。

$$P = 0.00366 R_m v \tag{2-9}$$

式中：P——实际使用功率，hp（1hp = 0.7457kW）；
  v——车辆行驶速度，km/h。

发动机所能提供的最大功率是度量汽车性能的主要指标。各主要类型汽车的代表性车辆出厂时额定的公称马力大致为：

(1) 小客车（包括驾驶员在内的空车质量为1 545kg）——105hp；

(2) 轻型货车（包括驾驶员在内的空车质量为1 909kg）——175hp；

(3) 二轴六轮货车（包括驾驶员在内的空车质量为4 545kg）——175hp；

(4)半挂货车(包括驾驶员在内的空车质量为 11 364kg)——325hp。

可用于推进车辆的最大有效马力仅为额定公称马力的一部分。在给定的发动机速度下可用于推进的最大有效输出功率,等于在该速度下飞轮时的最大总制动马力减去发动机附件的功率消耗(如自动换排、交流发电、动力操纵、空调)。对于配备典型附件的客车,在速度为 96.6km/h 时可用于推进的最大有效马力为制造商额定的发动机公称马力的 50%。对于大型货车,可用于推进的最大有效马力约为制造商额定的发动机公称马力的 94%。这些估计值可用于考察车辆的最大加速度和在坡上行驶时的最高速度。

由前分析可知,行驶阻力同车辆的质量大小成正比。因而,将汽车的总质量 W 除以发动机功率 P 所得到的质量—功率比(W/P)指标,可以用来反映车辆的总体性能特征,特别在应用于大致比较不同车辆的性能时。质量—功率比越高,意味着对于相同总质量级位的车辆来说,发动机的功率越小,即可用于克服行驶阻力的能力越低,因而,车辆的加速性能越差。而质量—功率比越低,则表明发动机的性能好,可以提供较大的功率来克服行驶阻力。因此,质量—功率比是一项衡量汽车加速性能和爬坡性能的指标。

为了节省燃油,小客车的尺寸逐渐减小,因而,其质量—功率比不断降低。由于货车的质量随装载量而变,货车的质量—功率比的变化范围很大。虽然货车的尺寸和质量在不断地增大,但发动机的功率比质量增长得更快。因而,货车的质量—功率比在过去数十年内不断下降。不同车型的质量—功率比举例如下:奇瑞 QQ3 0.8MT 07 款,质量—功率比一般为 17.3 kg/hp;长安星光 SC6390B 1.3MT FGA,质量—功率比一般为 12.3kg/hp;丰田海狮 HIACE 2.7 AT 05 款,质量—功率比一般为 13.9kg/hp;福菱 FZ508lXXYMA 中卡厢式货车,质量—功率比一般为 45.04.kg/hp;江淮客车 HFC6128H YC6L330-30,质量—功率比一般为 30.69kg/h;解放 CA1201PIK2L10T3A91 平头 6X2 载货车,质量—功率比一般为 49.59kg/hp;X6K 型集装箱专用平车,质量—功率比一般为 74.57kg/hp。

第三节 汽车的加速性能

在双车道公路上行驶的车辆准备超车时,汽车加速性能的优劣将影响到超车所需的路段长度。在设计交叉口信号灯时,汽车加速性能是一项影响信号周期设定的重要因素。在交通流被阻断时,汽车的加速性能信息可用于估计如何恢复正常的交通。在分析燃油消耗和行程时间价值时,需要提供有关汽车加速性能的信息。因而,汽车加速性能是道路几何设计和交通设计时须考虑的一项重要因素。

汽车在平坡直道上行驶的最大加速度,可由式(2-8)和式(2-9)改写为下式。

$$a_{1v} = \frac{gP}{W} - \frac{R_r + R_a}{W} \qquad (2-10)$$

式中:a_{1v}——在平坡路段上速度为 v(km/h)时的最大加速度,m/s²;

R_r——滚动阻力,kgf;

R_a——空气阻力,kgf。

由上式可知,汽车的加速性能主要依赖于汽车的质量—功率比 W/P。由于滚动阻力和空气阻力随行驶速度而增大,加速性能便随行驶速度增大而降低。

利用上式,可推算出不同质量—功率比的小客车和半挂式组合货车在平坡路段上加速时时的最大加速度,包括从起步加速和从不同初速加速到某个速度时的最大加速度,如表2-4所列。分析表列数值可以看出,影响加速度性能的最主要因素是车辆的质量—功率比。随着质量—功率比的增加,车辆的加速性能下降,其起步时的最大加速度降低。例如,W/P 为 11.35kg/hp 的小客车起步时的最大加速度为 $2.83 \sim 2.38 \text{m/s}^2$,而 W/P 为 15.89kg/hp 的最大加速度下降为 $2.07 \sim 1.68 \text{ m/s}^2$。同时,小客车的质量—功率比性能优于半挂式组合货车,其加速性能也大大优于半挂车。如 W/P 为 181.6kg/hp 的半挂车起步时的最大加速度仅为 $0.40 \sim 0.21 \text{m/s}^2$,远低于小客车的最大加速度。此外,还可从表列数值看到,随着起始速度的提高,行驶阻力(滚动阻力和空气阻力)增大,最大加速度降低。如 W/P 为 11.35kg/hp 的小客车从起步加速到 16km/h 时的最大加速度为 2.83m/s^2,而从 80km/h 加速到 96km/h 时(相同的加速幅度),最大加速度下降为 1.71m/s^2。

平坡路段上车辆的最大加速度(单位:m/s²)　　表2-4

车辆类型	质量—功率比 W/P(kg/hp)	在以下速度范围(km/h)内的最大加速度(m/s²)							
		0~16	0~32	0~48	0~64	0~80	32~48	48~64	64~80	80~96
小客车	11.35	2.83	2.71	2.59	2.50	2.38	2.38	2.16	1.92	1.71
	13.62	2.38	2.29	2.19	2.07	1.98	1.98	1.77	1.58	1.37
	15.89	2.07	1.98	1.89	1.80	1.68	1.71	1.52	1.34	1.16
半挂车	45.4	0.88	0.70	0.67	0.61	0.49	0.64	0.46	0.30	0.18
	90.8	0.55	0.49	0.46	0.37	0.30	0.40	0.24	0.15	0.12
	136.2	0.40	0.40	0.37	0.33	0.18	0.30	0.18	0.09	—
	181.6	0.40	0.37	0.33	0.21	—	0.27	0.12	—	—

道路纵坡度是影响最大加速度的另一个重要因素。在纵坡路段上的最大加速度要比平坡路段上的小,其下降值可按下式确定。

$$a_{gv} = a_{lv} - \frac{ig}{100} \tag{2-11}$$

式中:a_{gv}——在纵坡路段上速度为 v(km/h)时的最大加速度,m/s²;
　　　i——纵坡坡度,%。

表2-5列出了按式(2-11)和表2-4推算出的小客车和半挂车在坡道上坡时的最大加速度数据。可以看出,随着纵坡度增加,最大加速度下降,例如起步加速的小客车在平坡时的最大加速度为 2.29m/s^2,而在10%纵坡路段上的最大加速度下降为 1.31m/s^2;而且,起始加速的速度越高,最大加速度下降的幅度越大。半挂式货车由于加速性能差,在较陡的纵坡路段上,甚至不能在坡道上加速或保持已有速度。例如,表中 W/P 为 90.8kg/hp 的半挂车在6%纵坡的路段上无法加速,在4%纵坡路段上不能在行驶速度达 32km/h 后加速或保持此车速。

坡道上车辆在不同速度范围内的最大加速度(单位:m/s²)　　表2-5

速度变化 (km/h)	小客车(13.6kg/hp)					半挂车(90.8kg/hp)			
	平坡	2%	4%	6%	10%	平坡	2%	4%	6%
0~32	2.29	2.10	1.89	1.71	1.31	0.49	0.30	0.09	*
32~48	1.98	1.80	1.58	1.40	1.01	0.40	0.21	*	*
48~64	1.77	1.58	1.37	1.19	0.79	0.24	0.06	*	*
64~80	1.58	1.40	1.19	1.01	0.61	0.15	*	*	*
80~96	1.37	1.19	0.97	0.79	0.40	0.12	*	*	*

注:*表示货车不能加速或保持速度。

利用表2-4和表2-5中的数据,可绘制出汽车以最大加速度起步时的行程时间与达到的速度的关系曲线,供道路或交通设计时应用。图2-4为三种功率比的小客车在平坡和6%纵坡的道路上以最大加速度起步加速时的行程时间—速度关系曲线。在此基础上,还可以绘制出行程距离—速度和行程时间—行程距离关系曲线。

正常行驶时,驾驶员一般很少使用最大加速度。小客车的正常加速度一般变动在0.89~1.47 m/s²范围内。图2-5是依据小客车在信号灯转绿后起步以及在车道上超车时观测到的加速度数据整理得到的行程距离—达到的速度关系曲线,其加速度约为$1.07 m/s^2$,不到表2-4中最大加速度数值的65%。

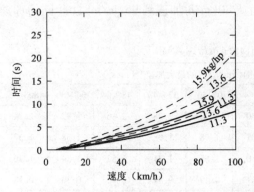 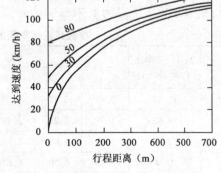

图2-4 小客车以最大加速度加速时的行程时间—达到速度关系曲线
(图中实线为平坡道路,虚线为6%上坡道路)

图2-5 小客车在平坡道路上正常加速的达到速度—行程距离关系曲线

第四节 车辆减速性能

汽车在行驶时,如果驾驶员松开加速踏板,由于需消耗部分功率以克服行驶阻力,即便不踩制动器,汽车也会自动减速,特别在汽车由平坡或降坡转为升坡路段,或者由直线转入急转弯路段时。车速越高,行驶阻力越大,这种自动减速便越多。例如,在汽车以110km/h的速度行驶时,驾驶员一旦松开加速踏板,车速便会按$0.97 m/s^2$的减速度自动下降。

在看见行人、障碍物或停车信号时,驾驶员需踩制动器以减速。正常情况下的制动器减速,汽车的减速度以客车乘客的舒适感为度,通常不超过$3.0 m/s^2$。此减速度被用于估计停车信号前的合理停车时间和路段长度,以及确定信号灯的黄灯或黄灯加红灯的间隔时间。

遇见紧急情况时,驾驶员往往会猛踩制动器,使制动鼓或盘被完全抱死(锁住)。这时,车辆的减速度取决于轮胎与路面接触面上的有效摩阻系数。此摩阻系数是一个变量,随路面类型(表面粗糙程度)、路表干湿状况、轮胎状况(胎面花纹、磨损程度)以及制动时的车速而变。客车在不同条件下的摩阻系数代表值列于表2-6。摩阻系数在数值上与车轮被抱死时的最大减速度(以重力加速度表示)相等,即摩阻系数为0.4时,最大减速度便为$0.4g$,或$3.92 m/s^2$。最大减速度主要用于估算在紧急情况下的最小停车视距。表2-6中也列出了与各摩阻系数值相对应的最小停车距离,表中的建议值为美国州公路和运输官员协会提出的停车视距标准,其中包括2.5s驾驶员感觉反应时间。

摩阻系数和最小停车距离　　　　　　　　　　　　表2-6

路表面	行驶速度(km/h)	摩阻系数			最小停车距离(m)		
		表面干燥		表面潮湿	表面干燥		表面潮湿
		新轮胎	严重磨损轮胎	建议值*	新轮胎	严重磨损轮胎	建议值*
沥青混凝土	32	0.76	0.60	0.40	5.5	6.7	10.1
沥青砂		0.75	0.57	0.40	5.5	7.0	10.1
水泥混凝土		0.73	0.50	0.40	5.5	8.2	10.1
沥青混凝土	48	0.79	0.57	0.35	11.6	16.1	26.1
沥青砂		0.79	0.48	0.35	11.6	19.2	26.1
水泥混凝土		0.78	0.47	0.35	11.6	19.5	26.1
沥青混凝土	64	0.75	0.48	0.32	21.6	33.8	50.8
沥青砂		0.75	0.39	0.32	21.6	41.8	50.8
水泥混凝土		0.76	0.33	0.32	21.3	49.4	50.8
所有路面	80	—	—	0.30	—	—	84.7
	96	—	—	0.29	—	—	126.1
	113	—	—	0.28	—	—	177.8

注：* 美国州公路和运输官员协会建议。

采取紧急制动而车轮被完全抱死时，车辆（特别是货车）会由于侧向摩阻力小而失去控制。安装微处理器控制的防抱死制动系统，可以减少车辆失控的可能性，并增加轮胎与路表面间的摩阻力。

第五节　弯道行驶

车辆以一定的速度在弯道上行驶时，车身受到离心力的作用。此离心力 C 与车辆重力 W 和行驶速度 v 的平方成正比，与弯道半径 R 成反比 $[C = Wv^2/gR]$。在离心力的作用下，车身有以外侧车轮为支点向曲线外侧倾倒，或者车轮沿路表面向曲线外侧滑移的危险。

如果路表面是平的，则阻止上述危险出现的唯一抗力是轮胎与路面之间的横向摩阻力。为了改善这一状况，弯道路段的路面通常设置向曲线内侧倾斜的横坡（称作超高），利用车辆重力的内倾分力，部分抵消车辆向外倾倒和滑移的倾向。车辆在设有超高路面上的受力状况，如图2-6所示。由静力平衡条件，可得出车辆在设有超高弯道上行驶的平衡式。

$$W\sin\beta + fW\cos\beta = \frac{Wv^2}{gR}\cos\beta \tag{2-12}$$

或者

$$\tan\beta + f = \frac{v^2}{gR} \tag{2-13}$$

式中：f——横向摩阻系数；

g——重力加速度，9.81m/s^2；

β——路面横坡的倾斜角度，$\tan\beta$ 可近似等于超高横坡度 e。

由上述平衡式可知，为保证车辆以一定速度在弯道上安全行驶，必须控制弯道的半径，即：

$$R = \frac{v^2}{g(e+f)} \tag{2-14}$$

式中：e——超高横坡度。

由上式确定的弯道半径为保证车辆行驶稳定和安全的最小半径。此值与行驶速度成正比,速度越高,要求的最小半径值越大;与超高的横坡度成反比,横坡度增大,要求的最小半径值可降低。公路超高的最大横坡度通常为8%～10%,城市道路超高的最大横坡度通常为4%～6%。行驶速度越高,弯道半径越小,选用的横坡度应越大。

影响弯道最小半径的另一项因素是轮胎与路表面间的横向摩阻系数。它是路面类型、路表干湿状况、轮胎状况和行驶车速的函数,但在选用时主要考虑驾驶的舒适性。横向摩阻系数高,意味着容许产生的离心力大,而离心力过大的话,会使驾乘人员在座位上向曲线外侧横向滑移。依据舒适性考虑的横向摩阻系数的选择范围为0.16(48km/h)～0.12(113km/h),随行驶速度的增加而降低。

汽车在弯道上行驶时,车辆后轴的行驶轨迹并不跟随其前轴的轨迹。低速行驶的车辆,其后轴的行驶轨迹,与前轴的轨迹相比,向曲线内侧偏移(图2-7)。偏移量主要随弯道半径、轴距以及牵引车和拖车的连接点位置而变化。小客车的偏移量较小,通常可忽略不计;但货车的偏移量较大,特别在弯道半径小时。表2-7中列出了几种半挂式货车在不同弯道半径直角转弯时的行驶轨迹偏移量,可以看出上述各项因素对偏移量的影响程度。

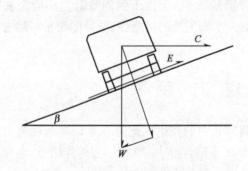

图2-6 汽车在设有超高弯道上行驶的受力状况

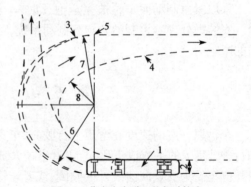

图2-7 货车在弯道上的行驶轨迹
1-直道上的车厢宽;2-前轴左侧车轮轨迹;3-后轴右侧车轮轨迹;4-前悬轨迹;5-弯道上的偏移量;6,7-弯道外缘圆曲线半径;8-弯道内缘圆曲线半径

随着行驶速度的增加,后轴的行驶轨迹逐渐向曲线外侧偏移,以致在高速行驶时出现向曲线外侧偏移出前轴轨迹的情况。

几种半挂式货车在不同弯道半径直角转弯时的行驶轨迹偏移量(单位:m)　　表2-7

弯道半径(m)	15	30	90
带11.3m长拖车的半挂车	3.60	1.98	0.64
带13.7m长拖车的半挂车	4.72	2.74	0.88
带14.6m长拖车的半挂车	5.15	3.05	1.01

车辆在弯道上行驶时出现的后轴行驶轨迹偏移,使车辆占用的车道(路面)宽度增大。在设计城市道路交叉口时,须特别考虑货车在低速转弯时的行驶轨迹偏移量,对车道或路面增加足够的宽度。

第六节 车辆运行费

车辆的运行费用(成本)由可变费用和不变费用两部分组成。可变费用包括燃油、润滑油、轮胎、保修费用,它们同车辆特性及道路和交通状况有关。不变费用则包括车辆折旧、保险、牌照等费用,它们同车辆的使用情况无关;但如果假设或已知车辆的年平均使用里程数,则不变费用也可表示为单位行驶路程的费用。车辆运行费,一方面反映车辆本身的经济特性和制造技术水平,另一方面也反映为车辆运行所提供的道路设施和交通状况的水平。因而,它是评价道路投资效益、比选道路设施规划或设计方案的重要经济指标。

在组成车辆运行费的各项费用中,燃油消耗费是一项比重最大的支出,大约占可变费用的30%～50%。表2-8为1988年对公路运输部门运行成本的调查资料,其中可变费用占42%左右,而燃油费占可变费用的55%左右。燃油消耗虽然同汽车发动机的效率密切相关,但很大程度上也受到道路和交通状况的影响。表2-9中的数据表明小客车在平坡和不同纵坡的直线路段上以不同速度匀速行驶时的燃油消耗,从中可看出道路状况对燃油消耗的影响情况。燃油消耗随行驶速度而变化,呈两端高中间低的规律,即低速和高速行驶时油耗大,中速行驶时油耗相对较低。随着路段纵坡的增大,由于需消耗部分功率以克服坡度阻力,燃油消耗迅速增加。而在弯道上行驶时,由于需克服弯道阻力,燃油消耗相应增大,转弯角度越大,油耗增加得越多,并且行驶速度越高,油耗的增长率越大。此外,随着路面不平整程度的增加,由于滚动阻力的增加,燃油消耗增大。综合上述因素的影响,汽车的燃油消耗量可采用下述一般关系式表示。

$$F = a + bv^{-1} + cv^2 + d\mathrm{IRI} + eH_s - fH_j + g(W/P)^{-1} \tag{2-15}$$

式中:F——燃油消耗量,L/km;
　　v——车辆行驶速度,km/h;
　IRI——路面平整度,m/km;
　　H_s——上坡路段的上升高度,m/km;
　　H_j——下坡路段的下降高度,m/km;
　W/P——汽车的质量—功率比,kg/hp。

关系式中的系数 a、b、c、d、e、f、g,可通过试验和调查进行标定。

虽然燃油消耗量随纵坡增大、弯道转角增大或路面平整度变差而增加,由于运行费用中的其他费用项以及总费用增长得更多,燃油费占可变费用的比例反而随之下降。

公路运输部门汽车运行成本构成(1988年)　　　　　　表2-8

项目	燃油	轮胎	保修	大修	折旧	养路	工资及附加	其他	管理
比例(%)	23.11	5.25	13.52	6.55	6.91	14.81	7.93	7.45	15.46

注:其他费用包括车辆牌照费、保险费、运管费等。

行驶速度和道路纵坡对小客车燃油消耗的影响　　　　　　表2-9

行驶速度 (km/h)	不同纵坡的燃油消耗量(L/km)					
	平坡	2%	4%	6%	8%	10%
16	0.169	0.205	0.242	0.285	0.336	0.421
32	0.118	0.165	0.202	0.245	0.301	0.376
48	0.103	0.141	0.183	0.226	0.292	0.362

续上表

行驶速度(km/h)	不同纵坡的燃油消耗量(L/km)					
	平坡	2%	4%	6%	8%	10%
64	0.108	0.146	0.183	0.226	0.292	0.367
80	0.122	0.165	0.195	0.245	0.306	0.381
96	0.136	0.179	0.219	0.263	0.325	0.400
113	0.158	0.198	0.240	0.287	0.348	0.423

与燃油消耗费相似，轮胎消耗费也随行驶速度的增加、弯道转角的增大、路面不平整度和纵坡的增大而增加。小客车和面包车的轮胎消耗费用占可变费用的比例很小(小于2%)。随着车型变大和车重增加，轮胎消耗费用迅速增长，可达到可变费用的10%~15%；而在纵坡大的路段上，更可能增长到可变费用的25%~30%。在弯道或不平整路面上行驶，轮胎消耗费均略有增长。

车辆保修费用包括零配件费和保修人工费两部分。零配件费用主要与路面状况有关，随路面平整度的变差呈指数增长；此外，还与车辆的车龄有关，随行驶里程数的增加而增长。保修人工费用与零配件费用相关，随后者增加而增长。因而，车辆保修费主要受路面平整度的影响。在平整度差的路上，车辆保修费占可变费用的比重可达到与燃油和轮胎相近的水平。

思考与练习

1. 试分析本章车辆划分标准的合理性和局限性。
2. 试分析不同的道路设计参数对车辆行驶阻力以及车辆性能的影响。为了保证车辆的运行性能，在道路设计中应注意哪些问题？
3. 根据本章第二节中的公式，试推导出货车在坡度为 i 的爬坡路段匀速行驶时，车辆受力的平衡公式。
4. 试分析车辆在爬坡路段和平面路面行驶时，其受力状况的不同点。
5. 在车道宽度的设定以及爬坡路段的坡度规定中，主要依据了车辆的哪些特性？
6. 为了建设低碳社会，为利于节能减排，车辆应该提高哪几项性能指标？
7. 在车辆运行过程中，轮胎的滚动半径为什么会随着速度的增加而增大？

第三章 道路交通流特性及通行能力

车辆依次在道路设施上鱼贯而行时,可类比于气体或液体分子在介质内的流动,称作交通流。这种车辆运行可区分为两种情况。一种情况是车辆在道路路段上行驶时,不因外界干扰而停车,交通保持一种连续的流动状态,可称之为连续流。这时的交通流特性,通常可用三个指标来表征:速度、交通量和交通密度。另一种情况是在道路上行驶的车流,通过设信号或不设信号的交叉口时,交通流中断,并出现排队现象,可称之为间断流。其特性可用排队长度和停车延误时间来表征。

在规划、设计和管理道路设施时,须知道车辆在道路设施上的流动特性和流动状况。一方面通过它来了解和评价道路设施的实际和潜在生产能力(交通量和通行能力)以及设施的服务水平(服务效率和服务质量)。另一方面依据它来确定道路设施所需的规模(宽度或车道数)或者制订改善交通运行状况和服务质量的方案和措施。

美国交通工程学者海特(Haight),曾将道路上的交通归纳成三个基本属性:两重性、局限性、车辆间的时间和空间的变化属性,从以上三个特性出发,将道路上的交通流用流量、密度、速度三个重要参数加以描述。

本章首先介绍交通流的三个基本参数——速度、交通量和交通密度的定义、特性,及其相互关系;而后,阐述通行能力和服务水平的概念和定义,分析有关影响因素,并论述服务水平分级指标和标准;最后,讨论高速公路基本路段和信号交叉口两种不同交通运行特点的道路设施的通行能力和服务水平的分析方法。

第一节 速 度

一、速度及其影响因素

速度是指车辆在单位时间内行驶的距离(km/h)。它通常用于度量车辆的运行效率或者道路设施所提供的服务质量。

在交通工程中,随着车速的用途不同,派生出有若干特殊用途的车速,常用的有地点车速、行程车速、行驶车速、临界车速、设计车速、时间平均车速、空间平均车速等。车辆在行驶过程中某一瞬时的速度,称为瞬时速度或点速度。车辆不受耽搁的连续行驶,驶过某一段路程所用去的时间称为行驶时间。该段路程与行驶时间之比称为行驶速度。在某段行程中,包括行驶时间、起终点和途中延误的时间在内的总时间称为行程时间。该段路程与行程时间之比为行程速度。

影响车速的因素是多方面的,包括:
(1)驾驶员因素——性别、年龄、驾龄、性格等;
(2)车辆因素——车辆类型、车龄、载质量等;

(3)道路因素——道路等级、平曲线半径、纵坡度、坡长、宽度、路面状况等；
(4)交通因素——交通量、交通组成等；
(5)环境因素——季节、昼夜、雨雪、能见度等。

在道路的规划和设计中,速度常常是进行方案比较时的一个重要考虑因素,也是道路几何设计时的一项基本依据。

二、平均速度

在交通流中,各车辆往往以不同的速度行驶。通常对速度的分布可以采用正态分布的假设。分布的中心以均值表示,而个别车辆速度的离散性用标准差表示。

交通流的平均速度可以采用不同的数据采集方法得到。第一种方法是在某一时段内采集各车辆通过道路某一特定地点(断面)的瞬时速度(例如利用雷达),计算其平均值后得到时间平均速度。

$$\bar{v}_t = \frac{1}{n}\sum_{i=1}^{n} v_i \tag{3-1}$$

式中：$\bar{v}_t$——时间平均速度；

v_i——i 车辆的瞬时速度；

n——观测的车辆数。

第二种方法根据在同一瞬间得到的某路段上各车辆的速度(例如采用空中摄影法),整理出该路段长度内的平均速度,称作空间平均速度。

$$\bar{v}_s = \frac{n}{\sum_{i=1}^{n}\frac{1}{v_i}} \tag{3-2}$$

式中：$\bar{v}_s$——空间平均速度。

图 3-1 表明了时间平均速度和空间平均速度的典型关系,空间平均速度总是低于时间平均速度。

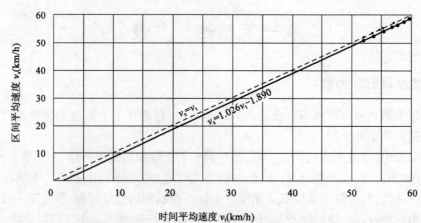

图 3-1　时间平均速度和空间平均速度之间的典型关系图

在交通流分析时,宜采用空间平均速度,但时间平均速度易于测定。空间平均速度可利用下式由时间平均速度转换得到。

$$\bar{v}_s = \bar{v}_t + \frac{\sigma_t^2}{\bar{v}_t} \tag{3-3}$$

式中：σ_t^2——时间平均速度观测值的方差。

通常，时间平均速度略大于空间平均速度，约在5%以内。

三、设计速度

设计速度的选择是在道路规划和设计过程的初期所需做出的一项关键决定。它主要依据道路的等级(功能要求)和地形条件。道路几何设计，包括平面、纵断面、视距和横断面的设计，在很大程度上都依赖于所采用的设计速度。所选用的设计速度越高，道路几何设计的标准便越高，道路的修建费用也相应提高，特别在地形复杂的地段。然而，依据过低的设计速度修建的道路，如果需要进行改善提高，往往会耗资巨大，甚至因不可能实施而被迫废弃。

按设计速度所建立的几何设计标准是低限要求，条件许可时应采用尽可能高的线形标准。由于地形或使用要求变化，整条道路的不同路段可能选用不同的设计速度，但路段的长度不宜过短，同时不同设计速度的路段之间应有设计速度逐渐变化的过渡路段。

不同等级道路的设计车速应根据规范并结合沿线地形合理确定。例如，高速公路作为国家或省属重要干线公路，在位于地形、地质良好的平原、丘陵地段时，其设计速度宜采用120km/h或100km/h；当条件受限时，经论证可选用80km/h；个别特殊困难地段，经论证并报主管部门批准，其局部路段可采用60km/h的设计速度，但其长度不宜大于15km或仅限于相邻互通式立体交叉之间的路段。

各级公路工程技术标准和城市道路设计规范所推荐的设计速度分别已在表1-5和表1-6中列出。

四、运行速度

运行速度是指道路上车辆实际行驶的速度。实践经验和观察研究表明，车辆的运行速度总是随公路线形、车辆动力性能及驾驶员特性等各种条件的改变而变化。只要条件允许，大多驾驶员总是倾向于采用较高的速度行驶。因此，从公路使用者的安全角度考虑，在进行道路路线设计时，不能简单地以设计速度来控制公路线形指标，而应根据车辆连续行驶的特点，以动态的观点来分析车辆进入曲线时的运行速度，并采用与之相适应的设计速度设计或验算，从而提高道路的安全性。

运行速度的引入，可以有效地解决路线设计指标与实际行驶速度所要求地线形指标脱节的问题。但由于国内外的交通条件和驾驶员行为差别明显，要在路线设计技术规范中采用，还需对我国的运行速度进行深入调查，确定适合国情的设计参数值。

第二节　交　通　量

交通量为单位时段内通过道路上某一地点(或断面)的车辆数或行人数。它是表征交通流特性的重要参数之一，也是衡量道路设施生产率的一项主要指标。

按照所取时段单位的不同，交通量可表述为：

(1)小时交通量(HT)：单位小时内的车辆数(辆/h)；

(2)年平均日交通量(AADT)：在一年内每日交通量的平均数(辆/d)，即一年内通过的车辆总数除以365d；

(3)平均日交通量(ADT)：在少于一年的时段内的每日交通量的平均数(辆/d)，即该时间

段内通过的车辆总数除以时段天数;

（4）周平均日交通量(WADT):一周内交通量之和除以周日天数(7)所得的交通量;

（5）月平均日交通量(MADT):一月内交通量之和除以该月天数(28或29、30或31)所得的交通量。

一、交通量的时间变化和空间分布

交通量是交通需求同交通流相互作用的结果。随着经济和社会活动对交通需求的变化,交通量也相应随时间发生变化。这种变化表现如下。

（1）月变化:在一年内的不同月份,各月的平均日交通量随着交通需求的变化而围绕年平均日交通量波动。这种波动与道路的类型(或功能)、季节、节日等因素有关,例如,城市道路的月变化小于公路的月变化,而具有旅游或休闲功能的公路的月变化大于其他功能公路的月变化;北方地区冬季的月平均日交通量低于夏季;春节期间公路交通量有很大的下降,这是在我国具有的特点。但近年来随着人们生活方式的逐渐改变,春节外出探亲尤其旅游活动将会逐渐变得频繁,这将会导致2月份的公路交通量增加,即该月的月平均日交通量高于其他月份。

（2）日变化:一周内不同日子的日交通量围绕周平均日交通量波动。由于工作和休闲的不同需求,城市道路在双休日的日交通量要比工作日的小很多,但近郊道路的情况可能正好相反,双休日的日交通量由于居民出游会比工作日的日交通量高出很多(图3-2)。

（3）小时变化:在一天内各个小时的交通量出现波动(图3-3)。夜晚的小时交通量往往比白昼的交通量小很多;工作日的上下班高峰时段,城市道路的小时交通量要比其他时段大很多,而公路上一般不会出现早高峰时段。

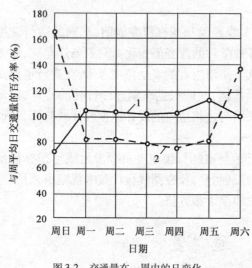

图3-2 交通量在一周内的日变化
1-市区道路;2-公路(旅游道路)

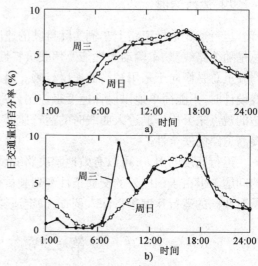

图3-3 交通量在一天内的小时变化
a)公路;b)市区道路

除了上述年、月和日变化外,在小时内的不同时段,交通量也各不相同。交通分析时,小时交通量是一项基本计量指标。按小时内高峰时段(通常为15min)的交通量推算的小时流率,与按小时内总交通量计算的小时交通量不会相同。如下述算例所示(表3-1),按整个小时的交通量计算的小时交通量为4 000辆/h,而按15min时段的高峰流率推算的小时流率则为(4×1 200=)4 800辆/h。为了避免高峰小时内出现较长时间的交通拥挤,通常采用由高峰时段(15min)的流率推算的小时交通量。小时交通量与4倍15min高峰流率的比值,称为高峰小时系数(PHF)。按表 3-1 的数据,PHF = 4 000 / (4 × 1 200) = 0.833。

小时交通量计算示例表 表 3-1

时　段	9:00~9:15	9:15~9:30	9:30~9:45	9:45~10:00	9:00~10:00
交通量(辆)	800	1 000	1 200	1 000	4 000
按15min时段推算的流率(辆/h)	3 200	4 000	4 800	4 000	—

在任何特定的时间内,都会有一个方向上的交通量大于另一个方向上的交通量,甚至出现多至2∶1的不平衡现象。旅游公路和其他功能的公路也会表现出显著的方向性不平衡现象,在设施的设计过程中必须考虑。表3-2列举了我国各种类型公路的方向性分布。在公路通行能力分析中,方向性分布是一个重要的因素,尤其是双车道公路。由于其不同方向的流量相互影响,因此对双车道公路的分析必须考虑方向性分布。

方向性分布系数表 表 3-2

路　段	公路等级	5min 流量		15min 流量		60min 流量		服务特征
		主方向交通量最大	合计交通量最大	主方向交通量最大	合计交通量最大	主方向交通量最大	合计交通量最大	
沈阳—大连	高速	0.70	0.58	0.56	0.55	0.53	0.51	城间
104国道黄河大桥	一级	0.61	0.61	0.61	0.56	0.62	0.56	放射
兵马俑馆—西安	二级	0.78	0.67	0.72	0.62	0.66	0.60	旅游
教坊—眉县	三级	0.84	0.56	0.73	0.56	0.60	0.57	乡村

每个方向的车道数多于1个时,方向交通量在车道间的分布是不均匀的。车道交通量的分配,主要受交通量大小、重车和慢行车所占比例、路边出入口数量和位置等因素的影响。交通量小时,左侧车道交通量所占的比重较小;随着交通量增长,各车道的交通量渐趋平衡。城市道路的右侧车道,由于路缘石、出入口或车辆停放的影响,车道交通量往往较其他车道低。道路设计时,应考虑交通量的车道分布,按主要车道的交通量确定车道所需提供的通行能力。

二、设计交通量

交通量是确定道路设施规模(容量)的主要依据之一。在进行道路规划设计时,通常依据运输需求预估年平均日交通量。但如果按年平均日交通量确定道路设施所需的容量,由于交通量的月变化和日变化,年内有很长时间出现交通量超出年平均日交通量的情况,所设计的设施将会有许多时间发生因容量不足而产生的交通拥堵。因而,设计时通常按照小时交通量,特别是年内的高峰小时交通量确定设施的容量。

对交通量特性的研究表明,在小时交通量和年平均日交通量之间可以建立一定的关系。如图3-4所示,将小时交通量表示为年平均日交通量的百分率,并按递降的次序排列,可点绘出相应的关系曲线。不同类型的道路,具有类似的曲线形状,但各具不同的特点。城市道路关系曲线的位置最低,曲率变化平缓,即小时交通量占年平均日交通量的百分率低,且全年分布较均匀。旅游道路的关系曲线处于最高位置,曲率变化大,即年内仅少数几个小

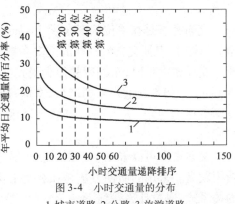

图 3-4 小时交通量的分布
1-城市道路;2-公路;3-旅游道路

时出现很高的交通要求。公路的关系曲线位于这两类道路的曲线之间。道路的容量如果按最大的小时交通量设计,则所建的道路设施在年内大部分时间会显得过于富裕而不经济。从图3-4中的曲线可看出,在第20位和第50位小时交通量之间曲线出现明显的拐点,即在第20位小时交通量的左侧,曲线的曲率变化大,高峰小时交通量很大,为满足其交通要求,需大量增加道路设施的容量和投资;而在第50位小时交通量的右侧,曲线的曲率变化平缓,小时交通量递减很慢,对道路设施容量的要求差别不大。因此,我国公路设计采用第30位的小时交通量作为设计小时交通量(DHV),或者也可以按所设计道路的类型(功能)在第20位和第40位小时交通量的范围内选取合适的小时交通量作为设计小时交通量(DHV)。

道路设施的设计应考虑远期交通量的需求。城市道路考虑远期交通量的设计年限为:快速路和主干道,20年;次干路,15年;支路,10~15年。公路的设计年限为:高速公路和具有干线功能的一级公路,20年;具有集散功能的一级公路,以及二级、三级公路,15年;四级公路,可根据实际情况确定,见表1-4和表1-6。

设计小时交通量与设计年限的年平均日交通量或平均日交通量之间的关系可通过下式表述。

$$DHV_t = k \times AADT_t \times k_D \times k_L \tag{3-4}$$

$$AADT_t = AADT_1(1 + \gamma)^{t-1} \tag{3-5}$$

式中:DHV_t——设计年 t 的设计小时交通量;

$AADT_t$——设计年 t 的年平均日交通量;

$AADT_1$——起始年的年平均日交通量;

k——设计小时交通量与年平均日交通量或平均日交通量的比值;

k_D——交通量方向分布系数;

k_L——交通量车道分布系数;

γ——交通量年增长率;

t——设计年限。

设计小时交通量与年平均日交通量或平均日交通量的比值 k,随道路的类型(功能)而变化:旅游道路的 k 值最高,公路其次,郊区道路和城市道路的 k 值依次递降。此外,k 值随年平均日交通量的增加而下降,并随路网密度的增加而降低。主要公路第30位的 k 值为12%~18%,平均值一般为5%;城市道路第30位的 k 值为7%~18%,平均值约为11%。

第三节 交通密度与车头间距

交通密度是在单位长度车道上,某一瞬时所存在的车辆数,其单位一般为"辆/(km·车道)"。它是表征交通流特性的主要参数之一,用以度量交通流的拥挤程度。

交通密度低时,车辆行驶很少受到交通流中其他车辆的影响,交通流处于自由流(或稳态流)状态。随着交通密度的增长,车辆行驶越来越多地受到交通流中其他车辆的影响,交通流逐渐变得不稳定,进入强迫流状态。因而,交通密度是判别交通流所处状态和拥挤程度的指标。

交通密度可以采用空中摄影或车辆感应系统的方法进行测定,但这些方法都比较复杂且费用较高。常用的简便方法是在获得平均交通流率和速度的基础上,利用下述交通流三要素的关系式,通过计算得到。

$$q = vD \tag{3-6}$$

式中：q——交通流率，辆/h；
v——平均行驶速度，km/h；
D——交通密度，辆/km。

交通密度的倒数，即为该路段长度上各车辆之间的平均间距。此间距统一以各车辆的前保险杠（车头）为测量点，称作车头间距。如果各车辆间的平均间距以平均时间差来表示，则可称作车头时距。车头时距是交通流率的倒数。利用式（3-6）的关系，可以得到车头时距与车头间距的转换关系式。

$$s_s = \frac{1}{3.6} s_t v_a \tag{3-7}$$

式中：s_s——平均车头间距，m/辆；
s_t——平均车头时距，s/辆；
v_a——平均行驶速度，m/s。

车头间距或车头时距表述了车辆在交通流中的纵向分布。在估计交通延误及车辆或行人横向穿越时的可利用间隙，为交通信号系统配时及研究车辆交汇时，都需要应用到车头间距或车头时距的知识。车辆在路上并不会按照相等的车头间距或车头时距行驶，相继车辆间的间距或时距通常都是随机分布的。在某些常见的交通条件下，可采用负指数分布、移位负指数分布或韦布尔分布等表述。

第四节 通行能力与服务水平

一、通行能力

在高速公路、城市快速路和多车道公路基本路段上行驶的车辆，呈现连续的流动状态，称作不间断流。低交通流率时，交通密度小，行驶速度高。随着交通流率的增加，交通密度提高，而行程速度下降，如图3-5所示。当交通流率增长到某一数值后，交通流由稳定流状态转向非稳定流状态，车辆开始停停走走，并进一步发展成强迫流状态。这时交通密度继续增长，而交通流率和行程速度不断下降（图3-5中的虚线部分）。交通流率达最大值的这一点称作通行能力，相应的行程速度和交通密度称作临界速度和临界密度。高速公路、城市快速路和多车道公路基本路段在理想条件下不间断流的通行能力为2 200辆小客车/(h·车道)。

车辆在行经设有交通信号的城市道路和公路交叉口时，只有在绿灯间隔期间才能通行，而在红灯期间必须停车等待，因而交通流出现间断。设有交通信号的道路交叉口的通行能力，只能按允许通行的绿灯时间考虑。当信号由红灯转为绿灯时，停车线前的头几辆车须起步和加速，会损失部分通行时间（约2~3s）。在绿灯结束后的黄灯时间内，总会有几辆车继续行进，进入交叉口，争取到部分通行时间。这两部分时间近似假设相等，可互相抵消，则实际绿

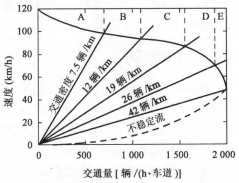

图3-5 不间断流的速度—密度—交通量关系（设计速度120km/h）

灯时间可当成有效绿灯时间。例如,如果信号周期时间为75s,绿灯时间为30s,则绿灯时间占信号周期时间的比例为30/75=0.4,在1h内有0.4×60min=24min时间可以通行。理想条件下,在绿灯时段内所能通过的最大车辆数,称作饱和流率。由上节可知,交通流率与车头时距呈反比关系,因而,可以由平均车头时距的倒数得到车道的绿灯小时饱和流率,即:

$$V_s = \frac{3\,600}{s_t} \tag{3-8}$$

式中:V_s——绿灯小时饱和流率,辆小客车/(绿灯小时·车道);

s_t——平均车头时距,s。

平均车头时距可依据车辆的运行要求,由平均车头间距和平均行驶速度确定。而平均车头间距由车辆长度、驾驶员制动反应距离、制动距离和车辆间安全距离等几部分长度组成。小客车在不同行驶速度时计算得到的平均车头时距和相应的饱和流率见表3-3。

不同行驶速度时的平均车头时距及小时饱和流率　　表3-3

平均行驶速度(km/h)	30	40	50	60	80	100
平均车头时距(s)	2.33	2.20	2.13	2.00	1.89	1.80
小时饱和流率[辆小客车/(h·车道)]	1 550	1 640	1 690	1 800	1 900	2 000

1h绿灯时间的饱和流率一般为每个车道1 800辆小客车。设有交通信号的道路的通行能力,为绿灯小时饱和流率乘绿灯时间与信号周期时间的比值。按上述示例,通行能力为1 800×0.4=720辆/(h·车道)。

如上所述,道路设施的通行能力可定义为:在一定的道路、交通和交通控制条件下,预期道路设施在给定的时段内所能通行的最大车辆数。通行能力反映了道路设施的"生产能力"。通行能力与交通量的区别是:交通量反映的是交通流的实际车辆数,它是交通运输需求同所提供的道路设施条件相平衡的结果;而通行能力则表示在规定的运行条件下道路设施所能承担的最大车辆数。即,前者是道路设施上实际发生的交通状况,后者则是道路设施潜在的最大可能的能力。

新建或改建道路设施或者改善交通运行条件时,需要分析和估算设施的通行能力。其主要用途为:

(1)评价现有设施或交通运行条件满足交通运输需求的程度,以判别是否需要进行改善,并评价各项改善措施的改善效果;

(2)设计有关道路设施时,确定满足预期交通需求和服务水平要求所需的设施规模或尺寸(道路的宽度或车道数)。

二、服务水平

道路的服务水平是指用户在使用道路时所感受到的交通流运行状况,它反映了道路的使用质量。理想的服务水平指标最好包含行驶速度、行程时间、交通中断、延误时间、舒适、便利、安全等方面。实际上,服务水平通常应用一个或两个效果指标来度量。对于不间断交通流,如高速公路、城市快速路和多车道公路的基本路段,常采用交通密度指标;对于间断交通流,如信号交叉口,则常采用停车延误指标。

车辆在出现不间断交通流的道路设施上的运行状况,除了受到道路设施物理特性的影响外,主要随交通密度(或交通量)大小及其他干扰因素的影响程度而变。对于物理特性已定的设施,如果不考虑其他干扰因素的影响,则其服务水平主要随交通密度而变。在达到通行能力之前,交通密度越大,交通量也越大,车速相应下降,运行状况和服务水平随之变差。按运行状况随交通密度和交通量变化的情况,美国将道路的服务水平划分为6级(图3-5)。

(1)A级——交通量小,交通密度低,受交通流中其他车辆的影响极小或没有,约束行驶速度的主要因素是道路的物理特性和法定的限速要求,车辆可在上述限度内按驾驶员所希望的速度行驶,不受或很少受耽搁。这种运行状况常称作"自由流"。

(2)B级——交通流处于稳态流区,行驶速度开始在一定程度上受交通状况的影响,但交通流受到的限制很小,速度降低可以接受,驾驶员有选择速度和车道的自由。与此服务水平等级相对应的服务交通量,可供公路设计时参照。

(3)C级——交通流仍在稳态流区,由于交通量增大,行驶速度受到限制,但仍在满意的范围内,大部分驾驶员选择速度、车道和超车的自由受到限制。与此服务水平等级相对应的服务交通量,适宜于城市道路设计时参照。

(4)D级——交通流趋近于非稳态,行驶速度受运行状况的影响较大,但尚能保持允许的运行速度,交通量的变动会使运行速度产生较大的下降,驾驶员的操作自由度较小,舒适性和便利性较差。

(5)E级——交通流处于非稳态,交通量接近或等于通行能力,行驶速度更低,一般接近于50km/h,会出现间歇停车。

(6)F级——低速行驶的强迫流状态,交通量低于通行能力,行驶速度大大降低,由于拥挤,会出现或短或长时间的停车,在极端情况下,速度和流率会下降为0,交通密度超过40辆/(km·车道)。

我国公路设计将服务水平划分为4个等级,其中,一级相当于美国的A级,二级相当于美国的B级和C级,一级和二级服务水平处于稳态流范围;三级相当于美国的D级,处于稳态流的上限,接近于非稳态流;四级相当于美国的E级和F级,处于非稳态流,接近于通行能力。

衡量或划分各级服务水平等级的交通运行状况的指标,对于高速公路、城市快速路和多车道公路的基本路段,主要采用交通密度;对于高速公路交织区、双车道公路和城市主干路,采用平均行程速度。高速公路、城市快速路和多车道公路基本路段的服务水平等级划分标准(交通密度指标)见表3-4。

高速公路基本路段和多车道公路的服务水平等级标准 表3-4

服务水平等级	美国	A	B	C	D	E	F
	中国	一	二	二	三	四	四
交通密度 [辆小客车/(km·车道)]	美国	≤7.5	≤12.4	≤18.6	≤26.1	≤41.6	>41.6
	中国	≤7	≤18	≤18	≤25	≤45	>45

间断交通流的信号交叉口,其服务水平按延误时间进行度量。延误时间可以采用多种方法衡量。常用的一种是每辆车的停车延误时间,由车道上各车辆在停车线前停车排队等候进入交叉口的时间总和除以车辆数得到,其单位是s/辆。其他方法还有总延误和行程时间延误等。总延误时间,包括车辆进近信号交叉口、由减速到停车、在排队线内慢速行进以及最终通过停车线和进入交叉口的所有时间。行程时间延误是指车辆不减速或停车而直接通过交叉口的时间同停车、加速而后进入交叉口所需的时间之差。行程时间延误要比停车延误时间长,一般约为后者的1.3倍。信号交叉口服务水平等级的划分标准(停车延误指标)见表3-5。

信号交叉口服务水平等级标准　　　　　　　　　　　　　　表3-5

美国	服务水平	A	B	C	D	E	F
	停车延误(s/辆)	≤5.0	5.1~15.0	15.1~25.0	25.1~40.0	40.1~60.0	>60.0
中国	服务水平	一级	二级		三级		四级
	每辆车的平均延误(s/辆)	≤10	>10~35		>35~60	>60~80	≥80
	直行车饱和流率(辆/h)	≤800	>800~1 200		>1 200~1 600	>1 600~1 800	≥1 800

为所建设的道路选用哪一级服务水平,是道路设计时须考虑的重大问题,也是道路主管部门须做出决策的首要问题。选用较高的服务水平等级(一级或A级、B级),则交通运行状况良好,但道路的建设规模和投资量势必很大;选用较低的服务水平等级(三级、四级或D级、E级),可以缩小建设规模,降低投资量,但交通运行质量较差,路上会经常出现拥挤或堵车现象。因而,服务水平等级的选择往往依赖可能提供的投资水平,难以制定或规定全国统一的标准。美国通常选用的服务水平等级为:高速公路(包括城市快速路)、多车道公路、信号交叉口、城市主干路,C~D(可接受水平)或B~C(要求水平);公路、无信号交叉口,B~C(可接受水平)或A~B(要求水平)。我国公路设计采用的服务水平等级为:高速公路和具有干线功能的一级公路,二级;具有集散功能的一级公路以及二、三级公路,三级。

在不同服务水平等级时,道路设施在理想条件下所能通过的最大小时交通流率,称作该等级的最大服务流率(或最大服务交通量)。小时交通流率通常定义为15min高峰交通流率的4倍。

三、影响通行能力和服务水平的因素

分析道路的通行能力和服务水平时,通常采用的方法是,先按预定的服务水平等级确定道路设施在理想条件下的最大服务流率,而后按照设施在道路、交通和交通控制方面的实际条件对此最大服务流率进行修正,得到该服务水平等级的服务流率(服务交通量)。此服务流率也可称作设计通行能力。

对于交通流为不间断流的道路设施,理想的运行条件包括:车道宽3.6m(我国为3.75m),侧向净空不小于1.75m,交通流中全都为小客车,工作日或上下班的熟练驾驶员,平坦地形。对于交通流为间断流的信号交叉口,理想的运行条件包括:车道宽3.6m(我国为3.75m),平坡,交通流中全都为小客车,无路边停车和公交停车,无转弯车辆的直行车道,离商务中心区较远,100%绿灯时间。对于双车道公路路段,我国采用的理想条件为:设计速度大于或等于80km/h,车道宽度大于或等于4m,侧向净空大于或等于1.75m,交通流中全都为中型货车,公路上无不准超车区,双向交通量分布为50/50,地形为平原微丘,无横向交通干扰。

道路的实际运行条件主要考虑以下五方面。

(1)道路条件:车道宽度是重要影响因素,车道越宽,可通行的车辆越多,速度越快;车道数量的影响,车道增多,其通行能力增长不到一条车道的基本通行能力,即2 200辆小客车/(h·车道),也就是说平均每车道的通行能力相对于理想条件有所下降。沿道路右侧边缘和沿分隔带的侧向净空越宽,通行能力越大,行驶速度越快;平面和纵断面线形也会影响通行能力,起伏的地形(纵坡可达4%)会减少通行能力和降低行驶速度,而山岭地形对通行能力和行驶速度的降低影响则更大。

(2)交通条件:交通流中包含小客车以外的车辆,不同的车辆组成会影响道路的通行能力

和车辆计数;双车道公路的交通量方向分布会影响总通行能力的计算(双向各半分布时,理想条件下的双车道公路通行能力为 2 800 辆小客车/h,而双向 70/30 分布时的通行能力仅为 2 500辆小客车/h);交通量车道分布对信号交叉口的通行能力和延误有影响。

(3)交通控制条件:交通控制对交叉口的通行能力有重大影响;车速和车型限制及路边停车等交通规则,对通行能力和服务水平都会有影响。

(4)设计速度影响:当设计速度低于 120km/h 时,高速公路的运行条件将产生变化。因此,在任何特定的交通量条件下,车速观测值都低于 120km/h,其速度—流量—密度关系曲线和通行能力值也将发生相应的变化。

(5)驾驶员总体特征影响:理想条件之一是驾驶员都是职业驾驶员。当驾驶员由职业和业余驾驶员组成,或者驾驶员的技术熟练程度、遵守交通法规的程度、高速公路驾驶经验、对所在高速公路的熟悉程度以及驾驶员健康状况与理想条件存在差别时,都将使交通流的速度降低,导致速度—流量—密度关系曲线和通行能力发生变化。

此外,环境条件(如雨、雪、雾、夜晚等)和路面状况等因素,对通行能力也有影响;但这些因素都未在通行能力分析中给予定量考虑。

第五节　道路通行能力和服务水平分析

一、道路设施划分

分析道路通行能力时,可按交通运行状况和影响因素的不同,主要将道路设施划分为 8 种情况。

(1)高速公路和城市快速路基本路段:交通运行状况为不间断交通流,存在于车速、流率和密度之间的基本关系,是通行能力和服务水平分析的基础。

(2)高速公路和城市快速路匝道和匝道连接点:进口匝道,从匝道连接处起,其上游 150m、下游 760m 的范围为进口匝道影响范围。出口匝道,从匝道连接处起,其上游 760m、下游 150m 的范围为出口匝道影响范围。

(3)高速公路和城市快速路交织区:行驶方向相同的两股或多股交通流,沿着相当长的路段,不借助交通控制设施进行的交叉。当合流区后面紧接着一分流区,或当一条驶入匝道紧接着一条驶出匝道并在二者之间有辅助车道连接时,都构成交织区。合流点上游 150m 为交织区的起点,分流点向下游 150m 为交织区的终点。

(4)多车道公路:不控制出入和采用平交(间距 3km 以上)的双向 4 车道或 6 车道公路,除了须考虑设或不设分隔带的影响外,其交通运行状况和通行能力分析与高速公路相同。

(5)双车道公路:单向只有一个车道,超越前方慢行车辆时须利用对向车辆使用的车道,使两个方向的交通相互影响,造成车辆延误。因而,在通行能力分析时,须按双向交通统一考虑。

(6)信号交叉口:交通运行状况为间断流,通过交叉口的交通流率和车辆延误,主要受信号配时及交通流向的影响。

(7)无信号交叉口:交叉口的通行能力主要取决于主要道路的车辆间隙时间和次要道路车辆穿越间隙所需的时间。

(8)城市主干道:信号交叉口间距小于 3km 的道路,其通行能力和服务水平主要受交通信号的影响,分析服务水平的方法建立在计算所有车辆的平均行程时间(包括沿干道的行驶时间和进近交叉口的延误时间)的基础上。

除上述情况外,道路设施还可有公交线路、自行车道等。本节主要讨论高速公路和城市快速路基本路段的通行能力和服务水平以及信号交叉口的通行能力和服务水平。

二、高速公路和城市快速路基本路段

高速公路和城市快速路基本路段上的交通流为不间断流,可依据速度—流率—密度基本关系来分析其通行能力和服务水平。假设路面状况良好、无交通事故、天气好、下游无排队或堵塞情况,高速公路和城市快速路基本路段上的单向交通流基本关系式可按下式表述。

$$V_{iD} = V_i \times N \times f_w \times f_{hv} \times f_p \tag{3-9}$$

$$f_{hv} = \frac{1}{1 + P_{hv}(E_{hv} - 1)} \tag{3-10}$$

式中：V_{iD}——在规定的道路和交通条件下第 i 级服务水平的单向服务流率或设计通行能力,辆/h;

V_i——第 i 级服务水平的车道最大服务流率,$V_i = C\left(\dfrac{V}{C}\right)_i$,辆小客车/(h·车道);

C——理想条件下的车道最大通行能力,辆小客车/(h·车道);

$(V/C)_i$——理想条件下第 i 级服务水平的最大服务流率与最大通行能力之比;

N——单向的车道数;

f_w——考虑车道宽度和侧向净空影响的调整系数;

f_{hv}——考虑大型车影响的调整系数,按式(3-10)确定;

P_{hv}——大型车交通量占总交通量的比例;

E_{hv}——大型车换算成小客车的转换系数,平原微丘地形为1.7(高速)或2.0(多车道),重丘为2.5(高速)或3.0(多车道),山岭为3.0;

f_p——考虑驾驶技术的调整系数,熟练的1.0,不熟练的0.9~0.75。

基本路段在理想条件下的车道最大通行能力 C 为 2 000 辆小客车/(h·车道)(设计速度为 120 或 100km/h 时)或 1 900 辆小客车/(h·车道)(设计速度为 80km/h 时)。服务水平按交通密度大小划分等级。不同服务水平等级时的车道最大服务流率及其与最大通行能力的比值(V/C),见表3-6。

我国高速公路服务水平分级 表3-6

服务水平等级	交通密度[pcu/(km·车道)]	设计速度120km/h			设计速度100km/h			设计速度80km/h		
		车速(km/h)	V/C	最大服务交通量[pcu/(km·车道)]	车速(km/h)	V/C	最大服务交通量[pcu/(km·车道)]	车速(km/h)	V/C	最大服务交通量[pcu/(km·车道)]
一	≤7	≥94	0.56	750	≥92	0.31	650	≥74	0.25	500
二	≤18	≥86	0.81	1 600	≥79	0.67	1 400	≥66	0.60	1 200
三	≤25	≥73	0.94	1 950	≥71	0.86	1 800	≥60	0.75	1 500
四	≤45	≥48	接近1.0	<2 200	≥47	接近1.0	<2 100	≥45	接近1.0	<2 000
	>45	<48	>1.0	0~2 200	<47	>1.0	0~2 100	<45	>1.0	0~2 000

注:V/C 为理想条件下,最大服务交通量与基本通行能力(四级服务水平上半部的最大交通量)之比。

用于降低最大服务流率的调整系数包括三方面:车道宽度和侧向净空、大型车辆比重和驾驶技术。双向4车道高速公路基本路段,考虑车道宽度和侧向净空影响的调整系数数值见表3-7。

车道宽度和侧向净空的调整系数(双向4车道)　　　　　表3-7

行车道边障碍物	车道宽(m)	侧 向 净 空(m)						
		≥1.75	1.60	1.20	0.90	0.60	0.30	0
一侧	3.75	1.00	0.99	0.99	0.98	0.97	0.93	0.90
	3.50	0.97	0.96	0.96	0.95	0.94	0.90	0.87
两侧	3.75	1.00	0.99	0.98	0.96	0.94	0.87	0.81
	3.50	0.97	0.96	0.95	0.93	0.91	0.85	0.79

分析多车道公路基本路段的通行能力时,交通流基本关系式与高速公路和城市快速路基本路段基本相同,仅需在式(3-9)中添加考虑环境发展的调整系数:分离式断面,取1.0(农村)~0.90(市郊);整体式断面,取0.95(农村)~0.80(市郊)。

[例3-1]　重丘区双向4车道高速公路,车道宽3.75m,中间带一侧1.20m处有障碍物;设计速度100km/h,大型车占40%,50%驾驶员技术熟练;设计服务水平为二级;现有单向小时交通量为1 700辆小客车/h,高峰小时系数PHF为0.83。试分析现有交通运行状况的服务水平。

由表3-6可知,在理想条件下,设计速度为100km/h时的最大通行能力为2 100pcu/(km·车道),二级服务水平的最大服务交通量(流率)为1 400pcu/(km·车道)。

由表3-7可查得,车道宽3.75m、一侧1.20m处有障碍物时的考虑车道宽度和侧向净空影响的调整系数 f_w = 0.99。重丘地形大型车换算成小客车的系数为2.5;由式(3-10)可计算得到大型车占40%时考虑大型车影响的调整系数 f_{hv} = 1/[1 + 0.4(2.5 − 1)] = 0.625。由于50%的驾驶员技术不熟练,取考虑驾驶技术的调整系数 f_p = 0.95。

按式(3-9),可计算二级服务水平的双向4车道高速公路在规定的道路和交通条件下的单向服务流率为:

$$V_{2D} = V_2 \times N \times f_w \times f_{hv} \times f_p = 1\,400 \times 2 \times 0.99 \times 0.625 \times 0.95 = 1\,646\,pcu/h$$

高速公路上现有单向交通为2 500辆小客车/h,考虑高峰小时流率后的小时交通量为1 700/0.83 = 2 048pcu/h。此交通量已超出了二级服务水平的单向服务流率(1 646pcu/h)。

再按式(3-9)计算规定条件下的双向4车道高速公路的单向最大通行能力:

$$C = 2\,000 \times 2 \times 0.99 \times 0.625 \times 0.95 = 2\,351\,pcu/h$$

由此得到现有交通的V/C比为2 048/2 351 = 0.87。对比表3-6中设计速度为100km/h时各级服务水平的V/C比数值,可知高速公路的现有交通运行状况处于三级服务水平,交通密度约小于或等于26辆/km,平均行程速度约大于或等于66km/h。

三、信号交叉口

信号交叉口处车辆的通行受到信号配时的控制,只能在绿灯相位时通过。信号交叉口的交通运行状况为间断流,交通流率受道路几何条件、交通条件和信号控制条件的影响。通行能力和服务水平分析,可按下述运行分析方法进行。

(1)确定分析对象的道路几何条件、交通条件和交通控制(信号)条件;

(2)按交通流向(左转、直行和右转)将每个进近道划分为若干个独立的车道组,每个车道组包含服务于一个交通流向(专用)或几个交通流向(合用)的一条或多条车道;并将进近道的

交通量分配给各个车道组;

(3)计算理想条件下车道组的饱和流率和通行能力,并按几何、交通和信号条件进行调整;

(4)计算车道组的通行能力和 V/C 比;

(5)计算车道组的延误,并进而确定其服务水平。

理想条件下车道的饱和流率为 1 800 辆小客车/(绿灯小时·车道)。考虑道路、交通和信号实际条件的每个车道组或每条车道的饱和流率,可按下述关系式确定。

$$V_i = V_s N f_w f_{hv} f_g f_p f_b f_a f_{rt} f_{lt} \tag{3-11}$$

式中:V_i——全绿条件下 i 车道组的饱和流率,辆小客车/绿灯小时;

V_s——理想条件下每个车道的饱和流率,辆小客车/(绿灯小时·车道);

N——车道组内的车道数;

f_w——车道宽度调整系数(表3-8);

f_{hv}——大型车调整系数(表3-9);

f_g——坡度调整系数(表3-10);

f_p——相邻停车车道和停车情况调整系数(表3-11);

f_b——公共汽车停车调整系数(表3-12);

f_a——地区类型调整系数,中央商务区为 0.9,其他地区为 1.0;

f_{rt}——右转弯调整系数,专用右转车道,保护右转信号相时,系数为 0.85;

f_{lt}——左转弯调整系数,专用左转车道,保护信号相时,系数为 0.95。

车道宽度调整系数　　　　　表 3-8

车道宽(m)	2.4	2.7	3.0	3.3	3.6	3.9	4.2	4.5	≥4.8
调整系数	0.87	0.90	0.93	0.97	1.00	1.03	1.07	1.10	用于双车道

大型车调整系数　　　　　表 3-9

大型车比例(%)	0	2	4	6	8	10	15	20	25	30
调整系数	1.00	0.99	0.98	0.97	0.96	0.95	0.93	0.91	0.89	0.87

坡 度 调 整 系 数　　　　　表 3-10

坡度(%)	-6	-4	-2	0	+2	+4	+6
调整系数	1.03	1.02	1.01	1.00	0.99	0.98	0.97

注:- 为下坡,+ 为上坡。

停 车 调 整 系 数　　　　　表 3-11

车道组内车道数	无停车	每小时停车次数				
		0	10	20	30	40
1	1.00	0.90	0.85	0.80	0.75	0.70
2	1.00	0.95	0.92	0.89	0.87	0.85
3	1.00	0.97	0.95	0.93	0.91	0.89

公共汽车停车调整系数　　　　　　　　　　　表 3-12

车道组内车道数	每小时公共汽车停车次数				
	0	10	20	30	40
1	1.00	0.96	0.92	0.88	0.83
2	1.00	0.98	0.96	0.94	0.92
3	1.00	0.99	0.97	0.96	0.94

每个车道组或每条车道的通行能力按下式确定。

$$C_i = V_i \left(\frac{t_g}{t_c} \right)_i \tag{3-12}$$

式中：C_i——i 车道组的通行能力；

t_g——绿灯时间，s；

t_c——信号周期时间，s。

将每个车道组饱和流率除以其通行能力，即可得到该车道组的 V/C 比。如果各车道组的 V/C 比之和超过 1.0，则表明道路几何条件和（或）信号配时不能满足交通量的要求。这时，需提出改善方案（措施）使 V/C 比之和小于 1.0。

服务水平的分级指标采用每辆车的平均停车延误，分级标准见表 3-6。停车延误由两部分组成，第一部分考虑均匀延误，第二部分考虑由于信号周期失效引起的增量延误。在交通量大和车辆拥挤时，第二部分延误所占的比重较大；而在正常交通量的情况下，第二部分延误的比重很小。每辆车的平均停车延误时间可按式（3-13）计算，式中右端第一项为第一部分延误，第二项为第二部分延误。

$$d_i = 0.38 t_c \frac{\left(1 - \frac{t_g}{t_c}\right)^2}{\left[1 - \left(\frac{t_g}{t_c}\right)\left(\frac{V}{C}\right)_i\right]} + \sqrt{\left[\left(\frac{V}{C}\right)_i - 1\right]^2 + \left[\frac{16}{C}\left(\frac{V}{C}\right)_i\right]} \tag{3-13}$$

式中：d_i——i 车道组的每辆车平均停车延误，s/辆。

计算出的延误，还须按特定交叉口的车队到达形式和信号系统运行可能对延误产生的影响进行调整。

思考与练习

1. 试用交通流量的最佳流量、车速、密度及阻塞密度、自由速度，表示流密度的基本关系。（要点提示：交通流阻塞时车速 $v_{阻} \to 0$；自由速度 v_f 为密度 $K \to 0$ 时的车速；根据速度—密度关系 $v = aK + b$，求极值可推导得交通流量的最佳流量时车速 $v_m = V_f/2$。）

2. 试计算间断交通流的排队延误与最大排队长度及消散时间（假定车流的到达与排队皆为均匀的）。（要点提示：参照车流的到达与离开曲线求解。）

3. 试简述城市道路路段机动车道单车道通行能力的影响因素。

4. 某条道路上设一调查统计点，车辆到达该点是随机的，单向车流量为 1 200 辆/h。所有车辆到达该点要求停车领取 O—D 调查卡片，假设工作人员平均能在 6s 内处理一辆汽车，符合负指数分布。试估计在该点上排队系统中的平均车辆数、平均排队长队、非零排队平均长度、派对系统中的平均消耗时间以及平均等待时间。

5.某信号交叉口的一条进口道上,绿灯期内饱和车头时距为2s,如果均匀到达的流量为720veh/h,停车时的车头时距为8m,若红灯时间是42s,那么每周期内车辆排队的尾部一直要延伸至上游多少米?

6.一停车场每小时到达车辆为80辆/h,停车场服务能力是140辆/h,其单一的出入道可存车8辆,请问该数量是否合适。

7.一加油站内有2 400辆/h的车流量通过4个通道引向4个加油泵,平均每辆车的加油时间为5s,服从负指数分布,使分别按M/M/4系统和4个相同的M/M/1系统计算各自相应指标并进行比较。

8.已知:某城市道路为交通主干道,南北走向,路段和交叉口红线均为50m。道路沿线机动车流量较大,需要设置双向6车道;非机动车、行人流量适中,建议人行道设计为5m、非机动车道设计为5m。

(1)请运用交通工程基础知识,进行城市道路路段横断面设计。

(2)该道路上某交叉口为主干道—主干道交叉口,南北进口左转流量和右转流量均较大,试进行该交叉口南北进口横断面设计,同时进行交叉口进口道车道功能设计。

第四章 道路规划

规划是一个展望未来和安排未来的过程。其目的是通过对现状的调查和评价以及对未来发展需求的预测分析,弄清存在的问题和不足,制订合理的目标,提出适应此发展需求的合理对策和策略以及实施计划。道路规划是综合交通规划的一个重要组成部分,它是将道路交通系统置于区域性大系统的环境条件中,系统全面地研究道路交通系统的内在规律,为道路交通工程项目的投资、建设提供科学的决策依据。

第一节 概 述

道路规划的主要目的是为了制订科学、合理和可行的交通网规划方案,其一般包括城市道路网和公路网两大部分。

城市道路网是指城市范围内由不同功能、等级、区位的道路,以一定的密度和适当的形式组成的网络结构。城市道路网的格局是在一定的自然条件、社会条件、现状条件和当地建设条件下,为满足城市交通及其他各种要求而形成的。公路网可以分为全国性的、区域性的和地方性的,它是指一定地域内的公路系统。城市和集镇以及其他运输集散点(大型工矿、农业、军事基地等)可视为一些节点,各节点之间以一定等级的道路相连,形成网状整体,即构成公路网。全国性和区域性公路网应看成综合交通运输体系中的主要组成部分。它的规划应该在综合交通运输体系规划的基础上进行。如果还没有完善的综合交通运输体系的规划,则至少应该考虑结合铁路、水运、航空及管道等运输方式,综合研究公路网在整个交通运输系统中的作用和地位,结合自然环境条件,制订按等级划分的各级公路形成的公路网规划。对于地方性的起着"微循环"作用的乡镇间公路网,也应该首先注意其与国家级和省级干道的连通。

"道路规划"包含了两层含义:第一层含义是指对一个国家或地区(以下在不注明的情况下,统称区域)道路建设发展所做出的全面、长远的安排;第二层含义则指设计产生道路规划方案的过程,包括其步骤、内容、方法、模型等。为了估计形式各样的土地使用和可能产生的运输需求,并能良好地求得两者之间的平衡,就需要通过系统分析,对未来的交通提出多种可能的方案,研究制订道路规划方案以及相应的交通对策。这需要考虑的因素很多,其实施结果对区域内的社会经济发展、土地利用开发、人民生活以及运输系统本身的效益和效果有深远的影响,因此,必须要遵循如下一些原则。

(1)要有明确的目标和必要的前提。在路网规划开始时,要对区域内的土地利用性质、社会经济特征、国民经济发展计划、区域或城市总体规划有很好的理解和掌握,在此基础上,提出区域内交通规划明确的战略目标。

(2)综合运输,协调发展。现代化交通运输由五种运输方式所组成,它们各自适应于一定条件。因此,在进行区域道路网规划时,首先要考虑各种运输方式的现状与发展规模,特别要注意规划区的铁路和水路的情况,各自在宏观上有一个总体协调规划,以此作为道路网规划的基本依据。

(3)以经济指标为准绳,讲究高效益。区域道路网的规划需要考虑多种因素,而且各种因素又有时间和空间方面的差异,但在任何情况下,应贯彻经济原则,实现最佳效益目标,地方道路网规划尤应如此。规划工作的实质,就在于科学地总结过去,精确地把握现在,根据过去和现在的客观变化规律,恰如其分地预计未来。其中贯穿过去、现在和未来的重要量化标准,应是经济指标。

(4)要有群众观点。目前交通问题已成为一个涉及各行各业和千家万户的社会问题。在交通规划的全过程中,都离不开各方面的支持和协助,所制订的交通规划方案及对策也应接受社会各方的审议和批评。

一、道路规划的目的和意义

道路规划是道路建设重要的前期工作之一,是进行道路建设决策的有力的支持系统。道路规划的目的是从实事求是的观点出发,分析模拟区域客货运交通实况,剖析道路建设发展存在的问题及其根源,预测区域社会经济发展趋势和交通需求,制订合理可行的道路规划方案及建设时序,为区域道路近期和长远发展建设提供决策依据。其意义主要表现在以下几个方面。

(1)节省车辆行驶时间,降低运输成本,提高道路运输效益。道路规划通过对区域内道路客货流的发生、吸引、分布和路网交通流的分配,合理地确定道路等级、道路布局,使规划的道路网方案能符合道路客货流量流向分布规律,从而有效地减少道路使用者的运输时间、费用,提高道路运输效益。

(2)保障国民经济和工农业生产健康发展。交通运输是国民经济的先行官。纵观发达国家的经济起飞,无不与交通运输超前发展有关。为了保障我国国民经济长期健康稳定发展,促进国内、国际大市场的形成、融通,确保国民经济奋斗目标的顺利实现,必须对包括道路运输在内的交通运输实行政策倾斜,统筹规划,超前建设,这也是进行道路规划的根本意义所在。

(3)促进区域经济平衡协调发展。目前,我国经济发展的地区差别较大,各大经济区之间、经济区内部各省、市县间都存在着差别,有的还在进一步加大。某些地区经济发展较快,除了具有地域优势、经济基础优势、人才优势等原因之外,一般都具有较高的交通设施建设水平,这也是一个十分重要的原因。通过合理的道路规划建设,提高经济欠发达地区的交通可达性,也是缩小地区差距,促进区域经济平衡协调发展的一条重要途径。

(4)促进道路运输与其他运输方式协调发展。道路运输的显著特点是机动灵活、适应性强、可达性好,是唯一能实现"门到门"服务的运输方式。其他运输方式一般都要借助道路转运才能最后完成运输任务。因此,搞好道路规划不仅是道路运输发展自身的需求,也是铁路、水运、航空等其他运输发展的需要。同时,搞好道路规划,可以合理调整区域运输结构,充分发挥不同运输方式的自身优势,减轻铁路、水运等运输负担。总之,合理的道路规划建设可以有效地促进区域综合运输协调发展。

(5)合理地投放和使用道路建设资金。道路建设投资巨大,基本建设投资规模偏紧现象在相当长一段时间内还将继续存在,而且各地区间经济发展不平衡,中西部地区资金短缺现象尤为突出。因此,搞好道路规划,统筹安排好规划期内道路建设的规模、布局、时序,对合理利用有限的资金,减少盲目投资所造成的经济损失,具有极其重要的意义。

(6)节约土地资源。我国虽然幅员辽阔,然而可耕地面积并不富裕,人均耕地面积更是紧张。道路建设占用土地较多,尤其是高等级道路占地更多。根据道路客、货流的流向流量分布特征,合理地规划道路布局,可有效地缩短道路总里程,从而减少不必要的耕地占用。

二、道路规划的步骤

道路规划一般可分为全国道路规划和区域道路规划。全国规划指导区域规划,区域规划补充全国规划。区域交通规划是地区建设发展规划的基本内容之一,是地区交通建设规划的重要组成部分。区域国土规划和区域综合交通规划,是区域道路规划的前提,是由道路的适应性所决定。土地的开发利用和区域经济发展,形成交通的需求。交通设施相应发展又反过来刺激和促进土地使用和经济活动。道路是交通综合运输网的子系统,因此其轮廓和组成方案,取决于所服务的运输点及其分布情况,也受约于各运输点之间的运输量性质。因此,区域路网规划的目标分析与确定,以及与之直接相关的远景交通量的预测,有赖于规划区内的国土规划和交通规划。远景交通量的预测,包括区域内交通量的产生、分布和分配模型的建立,是区域道路规划的主要内容,也是路网设计与优化的直接依据,与资料收集和问题诊断同属规划工作的前奏和必要的工作过程。

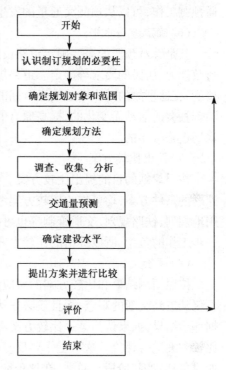

虽然统称为道路规划,但道路网规划、一条道路的规划,或对已经确定的道路规划重新分析等在各规划阶段,内容各有不同;虽然在不同的规划阶段分析的深浅程度不同,甚至一部分工作可以省去,但其规划分析步骤却基本相同。典型的道路规划步骤,如图 4-1 所示。

图 4-1 道路规划步骤

(1)认识制订规划的必要性

规划人员在着手规划具体的道路时,对为什么要起草规划方案,制订规划方案的背景和必要性是什么,规划的目的何在等,必须首先明确。这些问题均是为了解决目前城市规划中的课题和交通问题;同时,从道路防灾功能、城市空间功能规划,从城市将来发展动向、地区开发状况,其规划也是必要的。不从认识规划的必要性出发,那么基本态度就不明确,在以后确定建设水平,建立、评价比较方案等各个阶段,分析也不可能明确。

(2)确定规划范围和对象

其是指确定下列三个方面的内容:制订道路规划需要调查内容的对象和范围,规划路线、比较路线、代用交通工具等道路规划和交通规划的对象和范围,进行道路规划地理条件的对象和范围。

(3)确定规划方案的方法

在进行规划和调查时,首先要确定制订规划方案的方法及在各阶段的调查方法。在选择制订方案步骤及在各阶段的方法时,可参考已有的各种城市交通规划方法,再根据地区特点、时间、费用等控制条件,开发独自的方法,或者有时也可以采用类似规划的方法。

(4)调查、搜集、分析

按照规划的目的,对规划对象或与其有关系的现象,搜集、整理正确而适当的信息,再进行分析加工。如果原有的调查资料可用,则应尽量利用。这项工作,可以明确现状的课题及其存在的问题,是规划必要性的依据。

(5)预测

在预测阶段,按照前面进行的调查和分析,预测将来某时的交通现象,或者预测道路的各种功能发挥程度。在预测工作中,必须假设几个前提条件,为了认识现状要整理成几个指标,将其作为媒介用数字模型加以论证、推理,或从现象上归纳分析。一般来说,道路规划中的交通预测工作,可以从预测交通量的发生和分布到对交通工具分阶段进行分配。

(6)确定建设水平

其是针对预测的需要确定道路设施提供的质量。建设水平一般可根据地区社会的性质、财政能力、居民的要求等确定。道路规划时,其建设水平可用道路密度、在规划年限道路的拥挤度、交通事故的减少率或交通时间的缩短率表示。在确定建设水平时,应当注意建设水平是随着社会的活动而变化的,提高原有的水平值,或者按着价值观念的变化用个别指标确定建设水平也是必要的。

(7)提出比较方案

按照规划的目的提出比较方案。提比较方案时,在认识规划必要性阶段所掌握的满足于课题的条件方案,均可作为比较方案考虑。例如,规划道路项目,路线比较方案自不必说,就是用地规划、铁路规划、交通管制等也可提出比较方案。可是,比较方案提出得过多,也会增加下一步工作的负担,所以提出的比较方案必须具有特色,限于需要的范围。

(8)评价

按照预测结果和比较方案的对应关系,首先判断是否适合规定的建设水平。在这一阶段,不仅从道路交通的观点,而且还必须从环境、防灾、其他公用设施、财政等多方面加以评价。根据评价结果,如果认为某一比较方案不合适,则它就失去作为分析对象的意义,这样再对其他比较方案进行评价。这一工作要反复多次,根据需要有时又要回到"预测"阶段或"确定规划的对象和范围"阶段。总之,在评价阶段,如果达到了最后需要的建设水平,规划步骤即全部结束。

第二节 规 划 技 术

道路规划是以城市现状、用地规划和公路建设为基础的。每一个路网的形成,都是在一定的社会历史条件与自然环境下,为适应当时政治、经济、文化和社会发展,解决生产、生活交通往来的需要而逐步演变过来的。因此,对道路网规划的基本要求是:结合用地布局现状和阶段规划发展、自然地理环境、交通特征来经济合理地适应生产、生活发展引起的交通运输增长需要,并注意城市环境的逐步改善。

一、规划的基本要求与路网形式

1. 城市道路规划的基本要求

(1)满足、适应交通运输发展的要求

为了适应高效能组织社会生产、搞活流通、方便生活的交通需要,首先要求城市各主要用地分区之间有供各类车辆安全、便捷、通畅行驶的干道网,以保证客、货运经常、大量性交通的通畅和运营经济、时间节省。

城市干道网是道路网最重要的骨架组成部分。它在路线布局上应使客、货运车辆运行便捷,即要求大量客、货流能走较短捷的路线,可借曲度系数(非直线系数)来衡量。所谓非直线系数系指道路起、终点间的实际长度与其空间直线距离之比值。在城市中交通运输费用对于大城市以及一般20万~30万人口的中等城市,其建成区干道网密度约为 $2.0 \sim 3.4 km/km^2$;10万人口以内,用地紧凑的城市为 $2.5 \sim 4.0 km/km^2$,山区城市为 $2.5 \sim 5.0 km/km^2$。特大城市如重庆市中心区也在 $5km/km^2$ 以上。

干道网密度一般从城市中心地区向近郊,从旧城到新区逐渐递减,市区大一些,近郊及新区低一些,以适应居民出行流量分布变化的规律。对于带形城市以及有抗震、疏散要求的城市,其贯通全市的平行干道不得少于2条,其他情况也不宜少于2条。

(2)结合地形、地质水文条件,合理规划干道路线走向

城市干道的选线布置,必须结合地形、地貌与工程地质水文条件,并考虑到与其他道路、毗邻街坊、已有大型公共建筑的出入联系要求,尽可能获得较平顺而土石方工程量又不大的线路走向,从而为行车、排水、路基稳定创造良好条件。

选线时,当主、次干道线形有矛盾时,次干道应服从主干道线形平顺的需要。当路线途经地质条件不良地段,原则上应绕越调整路线,以节约工程造价;但对城市中起关键性作用的主干道,为了交通流畅、运营经济,必要时可考虑修建高架桥、护坡挡土工程以及隧道等措施来解决线形平顺的需要。此外,干道选线应注意尽可能少占高产农田、菜地、经济林等,并减少拆迁工作量。

(3)考虑城市环境与建筑艺术要求

主要道路走向应有利于城市通风与临街建筑物获得良好的日照。在南方城市,干道走向一般宜平行于夏季主导风向;北方城市特别是位于干旱、寒冷多风沙的西北地区某些城市,为了避免、减轻冬季常有的大风雪和风沙对城市的袭击,其干道走向宜与大风主导风向有一定的偏斜角度,并在城市边缘布置必要防护林带。

道路不仅是城市的交通地带,它还与自然环境、沿街主要建筑群体、绿化布置有机协调配合,对体现整洁、舒适、美观的城市艺术面貌有着重要作用。因此,对干道规划应有一定的造型艺术要求。所谓造型艺术是指通过路线的柔顺、曲折起伏,两旁建筑物的进退、高低错落和绿化配置以及公用设施、照明安排等来协调干道立面、空间的组合、色调与艺术形式,从而给居民整洁、舒适、开阔的美的感受。

(4)要注意适应各种工程管线的布置要求

规划干道走向、路幅宽度、控制高程和纵坡时,要适应今后各种管线综合协调安排的要求,从而使工程管线敷设尽可能做到相互间净距合理、纵坡恰当,且有利于维护方便和工程经济。

2. 公路网规划的基本要求

(1)公路网规划是国土规划、综合交通运输规划的主要组成部分。它必须和区域国土开发利用和经济发展规划相适应,以作为国土开发利用和经济发展的有力支撑。因此,必须对区域内的土地利用性质、社会经济特征、国民经济发展计划做深入的研究。公路网规划必须服从于同一区域的综合交通规划,在区域交通中充分发挥自身的特点和优势,与其他交通方式形成互补,共同承担区域交通需求。因此,必须对公路运输在五种交通运输方式中所处的地位,其他运输方式的现状及发展等进行全面、系统的调查、分析、论证,并在此基础上明确公路网发展

的目标及规模,即将公路网运输置于整个大交通环境之中,使各种运输方式组成一个相互协调和配合的整体,以达到综合交通运输的最佳效益。

(2)公路网规划应能满足该区域内的道路交通运输需求,保证该区域内道路交通便捷、通达、快速和高效。在规划中必须坚持实事求是,讲究科学,讲究经济效益的原则,实现网路运输最佳效益。因此,必须根据区域经济发展情况做好远景年交通量的预测,以做出正确、科学、合理的公路网规划。对公路网的多个方案,在经济和技术方面进行全面的效益评价,以便获得最优方案或方案排序。

(3)公路网的布局和结构应该满足全局性和整体性的要求。公路网发展布局应服从于社会经济发展的总战略、总目标,服从于生产力分布的大格局,并考虑发展需要适度超前,使公路网体系对社会、经济的发展有一定的引导作用。公路网由许多个运输点和路线组成,应处理好每一个运输点以及它们之间的联系,构成一个相互联系、相互制约和具有一定规律性的网路体系。公路线路应具有足够的覆盖面和通达深度,要同周边区域公路网相互衔接,形成有机的整体。编制不同层次公路网规划时,下一层次公路网规划应服从上一层次公路网布局。跨行政区划的公路网规划,需在上一级交通主管部门指导协调下进行,避免公路网规划出现"断头路"。

(4)公路网规划必须要求提供宜人性的服务大环境以及安全、舒适的道路交通服务功能。制订规划应注意维护生态平衡,保护环境,并与区域自然地理景观相协调。

3. 城市道路网的基本形式

城市干道网形式从几何平面构图分析,一般可分为方格网(包括方格加对角线)式、环形放射式、自由式和混合式等几种。

(1)方格网(棋盘)式

方路网式道路系统划分的用地,多为规则的矩形,即在城市用地内每隔一定幅度距离设置接近平行的干道,在主、次道之间再布置必要服务性分区内部支路或居住区道路,从而使路网方格内形成大小适当的街坊。这种道路网的特点是街坊比较整齐方正,有利于安排小区及建筑和识别方向,且便于机动、灵活组织车辆交通和道路定线。其缺点是对角线方向的交通不便,道路曲度系数达 $1.27 \sim 1.414$。

我国许多古城以及大城市的旧城区,如北京、西安、太原等,其干道网基本属于方格形。方格网对平原地区规模不大的中等城市和小城市,特别是县镇,是一种较多采用的形式。

对方格网式,为了改善对角线方向的交通不便,必要时可在方格网中适当增设对角线道路,从而形成方格对角线式。国内大、中城市为了改进局部交通繁忙地区的对角线方向交通,有采取这种措施的,例如郑州市中心附近的人民路、沈阳和平区与火车站附近的干道布置等。鉴于这类对角线方向干道穿越方格网式用地布局会形成若干三角形街坊和畸形交叉口,给临街建筑布置和路口交通组织带来不便,一般城市中无特殊需要最好不采用。

(2)环形放射式

环形放射式路网的特点是在充分利用旧城路网的基础上,由旧城中心四周引出放射性干道,并加上若干从内向外的多圈环城干道组成一个联结旧城、新区、卫星城区与对外公路相贯通的环形放射式道路系统。

这种路网的优点是有利于市中心区或旧城与新区、卫星城之间的直捷联系和城市各发展新区之间的沿环路快速交通,从而避免不必要客、货车流穿越市中心或交通拥挤的旧城区。对待放射干道的布置应注意区分交通联系,要求分别止于旧城内环或紧邻第二环,以免将车流过多引入市中心。

此外,对环路要结合城市自然环境、现状及新区间的相互吸引交通量实际程度来设置,也可能是中环、切向环或多边折线式,放射干道也不一定在城市用地各个方向都有。至于环路的圈数,主要取决于城市规模。

环形放射式多适用于大城市及特大城市,而且外环及主要放射干道多规划成快速路。对于中小城市,当以旧城为中心逐步向外发展时,也有设置止于中心内环的放射路与供过境交通用的切向环路相结合的布局做法。至于一般县镇,只需在方格网基础上合理布设沿城市边缘与过境公路切向衔接的局部环路即可,而不考虑这种形式。

(3) 自由式

这种形式的路网,其道路多结合自然地形,形成弯曲屈折不定的几何图式。我国重庆、青岛以及许多山区城市的道路网大多是自由式布局。

(4) 混合式

混合式路网通常系指方格网加上环形放射路混合组成的路网。国内北京、上海路网,旧城中心均系方格网式道路,然后发展规划建设外环放射路,严格来讲应属于混合式路网。

这种路网如规划得当,即可综合方格式与环行放射式的优点,是大城市最适宜的路网发展形式;至于组团式布局的中等城市也有采用这种形式的做法,只不过环少、放射路也较少而已。

4. 公路网的基本形式

在公路网布局规划中,可以采用多种几何模式把相关结点联结起来,一般可分为放射形和环状线、棋盘形和三角形、平行线形和树权形等。

(1) 放射形和环状线

在重要聚集作用的中心城镇,为有利于最短距离和最快速度与外围联系,多采用放射状布局。在全国性公路网已形成了若干经济大区域的核心城市,为便于经济的快速持续发展,使核心城市能够更好地为其他影响分区服务,需要考虑增设放射形的快速干线公路。各省会城市以及地区级的中心城市采用较多放射线联结,也在情理之中。但是如果核心城市广设放射形干道,容易把外围的交通迅速引入市中心地区,引起交通在市中心地区的过分集中,也不利于城市范围内的土地规划利用。因此,往往采用的方法是在大城市周围修建环状路线,它有利于切断过境交通,免于深入市区,减少市区交通压力。但也要注意,环形干道容易引起城市沿线发展,造成城市以同心圆"摊大饼"的方式发展,不利于城市环境的优化。

(2) 棋盘形和三角形

棋盘形也称为方格网形,它是常见的一种路网形式,适用于面积较大已经广为开发的平原地区,采用平行方向的多条纵横路线布局,交通吸引强度均匀,也便于政府对土地有规划地开发利用;但在格网对角线上交通联系不方便,因而在必要时增加斜向路线。为考虑缩短路程,在平原地区的另一种布局方法是采用三角形,但容易形成不规则交叉口,不利于交通组织。在受到地形和地物限制时,往往采用方格网和三角网的混合布置。

棋盘形路网与放射环形路网两者也可以根据情况混合使用。例如在做国家级公路网时,可以优先照顾大型节点的需求,然后其他次要节点给予均等的发展,即特大城市突出射环结构,对其他城镇间突出纵横的棋盘结构。这种布局可以使交通吸引强度分布尽可能均匀化。

(3) 平行线形

在山岭和丘陵地区,自然地形的变化对公路网的布局往往起着决定性的作用。在这些地区,沿向河道、山沟也往往是人们经济和社会活动聚集的场所,并逐步发展成为交通通道。因此,在公路网布局中在河流两岸、两侧山坡的狭长地带,常常做依山傍水的平行路线布局。同时在这些布局方案中,必要时设置桥梁、隧道、山岭垭口段等控制点,使路网做必要的变换和衔接。

(4)树杈形

古今中外任一国家的行政均是分层次的,由高层向低层纵向展开管理。我国的行政管理即按省、市、县、乡、村展开的,这种管理结构如同"树形"。因此,在构建公路网络时可以考虑尽可能适应这种树形结构,从粗的干株逐步过渡到细的分株,形成树杈结构。

二、道路网规划的主要方法

路网设计与优化是规划工作中的一项重要内容,其直接成果就是路网规划方案的建立和决策,在工作内容和方法上涉及设计、优化和决策等模型的建立与运算过程。作为区域道路规划的核心内容,路网设计与优化是以路网交通量预测为基础,以路网评价为根据,以交通工程学和最优化技术为手段,据此完成路网规划的任务和目标。事实上,路网设计与优化的工作,涉及道路规划所应用的战略和战术,以及道路运输等的整个体系中的全部问题。从更高层次的决策水平要求来看,路网设计与优化,在很大程度上将决定规划区远景道路建设的成果和道路运输的效果。

(1)结点研究:在对区域各结点经济现状和未来社会经济发展趋势、在区域发展中的地位和作用、交通需求大小作分析预测基础上,根据规划层次,确定本级道路网络必须联结的控制结点和规划道路应达到的通达深度。

(2)网络研究:以一定的优化目标和约束条件为依据,采用适当的方法选择规划线路,将确定的控制结点联结起来。

(3)线路研究:确定规划路网中各线路的走向和技术等级,并进行交通质量评价。

(4)交叉口研究:确定交叉口形式、控制方式,并进行交通质量评价。其中线路研究和交叉口研究往往是结合结点研究和网络研究同时进行的。尤其是采用系统工程方法进行网络优化设计时,必须同时考虑线路和交叉口布局、走向、等级、类型、服务水平等,才能得出合理优化的规划方案。

下面主要介绍结点规划和网络规划两个部分内容。

1.结点规划中的重要度法

道路结点研究的任务是选择确定道路必须联结的控制点(地区)。选择结点的规划方法称为结点规划法。美国、德国、日本等国在进行国家干线道路规划时采用了这种方法。结点规划法的关键是结点和线路选择的标准。如可用人口指标作为选择结点的标准,美国把5万人口以上的城市列为公路运输网结点,日本则把10万人口以上的城市作为运输网结点。线路选择的标准应从定性和定量两方面来把握。定性方面主要视区域特定的经济状况和自然地理条件而定。如美国在规划国家级公路干线时,规定线路应尽可能通过人口稠密的城市和农村,应尽可能通过工业集中区和汽车保有量较高的地区,要尽可能包含军事交通路线和交通繁忙的线路。定量方面主要采用网络流量分析和其他优化方法。选择结点的方法除了上面所述的经验法之外,还有重要度法、动态聚类法、模糊聚类法、模拟退火聚类法等。这里主要介绍重要度法,其他方法可参考有关书籍。

重要度是对区域内各结点相对重要性的一种综合量度。用重要度来排定结点的顺序,进而选择结点的方法称为重要度法。

由于运输网建设是为社会经济发展服务的,因此,作为运输网建设重点的被选结点应该在区域内具有较强的政治、经济、商业、金融等功能,并对区域社会经济的发展起主导作用。根据我国实际,可选择人口(反映区域活动机能)、工业产值(反映区域产业机能)和社会物资产耗总量(反映社会的运输需求)或商品零售总额(反映区域的商业功能)等三项指标作为选择运输网络结点的定量分析标准,则重要度为:

$$Z_i = \left(\alpha_1 \frac{R_i}{R_a} + \alpha_2 \frac{G_i}{G_a} + \alpha_3 \frac{S_i}{S_a}\right) \times 100(\%) \qquad (4-1)$$

式中: Z_i——第 i 结点的重要度(现状或未来预测值);

R_i——第 i 结点的人口;

R_a——区域内各结点人口的平均值;

G_i——第 i 结点工业总产值;

G_a——区域内各结点工业总产值的平均值;

S_i——第 i 结点的社会物资产耗总量或商品零售总额;

S_a——区域内各结点社会物资产耗总量或商品零售总额的平均值;

α_1、α_2 和 α_3——分别为第 i 结点以上三项指标的权重。

用重要度排定结点的序简单、实用,规划中既可根据需要和可能按序依次选择,也可按平均意义下的重要度作为"合格"标准来选择结点。根据式(4-1),平均意义下,令 $R_i = R_a$,$G_i = G_a$,$S_i = S_a$,$Z_i = 100$,则选择结点集应为:

$$\text{II} \underline{\Delta} \{i \mid Z_i > 100\} \qquad (4-2)$$

2. 网络规划中的最优树法

如前所述,所谓公路网络规划,就是以一定的优化目标和约束条件为依据,采用适当的方法选择规划线路将选定的控制结点联结起来,形成区域未来道路规划方案的过程,也称道路布局规划。常用的网络规划方法有三类:①经验调查法,也即专家论证法。西方国家在 20 世纪 60 年代以前,我国在 80 年代以前,道路规划基本上采用这种方法。②数理解析法。这是由前苏联一些专家在 20 世纪 60~70 年代提出的,主要借鉴几何原理和力学原理,以提高运输效率、缩短运输线路里程为目标推导出来的,可用于初始网络的拟订或小规模新开发地区的路网规划。③系统分析法。这是 20 世纪 60 年代以后随着现代区域运输网络规划方法的形成和发展而产生的一类方法。目前常用的有最优树法、最佳规模法、动态规划法、逐步调整达等。这里主要介绍最优树法,其他方法可参考有关书籍。

设给定的初始网络为 $N = (G, W)$。其中 $G = (V, E)$ 为相应的网络图,V、E 分别为网络中结点与边(或称线路)的集合;W 为定义于 E 上的正值实函数,称为权。

定义 1 若规划所确定的结点集为 $V_T \in V$,G 中连接 V_T 中全部结点而不形成回路的线路集记为 E_T,则称 G 的部分图 $T_b = (V_T, E_T)$ 为对应网络的主干线。

定义 2 将所有 $\overline{v \in V_T}$ 但 $v \in V$ 用线连通且不形成回路,构成的部分称为 N 在 T_b 基础之上扩展形成的一棵生成树,记为 T。

就给定的网络 N 而言,这样的生成树一般不是唯一的,其全体记为 S_T。树间的区别可用权函数 W 来反映。记生成树中所有边的权和为 $W(T)$,则有定义 3。

定义 3 在 N 的所有生成树 S_T 中,满足以下条件的树 T^* 称为权意义下的最优树。

$$\operatorname*{opt}_{T \in S_T} W(T) = W(T^*) \qquad (4-3)$$

根据规划工作的实际需要,权函数既可以是相应线路的距离、造价等,又可以是线路密度或反映线路效益的其他综合指标。对于前一类权,最优化(opt)意为求权和的最小值(min);而对于后者,则应为求权和的极大值(max)。最优树可以作为运输网干线网布局的参考方案,因此,这里把以网络最优树作为干线网布局依据的布局方法称为最优树方法。

求网络最优树可采用 Kruskal 算法(即避圈法),依下面步骤进行。

第一步,简记已选边(v_i,v_j)为e_i,$k=1$,选边e_k使得式(4-4)成立。

$$W(e_k) = \underset{e_i \in E}{\mathrm{opt}} W(e_i) \tag{4-4}$$

第二步,若$e_1,e_2,\cdots,e_k$已选好,则从$E' = E - \{e_1,e_2,\cdots,e_k\}$中选取$e_{k+1}$,使得$G(V,\{e_1,e_2,\cdots,e_k,e_{k+1}\})$中无圈,且$W(e_{k+1}) = \underset{e_i \in E'}{\mathrm{opt}} W(e_i)$。

第三步,若所选结点数为N,则当$k+1 = N-1$时,算法终止,已求得最优树:

$$T^* = (V_\mathrm{T},\{e_1,e_2,\cdots,e_{N-1}\})$$

否则,令$k = k+1$,转入第二步直至符合上述要求为止。

第三节 调查与分析

社会经济系统、运输服务系统和道路交通系统是运输系统分析的三要素。进行道路交通规划,需要具备三者的现状和预测资料,以建立三者之间的定量、定性关系,求得它们之间的协调与平衡发展。在进行定量分析和预测之前,首先要进行这三方面资料的调查研究,收集必要的基础数据。

一、交通基础资料调查

1. 社会经济调查

交通是直接为社会经济服务的,社会经济状况又反过来对道路交通规划施加影响。社会经济调查是根据规划的需要,对所规划区域内的社会经济状况做全面的调查。调查任务分为综合社会经济调查和个别社会经济调查。

综合社会经济调查是对全国或某一地区、某一城市的社会经济现状和远景发展所做的全面调查,以获取区域性全面交通规划所需的基础资料。个别社会经济调查则是指对拟新建或改建的某一道路或构造物的相关调查,其目的在于确定客货运量的大小,决定路线的方向、技术等级和标准,确定施工程序以及论证投资效果等。

社会经济调查的内容包括:

(1)行政区划、分区规划、隶属关系、管辖范围、影响区域等。

(2)土地利用,包括土地特征、建筑物类型和密度、开发程度、规划用地等。

(3)人口,包括总量、分布、构成、增长状况等。

(4)国民经济,包括国民平均收入、总产量、各行业产值、投资状况等。

(5)产业,包括产业结构、布局、资源、运量等。

(6)客货运输,包括运量、周转量、各运输方式所占的比重等。

(7)交通工具,包括拥有量、增长情况、构成比例等。

(8)自然情况,包括地形、地质、土壤、气候、名胜古迹等。

社会经济调查的步骤通常分为准备阶段、采集阶段和整理汇总阶段。

2. 交通设施和服务能力调查

(1)道路网总体状况统计数据(总长度、总面积、密度、面积率、各级道路比重、质量等)。

(2)路段状况统计(长度、线形、等级、车道划分、分隔设施、路面质量、侧向及竖向净空等)。
(3)交叉口设施状况统计(形式、几何布置、控制状况、分隔渠化措施等)。
(4)公交线网设施状况统计(路线长度、经过区域、设站情况、车辆配备等)。
(5)附属设施状况统计(各停车场的面积、停车方式、开放时间等,各加油站规模、面积等)。
(6)交通管制设施状况(交通标志、信号、标线、公安交警的配备等)。

3. 交通实况调查

道路交通系统的服务对象是客流、货流以及客货运输的车辆。制订完善的道路交通规划,应掌握客流、货流、车辆的出行规律以及在道路网上的分布情况。相应调查内容包括起讫点调查、公路交通调查、对外交通调查和路网交通流调查等。

(1)起讫点调查

起讫点调查,又称 OD 调查。OD 取自英文单词 Origin(起点)和 Destination(终点)的第一个字母。

起点:一次出行的出发地点。

讫点:一次出行的目的地点。

出行:人、车、货从出发点到目的地移动的全过程,分别称为个人出行、车辆出行和货物出行,即通常说的客流调查、车流调查、货流调查。

出行端点:出行起讫点的总称,每一次出行必有且只有两个端点,出行端点的总数为出行次数的 2 倍。

OD 调查的目的是收集研究区域内客流和货流的交通特性,获得各类出行的分布与数量方面的资料,从中推算远景年的交通量,为交通规划提供基础数据。起讫点调查主要包括客流出行调查、货流出行调查和机动车出行调查。OD 调查根据调查内容、要求不同可以采用多种不同的方法,最常用的是如下几种方法。

①家访调查。对居住在调查区内的居民,进行抽样家访,由调查员当面了解该户中包括学龄儿童在内所有成员一天的出行情况。

②发表调查。一般用于机动车出行调查,将调查表由公安交警发至驾驶员手中,逐项填写。

③路边询问调查。在主要道路或城市出入口上设调查站,让车辆停下,询问该车的出行情况。

④公交月票调查。对购月票的公交乘客发表调查,了解月票使用者的出行情况。

另外,还有明信片调查法、电话询问法、车辆牌照调查法等。

(2)货物源流调查

货物源流调查的目的是为分析预测货物发生(即各交通区域的货物运入、运出量)、分布(即各交通区域之间及各交通区域与外地之间的货物来往量)提供必要的基础数据。调查方法常采用发表调查和采访调查。

(3)公交运营调查

①确定公交线网上乘客分布规律,为公交线网优化提供依据。

②确定各公交线路的乘客平均乘距及乘客平均乘行时间。

③确定公交车辆的满载率、车载量,用于建立居民出行量与车流量之间的换算关系。

调查方法有站点调查法和随车调查法。

(4)对外交通调查

为了解城市对外的客货运流量、流向特性和需求,进行对外交通规划,需要进行对外交通调查。

(5)交通流量调查

观测记录经过OD调查点的交通量,统计车量数,分车种、时段记录,一般车种分8种,1h为一时段,整点换时段。

二、调查资料的整理分析

机动车OD调查是一个相当庞杂的工作,其收集的数据十分丰富,数据处理过程比较复杂。调查资料的处理包括表格核查、编码、建立数据库、输码及统计分析等部分。统计分析是以交通量观测和OD调查为基础,换算成年平均日交通量进行统计分析。

白天12hOD调查所取得的数据应该用样本扩大系数、昼夜率、月交通不均匀系数、日交通不均匀系数来扩大修正,如式(4-5)所示。

$$Q_{ij} = v_{ij} \times \alpha \times \nu \times M \times N \tag{4-5}$$

式中:Q_{ij}——i区到j区的年平均日交通量;

v_{ij}——12hOD调查所得的i区到j区的样本交通量;

α——12h样本扩大系数,$\alpha = \dfrac{12h 观测交通量}{v_{ij}}$;

ν——昼夜率,$\nu = \dfrac{全日24h观测交通量}{白天12h观测交通量}$;

M——月交通量不均匀系数;

N——日交通量不均匀系数。

OD调查所收集到的大量数据,需要借助计算机进行数据处理,分析结果主要有:

(1)各OD调查点各种车辆OD表;

(2)各OD调查点车辆汇总表;

(3)整个研究区域各种车辆OD表;

(4)整个研究区域车辆汇总OD表;

(5)各OD调查点货运车辆(或货运量)OD表;

(6)各OD调查点客运车辆(或旅客人数)OD表;

(7)整个研究区域货运车辆(或货运量)OD表;

(8)整个研究区域客运车辆(或旅客人数)OD表。

除此以外,还可得到反映交通流特征方面的数据,如:

(1)24h各断面交通量;

(2)各种车型的比例;

(3)大型车混入率;

(4)高峰小时交通量;

(5)重交通方向系数;

(6)昼夜率;

(7)货车平均吨位、客车平均座位;

(8)货、客车货运系数(即平均每辆车实载货物吨数或旅客人数);

(9)火车的载货品种构成等。

第四节 需求预测和交通预测

现代交通规划理论中的交通需求预测习惯上分四个阶段,即交通产生预测、交通分布预测、交通方式分担预测、交通网络分配预测。这一四阶段预测模式在城市交通规划领域已被广泛应用,理论和技术上已趋于成熟。而在区域交通规划领域,由于涉及的地域范围广大、行政单元众多、管理层次复杂等,难于完全按传统的四阶段模式来操作。因此,需要针对区域的具体大小、特征、背景,对预测理论、方法作深入的研究,然后才能进行具体区域交通需求预测分析。针对区域交通的特点,将交通方式预测放在交通分布预测之前进行,即在完成交通方式分担预测得到各小区公路出行量之后,再进行交通分布预测,最后进行交通网络分配预测。

一、需求预测

综合交通需求生成预测指根据国民经济发展状况,对规划区域及各交通分区的五大运输方式总量的发生进行预测,通常采用专家法及模型法。

专家法是采用专家系统的经验为依据,对预测指标及其预测结果进行判断,并根据专家意见进行修改,直至基本满意为止。

模型法则是根据历史资料建立数学模型进行预测的方法。模型法预测结果同样也必须通过征求专家意见的方法,进行判断和修正,直至基本满意为止。模型法中的主要方法如下。

1. 增长率法

增长率法是根据预测对象(如客货运量、经济指标等)的预计增长速度进行预测的方法。其步骤是:(1)分析历史年度预测对象增长率的变化规律;(2)根据对相关因素发展变化的分析,确定预测期增长率;(3)进行未来值的预测。其一般式为:

$$Q_t = Q_0(1+\alpha)^t \qquad (4\text{-}6)$$

式中:Q_t——预测值;

Q_0——基年值;

α——确定的增长率;

t——预测年限。

增长率法的关键在于确定增长率,但增长率随着选择年限的不同及计算方法的不同而存在较大的差异。所以增长率法一般仅适合于增长率变化不大,且增长趋势稳定的情况。其特点是计算简单,但预测结果粗略,较适于近期预测。在交通产生预测中,由于人口发展受政策性影响较强,常常应用增长率法进行人口预测。

2. 乘车系数法

乘车系数法又称为原单位发生率法,类似于城市交通预测中的类别发生率法。它用区域总人口与平均每人年度乘车次数来预测客运量,乘车系数是区域旅客运量与人口数之比。其一般式为:

$$Q_t = P_t \beta \qquad (4\text{-}7)$$

式中:Q_t——预测期客运量值;

P_t——预测总人口;

β——乘车系数。

乘车系数可以根据历年资料和今后变化趋势确定,但是乘车系数本身的变动有时难以预测,各种偶然因素会使其发生较大波动。此外,人口、职业、年龄的变化也使系数很难符合一定规律。

3. 产值系数法

产值系数法是根据预测期国民经济指标(如工农业总产值、社会总产值、国民收入等)和确定的每单位产值所引起的货运量或客运量来预测的方法。所采用的公式为：

$$Q_t = M_t \beta \tag{4-8}$$

式中：Q_t——预测期总运量；

M_t——预测期经济指标；

β——产值系数。

产值系数法的关键在于把握产值系数的变动趋势。

4. 时间序列法

时间序列法是根据规划区域客、货运输的历史统计资料,以时间 t 为自变量建立模型,对未来客、货运输量进行预测。

时间序列预测技术的基本出发点是利用预测对象过去发展变化的特征来描述和预测未来的变化特征。各种事物的时间序列变化特征一般可以分为趋势型、周期型、不规则型、组合型。在交通生成预测中,一般遇到的是组合型的时间序列,它常常由趋势型和不规则型组合而成。对于不同形式的时间序列,有不同的预测技术。图4-2是时间序列预测技术的一般流程图。

5. 回归分析法（因素分析法）

交通生成的变化受许多因素的影响,它们之间往往存在着一定的因果关系。回归分析预测法就是一种通过分析研究客货运量与相关因素的联系规律从而进行预测的方法。在交通产生预测中,回归预测的应用较为广泛,其数学方法这里不作详细介绍。

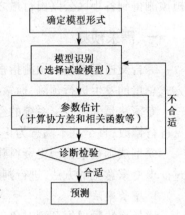

图4-2 时间序列预测技术的一般流程

在区域客运量分析中常用总人口、非农业人口、居民密度、人均旅行次数、人均消费水平、人均国民收入、客车保有量等指标作为相关因素；货运量分析中常用总人口、工农业总产值、汽车保有量、人均国民收入、人均消费水平、基建投资额等指标作为相关因素。

6. 灰色预测 GM(1,1)模型

灰色系统理论是处理不完全信息的一种理论。该理论应用关联度收敛原理、生成数、灰导数等观点和方法建立微分方程模型。近年来,灰色预测在诸多领域(包括交通需求预测)都有较好的应用。

7. 经济计量模型

在交通生成预测中,经济指标、各运输方式客货运量等预测目标之间常常是互相联系、互相制约的,所以应用多目标预测技术,可以更全面、更准确地描述实际过程的运行机制。在多目标预测中运用最多的是经济计量模型。

经济计量模型是指依据由统计学、经济学、数学三者结合而成的经济计量学,用定量方法描述经济系统的运行机制,研究经济变量间的数量关系,最后得到一个联立方程组。

在交通产生预测中,对客货运量进行预测时,由于交通运输与国民经济以及交通运输内部错综复杂的关系,运用经济计量模型是较为合适的。

二、交通预测

交通预测的任务是根据对历史的和现状的社会经济、交通供应及交通特征资料的分析研究,推算规划年的交通需求。交通预测通常分四部分进行:交通发生、交通分布、交通方式划分和交通分配。

1. 交通发生预测

交通发生预测的目的是建立区域产生的交通量与该区域土地利用、社会经济特征等变量之间的定量关系,推算规划年各分区所产生的交通量。因为一次出行有两个端点,所以要分别分析一个区生成的交通和吸引的交通。交通发生预测通常有三种方法:生产率法、回归分析法以及聚类分析法。

回归分析是一种统计学方法,根据对因变量与一个或多个自变量的统计分析,建立因变量和自变量之间的相互关系。最简单的情况是一元回归分析,而多元回归分析的原理与之类似。如在进行居民出行发生预测时,可考虑居民的性别、年龄、职业、生活水平、所在区域和公休情况等因素,经过分析研究确定主要因素作为分析变量。

2. 交通分布预测

所谓交通分布就是区域与区域之间的交通流。现状分布可从 OD 表中体现出来。交通分布预测的目的是根据现状 OD 分布量及各区域经济增长、土地开发而形成的交通量的增长,来推算各区之间将来的交通分布。预测方法大体上分为两种:一种是应用现状 OD 表来推算将来的 OD 表,称为"增长率"法,常见的有均衡增长率法、平均增长率法、福雷特法等数种;另一种是从现在的 OD 表选出一个重力模型,把这个重力模型作为推算将来 OD 表的基础,称为"重力模型法"。另外还有线性回归法、介入机会法等多种方法。目前,国内外在实际规划时倾向于用重力模型法。

重力模型法考虑了区之间的交通分布受到地区间距离、运行时间、费用等的所有交通阻抗的影响,分原来的重力模型(简称重力模型)和修正的重力模型两种。因为这种模型与牛顿提出的万有引力公式相类似,即区之间的出行分布同各区对出行的吸引成正比,而同区之间的交通阻抗成反比,故称重力模型。

3. 交通方式划分预测

交通方式划分就是把总的交通量分配给各种交通方式。建立交通方式划分模型的依据是观测到的交通方式划分、居民出行特征和各种交通方式的运营特性。影响出行者对交通方式选择的因素较多,如各种交通方式的可靠性、舒适性和安全性、方便性,出行者的社会经济特征、态度和出行类型等。由于建模者是从不同的角度来考虑交通方式选择问题的,因此建立了各种各样的交通方式划分模型。根据各模型在预测过程中的阶段不同可以分为四类:第一类表示与出行生成预测同时进行;第二类表示在出行生成和出行分布之间进行预测;第三类表示与出行分布同时预测;第四类表示在出行分布与交通分配之间进行预测。国外最常用的是第四类模型。

4. 交通分配预测

交通预测的最后一步是交通分配,就是将前面预测的各区之间不同交通方式的交通量分配到具体的道路网上去。

交通分配需考虑以下因素:

(1)交通方式。即出行者所采取的交通形式,如公共交通系统、小汽车、自行车等。

(2)行程时间。即在某起讫点之间采用某一交通方式所需时间。它直接影响着出行分布、交通方式的选择和交通分配。在交通规划中进行交通量分配时,应力求使交通网上总行驶时间为最短。

(3)路段上的速度与流量之间的变化关系。

网络结点由交叉口、交通枢纽组成,网络连线为道路路段。在交通调查区内道路网形成了一个网络系统,假定每个区有一个矩心,交通产生和吸引均集中于该点。区的矩心可以在网络结点上,也可以不在结点上,而是通过附加的连线与结点相连接。

分配交通量的直接目的是推求具有起讫点的交通,在网状图上究竟沿哪些线路运行,根据已知图上一定区间的交通量来鉴定网状图是否妥当。

交通分配方法常用的有全有全无分配法(也称最短路径法)、容量限制分配法、多路概率分配法等数种。

第五节 规划方案的综合评价

合理的、经济的交通规划方案可以有效地提高交通效率、减少交通事故、防止环境污染,并且可以有力地促进社会经济的发展和人民物质文化生活的提高;反之,就可能带来运输效率降低、交通拥挤、事故增多、环境恶化等后果。因此,在确定待实施方案之前,对各可行方案进行慎重的评价和比选是十分必要的。

一、综合评价的主要内容

道路规划是一项多目标规划活动,不但要考虑到交通系统内部的种种要素,而且要与整个国家、区域或城市的社会经济、自然生态环境密切联系起来。因此,对一个规划方案的评价也要从多方面来分析考察,一般包括以下几个方面。

1. 规划的整体合理性评价

所谓规划的整体合理性,主要是指规划目标是否明确合理,规划机构和组织计划是否匹配,规划范围是否适当,规划年限是否正确,规划过程是否完整连续等。我国的交通规划起步较晚,交通规划的整体合理性还不尽如人意。

2. 规划的适应性评价

道路规划是区域或城市总体规划的一部分,应考虑到与区域或城市的土地利用规划相适应,与区域或城市总体规划相适应,与社会经济发展计划相适应;与此同时,还要求远近期的道路规划互相适应,专项交通规划与综合交通规划相适应,客运交通规划与货运交通规划相适应等。

3. 规划的协调性评价

路网规划的协调性包括交通用地的协调性、路网功能的协调性、配套设施的协调性等。

4. 规划的效果评价

道路规划的效果如何,既要在方案实施之前充分估计(即事前考察),又要在方案实施后进行检验反馈(称事后考察)。考察的内容一般有道路规划的服务效果(出行时间的节省、网络容量的提高、负荷水平降低、车速加快、服务水平改善等)、安全性能(事故率降低、死亡人数下降、损失减少等)、环境影响(污染下降、景观改善等)、经济效益(时间节省、生产效率提高、生产规模扩大等)、社会综合效益(生产效率提高、城市活力增强、影响力扩大、人际交往活跃增多)等。

二、综合评价的主要技术指标

1. 评价指标的基本要求

评价指标的选择与计算,是整个评价系统的共性问题,也是影响评价结果的关键所在,对于技术评价而言主要应针对路网的内部结构和使用功能。其基本要求可归纳为以下三项。

(1)科学性

要求评价指标有理论依据,并能在数量和质量方面以及空间和时间上充分反映路网的技术特征和使用品质。

(2)可测性

其中包括两个方面的含义:一是评价指标可根据一定的方法和手段求得;二是所用的基础资料比较可靠并易取得。

(3)可比性

相同指标可用于不同方案的比较,为此力争使指标实现定量化。对于非定量指标,亦应有相对优劣程度的评定指标。

对于公路网规划方案的技术评价,目前国内已沿用的单项指标大致分两类:一类是反映路网结构性能的指标,主要包括公路网密度、公路网连通度、公路网铺面率、公路网的可达性以及公路网中位点的吻合性等;另一类是反映路网使用功能的指标,主要有公路网平均车速、公路网拥挤度、公路网里程拥挤率、公路网平均交通事故率、公路网服务水平等。这些单项指标均符合上述要求,可以有选择地用于不同情况下的公路网规划评价中。

2. 评价指标及其数学模型

(1)公路网密度

公路网密度反映了一个国家或地区的公路发展水平,在某种程度上体现了路网结构规模的合理性。它是公路交通宏观规划的重要指标之一。依据分担的对象不同,公路网密度有以下几种不同的表达方式。

①面积密度 DA(km/km^2),指单位面积拥有的公路里程长度,计算公式为:

$$DA = L/A \tag{4-9}$$

②人口密度 DP($km/万人$),指单位人口拥有的公路里程长度,计算公式为:

$$DP = L/P \tag{4-10}$$

③车辆密度 DN($km/百辆$),指单位车辆占有的公路里程长度,计算公式为:

$$DN = L/N \tag{4-11}$$

④运输密度 DT($km/亿车公里$),指单位运输周转量占有的公路里程数,计算公式为:

$$DT = L/T \tag{4-12}$$

⑤经济密度 DG($km/亿元$),指单位经济产值占有的公路里程数,计算公式为:

$$DG = L/GNP \tag{4-13}$$

式中:L——区域内公路总长度,km;

A——区域内总面积,km^2;

P——区域总人口,万人;

N——区域车辆保有量,百辆;

T——区域客、货车周转量,亿车公里;

GNP——区域国内生产总值,亿元。

(2)公路网连通度

公路网密度从公路网建设规模方面反映公路网结构性能;公路网连通度则通过考察网络结点(公路交叉口或城镇交通枢纽)的连通状况,从路网布局方面反映公路网的结构特点,其定义为规划区域内各节点间依靠公路交通相互连通的强度。

$$C = \frac{L/\xi}{HN} = \frac{L/\xi}{\sqrt{AN}} \tag{4-14}$$

式中:C——规划区域内公路网连通度;

L——区域内公路网总里程,km;

H——相邻两节点间的平均空间直线距离,km;

A——规划区域面积,km²;

N——规划区域应连通结点数;

ξ——非直线系数,定义为路网各结点间实际线路总里程与直线总里程之比。

(3)公路网铺面率

公路网铺面率与整个路网的通行能力和服务水平密切相关,它既直接影响到行车质量,诸如行车的全天候性和舒适性等,又直接影响公路运输经济效益。其传统定义是指铺有路面公路里程占整个路网总里程的比例。由于目前铺有路面公路里程比重越来越高,且车辆要求的路面质量也越来越高,故原有定义的意义已不合时宜。现行的铺面率定义为高级、次高级路面里程占全路网里程的比例。

公路网铺面率计算公式为:

$$P_p = \frac{\sum L_{pi}}{\sum L} \times 100 \tag{4-15}$$

式中:P_p——公路网平均铺面率,%;

$\sum L_{pi}$——高级、次高级路面里程,km;

$\sum L$——路网总里程,km。

(4)公路网的可达性

公路网的可达性是指在规划区内从某一结点出发通过公路交通抵达任一目的地的行程距离、行程时间或交通费用的大小。在城市交通规划中,可达性常用居民或车辆对既定吸引点的单程出行时间(或距离)的倒数表示。对于公路网,采用路网的平均行程时间(或距离)来表示可达性,显得更为简明。

路网的平均出行时间 T 或平均出行距离 D,可以采用矩阵表达形式,即:

$$T = [t_{ij}] \text{ 或 } D = [d_{ij}] \tag{4-16}$$

式中:t_{ij}——路网中 i,j 点间的最短平均行程时间;

d_{ij}——路网中 i,j 点间的最短平均距离。

(5)公路网中位点的吻合性

鉴于公路网本质上是一个线性加权图,于是从图论中引出了有关路网中位点的概念。

设交通结点 m 为路网方案 G 的中位点,n 为结点总数,则:

$$\sum_{j=1}^{n} t_{mj} = \min_{1 \leq k \leq n} \sum_{j=1}^{n} t_{kj} \tag{4-17}$$

或

$$\sum_{j=1}^{n} d_{mj} = \min_{1 \leq k \leq n} \sum_{j=1}^{n} d_{kj} \tag{4-18}$$

由上述路网可达性定义可知,路网中位点实际上也就是路网中平均出行时间(或距离)为最小的那一点(相当于可达性最好的点)。如果所设的中位点恰好与规划区的政治、经济中心点相吻合,则可以认为路网中位点的吻合性好,该路网的布局方案较为合理。

(6)公路网平均车速

公路网平均车速是由公路交通中的公路系统、车辆系统和管理系统综合作用的结果,它综合反映了路网的系统性能,也是反映公路网服务质量的重要指标。

$$v = \frac{\sum_i (v_i L_i q_i)}{\sum_i (l_i q_i)} \tag{4-19}$$

式中:v——公路网平均车速,km/h;

v_i——公路网中第 i 路段平均行驶车速,km/h;

L_i——公路网中第 i 路段里程,km;

q_i——公路网中第 i 路段交通量,pcu/d。

(7)公路网拥挤度

拥挤度是用来表示公路拥挤或利用程度的指标。公路网拥挤度是反映整个路网适应负荷的能力,即与交通需求的适应情况,定义为公路网交通量与公路网容量之比。

$$S = \frac{Q}{C} = \frac{\sum_i (q_i L_i)}{\sum_i (C_i L_i)} \tag{4-20}$$

式中:S——公路网拥挤度;

Q——整个路网的服务交通量或分配交通量,veh/d;

C——整个路网的标准容量,veh/d;

q_i——第 i 个路段实际服务交通量或分配交通量,veh/d;

C_i——第 i 个路段设计标准交通量,pcu/d;

L_i——第 i 个路段里程,km。

三、综合评价的方法

道路的评价系统由环境评价、经济评价和技术评价三个子系统组成。每个子系统又包括若干个指标,分别从各个方面描述路网系统(方案)的特性。各个单项指标,乃至某一个子系统,均难以对整个系统做出令人满意的评价,甚至于某些单项指标和子系统的定性分析和定量分析结果还是相互矛盾的。为了能够全面系统地反映路网规划方案的总体性能,对方案做出客观的优劣评价,有必要建立一个科学合理的综合评价指标体系,开发相应的简便可行的综合评价方法。

目前,用于道路规划综合评价的方法包括价值分析法、单纯矩阵法、层次分析法、主成分分析法、专家调查法等。

1. 价值分析法

价值分析法是考虑各单项指标对系统总体的影响程度,确定各单项指标在系统综合评价中的权重,通过加权即得出综合评价指标。其数学模式为:

$$V = \sum_i (W_i V_i) = \sum_i [W_i \cdot f_i(X_i)] \tag{4-21}$$

式中：V——综合评价指标；

W_i——第 i 项单项指标的权重；

V_i——以第 i 项指标为标准时，该项指标子系统的价值（效果），$V_i = f_i(x_i)$。

价值分析法中各单项指标必须定量，对定性指标的定量化，以及各单项指标权重的确定，可采用专家调查法。因此，价值分析法依赖人的主观意愿和判断。

2. 单纯矩阵法

单纯矩阵法，源于系统工程理论，其基本思路是避开方案中各种指标之间错综复杂的关系，而主要着眼于判断各种指标之间两两比较的相对重要程度，以及判断分别考虑各单项评价指标时各方案之间两两比较的相对优劣程度。这种思路符合人们考虑判断问题的习惯，概念简明，能使复杂的问题得以简化。单纯矩阵法概念简明，常用于综合评价，成果较为全面、客观。单纯矩阵法虽未完全摆脱人的主观意愿，但对于定性因素的考虑，对于多方案的决策选择的情形，仍不失为一种较为有效的方法。

其具体做法可分为如下五个步骤。

(1) 构造比较矩阵 D 和 C_k

比较矩阵 D 是以矩阵形式，表示各评价指标之间两两比较的相对重要的程度。C_k 表示分别考虑各单项评价指标时，各方案两两之间比较的相对优劣程度。

$$D = \begin{bmatrix} a_{11} & a_{12} & \cdots & a_{1n} \\ a_{21} & a_{22} & \cdots & a_{2n} \\ \cdots & \cdots & & \\ \cdots & \cdots & & \\ \cdots & \cdots & & \\ a_{n1} & a_{n2} & \cdots & a_{nn} \end{bmatrix} \tag{4-22}$$

D 是一个 $n \times n$ 的矩阵，n 为单项指标数，a_{ij} 是单项指标 a_i 和 a_j 相比较的相对比值。同样考虑各个单项评价指标 a_k，评价各方案之间的相对程度，可以得到方案的比较矩阵 C_k。

(2) 计算各指标的评价值和权重

评价指标可以根据相应的计算模型计算得到，各指标的权重则根据上面的构造矩阵 D 和 C_k 确定。

(3) 比较矩阵的一致性经验

当比较矩阵 D 和 C_k 具有完全一致性时，其规范化最大特征向量才能完全与权重向量和价值向量相同。当比较矩阵不具备完全一致性时，必须重新调整比较矩阵中的相对比值，重新计算最大特征向量，直至比较矩阵具有完全的一致性。

(4) 计算综合指标

对于方案 $G_j(j=1,2,\cdots,m)$，其综合评价指标为：

$$V_j = \sum_{i=1}^n W_i \times V_{ij} \tag{4-23}$$

W_i 为指标 i 的权重，而 V_{ij} 则为方案 j 对应的指标 i 的值，综合指标 V_j 计算值越大，则方案 j 越优。

3. 层次分析法

道路的综合评价，其最终目的是方案的选择和整体最佳评价，也即是路网方案的决策问题,为此可采用决策技术中层次分析法。按照系统分析的原理,方案的决策大体可分为三个步骤,即确定目标、拟订方案和选择最佳方案。也可以把方案的执行和检查列为第四步骤,以利于体现决策的动态性和反馈作用。

层次分析法(简称 AHP),其实质与单纯矩阵法相同,只是两者表达形式和计算程序稍有不同。层次分析法的特点在于首先将整个系统划分为目标、准则和方案等三个层次,然后对方案进行相互比较,运用矩阵形式判断作相对评价,最后进行综合评价,排出各方案的优劣次序。

其具体做法可分为如下五个步骤。

(1) 明确目标

对于路网方案的综合评价而言,最终目标是选择最佳方案,为此需要对技术评价、经济评价和环境评价三个子系统,以及各子系统所包括的各因素(单项指标)进行定量和定性分析,对各个因素在总系统中的作用大小和影响程度做出相对判断。

(2) 建立层次结构

根据对各单项指标的分析,将各因素按性质分类并建立层次。例如,对于路网规划而言,至少可以划分为目标层(A)、准则层(C)和方案层(P),如图 4-3 所示。

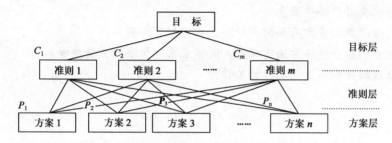

图 4-3 道路规划层次结构示意图

(3) 建立判断矩阵

利用判断矩阵逐层逐项对各元素进行两两比较,按评分办法比较它们的优劣。设最下层(方案层)有 P_1、P_2、$\cdots$、P_n 个方案,分别以中间层(准则层) C_1、C_2、$\cdots$、C_m 个准则为依据。对各方案进行评分,建立方案优劣的判断矩阵 $\boldsymbol{B}_k(k=1,2,\cdots,m)$,形式如下:

$$B_k = \begin{bmatrix} b_{11} & b_{12} & \cdots & b_{1n} \\ b_{21} & b_{22} & \cdots & b_{2n} \\ & & \cdots \cdots & \\ & & \cdots \cdots & \\ & & \cdots \cdots & \\ b_{n1} & b_{n2} & \cdots & b_{nn} \end{bmatrix} \quad (4\text{-}24)$$

矩阵中各元素取值方法同单纯矩阵法中比较矩阵 C_k。

(4) 进行层次单排序

上述的判断矩阵,只是针对上一层而言,经两两比较的评价结果,还须按需要将本层所有元素以上一层元素为依据排出优劣顺序。常用的方法是正规化求和,即将判断矩阵的每一行加起来再进行正规化(归一化)。

(5) 进行层次总排序

以准则层为依据,经正规化求和,排列出不同准则的方案优劣次序,最后按相同方法排出目标层下的优劣次序作目标判断(综合评价)。

思考与练习

1. 道路规划的目的是什么？应遵循哪些基本原则？
2. 简述道路规划的基本步骤。
3. 道路网的基本形式有哪些？简述其优缺点。
4. 道路网规划的主要内容有哪些？
5. 简述道路节点研究的任务及研究方法。
6. 常用的道路网络规划方法有哪些？
7. 道路规划需收集哪些方面的基础资料？基本内容是什么？
8. 常用的OD调查方法有哪些？
9. 综合交通需求预测常用方法分为哪两类？简述模型法中的主要方法及其适用性。
10. 交通预测分为哪几部分？简述各部分的常用预测方法。
11. 交通分配要考虑哪些因素？
12. 你认为道路规划方案应如何评价？主要指标有哪些？
13. 道路规划的综合评价方法有哪些？简述层次分析法的主要步骤。
14. 为什么道路规划不是一次性的工作？

第五章 路线几何设计

道路是一条三维空间的带状构造物,几何尺寸描述了道路的空间形态。人们习惯把路线在水平面上的投影称作路线的平面,其中间位置的一条线称为道路的中线,沿中线竖直剖切再行展开则是路线的纵断面,中线上任意一点的法向切面是道路在该点的横断面。路线几何设计是指确定路线空间位置的工作,一般把它分解为路线平面设计、纵断面设计和横断面设计。这三者是相互关联的,既要分别进行又要综合考虑,特别是现代道路新的技术要求更是需要进行三维的协调设计。本章将首先介绍这三个方面的设计以及视距的检查方法,然后介绍目前逐渐被人们重视的道路路线几何线形质量评价技术。

第一节 道路平面设计

现代道路主要供汽车行驶,路线平面设计的目的就是要使平面线形与汽车行驶轨迹相符合或相接近,保证行车的顺适与安全。在长期实践和研究中,人们已经形成了基本统一的认识,路线平面线形由直线、圆曲线和缓和曲线按照一定规律组合起来可以满足汽车行驶的要求。其中缓和曲线有回旋线、三次抛物线和双纽线等。世界各国使用回旋线居多,我国也使用回旋线作为缓和曲线。路线平面设计的过程就是确定这些线形要素参数的过程。下面将介绍这些线形要素的特点、要求、计算方法以及供工程使用的设计成果。

一、平面线形要素及其指标

如前所述,现代道路平面线形是由上述三种线形——直线、圆曲线和缓和曲线构成的,称之为"平面线形三要素"。在低速道路上,为简化设计,也可以只使用直线和圆曲线两种要素。近代一些高速公路也有只用曲线而不用直线的,说明三要素是其基本组成,各要素所占比例及使用频率并无规定。各要素使用合理、配置得当,均可满足汽车行驶要求;至于它们的参数,则要视地形情况和人的视觉、心理、技术等级等条件来确定。

1. 直线

直线适用于地形平坦、视线目标无障碍处。在平原区,直线作为主要线形要素是适宜的。直线有测设简单、前进方向明确、路线短捷等优点,直线路段能提供较好的超车条件,对双车道公路有必要在间隔适当距离处设置一定长度的直线,在美学上直线也有其特点。但直线过长、景色单调,往往会出现过高的车速或由于驾驶员缺乏警觉易疲劳而发生事故,并且在地形变化复杂地段,工程费用高。因此,要避免使用过长直线,并注意直线的设置与地形、地物、环境相适应。现在在高等级道路设计中长直线的使用已经较少了。

描述直线的指标有三个,即最大直线长度、同向曲线间最小长度和反向曲线间最小长度。

(1)最大直线长度。目前最大直线长度的量化,各国有不同的处理方法,德国和日本规定 $20v$(单位为 m,v 为设计速度,以 km/h 为单位),美国为 180s 的行程,我国在国外的标准上允许稍微放大(表5-1可供参考)。

(2)同向曲线间最小长度。若在转向相同的两个同向曲线间插入短直线,易于产生把直线和两端的曲线看成反向曲线的错觉,当直线过短时甚至可能把两个曲线看成一个曲线,容易造成驾驶员的判断错误,所以要将两曲线拉开,也就是限制中间直线的最短长度,使对向曲线在驾驶员的视觉以外以避免上述缺点。大量的观测资料证明,行车速度愈高,驾驶员愈是注视远处的目标,这个距离在数值上大约是行车速度v(以km/h计)的6倍(以m计),所以同向曲线间的最短直线长度以不小于$6v$为宜。这种要求在车速较高的道路($v>60$km/h)上宜尽可能保证,而对于低速道路($v<40$km/h)则有所放宽。在受到条件限制时,无论是高速路还是低速路,都宜将同向曲线间插入大半径曲线或将两曲线做成复曲线、卵形曲线或C形曲线。

(3)反向曲线间最小长度。在转向相反的两个圆曲线之间,如果没有设置缓和曲线,考虑到设置超高、加宽缓和段以及驾驶人员转向操作的需要,宜设置一定长度的直线。公路路线设计规范规定,反向曲线间最小直线长度(以m计)以不小于2倍行车速度v(以km/h计)为宜。如果两反向曲线已设置缓和曲线,在受到限制的地点也可将两缓和曲线首尾相接。这种组合称为S形曲线,此时被连接的缓和曲线和圆曲线宜满足一定的条件。直线的最大长度及曲线间直线的最小长度可参考表5-1的规定。

最大、最小直线长度 表5-1

设计速度(km/h)	120	100	80	60	40	30	20
最大直线长度(m)$20v$	2 400	2 000	1 600	1 200	800	600	400
同向曲线间最小直线长度(m)$6v$	720	600	480	360	240	180	120
反向曲线间最小直线长度(m)$2v$	240	200	160	120	80	60	40

2.圆曲线

圆曲线是路线平面设计中的主要组成部分,常用的单曲线、复曲线、双(多)交点曲线、虚交点曲线、回头曲线等均包含了圆曲线。圆曲线具有易与地形相协调、可循性好、线形美观、容易测设等优点,使用十分普遍。描述圆曲线的指标有三个:最小圆曲线半径、最大圆曲线半径和最小圆曲线长度。

(1)最小圆曲线半径。公路不设超高最小半径、一般最小半径和极限最小半径,可参考表5-2。极限最小半径是指圆曲线半径采用的最小极限值,只有地形困难或者受特殊条件限制时方可采用,一般不轻易使用。一般最小半径是指通常情况下采用的最小半径,它介于极限最小半径与不设超高最小半径之间。考虑到汽车在曲线上以设计速度或者以接近设计速度行驶时,乘客有充分的舒适感以及地形复杂的情况下不过多增加工程量而规定了"一般最小半径"。不设超高的最小半径是指道路曲线半径较大、离心力较小时,汽车沿双向路拱(不设超高)外侧行驶的路面摩擦力足以保证汽车行驶安全稳定所采用的最小半径。路面上不设超高,对于行驶在曲线外侧车道上的车辆来说是"反超高",大小与路拱坡度相同。

公路圆曲线最小半径 表5-2

设计速度(km/h)		120	100	80	60	40	30	20
一般值(m)		1 000	700	400	200	100	65	30
极限值(m)		650	400	250	125	60	30	15
不设超高最小半径(m)	路拱≤2.0%	5 500	4 000	2 500	1 500	600	350	150
	路拱>2.0%	7 500	5 250	3 350	1 900	800	450	200

城市道路设计规范提供了设超高最小半径、设超高推荐半径、不设超高最小半径以及不设缓和曲线最小半径,见表 5-3。当受地形条件限制时,可采用设超高推荐半径值;当地形条件特别困难时,可采用设超高最小半径值。

城市道路圆曲线最小半径(m)　　　　　　　　　　　　　　　表 5-3

设计速度(km/h)	80	60	50	40	30	20
设超高最小半径	250	150	100	70	40	20
设超高推荐半径	400	300	200	150	85	40
不设超高最小半径	1 000	600	400	300	150	70
不设缓和曲线最小半径	2 000	1 000	700	500	—	—

(2)最大圆曲线半径。在选用圆曲线半径时,应与地形、经济等条件相适应,并尽可能采用大半径;但半径大到一定程度时,其几何性质和行车条件与直线无太大区别,容易给驾驶员造成错误判断反而带来不良后果,所以大半径不宜超过 10 000m。

(3)最小圆曲线长度。汽车在道路曲线段行驶时,如果曲线很短,驾驶员操作转向盘频繁,在高速驾驶的情况下是危险的。公路平曲线的最小长度,见表 5-4。路线转角的大小反映了路线的舒适程度。但转角过小,即使设置了较大的半径也容易把曲线看成比实际的短,易造成急转弯的错觉。这种情况转角越小越明显,以致造成驾驶员枉做减速的操作。一般认为,转角 $\alpha < 7°$ 应属小转角弯道,此时应设置较长的平曲线。这里的平曲线包括圆曲线及其两端的缓和曲线。其中缓和曲线的长度不能小于该级公路对其最小长度的规定,中间的圆曲线也宜有大于 3s 的行程;当条件受限制时,可将缓和曲线在曲率相等处直接连接。

公路圆曲线和缓和曲线最小长度(m)　　　　　　　　　　　　表 5-4

设计速度(km/h)	120	100	80	60	40	30	20
圆曲线最小长度	100	85	70	50	35	25	20
缓和曲线最小长度	100	85	70	50	35	25	20

城市道路的平曲线与圆曲线长度应大于或等于表 5-5 的规定值。

城市道路圆曲线和缓和曲线最小长度(m)　　　　　　　　　　表 5-5

设计速度(km/h)	80	60	50	40	30	20
平曲线最小长度	140	100	85	70	50	40
转角 $\alpha < 7°$ 平曲线最小长度	1 000/α	700/α	600/α	500/α	350/α	280/α
圆曲线最小长度	70	50	40	35	25	20
缓和曲线最小长度	70	50	45	35	25	20

3.缓和曲线

缓和曲线是道路平面线形要素之一,它是设置在直线与圆曲线之间或半径相差较大的两个同向圆曲线之间的一种曲率连续变化的曲线。除四级公路可不设缓和曲线外,其余各级公路都应设置缓和曲线。在现代高速公路上,有时缓和曲线所占的比例超过了直线和圆曲线,成为平面线形的主要组成部分。在城市道路上,缓和曲线也被广泛地使用。

(1)缓和曲线的作用。通过曲率的变化,适应汽车转向操作的行驶轨迹及路线的顺畅,便于车辆遵循;离心加速度逐渐变化,不致产生侧向冲击力,乘客感觉舒适;超高横坡度和加宽值逐渐变化,减少行车振荡,使行车更加平稳;与圆曲线配合得当,线形连续光滑,构成美观与视觉协调的最佳线形。

(2)缓和曲线的性质。汽车匀速从直线进入圆曲线(或相反)其行驶轨迹的弧长与曲线的曲率半径之乘积为一常数,这一性质与数学上的回旋线正好相符,即:

$$RL_S = A^2 \tag{5-1}$$

式中:R——回旋线所连接的圆曲线半径;
L_S——回旋线型的缓和曲线长度;
A——回旋线的参数。

缓和曲线除了回旋线以外,还有其他形式。回旋线、三次抛物线和双纽线在极角较小(5°~6°)的情况下几乎没有差别。随着极角的增加,三次抛物线的长度比双纽线的长度增加得快些,而双纽线的长度又比回旋线的长度增加得快些。回旋线的曲率半径减小得最快,三次抛物线的曲率半径减小得最慢。三种曲线都可以作为缓和曲线,但是,回旋线是公路路线设计中最常用的一种缓和曲线,世界各国使用最多的是回旋线,我国也推荐使用回旋线。

(3)缓和曲线最小长度。由于车辆要在缓和曲线上完成不同曲率的过渡行驶,所以要求缓和曲线有足够的长度,以使驾驶员可以从容地打转向盘,使得乘客感觉舒适,线形美观流畅,圆曲线上的超高和加宽的过渡也能在缓和曲线内完成。所以应规定缓和曲线的最小长度,其影响因素主要有乘客感觉舒适、超高加宽渐变率适中以及在缓和曲线上的行程时间不少于3s等方面。公路和城市道路都规定了相应的缓和曲线最小长度,一并列在表5-4和表5-5中。

(4)参数A确定。对缓和曲线来说,参数A越大,回旋线的弯曲度越缓,回旋线的整体长度也越大。

(5)缓和曲线的计算方法,如图5-1和图5-2所示。道路平面线形三要素的基本组成是:直线—回旋线—圆曲线—回旋线—直线。其几何要素的计算公式如下:

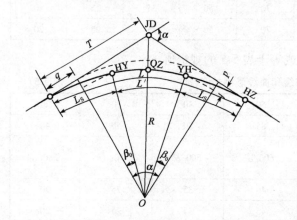

图5-1 回旋线要素图

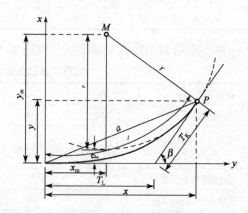

图5-2 "基本型"平曲线

$$q = \frac{L_S}{2} - \frac{L_S^3}{240R^2} \quad (\text{m}) \tag{5-2}$$

$$p = \frac{L_S^2}{24R} - \frac{L_S^4}{2\,688R^3} \quad (\text{m}) \tag{5-3}$$

$$\beta_0 = 28.647\,9\,\frac{L_S}{R} \quad (°) \tag{5-4}$$

$$T = (R+p)\tan\frac{\alpha}{2} + q \quad (\text{m}) \tag{5-5}$$

$$L = (\alpha - 2\beta_0)\frac{\pi}{180}R + 2L_s \quad (\text{m}) \tag{5-6}$$

$$E = (R+p)\sec\frac{\alpha}{2} - R \quad (\text{m}) \tag{5-7}$$

$$J = 2T - L \quad (\text{m}) \tag{5-8}$$

二、平面线形设计和计算

1. 平面线形设计原则

在平面线形上,圆曲线是使用最多的基本线形。它在路线遇到障碍或地形需要改变方向时设置,在各级公路、城市道路不论转角大小均应设置圆曲线。采用平缓而适当的圆曲线,既可引起驾驶员的注意,又常常促使他们自然地紧握转向盘,而且可从正面看到路侧的景观起到诱导视线的作用。圆曲线具有一定的半径,在透视图中的形状为椭圆。

缓和曲线是从曲率为零渐渐地向某一定值变化的曲线,符合汽车行驶的自然轨迹。如果从透视图中看,线形曲率慢慢地变化,使直线与圆曲线平顺衔接。公路平面线形,过去多采用长直线短曲线的形式。随着车速的提高及交通量的增长,对于高等级公路已趋于以曲线为主的设计,即结合地形拟订曲线,再连以缓和曲线或直线的方法,使路线在满足行车动力要求及线形视觉舒顺的条件下,顺适地形设置线形,减少工程量,提高经济效益,并保证行车的高速与安全。连续曲线的线形适用于高等级公路及山岭丘陵区的道路线形设计,对于城市或平原地区,则应敷设以直线为主的线形。高速公路线形多以圆曲线及回旋线为主,其间也可插入适当长度的直线,但以能满足线形舒顺并与地形的合理结合为原则。

(1)应直捷、连续、均衡,并与沿线的地形、地物相适应,与周围环境相协调。

(2)不论转角大小均应敷设平面曲线,并尽量选用较大的圆曲线半径。当公路转角较小时,应设法调整平面线形;当不得已而设置小于7°的转角时,则必须设置足够长的曲线。

(3)同向曲线间应设置足够长度的直线,一般以不小于6倍设计速度(以km/h计)的直线长度为宜;不得以短直线相连形成断臂曲线而影响线形的连续和美观,而应调整线形使之成为一个单曲线或复曲线,或运用回旋线组合成卵形、复合型及凸形等曲线,以改善线形质量。

(4)反向曲线间应设置足够长的直线,一般以不小于2倍设计速度(以km/h计)的直线长度为宜;否则应调整线形,或运用回旋线将其组合成S形曲线,改善线形质量。

(5)连续急弯的线形,可在曲线间插入足够长的直线或回旋线,以保证线形的光滑、连续、平顺。

(6)组合复杂的线形,应特别注意整条路线技术指标的均衡性与连续性,以获得良好舒适的行车条件。

(7)平面线形设计时,应注意平面线形与纵断面线形之间的良好组合,形成良好的空间线形,保证行车的快速、安全、舒适。

2. 平面线形的组合与衔接

(1)直线与曲线的组合

路线的行车平顺性要求直线与曲线彼此协调而有比例地交替。路线直曲的变化应缓和匀顺。平面曲线的半径、长度与相邻的直线长度应该相适应。过长的直线段会使驾驶员感到疲倦,易于引发交通事故,只有在道路所指方向地平线处有明显目标时才允许采用长直线段。德国规定,曲线半径的大小取决于相连接直线的长度 L。当 $L \leqslant 500\text{m}$ 时,$R \geqslant L(\text{m})$;当 $L > 500\text{m}$ 时,$R \geqslant 500\text{m}$。直线的最大长度参考表 5-1。

直线与曲线配合不好的线形应予以避免,例如长直线末端应避免小半径平曲线。同向曲线间的短直线宜用大半径的曲线代替或保证短直线的长度大于 $6v$。反向曲线间应有适当长度的直线,这段直线也可代之以缓和曲线。

直线与曲线的恰当组合,将能提高汽车的行驶质量。高速公路线形以圆曲线及回旋线为主,其间有适当长度的直线能够给驾驶员以刺激变化为好。研究认为,高速公路可多采用 1 000～3 000m 的曲线半径,而车速为 60～80km/h 的干线公路则可以多使用 500～1 500m 的曲线半径。

(2)曲线与曲线的组合

圆曲线是曲线组成的基本要素。它的组合有同向曲线、反向曲线和复曲线三种。

同向曲线(图 5-3)是指转向相同的两相邻曲线。两同向曲线以短直线相连(即断背曲线),破坏了平面线形的连续性,应当避免。同向曲线间的直线最小长度见表 5-1。

转向相反的两相邻曲线称为反向曲线(图 5-4)。两反向曲线间夹有直线段时,以设置不小于最小直线长度的直线(表 5-1)为宜。三、四级公路两相邻反向曲线无超高时可以径相衔接;无超高有加宽时,中间应有长度不小于 10m 的加宽缓和段;工程特殊困难时的山区三、四级公路设置超高时,中间直线长度不得小于 15m。

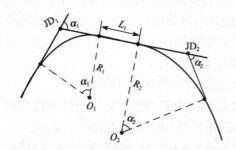

图 5-3 同向曲线

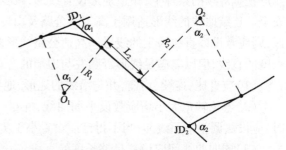

图 5-4 反向曲线

复曲线是指两同向曲线直接相连组合而成的曲线,见图 5-5。两个半径不同的同向圆曲线构成为复曲线必须满足小圆半径大于表 5-6 所设的不设超高的圆曲线最小半径,或者在小圆半径大于复曲线中的小圆临界曲线半径,同时满足下列条件之一:①小圆曲线按规定设置相当于最小回旋线长的回旋线时,其大圆与小圆的内移值之差不超过 0.10m;②设计速度 $v \geqslant 80\text{km/h}$ 时大圆半径与小圆半径之比小于 1.5,设计速度 $v < 80\text{km/h}$ 时大圆半径与小圆半径之比小于 2。复曲线中的小圆临界曲线半径见表 5-6。

公路复曲线中的小圆临界曲线半径(m) 表 5-6

设计速度(km/h)	120	100	80	60	40	30
临界曲线半径	2 100	1 500	900	500	250	130

(3)回头曲线

当山区因地形地质条件自然展线困难时所设置的圆心角接近或者大于 180°的回头形状的曲线,被称为回头曲线,见图 5-6。相邻两回头曲线之间应该争取有一个较长的距离。由一个回头曲线终点到下一个回头曲线的起点的距离,在二、三、四级公路上分别不应小于 200m、

150m、100m。回头曲线前后线形要有连续性,两端以布置过渡性曲线为宜,还应设置限速标志,并采取保证良好通视的技术措施。

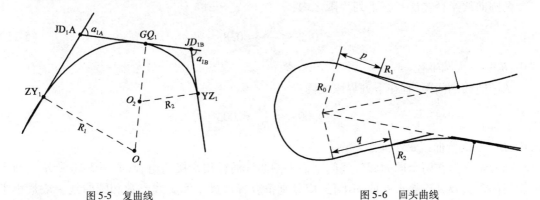

图 5-5 复曲线　　　　　　　　　　图 5-6 回头曲线

（4）直线、圆曲线、回旋线的组合

基本型是按按直线—回旋线—圆曲线—回旋线—直线的顺序组合,如图 5-7 所示。基本型中的回旋线参数、圆曲线最小长度都应符合有关规定。两回旋线参数可以相等也可以根据地形条件设计成不相等的非对称型曲线。从线形的协调性看,宜将回旋线、圆曲线、回旋线之长度比设计成 1:1:1。

S 形组合为两个反向圆曲线用回旋线连接的组合,如图 5-8 所示。S 形相邻两个回旋线参数 A_1 与 A_2 宜相等。当采用不同的参数时,A_1 与 A_2 之比应小于 2.0,有条件时以小于 1.5 为宜。此外,在 S 形曲线上,两个反向回旋线之间不设直线,是行驶力学上所希望的;不得已插入直线时,应尽量的短,其短直线的长度或重合段的长度应符合下式:

$$l \leqslant \frac{A_1 + A_2}{40} \quad (\text{m}) \tag{5-9}$$

式中:l——反向回旋线之间的短直线或重合段长度,m;
A_1、A_2——回旋线参数。

上列中间短直线长度的计算式是根据超高折减推导出来的。如果中间直线超过上述长度很多,则认为是两个基本型的曲线而不是 S 形曲线了。

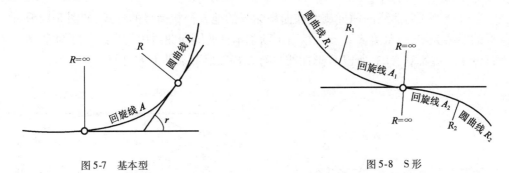

图 5-7 基本型　　　　　　　　　　图 5-8 S 形

卵形组合为用一个回旋线连接两个同向圆曲线的组合,如图 5-9 所示。卵形曲线上的回旋线参数 A 不应小于该级公路关于回旋线最小参数的规定,同时宜在下列界限之内:

$$\frac{R_2}{2} \leqslant A \leqslant R_2 \tag{5-10}$$

69

式中：A——回旋线参数；

R_2——小圆半径，m。

两圆曲线半径之比宜在下列界限之内：

$$0.2 \leqslant \frac{R_2}{R_1} \leqslant 0.8 \tag{5-11}$$

式中：R_1——大圆半径，m。

两圆曲线的间距，宜在下列界限之内：

$$0.003 \leqslant \frac{D}{R_2} \leqslant 003 \tag{5-12}$$

式中：D——两圆曲线最小间距(m)。

凸形组合是在两个同向回旋线间不插入圆曲线而径相衔接的组合，如图5-10所示。凸形回旋线的参数及其连接点的曲率半径，应分别符合容许最小回旋线参数和圆曲线一般最小半径的规定。凸形曲线尽管在各衔接处的曲率是连续的，但因中间圆曲线的长度为零，对驾驶操纵不利，所以只有在路线严格受地形、地物限制处方可采用。

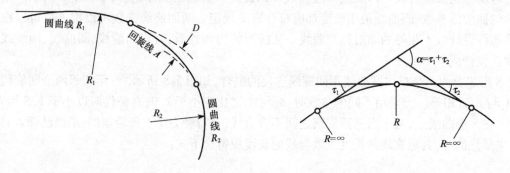

图5-9　卵形　　　　　　　　　　　图5-10　凸形

复合型是两个以上同向回旋线间在曲率相等处相互连接的形式，如图5-11所示。复合型的两个回旋线参数之比宜为：

$$A_2 : A_1 = 1 : 1.5 \tag{5-13}$$

复合型回旋线除了受地形和其他特殊限制的地方以外一般很少使用，多出现在互通式立体交叉的匝道线形设计中。

C形组合为同向曲线的两回旋线在曲率为零的地方径相衔接的形式，如图5-12所示。其连接处的曲率为零，也就是$R = \infty$，相当于两基本型的同向曲线中间直线长度为零，对行车和线形都带来一些不利影响，所以C形曲线只有在特殊地形条件下方可使用。

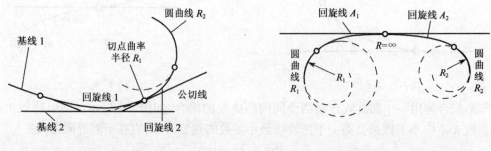

图5-11　复合型　　　　　　　　　　图5-12　C形

3. 导线法平面线形设计

在我国道路平面线形设计中,长期以来一直在使用导线法。在具体应用中,根据道路的等级、路线的走向、控制条件和技术要求,首先在实地或地形图上采用一系列连续的直线来控制道路的走向和基本位置,然后在路线的交点处敷设不同的曲线或曲线组合来进行合理过渡,满足行车和地形的要求,从而形成整个路线的平面线形。不难看出,在这其中直线起主导作用。

导线法主要是早期对公路线形和地形的认识能力受到测量手段的限制而采用的设计方法。其先定导线和交点,然后选择曲线要素值如半径、缓和曲线参数等。通过实地定线确定平面线形时,直线最容易掌握和使用,计算方法简单。目前,导线法仍是较普遍运用的一种方法,事实上是以直线为主体、先定导线后定曲线的方法。在布设过程中,导向线控制了路线走向,圆曲线、缓和曲线只是充当直线的"配角",起导线交点线形和行车过渡的作用,并未将直线、圆曲线、缓和曲线视为一个统一的整体而加以运用。在设计过程中,设计人员往往只注重缓和曲线与圆曲线的技术指标的大小以及它们两者之间的几何关系及其协调性,而忽略了直线对整个平面线形的影响,从而影响了公路线形质量。这种设计方法将路线人为地分为直线和弯道两大部分;进行曲线敷设时,又人为地将其化为由基本线形要素组合而成的若干种组合类型,并针对这几种组合类型研究计算方法,进行曲线敷设。

4. 曲线法设计平面线形设计

曲线法是伴随着立体交叉迅速发展起来的一种设计方法,目前主要适用于纸上定线设计。其在布设时可以撇开导线和交点,根据地形地物以及环境的要求,直接使用曲线或曲线组合来控制道路的走向和基本位置,曲线和曲线之间一般使用直线或回旋线来平顺连接。这种方法容易构成流畅多变的以曲线为主的平面线形。

定线过程中,不再利用导线控制路线的走向,而是在大比例地形图上,绘制光滑连续的曲线,或用直线、圆弧来控制路线的位置,然后利用回旋线光顺连接直线和圆弧或者圆弧和圆弧,从而构成流畅多变的以曲线为主的组合线形。曲线法中,直线、圆曲线和缓和曲线被视为同等重要的线形加以利用。尤其是缓和曲线,已不仅为缓和行车而设置,而是作为主要的线形要素加以灵活运用,使得线形的平顺程度大大提高,并且增加了结合地形布置路线的自由度,提高了平面线形视觉的协调性,易于布设出技术经济合理的线形。

国内外高等级公路建设的经验及趋势也表明,曲线在公路线形中所占比例逐渐增加,如沈大高速公路曲线长占整个线路的60%,甚至有全曲线线形的成功范例。事实证明,大而平缓的曲线更能适应高速行驶的要求。另外,山区公路由于受地形的限制,客观上使得曲线的比例较大,因而采用以曲线为主的设计方法已势在必行。

第二节 道路纵断面设计

沿着道路中心线竖直剖切然后展开即为道路路线纵断面,其主要反映路线的起伏、纵坡以及与原地面的填挖情况。纵断面设计就是根据汽车的动力特性、道路等级和自然地形,研究道路起伏的坡度和长度,以便达到安全、迅速、经济、合理以及舒适的目的。

一、纵断面要素及其指标

1. 纵坡

描述纵坡的指标有最大纵坡、最小纵坡、合成坡度以及平均坡度。

(1)最大纵坡

在设计纵坡时,各级公路采用的最大坡度值,是道路纵断面设计的重要控制指标。特别是在地形起伏较大的地区,纵坡大小直接影响路线长度、使用品质、工程量以及运营经济。纵坡过大或陡坡过长,会使汽车沿陡坡上驶时车速降低、水箱水沸腾、气阻等情况,严重时发动机熄火,使驾驶条件恶化;沿陡坡下行时,又因制动次数多、制动器发热甚至使制动失效而引起车祸。

各级公路允许的最大纵坡是根据汽车的动力特性、道路等级、自然条件以及工程、运营经济等因素,通过综合分析、充分论证确定的。公路工程技术标准规定了各级公路的最大纵坡,见表5-7。

各级公路最大纵坡 表5-7

设计速度(km/h)	120	100	80	60	40	30	20
最大纵坡(%)	3	4	5	6	7	8	9

当设计速度为120km/h、100km/h、80km/h的高速公路受地形条件或者其他特殊情况限制时,经技术经济论证,最大纵坡可增加1%;公路改建中,设计速度为40km/h、30km/h、20km/h的利用原有公路的路段,经技术经济论证,最大纵坡可增加1%。

在高海拔地区,因空气密度下降而使汽车发动机的功率、汽车的驱动力降低,导致汽车爬坡能力下降。位于海拔3 000m以上的高原地区各级公路的最大纵坡值按表5-8的规定予以折减。最大纵坡折减后若小于4%,则仍采用4%。

高原纵坡折减值(%) 表5-8

海拔高度(m)	3 000~4 000	4 000~5 000	5 000以上
折减值	1	2	3

桥上及桥头路线的最大纵坡:小桥与涵洞处纵坡应按路线规定采用;大桥上纵坡不宜大于4%,桥头引道纵坡不宜大于5%;紧接大、中桥桥头两端的引道纵坡应与桥上纵坡相同。对于隧道部分路线的纵坡,隧道内纵坡不应大于3%,但独立明洞和短于100m的隧道其纵坡不受此限;紧接隧道洞口的路线纵坡应与隧道内纵坡相同。在非机动车交通比例较大路段,为照顾其交通要求可根据具体情况将纵坡适当放缓:平原、微丘区一般不大于2%~3%;山岭、重丘区一般不大于4%~5%。

城市道路设计规范规定了城市道路机动车车行道最大纵坡推荐值与限制值,见表5-9;同时规定,海拔3 000~4 000m的高原城市道路的最大纵坡度推荐值按表5-8所列数值减小1%,积雪寒冷地区最大纵坡度推荐值不得超过6%。

城市道路最大纵坡度(%) 表5-9

设计速度(km/h)	80	60	50	40	30	20
最大纵坡推荐值	4	5	5.5	6	7	8
最大纵坡限制值	6	7		8	9	
最大容许合成坡度	7	6.5		7		8

(2)最小纵坡

为使道路上行车快速、安全和通畅,道路纵坡设计得小一些为好。但是在挖方、低填方路段以及其他横向排水不畅路段,为保证排水需要,均应设置不小于0.3%的最小纵坡。当必须设置平坡(0%)或小于0.3%的纵坡时,其边沟应做纵向排水设计。

(3)合成坡度

合成坡度是指路线纵坡与弯道超高或路拱横坡组合而成的坡度,其方向即流水方向。合成坡度的计算式为:

$$i_H = \sqrt{i_h^2 + i_z^2} \tag{5-14}$$

式中:i_H——合成坡度,%;

i_h——超高坡度或路拱横坡,%;

i_z——纵坡坡度,%。

汽车行驶在道路弯道上,除受坡度阻力外,还受曲线阻力作用。如果纵坡大而曲线半径小时,由于离心力作用会给汽车行驶造成危险。为防止汽车沿合成坡度方向滑移,应将超高横坡与纵坡的合成坡度控制在一定的范围之内。其目的在于尽可能地避免急弯和陡坡的不利组合,防止因合成坡度过大而引起横向滑移和行车危险,保证车辆在弯道安全而顺适地行驶。

陡坡与小半经平曲线相重叠时,在条件许可的情况下,以采用较小的合成坡度为宜。在冬季路面有积雪、结冰的地区,自然横坡较陡峻的傍山路段以及非汽车交通比率高的路段,合成坡度必须小于8%。

在路线的平面和纵坡设计基本完成以后,可用式(5-14)检查合成坡度。如果平均纵坡超过最大容许合成坡度时,可减少纵坡或者加大平曲线半径以减小横坡,或者两方面同时减小。

各级公路的最小合成坡度不宜小于0.5%。在超高过渡的变化处,合成坡度不应设计为0%;当合成坡度小于0.5%时,则应采取综合排水措施,保证路面排水通畅。

城市道路在设有超高的平曲线上,合成坡度应小于或者等于表5-9的规定值,积雪地区各级城市道路的合成坡度应小于或等于6%。

(4)平均坡度

平均纵坡是指一定长度的路段纵向高差与路线长度之比,是为了合理运用最大纵坡、坡长及缓和坡长的规定,以保证车辆安全顺利地行驶的限制性指标。平均纵坡$i_{平均}$的计算式为:

$$i_{平均} = \frac{H}{l} \quad (\%) \tag{5-15}$$

式中:H——相对高差,m;

l——路线长度,m。

研究和经验得出,有时虽然道路纵坡设计完全符合最大纵坡、坡长限制及缓和坡长规定,但也不一定能保证行车顺利和安全。二、三、四级公路越岭路线连续上坡(或下坡)路段,相对高差为200~500m时,平均纵坡不应大于5.5%;相对高度大于500m时,平均纵坡不应大于5%。任意连续3km路段的平均纵坡不应大于5.5%,并且避免长大下坡路段接小半径平曲线的线形组合。

2. 竖曲线

纵断面上两纵坡线交点称为变坡点。在变坡点处,为保证行车安全、顺适以及视距而设置的纵向曲线就是竖曲线。竖曲线的设计受众多因素的制约,其中有三个因素决定竖曲线的最小半径或最小长度。

(1)缓和冲击

汽车行驶在竖曲线上时,将产生径向离心力。这个力在凹形竖曲线上是增重,在凸形竖曲线上是减重。这种增重与减重达到某种程度时,旅客就会有不舒适的感觉,同时对汽车的悬挂系统也有不利影响,所以确定竖曲线半径时,对离心加速度要加以控制。我国公路工程技术标准规定的凹形竖曲线最小半径值与式(5-16)计算结果极相近。

$$R_{\min} = \frac{v^2}{3.6} \text{ 或 } L_{\min} = \frac{v^2 \omega}{3.6} \tag{5-16}$$

(2)时间行程不过短

汽车从直坡道行驶到竖曲线上,尽管竖曲线半径较大,如其长度过短,汽车倏忽而过旅客会感到不舒适。因此,应限制汽车在竖曲线上的行程时间不过短,最短应满足3s行程,即:

$$L_{\min} = \frac{v}{3.6}t = \frac{v}{1.2} \tag{5-17}$$

(3)满足视距的要求

汽车行驶在凸形竖曲线上,如果半径太小,会阻挡驾驶员的视线。为了行车安全,对凸形竖曲线的最小半径或最小长度应加以限制。

当汽车行驶在凹形竖曲线上时,也同样存在视距问题。对地形起伏较大地区的道路,在夜间行车时,若竖曲线半径过小,前灯照射距离近,影响行车速度和安全。在高速公路及城市道路上有跨线桥、门式交通标志及广告宣传牌等,如果它们正好处在凹形竖曲线上方,也会影响驾驶员的视线。

总之,无论凸形竖曲线还是凹形竖曲线都要受到上述三种因素的控制。需要明确的是,哪一种限制因素为最不利的情况,它才是有效控制因素。公路工程技术标准考虑了我国的具体情况,明确了最不利限制因素,规定了各级公路的竖曲线半径的一般最小值、极限最小值以及竖曲线的最小长度,见表5-10。

公路竖曲线最小半径和最小长度(m)　　　　　　　　　　　　　　　　表5-10

设计速度(km/h)		120	100	80	60	40	30	20
凸形竖曲线半径	一般值	17 000	10 000	4 500	2 000	700	400	200
	极限值	11 000	6 500	3 000	1 400	450	250	100
凹形竖曲线半径	一般值	6 000	4 500	3 000	1 500	700	400	200
	极限值	4 000	3 000	2 000	1 000	450	250	100
竖曲线最小长度		100	85	70	50	35	25	20

竖曲线应该选用较大的半径。当条件受限制时,可采用一般最小值,特殊困难不得已时方可采用极限最小值。当有条件时,宜按表5-11所规定的视觉所需要的最小竖曲线半径进行设计。

视觉所需要的最小竖曲线半径值(m)　　　　　　　　　　　　　　　　表5-11

设计速度(km/h)	竖曲线半径	
	凸 形	凹 形
120	20 000	12 000
100	16 000	10 000
80	12 000	8 000
60	9 000	6 000
40	3 000	2 000

城市道路的竖曲线采用圆曲线。竖曲线半径及最小长度见表5-12。设计中应采用大于或等于表5-12中的一般最小值;特殊困难时,应大于或等于极限最小半径值。非机动车车行道

的竖曲线最小半径为500m。

城市道路竖曲线最小半径和最小长度(m) 表5-12

设计速度(km/h)		80	60	50	45	40	35	30	25	20	15
凸形	极限最小半径	3 000	1 200	900	500	400	300	250	150	100	60
	一般最小半径	4 500	1 800	1 350	750	600	450	400	250	150	90
凹形	极限最小半径	1 800	1 000	700	550	450	350	250	170	100	60
	一般最小半径	2 700	1 500	1 050	850	700	550	400	250	150	90
竖曲线最小长度		70	50	40	40	35	30	25	20	20	15

3. 坡长

描述纵坡坡长的指标有三个,它们是最小坡长、最大坡长和缓和坡段。

(1) 最小坡长

为保证行车的安全与平顺,应规定坡段最小长度。如果坡长过短,会使变坡点增多,汽车颠簸频繁,给乘客带来不舒适感。另外,驾驶员驾驶操作及变换排挡需要一定的长度,同时变坡点之间应能敷设相邻两竖曲线的切线长。两变坡点之间还应满足视距的要求。为此,公路工程技术标准和城市道路设计规范分别规定了我国公路和城市道路的最小坡长,分别见表5-13和表5-14。在平面交叉口、立体交叉的匝道以及过水路面地段的最小坡长可以不受此限。

公路最小坡长(m) 表5-13

设计速度(km/h)	120	100	80	60	40	30	20
最小坡长	300	250	200	150	120	100	60

城市道路最小坡长(m) 表5-14

设计速度(km/h)	80	60	50	40	30	20
最小坡长	290	170	140	110	85	60

(2) 最大坡长

所谓最大坡长是指控制汽车在坡道上行驶,当车速下降到最低允许速度时所行驶的距离。公路工程技术标准和城市道路设计规范规定的最大坡长分别见表5-15和表5-16。

公路不同纵坡最大坡长(m) 表5-15

纵坡坡度(%) \ 设计速度(km/h)	120	100	80	60	40	30	20
3	900	1 000	1 100	1 200	—	—	—
4	700	800	900	1 000	1 100	1 100	1 200
5	—	600	700	800	900	900	1 000
6	—	—	500	600	700	700	800
7	—	—	—	—	500	500	600
8	—	—	—	—	300	300	400
9	—	—	—	—	—	200	300
10	—	—	—	—	—	—	200

高速公路、一级公路当连续陡坡由几个不同坡度值的坡段组合而成时,应对纵坡坡度受限制的路段采用平均坡度法进行验算。

城市道路最大坡长(m)　　　　　　　　　　　　　　　　　　　　表5-16

设计速度(km/h)	80			60			50			40		
纵坡坡度(%)	5	5.5	6	6	6.5	7	6	6.5	7	6.5	7	8
最大坡长	600	500	400	400	350	300	350	300	250	300	250	200

城市道路的非机动车道纵坡宜小于2.5%;大于或等于2.5%时,应按照表5-17设置最大坡长。

城市道路非机动车道最大坡长(m)　　　　　　　　　　　　　　　表5-17

车种 坡度(%)	自行车	三轮车、板车
3.5	150	—
3	200	100
2.5	300	150

(3)缓和坡段

在纵断面设计中,连续上坡(下坡)时,应在不大于表5-14和表5-15所规定的纵坡长度范围内设置缓和坡段。缓和坡段的纵坡应不大于3%,其长度应符合纵坡长度的规定。

缓和坡段的具体位置结合纵向地形起伏情况,尽量减少填挖方工程数量,同时应考虑路线的平面线形要素。在一般情况下,缓和坡段宜设置在平面的直线或较大半径的平曲线上,以便充分发挥缓和坡段的作用,提高整条道路的使用质量。在必须设置缓和坡段而地形又困难的地段,可以将缓和坡段设于半径比较小的平曲线上,但应增加缓和坡段的长度,以使缓和坡段端部的竖曲线位于该小半径平曲线之外。这种要求对提高行驶质量、保证行车安全是完全必要的。

二、纵断面设计和计算

1.纵断面设计的一般要求

纵断面设计的一般要求为保证行车平顺、安全及运营经济,并使道路建筑费最低,路基和构造物具有足够的稳定性。纵断面设计的基本要求是纵坡均匀平顺、起伏和缓、坡长和竖曲线长短适当、平面与纵面组合设计协调,以及填挖经济、平衡。这些要求虽在选、定线阶段有所考虑,但要在纵面设计中具体加以实现。

纵断面设计的具体要求包括:

(1)应满足纵坡及竖曲线的各项规定(最大纵坡、坡长限制、最小坡长、竖曲线最小半径及竖曲线最小长度等)。

(2)纵坡应均匀平顺。

纵坡尽量平缓、起伏不宜过大和频繁;变坡点处尽量设置大半径竖曲线,尽量避免极限纵坡值;缓和段配合地形布设,垭口处纵坡尽量放缓;越岭线应尽量避免设置反坡段(升坡段中的下坡损失)。

(3)设计高程的确定应结合沿线自然条件如地形、土质、水文、气候等因素综合考虑。

(4)纵断面设计应与平面线形和周围的景观相协调,即应考虑人体视觉心理上的要求,按照平竖曲线相协调及半径均衡,来确定纵断面的设计线。

(5)应争取填挖平衡,尽量移挖作填,以节省土石方量,降低工程造价。

(6)依路线的性质要求,适当照顾当地民间运输工具、农业机械、农田水利等方面的要求。

(7)城市道路的纵坡设计及设计高程的确定,还应考虑沿线两侧街坊地坪高程及保证地下管线最小覆土深度要求,一般应使侧石顶面高程低于两侧街坊或建筑物的地坪高程。

2. 纵断面设计要点

纵断面设计的主要内容是根据道路等级、沿线自然条件和构造物控制高程等,确定路线合适的高程、各坡段的纵坡度和坡长,并设计竖曲线。

(1)关于纵坡极限值的运用

根据汽车动力特性并考虑经济等因素制定的极限值,设计时不可轻易采用,应留有余地;在受限制较严,如越岭线,为争取高度、缩短路线长度或避开艰巨工程等,才能有条件地采用。好的设计应尽量考虑人的视觉、心理上的要求,使驾驶员和乘客有较大的安全感、舒适感和视觉上的美感。一般讲,纵坡缓些为好,但为了路面和边沟排水,最小纵坡不应低于0.3%~0.5%。

(2)关于最短坡长

坡长是指纵断面两变坡点之间的水平距离。坡长不宜过短,以不小于设计速度9s的行程为宜。对连续起伏的路段,坡度应尽量小,坡长和竖曲线应争取到极限值的2倍或2倍以上,避免锯齿形的纵断面,以使增重与减重变化不致太频繁,从路容美观方面也应以此设计为宜。

(3)各种地形条件下的纵坡设计

平原、微丘地形的纵坡应均匀平缓,注意保证最小填土高度和最小纵坡的要求。丘陵地形应避免过分迁就地形而起伏过大,注意纵坡应顺适不产生突变。

山岭、重丘地形的沿河线应尽量采用平缓纵坡,坡长不应超过限制长度,纵坡不宜大于6%,注意路基控制高程的要求。

越岭线的纵坡应力求均匀,尽量不采用极限或接近极限的坡度,更不宜在连续采用极限长度的陡坡之间夹设短的缓和坡段。越岭路线一般不应设置反坡。

山脊线和山腰线除结合地形不得已时采用较大纵坡外,在可能条件下纵坡应缓些。

(4)关于竖曲线半径的选用

竖曲线应选用较大半径为宜,当受限制时可采用一般最小值,特殊困难方可用极限最小值。坡差小时应尽量采用大的竖曲线半径。有条件时,宜按视觉要求的最小竖曲线半径进行设计。

(5)关于相邻竖曲线的衔接

相邻两个同向凹形或凸形竖曲线,特别是同向凹形竖曲线之间,如直坡段不长应合并为单曲线或复曲线,避免出现断背曲线。这样的要求对行车是有利的。

相邻反向竖曲线之间,为使增重与减重间和缓过渡,中间最好插入一段直坡段。若两竖曲线半径接近极限值时,该段直坡段至少应为设计速度的3s行程;当半径比较大时,亦可直接连接。

3. 纵断面设计步骤

(1)准备工作:纵坡设计(俗称拉坡)之前在厘米绘图纸上,按比例标注里程桩号和高程,点绘地面线,填写有关内容;同时应收集和熟悉有关资料,并领会设计意图和要求。

(2)标注控制点:控制点是指影响纵坡设计的高程控制点,如路线起终点、越岭垭口、重要桥涵、地质不良地段的最小填土高度、最大挖深、沿溪线的洪水位、隧道进出口、平面交叉和立体交叉点、铁路道口、城镇规划控制高程以及受其他因素限制路线必须通过的高程控制点等。山区道路还有根据路基填挖平衡关系控制路中心填挖值的高程点,称其为"经济点"。

(3)试坡:在已标出"控制点"、"经济点"的纵断面图上,根据技术指标、选线意图,结合地面起伏变化,本着以"控制点"为依据,照顾多数"经济点"的原则,在这些点位间进行穿插与取直,试走出若干直坡线。对各种可能坡度线方案反复比较,最后定出既符合技术标准又满足控制点要求,且土石方较省的设计线作为初定坡度线,将前后坡度线延长交会出变坡点的初步位置。

(4)调整:将所定坡度与选线时坡度的安排比较,二者应基本相符,若有较大差异时应全面分析,权衡利弊,决定取舍。然后对照技术标准检查设计的最大纵坡、最小纵坡、坡长限制等是否满足规定,平、纵组合是否适当,以及路线交叉、桥隧和接线等处的纵坡是否合理,若有问题应进行调整。调整方法是对初定坡度线平抬、平降、延伸、缩短或改变坡度值。

(5)核对:选择有控制意义的重点横断面,如高填深挖、地面横坡较陡路基、挡土墙、重要桥涵以及其他重要控制点等,在纵断面图上直接读出对应桩号的填、挖高度,用"模板"在横断面图上"戴帽子",检查是否填挖过大、坡脚落空或过远、挡土墙工程过大、桥梁过高或过低、涵洞过长等情况,若有问题应及时调整纵坡。在横坡陡峻地段核对更显重要。

(6)定坡:经调整核对无误后,逐段把直坡线的坡度值、变坡点桩号和高程确定下来。

(7)设置竖曲线:拉坡时已考虑了平、纵组合问题,此步根据技术标准、平纵组合均衡等确定竖曲线半径,计算竖曲线要素。

在纵断面设计中,也要注意:

(1)设置回头曲线地段,拉坡时应按回头曲线技术标准先定出该地段的纵坡,然后从两端接坡,应注意在回头曲线地段不宜设竖曲线。

(2)大中桥上不宜设置竖曲线,桥头两端竖曲线的起终点应设在桥头10m以外,见图5-13。

(3)小桥涵允许设在斜坡地段或竖曲线上,为保证行车平顺,应尽量避免在小桥涵处出现"驼峰式"纵坡,见图5-14。

(4)注意平面交叉口纵坡及两端接线要求。道路与道路交叉时,一般宜设在水平坡段,其长度应不小于最小坡长规定。两端接线纵坡应不大于3%,山区工程艰巨地段不大于5%。

(5)拉坡时如受"控制点"或"经济点"制约,导致纵坡起伏过大,或土石方工程量太大,经调整仍难以解决时,可用纸上移线的方法修改原定纵坡线。

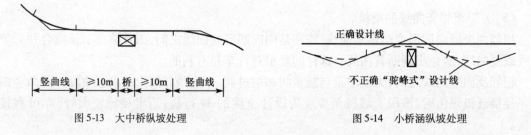

图5-13 大中桥纵坡处理 　　　　　图5-14 小桥涵纵坡处理

4. 竖曲线计算

公路竖曲线的形式可采用抛物线或圆曲线,在应用范围内二者几乎没有差别,但在设计和计算上,抛物线比圆曲线更为方便。城市道路设计规范规定城市道路的竖曲线使用圆曲线。下面介绍二次抛物线形竖曲线的要素计算。

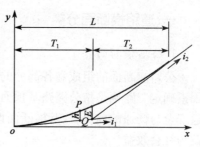

图 5-15 竖曲线要素示意图

取 xoy 坐标系如图 5-15 所示,设变坡点相邻纵坡坡度分别为 i_1 和 i_2,上坡为正,下坡为负。它们的代数差用 ω 表示,即 $\omega = i_2 - i_1$,当 ω 为"+"时,表示凹形竖曲线;ω 为"-"时,表示凸形竖曲线。二次抛物线竖曲线基本方程式为:

$$y = \frac{\omega}{2L}x^2 + i_1 x \text{ 或 } y = \frac{1}{2R}x^2 + i_1 x \tag{5-18}$$

式中:ω——坡差,%;
$\quad L$——竖曲线长度,m;
$\quad R$——竖曲线半径,m。

竖曲线长度 L 或竖曲线半径 R 为:

$$L = R\omega \text{ 或 } R = \frac{L}{\omega} \tag{5-19}$$

因为 $T = T_1 \approx T_2$,则竖曲线切线长 T 为:

$$T = \frac{L}{2} = \frac{R\omega}{2} \tag{5-20}$$

由竖曲线上任一点竖距 $h = PQ = y_P - y_Q = \frac{x^2}{2R} + i_1 x - i_1 x$,可以推出:

$$h = \frac{x^2}{2R} \tag{5-21}$$

竖曲线外距 E 为:

$$E = \frac{T^2}{2R} \text{ 或 } E = \frac{R\omega^2}{8} = \frac{L\omega}{8} = \frac{T\omega}{4} \tag{5-22}$$

第三节 道路横断面设计

道路横断面是指中线上各点的法向切面。它由横断面设计线和地面线所构成,其中横断面设计线包括行车道、路肩、分隔带、边沟、边坡、截水沟、护坡道以及取土坑、弃土堆、环境保护等设施。城市道路的横断面组成中,包括机动车道、非机动车道、人行道、绿带、分车带等。高速公路和一级公路上还有变速车道、爬坡车道。横断面中的地面线是表征地面起伏变化的线。它是通过现场实测或由大比例尺地形图、航测相片、数字地面模型等途径获得的。路线设计中所讨论的横断面设计只限于与行车直接有关的那一部分,即各组成部分的宽度、横向坡度等问题,所以有时也将路线横断面设计称作"路幅设计"。

一、道路横断面分类

1. 公路横断面

公路横断面的组成和各部分的尺寸要根据设计交通量、交通组成、设计速度、地形条件等因素确定。路幅是指公路路基顶面两路肩外侧边缘之间的部分。在保证必要的通行能力和交通安全与畅通的前提下,其横断面设计尽量做到用地省、投资少,使道路发挥其最大的经济效益与社会效益。

(1) 单幅双车道

单幅双车道公路指的是整体式供双向行车的双车道公路。这类公路在我国公路总里程中占的比重最大。二级路、三级路和一部分四级路均属这一类。这类公路在交通量不大时,车速一般都不会受到影响,如图 5-16 所示。

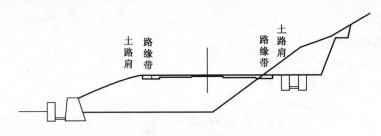

图 5-16　单幅公路示意图

(2) 双幅多车道

四车道、六车道以及更多车道的公路,中间一般都设置分隔带或做成分离式路基而构成"双幅路",如图 5-17 所示。有些分离式路基为了利用地形或处于风景区等原因甚至做成两条独立的单向行车的道路。

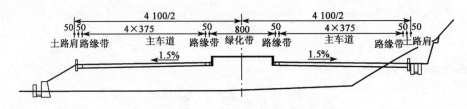

图 5-17　双幅公路示意图(尺寸单位:cm)

这种类型的公路的设计速度高、通行能力大,每条车道能负担的交通量比一条双车道公路的还多,而且行车顺适、事故率低。我国公路工程技术标准中的高速公路和一级公路即属此种类型。高速公路和一级公路占地多、造价高,只有在公路网中具有非常重要的政治、经济意义、远景交通量很大时才修建。

(3) 单车道

对交通量小、地形复杂、工程艰巨的山区公路或地方性道路,可采用单车道。此类公路虽然交通量小,但仍然会出现错车和超车情况。为此,应在不大于 300m 的距离内选择有利地点设置错车道,使驾驶人员能够看到相邻两错车道驶来的车辆。

表 5-18 列出了各级公路的路基宽度。路基宽度为车道宽度与路肩宽度之和,当设有中间带、爬坡车道、加(减)速车道、错车道时,还应计入该部分的宽度。

各级公路路基宽度(m) 表5-18

公 路 等 级	高速公路、一级公路								
设计速度(km/h)	120			100			80		60
车道数	8	6	4	8	6	4	6	4	4
路基宽度 一般值	42.00	34.50	28.00	41.00	33.50	26.00	32.00	24.50	23.00
路基宽度 最小值	40.00	—	25.00	38.50	—	23.50	—	21.50	20.00

公 路 等 级	二级公路、三级公路、四级公路					
设计速度(km/h)	80	60	40	30	20	
车道数	2	2	2	2	2 或 1	
路基宽度 一般值	12.00	10.00	8.50	7.50	6.50(双车道)	4.50(单车道)
路基宽度 最小值	10.00	8.50	—	—	—	—

注：八车道高速公路路基宽度"一般值"为设置左侧硬路肩、内侧车道采用3.50m时的宽度；八车道高速公路路基宽度"最小值"为不设左侧硬路肩、内侧车道采用3.75m时的宽度。

2. 城市道路横断面

城市道路的交通性质和组成比较复杂，尤其表现在行人和各种非机动车较多，各种交通工具和行人的交通问题都需要在横断面设计中综合考虑解决，所以城市道路路线设计中的横断面设计是矛盾的主要方面，一般都放在平面和纵断面设计之前进行。

(1)单幅路，俗称"一块板"断面，见图5-18。各种车辆在车道上混合行驶。其在交通组织上可以有以两种方式：画出快、慢车行驶分车线，快车和机动车车辆在中间行驶，慢车和非机动车靠两侧行驶；或者不画车线，车道的使用可以在不影响安全的条件下予以调整。如只允许机动车辆沿同一方向行驶的"单行道"；限制载重汽车和非机动车行驶，只允许小客车和公共汽车通行的街道；限制各种机动车辆、只允许行人通行的"步行道"等。上述措施，可以是相对不变的，也可以按规定的周期变换。单幅路占地少，投资省，但各种车辆混合行驶，对交通安全不利，仅适用于机动车交通量不大非机动车较少的次干路、支路以及用地不足、拆迁困难的旧城改建的城市道路。

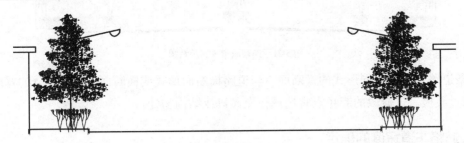

图5-18 单幅城市道路示意图

(2)双幅路，俗称"两块板"断面，见图5-19。其在车道中心用分隔带或分隔墩将车行道分为两半，上下行车辆分向行驶，各自再根据需要决定是否划分快、慢车道。双幅路断面将对向行驶的车辆分开，减少了行车干扰，提高了车速；分隔带上还可以用作绿化、布置照明和敷设管线等。它主要用于各向两条机动车道以上，非机动车较少的道路，地形地物特殊，或有平行道路可供非机动车通行的快速路和郊区道路。

(3)三幅路，俗称"三块板"断面，见图5-20。其中间为双向行驶的机动车车道，两侧为靠右侧行驶的非机动车车道。三幅路将机动车与非机动车分开，对交通安全有利；在分隔带上布置绿带,有利于夏天遮荫防晒、减少噪声和布置照明等。对于机动车交通量大、非机动车多的城市道路上宜优先考虑采用三幅式断面,但其占地较多,只有当红线宽度等于或大于40m时才能满足车道布置的要求。

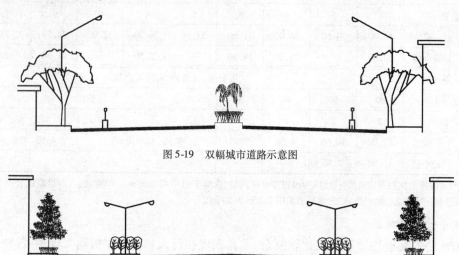

图5-19 双幅城市道路示意图

图5-20 三幅城市道路示意图

(4)四幅路,俗称"四块板"断面,在三幅路的基础上,再将中间机动车车道分隔为二,分向行驶,见图5-21。四幅路不但将机动车和非机动车分开,还将对向行驶的机动车分开,对安全和车速较三幅路更为有利。它适用于机动车辆车速较高,各向两条机动车道以上,非机动车多的快速路与主干路。

图5-21 四幅城市道路示意图

一条道路宜采用相同形式的横断面。当道路横断面形式或横断面各组成部分的宽度变化时,应设过渡段。过渡段的起止点宜选择在交叉口或结构物处。

二、道路车道宽度的确定

行车道是道路上供各种车辆行驶部分的总称,包括快车道和慢车道,在一般道路上还有非机动车道。行车道的宽度要根据车辆宽度、设计交通量、交通组成和汽车行驶来确定。

公路的一条行车带内一般包括两条以上的车道。高速公路和一级公路有四条以上的车道,以中央分隔带将上下行车辆分开或做成分离式路基,每侧再划分快车道和慢车道。城市道路的横断面布置与公路有较大区别,如城市道路行车道两侧有高出路面的路缘石,而公路两侧则是有与路面齐平且有一定宽度的路肩。城市道路在路幅布置上比公路更富于变化,行车规律、交通组织与管理与公路也有所不同。公路的车道宽度规定见表5-19。

公路车道宽度(m) 表 5-19

设计速度(km/h)	120	100	80	60	40	30	20
车道宽度	3.75	3.75	3.75	3.50	3.50	3.25	3.00

注:高速公路为八车道,当设置左侧硬路肩时,内侧车道宽度可采用3.50m。

考虑到城市道路上行驶的车辆各异,且车道还需调剂使用,故一条车道的平均宽度取3.50m即可;当车速$v>40$km/h时,可取3.75m。城市道路的车道宽度规定见表5-20。

城市道路机动车车道宽度(m) 表 5-20

车型及行驶状态	设计速度(km/h)	车道宽度
大型汽车或大、小汽车混行	≥40	3.75
	<40	3.50
小型汽车专用线		3.50
公共汽车停靠站		3.00

注:1. 大型汽车包括普通汽车及铰接车;
2. 小型汽车包括2t以下的载货汽车、小型旅行车、吉普车、小客车及摩托车等。

三、路肩、分隔带、路侧带与路缘石

1. 路肩

各级公路都要设置路肩。路肩的作用是:
(1)路肩紧靠在路面的两侧设置,具有保护及支撑路面结构的作用。
(2)供发生故障的车辆临时停放之用,有利于防止交通事故和避免交通紊乱。
(3)作为侧向余宽的一部分,能增进驾驶的安全和舒适感。这对保证设计速度是必要的,尤其在挖方路段,还可以增加弯道视距,减小行车事故。
(4)提供道路养护作业、埋设地下管线的场地;对未设人行道的道路,可供行人及非机动车等使用。
(5)精心养护的路肩,能增加公路的美观。

根据上述功能,路肩从构造上又可分为硬路肩、土路肩。硬路肩是指进行铺装的路肩,它可以承受汽车荷载的作用,在混合交通的公路上便于非机动车、行人通行。在填方路段,为使路肩能汇集路面积水,在路肩边缘应设置缘石。土路肩是指不加铺装的土质路肩,它起保护路面和路基的作用,并提供侧向余宽。具体规定见表5-21。

公 路 路 肩 宽 度 表 5-21

设计速度(km/h)		高速公路、一级公路				二级公路、三级公路、四级公路				
		120	100	80	60	80	60	40	30	20
右侧硬路肩宽度(m)	一般值	3.00 或 3.50	3.00	2.50	2.50	1.50	0.75			
	最小值	3.00	2.50	1.50	1.50	0.75	0.25			
土路肩宽度(m)	一般值	0.75	0.75	0.75	0.50	0.75	0.75	0.75	0.50	0.25(双车道) 0.50(单车道)
	最小值	0.75	0.75	0.75	0.50	0.50	0.50	0.50	0.50	

注:设计速度为120km/h的四车道高速公路,采用3.50m的右侧硬路肩;六车道、八车道高速公路,采用3.00m的右侧硬路肩。

城市道路一般设管道排水,两侧设人行道;当采取边沟排水则应在路面外侧设置路肩,与公路一样,分硬路肩和保护性路肩。城市道路的设计速度大于或等于40km/h时,应设置硬路肩。保护性路肩一般为土质或简易铺装,其作用是为城市道路的某些交通设施,如护栏、杆栏、交通标志牌等设置提供场地,最小宽度为0.5m。双幅路或四幅路若中间具有排水沟,应设置左侧路肩。

2. 分隔带

(1)中间带

四条和四条以上车道的公路应设置中间带。中间带由两条左侧路缘带和中央分隔带组成,其作用是:①将上、下行车流分开,既可防止因快车驶入对向行车带造成车祸,又能减少公路中心线附近的交通阻力,从而提高通行能力。

②可作设置公路标志牌及其他交通管理设施的场地,也可作为行人的安全岛使用。

③设置一定宽度的中间带并种植花草灌木或设置防眩网,可防止对向车辆灯光眩目,还可起到美化路容和环境的作用。

④设于分隔带两侧的路缘带,由于有一定宽度且有标线,既引导驾驶员视线,又增加行车所必需的侧向余宽,从而提高行车的安全性和舒适性。

表5-22是公路中间带宽度的规定。

中间带宽度(m)　　　　　　　　　　　　　　　　表5-22

设计速度(km/h)		120	100	80	60
中央分隔带宽度	一般值	3.00	2.00	2.00	2.00
	最小值	1.00	1.00	1.00	1.00
左侧路缘带宽度	一般值	0.75	0.75	0.50	0.50
	最小值	0.75	0.50	0.50	0.50
中间带宽度	一般值	4.50	3.50	3.00	3.00
	最小值	2.50	2.00	2.00	2.00

中间带的宽度在一般情况下应保持等宽,若需要变宽时,在宽度变化的地点,应设置过渡段。过渡段以设在回旋线范围内为宜,其长度应与回旋线长度相等。宽度大于4.50m的中间带过渡段以设在半径较大的平曲线路段为宜。

为了便于养护作业和某些车辆在必要时驶向反向车道,中央分隔带应按一定距离设置开口部。开口部一般情况下以每2km的间距设置为宜,太密将会造成交通的紊乱。城市道路可根据横向交通(车辆和行人)的需要设置。

中央分隔带的开口应设置在通视良好的路段,若在曲线上开口,其曲线半径宜大于600m。在互通式立体交叉、隧道、特大桥、服务区等设施的前后必须设置开口。

开口端部的形状,常用的有两种:半圆形和弹头形。对于窄的分隔带($M<3.0\text{m}$)可用半圆形,宽的($M\geqslant3.0\text{m}$)可用弹头形。弹头形开口如图5-22所示。图中R、R_1和R_2为控制设计半径。R和R_1足够大时,才能保证汽车有容许的速度驶离主车道进行左转弯,一般采用$R_1=25\sim120\text{m}$。R切于开口中心线,其值取决

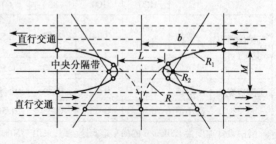

图5-22 中间带开口

于开口的大小。为了避免过大的开口并方便行车,一般采用 R 的最小值为 15m。弹头尖端圆弧半径 R_2 可采用分隔宽度的 1/5,这样从外观上看较为悦目。

(2)两侧带

布置在横断面两侧的分车带叫两侧带,其作用与中间带相同,只是设置的位置不同。两侧带常用于城市道路的横断面设计中,它可以分隔快车道与慢车道、机动车道与非机动车道、车行道与人行道等。

两侧带的最小宽度规定为 2.0～2.25m。在北方寒冷积雪地区,在满足最小宽度的前提下,还应考虑能否满足临时堆放积雪的要求。降雪初期容许将路面积雪临时堆放在两侧带上,所以两侧带的宽度应大于或等于堆雪宽度。两侧带的宽度可按临时堆放机动车道路面宽度之半的积雪量计算,其余允许堆放到路侧带上。

3. 路侧带

位于城市道路行车道两侧的人行道、绿化带、公用设施带等统称为路侧带。路侧带的宽度应根据道路类别、功能、行人数量、绿化、沿街建筑性质及布设公用设施要求等确定。

(1)人行道

人行道主要供行人步行交通,应能满足行人通行的安全和通畅,保证高峰小时的行人流量,并用来设置绿化、照明、地下管线等。

人行道横坡为单向坡,一般为 1.5%～2.0%,向路缘石一侧倾斜,高出车行道 0.10～0.20m。

为了使街道各部分宽度相互协调,符合视觉上的正常比例,再将计算的人行道宽度与整个街道宽度相比较。一般认为街道总宽与单侧人行道宽度之比,为 5:1～6:1 是适宜的。

(2)种植带

人行道上靠行车道一侧种植行道树。行道树的株距一般为 4～6m。树池采用 1.5m 的正方形或 1.2m×1.8m 的矩形,也可种植草皮与花丛。

(3)设施带

设施带宽度包括设置行人护栏、照明灯柱、标志牌、信号灯等的宽度。红线宽度较窄及条件困难时,设施带可与种植带合并,但应避免各种设施与树木间的干扰。常用宽度为:护栏 0.25～0.50m,杆柱 1.0～1.5m。

按上述所求得的人行道宽、种植带宽与设施带宽之和即为路侧带宽;此外,还要考虑路侧带下面埋设管线所需要的宽度。

4. 路缘石

路缘石是设置在路面与其他构造物之间的标石。在分隔带与路面之间,人行道与路面之间一般都需要设置路缘石。

路缘石的形状有立式、斜式和曲线式等几种(图 5-23)。

a)
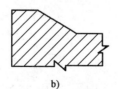
b)
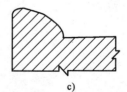
c)

图 5-23 路缘石
a)立式;b)斜式;c)曲线式

高速公路和一级公路中央分隔带上的路缘石起导向、连接和便于排水的作用,高度不宜太高,因为高的路缘石(高度大于0.2m)会使高速行驶的汽车一旦驶入产生飞跃甚至翻车的危险。所以高速公路的分隔带因排水必须设置路缘石时,应使用低矮光滑的斜式或曲线式,高度宜小于0.12m。

城市道路的人行道及人行横道宽度范围内路缘石宜做成为低矮的,而且坡面是较为平缓的斜式,便于儿童车、轮椅及残疾人通行。在分隔带端头或交叉口的小半径处,缘石宜做成曲线式。

缘石宜高出路面0.1～0.2m,隧道内线形弯曲线段或陡峻路段等处,可高出0.25～0.4m,并应有足够的埋置深度,以保证稳定。缘石宽度宜为0.1～0.15m。

四、平曲线加宽

汽车行驶在曲线上时,各轮迹半径不同,其中以后内轮轨迹半径最小,且偏向曲线内侧,所以曲线内侧应增加路面宽度,以保证曲线上行车的顺适与安全。

1. 加宽值的计算

普通汽车的单车道的加宽如图5-24a)所示,$b_单 = \dfrac{A^2}{2R}$;半挂车的单车道的加宽如图5-24b)所示,$b_单 = \dfrac{A_1^2 + A_2^2}{2R}$;对$N$个车道来说,其加宽值为:$b_N = N \times b_单$。其中,$A$为普通汽车后轴至前保险杠的距离(m),$A_1$为半挂车保险杠至第二轴的距离(m),$A_2$为第二轴至拖车最后轴的距离(m),$R$为圆曲线半径(m)。

公路和城市道路的加宽值如表5-23和表5-24所示。对于$R>250m$的圆曲线,由于加宽值较小,可以不加宽;由三条以上车道构成的行车道,其加宽值应另行计算。各级公路的路面加宽后,路基也应相应加宽。四级公路路基采用6.5m以上宽度时,当路面加宽后剩余的路肩宽度不小于0.5m时,则路基可不予加宽;小于0.5m时,则应加宽路基以保证路肩宽度不小于0.5m。分道行驶公路,当圆曲线半径较小时,其内侧车道的加宽值应大于外侧车道的加宽值。设计时应通过计算确定其差值。

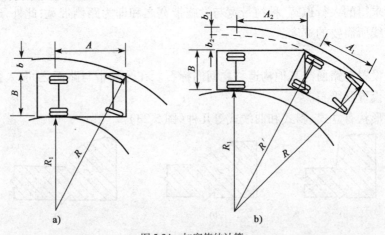

图5-24 加宽值的计算
a) 普通汽车的加宽;b) 半挂车的加宽

公路圆曲线双车道加宽(m)　　　　　　　　　　　　　　　表5-23

加宽类别	汽车轴距+前悬	圆曲线半径							
		250~200	200~150	150~100	100~70	70~50	50~30	30~25	25~20	20~15
1	5	0.4	0.6	0.8	1.0	1.2	1.4	1.8	2.2	2.5
2	8	0.6	0.7	0.9	1.2	1.5	2.0			
3	5.2+8.8	0.8	1.0	1.5	2.0	2.5				

城市道路圆曲线单车道加宽(m)　　　　　　　　　　　　　表5-24

车型	圆曲线半径								
	250~200	200~150	150~100	100~60	60~50	50~40	40~30	30~20	20~15
小型汽车	0.28	0.30	0.32	0.35	0.39	0.40	0.45	0.60	0.70
普通汽车	0.40	0.45	0.60	0.70	0.90	1.00	1.30	1.80	2.40
铰接车	0.45	0.55	0.75	0.95	1.25	1.50	1.90	2.80	3.50

2. 加宽的过渡

为了使路面由直线上的正常宽度过渡到曲线上设置了加宽的宽度,需设置加宽缓和段。在加宽缓和段上,路面具有逐渐变化的宽度。加宽过渡的设置根据道路性质和等级可采用不同的方法。

(1) 比例过渡

在加宽缓和段全长范围内按其长度成比例逐渐加宽,加宽缓和段内任意点的加宽值为 $b_x = \frac{L_x}{L} \times b$。该方法计算简单,但路面内边缘有折点,一般适用于二、三、四级公路。

(2) 高次抛物线过渡

在加宽缓和段上插入一条高次抛物线,加宽缓和段内任意点的加宽值为 $b_x = (4k^3 - 3k^4) \times b$,其中 $k = \frac{L_x}{L}$。该方法处理的路面内边缘圆滑优美,适用于各级公路。

上式中,L_x 为任意点距缓和段地点的距离(m),L 为加宽缓和段长(m),b 为圆曲线上全加宽(m)。

除此以外,还有回旋线过渡、二次抛物线过渡以及修正系数等方法,应该使用尽可能使线形优美的过渡方法。

3. 加宽缓和段长度

对于设置缓和曲线的平曲线,加宽缓和段采用缓和曲线长度;对设超高但不设缓和曲线的平曲线,加宽缓和段采用超高缓和曲线长度;对于不设超高和不设缓和曲线的圆曲线,按照加宽缓和段的渐变率应不大于1:15,且长度不小于20m来设置。

五、路拱及超高

1. 路拱和横坡度

为了迅速排除路面的雨水,路面表面做成中间高两边低的拱形,称之为路拱。不同路面的路拱横坡应根据路面类型、当地自然条件、有利于路面排水和行车安全平稳按表5-25选用。同时,应注意在干旱和有积雪地区采用低值,多雨地区采用高值;当道路纵坡较大或路面较宽、行车速度较高、交通量和车辆载质量较大、常有拖挂车行驶时,应采用低值,反之则采用高值。土路肩的横向坡度较路面横坡大1.0%~2.0%。

各种路面的路拱坡度(%) 表 5-25

路面类型	路拱坡度	路面类型	路拱坡度
水泥混凝土路面	1.0~2.0	半整齐路面、不整齐石块	2.0~3.0
沥青混凝土路面	1.0~2.0	碎、砾石等粒料路面	2.5~3.5
其他沥青路面、整齐石块	1.5~2.5	低级路面	3.0~4.0

路拱的形式依路面宽度、路拱坡度及施工便利等决定,通常对低等级公路大多采用直线形,对城市道路及等级高、路面宽的公路则大多采用抛物线形或双曲线形。

城市道路的非机动车道,以及地形适合、宽度不大于 8m 的车行道上,可采用单向横坡的形式。当次要道路或地形适宜、路面两侧高程不等时,也可采用不对称路拱,但测设、施工比较烦。

高速公路及一级公路路面较宽,为迅速排除路面降水,当处于降雨强度较大地区时应采用高值。

2. 超高设置与超高值

在弯道上,当汽车在双向横坡的车道外侧行驶时,车重的水平分力将增大横向侧滑力。所以当采用的圆曲线半径小于不设超高的最小半径时,为抵消车辆在曲线路段上行驶时所产生的离心力,在该路段横断面上做成外侧高于内侧的单向横坡形式。这样的设置称为超高。

各级公路圆曲线部分超高不能大于公路路线设计规范规定的最大超高值,具体数值参见表 5-26。城市道路的最大超高值参见表 5-27。

各级公路圆曲线部分的最大超高值 表 5-26

公路等级	高速公路、一级公路	二、三、四级公路
一般地区(%)	10 或 8	8
积雪、严寒地区(%)	6	

城市道路最大超高值 表 5-27

设计速度(km/h)	80	60,50	40,30,20
最大超高值	6	4	2

超高值按设计速度、半径大小计算,并结合路面类型、当地自然条件等最后确定。圆曲线段的超高值不变。

3. 超高缓和段

从直线段上的路拱双坡断面过渡到曲线上具有超高横坡的单坡断面,要有一个逐渐变化的区段。这一变化段称为超高缓和段,见图 5-25。

超高缓和段长度的计算随超高横坡过渡方式之不同而异。超高的过渡方式,应根据地形状况、车道数、中间带宽度、超高度、排水、美观等因素决定。通常对于不设中间带的道路超高横坡有绕内边缘旋转及绕中线旋转两种过渡方式。

(1)绕内边缘旋转

先将外侧车道绕中线旋转,当达到与内侧车道构成单向横坡后,整个断面再绕加宽前的内侧车道边缘旋转,直至达到超高横坡值。一般新建工程多采用此种方式(图 5-26)。此时,超高缓和段长度 L_c 按下式计算。

$$L_c = \frac{Bi_{超}}{\Delta P} \tag{5-23}$$

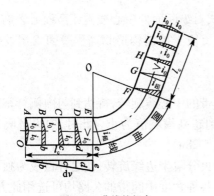

图 5-25 曲线的超高 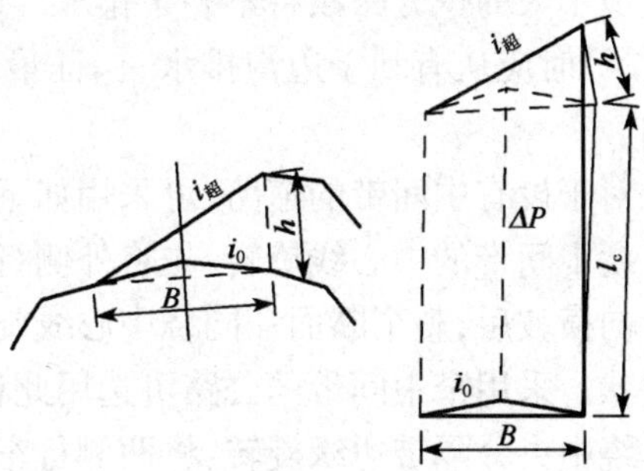　　　　图 5-26 绕路面内侧边缘旋转

式中：B——双车道路面宽度，m；

$i_超$——超高横坡，%；

ΔP——超高渐变率，即旋转轴与车行道（设置路缘带时，则为路缘带）外侧边缘线之间相对升降的比率，其值参见表 5-28 和表 5-29。

公路超高渐变率　　　　表 5-28

设计速度(km/h)	超高旋转轴位置	
	中线	边线
120	1/250	1/200
100	1/225	1/175
80	1/200	1/150
60	1/175	1/125
40	1/150	1/100
30	1/125	1/75
20	1/100	1/50

城市道路超高渐变率　　　　表 5-29

设计速度(km/h)	80	60	50	40	30	20
超高渐变率	1/150	1/125	1/115	1/100	1/75	1/50

（2）绕中线旋转

先将外侧车道绕中线旋转，当达到与内侧车道构成单向横坡后，整个断面一同绕路中线旋转，直至达到超高横坡值为止。其一般多用于旧路改建工程（图 5-27）。

$$h = \frac{B}{2}(i_0 + i_超) \qquad (5-24)$$

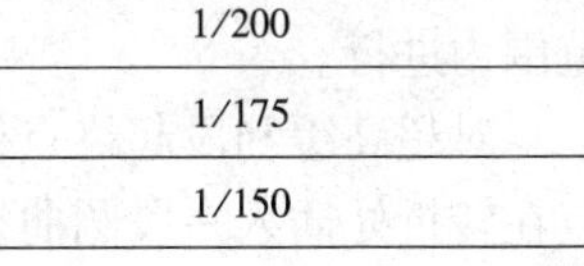

图 5-27 绕路中心旋转

则：

$$L_c = \frac{B}{2}\left(\frac{i_0 + i_超}{\Delta P}\right) \qquad (5-25)$$

式中：i_0——路拱横坡，%。

由超高缓和段长度计算公式可知，绕内边缘旋转方式内侧降低较小（仅因加宽而降低），但需要缓和段较长。绕中线旋转的方式，在同样超高值下，缓和段长度较短，但内缘降低较多，

在纵坡不大的挖方路段将不利于排水。这种旋转方式对纵断面的中心线设计高程无影响。所以,设计时应从有利于边沟排水、保证最小填土高度及便于控制构造物高程等因素出发合理选用。

对于设有中间带的道路,可采用如下旋转方式。

绕中间带的中心线旋转:先将外侧行车道绕中间带的中心线旋转,待达到与内侧行车道构成单向横坡后,整个断面一同绕中心线旋转,直至达到超高横坡值为止。此时,中央分隔带呈倾斜状。采用窄中间带的公路可选用此种方式,见图5-28a)。

绕中央分隔带边缘旋转:将两侧行车道分别绕中央分隔带边缘旋转,使之各自成为独立的单向超高断面。此时,中央分隔带维持原水平状态。各种宽度中间带的公路均可选用此方式,见图5-28b)。

绕各自行车道中线旋转:将两侧行车道分别绕各自的中线旋转,使之各自成为独立的单向超高断面。此时,中央分隔带两边缘分别升高与降低而成为倾斜断面。车道数大于4的公路可采用此种方式,见图5-28c)。

对于城市道路的单幅路及三幅路机动车道宜绕路中线旋转;双幅路及四幅路机动车宜绕中央分隔带边缘旋转,使两侧行车道各自成为独立的超高横断面。

超高过渡段应在回旋线全长(四级公路及$v \leq 40 \text{km/h}$的城市道路在加宽缓和段)范围内进行,但当超高渐变率过小时,超高过渡可不在回旋线全长范围内,而只在该回旋线某一区段范围内进行。

对超高缓和段起终点处行车道边缘出现的竖向转折,对高速公路、一级公路及城市快速路应在转折处插入一段圆曲线或二次抛物线,以使连接圆滑舒顺。

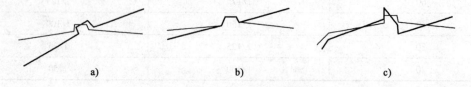

图5-28 有中央分隔带公路的超高过渡方式
a)绕中间带的中心线旋转;b)绕中央分隔带边缘旋转;c)绕各自行车道中线旋转

六、边沟与边坡

1. 边沟

边沟的主要作用是排除路面及边坡处汇集的地表水,以确保路基本与边坡的稳定。一般在公路路堑及低填方地段设置边沟。

边沟的断面形状主要取决于排水流量、公路的性质、土质类型、施工方法及行车安全等。

边沟的设置宜遵循如下规定:

(1)底宽与深度不小于0.4m。

(2)沟底纵坡一般不应小于0.5%,特殊困难路段亦不得小于0.3%;当陡坡路段沟底纵坡较大时,为防止边沟冲刷,应采取加固措施。

(3)边沟边坡。梯形边沟内侧边坡坡度一般为1:1~1:1.5。边沟外侧:路堤段边坡与内侧边坡相同,路堑段边坡与挖方边坡一致;三角形边沟内侧边坡坡度一般为1:2~1:4,外侧边坡一般为1:1~1:2。

(4)边沟长度不宜过长,一般不宜超过500m即应选择适当地点设置出水口,多雨地区不宜超过300m。三角形边沟长度一般不宜超过200m。

2.边坡坡度

路基边坡坡度,应根据当地自然条件、岩土性质、填挖类型、边坡高度、使用要求和施工方法等确定。边坡过陡,稳定性就差,雨水冲刷力也大,易出现崩坍等病害;边坡过缓,土石方数量增加,雨水渗入坡体内的可能性也变大。因此,选择边坡坡度时,要权衡利弊,力求合理。

七、横断面设计的基本要求

横断面的设计要求,是使道路横断面的布置及几何尺寸能满足交通、环境、用地、城市面貌等要求。路基是支承路面、形成连续行车道的带状土、石结构物。它既要承受由路面传来的车辆荷载,又要承受大自然因素的作用。因此,路基横断面设计必须满足以下基本要求。

(1)路基的结构设计应根据其使用要求和当地自然条件(包括水文、地质和材料情况),并结合施工条件进行设计。设计前应充分收集沿线地质、水文、地形、气象等资料,在山岭重丘区要特别注意地形和地质条件的影响,选择适当的路基断面形式、边坡坡度及防治病害的措施。在平原微丘区应注意最小填土高度,并设置必要的排水设施。

(2)路基的断面形式和尺寸应根据道路的等级、设计标准和设计任务书的规定以及道路的使用要求,结合具体条件确定。一般路基可参照典型横断面设计,特殊路基则应进行单独设计计算。

(3)路基设计应兼顾当地农田基本建设的需要。在取土坑、弃土坑、取土坑的设置及排水设计等方面与农田改土、农田水利、灌溉沟渠等相配合,尽量减少废土占地、防止水土流失和淤塞河道。

对城市道路横断面设计,其关系到交通、环境、景观和沿线公用设施的协调安排,所以除根据道路等级、交通量确定断面形式外,还应特别注意下列要点。

(1)路幅应与沿街建筑物相协调。从日照、通风、防震及建筑艺术要求,一般认为沿街建筑物高度与路幅宽度之比为$H:B=1:2$左右为宜。

(2)横断面应与路上的交通性质与组成相协调。由于城市道路主要供机动车、非机动车辆、行人交通使用,同时还有公交汽车站等设施,因此横断面要依据机非车辆与行人交通量的比例,并考虑公交线路及车辆的停靠等问题进行布置设计。

(3)横断面布置应与道路功能相适应。不同功能的道路应有不同的风貌与建筑艺术。例如商业性大街,因沿街有大型商店、影剧院等,一般以客运与行人交通为主,禁止过境载货车辆入内;断面布置时,车行道一般为四车道,并应考虑车辆的沿街停靠,且人行道宜宽。

第四节 行车视距分析

一、视距的类型

为了行车安全,驾驶人员应能随时看到汽车前面相当远的一段路程,一旦发现前方路面上有障碍物或迎面来车,能及时采取措施,避免相撞。这一必需的最短距离称为行车视距。行车视距是否充分,直接关系到行车的安全与迅速,它是道路使用质量的重要指标之一。在道路平面上的暗弯(处于挖方路段的弯道和内侧有障碍物的弯道)、纵断面上的凸形竖曲线以及下穿式立体交叉的凹形竖曲线上都有可能存在视距不足的问题,如图 5-29 所示。

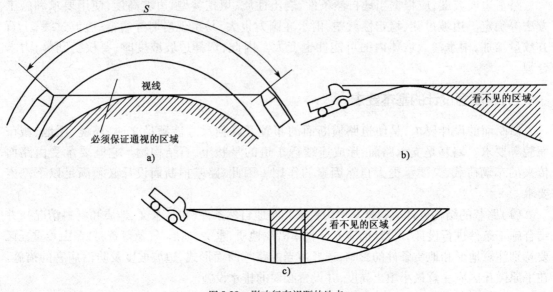

图 5-29 影响行车视距的地点
a)平面视距;b)纵断面视距;c)桥下视距

驾驶员发现障碍物或迎面来车,根据其采取措施的不同,行车视距可分为以下几种类型。

(1)停车视距

汽车行驶时,自驾驶人员看到前方障碍物时起,至到达障碍物前安全停止,所需的最短距离。

(2)会车视距

在同一车道上两对向汽车相遇,从相互发现时起,至同时采取制动措施使两车安全停止,所需的最短距离。

(3)错车视距

在没有明确划分车道线的双车道道路上,两对向行驶的汽车相遇,发现后即采取减速避让措施安全错车所需的最短距离。

(4)超车视距

在双车道公路上,后车超越前车时,从开始驶离原车道之处起,至可见逆行车并能超车后安全驶回原车道所需的最短距离。

上述四种视距中,前三种属于对向行驶,第四种属于同向行驶。第四种需要距离最长,需单独研究。而前三种中,以会车视距最长,只要道路能保证会车视距,停车视距和错车视距也就可以得到保证。

计算视距首先得明确"目高"和"物高"。"目高"是指驾驶人员眼睛距地面的高度,规定以车体较低的小客车为标准,据实测采用 1.2m。"物高"过去曾有几种采用方法,如果为偏于安全方面的考虑,物高应为零,即驾驶员应看到前方一定距离的路面(称作"路面视距"),这样势必在纵断面设计中要加大凸形竖曲线半径,可能是不经济的。如果从经济方面的考虑,其取汽车顶部的高度,则又会因看不见比汽车低的障碍物而导致车祸。考察道路上可能出现的各种障碍物,除前面所说的迎面来车外,还有横穿道路的行人,前面车辆上掉下的货物以及因挖方边坡塌方滚下的土石等;再考察汽车底盘离地的最小高度,它变化在0.14~0.20m之间,故规定物高为0.10m。

二、视距的计算

现就停车视距、会车视距和超车视距的计算分别进行讨论。

1. 停车视距

停车视距可分解为反应距离和制动距离两部分。

反应距离是当驾驶人员发现前方的障碍物,经过判断决定采取制动措施的那一瞬间到制动器真正开始起作用的那一瞬间汽车所行驶的距离。在这段时间过程中,也可分为"感觉时间"和"反应时间"来分析并可用试验测定。感觉时间在很大程度上取决于物体的外形、颜色,驾驶员的视力和机敏度以及大气的可见度等。在高速行车时的感觉时间要比低速时短一些,这是由于高速行驶时警惕性会更高的缘故。根据测定的资料,设计上采用感觉时间为1.5s,制动反应时间取1.0s是较适当的。感觉和制动反应的总时间 $t=2.5s$。在这个时间内汽车行驶的距离 S_1 为:

$$S_1 = \frac{v}{3.6} \cdot t \quad (m) \tag{5-26}$$

式中: v——汽车行驶速度,km/h。

制动距离是指汽车从制动生效到汽车完全停住,这段时间内所走的距离(S_2)。

$$S_2 = \frac{v^2}{254(\varphi + \psi)} \quad (m) \tag{5-27}$$

式中: φ——路面与轮胎之间的附着系数,与轮胎、路面及制动条件等有关;

ψ——道路阻力系数。

故停车视距为:

$$S_{停} = S_1 + S_2 = \frac{v \cdot t}{3.6} + \frac{v^2}{254(\varphi + \psi)} \quad (m) \tag{5-28}$$

计算停车视距所采用的 φ 应是能充分保证行车安全的数值,一般按路面在潮湿状态下的中值计算。设计速度为120~80km/h,v 采用设计速度的85%;设计速度为40~60km/h,v 采用设计速度的90%;设计速度为20~30km/h,v 采用原设计速度。我国公路工程技术标准与城市道路设计规范分别对公路和城市道路的停车视距做了规定,分别见表5-30与表5-31。

各级公路停车视距(m) 表5-30

设计速度(km/h)	120	100	80	60	40	30	20
停车视距	210	160	110	75	40	30	20

城市道路停车视距(m) 表5-31

设计速度(km/h)	80	60	50	45	40	35	30	25	20	15	10
停车视距	110	70	60	45	40	35	30	25	20	15	10

2. 会车视距

会车视距由三部分组成(图5-30),即双向驾驶员反应时间所行驶的距离、双向汽车的制动距离、安全距离。

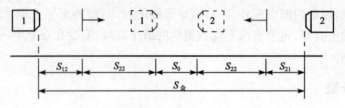

图 5-30　会车视距

如果以 v_1 和 v_2 表示两辆汽车的车速,则会车视距 $S_会$ 为:

$$S_会 = \frac{v_1 + v_2}{3.6} \cdot t + \frac{v_1^2}{254(\varphi + \psi)} + \frac{v_2^2}{254(\varphi + \psi)} \tag{5-29}$$

如果两汽车车速相同,均为 $v(\text{km/h})$,并在同一纵坡路段上行驶(即一辆上坡,一辆下坡),则:

$$S_会 = \frac{v \cdot t}{1.8} + \frac{v^2}{127(\varphi + \psi)} \tag{5-30}$$

根据计算分析得知,会车视距约等于停车视距的 2 倍,故只需计算出停车视距就可以了。

3. 超车视距

在一般双车道公路上行驶着各种不同速度的车辆,当快速车追上慢速车以后,需要占用供对向汽车行驶的车道进行超车。为了超车时的安全,驾驶员必须能看到前面足够长度的车流空隙,以便在相邻车道上出现对向驶来的汽车之前完成超车而不阻碍被超汽车的行驶。

如图 5-31 所示,超车视距的全程可分为如下四个阶段。

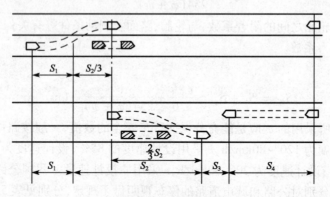

图 5-31　超车视距图示

(1)加速行驶距离 S_1

当超车汽车经判断认为有超车的可能,于是加速行驶移向对向车道,在进入该车道之前的行驶距离为 S_1,即:

$$S_1 = \frac{v_0}{3.6} \cdot t_1 + \frac{1}{2} a \cdot t_1 \quad (\text{m}) \tag{5-31}$$

式中:v_0——被超汽车的速度,km/h;
　　　t_1——加速时间,s;
　　　a——平均加速度,m/s²。

(2)超车汽车在对向车道上行驶的距离 S_2

$$S_2 = \frac{v}{3.6} \cdot t_2 \quad (\text{m}) \tag{5-32}$$

式中：v——超车汽车的速度，km/h；

t_2——在对向车道上的行驶时间，s。

(3)超车完了时，超车汽车与对向汽车之间的安全距离 S_3

这个距离视超车汽车和对向汽车的行驶速度不同采用不同的数值，一般取：$S_3 = 15 \sim 100\text{m}$。

(4)超车汽车从开始加速到超车完了时对向汽车的行驶距离 S_4

$$S_4 = \frac{v}{3.6}(t_1 + t_2) \tag{5-33}$$

以上四个距离之和是比较理想的全超车过程，但距离较长，在地形比较复杂的地点很难实现。实际上在计算时，只考虑超车汽车从完全进入对向车道到超车结束所行驶的时间就可保证安全了。因为，尾随在慢车后面的快车驾驶员往往在未看到前面的安全区段就开始了超车作业，如果进入对向车道之后发现迎面有汽车开来而超车距离不足时还来得及返回自己的车道。因此，对向汽车行驶时间大致为 t_2 的 2/3 就已足够，即：

$$S'_4 = \frac{2}{3} \cdot S_2 = \frac{2}{3} \cdot \frac{v}{3.6} \cdot t_2 \tag{5-34}$$

于是，最小必要超车视距为：

$$S_{超} = S_1 + S_2 + S_3 + S'_4 \tag{5-35}$$

在地形困难或其他原因不得已时，可采用：

$$S_{超} = \frac{2}{3} \cdot S_2 + S_3 + S'_4 \tag{5-36}$$

v 采用设计速度，假定超车汽车和对向汽车都按设计速度行驶。被超汽车的速度 v_0 较设计速度低 $5 \sim 20\text{km/h}$，各阶段的行驶时间据实测大致为：$t_1 = 2.9 \sim 4.5\text{s}$，$t_2 = 9.3 \sim 10.4\text{s}$，以此进行计算得到超车视距，经整理如表 5-32 所示。

各级公路超车视距(m) 表 5-32

设计速度(km/h)	80	60	40	30	20
超车视距	550	350	200	150	100

三、视距的要求与保证

在一条公路的车流中，经常会出现停车、错车、会车和超车，特别是我国以混合交通为主的双车道公路上更是如此。在各种视距中，以超车视距为最长。如果所有暗弯和凸形变坡处都能保证超车视距的要求，于安全当然最好；但事实上很难做到，也不经济，因此对于不同等级的公路应按其实际需要做出不同的规定。

停车视距是最起码的要求，无论是单车道、双车道，有分隔带或无分隔带，各级公路都应予保证。对于快、慢车分道行驶的多车道公路可不要求超车视距。有中央分隔带的公路不存在错车和会车问题，在路中央画线，严格实行分道行驶的双车道公路有停车视距也就够了。但是，我国目前有些双车道公路中央不画线，且有非机动车干扰，汽车多在路中间行驶，当发现对面有汽车驶来时，方回到自己的车道上。所以我国公路工程技术标准规定二、三、四级公路的视距不得小于停车视距的 2 倍。对向行驶的双车道公路要求有一定比例的路段保证超车视距。

为达到必要的视距,有时需做大量的开挖和拆迁工作。在交通量不大的低等级公路上,对于不能保证会车视距的路段,也可以采取其他的措施,以防止撞车事故的发生。如在路中心画线或设置高出路面的明显标志带,强调"各行其道"、"靠右行驶"、"转弯鸣号"等。

在道路的弯道设计中,除了要考虑诸如曲线半径参数、超高、加宽等因素外,还必须注意路线内侧是否有树林、房屋、边坡等阻碍驾驶员的视线。这种处于隐蔽地段的弯道将其简称为"暗弯"。凡属"暗弯"都应该进行视距检查,若不能保证该级公路或城市道路的最短视距,则应该将阻碍视线的障碍物清除,见图 5-32。如果是因曲线内侧及中间带设置护栏及其他人工构造物等而不能保证视距时,可采取加宽中间带、加宽路肩或将构造物后移等措施予以处理;如果因路堑边坡妨碍了视线,则应按所需净距绘制包络线(或称"视距曲线")开挖视距台,如图 5-33 所示。

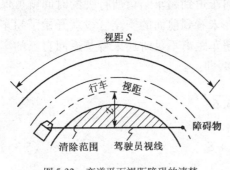

图 5-32 弯道平面视距障碍的清楚

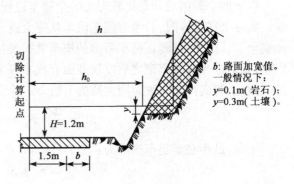

图 5-33 开挖视距台断面

第五节 道路线形几何设计质量评价

为保证汽车行驶的安全与舒适,应把道路平、纵、横三面结合作为立体线形来分析研究。平面与纵面线形的协调组合将能在视觉上自然地诱导驾驶员的视线,并保持视觉的连续性。

一、平、纵线形组合设计

当设计速度大于或等于 60km/h 时,必须注重平、纵的合理组合;而当设计速度小于或等于 40km/h 时,首先应在保证行驶安全的前提下,正确地运用线形要素规定值(最大、最小值),在条件允许情况下力求做到各种线形要素的合理组合,并尽量避免或减少不利组合。平、纵线形组合设计是指在满足汽车运动学和力学要求前提下,研究如何满足视觉和心理方面的连续、舒适、与环境协调和良好的排水条件。

1. 平、纵组合的设计原则

(1)在视觉上应能自然地引导驾驶员的视线,并保持视觉的连续性。任何使驾驶员感到茫然、迷惑或判断失误的线形,必须尽力避免。在视觉上自然地诱导视线,是衡量平、纵线形组合的基本要求。

(2)注意保持平、纵线形的技术指标大小均衡。这不仅影响线形的平顺性,而且与工程费用相关。对纵面线形反复起伏,在平面上却采用高标准的线形是无意义的,反之亦然。

(3)选择组合得当的合成坡度,以利于路面排水和行车安全。

(4)注意与道路周围环境的配合。它可以减轻驾驶员和乘客的疲劳和紧张程度,并可起到引导视线的作用。

2. 平曲线与竖曲线的组合

(1) 平曲线与竖曲线应相互重合,且平曲线应稍长于竖曲线

这种组合是使平曲线和竖曲线对应,最好使竖曲线的起终点分别放在平曲线的两个缓和曲线内,即所谓的"平包竖"。图 5-34 为平曲线与竖曲线相互重合的透视形状。这种立体线形不仅能起诱导视线的作用,而且可取得平顺而流畅的效果。对于等级较高的道路应尽量做到这种组合,并使平、竖曲线半径都大一些才显得协调,特别是凹形竖曲线处车速较高,二者半径更应该大一些。

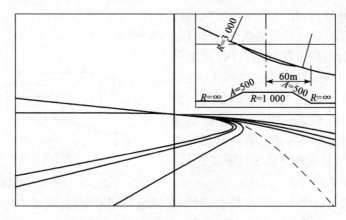

图 5-34 平曲线与竖曲线相重合

(2) 平曲线与竖曲线大小应保持均衡

平曲线和竖曲线其中一个大而平缓,那么另一个就不要形成多而小。一个长的平曲线内有两个以上竖曲线,或一个大的竖曲线含有两个以上平曲线,看上去非常不协调。图 5-35 为上述两种组合的透视形状。

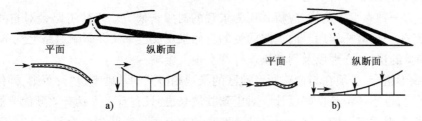

图 5-35 平曲线与竖曲线大小不均衡

根据德国计算统计,若平曲线半径小于 1 000m,竖曲线半径为平曲线半径的 10~20 倍时,便可达到均衡的目的。

(3) 暗、明弯与凸、凹竖曲线

暗弯与凸形竖曲线及明弯与凹形竖曲线的组合是合理、悦目的。对暗与凹、明与凸的组合,当坡差较大时,会给人留下舍坦坡、近路不走而故意爬坡、绕弯的感觉。此种组合在山区难以避免,只要坡差不大,矛盾也不很突出。

(4) 应避免的平、竖曲线组合

平、竖曲线重合是一种理想的组合,但由于地形等条件限制,这种组合往往不是总能争取到的。如果平曲线的中点与竖曲线的顶(底)点位置错开不超过平曲线长度的 1/4,仍然可以获得比较满意的外观;但是,如果错位过大或大小不均衡,就会出现视觉效果很差的线形。

要避免使凸形竖曲线的顶部或凹形竖曲线的底部与反向平曲线的拐点重合。二者都存在不同程度的扭曲外观：前者会使驾驶员操作失误引起交通事故；后者虽无视线诱导问题，但路面排水困难，易产生积水。

小半径竖曲线不宜与缓和曲线相重叠。因为对凸形竖曲线诱导性差，事故率较高；对凹形竖曲线路面排水不良。

设计速度大于40km/h的道路，应避免在凸形竖曲线顶部或凹形竖曲线底部插入小半径的平曲线。前者失去引导视线的作用，驾驶员须接近坡顶才发现平曲线，导致不必要的减速或交通事故；后者会出现汽车高速行驶时急转弯，行车不安全。

为了便于实际应用，把平曲线与竖曲线的组合形象地用图5-36表示。竖曲线的起终点最好分别放在平曲线的两个缓和曲线内，其中任一点都不要放在缓和曲线以外的直线上，也不要放在圆弧段之内。若平、竖曲线半径都很大，则平、竖曲线位置可不受上述限制；若做不到平、竖曲线较好的组合，宁可把二者拉开相当距离，使平曲线位于直坡段或竖曲线位于直线上。

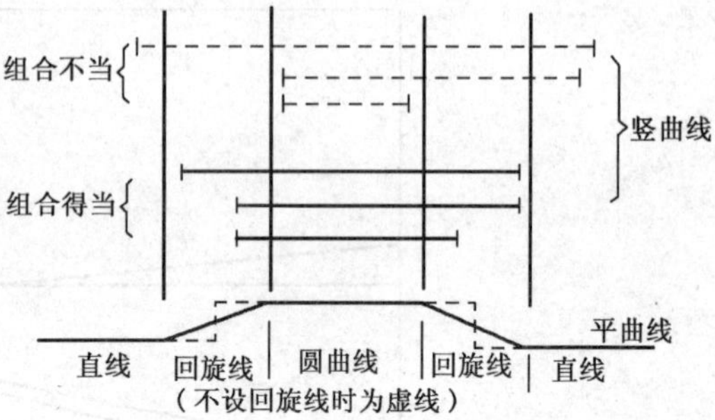

图5-36　平曲线与竖曲线的组合

3. 直线与纵断面的组合

平面的长直线与纵面的直坡线配合，对双车道道路超车方便，在平坦地区易与地形相适应，但行车单调乏味，易疲劳。直线上一次变坡是很好的平、纵组合，从美学观点讲以包括一个凸形竖曲线为宜，而包括一个凹形曲线次之；直线中短距离内二次以上变坡会形成反复凸凹的"驼峰"和"凹陷"，看上去线形既不美观也不连贯，使驾驶员的视线中断。因此，只要路线有起有伏，就不要采用长直线，最好使平面路线随纵坡的变化略加转折，并把平、竖曲线合理地组合，但要避免驾驶员一眼能看到路线方向转折两次以上或纵坡起伏三次以上。

4. 平、纵线形组合与景观的协调配合

道路作为一种人工构造物，应将其视为景观的对象来研究。修建道路会对自然景观产生影响，有时产生一定破坏作用。而道路两侧的自然景观反过来又会影响道路上汽车的行驶，特别是对驾驶员的视觉、心理以及驾驶操作等都有很大影响。

平、纵线形组合，必须在与道路所经地区的景观相协调的基础上进行；否则，即使线形组合满足有关规定，也不一定是良好设计。对于驾驶员来说，只有看上去具有柔顺优美的线形和景观，才能称得上舒适安全的道路。对设计速度高的道路，平、纵线形组合设计与周围景观协调尤为重要。

道路景观工程包括内部协调和外部协调两方面。其中，内部协调主要指平、纵线形视觉的连续性和立体协调性；而外部协调是指道路与两侧坡面、路肩、中间带、沿线设施等的协调以及道路宏观位置。实践证明，线形与景观协调，应遵循以下原则：

（1）应在道路的规划、选线、设计、施工全过程中重视景观要求。尤其是在规划和选线阶段，如对风景旅游区、自然保护区、名胜古迹区、文物保护区等景点和其他特殊地区，一般以绕避为主。

（2）尽量不破坏或少破坏沿线自然景观，避免深挖高填。比如沿线周围的地貌、地形、天然树林、池塘、湖泊等，纵面尽量减少填挖。横面设计要使边坡造型和绿化与现有景观相适应，弥补必要填挖对自然景观的破坏。

(3) 应能提供视野的多样性,力求与周围的风景自然地融为一体。充分利用自然风景区(如孤山、湖泊、大树等),或人工建筑物(如水坝、桥梁、高烟囱、农舍等),或在路旁设置一些设施,以消除单调感,并使道路与自然密切结合。

(4) 不得已时,可采用修整、植草皮、种树等措施加以补救。

(5) 条件允许时,以适当放缓边坡或将其变坡点修整圆滑,以使边坡接近于自然地面形状,增进路容美观。

(6) 应进行综合绿化处理,避免形式和内容上的单一化,将绿化视作引导视线、点缀风景以及改造环境的一种技术措施进行专门设计。

二、用透视图来检查线形设计及组合情况

透视图法是根据道路的平面线形、纵断面线形及道路的横断面设计资料,绘制出驾驶员在不同桩号处注视前方道路时映入眼帘的透视图,以此来判断路线平纵线形是否协调,道路与景观的配合是否适当,曲线之间的连接是否平顺,道路的走向是否清楚,通视条件是否良好等。如果检查中发现线形有缺点时,应对设计作某些修改,使施工后的道路空间线形达到较为完美的程度。

透视图一般有路线概略透视图、包含适当地形及地物的全景透视图和经过渲染处理的具真实感的透视图。这些透视图的作用各不相同,绘制的难易程度也不同,随着计算机技术的发展,原本是很困难的工作可以轻松完成。

1. 路线概略透视图

这种透视图只绘出道路中心线和路基路面的边线,一般有 5 根线。这种透视图绘制简单迅速,目前一般 CAD 系统均具备此功能,主要是在进行平、纵、横设计时实时检查使用,虽然简单,但可以有效解决平纵组合方面的问题,所以这种线位透视图也成为高等级公路初步设计中的重要的文件之一。图 5-34 为一典型的线位透视图。

2. 全景透视图

如果将道路两侧的地形绘制出来,就形成了全景透视图。它不仅能反映道路线形的优劣,而且可以检查与周围景观的配合情况。随着数字地形模型的应用,道路全景透视图的绘制已经比较方便了。图 5-37 为一公路的全景透视图。

3. 真实感的透视图

这种透视图的制作难度较大,需要先建立模型,再进行渲染而成,主要应用于方案评价和汇报。图 5-38 为一公路的具有真实感的透视图。

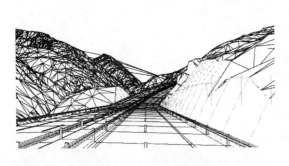

图 5-37 公路的全景透视图

图 5-38 具有真实感的透视图

思考与练习

1. 公路的最小平曲线半径有几种？分别在何种情况下使用？
2. 设某二级公路设计速度为80km/h，路拱横坡为2%。
    (1) 求不设超高的平曲线半径及设置超高(8%)的极限最小半径(横向力系数分别为0.035和0.15)。
    (2) 当采用极限最小半径时，缓和曲线长度应为多少？(路面宽 $B=9$m，超高渐变率取1/150)。
3. 缓和曲线有哪些作用？确定其长度应考虑哪些因素？
4. 设计城市道路纵断面时，一般要考虑哪些控制高程？
5. 某条道路变坡点桩号为K25+460.00，高程为780.72m，$i_1=0.8\%$，$i_2=5\%$，竖曲线半径为5 000m。
    (1) 判断凸凹性。
    (2) 计算竖曲线要素。
    (3) 计算竖曲线起点、K25+400.00、K25+460.00、K25+500.00、竖曲线终点的设计高程。
6. 某双车道公路，设计速度 $v=60$Km/h，路基宽为8.5m，路面宽7.0m。某平曲线半径 $R=125$m，$L_S=50$m，$\alpha=51°32'48''$。曲线内侧中心附近的障碍物距路基边缘3m。试检查该平曲线能否保证停车视距和超车视距。如不能保证，清除的最大宽度是多少？

第六章 道路交叉设计

第一节 概　　述

道路交叉分为平面交叉和立体交叉两类。道路与道路（或铁路）在同一平面上相交成为平面交叉，称为交叉口。利用跨线构造物使道路与道路（或铁路）在不同高程平面上相交称为立体交叉，简称立交。

交叉口是道路网的重要组成部分，各向道路在交叉口相互联结而构成路网，以沟通各向交通。相交道路上的各种车辆和行人在交叉口汇集、转向和穿行，互相干扰或发生冲突，不但造成车速减慢、交通拥挤阻塞，而且容易发生事故。据统计，车辆通过信号交叉口的时间延误约占全程时间的31%，发生在交叉口的交通事故占道路事故总数的35%～59%。因此，可以说交叉口是道路交通的咽喉。道路的运输效率、行车安全、车速、运营费用和通过能力在很大程度上取决于交叉口的规划和设计。

在道路交通迅速发展和汽车数量急剧增长的情况下，平面交叉已不能适应汽车快速行驶和保证行车安全了，因而向空中发展，从空间上来分隔交叉的车流，则显示了特别重要的意义。于是，立体交叉就以一种新的交叉形式应运而生，并迅速得到发展。20世纪80年代，我国高速公路和控制进出的汽车专用公路迅速兴起，公路立体交叉也因此迅速发展。

一、交叉口的交通运行特点

出入交叉口的各向交通流是十分复杂的，交叉口的设计必须在研究其交通运行特性的基础上，按照交通量、车速、流向的具体情况以及安全畅通等要求，对不同运行状态采用不同的交叉形式和控制方法进行合理的解决。

进出交叉口的车辆，由于行驶方向的不同，车辆与车辆之间的交错方式也不相同，可能产生的交错点的性质也不一样。

同一行驶方向的车辆向不同方向分离行驶的地点称为分流点；来自不同行驶方向的车辆以较小的角度，向同一方向汇合行驶的地点称为合流点；来自不同行驶方向的车辆以较大的角度相互交叉的地点称为冲突点。此三类交错点都存在相互尾撞、挤撞或碰撞的可能性，是影响交叉口行车速度、通行能力和交通事故的主要原因。其中，以直行与直行、左转与左转以及直行与左转车辆之间所产生的冲突点，对交通的干扰和行车的安全影响最大，其次是合流点，再次是分流点。因此，在交叉口设计时，应尽量采取措施减少冲突点和合流点，尤其要减少或消灭冲突点。

无交通管制时，三路、四路和五路相交交叉部分的交错点分布情况如图6-1所示，其数量见表6-1。

分析上述图6-1、表6-1可得出以下两点结论：

（1）在无交通管制的交叉口，存在各种交错点。其数量随相交道路条数的增加而显著增加，其中增加最快的是冲突点。因此,在交通规划和设计交叉口时,应力求减少相交道路的条数。

(2)产生冲突点最多的是左转弯车辆。如图 6-1b)所示,四路交叉口若无左转车流,则冲突点可由 16 个减到 4 个,而五路交叉口则从 50 个减到 5 个。因此,在交叉口设计中正确处理和组织左转弯车辆,是保证交叉口交通通畅和安全的关键所在。

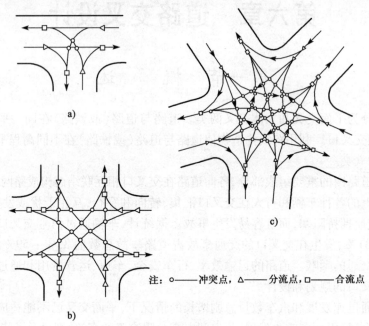

注：○——冲突点，△——分流点，□——合流点

图 6-1 交叉交错点
a)三路交叉口;b)四路交叉口;c)五路交叉口

交叉交错点数量表　　　　　　　　　　　　　　　表 6-1

交叉口类型	交错点数量			
	冲突点	分流点	合流点	总数
三路交叉口	3	3	3	9
四路交叉口	16	8	8	32
五路交叉口	50	15	15	80

根据交叉口交通运行的特点,为使交叉口获得安全畅通的效应,必须对交叉口的交通流进行科学的组织和控制。其基本原则是:限制、减少或消除冲突点,引导车辆安全顺畅合流、分流和交错。方法是从时间和空间上协调好交叉口各向车流的运行。基本途径有：

(1)将不同方向的交错车流从时间上进行分离,即采用交通控制的途径;

(2)将不同方向的交错车流从空间上进行分离,即采用立体交叉的途径;

(3)将不同方向的交错车流在同一平面内用物理设施分离、限制和引导其行驶路线,即采用渠化的途径。

二、平面交叉的基本分类

1. 按交叉形式分类

按交叉形式分为:十字形交叉、T 形交叉、X 形交叉、Y 形交叉、错位交叉和环形交叉等,见图 6-2。

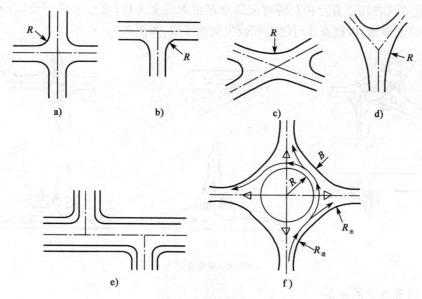

图 6-2 平面交叉的形式
a)十字形交叉;b)T形交叉;c)X形交叉;d)Y形交叉;e)错位交叉;f)环形交叉
R-中心岛半径;B-环道宽度;$R_{进}$-进口道缘石半径;$R_{出}$-出口道缘石半径

(1)十字形交叉是常见的交叉口形式,适用于相同或不同等级道路的交叉,构型简单,交通组织方便,街角建筑容易处理,也可以用于斜交角度不大于30°和交通量较小的主次公路相交的交叉路口。

(2)T形交叉主要适用于次干路连接主干路或尽头式干道连接滨河干道的交叉口。

(3)X形交叉为两路斜交,一对角为锐角,另一对角为钝角,转角交通不便,街角建筑难处理,锐角太小时,此种形式不宜采用。

(4)Y形交叉是道路分叉的结果。

(5)错位交叉是两个相距不太远的T形交叉相对拼接,它是由斜交改造而成的。

(6)环形交叉是用中心岛组织车辆按逆时针方向绕中心岛单向行驶的一种交叉形式,环形交叉有利于渠化交通,但占地面积较大,因此多用于多路交汇和转弯交通量较大的路口。

2. 按渠化程度分类

按渠化程度分为:简单交叉、扩宽交叉和渠化交叉。

(1)简单交叉是指在交叉口不作任何渠化设施,适用于交通量很小的支路和街巷交叉。

(2)扩宽交叉常用于交通量较大的交叉口,此处常有信号灯或警察指挥交通,为使右转弯车辆在红灯时间可继续通行且不影响直行交通,将路口扩宽、增加一条加(减)速车道以改善交通,见图6-3。

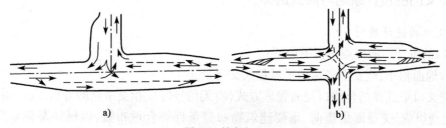

图 6-3 扩宽交叉口

(3)渠化交叉常用于直行和左转弯交通量都很大的交叉口,通过采用交通岛和路面标线方法组织路口交通流,以提高通行能力和减少交通事故,见图6-4。

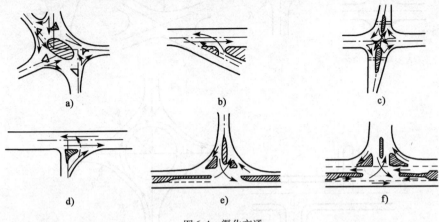

图6-4 渠化交通

3.按交通管理方式分类

按交通管理方式分为:让行交叉、信号交叉和环形交叉。

(1)让行交叉用于主、次干道与交通量小的支路交叉,在交通量小的一侧进口处设置让行标志。交通量大的主线车辆在交叉口不受限制通行,而交通量小的支线车辆进交叉口前要停车让行或减速让行,待主线车流中有间隙时方可汇入或穿行。让行交叉常为简单交叉或扩宽交叉。

(2)信号交叉通常是两向交通量都很大,设置信号灯或专人指挥交通,从时间上分成两方向交叉的交通流。

(3)环形交叉是一种允许车辆自行调节其在进环、出环和绕行中的位置以实现通过交叉口的一种交叉形式。由于所有车辆均逆时针绕中心岛单向行驶,可减少冲突点;进环、出环时车流以锐角汇合、分流和交织,可提高交通安全和连续性。

第二节 交叉口平面设计

交叉口的设计是要确定交叉口各种交通流的合理通行空间、通行权及其通行规则,使交通流运行安全、有序,交叉口的时间和空间资源得到充分利用。交叉口详细设计应按照机动车交通组织—非机动车组织—行人交通组织—附属设施设计的过程进行。交叉口空间的交通组织应从内向外依次布置,以保障各种交通流的合理通行空间。

一、交叉口的设计原则与形式选择

1.交叉口的设计原则

交叉口的设计一般应遵循以下原则:

(1)占地面积小,能安全迅速地通过最大交通量。

(2)交叉口形式要结合路口交通管理方式(有无信号灯)、相交道路的等级主次、道路横断面形式、交通组成、交通流量流向、重要建筑物布置条件等合理布置,以保证车辆安全、通畅行驶。

(3)合理布设人行横道,减少干扰,使行人在最短时间内安全、迅速穿过道路。

(4)正确设计交叉口的高程,即使车辆能平稳行驶,又能保证排水通畅,与附近街坊高程配合协调,同时路口表面平顺、美观。

(5)合理解决各种地下管线的交叉。

(6)要考虑路口处交通管理、导流设施及安全防护设施的布设位置。

2. 交叉口的形式选择

交叉口形式的选择涉及的因素多、范围广,如交叉口的现状、交通量及交通组成、环境、建筑、道路用地等;选择时应根据具体情况,调查分析,作出不同方案加以比较,择优取用。选择和改建交叉口的形式,应有利于消除或减少冲突点,提高交叉口的通行能力。一般选择形式时应注意以下几点:

(1)形式要简单、实用,尽可能选用正交的十字形交叉口或T形交叉口。

(2)尽量使相邻交叉口之间的道路直通,避免采用错位T形交叉。

(3)斜交的交叉口,宜改为正交的交叉口或使交叉口接近正交。可采用改斜交为十字形、改斜交为双T形错位交叉、改小交角为大交角、开辟左右转车道、改Y形为正交T形等方法对交叉口实施改造。

(4)对于主流交通,其道路线形宜顺直,主流的任一侧不宜有两条以上路段交汇,以减少对主流方向的干扰。

(5)尽量避免近距离的错位交叉。当相邻两个T形交叉口之间的距离很短时,可予以合并。

(6)多路交叉口应尽量避免,或加以改造。例如,设置中心岛改为环形交叉;封路改道把多条道路交叉改为十字交叉;调整交通,把双向交通改为单向交通。

二、交叉口的车道数

交叉口各相交道路的车道数,应根据交通控制策略、交通量、车道的通行能力及交叉处用地条件等决定。在城市道路上还应考虑大量非机动车交通的需要。

从渠化交通考虑,交叉口最好按车种和方向分别设置专用车道,以使左转、直行、右转的机动车和非机动车能在各自的专用车道上排列停候或行驶,避免相互干扰,以提高通行能力。但在交通量较小的道路上设置过多的车道是不经济的,可考虑车道混合行驶。根据行车道宽度和左转、直行、右转车辆的交通量大小可作出多种组合的车道划分,如图6-5所示。

(1)左、直、右方向车辆组成均匀,各设一专用车道,如图6-5a)所示;

(2)直行车辆很多且左、右转也有一定数量时,设两条直行车道和左、右转各一条车道,如图6-5b)所示;

(3)左转车多而右转车少时,设一条左转车道,直行和右转车共用一条车道,如图6-5c)所示;

(4)左转车少而右转车多时,设一条右转车道,直行和左转共用一条车道,如图6-5d)所示;

(5)左、右转车辆都较少时,分别与直行车合用车道,如图6-5e)所示;

(6)行车道宽度较窄,不设专用车道,只画快、慢车分道线,如图6-5f)所示;

(7)行车道宽度很窄时,快、慢车道也不划分,如图6-5g)所示。

在确定交叉口的车道数和车道宽度时,必须考虑我国城市目前自行车交通较发达的实际情况,尽可能组织机动车和非机动车分流行驶,以保证交通安全。

所设置的车道数,其通行能力的总和必须大于高峰小时交通量的要求,否则,交叉口会产生交通拥挤和阻塞的现象。

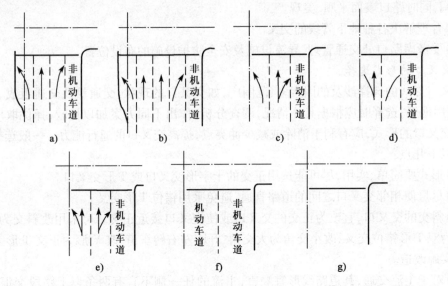

图 6-5　交叉口车道划分

交叉口的车道数可按以下方法确定:先选定交叉口的形式,然后再根据设计年限的高峰小时交通量和不同行驶方向的交通组成进行交通组织设计,由此初步定出车道数。按照所确定的交通组织设计方案,对初步定出的车道数进行通行能力验算,如车道通行能力总和小于高峰小时交通量的要求,则必须增加车道重新验算,直到满足交通量的要求为止。

由于受信号控制的影响,在相同车道数下交叉口车道的通行能力总是比路段上要小,所以交叉口的车道数不应少于路段上的车道数。为了充分发挥整条道路的通行能力,交叉口的设计通行能力应与路段通行能力相适应,一般情况下,交叉口的车道数宜比路段上多设一条。

三、交叉口的圆曲线半径和视距

1. 圆曲线半径

交叉口的圆曲线半径包括交叉范围相交道路的圆曲线半径、分道转弯式圆曲线半径以及加铺转角式圆曲线半径。

(1)相交道路的最小圆曲线半径

为使直行车辆在交叉口范围能以一定速度顺利行驶,保证交叉口立面设计平顺美观,应对交叉范围相交道路平曲线的最小半径或最大超高横坡度加以限制。

在交叉口范围内,主要道路的设计速度 v 仍采用路段规定值,次要道路可取路段的 0.7 倍;横向力系数可按不同设计速度在 0.15~0.20 选用;超高横坡 i_h 以不大于2%为宜,最大不应超过6%。根据以上取值,可计算出平面交叉相交道路的最小圆曲线半径,见表 6-2。

(2)分道转弯式交叉口最小圆曲线半径

当右转弯车辆比较多时,为保证右转车辆能以规定速度分道行驶,应对最小转弯半径加以限制。在右转车辆设计速度已确定的条件下,取横向力系数 $\mu = 0.16~0.20$,最小圆曲线半径的一般值采用 $i_h = 2\%$ 计算,极限值用 $i_h = 6\%$ 计算。分道转弯式交叉口最小圆曲线半径可参考表 6-3 选用。

交叉口相交最小圆曲线半径(单位:m)　　　　　　　　　　　表 6-2

设计速度(km/h)	主要公路		次要公路
	一 般 值	极 限 值	
100	460	380	—
80	280	230	—
60	150	120	60
40	60	50	30
30	30	25	15
20	15	12	15

分道转弯式交叉口最小圆曲线半径(单位:m)　　　　　　　表 6-3

右转弯车速(km/h)		80	70	60	55	50	45	40	35	30	25	20
最小半径	一般值	280	210	150	120	100	80	60	50	35	25	15
	极限值	230	170	120	100	80	65	50	40	30	20	12

(3)加铺转角式交叉口转角半径

为了保证各种右转车辆能以一定速度顺利转弯,交叉口转角处的缘石或行车道边缘应做成圆曲线或多心复曲线,圆曲线的半径 R_1 称为转角半径,如图 6-6 所示。

在未考虑机动车道加宽的情况下,转角半径为:

$$R_1 = R - \left(\frac{B}{2} + F\right) \text{ (m)} \quad (6-1)$$

式中:B——机动车道宽度,一般采用 3.5m;
　　　F——非机动车道宽度,m;
　　　R——右转车道中心线半径,m。

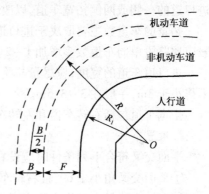

图 6-6　转角半径计算图示

其中,右转车道中心线半径 R 可用前述圆曲线半径公式计算。由于此类交叉口多用于交通量小、车速不高的低等级道路,因此右转车速可取路段设计速度的 0.5~0.7 倍,计算时可取 0.6 倍。据观测,右转车速一般在 10~25km/h。横向力系数 μ 为 0.15~0.20。超高横坡度采用 2%。另外,最小转角半径不得小于汽车的最小转弯半径。

表 6-4 为交叉口加铺转角边缘的最小圆曲线半径,在条件允许时应尽量采用较大转角半径,有利于行车和以后交通发展的需要。

加铺转角式交叉口最小转角半径(单位:m)　　　　　　　表 6-4

公 路 等 级		二		三		四	
		平原微丘	山岭重丘	平原微丘	山岭重丘	平原微丘	山岭重丘
右转弯车速(km/h)		20~25	15~20	15~20	15	10~15	10
不同交叉角的圆曲线半径	45°	27~35	25~27	25~27	25	27~25	27
	60°	23~32	17~23	17~23	17	20~17	20
	80°	20~30	13~20	13~20	13	12~13	12
	90°	19~30	12~19	12~19	12	10~12	10
	100°	19~29	11~19	11~19	11	9~11	9
	120°	18~29	10~18	10~18	10	8~10	8
	135°	18~28	10~18	10~18	10	7~10	7

2. 视距

平面交叉点前后各相交道路停车视距长度所构成的三角形范围内,应保证通视,以确保行车安全。在视距三角形范围内妨碍驾驶员的障碍物均应清除。同时,在交叉以前的一定距离内应能识别出交叉的存在和信号、标志等。对公路平面交叉的视距和识别距离的规定见表 6-5。

平面交叉视距与识别距离(单位:m)　　　　　表 6-5

设计速度(km/h)		100	80	60	40	30	20
停车视距	一般值	160	110	75	40	30	20
	低限值	120	75	55	30	25	15
信号控制的信号识别距离		—	350	240	140	100	60
停车标志控制的标志识别距离		—	—	105	55	35	20

四、交叉口的拓宽设计

当相交道路的交通量较大、转弯车辆较多而车速又较高时,若交叉口进口道仍然采用路段上的车道数,会导致转弯车辆和直行车辆受阻,分流与合流困难,易发生交通事故。此时,可向进口道的一侧或两侧拓宽车道,以改善交叉口的通行条件,提高交叉口的通行能力。

拓宽的车道数主要取决于进口道的各向交通量、交通组织方式和车道的通行能力等。一般应比路段单向车道数多增加 1~2 条车道。

进口道车道的宽度,应尽量与路段保持一致。如因占地等限制需要变窄车道宽度时,最窄不得小于 3m,一般在 3~3.5m。

拓宽车道包括右转车道和左转车道两种。

1. 设置条件

平面交叉符合下列条件时应设右转车道:

①平面交叉角小于 60°且右转车较多;

②右转交通量大且为主要交通方向;

③右转车辆所需车速较高;

④有特殊需要。

平面交叉除下列条件外,应设左转车道:

①不允许左转弯;

②道路交通量很小,通行能力有富裕;

③相交道路设计速度为 40km/h 以下,设计小时交通量小于 200 辆。

2. 设置方法

拓宽车道的设置方法是指在交叉口的进口道上如何实现增辟车道的方法。

(1)右转车道设置方法

右转车道设置方法是在进口道的右侧或同时在出口道的右侧拓宽右转车道,如图 6-7 所示。

(2)左转车道设置方法

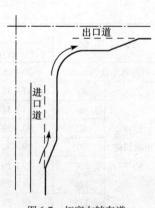

图 6-7　拓宽右转车道

左转车道是向进口道左侧扩宽,依据相交道路是否设置中间带和中间带的宽窄可按以下方法实现左转车道,如图6-8所示。

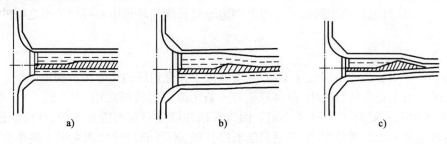

图6-8 拓宽左转车道

宽型中间带:当设有较宽中间带(宽度不小于4.5m)时,将道口一定长度的中间带压缩宽度,由此增辟出左转车道,如图6-8a)所示。

窄型中间带:当设有较窄中间带(宽度小于4.5m)时,利用中间带后宽度仍不够,可将道口单向或双向车道线向外侧偏移,增加不足部分宽度。向外侧偏移车道线后,在路幅总宽度不变的情况下,视具体条件可压缩人行道、两侧带或进口道车道宽度,如图6-8b)所示。

无中间带:当相交道路不设中间带时,可通过两种途径增辟左转车道。一是向进口道的一侧或两侧扩宽,增加进口道路总宽度,在进口道中心线附近辟出左转车道,如图6-8c)所示;二是不扩宽进口道,占用靠近中心线的对向车道作为左转车道。

3. 拓宽车道的长度

交叉口的进口道设置拓宽车道后,为不影响横向相交道路上的直行车流,在横向相交道路的出口道应设加速车道,如图6-7所示。进口道处拓宽车道的长度应能满足转弯车辆减速所需长度,也应保证转弯车辆不受相邻等候车队长度的影响;出口道的加速车道应保证加速所需长度。拓宽车道长度由渐变段长度、减速所需长度或等候车队长度组成。

五、环形交叉口设计

环形交叉口的组成如图6-9所示,其中包含中心岛、方向岛、交织段、环道、交织角和环交进出口等。

1. 中心岛

中心岛的形状一般多用圆形,有时也用圆角方形和菱形;主次道路相交时宜采用椭圆形;交角不等的畸形交叉可采用复合曲线形。此外,结合地形、地物和交角等也可采用其他规则或不规则几何形状的中心岛。中心岛的关键指标是半径,中心岛的半径首先应满足设计车速的要求,然后按相交道路的条数和宽度,验算相邻道口之间的距离是否符合车辆交织行驶的要求。中心岛的最小半径值见表6-6。

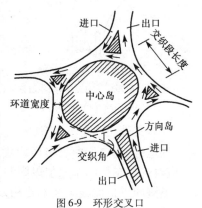

图6-9 环形交叉口

中心岛的最小半径值(单位:m) 表6-6

环道设计车速(km/h)	40	35	30	25	20
最小半径(m)	60	50	35	25	20

2. 交织段

进环和出环的两辆车辆,在环道行驶时相互交织、交换一次车道位置所行驶的距离称为交织长度,交织长度的大小主要取决于车辆在环道上的行驶速度。当相邻路口之间有足够的距离,使进环和出环的车辆在环道上均可在合适的机会相互交织连续行驶,该段距离称为交织段长度,其位置大致可取相邻道路机动车道外侧边缘延长线与环道中心线交叉点之间的弧长,如图 6-10 所示。

3. 环道

环道即环绕中心岛的单向行车带,其宽度取决于相交道路的交通量和交通组织。一般,靠近中心岛的一条车道作绕行之用,最靠外侧的一条车道供右转弯之用,中间的 1~2 条车道为交织之用,环道上一般设计 3~4 条车道。因为车辆在绕岛行驶时需要交织,在交织段长度小于 2 倍的最小交织段长度范围内,车辆只能顺序行驶,不可能同时出现大于 2 辆车交织,所以不论车道数设计多少条,在交织断面上只能起到一条车道的作用。因此,环道的车道数一般以采用 3 条为宜,如交织段长度较长时,环道车道数可布置 4 条;若相交道路的车行道较窄,也可设 2 条车道。如果采用 3 条机动车道,每条车道宽 3.50~3.75m,并按前述弯道加宽中单车道部分的加宽值,当中心岛半径为 20~40m 时,则环道机动车道的宽度一般为 15~16m。

4. 交织角

交织角是进环车辆轨迹与出环车辆轨迹的平均相交角度,如图 6-11 所示。它以距右转机动车道的外缘 1.5m 和中心岛边缘 1.5m 的两条切线交角来表示。交织角的大小取决于环道的宽度和交织段长度。环道宽度越窄,交织段长度越大,则交织角越小,行车就越安全。但交织段要长,中心岛半径要增大,占地也要增加。交织角以控制在 20°~30°为宜,在交织段长度已有保证的条件下,此交织角能满足要求。

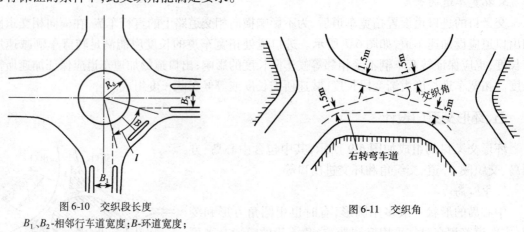

图 6-10 交织段长度
B_1、B_2-相邻行车道宽度;B-环道宽度;
R_d-中心岛半径;l-交织段长度

图 6-11 交织角

5. 环交进、出口

环道进、出口的曲线半径取决于环道的设计车速,为使进环车辆的车速与环道车速相适应,应对进环车辆的车速加以限制。环道进出口曲线半径应接近或小于中心岛的半径,而且各相交道路的进口曲线半径不要相差太大,环道出口的曲线半径可较进口曲线半径大一些,使车辆加速驶出环道。

六、交叉口的交通组织设计

1. 左转弯车辆的交通组织设计

左转弯车辆是引起交叉口车流冲突的主要原因,合理地组织左转弯车辆的交通,是保证交通安全、提高交叉口通行能力的有效方法。左转弯车辆交通组织方法可采用以下几种形式。

(1) 设置专用左转车道

在行车道宽度内紧靠中线划出一条车道供左转车辆专用,以免阻碍直行交通。若原有行车道宽度不够时,可向中线左侧适当扩宽设置专用左转车道。设置专用左转车道后,左转车辆须在左转车道上等待开放或寻机通过,而不影响直行交通。

(2) 实行交通管制

通过信号灯控制或交警指挥,在规定时间内不准左转。

(3) 变左转为右转

环形交通:利用环道组织逆时针单向交通,变左转为右转,使冲突车流变为分流与合流,如图 6-12a) 所示。

街坊绕行:这种方法绕街坊行程增加很多,通常仅用于左转车辆所占比例不大、旧城道路扩宽困难或在桥头引道坡度大的十字形交叉口,为防止车辆高速下坡时直角转弯发生事故而采用,如图 6-12b) 所示。

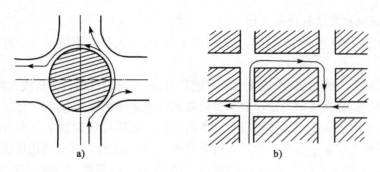

图 6-12 变左转为右转

2. 组织渠化交通

在车道上画线,或用绿带和交通岛来分隔车流,使各种不同类型和不同速度的车辆能像渠道内的水流那样,沿规定的方向互不干扰地行驶,这种交通组织称为渠化交通。

渠化交通在一定条件下可以有效地提高道路的通行能力,减少交通事故。它对解决畸形交叉口的交通问题尤为有效。

在渠化交通中,最常用的是高出路面的交通岛。按其作用不同可分为方向岛、分隔岛、中心岛、安全岛等。

方向岛又称导向岛,用以指引行车方向,它在渠化交通中起着很大作用,许多复杂的交叉口,往往只用几个简单的方向岛,就能组织好交通,消除或减少冲突点。方向岛还可用于约束车道,使车辆减速转弯,保证行车安全。

分隔岛是用来分隔机动车和非机动车、快速车和慢速车以及对向行驶的车流,保证行车速度和交通安全的长条形交通岛,有时也可在路面上画线来代替分隔岛。

中心岛是设在交叉口中央,用来组织左转弯车辆和分隔对向车流的交通岛。

安全岛供行人过街时避让车辆之用。在宽阔的交通繁忙的街道上,宜在人行横道线中央设置安全岛,以保证行人过街安全。

交通岛的形状为直线与圆曲线的组合图形,环形交叉中心岛的形状和尺寸详见后述。导流用交通岛的要素如图 6-13 所示,其最小尺寸规定由表 6-2、表 6-3 和表 6-4 推算确定,其余要素见相关规定。

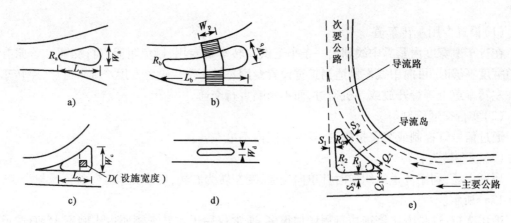

图 6-13 导流岛的要素

a) 只分隔交通流时；b) 兼作安全岛时；c) 设置设施时；d) 无渐变段的分隔带；e) 导流岛的端部和移距

L_a、L_b、L_c-导流岛长度；W_a、W_b、W_c、W_d-导流岛宽度；R_a、R_b、R_0、R_1、R_2-端部圆弧半径；S_1、S_2、S_3-导流岛内移值

3. 行人交通组织及过街横道设计

行人交通组织的任务是组织行人在人行道上行走，在人行横道线内安全过街，使人、车分离，干扰最小。

当交叉口宽阔、人流量多、车流量大且车速高时，可考虑设置人行天桥或人行地道，这是行人交通组织最彻底、最有效的办法。交叉口处的人行道除满足行人通过外，还应为过街行人提供等待场地，其宽度原则上不小于路段人行道的宽度。若因设置附加车道不得已压缩人行道时，应根据人流量决定最小宽度。拟设人行天桥或地道时，人行道还应考虑梯道或坡道出入口宽度。在人行道上除必要的道路标志、交通信号、照明及栏杆等外，不允许布置其他设施，以保证人行道的有效宽度。

人行横道应设置在驾驶员容易看清的位置，标线应醒目。人行横道一般可布置在交叉口人行道的延续方向后退 4~5m 的地方，如图 6-14a) 所示。当转角半径较大时，可将人行横道设在圆弧段内，如图 6-14b) 所示。原则上人行横道应垂直于道路设置，可使行人过街距离最短；但如道路斜交时，为避免行人不拐直角弯及扩大交叉口交通面积，人行横道可与相交道路平行，如图 6-14c) 所示。T 形交叉口和 Y 形交叉口人行横道可按图 6-14d) 和图 6-14e) 设置。人行横道的宽度主要取决于过街人流量的大小，一般应比路段人行道宽些，其最小宽度为 4m。当过街人流量较大时，可适当加宽，但不宜超过 8m。人行横道的长度与路口信号显示时间有关。一次横穿过长的距离会使过街行人精神紧张，尤其是对行走迟缓的人，会感到很不安全。当机动车车道数大于或等于 6 条或人行横道长度大于 30m 时，应在道路中线附近设置宽度不小于 1m 的安全岛。

在设置信号灯控制或设置停车标志的交叉口，应在路面上标绘停车线，指明停车位置。对无人行横道的交叉口，在不影响相交道路交通的条件下，停车线应尽量靠近交叉口，以减小交叉口的范围，提高通行能力。当有人行横道时，停车线应布置在人行横道线后至少 1m 处，并应与人行横道平行，如图 6-14 所示。

当道路双向机动车道数为 6 条以上时，应在中央分隔带或机非分隔带上设置行人驻足岛，以解决无法实现行人一次性过街的问题。另外，人行道及分隔带上与行人过街道衔接处应进行无障碍设计。

道路两侧存在大量人流来往的大型建筑物，可以结合实际条件和需要设置人行天桥或者过街地道。此外,当行人过街交通及其相交的机动车饱和度、人均待行区面积等满足一定条件时,也应考虑设置人行天桥或者过街地道。

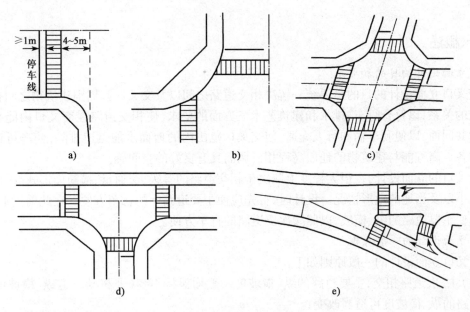

图6-14 行人交通组织设计

4.非机动车交通组织设计

在交叉路口,非机动车道通常布置在机动车道和人行道之间。

在交叉口内,一般车流量下非机动车随机动车按交通规则在右侧行驶,不设分离设施。而车流量较大时,可采用分隔带(或墩)将机动车与非机动车分离行驶,减少相互干扰。上述两种情况与机动车交通组织共同考虑。

当车流量很大,机动车、非机动车之间干扰严重时,可考虑采用立体非机动车交通组织,并与人行天桥或地道一起考虑。上下人行天桥或地道可用梯道、坡道或混合式。一般行人宜用梯道型升降方式;非机动车应采用坡道型;非机动车较多,又因地形或其他理由不能设坡道时,可用梯道带坡道的混合型升降方式。

根据自行车交通的特性和交叉口混合交通流的特殊条件,自行车在交叉口的交通管理原则是:

①自行车交通应该与机动车交通进行空间和时间分离,如果没有条件分离,也必须给出适当的空间让自行车与机动车分道行驶。

②采取措施使自行车以较低的速度有序地进入交叉口。

③应尽量使自行车处于危险状态的时间减小到最少。

④如果空间允许,对自行车暂停的地方应该提供实物隔离的措施;当自行车在交叉口暂停等待时,尽可能提供一个安全的停车位置。

⑤为了简化驾驶员在交叉路口的观察、思考、判断以及采取措施的复杂过程,自行车交通与机动车交通的交叉冲突点应该尽量远离机动车交通之间的交叉冲突点。

⑥当自行车与机动车在交叉路口等待绿灯或通过交叉口时,应该保证相互都能看得清楚,特别是当自行车通过交叉路口时,应尽可能使驾驶员知道自行车的行驶路线与方向。

第三节 交叉口立面设计

一、概述

1. 立面设计的目的和要求

交叉口立面设计的目的是要统一解决相交道路之间以及交叉口和周围建筑物之间在立面位置上的关系,以符合行车、排水和建筑艺术三方面的要求,使相交道路在交叉口内能有一个平顺的共同面,以便利车辆和行人交通,使交叉口范围内的地面水能迅速排除,使车行道和人行道的各点高程能与建筑物的地面高程相协调而具有良好的空间感。

交叉口的立面设计,在很大程度上取决于相交道路的等级、交通量、横断面形式、纵坡的方向和大小以及当地的地形情况。设计时,首先应使主要道路上的行车方便。在此前提下,也应适当改变主要道路的纵、横坡,以照顾次要道路的行车方便。

2. 立面设计的一般原则

交叉口立面设计的一般原则如下:

(1)主、次道路相交,主要道路的纵、横坡度一般均保持不变(非机动车道纵、横坡可变),次要道路的纵、横坡度可适当改变;

(2)同级道路相交,纵坡一般不变,横坡可变。

(3)路口设计纵坡不宜太大,一般不大于2%,困难情况下不大于3%。

(4)交叉口立面设计高程与周围建筑物地坪高程相协调。

(5)为了保证交叉口排水通畅,设计时至少应有一条道路的纵坡背离交叉口。若遇困难地形,如交叉口在盆地的地形,所有道路纵坡都向着交叉口时,必须预先考虑修筑地下排水管道和设置进水口。

(6)合理确定变坡点和布置雨水口。

在交叉口布置进水口,应不使地面水流过交叉口的人行横道,也不应在交叉口内积水或流入另一条道路。为此,进水口应设在交叉口人行横道的前面能截住来水的地方和立面设计的低洼处。

二、交叉口立面设计的基本类型

交叉口立面设计的形式,主要取决于交叉口相交道路的纵坡、横坡及地形。以十字形交叉口为例,按其所处地形及相交道路纵坡方向,可划分为6种基本类型,如图6-15所示。

(1)处于凸形地形上,相交道路的纵坡方向均背离交叉口[图6-15a)]。

设计时,使交叉口的纵坡与相交道路的纵坡一致,适当调整接近交叉口路段的横坡,让雨水流向交叉口四个转角的街沟或路基外排除,交叉口内不需设置雨水口。

(2)处于凹形地形上,相交道路的纵坡方向都指向交叉口[图6-15b)]。

这种形式的地面水都向交叉口集中,排水比较困难,应尽量避免。若因地形限制,必须采用时应设置地下排水管道排水。为防止雨水汇集到交叉口中心,应适当改变相交道路的纵坡,以抬高交叉口中心高程,并在转角设置雨水口。最好在相交道路纵坡设计时,将一条主要道路的变坡点设在远离交叉口的地方,保证有一条道路的纵坡方向背离交叉口。

(3)处于分水线地形上,有三条道路纵坡方向背离而一条指向交叉口[图6-15c)]。

设计时,应将纵坡指向交叉口的道路路脊线在交叉口处分为三个方向,相交道路的横断面不变,在纵坡指向交叉口道路的人行横道线外设雨水口,防止雨水流入交叉口内。

(4) 处于谷线地形上,有三条道路纵坡方向指向交叉口而一条背离[图6-15d)]。

设计时,与谷线相交的道路进入交叉口之前,在纵断面上产生转折而形成过街横沟,不利于行车,应尽量使纵坡转折点离交叉口远一些,并在该处插入竖曲线。在纵坡指向交叉口的人行横道线外设置雨水口。

(5) 处于斜坡地形上,相邻两条道路纵坡指向交叉口而另两条背离[图6-15e)]。

设计时,相交道路的纵面形成一个单向倾斜面。在纵坡指向交叉口道路的人行横道线外设雨水口。

(6) 处于马鞍形地形上,相对两条道路纵坡指向交叉口而另两条背离[图6-15f)]。

设计时,相交道路纵、横坡都可按自然地形在交叉口内适当调整,并在纵坡指向交叉口的道路两侧设置雨水口。

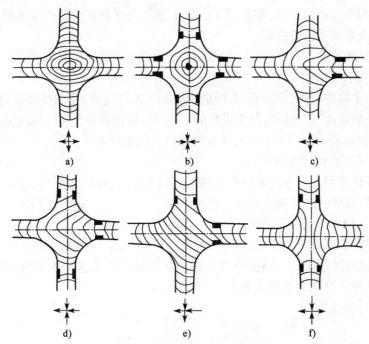

图6-15 交叉口立面设计的基本形式

以上为几个典型十字形交叉口立面设计形式,对于其他不同形式的交叉口,立面设计的要求和原则与此相同。另外,立面设计的使用效果与相交道路纵坡方向的合理组合关系密切,因此,若要获得交叉口理想的立面设计,应在道路纵断面设计时考虑交叉口立面设计的要求,为其创造良好的条件。

三、交叉口立面设计的方法与步骤

交叉口立面设计的方法有方格网法、设计等高线法以及方格网设计等高线法。

方格网法是在交叉口范围内以相交道路中心线为坐标基线打方格网,测出方格点上的地面高程,求出其设计高程,并标出相应的施工高度。设计等高线法是在交叉口范围内选定路脊线和高程计算线网,并计算其上各点的设计高程,勾绘交叉口设计等高线,最后标出各点施工高度。比较上述两种方法,其中设计等高线法比方格网法更能清晰地反映交叉口的立面设计形状,但等高线上的高程点在施工放样时不如方格网法方便。为此,通常把以上两种方法结合使用,并称之为方格网设计等高线法。该法可以取长补短,既能直观地看出交叉口的立面形状,又能满足施工放样方便的要求。

对于普通交叉口,多采用方格网法或设计等高线法,其中混凝土路面宜采用方格网法,而沥青路面宜采用设计等高线法;对于大型、复杂的交叉口和广场的立面设计,通常采用方格网设计等高线法。下面以方格网设计等高线法为例来介绍交叉口立面设计的方法和步骤。

1. 设计步骤

实际工作中,若采用方格网法,则不需勾绘设计等高线,而采用设计等高线法时,可不打方格,只加注一些特征点的设计高程即可。

(1)收集资料

测量资料:交叉口的控制高程和控制坐标;收集或实测1∶500或1∶200地形图,详细标注附近地坪及建筑物高程。

道路资料:相交道路的等级、宽度、半径、纵坡、横坡等平纵横设计或规划资料。

交通资料:交通量及交通组成。

排水资料:区域排水方式,已建或拟建地下、地上排水管渠的位置和尺寸。

(2)绘制交叉口平面图

按比例绘出道路中心线、车行道、人行道及分隔带的宽度,转角曲线和交通岛等。以相交道路中心线为坐标基线打方格网,斜交道路的方格网线应选在便于施工放线测量的方向,方格的大小一般采用5m×5m~10m×10m,并量测方格点的地面高程。

(3)确定交叉口的设计范围

交叉口的设计范围一般为转角圆曲线的切点以外5~10m(相当于一个方格的距离),主要用于过渡处理,如横坡的过渡高程的过渡等。

(4)确定立面设计图式和等高距

根据相交道路的等级、纵坡方向、地形情况以及排水要求等,确定所采用的立面设计图式(如图6-15所示的各种图式)。根据纵坡度的大小和精度要求选定等高线间距 h,一般 h 为 0.02~0.10m,为便于计算取偶数为宜。

(5)勾绘设计等高线

(略)

(6)计算施工高度

根据设计等高线图,用内插法求出方格点上的设计高程,施工高度等于设计高程减去地面高程。

2. 等高线的计算和画法

(1)路段设计等高线

当道路的纵坡、横断面形式及路拱横坡度确定后,可按照所需要的等高距 h,计算路段上设计等高线的水平距离。

如图6-16所示,图中 i_1 和 i_3 分别为车行道中心线和边线的设计纵坡(%),通常情况下 $i_1 = i_3$。其中,i_2 为车行道的路拱横坡度(%);B 为车行道的宽度(m);h_1 为车行道的路拱高度(m)。

中心线上相邻等高线的水平距离经人为设置路拱

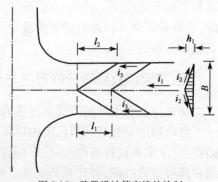

图6-16 路段设计等高线的绘制

后,等高线在车行道边线上的位置沿纵向上坡方向偏移的水平距离 l_1 为:

$$l_1 = \frac{h}{i_1} \quad (\text{m}) \tag{6-2}$$

设置路拱以后,等高线在车行道边线上的位置沿纵向上坡方向偏移的水平距离 l_2 为:

$$l_2 = h_1 \cdot \frac{1}{i_3} = \frac{B}{2} \cdot \frac{i_2}{i_3} \quad (\text{m}) \tag{6-3}$$

计算出 l_1 和 l_2 位置后,由 l_1 定出中心线上其余等高线的位置,再由 l_2 定出沿边线上相应等高线的位置,最后连接相应等高点,即得用设计等高线表示的路段立面设计图。实际上,如路拱形式为抛物线时,等高线应以曲线勾绘,只有直线形路拱可用折线连成等高线,为简化起见,用折线表示,如图 6-16 所示。

(2)交叉口上设计等高线

①选定路脊线和控制高程。选定路脊线时,要考虑行车平顺及整个交叉口均衡美观。路脊线通常是对向行车轨迹的分界线,即车行道的中心线。在交叉口上,路脊线的交点就是控制高程的位置。

对于斜交过大的 T 形交叉口,其路中心线不宜作为路脊线,应加以调整,如图 6-17 中 AB' 所示。调整路脊线的起点 A 一般为转角曲线切点断面处,而 B' 的位置原则上应选在双向车流的中间位置。

交叉口的控制高程应以整个道路系统的立面规划高程为依据,并综合考虑相交道路的纵坡、交叉口周围的地形、路面厚度和建筑物的布置等确定。在确定控制高程时,不宜使相交道路的纵坡相差过大,一般要求差值不大于 0.5%,可能时尽量使纵坡大致相等,以利于立面设计处理。

②确定高程计算线网。实践表明,因为只有路脊线上的设计高程还不足以反映交叉口的立面形状,也很难依靠它来勾绘交叉口的等高线,交叉口立面设计的关键是正确选择路脊线和高程计算线网。所以,确定高程计算线网的方法显得十分重要。确定高程计算线网的方法主要有方格网法、圆心法、等分法和平行线法。下面以方格网法为主,以配合本例立面设计方法做介绍,对其他高程计算线网也作简要介绍。

a. 方格网法。如图 6-18 所示,方格网法高程计算线网就是前述已打方格的交叉口平面图,该法适用于道路正交的交叉口。

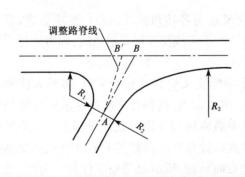

图 6-17 调整路脊线

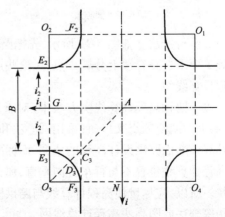

图 6-18 方格网法

根据路脊线交叉点 A 的控制高程 h_A,可逐一推算出某些特征点的设计高程。计算于转角曲线切点横断面上的三点高程为:

$$h_G = h_A - \overline{AG} \cdot i_1 \tag{6-4}$$

$$h_{E_3}(或 h_{E_2}) = h_G - \frac{B}{2} \cdot i_2 \tag{6-5}$$

同理,可求得其余三个切点横断面上的三点高程。

由 E_3 和 F_3 的高程可推算出车行道边线延长线交叉点 C_3 的高程,如不相等取平均值,即:

$$h_{C_3} = \frac{(h_{E_3} + R \cdot i_1) + (h_{F_3} + R \cdot i_1)}{2} \tag{6-6}$$

过 C_3 的 A、O_3 连线与转角曲线相交于 D_3,则 D_3 点的高程为:

$$h_{D_3} = h_A - \frac{h_A - h_{C_3}}{\overline{AC_3}} \cdot \overline{AD_3} \tag{6-7}$$

转角曲线 E_3F_3 和路脊线 AG、AN 上所需其他各点高程可根据已算出的特征点高程,用补插法求解。

同理,可推算出其余转角所需各点的设计高程。

b. 圆心法。如图 6-19 所示,在路脊线上,按施工要求每隔一定距离或等分定出若干份,并与转角曲线的圆心连成直线(只连到转角曲线上),即得圆心法高程计算线网。

c. 等分法。如图 6-20 所示,将路脊线等分为若干份,相应地把转角曲线也等分为相同份数,连接对应点,即得等分法高程计算线网。

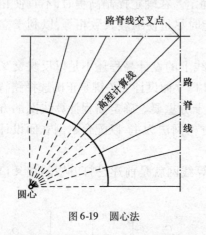

图 6-19 圆心法

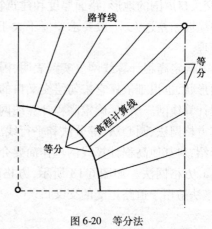

图 6-20 等分法

d. 平行线法。如图 6-21 所示,先把路脊线的交叉点与各转角曲线的圆心连成直线,然后按施工要求在路脊线上分若干点,过这些点作该直线的平行线交于行车道边线,即得平行线法高程计算线网。

以上四种高程计算线网方法中,对于正交的十字形交叉口或 T 形交叉口,各种方法都可采用;而对斜交的交叉口,宜采用圆心法和等分法。应该指出,高程计算线所在的位置就是用于计算该断面路拱设计高程的依据,而标准的路拱横断面则与车辆行驶方向相垂直。如果所定高程计算线位置不与行车方向垂直,那么按路拱方程计算出的高程将不能准确地反映路拱形状。所以,应尽量使高程计算线与路拱横断面的方向一致,同时也要便于计算。为此,推荐采用等分法或圆心法高程计算线网。

当主要道路与次要道路相交而主要道路在交叉口的横坡不变时,应将路脊线的交点 A 移到次要道路路脊线与主要道路行车道边线的交点 A' 处,如图 6-22 所示。此时,无论采用哪一种高程计算线网,都必须以位移后的交点 A' 为准。

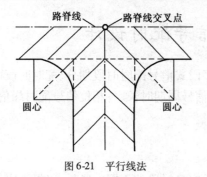

图 6-21 平行线法

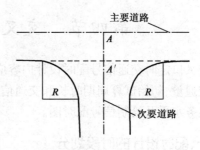

图 6-22 路脊线交叉点位移

③计算高程计算线上的设计高程。每条高程计算线上高程点的数目,可根据路面宽度、施工需要以及等高距来确定。对路宽、坡陡、施工精度要求高的,高程点可多些;反之,则少些(图 6-23、图 6-24)。

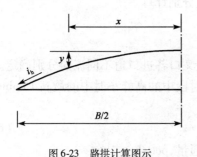

图 6-23 路拱计算图示

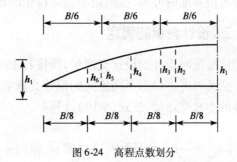

图 6-24 高程点数划分

高程计算线上高程点的方程与所选用的路拱形式有关,当采用抛物线形路拱时,可用下列公式计算:

$$y = \frac{h_1}{B}x + \frac{2h_1}{B}x^2 \quad (\text{m}) \tag{6-8}$$

$$y = \frac{h_1}{B}x + \frac{4h_1}{B^3}x^3 \quad (\text{m}) \tag{6-9}$$

式中:h_1——高程计算线两端(其中一端在路脊线上)的高差或路拱高度,m,

$$h_1 = \frac{B}{2} \cdot i_h$$

B——车行道宽度,m;

i_h——路拱横坡,%。

以上两式可根据路面类型来选用。一般宽 14m 以下的次高级路面和中级路面可用式(6-8)计算;宽 14m 以上的高级路面采用式(6-9)计算。

(3)勾绘和调整等高线

根据所选立面设计图式和等高距 h,把各等高点连接起来,得到初步的设计等高线图。

该设计等高线图应满足行车平顺和路面排水通畅的要求。通过调整等高线的疏密(一般中间部分疏一些,而边沟处密一些),使纵、横坡度变化均匀,调整个别不合适的高程,并合理布置雨水口。

检查方法是用三角板或直尺,沿行车方向、横断面方向和任意方向,检查设计等高线的分布是否合理,以判别纵坡、横坡及合成坡度是否满足行车和排水要求。最后,检查侧沟纵坡能否顺利排水以及雨水口布置是否合理。

第四节　交叉口定时信号配时设计

交叉口定时交通信号配时设计内容应包括:确定多段式信号配时时段划分、配时时段内的设计交通量、初始试算周期时长和交通信号相位方案、信号周期时长、各相位信号配时绿信比、评估服务水平及绘制信号配时图。

一、配时设计的时段划分

交叉口交通量按时变规律变化,为使信号配时能适应各时段的不同交通量,以提高交叉口通行服务水平,信号配时应按不同时段的不同交通量设计。分段视实际情况可从早高峰时段、下午高峰时段、晚高峰时段、早晚低峰时段、中午低峰时段及一般平峰时段等各时段中选取。各时段信号配时方案,按所定不同时段中的设计交通量分别计算。

二、设计流量的确定

信号配时设计的设计交通量,须按各配时时段内交叉口各进口道不同流向分别确定。

交叉口各进口道不同流向的设计交通量取各配时时段中的高峰小时中的最高 15min 流率换算的小时交通量,按式(6-10)计算:

$$q_{d_{mn}} = 4Q_{15mn} \tag{6-10}$$

式中:$q_{d_{mn}}$——配时时段中,进口道 m、流向 n 的设计交通量,pcu/h;

Q_{15mn}——配时时段中,进口道 m、流向 n 的高峰小时中最高 15min 的流率,pcu/15min。

无最高 15min 流率的实测数据时,可按式(6-11)估算:

$$q_{d_{mn}} = \frac{Q_{mn}}{(PHF)_{mn}} \tag{6-11}$$

式中:Q_{mn}——配时时段中,进口道 m、流向 n 的高峰小时交通量,pcu/h;

$(PHF)_{mn}$——配时时段中,进口道 m、流向 n 的高峰小时系数,主要进口道可取 0.75,次要进口道可取 0.8。

三、渠化方案的确定

交叉口进口道的宽度可略小于路段上的车道宽度,标准宽度为 3.0~3.25m,视交叉口的几何条件而定,可在 2.75~3.5m 取用。交叉口改善设计,渠化方案应根据设计流量分配各流向的车道数。为了提高交叉口的通行能力,应尽量增加进口道的车道数。在进口道车道数较少时,应避免出现右转(或左转)流量较小而设置右转(或左转)专用车道的情况,可采用直右(或直左)车道,以提高进口道的利用率。

在设计出口道时,应注意与信号相位的设计同时考虑,在同一相位中,进口道的数目与出口道的数目要匹配。

新建交叉口由于无流量、流向资料,无法按设计程序进行配时,应先采用试用方案,建议十字交叉口先按表6-7所列进口车道数与渠化方案选取初步试用方案,T形交叉口先用三相位信号;然后跟踪调查交通流量,待流量稳定后,根据实际交通各流向的流量调整渠化及信号相位方案。

新建十字形交叉口建议试用方案　　　　　　　　　表 6-7

进口车道数	渠 化 方 案	信号相位方案	进口车道数	渠 化 方 案	信号相位方案
5	← ↑ ↑ ↑ →	4	3	← ↑ →	4
4	← ↑ ↑ →	4	2	← ↑ →	2

四、交通信号相位相序设定

信号相位必须同交叉口进口道车道渠化（车道功能划分）方案同时设定。信号相位对应于左右转弯交通量及其专用车道的布置，常用基本方案见图 6-25。

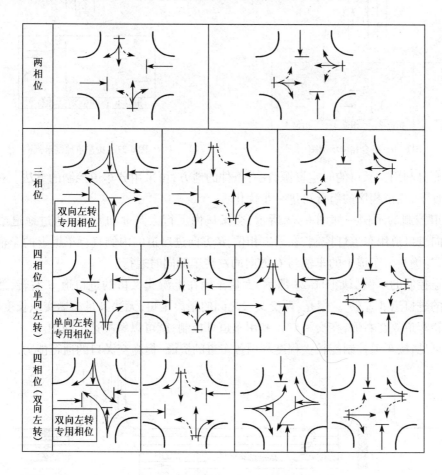

图 6-25　信号相位常用基本方案

注：┅┅▶ 表示该相位左转车应让直行车先行，即在直行车空挡及末尾时允许左转车通行

有左转专用车道时，根据左转流向设计交通量计算的左转车每周期平均到达 3 辆时，宜用左转专用相位。同一相位各相关进口道左转车每周期平均到达量相近时，宜用双向左转专用相位；否则，宜用单向左转专用相位。

当各对称方向的流量出现较大的不均衡时,应考虑采用灵活的相位组合,在避免冲突的情况下,考虑相位衔接,以交叉口通行时间最佳利用为目标,将非对称的流向组合在同一相位(图6-26)。如图6-27所示,C方向的左转流量明显大于D方向,D方向的左转绿灯可以提前结束,在满足同一相位进口道与出口道数目匹配的前提下,A方向的直行绿灯可提前启亮,既避免了绿灯时间的闲置,提高了交叉口的通行能力,同时也降低了延误。

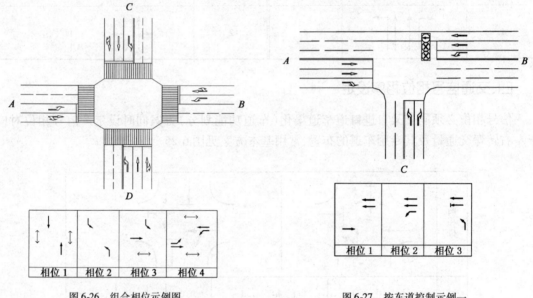

图6-26 组合相位示例图

图6-27 按车道控制示例一

为了充分利用交叉口的时空资源,在有条件的地方,可采用分车道控制的方法。在分车道控制的条件下,相位相序的组合可进一步优化。

按车道控制的示例一如图6-27所示,交叉口内无行人与非机动车(通过地道或人行天桥),B方向进口道用车道灯控制,在第三相位,B方向进口道的内侧直行车道上的车辆在停车线前停车,外侧直行车道上的车辆与C方向的左转车辆同时通行。

按车道控制的示例二如图6-28所示,大量车辆在上游交叉口的进口道B右转,然后在下游交叉口的进口道A左转。但是,两交叉口之间的距离很短,无法满足车辆交织长度的要求。把一条左转车道放在右侧,在交叉口A利用车道灯控制,就可以解决这个问题。

由此可见,按车道控制能较大程度利用各车道的资源,提高交叉口的通行能力。

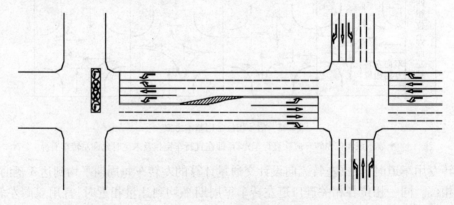

图6-28 按车道控制示例二

五、信号周期时长

1. 机动车交通为主条件下的信号周期时长

增大周期时长,可提高通行能力。但周期时长达到120s后,通行能力提高缓慢,而延误却增长很快。所以,周期时长一般不宜超过120s。

周期时长也不宜过短,最短周期时长应考虑两个因素所需的最短绿灯时间确定:车辆能安全通过交叉口所需的最短时间和行人过街所需的最短时间,一般定为40s。

在机动车交通为主的情况下,信号周期时长须选用最佳周期时长,按式(6-12)计算:

$$C_0 = \frac{L}{1-Y} \tag{6-12}$$

信号总损失时间,按式(6-13)计算:

$$L = \sum_k (L_s + I - A)_k \tag{6-13}$$

式中:L_s——启动损失时间,应实测,无实测数据时可取3s;
  A——黄灯时长,可定为3s;
  I——绿灯间隔时间,s;
  k——1个周期内的绿灯间隔数。

绿灯间隔时间,按式(6-14)计算:

$$I = \frac{z}{u_a} + t_s \tag{6-14}$$

式中:z——停车线到冲突点距离,m;
  u_a——车辆在进口道上的行驶车速,m/s;
  t_s——车辆制动时间,s。

当计算绿灯间隔时间I小于3s时,配以黄灯时间3s;当I大于3s时,其中3s配以黄灯,其余时间配以红灯。

流量比总和,按式(6-15)计算:

$$Y = \sum_{j=1}^{j} \max[y_j, y_j', \cdots] = \sum_{j=1}^{j} \max\left[\left(\frac{q_d}{S_d}\right)_j, \left(\frac{q_d}{S_d}\right)_j', \cdots\right]; (Y \leq 0.9) \tag{6-15}$$

式中:Y——组成周期的全部信号相位的各个最大流量比y_j值之和;
  j——一个周期内的相位数;
  y_j——第j相的流量比;
  q_d——设计交通量,pcu/h;
  S_d——设计饱和流量,pcu/h。

计算Y值大于0.9时,须改进进口道设计或信号相位方案,重新设计。

2. 混合交通条件下的周期时长确定

以上的周期确定方法是基于机动车通行的,而在混合交通(机动车、非机动车、行人)条件下非机动车与行人信号配时,需要确定最短绿灯时间。

最短绿灯时间按式(6-16)计算:

$$g_{\min} = 7 + \frac{L_p}{v_p} - I \tag{6-16}$$

式中:L_p——行人过街道长度,m;

v_p——行人过街步速,取1.2m/s;

I——绿灯间隔时间,s。

计算的显示绿灯时间小于相应的最短绿灯时间时,应延长计算周期时长(以满足最短绿灯时间为度),重新计算。建议先在表6-8的推荐值中取用周期值。

周期选用值(单位:s)   表6-8

相位数	最小值	推荐值	最大值
2	40	60~80	100
3	60	70~100	120
4	80	90~120	150

充分考虑非机动车与行人的交通特性,混合交通条件下信号损失时间的确定过程比较复杂。

六、信号配时及绿信比

1. 总有效绿灯时间

每周期的总有效绿灯时间按式(6-17)计算:

$$G_e = C_0 - L \tag{6-17}$$

2. 各相位有效绿灯时间

各相位的有效绿灯时间按式(6-18)计算:

$$g_{ej} = G_e \frac{\max[y_j, y'_j, \cdots]}{Y} \tag{6-18}$$

3. 各相位的绿信比

各相位的绿信比按式(6-19)计算:

$$\lambda_j = \frac{g_{ej}}{C} \tag{6-19}$$

4. 各相位显示绿灯时间

各相位的实际显示绿灯时间按式(6-20)计算:

$$g_j = g_{ej} - A_j + l_j \tag{6-20}$$

式中:l_j——第j相位起动损失时间。

七、服务水平评估

以平均停车延误作信号交叉口设计与交通信号配时的服务水平的评价指标。信号交叉口设计与交通信号配时的服务水平,根据计算的平均停车延误确定。设计服务水平,新建、改建交叉口宜取B级,治理交叉口宜取C级。服务水平不合格时,须改变各进口道设计或信号相位方案,重新设计。

八、信号配时图

以上信号配时设计结果,可用信号配时图集中表达,如图6-29所示。

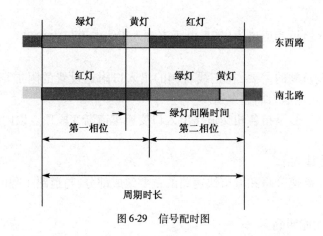

图 6-29　信号配时图

第五节　立体交叉类型及适用条件

一、立体交叉的组成与特征

立体交叉(简称立交)是利用跨线构造物使道路与道路(或铁路)在不同高程相互交叉的连接方式。采用立交可使各方向车流在不同高程的平面上行驶,消除或减少了冲突点;车流可连续运行,提高了道路的通行能力;节约了运行时间和燃料消耗;控制了相交道路车辆的出入,减少了对高速道路的干扰。

1. 立体交叉的组成

立交的主要组成部分如图 6-30 所示。

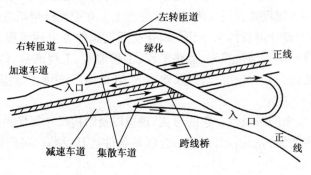

图 6-30　立体交叉的组成

(1)跨线构造物

它是立交实现车流空间分离的主体构造物,包括设于地面以上的跨线桥(上跨式)以及设于地面以下的地道(下穿式)。

(2)正线

它是组成立交的主体,指相交道路的直行车行道,主要包括连接跨线构造物两端到地坪高程的引道和交叉范围内引道以外的直行路段。

(3)匝道

它是立交的重要组成部分,是指供上、下相交道路转弯车辆行驶的连接道,有时包括匝道与正线以及匝道与匝道之间的跨线桥或地道。

125

(4) 出口与入口

以正线驶出进入匝道的道口为出口,以匝道驶入正线的道口为入口。

(5) 变速车道

为适应车辆变速行驶的需要,在正线右侧的出入口附近设置的附加车道称为变速车道。出口端为减速车道,入口端为加速车道。

立体交叉的范围一般是指各相交道路出入口变速车道渐变段顶点以内包含的正线和匝道的全部区域。

2. 立体交叉的基本特征

立体交叉工程是高速公路和城市快速路的重要组成部分,与道路工程的其他构造物相比,它具有以下特征。

(1) 位置重要、功能明确

立体交叉的位置通常是处于两条(或多条)等级较高道路的交叉处,在道路网中起着重要的交通枢纽作用。它具有通行大交通流量和车辆车道转换的功能。对于确保车辆快速、安全通畅的运行有着十分重要的作用。同时,立交叉是高速公路控制出入、收费管理的重要设施。

同时,立交的位置通常都处于交通发达、经济繁荣的地区,它的建设对于发展地区经济、促进周围土地的开发和利用起着十分重要的作用。

(2) 规模庞大、造价昂贵

结构实体庞大,占地多,投资费用高是立体交叉的又一特征。一个全互通式立体交叉,占地一般为 $5\times10^4 \sim 8\times10^4 m^2$。立交修建费用也十分可观,一座全互通式立交一般费用为几千万元,高的可达上亿元。

(3) 形式多样、工程复杂

立体交叉是一个复杂的结构物。它的复杂性一方面反映在设计影响因素的多变性和工程结构的复杂性上;另一方面反映在设计内容的多样性上。立交设计包括总体规划设计、交通设计、桥梁设计、路基路面设计以及排水、照明、绿化交通设施等各方面工程设计。在学科方面,立交设计涉及交通工程、桥梁结构工程、道路工程、工程地质、工程测量、计算机应用等多学科的内容。可以说,立交设计是一项综合性强、难度大、涉及面广、影响因素多的复杂工作。

(4) 区域制约、设计灵活

立交工程还具有很强的区域性。它的形式、规模以及结构尺寸都受到区域、经济、社会、地形、地物及其环境条件的制约。因此,紧密结合区域条件,因地制宜,灵活把握标准规范,做好立交设计,显得十分重要。

3. 公路立交与城市立交的特点

公路立交一般附设收费站,两立交间的间距较大,地物障碍少,用地较宽松,多采用地上明沟排水系统,常用立交形式简单,但因匝道设计速度相对较高,立交占地较大,以二层式为主。

城市立交一般不收费,相邻立交间距较小,需要合理解决庞大的自行车流和行人交通,用地较紧,受地上和地下各种管线及建筑物影响大,拆迁费用高,多采用地下暗管排水并与城市排水系统连接;更多地重视美观要求,常作为一种城市景观来设计,立交形式复杂、多样,往往做成多层式;要考虑施工时维持原有交通和快速施工问题。

二、立体交叉的类型及适用条件

立体交叉有互通式和分离式两大类。分离式立交简单,有上跨式和下穿式。互通式立交较为复杂,这里加以详细介绍。互通式立交根据交叉处车流轨迹线的交错方式和几何形状的不同,又可分为部分互通式、完全互通式和环形立交三种类型。

1. 部分互通式立交

相交道路的车流轨迹线之间至少有一个平面冲突点的交叉。当个别方向的交通量很小或分期修建时,高速道路与次要道路相交或受用地和地形等限制时,可采用这种类型立交。部分互通式立交的代表形式有菱形立交和部分苜蓿叶式立交等。

(1)菱形立交(图6-31)

这种形式立交能保证主线直行车辆快速通畅,转弯车辆绕行距离较短,主线上具有单一进出口,交通标志简单;主线下穿时,匝道坡度便于驶出车辆减速和驶入车辆加速;形式简单,仅需一座桥,用地和工程费用少。但次线与匝道连接处为平面交叉,影响通行能力和行车安全。

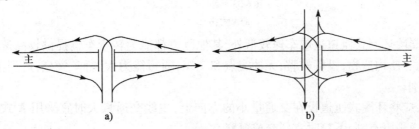

图6-31 菱形立交
a)三路立交;b)四路立交

布设时,应将平面交叉设在次线上,主线上跨或下穿视地形和排水条件而定,一般以下穿为宜。次线上可通过渠化或设置交通信号等措施组织交通。

(2)部分苜蓿叶式立交

如图6-32 所示,可根据转弯交通量的大小或场地的限制,采用图中一种形式或其他变形形式。

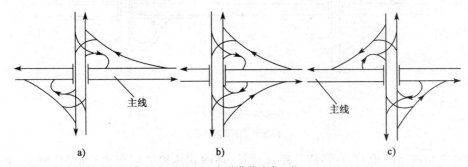

图6-32 部分苜蓿叶式立交

这三种形式立交的主线直行车快速通畅,单一驶出方式简化了主线上的标志,仅需一座桥,用地和工程费用较小,远期可扩建为全苜蓿叶式立交。但次线上存在平面交叉,有停车等待和错路运行可能。

布设时,应使转弯车辆的出入尽可能少妨碍主线的交通,最好使每一转弯运行均为右转弯出入,不得已时优先考虑右转出口。另外,交叉口应布置在次线上。

2. 完全互通式立交

这种立交相交道路的车流轨迹线全部在空间分离,是一种比较完善的立交形式,匝道数与转弯方向数相等,各转向都有专用匝道,适用于高速道路之间及高速道路与其他等级较高道路相交。其代表形式有喇叭形立交、苜蓿叶式立交、Y形立交、X形立交等。

(1)喇叭形立交

图6-33是三路立交的代表形式,可分为A式和B式。经环圈式左转匝道驶入主线(或正线)时为A式,驶出主线(或正线)时为B式。

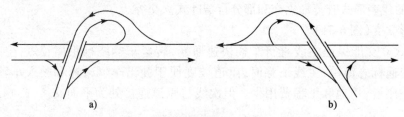

图6-33 喇叭形立交
a)A式;b)B式

这种立交除环圈式匝道适应车速较低外,其他匝道都能为转弯车辆提供较高速度的半定向运行;只需一座构造物,投资较省;无冲突点和交织,通行能力大,行车安全;造型美观,行车方向容易辨别。

布设时,应将环圈式匝道设在交通量小的方向上,主线交通量大时宜采用A式。次线上跨对转弯交通视野有利,下穿时宜斜交或弯穿。

(2)苜蓿叶式立交

该立交(图6-34)平面形似苜蓿叶,交通运行连续而自然,无冲突点,可分期修建,仅需一座构造物。

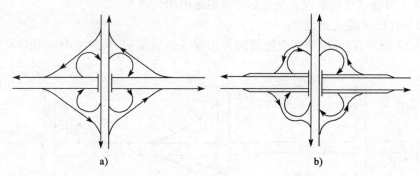

图6-34 苜蓿叶式立交
a)标准形;b)带集散车道形

这种立交占地面积大,左转绕行距离较长,环圈式匝道适应车速较低,且桥上、下存在交织,多用于高速道路之间的立交,而在城市内因受用地限制很难采用。因其形式美观,如果在城市外围的环路上采用,加之适当地绿化,也是较为合适的。

布设时,为消除主线上的交织,避免双重出口、使标志简化以及提高立交的通行能力和行车安全,可加设集散车道。

(3)子叶式立交

如图6-35所示,只需一座构造物,造价较低,造型美观。

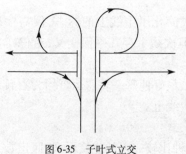

图6-35 子叶式立交

但交通运行条件不如喇叭形立交,正线存在交织,多用于苜蓿叶式立交的前期工程。布设时,以使正线下穿为宜。

(4) Y形立交

图6-36a)为定向Y形,图6-36b)为半定向Y形(右下小图为三层式)。

这种立交能为转弯车辆提供高速的定向或半定向运行;无交织,无冲突点,行车安全;方向明确,路径短捷,通行能力大;正线外侧占地宽度较小,但构造物多,造价较高。

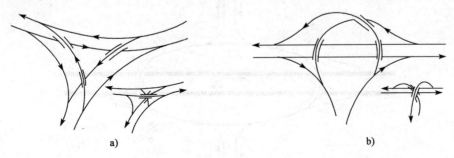

图6-36 Y形立交

(5) X形立交

又称半定向式立交,图6-37b)为对角左转匝道拉开布置。

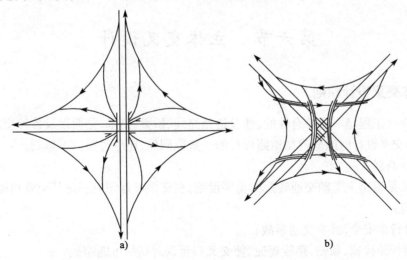

图6-37 X形立交

这种立交各方向运行都有专用匝道,自由流畅,转向明确;无冲突点,无交织,通行能力大;适应车速高。但占地面积大,层多桥长,造价高,在城区很难实现。

3. 环形立交

相交道路的车流轨迹线因匝道数不足而共同使用,且有交织路段的交叉,如图6-38所示。

这种立交适用于主要道路与一般道路交叉,以用于五条以上道路相交为宜。这种立交能保证主线直通,交通组织方便,无冲突点,占地较少。但次要道路的通行能力受到环道交织的限制,车速受到中心岛直径的影响,构造物较多,左转车辆绕行距离长。

当采用环形立交时,必须根据相交道路的性质进行比较研究,看环道的最大通行能力和所采用的中心岛尺寸是否能满足远期交通量和车速的要求。布设时应让主线直通,中心岛可采用圆形、椭圆形或其他形状。

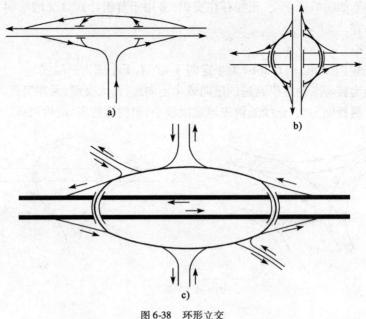

图 6-38 环形立交
a)三路环形立交；b)四路环形立交；c)多路环形立交

第六节 立体交叉设计

一、立体交叉设计原则

考虑到立交工程是一项综合性的、涉及道路路线、桥梁、路基、路面以及各种交通设施的复杂工程，立体交叉设计时除应遵循道路设计的一般原则外，还应遵循以下原则。

1. 功能性原则

立体交叉是道路上车辆交通转换的重要设施，立交设计首先应满足其交通功能的要求，这些功能主要有：

(1)确保行车安全，减少交通事故；
(2)车辆行驶快速、顺畅，路线短捷，使交叉口延误时间尽可能缩短；
(3)行车路线方向明确；
(4)主次分明，以确保主线交通为原则；
(5)通行能力大，能满足远景设计年限交通的要求。

2. 经济性原则

在保证交通功能、满足行车安全的前提下，立交工程要尽可能节省造价，达到经济节约的要求。根据经济性原则，要求立交设计做到：

(1)投资少，工程费用省；
(2)少拆迁，少占地；
(3)运营费以及车辆行驶的油耗、轮耗、车损小；
(4)养护及运营管理费用省；
(5)立交施工技术要求与现代施工水平相适应，经济可行。

3.适应性原则

由于立交具有很强的区域性,立体交叉的设计要与立交所在地的区域条件相适应,主要要求有:

(1)立交方案及布设应因地制宜,灵活设计,与立交的环境条件、自然条件以及社会、经济条件相适应;

(2)立交与其所在路网中的地位和作用相适应,发挥其在路网中应有的功能;

(3)立交与其周围的土地利用和开发以及经济发展相适应;

(4)立交规划与区域规划和区域交通规划相适应。

4.艺术原则

建成后的立交是构成该地区的人工环境之一。因此,立交设计应满足以下几点:

(1)立交的造型和结构,要注意其自身建筑艺术的完美性及独特的艺术风格;

(2)要与区域建筑和自然景物相协调,注意与外界融合的自然美;

(3)立交的建设不能对区域的自然景观产生削弱和破坏作用。

二、立体交叉布置规划

1.立交位置的选定

互通式立交位置的选择,应以现有道路网或已批准的规划为依据。在保证主线畅通的前提下,综合考虑立交对地区交通的分散和吸引作用、立交的设置条件、技术上的合理性、经济上的可行性以及拟选立交的形式等,一般应选择在地势平坦开阔、地质良好、拆迁较少及相交道路具有较高的平纵线形指标处。

2.立交设置的条件

(1)相交道路的性质。如高速道路及其与其他道路相交时,一级公路与交通繁忙的一般公路相交时,均应设置互通式立交。

(2)相交道路的任务。高速道路与通往大城市、重要政治、经济中心、重要港口、机场、车站和游览胜地的道路相交应设置互通式立交。

(3)相交道路的交通量。公路上未作具体规定,城市道路规定进入交叉口的交通量达 4 000～6 000 辆/h(小汽车),相交道路为四车道以上且对平面交叉采取改善措施和调整交通组织均难以奏效时可采用立交。

(4)地形条件。当交叉所在地的地形条件适宜修建立交时可采用,如高填方路段与其他道路交叉处,较高的桥头引道与滨河路交叉等。

(5)经济条件。修建立交的年平均投资费用应小于平面交叉的年经济损失总额,否则是不合理的。

3.立交的间距

确定互通式立交间距时,主要应考虑以下影响因素:

(1)均匀地分散交通。相邻立交之间保持合适的间距,应与其担负的交通量均衡。间距过大,会使交通联系不便;间距过小,则又影响高速道路功能的发挥,且使建设投资增加。

(2)满足交织路段长度的要求。相邻立交之间要有足够的交织路段,以便在相邻立交出入口之间设置足够的加减速车道。交织路段是指前一个立交匝道的合流点到后一个立交匝道的分流点之间的距离。

(3)满足标志和信号布置需要。相邻立交之间应保证足够的距离,在此路段内设置一系列标志和信号,以便连续不断地告知驾驶员下一立交出口的到来。

(4)驾驶员操作顺适的要求。相邻立交之间的距离如果过近,特别是在城市道路上,因互通式立交的平面连续变化,纵断面起伏频繁,会影响车辆运行、驾驶操作,并对景观产生不利影响。

对互通式立交的标准间距,公路与城市道路不尽相同。公路上,在大城市、重要工业区周围为 5~10km;一般地区为 15~25km;最大间距以不超过 30km 为宜;最小间距不应小于 4km。城市道路上互通式立交的间距一般比公路小,但最小间距按正线设计时速为 80km、60km 和 50km,分别采用 1km、0.9km 和 0.8km。

三、立体交叉形式选择

立交形式选择的目的是提供行车效率高,安全舒适,适应设计交通量和设计速度,满足车辆转弯需要,并与环境相协调的立交形式。选形是否合理,不仅影响立交本身的功能,如通行能力、行车安全和工程经济等,而且与地区规划、地方交通及市容环境等都有密切关系。

互通式立交形式的选择,应遵循下列基本原则:

(1)立交的形式首先取决于相交道路的性质、任务和远景交通量等,要确保行车安全畅通和车流的连续。相交道路等级高时,采用完全互通式立交;交通量大、设计速度高的行车方向要求线形标准高、路线短捷、纵坡平缓;车辆组成复杂时,要考虑个别交通特性的需要。在城市道路上,要使机动车、非机动车交通量都很大的车流分离行驶,可采用三层式立交或四层式立交。

(2)选定的立交形式与所在地的自然环境条件相适应,要充分考虑区域规划、地形地质条件、可能提供的用地范围、周围建筑物及设施分布现状等。在满足交通要求前提下综合分析研究,力求合理利用地形、工程及营运经济、与环境相协调、造型美观、结构新颖合理。

(3)全面考虑近远期结合,既要考虑近期交通要求,减少投资费用,又要考虑远期交通发展需要与改建提高的可能。

(4)从实际出发,以利施工、养护和排水,尽量采用新技术、新工艺、新结构,以提高质量、缩短工期和降低成本。

(5)选型和总体布置要全面安排,分清主次,考虑平面线形指标和竖向高程的要求。如道路与铁路相交,常以铁路上跨为宜,可减小净空高度;高速道路与其他道路相交,原则上高速道路线形不变或少变,其他道路抬高或降低;城市立交以非机动车道不变或少变,利于行人及自行车通行。

(6)选型应与定位相结合。立交的形式随所在位置的地形地物及环境条件而异,通常先定位后选形,并使选形与定位结合考虑。

四、立体交叉的设计资料和设计步骤

1. 设计资料

在立体交叉设计之前,应通过实地勘测、调查收集下列设计所需资料。

(1)自然资料

测绘立交范围的 1:500~1:2 000 地形图,详细标注建筑物的建筑线、种类、层高、地上及地下各种杆柱和管线;调查并收集用地发展规划,水文、地质、岩土、气候资料;收集附近的国家控制点和水准点等。

(2)交通资料

收集各转弯及直行交通量,交通组成;推算远景交通量;绘制交通量流量流向图;调查非机

动车和行人流量等。

(3) 道路资料

调查相交道路的等级、平纵面线形、横断面形式和尺寸、相交角度、控制坐标和高程；路面类型及厚度；确定的净空高度、设计荷载、设计速度及平、纵、横指标等。

(4) 排水资料

收集立交所在区域的排水制度、现状和规划，各管渠位置、埋深和尺寸。

(5) 文书资料

收集设计任务书，上级主管部门的具体要求、意见及有关文件等。

(6) 其他资料

调查取土、弃土和材料来源，施工单位、季节、工期和交通组织与安全。

2. 设计步骤

(1) 初拟方案

根据交通量和地形条件，在地形图或其上覆盖的透明纸上勾绘出各种可能的立交方案。

(2) 确定比较方案

对初拟方案进行分析，考虑线形是否顺适、半径能否满足、各层间可否跨越以及拆迁是否合理，选2~4个比较方案。

(3) 确定推荐方案

在地形图上按比例绘出各比较方案，完成初步平纵设计、桥跨方案和概略工程量计算，做出各方案比较表，全面比较后确定推荐方案（一般为1~2个）。应考虑交通是否流畅安全，各匝道的平纵横及相互配合是否合适，立交桥的结构、布置是否合理，设计和施工难易程度，整体工程的估价，养护营运条件以及立交的造型和绿化等。

(4) 确定采用方案

对推荐方案视需要做出模型或透视图，征询有关方面意见，最后定出采用方案。应权衡方案与造价、近期与远期、局部与全局的关系，也可采用分期修建方案。

(5) 详细测量

对采用方案实地放线并详细测量，进一步收集技术设计所需的全部资料。

(6) 技术设计

完成全部施工图和工程预算。

上述(1)~(4)为初步设计阶段，当可选方案较少或简单明了时，可酌减步骤，(5)~(6)为施工图设计阶段。

五、匝道的几何设计

匝道是互通式立交必不可少的组成部分，匝道设计的合理与否直接关系到立交枢纽的功能、营运及安全等。

1. 匝道的基本形式

匝道的形式多种多样，按匝道的功能及其与相交道路的关系分为右转匝道和左转匝道两大类。右转匝道比较简单，一般不设跨线构造物，从右侧驶出后直接右转到相交道路的右侧驶入，车辆运行方便，直接顺当，行车安全。而左转匝道则相对复杂，一般要设跨线构造物，也是立交设计中的重点。下面介绍几种主要的左转匝道。

(1) 左出左进式(图6-39)

左转车辆直接从左侧驶出,左转弯到相交道路的左侧驶入。优点是匝道长度最短,可降低营运费用,没有反向迂回运行,自然顺畅,可适应较高车速;缺点是跨线构造物较多,单行跨线桥二层式二座或三层式一座,相交道路的双向行车之间需有足够间距,对重型车和慢速车左侧高速驶出困难,左侧高速驶入困难且不安全。因定向式左转匝道存在左出和左进的问题,与我国右侧行驶规则不相适应,所以除左转交通量很大外,一般不采用。

(2)左出右进式(图6-40)

左转车辆从左侧直接驶出后左转弯,到相交道路时由右侧驶入。与左出左进式匝道相比,右进改变了左进的缺点,但仍然存在左出的问题,匝道略绕行,驶出道路双向车道间需有足够间距,需设二层式单行和双向跨线桥各一座,或三层式双向一座,或二层式单行一座。

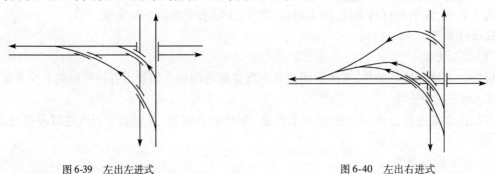

图6-39 左出左进式　　　　　　　　图6-40 左出右进式

(3)右出左进式(图6-41)

左转车辆从右侧右转驶出,在匝道上左转,到相交道路后直接由左侧驶入。右出左进式改善了左出的缺点,但左进仍然存在;驶入道路双向车道之间需有足够间距,其余和左出右进式等相同。

(4)右出右进式(图6-42)

左转车辆都是右转弯驶出和驶入,在匝道上左转改变方向。完全消除了左出、左进的缺点,行车安全,但匝道绕行最长,构造物最多。

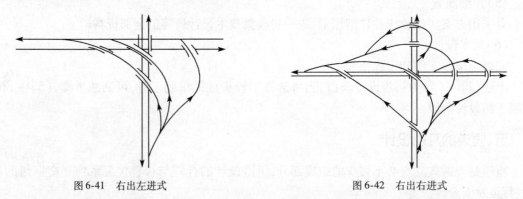

图6-41 右出左进式　　　　　　　　图6-42 右出右进式

(5)间接式(图6-43)

左转车辆先驶过正线跨线构造物,然后向右回转约270°达到左转的目的。特点是右出右进,行车安全,不需设构造物,造价最低,但匝道线形指标差,占地较大,车速和通行能力低,左转绕行距离较长。该匝道为苜蓿叶式立交和喇叭形立交的标准组成部分。

2. 匝道的设计依据

匝道应该按照立交的等级、匝道设计车速、设计交通量和通行能力等因素进行设计。

(1) 立交的等级

公路互通式立交根据相交道路的等级划分为三级，城市道路立交未作分级规定。

(2) 匝道的设计车速

匝道的设计车速主要是根据立交的等级、转弯交通量的大小以及用地和建设费用等条件选定。如果匝道的设计车速能和正线一样，即使是采用不同速度相交道路中较低者，车辆运行也是顺畅的。然而，由于地形、用地和建设费用等限制，匝道的设计车速通常都较正线

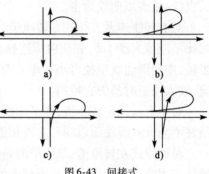

图 6-43 间接式

低，但降低不得过大。当受用地或其他条件限制时，匝道设计车速可适当降低。表 6-9 和表 6-10 分别是公路和城市道路的匝道设计车速。

公路立交匝道设计车速（单位：km/h）　　　　　　　　　表 6-9

匝道形式		直连式	半直连式	环形匝道
匝道设计车速	枢纽互通式立交	80、60、50	80、60、50、40	40
	一般互通式立交	60、50、40	60、50、40	40、35、30

城市公路立交匝道设计车速（单位：km/h）　　　　　　　　　表 6-10

主线设计速度(km/h) 被交线设计速度(km/h)	120	80	60	50	40
80	60～40	50～40	—	—	—
60	50～40	45～35	40～30	—	—
50	—	40～30	35～25	30～20	—
40	—	—	30～20	30～20	25～20

(3) 设计交通量

匝道设计交通量是确定匝道类型、设计车速、车道数、几何形状、平交或立交及是否分期修建的基本依据。设计交通量主要根据相交道路的交通量，结合交通调查资料进行直行、左转、右转方向交通量分配得到，设计交通量计算公式与相交道路相同。

(4) 匝道的通行能力

匝道的通行能力取决于匝道本身和出、入口处的通行能力，以三者之中较小者作为采用值。通常出口和入口处的通行能力与匝道本身通行能力相比甚小，故匝道的通行能力主要受出、入口处通行能力的控制，并受主线通行能力、车道数、设计交通量等影响。

3. 匝道平面线形设计

(1) 一般要求

汽车在匝道上的行驶速度是由高到低再到高逐渐变化的过程，相应匝道平面线形也要与此变速行驶状态相适应。

匝道平面线形应与其交通量相适应，转弯交通量大的匝道，应采用较高技术指标。

出口匝道的平面线形技术指标高于入口匝道。

分、合流处应具有良好的平面线形和通视条件。

(2) 匝道平面线形

匝道平面线形要素仍然是直线、圆曲线及缓和曲线，但由于匝道通常较短，难以争取到较

长直线,故多以曲线为主。

对右转匝道及直接式左转匝道,可采用单曲线或多心复曲线。用多心复曲线时,相邻半径之比不应该大于1.5,并使两端连接出、入口的圆曲线采用较大半径,且出口半径应大于入口半径,中间圆曲线半径可小一些。否则,会使车辆多次减速和加速运行,且在中间路段过早加速,驶入匝道时易失去控制。

对半直接式左转匝道,其平面线形可由反向曲线与单曲线或复曲线组成。反向曲线之间最好不插设直线段而以缓和曲线相连形成S形曲线。

对称圈式左转匝道,最简单的是采用单曲线,它设计简便,但与匝道上车速的变化不适应。最好采用曲率半径由大到小再到大的水滴形或卵形曲线,可满足车速变化要求,但设计计算比较复杂。另外,考虑减少占地和造价,环圈式匝道常采用最小半径。

4. 匝道纵面线形设计

(1) 一般要求

匝道及其同正线连接处,纵面线形应尽量连续,避免线形的突变。

匝道上应尽量采用较缓的纵坡,以保证行车的舒适与安全,避免采用最大纵坡值。

匝道及端部纵坡变化处应采用较大半径的竖曲线,以保证足够的停车视距。分、合流点及其附近的竖曲线还应满足视距要求。

(2) 匝道纵面线形

纵面线形多受其两端相连接正线的纵坡大小及坡向限制。右转匝道纵面线形常由一个以上竖曲线组合而成,纵坡较小,起伏不大,竖曲线半径较大。左转匝道一般由反向或同向竖曲线组成,反向竖曲线的上端多为凸形,下端多为凹形,中间宜插入直坡段,也可直接连接;同向竖曲线宜加大半径,连成一个竖曲线或复合竖曲线。

纵坡设计应尽量平缓,最好一次起伏,避免多次变坡。出口处竖曲线半径尽可能大一些,以免误行或因其他原因需要倒车时造成危险或引起阻塞。入口附近的纵面线形必须有同正线一致的平行区段,以看清正线,安全驶入。

5. 匝道平、纵线形组合设计

匝道平、纵线形组合设计的基本要求是使匝道立体线形平顺无扭曲,视野开阔,行车安全舒适,视觉美观,并与周围环境协调。设计的原则和要点与正线基本相同,但应注意进、出口处平、纵组合的处理。

在出口处,若是越过凸形竖曲线由下坡驶入匝道时,坡顶之后的平曲线不应突然出现在驾驶员眼前,而将凸形竖曲线加长以增大视距,使驾驶员能及早发现平曲线的起点和方向,并有足够的安全运行时间。在入口处,由匝道上坡驶入道口时,将连接道口的匝道(一般长度至少60m)纵断面与邻近正线基本保持一致,使驾驶员对正线前后一目了然。

六、端部设计

端部是指匝道两端分别与正线相连接的道口,包括出入口、变速车道及辅助车道等。两端的道口和中间部分匝道共同组成一条完整的匝道。从主要道路(简称主线)出入的道口都应是自由流畅式,而次要道路(次线)上的道口有时由信号控制。端部设计的一般原则是:出入顺适、安全,线形与正线协调;出入口视认方便,正线与匝道间应能相互通视。在高速公路、一级公路和城市快速路的全长或较长路段内,必须保持基本车道数,同时在正线与匝道的分、合流处保持车道数目的平衡,两者之间通过辅助车道来协调。

基本车道数是指正线未设立交时的一个方向的车道总数。

1. 车道平衡原则

正线的车流量必然会因分、合流的存在而发生变化,分流减少,合流增大。为适应这种车流量的变化,保证车流畅通和工程经济,在分、合流处的车道数应保持平衡。车道平衡的原则为:

(1) 两条车流合流以后正线上的车道数应不少于合流前交汇道路上所有车道数总和减一;

(2) 正线上车道数应不少于分流以后分叉道路的所有车道数总和减一;

(3) 正线上的车道数每次减少不应多于一条。

分、合流处车道数按式(6-21)进行计算,以检验车道数是否平衡,如图6-44所示。

$$N_C \geq N_F + N_E - 1 \tag{6-21}$$

式中:N_C——分流前或合流后的正线车道数;
N_F——分流后或合流前的正线车道数;
N_E——匝道车道数。

2. 辅助车道

在分、合流处,既要保持车道数平衡,又要保持基本车道数,如果二者发生矛盾,可通过在分流点前与合流点后的正线上增设辅助车道的办法来解决,如图6-45所示。

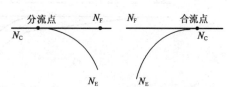

图6-44 分、合流处车道数的平衡

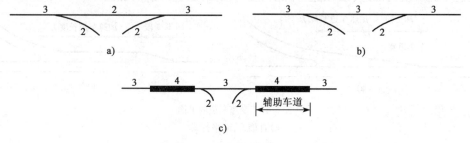

图6-45 辅助车道

a) 车道数平衡但基本车道数不连续;b) 基本车道数连续但车道数不平衡;c) 车道数平衡且基本车道数连续

在基本车道数连续的条件下,通常单车道匝道也能满足车道数平衡的要求;而设置双车道匝道时车道数不平衡,应增设辅助车道。一般规定辅助车道长度在分流端为1 000m,最小为600m;在合流端为600m。另外,当前一个立交加速车道的末端至下一个立交减速车道起点之间的距离小于500m时,必须设辅助车道将两者连接起来。

3. 变速车道设计

在匝道与正线连接的路段,为适应车辆变速行驶而不致影响正线交通所设置的附加车道称为变速车道。变速车道包括减速车道和加速车道。车辆由正线驶入匝道时减速所需设置的附加车道称为减速车道;车辆从匝道驶入正线时加速所设的附加车道称为加速车道。

变速车道一般分为直接式与平行式两种,如图6-46所示。

(1) 平行式

平行式变速车道是在正线外侧平行增设的一条附加车道。其特点是车道划分明确,行车容易辨认,但车辆行驶轨迹呈反向曲线对行车不利。原则上加速车道采用平行式,因加速车道较长,平行式容易布置。平行式变速车道端部应设渐变段与正线连接。

（2）直接式

直接式变速车道不设平行路段，由正线斜向渐变加宽，形成一条与匝道连接的附加车道。其特点是线形平顺并与行车轨迹吻合，对行车有利，但起点不易识别。原则上减速车道采用直接式。对加速车道较短或双车道的变速车道采用直接式。

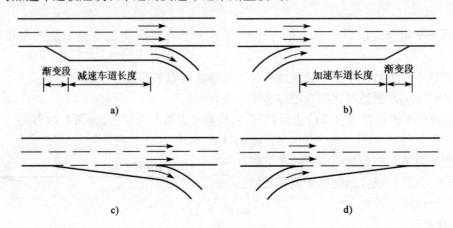

图 6-46 变速车道的形式
a）平行式减速车道；b）平行式加速车道；c）直接式减速车道；d）直接式加速车道

4. 变速车道的长度

变速车道长度为加速（或减速）车道长度与渐变段长度之和，如图 6-47 所示。

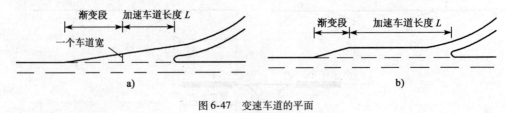

图 6-47 变速车道的平面
a）直接式；b）平行式

（1）加、减速车道长度

加、减速车道长度是指渐变段车道宽达一个车道宽的位置与分流或合流点之间的距离。其计算公式为：

$$L = \frac{v_1^2 - v_2^2}{26a}(\mathrm{m}) \tag{6-22}$$

式中：v_1——正线平均行驶速度，km/h；

v_2——匝道平均行驶速度，km/h；

a——汽车平均加（减）速度，m/s²，加速时 $a = 0.8 \sim 1.2 \mathrm{m/s^2}$，减速时 $a = 2 \sim 3 \mathrm{m/s^2}$。

平坡时，加、减速车道长度可按表 6-11 查用，并根据正线纵坡度大小，按表 6-12 系数修正。

（2）渐变段长度

平行式变速车道渐变段的长度不应小于表 6-13 所列数值。直接式变速车道渐变段按外边缘渐变率控制，出口端和入口端渐变率规定见表 6-11。

城市道路变速车道长度按城市道路设计规范规定值选用且不应小于表 6-13 和表 6-14 所列数值，并根据道路纵坡度大小，按表 6-12 所列系数修正。

变速车道长度及渐变率　　　　　　　　　　　　　　　表 6-11

正线设计速度(km/h)		120	100	80	60	40
减速车道长度(m)	单车道	100	90	80	70	30
	双车道	150	130	110	90	—
加速车道长度(m)	单车道	200	180	160	120	50
	双车道	300	260	220	160	—
平行式渐变段长度(m)	单车道	80	60	50	45	40
直接式渐变率	双车道 单车道	1/25		1/20		1/15
	双车道					
	入口 单车道	1/40		1/30		1/20
	双车道					

坡道上变速车道长度修正系数　　　　　　　　　　　表 6-12

正线平均坡度(%)	$i\leqslant 2$	$2<i\leqslant 3$	$3<i\leqslant 4$	$4<i\leqslant 6$
下坡减速车道修正系数	1.00	1.10	1.20	1.30
上坡加速车道修正系数	1.00	1.20	1.30	1.40

减速车道长度（单位：m）　　　　　　　　　　　　　表 6-13

干道设计速度(km/h) \ 匝道设计速度(km/h)	60	50	45	40	35	30	25	20
120	110	130	140	145	—	—	—	—
80	—	70	80	85	90	95	—	—
60	—	—	50	60	65	70	75	80
50	—	—	—	—	45	50	55	60
40	—	—	—	—	—	—	35	40

加速车道长度（单位：m）　　　　　　　　　　　　　表 6-14

干道设计速度(km/h) \ 匝道设计速度(km/h)	60	50	45	40	35	30	25	20
120	240	270	300	330	—	—	—	—
80	—	180	200	210	220	230	—	—
60	—	—	150	180	190	200	210	220
50	—	—	—	—	80	100	110	120
40	—	—	—	—	—	—	50	60

七、立体交叉的其他设计

1. 收费道路上立交的设置

一座立交设一座收费站，这样管理方便、设备集中、不干扰主线交通。设置方法是在距相交道路交叉点适当距离处另设一条连接线(匝道)，两端与相交道路处各设一个三路交叉或平面交叉，使转弯车辆集中经由连接线，在连接线上设收费站。连接线可设在任一象限，主要取决于地形和地物的限制；同时考虑交通量大小，以设在右转交通量大的象限为宜。

2. 收费站

一种是设在主线上(高速道路起、讫点),也称路障式;另一种设在匝道上或连接线上。收费站车道数依据交通量、服务时间和服务水平计算确定。

3. 收费广场

(1) 线形标准

收费广场设在主线上时,平曲线与竖曲线应与互通式立交的主线线形标准一致;设在匝道上或连接线上时,其平曲线半径不得小于200m,竖曲线半径不得小于800m。收费广场处纵坡坡度应小于2%。当受地形及其他条件限制时,不得大于3%,横坡为1.5%~2.0%。

(2) 平面布置

收费岛前后应铺筑水泥混凝土路面,以提供较大的摩阻系数和抗剪切变形能力,适应出、入车辆频繁地制动、停车和启动。其长度 L_0 对匝道收费为20~25m,主线收费为40~50m。从收费广场中心线至匝道分岔点的距离不得小于75m,至被交道路平面交点的距离不应小于150m。不能满足时,应在被交道路上增设停留车道。

(3) 收费岛

由于车辆在收费道上是减速停车然后启动慢行,故收费岛间车道宽度采用3.0~3.2m即可。但行驶方向右侧的边车道应是无棚开敞的,其宽度为3.5~4.0m,以供大型车通过之用。收费岛宽度为2.0~2.2m,长度为20~25m,设计时应根据所采用的收费设备情况具体确定。收费岛应具有一定高度并将端部收敛成楔形。收费岛上设置的收费室每侧应较收费岛缩进0.25m,以作为车辆通过的安全净空宽度。收费室上面应设置天棚以遮阳防雨。对交通特别繁忙、收费车道多的收费站,应设置供收费人员上、下岗位的专用地下通道或天桥。

4. 立交范围排水设计

互通式立交范围的排水,应与相交道路的排水设计统一考虑,以构成完整的排水系统。立交(尤其是公路立交)设计,应尽量采用自流式排水。

当采用下穿式立交时,地面水和地下水的排除常需设泵站。

5. 立交范围照明设计

为保证夜间通车条件,立交范围要有完善的照明设计。要求照明均匀、视野清晰、照度标准应高于路段。

6. 交通标志和标线

立体交叉应能为车辆行驶提供明确的线路诱导和必要的交通信息。

思考与练习

1. 平面交叉口的基本分类是什么?
2. 题图1为某四路相交的交叉口,在A、B、C路段均设有中间带(其中A、B方向宽度为4.5m,C方向宽度为2.0m)。A方向为双向六车道,B、C方向为双向四车道,D为双向双车道,每车道宽3.5m,人行道宽度为4.0m。拟渠化解决的问题是:改善C往B的右转行驶条件;压缩交叉口面积;明确通过交叉口的路径;解决行人过街问题。试拟订渠化方案。
3. 题图2为正交的十字路口,相交道路设计速度为60km/h,双向六车道,每条车道宽4.0m,人行道宽4.0m,进口道右侧车道供直右方向行驶,转角半径为15.0m。从视距的要求考虑,位于转角人行道外边缘的建筑物 A 是否应该拆除？试绘制采用圆心法、等分法的高程计算网络。

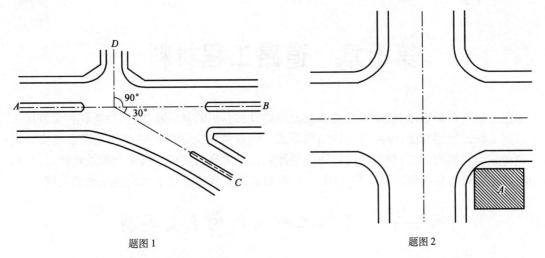

题图 1　　　　　　　　　　　　　题图 2

4. 行人交通组织的主要模式是什么？

5. 完全互通立体交叉与部分互通立体交叉的主要区别何在？题图 3 的立交属于哪种类型？试画出行驶路线。

6. 立体交叉方案考虑的主要原则是什么？

7. 试分析几种匝道基本形式的适应性。

8. 辅助车道的作用是什么？

9. 端部车道平衡原则是什么？

10. 题图 4 所示为一 T 形路口,相交道路均为三车道。如 AC 为主要的左转交通方向且地形不受限制,试规划一个喇叭形立体交叉。假定匝道采用二车道,试分析说明分、合流处的车道数。

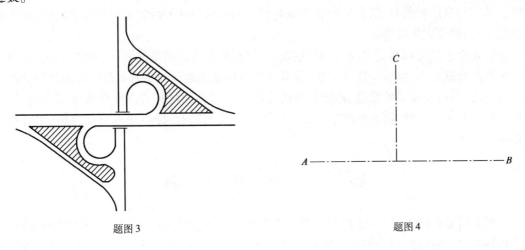

题图 3　　　　　　　　　　　　　题图 4

141

第七章　道路工程材料

道路工程材料是道路、桥梁等交通基础设施建设和养护的物质基础,其性能和种类直接决定了道路工程的使用性能、服务寿命和结构形式。随着道路交通事业的蓬勃发展以及交通量和车辆荷载与日俱增,对道路工程材料的使用性能提出更高的要求。科学合理地选择、设计和应用道路工程材料是保障道路工程使用质量、提高道路工程建养技术水平的基础和关键。

第一节　道路工程材料的主要类型

在道路工程的使用环境中,行车荷载和自然因素对道路路面结构的作用程度是随着深度的增加而逐渐减弱,对建筑材料的强度、承载能力和稳定性要求也随着深度的增加而逐渐降低。为此,通常在路基顶面以上分别采用不同质量、不同规格的材料,将路面结构由下而上铺筑成由垫层、基层和面层等结构层次组成的多层体系。

道路面层结构直接承受行车荷载作用,并受到自然环境中温度和湿度变化的直接影响,因此用于面层结构的材料应有足够的强度、稳定性、耐久性和良好的表面特性。道路面层结构中的常用材料主要是:沥青混合料、水泥混凝土、粒料和块料等。

基层位于面层之下,主要承受面层传递下来的车辆荷载的竖向应力,并将这种应力向下扩散到垫层和路基中,为此基层材料应有足够的强度、刚度及扩散应力的能力。环境因素对基层的作用虽然小于面层,但基层材料仍应具有足够的水稳定性和耐冲刷性,以保证面层结构的稳定性。常用的基层材料有:结合料稳定类混合料、碎石或砾石混合料、天然砂砾、碾压混凝土和贫混凝土、沥青稳定集料等。

垫层是介于基层和路基之间的结构层次,主要作用是改善路基的湿度和温度状况,扩散由基层传来的荷载应力,以减少路基变形,通常于季节性冰冻地区或土基水温状况不良的路段中设置,以保证面层和基层的强度、稳定性及抗冻能力。对垫层材料的强度要求虽然不高,但其应具备足够的水稳定性、抗冻性和隔温性。常用的垫层材料有:碎石或砾石混合料、结合料稳定类混合料等。

第二节　矿质集料

矿质集料是指将人工开采的岩石、天然卵石及各种性能稳定的工业冶金矿渣(如煤渣、高炉渣和钢渣等)经破碎、筛分成不同粒径规格的矿质颗粒混合物,也称集料。按照一定级配要求组配的集料,可制成沥青混合料或水泥混凝土,用于铺筑沥青路面或水泥路面,也可直接用于铺筑道路基层、垫层或低等级道路面层。

集料颗粒的尺寸用粒径表示(也称粒度),按照集料颗粒尺寸,工程中所用集料分为粗集料和细集料。按照《公路工程集料试验规程》(JTG E42—2005)中规定,在沥青混合料中,粗集料是指粒径尺寸大于 2.36mm 的碎石、破碎砾石、筛选砾石和矿渣等;细集料在沥青混合料中是指粒径小于 2.36mm 的人工砂、天然砂及石屑。在水泥混凝土中,粗集料是指粒径尺寸大于 4.75 mm 的碎石、砾石和破碎砾石,也称骨料;细集料是指粒径小于 4.75mm 的天然砂、人工砂。

一、集料的技术性能

1. 物理常数

常用的集料物理常数为密度和孔隙率。这些物理常数与集料的物理性质和力学性质有着密切的关系,既是选用集料的重要参数,也是混合料设计的重要参数。

(1)集料的密度

密度是指物质在规定条件下,单位体积的质量。根据对集料体积定义的不同,在工程中,常用的集料密度包括:表观密度、毛体积密度、表干密度及堆积密度等。从质量和体积的物理观点出发,集料的体积组成包括:集料矿质实体(岩石矿物体积)、矿物之间的开口孔隙和闭口孔隙、集料颗粒之间的空间(称为空隙)。图 7-1 为集料体积与质量关系的示意图。

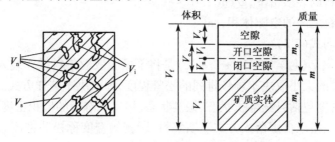

图 7-1　集料体积组成与质量关系示意图

①表观密度。表观密度是指在规定条件下,烘干集料矿质实体包括闭口孔隙在内的表观单位体积的质量,由式(7-1)计算。测定集料表观体积时,需将已知质量的干燥集料浸水,使其开口孔隙吸饱水,然后称出饱水后集料在水中的质量,两者之差即为集料的包括闭口孔隙在内的集料表观体积($V_s + V_n$)。

$$\rho_a = \frac{m_s}{V_s + V_n} \tag{7-1}$$

式中:ρ_a——集料的表观密度,g/cm³;

m_s——集料矿质实体的质量,g;

V_s——集料矿质实体的体积,cm³;

V_n——集料矿质实体中闭口孔隙的体积,cm³。

②毛体积密度。毛体积密度是指在规定条件下,烘干集料矿质实体包括孔隙(闭口、开口孔隙)体积在内的单位毛体积的质量,由式(7-2)计算。在工程中,毛体积密度的测定方法是将已知质量的干燥岩石试样,经饱水后,将试样表面擦干求得饱和面干质量,再用排水法求得试样在水中的质量,两者之差为试样的毛体积 V_h($V_h = V_s + V_n + V_i$)。

$$\rho_h = \frac{m_s}{V_s + V_n + V_i} \tag{7-2}$$

式中:ρ_h——集料的毛体积密度,g/cm³;

V_i——集料矿质实体中开口孔隙的体积,cm³;

m_s、V_s 和 V_n 同式(7-1)。

在测试集料密度时应考虑试验时不同温度水的密度的影响,计算试验温度下的密度。然而,在工程中,常采用集料的相对密度而少用密度,如在沥青混合料配合比设计时,采用的是集料的表观相对密度和毛体积相对密度。集料的相对密度为密度与同温度水的密度的比值,两者的关系见式(7-3)。

$$\rho = \gamma \cdot \rho_T \tag{7-3}$$

式中:ρ——集料的密度,g/cm^3;

γ——集料的相对密度;

ρ_T——试验温度为 T 时水的密度,可以由相关试验规程查得,g/cm^3。

③集料的堆积密度。集料的堆积密度是指烘干集料颗粒矿质实体的单位堆积体积(包括集料颗粒间空隙体积、集料矿质实体及其闭口、开口孔隙体积)的质量,按式(7-4)计算。

$$\rho = \frac{m_s}{V_s + V_n + V_i + V_v} \tag{7-4}$$

式中:ρ——矿质集料的装填密度,g/cm^3;

V_v——集料颗粒之间的空隙体积,cm^3;

m_s、V_s、V_n 和 V_i 同式(7-2)。

集料的堆积体积 $V_f(V_f = V_s + V_n + V_i + V_v)$ 是将干燥的散粒集料试样装入规定尺寸的容器来测定的,堆积密度的大小取决于颗粒排列的松紧程度,即取决于装样方式。根据装样方法的不同,集料的堆积密度包括自然堆积状态、振实状态、捣实状态下的堆积密度。

自然堆积密度是指以自由落入方式装填集料,所测的密度称松装密度。振实密度是在容器筒底部放置一根圆钢筋,每装一层集料后,将容器筒左右交替颠击地面 25 次。捣实密度是将集料分三层装入容器中,每层用捣棒捣实 25 次。自然堆积密度也称松装密度。振实密度和捣实密度统称为紧装密度。

(2)空隙率

空隙率反映了集料的颗粒间相互填充的致密程度。集料的空隙率无法直接测试,通常是根据集料的密度计算得到的。一般情况下,集料的空隙率按照式(7-5)计算。

$$n = \left(1 - \frac{\rho}{\rho_a}\right) \times 100 \tag{7-5}$$

式中:n——集料的空隙率,%;

ρ_a——集料的表观密度,g/cm^3;

ρ——集料的堆积密度或紧装密度,g/cm^3。

2. 吸水性

岩石吸入水分的能力称为吸水性,吸水性的大小可以用吸水率与饱和吸水率来表示。吸水率是岩石试样在常温、常压条件下最大的吸水质量占干燥试样质量的百分率。饱和吸水率是岩石在常温及真空抽气条件下,最大吸水质量占干燥试样质量的百分率。岩石的吸水率及饱和吸水率分别采用式(7-6)和式(7-7)计算。

$$w_a = \frac{m_1 - m}{m} \times 100 \tag{7-6}$$

$$w_{sa} = \frac{m_2 - m}{m} \times 100 \tag{7-7}$$

式中：w_a——岩石试样的吸水率，%；

w_{sa}——岩石试样的饱和吸水率，%；

m——烘至恒重时的试样质量，g；

m_1——吸水至恒重时的试样质量，g；

m_2——强制饱水至恒重的试样质量，g。

岩石吸水率的大小与其孔隙率的大小及孔隙构造特征有关。岩石内部独立且封闭的孔隙实际上是不能吸水的，只有那些开口且以毛细管连通的孔隙才能吸水。孔隙构造相同的岩石，孔隙越大，吸水率越大。表观密度大的岩石，孔隙率小，吸水率也小，如花岗岩岩石的吸水率通常小于0.5%，而多孔贝类石灰岩岩石的吸水率可高达15%。

3. 集料的力学特性

(1) 岩石的抗压强度

抗压强度是反映岩石力学性质的重要指标之一，在岩体工程分类、集料品种选择中是必不可少的指标。我国现行《公路工程岩石试验规程》(JTG E41—2005)规定，采用饱水状态下的岩石立方体(或圆柱体)试件的单轴抗压强度来评定岩石的强度(包括卵石或碎石的原始岩石强度)。路面工程用石料采用圆柱体或立方体试件，其直径或边长和高均为50mm±2mm。按标准方法对试件进行饱水处理后施加荷载，直至破坏。岩石的抗压强度按式(7-8)计算。

$$R = \frac{P}{A} \tag{7-8}$$

式中：R——岩石的抗压强度，MPa；

P——试验时岩石试件破坏时的极限荷载，N；

A——岩石试件的受力截面积，mm^2。

根据《建筑用卵石、碎石》(GB/T 14685—2001)的规定，在建筑结构工程中，所用岩石在饱水状态下的抗压强度应满足，岩浆岩应不小于80MPa，变质岩应不小于60MPa，沉积岩应不小于30MPa。

(2) 粗集料的压碎值

压碎值用于衡量石料在逐渐增加的荷载下抵抗压碎的能力，也是石料强度的相对指标，用以鉴定石料品质，判断其在道路工程中的适用性。

《公路工程集料试验规程》(JTG E42—2005)规定了集料压碎值的测试方法，压碎值测试是对标准的集料试样在标准条件下进行加荷，集料压碎值 Q'_a 按式(7-9)计算：

$$Q'_a = \frac{m_1}{m_0} \times 100 \tag{7-9}$$

式中：Q'_a——石料压碎值，%；

m_0——试验前试样的质量，g；

m_1——试验后通过2.36mm筛孔的细料质量，g。

在《公路水泥混凝土路面施工技术规范》(JTG F30—2003)中规定了机制砂单粒级的压碎指标。细集料的压碎指标的测试方法为：将细集料分为2.36~4.75mm、1.18~2.36mm、0.6~1.18mm、0.3~0.6mm四档，分别测试这四档材料在逐渐增加的荷载下抵抗压碎的能力，以评定其在公路工程中的适用性。

(3)粗集料的磨耗率

磨耗率是指粗集料抵抗摩擦、撞击的能力,是集料使用性能的重要指标,尤其是对于沥青混合料和基层材料,磨耗率与沥青路面的抗车辙能力、耐磨性、耐久性密切相关。

现行规范《公路工程集料试验规程》(JTG E42—2005)中规定粗集料的磨耗率采用洛杉矶法进行测定。首先根据集料的粒级组成,按照规定准备试样和钢球,将一定质量且有一定级配的石料试样和钢球置于磨耗试验机中,开动磨耗机,以 30~33r/min 的转速转动至要求的回转次数后停止。取出钢球,试样过筛、水洗、烘干、称量。石料的磨耗率 Q 以式(7-10)计算。

$$Q = \frac{m_1 - m_2}{m_1} \times 100 \qquad (7\text{-}10)$$

式中:Q——洛杉矶磨耗损失,%;

m_1——装入试验机圆筒中的试样质量,g;

m_2——试验后在 1.7mm 筛上洗净烘干的试样质量,g。

(4)粗集料的磨光值

磨光值是反映石料抵抗轮胎磨光作用能力的指标,集料磨光值是决定某种集料能否用于沥青路面抗滑磨耗层的关键性指标。用高磨光值的石料铺筑道路路面表层,可以提高路表的抗滑能力,保障车辆的安全行驶。

磨光值试验采用路用加速磨光机进行,将按照标准方法准备好的集料试件经加速磨耗后,用摆式摩擦系数测定仪测定试件的磨光值读数(摩擦系数)。集料的磨光值由式(7-11)计算。

$$PSV = PSV_{ra} + 0.49 - PSV_{br} \qquad (7\text{-}11)$$

式中:PSV——集料的磨光值,BPN(British Perdulum Number);

PSV_{ra}——试验集料试件磨光值读数(摩擦系数)平均值;

PSV_{br}——标准试件磨光值读数(摩擦系数)平均值。

4. 集料的耐久性

耐久性主要表现为岩石的抗冻性,是指岩石能够经受反复冻结和融化而不破坏,并不严重降低岩石强度的能力。岩石抗冻性的室内测定方法有抗冻性试验和坚固性试验。

(1)抗冻性试验

抗冻性试验法是评估岩石在饱水状态下,经历规定次数的冻融循环后抵抗破坏的能力。试验时首先使试件吸水达到饱和状态,然后置于 -15℃ 的冰箱中。冻结4h 后取出试件,放入 20℃±5℃ 的水中融解 4h,如此反复冻融至规定次数为止。每隔一定的冻融循环次数(如10次、15次、25次等)后,详细检查试件表面有无剥落、裂缝、分层及掉角现象,并记录检查情况。将冻融试验后的试件再烘至恒重,称其质量,然后测定岩石的抗压强度,分别计算岩石冻融后的质量损失率和冻融系数(冻融后强度与冻融前强度的比值)。

岩石的抗冻性对不同的工程环境气候有着不同的要求。冻融次数规定,在严寒地区(最冷月的平均气温低于 -15℃)为 25 次,在寒冷地区(最冷月的平均气温低于 -15~-5℃)为 15 次。一般认为质量损失率小于 2%、冻融系数大于 75% 时,为抗冻性好的岩石。

(2)坚固性试验

坚固性试验是评定岩石试样经饱和硫酸钠溶液多次浸泡与烘干循环后,不发生显著破坏或强度降低的性能,是测定岩石抗冻性的一种简易方法。由于硫酸钠结晶后体积膨胀,使岩石孔隙壁受到压力,产生与水结冰相似的作用。

二、集料的级配

1. 级配的表示方法

集料的级配采用筛分试验确定,其方法是取一定数量的集料试样,在标准套筛上按照筛孔大小排序逐个将集料过筛。标准套筛是指形状和尺寸规格符合要求的系列样品筛。标准筛以方孔筛为准,筛孔边长尺寸依次为 70mm、63mm、53mm、37.5mm、31.5mm、26.5mm、19mm、16mm、13.2mm、9.5mm、4.75mm、2.36mm、1.18mm、0.6mm、0.3mm、0.15mm 和 0.075mm。

(1)级配参数

在筛分试验中,分别称量集料试样存留在各筛上的筛余质量,然后计算出反映该集料试样级配的有关参数:分计筛余百分率 a_i、累计筛余百分率 A_i 和通过百分率 p_i。

①分计筛余百分率 a_i 是指某号筛上的筛余质量占试样总质量百分率,按式(7-12)计算。

②累计筛余百分率 A_i 是指某号筛的分计筛余百分率和大于该号筛的各筛分计筛余百分率之总和,可按式(7-13)求得。

③通过百分率 p_i 是指通过某号筛的试样质量占试样总质量的百分率,即 100 与某号筛累计筛余百分率之差,按式(7-14)求得。

$$a_i = \frac{m_i}{m} \times 100 \tag{7-12}$$

$$A_i = a_1 + a_2 + \cdots + a_i \tag{7-13}$$

$$p_i = 100 - A_i \tag{7-14}$$

式中:a_i——各筛的分计筛余百分率,%;
$\quad m_i$——存留在某号筛上的试样质量,g;
$\quad m$——集料风干试样的总质量,g;
$\quad A_i$——某号筛累计筛余百分率,%;
$\quad p_i$——某号筛的通过百分率,%。

(2)集料级配曲线的绘制

集料的筛分试验结果可以表格(表7-1)的形式给出,也可以级配曲线(图7-2)的形式给出。

细集料筛分试验的计算示例 表7-1

筛孔尺寸(mm)	9.5	4.75	2.36	1.18	0.6	0.3	0.15	0.075	筛底	总计
筛余质量 m_i(g)	0	15	63	99	105	115	75	22	6	500
分计筛余百分率 a_i(%)	0	3	12.6	19.8	21	23	15	4.4	1.2	100
累计筛余百分率 A_i(%)	0	3	15.6	35.4	56.4	79.4	94.4	98.8	100	—
通过百分率 p_i(%)	100	97	84.4	64.6	43.6	20.6	5.6	1.2	0	—

在级配曲线图中,通常用纵坐标表示通过百分率(或累计筛余百分率),横坐标采用对数坐标,表示某号筛的筛孔尺寸。绘制级配曲线时,首先在横坐标上标明筛孔尺寸的对数坐标位置,在纵坐标上标出通过百分率(或累计筛余百分率)的常数坐标位置,然后将筛分试验计算的结果点绘于坐标图上,最后将各点连成级配曲线。在同一张图中可以同时绘制两条以上级配曲线,但需注明每条曲线所代表的集料品种。

(3)天然砂的细度模数

细度模数是评价天然砂粗细程度的指标,按式(7-15)计算:

$$M_f = \frac{(A_{2.36} + A_{1.18} + A_{0.60} + A_{0.30} + A_{0.15}) - 5A_{4.75}}{100 - A_{4.75}} \tag{7-15}$$

式中： M_f——砂的细度模数；

$A_{4.75}$、$A_{2.36}$、…、$A_{0.15}$——分别为 4.75mm、2.36mm、…、0.15 mm 各筛上的累计筛余百分率，%。

细度模数愈大，表示细集料愈粗。砂按细度模数分为粗、中、细三种规格，相应的细度模数分别为：粗砂 $M_f = 3.7 \sim 3.1$；中砂 $M_f = 3.0 \sim 2.3$；细砂 $M_f = 2.2 \sim 1.6$。

2.级配组成对矿料性能的影响

（1）级配曲线类型

根据集料级配曲线的形状，将其划分为连续级配和间断级配。在连续级配类型的集料中，由大到小且各级粒径的颗粒都有，各级颗粒按照一定的比例搭配，绘制出的级配曲线平顺圆滑不间断，如图 7-3 中曲线 A 所示。在间断级配集料中，缺少中间尺寸的一个粒级或几个粒级的颗粒，绘制出的级配曲线是非连续的、中间间断的曲线，如图 7-3 中曲线 B 所示。通常，连续级配集料的空隙率随着粗集料的增加而显著增加；间断级配集料能较好地发挥粗集料的骨架作用，但在施工过程中易于离析。

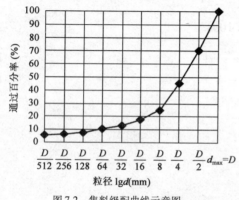

图 7-2 集料级配曲线示意图

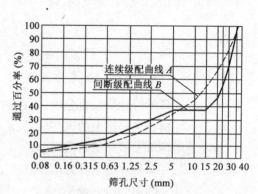

图 7-3 连续级配与间断级配曲线示意图

（2）级配组成与矿料空隙率和内摩阻力的关系

集料的级配组成与密实度及颗粒间内摩阻力之间关系密切，从而对水泥混凝土或沥青混合料的强度、耐久性及施工和易性有着显著的影响。

在水泥混凝土或沥青混合料中，结合料（水泥或沥青）填充集料空隙并包裹集料。所以，集料空隙越大，填充集料颗粒空隙所需的结合料越多；集料的总表面积越大，包裹集料颗粒所需的结合料越多。从节约结合料的角度考虑，最好采用空隙较小、总表面积也较小的集料。此外，若各粒级集料颗粒在相互排列时，能够互相嵌锁又不互相干涉，形成紧密多级嵌挤的空间骨架结构，则集料颗粒间将具有较大的内摩阻力。

3.连续级配的计算

（1）最大密度级配计算公式

WB 富勒在大量试验的基础上提出，集料在某筛孔上的通过百分率和筛孔尺寸的关系越接近抛物线，该集料的密实度越大，空隙率越小，这个结果由式(7-16)表示。按照式(7-16)可计算连续密级配集料的颗粒在任何一级筛孔 d 上的通过百分率。

$$p = 100\sqrt{\frac{d}{D}} \tag{7-16}$$

式中：p——集料颗粒在筛孔尺寸 d 上的通过百分率，%；
　　　d——集料中颗粒的筛孔尺寸，mm；
　　　D——集料的最大粒径，mm。

（2）级配曲线范围公式

式(7-16)反映的是一种理想的、密实度最大的级配组成曲线，而在实际工程中所使用的集料级配通常是在一定的范围中波动的。A. N 泰波在式(7-16)的基础上做了修正，给出了级配曲线范围的计算公式[式(7-17)]。当级配指数为 0.5 时，式(7-17)就是式(7-16)。

$$p = \left(\frac{d}{D}\right)^n \times 100 \qquad (7-17)$$

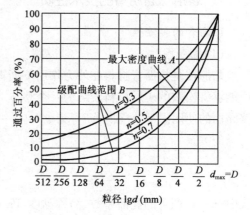

图 7-4　级配指数与级配曲线的关系图

式中：d、D、p——意义同公式(7-16)；
　　　n——级配指数。

在工程实践中，常用集料的级配指数在 0.3～0.7，将级配指数 0.3 和 0.7 代入式(7-17)进行计算，并绘制相应的级配曲线，如图 7-4 中的级配曲线范围 B 所示。图 7-4 中曲线 A 为级配指数 $n=0.5$ 的最大密实曲线。

三、矿质混合料的配合比设计

在沥青混合料或水泥混凝土工程中，所用集料颗粒的粒径尺寸范围较大，而天然集料或人工轧制的一档集料通常是由几个粒径尺寸的颗粒组成的，难以满足工程对某一混合料设计级配组成的要求。因此，需要将两种或两种以上的、不同粒径组成的集料进行掺配，构成矿质混合料（简称矿料）。矿质混合料配合比设计的目的就是根据设计级配范围的要求，确定不同粒径的各档集料在矿质混合料中的合理比例。

矿质混合料的配合比设计方法有数解法（试算法、规划求解法）和图解法等。配合比设计需要两个已知条件：第一个条件是各种集料的级配参数；第二个条件是根据设计要求、技术规范或理论计算，确定矿质混合料目标级配范围。

第三节　沥青材料

沥青是道路工程材料中常用的结合料，它的作用是将松散的集料颗粒胶结成具有一定强度和稳定性的整体材料。沥青的品种很多，广义的沥青主要包括天然沥青、焦油沥青和石油沥青三大类，而狭义的沥青主要是指石油沥青。石油沥青是原油经过特定的生产加工工艺炼制而成的化工产品，为黑色或暗黑色固体、半固体或黏稠状物，是目前使用最多的沥青材料。

按照沥青在常温条件下呈现的状态，可分为黏稠沥青和液体沥青。黏稠沥青在常温下呈膏体状或固体状，是黏滞度比较高的沥青。液体沥青是指在常温下是液体或半流动状态的沥青。用溶剂将黏稠沥青加以稀释所得到的液体沥青，称为稀释沥青；将沥青加以乳化，称为乳化沥青，乳化沥青是另一种形式的液体沥青。

一、道路石油沥青的技术性质

1. 沥青的黏滞性

（1）黏滞性

黏滞性是指沥青材料在外力作用下沥青粒子抵抗剪切变形的能力。沥青作为胶结材料，应能够将松散的矿质材料胶结为一个整体。因此，黏滞性是沥青材料最为重要的性质。在道路路面的使用温度范围内，沥青为黏—弹—塑性体，其剪应力τ与剪变率$\dot{\gamma}$之间呈现式(7-18)所示的关系。

$$\eta = \frac{\tau}{\dot{\gamma}^c} \tag{7-18}$$

式中：η——沥青的黏滞系数，简称黏度，$Pa \cdot s$；

τ——剪应力，N/m^2；

$\dot{\gamma}$——剪变率，s^{-1}；

c——沥青的复合流动系数。

在式(7-18)中，沥青的复合流动系数c值反映了沥青流变行为。在高温条件下，沥青呈牛顿液体黏性，即剪应力τ与剪变率$\dot{\gamma}$的关系为直线，此时的c值接近1。而在路面的使用温度范围中，c值一般小于1，沥青的黏度是一个与剪变率有关的指标。

式(7-18)所定义的沥青黏度是指当沥青层间的速度变化梯度（剪变率）为一单位时，每单位面积可受到的内摩阻力，也称为动力黏度，计量单位采用$Pa \cdot s$。运动状态的黏度用运动黏度表示，运动黏度为动力黏度除以密度所得之商，也称动比密黏度。运动黏度由式(7-19)表示，计量单位为mm^2/s。

$$v = \frac{\eta}{\rho} \tag{7-19}$$

式中：v——沥青的运动黏度，mm^2/s；

η——沥青的动力黏度，$Pa \cdot s$；

ρ——沥青的密度，g/cm^3。

（2）沥青黏度的测定方法

沥青的黏度随温度而变化，变化的幅度很大，因而需采用不同的仪器和方法来测定。目前采用的测试方法主要为毛细管黏度法和旋转黏度法。为了确定沥青60℃黏度分级，多采用真空减压毛细管黏度计测定沥青60℃的动力黏度($Pa \cdot s$)；而施工温度135℃通常采用毛细管法测定其运动黏度(mm^2/s)，也有采用布洛克菲尔法旋转黏度计测定不同温度下的沥青黏度。这些测定黏度的方法，都是采用仪器为绝对黏度单位的黏度计，也可以称为绝对黏度法。

在工程上，多采用一些经验的方法来测定沥青的相对黏度，如采用恩格拉黏度计法、赛氏黏度计法。道路沥青标准黏度计法等用来测试液体沥青的相对黏度，而采用针入度试验和软化点试验来测试黏稠沥青的相对黏度。

①针入度法。针入度试验是国际上普遍采用测定黏稠沥青稠度的一种方法，也是划分沥青标号采用的一项指标。该法是沥青材料在规定的温度条件下，以规定质量的标准针经过规定时间贯入沥青式样的深度，以0.1mm计。我国现行试验方法(T 0604—2000)规定沥青针入

度的标准试验条件为:温度25℃、标准针质量100g、贯入时间5s。针入度值愈大,表示沥青愈软(稠度愈小)。

②软化点。沥青材料是一种非晶质高分子材料,它由液态凝结为固态或由固态熔化为液态时,没有明确的固化点或液化点,通常采用条件硬化点和滴落点来表示,沥青材料在硬化点至滴落点之间的温度阶段时,是一种黏滞流动状态,在工程实用中为保证沥青不致由于温度升高而产生流动的状态,因此,取滴落点和硬化点之间温度间隔的87.21%作为软化点。

软化点的数值随所采用的仪器不同而异,我国现行试验方法(T 0604—2000)是采用环与球法软化点。该法是沥青试样注于内径为18.9mm的铜环中,环上置一质量为3.5g的钢球,在规定的加热温度(5℃/min)下进行加热,沥青试样逐渐软化,直至在钢球荷重作用下,使沥青产生25.4mm垂度(接触底板)时的温度,称为软化点,以℃计。

2. 沥青的延性

沥青的延性是指当其受到外力的拉伸作用时,所能承受的塑性变形的总能力,是沥青的内聚力的衡量,通常是延度作为条件延性指标来表征。延度试验方法是将沥青试样制成"8"字形标准试件(最小断面1cm^2),在规定拉伸速度和规定温度下拉断时的长度,以cm计,称为延度。沥青的延度采用延度仪来测度,试件的拉伸速度通常为5cm/min±0.25cm/min,试验温度取5℃、10℃和15℃等。

沥青的延度与沥青的流变特性、胶体结构和化学组分等有密切的关系。研究表明,沥青化学组分不协调,胶体结构不均匀,含蜡量增加,都会使沥青的延度值相对降低。

3. 沥青的感温性

沥青是复杂的胶体结构,黏度随温度的不同而产生明显的变化,这种黏度随温度变化的感应性称为感温性。对于路用沥青,温度和黏度的关系是极其重要的性能。首先,由于沥青的感温性特征使其在高温下黏度显著降低,这样才有可能实现沥青与石料均匀拌和以及沥青混合料碾压成型。其次,沥青路面运营过程中,又要求沥青在使用温度范围内保持较小的感温性,以保障沥青路面高温不软化、低温不断裂。

评价沥青感温性常用的方法有针入度指数(PI)法、针入度—黏度指数(PVN)法等。在沥青的常规试验方法中,软化点试验也可以作为反映沥青温度敏感性的方法。

(1)沥青针入度与温度的关系

针入度指数(PI)是根据沥青针入度随着温度而变化的趋势来表征沥青感温性的一种指标。P·P·h·普费和范·德·玻尔等研究认为沥青的针入度和试验温度存在着式(7-20)所示的关系。

$$\lg P = AT + K \tag{7-20}$$

式中:P——沥青的针入度,0.1mm;

T——试验温度,℃;

A——针入度—温度感应性系数;

K——回归系数。

针入度—温度感应性系数A反映了针入度随着温度的变化趋势。A值可根据针入度和软化点确定,也可依据不同温度下的针入度值确定。在确定A值时,常采用的温度为15℃、25℃及30℃(或5℃),标准针质量和贯入时间仍为100g和5s。采用最小二乘法对式(7-20)回归求取A值。当由3个温度的针入度进行回归时,相关系数R应在0.997以上;当由4个温度的针入度进行回归时,回归的相关系数应在 0.995 以上。否则说明试验误差过大,此试验结果不能采用。

(2)针入度指数(PI)的确定

P·P·h·普费等人在定义针入度指数时,假定感温性最小的沥青其针入度指数(PI)为 20,感温性最大的沥青为 -10,得到式(7-21)所示的关系,由于 A 值很小,为使 PI 值在 $+20 \sim -10$ 之间,A 值乘以 50,然后由式(7-21)推导出针入度指数 PI 计算式(7-22)。

$$\frac{20 - PI}{10 + PI} = 50A \tag{7-21}$$

$$PI = \frac{30}{1 + 50A} - 10 \tag{7-22}$$

4. 沥青与集料的黏附性

黏附性是沥青材料的主要功能之一,沥青在沥青混合料中以薄膜的形式涂覆在集料颗粒表面,并将松散的矿质集料黏结为一个整体,除了沥青自身的黏滞性外,还需要沥青与石料之间的黏附能力。一般来说,黏滞性较大的沥青,黏附性一般也较大。

在沥青混合料中,沥青以薄膜形式包敷于集料的表面,在干燥的条件下,一般具有足够的黏附强度。但水分是黏附性产生问题的原因之一,另外由于交通荷载的反复作用使路面变形,沥青混合料空隙加大,集料松散,浸水使沥青膜与集料发生剥离,导致沥青路面的破坏。

在我国现行试验规程(JTJ 052—2000)中规定,粗集料粒径大于 13.2mm 时,采用水煮法测试沥青与粗集料的黏附性;粗集料粒径小于或等于 13.2mm 时,采用水浸法。水煮法是选取粒径为 13.2~19mm 形态接近立方体的规则集料 5 个,经沥青裹覆后,在蒸馏水中沸煮 3min,按沥青膜剥落的情况分为五个等级来评价沥青与集料的黏附性。水浸法是选取粒径为 9.5~13.2mm 的集料 100g 与 5.5g 的沥青在规定温度条件下拌和成混合料,冷却后浸入 80℃的蒸馏水中保持 30min,然后按剥落面积百分率来评定沥青与集料的黏附性。

5. 沥青的耐久性

路用沥青在使用的过程中受到储运、加热、拌和、摊铺、碾压、交通荷载以及自然因素的作用而使沥青发生一系列的物理化学变化。逐渐改变了其原有的性能(黏度、低温性能)而变硬变脆。这种变化称为沥青的老化。沥青路面应有较长的使用年限,因此要求沥青材料有较好的抗老化性(耐久性)。

现行评价沥青老化性能的试验方法分为模拟沥青在拌和过程中热老化条件以及在使用过程中的老化条件,如薄膜烘箱加热试验和旋转薄膜加热试验。通过对沥青进行高温加热,评价沥青试样的质量变化、针入度、黏度和延度等指标的变化程度。

二、我国道路石油沥青的技术要求

我国道路石油沥青石是按照沥青 25℃时针入度来划分沥青标号的。如在交通部行业标准《公路沥青路面施工技术规范》(JTG F40—2004)中,每个沥青标号的针入度区间值为 20,以沥青针入度范围的中值命名,如"A-50"表示沥青的针入度范围为 40~60。

在同一个气候分区内根据道路等级和交通特点再将沥青分为 A、B 和 C 等级,相关的技术要求见表 7-2。

道路石油沥青技术要求(JTG F40—2003)　　　表 7-2

指标	等级	160 号[4]	130 号[4]	110 号	90 号					70 号[5]					50 号[5]	30 号[6]
适用的气候分区[1]				2-1	2-2	2-3	1-1	1-2	1-3	2-2	2-3	1-3	1-4	2-2	2-3	2-4	1-4	
针入度(0.1mm)(25℃,100g,5s)		140~200	120~140	100~120	80~100					60~80					40~60	20~40
针入度指数 PI[2],[3]	A	−1.5~+1.0														
	B	−1.8~+1.0														
软化点(R&B)(℃) ≥	A	38	40	43	45			44		46			45		49	55
	B	36	39	42	43			42		44			43		46	53
	C	35	37	41	42					43					45	50
60℃动力黏度[3] ≥ (Pa·s)	A	—	60	120	160					140		180			160	200	260
10℃延度[3] ≥ (cm)	A	50	50	40	45	30	20	30	20	20	15	25	20	15	15	10
	B	30	30	30	30	20	15	20	15	15	10	20	15	10	10	8
15℃延度 ≥ (cm)	A、B	100													80	50
	C	80	80	60	50					40					30	20
闪点(COC)(℃) ≥		230								260						
含蜡量(蒸馏法) ≤ (%)	A	2.2														
	B	3.0														
	C	4.5														
溶解度 ≥ (%)		99.5														
15℃密度(g/cm³)		实测记录														
薄膜加热试验(或旋转薄膜加热试验)残留物																
质量变化 ≤ (%)		±0.8														
针入度比 ≥ (%)	A	48	54	55	57					61					63	65
	B	45	50	52	54					58					60	62
	C	40	45	48	50					54					58	60
10℃延度 ≥ (cm)	A	12	12	10	8					6					4	—
	B	10	10	8	6					4					2	—
15℃延度 ≥ (cm)	C	40	35	30	20					15					10	—

注：①沥青路面气候分区见第 7.4 节中表 7-5。
②用于仲裁试验时，求取针入度指数 PI 的 5 个温度与针入度回归关系的相关系数不得小于 0.997。
③经主管部门同意，该表中的针入度指数 PI、60℃动力黏度及 10℃延度可作为选择性指标。
④160 号沥青和 130 号沥青除了在寒冷地区可直接用于中低级公路外，通常用作乳化沥青、稀释沥青及改性沥青的基质沥青。
⑤可根据需要要求供应商提供 70 号沥青的针入度范围 50~70 或 80~90 的沥青；或者要求提供针入度范围 40~50 或 50~60 的 50 号沥青。
⑥30 号沥青仅适用于沥青稳定基层。

三、改性沥青

由于现代道路交通流量的迅猛增长，货车的轴载大大增加和交通渠化行驶等因素影响，对沥青路面材料沥青的性能提出了更高的要求。通过对沥青材料的改性,可以改善以下几方面的性能:提高高温抗变形能力,以增强沥青路面的抗车辙性能;提高沥青的弹性性能,以增强沥青的抗低温和抗疲劳开裂性能;改善沥青与石料的黏附性,以增强沥青路面的抗水损害能力;提高沥青的抗老化能力,以延长沥青路面的寿命。

1. 改性沥青的类型

(1) 改性沥青的定义

改性沥青是指掺加橡胶、树脂高分子聚合物、磨细的橡胶粉或其他填料等外掺剂(改性剂),或采取对沥青轻度氧化加工等措施,使沥青或沥青混合料的性能得以改善而制成的沥青结合料。从广义上讲,凡是可以改善沥青路用性能的材料,如聚合物、纤维、抗剥落剂、岩沥青、填料(如硫磺、炭黑等),都可以成为改性剂。一般来说,大部分改性添加剂都可以改善沥青的高温性能,但对于低温抗裂性能、抗水损害性能以及疲劳开裂性能等方面的改善效果则各有不同。

(2) 聚合物改性沥青

用于道路工程的聚合物改性沥青主要有以下三类:

①热塑性橡胶类改性沥青。热塑弹性体是由橡胶类弹性体热塑化和弹性体与树脂溶融共混热塑化技术而产生的热塑性弹性体材料和弹性材料,品种牌号繁多,性能各异,其中苯乙烯—二烯烃嵌段共聚物广泛用于沥青改性。共聚物中二烯烃称为软段,苯乙烯称为硬段。当二烯烃采用丁二烯时,所得产品即为SBS。SBS高分子链具有串联结构的不同嵌段,即塑性段和橡胶段,形成类似合金的组织结构,按聚合物的结构可分为线形SBS和星形SBS。

SBS的改性效果与SBS的品种、分子量密切相关。星形SBS对沥青的改性效果优于线形SBS。SBS的分子量越大,改性效果越明显,但加工比较困难。热塑性弹性体类改性沥青具有良好的温度稳定性,明显提高基质沥青的高低温性能,降低温度敏感性,增强耐老化耐疲劳性能。

②橡胶类改性沥青。橡胶类改性材料用得最多的是丁苯橡胶(SBR)和氯丁橡胶(CR)。丁苯橡胶(SBR)是较早开发的沥青改性剂,这类改性剂常以胶乳的形式加入沥青之中,制成橡胶沥青,可以提高沥青的黏度、韧性、软化点,降低脆点,使沥青的延度和感温性得到改善。这是由于橡胶吸收沥青中的油分产生溶胀,改变了沥青的胶体结构,因而使沥青的胶体结构得到改善,黏度得以提高。

③热塑性树脂改性沥青。热塑性树脂是聚烯烃类高分子聚合物,常采用的品种有低密度聚乙烯(LDPE)、乙烯—乙酸乙烯酯共聚物(EVA)、APAO等。树脂类改性沥青具有良好的高温稳定性和抗车辙能力,但对于沥青路面的低温抗裂性能无明显改善。

2. 改性沥青的评价指标

改性沥青具有不同的技术特点,除沥青常规试验针入度、软化点、延度、黏度等指标外,还采用了几项与评价沥青性能不同的技术指标,如聚合物改性沥青离析试验、沥青弹性恢复试验、黏韧性试验以及测力延度试验等。

(1) 聚合物改性沥青的离析试验(T 0661—2000)

聚合物改性沥青在停止搅拌,冷却过程中,聚合物可能从沥青中离析,当聚合物改性沥青在生产后不能立即使用而需经过储运再加热等过程后使用时,需进行离析试验。

不同改性沥青离析的状况有所不同,SBR、SBS类改性沥青,离析时表现为聚合物上浮。采用的试验是将试样置于规定条件的盛样管中,并在163℃烘箱中放置48h后从聚合物改性沥青的顶部和底部分别取样,测定其环球法软化点之差来判定;对PE、EVA类聚合物改性沥青,用改性沥青在135℃存放24h过程中是否结皮,或凝聚在容器表面四壁的情况进行判定。

(2)沥青弹性恢复试验

SBS等热塑性弹性体改性沥青,弹性恢复能力是其显著的特点,在路面使用过程中,对荷载作用下产生的变形,具有良好的自愈性。

我国参照美国ASTM试验方法(见JTJ 052—2000,T 0662—2000),采用延度试件拉伸10cm后停止,立即剪断,保持1h,测量恢复率。

(3)沥青黏韧性试验(T 0624—1993)

沥青黏韧性试验是测定沥青在规定温度条件下高速拉伸时与金属半球的黏韧性(Toughness)和韧性(Tenacity)。经国内外研究表明,沥青黏韧性试验是评价橡胶类改性沥青性能的一种较好的方法,并已列入我国《公路沥青路面施工技术规范》(JTG F40—2004)中。

3. 改性沥青的技术要求

我国聚合物改性沥青性能评价方法基本沿用了道路石油沥青质量标准体系,增加了评价聚合物性能指标,如弹性恢复、黏韧性和离析(软化点差)等技术指标。

首先,根据聚合物类型将改性沥青分为Ⅰ、Ⅱ、Ⅲ类,然后按照针入度指标,将聚合物改性沥青分为3~4个等级,以适应不同气候条件的使用要求。由A至D(或C)表示改性沥青针入度减小,黏度增加,即高温性能提高,但低温性能降低。聚合物改性沥青技术要求见表7-3。

聚合物改性沥青技术要求 表7-3

指标	单位	SBS类(Ⅰ类)				SBR类(Ⅱ类)			EVA、PE类(Ⅲ类)				试验方法
		Ⅰ-A	Ⅰ-B	Ⅰ-C	Ⅰ-D	Ⅱ-A	Ⅱ-B	Ⅱ-C	Ⅲ-A	Ⅲ-B	Ⅲ-C	Ⅲ-D	
针入度25℃,100g,5s	0.1 mm	>100	80~100	60~80	30~60	>100	80~100	60~80	>80	60~80	40~60	30~40	T 0604
针入度指数PI,≥		-1.2	-0.8	-0.4	0	-1.0	-0.8	-0.6	-1.0	-0.8	-0.6	-0.4	T 0604
延度5℃,5cm/min,≥	cm	50	40	30	20	60	50	40	—				T 0605
软化点$T_{R\&B}$,≥	℃	45	50	55	60	45	48	50	48	52	56	60	T 0606
运动黏度①135℃,≤	Pa·s	3											T 0625 T 0619
闪点,≥	℃	230				230			230				T 0611
溶解度,≥	%	99				99			—				T 0607
弹性恢复25℃,≥	%	55	60	65	75								T 0662
黏韧性,≥	N·m	—				5							T 0624
韧性,≥	N·m	—				2.5							T 0624
储存稳定性②													
离析,48h软化点差,≤	℃	2.5							无改性剂明显析出、凝聚				T 0661

续上表

指标	单位	SBS类(I类)				SBR类(II类)			EVA、PE类(III类)				试验方法
		I-A	I-B	I-C	I-D	II-A	II-B	II-C	III-A	III-B	III-C	III-D	
TFOT(或RTFOT)后残留物													
质量变化,≤	%	1.0											T 0610 或 T 0609
针入度比25℃,≥	%	50	55	60	65	50	55	60	50	55	58	60	T 0604
延度5℃,≥	cm	30	25	20	15	30	20	10	—				T 0605

注:①135℃运动黏度可采用(JTJ 052-2000)中的"沥青布氏旋转黏度试验方法"进行测定。若在不改变改性沥青物理力学性质并符合安全条件的温度下易于泵送和拌和,或经证明适当提高泵送和拌和温度时能保证改性沥青的质量,容易施工,可不要求测定。

②储存稳定性指标适用于工厂生产的成品改性沥青。现场制作的改性沥青对储存稳定性指标可不作要求,但必须在制作后,保持不间断地搅拌或泵送循环,保证使用前没有明显的离析。

第四节 沥青混合料

沥青混合料是由矿质混合料(简称矿料)和沥青经拌制而成的混合料的总称,具有较高的强度、柔韧性和耐久性。沥青混合料经摊铺、压实成型后成为沥青路面。沥青路面连续、平整,具有弹性和柔韧性,适合于车辆的高速行驶。沥青混合料是高等级道路,特别是高速公路和城市快速路面层结构及桥面铺装层的重要材料。

一、沥青混合料的分类

沥青混合料的分类方法取决于矿质混合料的级配组成、集料的公称最大粒径、沥青混合料的压实空隙率、沥青品种以及沥青混合料的制备方法等。

1. 按矿料的级配类型分类

根据矿料级配组成特点及沥青混合料压实后的剩余空隙率水平,对沥青混合料分类如下:

(1)连续密级配沥青混凝土混合料

由按连续密级配原理设计组成的矿料与沥青结合料拌和而成,其典型类型为:设计空隙率为3%~6%的密实式沥青混凝土混合料,通常以 AC 表示;设计空隙率为3%~6%的密级配沥青稳定碎石混合料,以 ATB 表示。

(2)连续开级配沥青混合料

矿料级配主要由粗集料组成,细集料及填料较少,与高黏度沥青结合料拌和而成的混合料,其典型类型:设计空隙率为18%~25%的排水式沥青磨耗层混合料,以 OGFC 表示;设计空隙率大于18%的排水式沥青稳定碎石混合料,以 ATPB 表示。

(3)间断级配沥青混合料

矿料级配组成中缺少1个或几个粒径档次(或很少)而形成的级配间断的沥青混合料。其典型类型是沥青玛蹄脂碎石混合料,以 SMA(Stone Matrix Asphalt)表示。SMA 是由沥青结合料与少量纤维稳定剂、细集料以及较多填料（矿粉）组成的沥青玛蹄脂填充于间断级配的粗集料骨架的间隙，组成一体的沥青混合料。

2. 按照集料的公称最大粒径分类

根据集料的公称最大粒径，沥青混合料分为特粗式、粗粒式、中粒式、细粒式和砂粒式。集料的最大粒径与公称最大粒径的关系见表7-4，并将不同级配组成、不同公称最大粒径的沥青混合料类型汇总于表7-4。

沥青混合料类型汇总 表7-4

沥青混合料类型	公称最大粒径尺寸（mm）	最大粒径尺寸（mm）	连续密级配		半开级配	开级配		间断级配
			沥青混凝土混合料	沥青稳定碎石	沥青碎石混合料	排水式沥青磨耗层	排水式沥青稳定碎石	沥青玛蹄脂碎石混合料
砂粒式	4.75	9.5	AC-5	—	AM-5	—	—	—
细粒式	9.5	13.2	AC-10	—	AM-10	OGFC-10	—	SMA-10
	13.2	16	AC-13	—	AM-13	OGFC-13	—	SMA-13
中粒式	16	19	AC-16	—	AM-16	OGFC-16	—	SMA-16
	19	26.5	AC-20	—	AM-20	—	—	SMA-20
粗粒式	26.5	31.5	AC-25	ATB-25	—	—	—	ATPB-30
	31.5	37.5	—	ATB-30	—	—	—	ATPB-20
特粗式	37.5	53.0	—	ATB-40	—	—	—	ATPB-40
设计空隙率（%）			3~6	3~6	6~12	>18	>18	3~4

3. 根据沥青混合料的拌和及铺筑温度分类

（1）热拌热铺沥青混合料

热拌热铺沥青混合料一般简称为热拌沥青混合料 HMA（Hot Mix Asphlat），它是将沥青加热至 150~170℃，矿料加热至 170~190℃，在热态下进行拌和，并在热态下进行铺筑施工的沥青混合料。热拌沥青混合料的强度高、路用性能优良，适用于高等级道路沥青路面结构的各个层次。

（2）冷拌冷铺沥青混合料

冷拌冷铺沥青混合料亦称为常温混合料，它是采用乳化沥青、泡沫沥青、液体沥青或低黏度沥青作为结合料，在常温状态下与集料进行拌和而成的混合料，并在常温下进行摊铺、碾压成型。由于所用沥青的黏度较低，路面成型时间较长且强度不高，主要用于低等级道路和路面修补。

目前，由于可采用掺加外加剂来提高常温沥青混合料的强度，乳化沥青混合料和泡沫沥青混合料也成为沥青路面基层或再生混合料的主要类型。

（3）温拌沥青混合料

温拌沥青混合料是采用特定的技术或添加剂，使沥青混合料的拌和、摊铺和压实温度介于热拌沥青混合料和常温沥青混合料之间的沥青混合料的统称。这是一种具有节能环保作用的新型沥青混合料生产技术，可以在降低沥青混合料施工温度、降低有害气体排放的同时，保证沥青混合料具有与热拌沥青混合料基本相同的路用性能和施工和易性。

二、沥青混合料的组成结构和体积参数

1. 沥青混合料的组成结构

沥青混合料是由粗集料、细集料、矿粉与沥青以及外加剂所组成一种复合材料。粗集料分

布在沥青与细集料形成的沥青砂中,细集料又分布在沥青与矿粉构成的沥青胶浆中,形成具有一定内摩阻力和黏结力的多级网络结构。由于各组成材料用量比例的不同,压实后沥青混合料内部的矿料颗粒的分布状态、剩余空隙率也呈现出不同的特征,形成不同的组成结构,在使用时则表现出不同的性能。按照沥青混合料的矿料级配组成特点(图7-5),将沥青混合料分为悬浮密实结构、骨架空隙结构和骨架密实结构(图7-6)。

(1)悬浮密实结构

在采用连续密级配矿料(图7-5中曲线A)配制的沥青混合料中,粒径较大的颗粒被较小一档的颗粒挤开,不能直接接触形成嵌挤骨架结构,彼此分离悬浮于较小颗粒和沥青胶浆之间,而较小颗粒与沥青胶浆较为密实,形成了悬浮密实结构,见图7-6a)。AC型沥青混合料是按照连续密级配原理设计的、典型的悬浮密实结构。

悬浮密实结构的沥青混合料经压实后,密实度较大,水稳定性、低温抗裂性和耐久性较好,是使用较为广泛的沥青混合料。但这种沥青混合料的结构强度受沥青性质及其状态的影响较大,在高温条件下使用时,由于沥青黏度的降低,可能会导致沥青混合料强度和稳定性的下降。

(2)骨架空隙结构

当采用连续开级配矿料(图7-5中曲线B)与沥青组成沥青混合料时,较粗颗粒集料彼此接触,形成互相嵌挤的骨架,但较细粒料数量较少,不足以充分填充骨架空隙,压实后混合料中的空隙较大,形成了所谓的骨架空隙结构,见图7-6b),开级配磨耗层沥青混合料OGFC是典型的骨架空隙结构。

在骨架空隙结构的沥青混合料中,粗集料之间的嵌挤力对沥青混合料的强度和稳定性起着重要作用,结构强度受沥青性质和物理状态的影响较小,因而高温稳定性较好。但由于压实后的沥青混合料中剩余空隙率较大,渗透性较大,在使用过程中,气体和水分易进入沥青混合料内部,引发沥青老化或将沥青从集料表面剥落,因此这种结构的沥青混合料耐久性值得关注。

(3)骨架密实结构

当采用间断型密级配矿料(图7-5中曲线C)时,在沥青混合料中既有足够数量的粗集料形成骨架,又根据粗集料骨架空隙的大小填入了足够的细集料和沥青胶浆,使之填满骨架空隙,形成较高密实度的骨架密室结构,见图7-6c)。这种结构兼具上述两种结构的优点,是一种较为理想的结构类型。沥青玛蹄脂碎石混合料SMA是一种典型的骨架密实型结构。

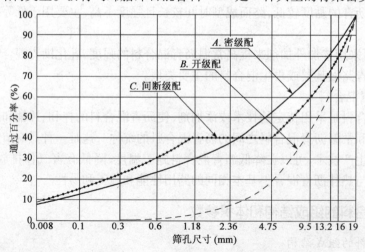

图7-5 三种类型矿质混合料级配曲线

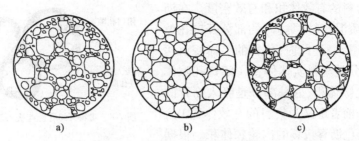

图 7-6 沥青混合料的典型组成结构
a) 悬浮密实结构；b) 骨架空隙结构；c) 骨架密实结构

2. 沥青混合料的体积参数

最常用的沥青混合料体积参数为试件的密度、空隙率、矿料间隙率和沥青饱和度。这些体积参数指标反映了压实后沥青混合料各组成材料之间质量与体积的关系，取决于沥青混合料中沥青与集料性质、组成材料用量比例、沥青混合料成型条件等因素，对沥青混合料的路用性能有着显著影响，也是进行沥青混合料配合比设计的重要设计参数。

(1) 矿质混合料的体积与密度

从质量和体积的物理观点出发，沥青混合料主要由沥青、矿质混合料和空隙所组成，见图 7-7。

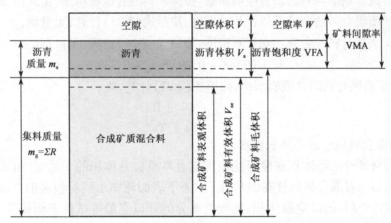

图 7-7 沥青混合料材料组成与体积组成示意图

① 矿质混合料的合成密度。在图 7-7 中，矿质混合料由不同粒径的各档集料合成，矿质混合料的合成毛体积相对密度与合成表观相对密度分别由式(7-23)和式(7-24)计算。

$$\gamma_{sb} = \frac{100}{P_1/\gamma_1 + P_2/\gamma_2 + \cdots + P_n/\gamma_n} \tag{7-23}$$

$$\gamma_{sa} = \frac{100}{P_1/\gamma'_1 + P_2/\gamma'_2 + \cdots + P_n/\gamma'_n} \tag{7-24}$$

式中：γ_{sb}——矿质混合料的合成毛体积相对密度，无量纲；

γ_{sa}——矿质混合料的合成表观相对密度，无量纲；

$\gamma_1、\gamma_2、\cdots、\gamma_n$——各档集料的毛体积相对密度，实测，无量纲；

$\gamma'_1、\gamma'_2、\cdots、\gamma'_n$——各档集料的表观相对密度，实测，无量纲；

$P_1、P_2、\cdots、P_n$——合成矿质混合料中各档集料的比例（$\sum_{i=1}^{n} P_i = 100$），%。

②矿质混合料的有效体积和有效密度。在沥青混合料中,矿质混合料(集料)的部分开口孔隙会吸入沥青,见图7-8。此时,集料的毛体积由两部分组成:一部分是集料实体体积+闭口孔隙体积+部分开口孔隙体积;另一部分是吸入沥青的开口孔隙体积。前者定义为集料的有效体积 V_{se},即图7-8中被黑色沥青包裹的内轮廓体积。根据

图7-8 集料开口孔隙与吸入沥青体积示意图

这个定义,当采用毛体积密度计算集料体积时,则认为开口孔隙中没有吸入沥青,所计算的集料体积比实际情况偏大;当采用表观密度计算集料体积时,则认为开口孔隙中充满了沥青,所计算的集料体积比实际情况偏小。

上述分析表明,矿质混合料的有效体积介于合成毛体积与合成表观体积之间,与其对应的有效密度是一个介于毛体积密度和表观密度之间的计算密度。该密度考虑了集料的部分开口孔隙吸入沥青的情况,沥青的吸入量则取决于集料开口孔隙特征和集料吸水性。

目前,各国确定集料有效密度的方法不尽相同。我国《公路沥青路面施工技术规范》(JTG F40—2004)规定,集料的有效相对密度 γ_{se} 可以按照式(7-25)进行计算。

$$\gamma_{se} = C \cdot \gamma_{sa} + (1 - C) \cdot \gamma_{sb} \tag{7-25}$$

式中:C——合成矿质混合料的沥青吸收系数,按照矿料的合成吸水率,由式(7-26)计算;

γ_{sb}——矿质混合料的合成毛体积相对密度,按照式(7-23)计算,无量纲;

γ_{sa}——矿质混合料的合成表观相对密度,按照式(7-24)计算,无量纲。

$$C = 0.033\omega_x^2 - 0.2936\omega_x + 0.9339 \tag{7-26}$$

式中:ω_x——矿质混合料的合成吸水率,按照式(7-27)计算,%。

$$\omega_x = \left(\frac{1}{\gamma_{sb}} - \frac{1}{\gamma_{sa}}\right) \tag{7-27}$$

(2)沥青混合料试件的毛体积密度

沥青混合料试件的毛体积密度是指沥青混合料单位毛体积的干质量,由式(7-28)定义。这个毛体积是指沥青混合料试件在饱和面干状态下表面轮廓水膜所包裹的全部体积,包含了沥青混合料实体体积、闭口空隙体积、能吸收水分的开口空隙等试件表面轮廓所包围的全部体积。

$$\rho_f = \frac{m_a + m_g}{V_a + V_{se} + V} \tag{7-28}$$

式中:ρ_f——沥青混合料试件的毛体积密度,g/cm³;

m_a——沥青质量,g;

m_g——矿质混合料的合成质量,g;

V_a——沥青体积,cm³;

V_{se}——合成矿质混合料的有效体积,cm³;

V——沥青混合料中的空隙体积,%。

在工程中,沥青混合料的毛体积相对密度 γ_f 的测试需要根据沥青混合料试件的空隙率大小,选择用水中重法、表干法、蜡封法或体积法测定。吸水率小于0.5%的密实型沥青混合料试件可采用水中重法测定;吸水率在0.5%~2%的密实沥青混合料试件应采用表干法测定;吸水率大于2%的沥青混合料、沥青碎石混合料等不能用表干法测定的试件应采用蜡封法测

定;空隙率较大的沥青碎石混合料、开级配沥青混合料试件可采用体积法测定。

(3)沥青混合料的最大理论相对密度

最大理论密度是假设沥青混合料试件被压实至完全密实、没有空隙的理想状态下的单位体积的质量,即假设压实沥青混合料试件全部为矿料(包括矿料内部孔隙)和沥青所占有,空隙率为零时的密度。在沥青混合料配合比设计中,沥青混合料最大理论密度将直接决定沥青混合料的空隙率VV、矿料间隙率VMA以及沥青饱和度VFA,进而影响到沥青混合料设计的最佳沥青用量。

①沥青混合料的最大理论密度的确定方法。沥青混合料的最大理论密度可以通过实测法或计算法确定。实测法原理是将沥青混合料试样充分分散,借助于负压容器中的剩余压力,将沥青混合料颗粒间的空气抽出来,使被测试的混合料试样接近零空隙率状态,然后通过排水法测定混合料的体积,进而计算沥青混合料的最大理论相对密度。但对于改性沥青混合料来讲,由于沥青黏度较大,很难将封闭在颗粒间的空气完全排除,由此测定的混合料体积偏大,计算的最大理论密度偏小。针对这种情况,可以采取计算法求取沥青混合料的最大理论密度。

②沥青混合料的最大理论密度的计算方法。计算法是根据沥青混合料组成材料的相对密度和用量比例来进行计算的。在工程中,沥青用量以油石比和沥青含量两种指标表示。油石比定义为沥青与矿料的质量百分比,而沥青含量定义为沥青质量占沥青混合料总质量的百分率。当采用油石比指标时,沥青混合料的最大理论相对密度按式(7-29)进行计算;采用沥青含量指标时,沥青混合料的最大理论相对密度按照式(7-30)进行计算。

$$\gamma_t = \frac{100 + P_a}{100/\gamma_{se} + P_a/\gamma_a} \tag{7-29}$$

$$\gamma_t = \frac{100}{(100 - P_b)/\gamma_{se} + P_b/\gamma_b} \tag{7-30}$$

式中:γ_t——压实沥青混合料试件的最大理论相对密度,无量纲;

γ_{se}——合成矿质混合料的有效相对密度,由式(7-25)进行计算,无量纲;

P_a——沥青混合料的油石比(沥青混合料质量 = 沥青质量 + 矿料质量 = P_a + 100),%;

P_b——沥青混合料的沥青含量(沥青混合料质量 = 沥青质量 + 矿料质量 = 100),%;

γ_a、γ_b——沥青的相对密度(25℃/25℃),在数值上相等,无量纲。

(4)沥青混合料试件的空隙率

沥青混合料试件的空隙率VV(Volume of Air Voids)是指压实状态下沥青混合料内矿料和沥青实体之外的空隙(不包括矿料本身及其表面已被沥青封闭的孔隙)的体积V占试件总体积的百分率,根据压实沥青混合料试件的毛体积相对密度和最大理论相对密度按式(7-31)计算。

$$VV = \left(1 - \frac{\gamma_f}{\gamma_t}\right) \times 100 \tag{7-31}$$

式中:VV——沥青混合料试件的空隙率,%;

γ_f——沥青混合料试件的毛体积相对密度,无量纲;

γ_t——沥青混合料试件的最大理论相对密度,无量纲。

(5)沥青混合料试件的矿料间隙率

矿料间隙率 VMA(Voids in Mineral Aggregate)是指压实沥青混合料试件中矿质混合料实体以外的空间体积占试件总体积的百分率,由式(7-32)计算。

$$\text{VMA} = \left(1 - \frac{\gamma_f}{\gamma_{sb}} \cdot P_s\right) \times 100 \tag{7-32}$$

式中:γ_f——沥青混合料试件的毛体积相对密度,无量纲;

γ_{sb}——合成矿料的合成毛体积相对密度,无量纲;

P_s——各档集料总质量占沥青混合料总质量的百分比,%。

矿料间隙率 VMA 反映了沥青混合料中矿料级配组成情况。一般来讲,当矿料级配曲线接近最大密实级配曲线时,在相同的成型条件下,沥青混合料可以获得较小的 VMA 值;当 VMA 过小时,混合料容易被压密,空隙率对沥青用量敏感,混合料性能对温度敏感。适当增加矿料中的粗集料用量,可以提高沥青混合料的 VMA,如骨架型结构的沥青混合料。

(6)沥青混合料试件的沥青饱和度

沥青饱和度 VFA(Voids Filled with Asphalt)是指压实沥青混合料试件中沥青实体体积占矿料骨架实体以外的空间体积的百分率,又称为沥青填隙率(Percent of the Voids in Mineral Aggregate Filled with Asphalt),如式(7-33)所定义。

$$\text{VFA} = \frac{\text{VMA} - \text{VV}}{\text{VMA}} \times 100 \tag{7-33}$$

式中:VMA——沥青混合料试件的矿料间隙率,%;

VV——沥青混合料试件的空隙率,%。

沥青饱和度 VFA 表示沥青结合料填充矿料间隙的程度,其大小反映了沥青混合料中沥青用量是否合适。沥青用量过大,会导致路面的泛油和车辙等;沥青用量过小,沥青路面的耐久性不足。

三、沥青混合料的技术性能

沥青混合料作为沥青路面的面层材料,在使用过程中将承受车辆荷载反复作用以及环境因素的作用,因此,沥青混合料除了应具备一定的强度外,还需要具有足够的高温稳定性、低温抗裂性、水稳定性、抗老化性、抗滑性等技术性能,以保证沥青路面优良的服务性能,经久耐用。

1. 沥青混合料的高温稳定性

高温稳定性是指沥青混合料在高温条件下,能够抵抗车辆荷载的反复作用,不发生显著永久变形,保证路面平整度的特性。沥青混合料是典型的黏—弹—塑性材料,在高温条件下或长时间承受荷载作用时会产生显著的变形,其中不能恢复的部分成为永久变形,这种特性是导致沥青路面产生车辙、波浪及拥包等病害的主要原因。在交通量大、重车比例高和经常变速路段的沥青路面上,车辙是最严重、最有危害的破坏形式之一。

沥青混合料的高温稳定性的评价试验方法较多,如单轴(三轴、剪切)静载、动载、重复荷载试验以及反复碾压模拟试验,如车辙试验等。此外,还有马歇尔稳定度试验。

《公路沥青路面施工技术规范》(JTG F40—2004)中规定,对用于高速公路、一级公路和城市快速路、主干路沥青路面的上面层和中面层的沥青混合料,在用马歇尔试验进行配合比设计时,必须采用车辙试验对沥青混合料的抗车辙能力进行检验。

(1)车辙试验和动稳定度

车辙试验是一种模拟车辆轮胎在路面上滚动形成车辙的工程试验方法,试验结果较为直观,且与沥青路面车辙深度之间有着较好的相关性。车辙试验是采用标准方法成型沥青混合料板块状试件,在规定的温度条件下,试验轮以42次/min ± 1次/min 的频率,沿着试件表面同一轨迹上反复行走,测试试件表面在试验轮的反复作用下所产生的车辙深度,见图7-9。

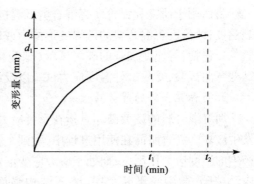

图7-9 沥青混合料车辙深度与试验轮行走时间关系曲线

车辙试验的评价指标为动稳定度DS(Dynamic Stability),定义为试件产生1 mm的车辙深度时试验轮的行走次数,动稳定度DS由式(7-34)计算。

$$DS = \frac{42(t_2 - t_1)}{d_2 - d_1} \cdot c_1 \cdot c_2 \tag{7-34}$$

式中:DS——沥青混合料的动稳定度,次/mm;
   t_1、t_2——试验时间,通常为45min和60min;
   d_1、d_2——与试验时间t_1和t_2对应的试件表面的变形量,mm;
   42——每分钟行走次数,次/min;
   c_1、c_2——试验机或试样修正系数。

(2)高温稳定性的影响因素

沥青混合料高温稳定性的形成主要来源于矿质集料颗粒间的嵌锁作用及沥青的黏结作用。矿料性质和级配组成对沥青混合料高温性能的影响是至关重要的。采用表面粗糙、多棱角、颗粒接近立方体的碎石集料,具有骨架密实结构的级配组成,经压实后集料颗粒间能够形成紧密的嵌锁作用,增大沥青混合料的内摩阻角,有利于增强沥青混合料的高温稳定性。沥青的高温黏度越大,与集料的黏附性越好,相应的沥青混合料的抗高温变形能力就越强。可以使用合适的改性剂来提高沥青的高温黏度,降低感温性,提高沥青混合料的黏结力,从而改善沥青混合料的高温稳定性。

根据国外研究,沥青混合料的高温抗车辙能力60%依赖于矿质集料颗粒的嵌锁作用,40%取决于沥青结合料的黏结作用。就沥青混合料高温稳定性而言,沥青用量的影响可能超过沥青本身特性的影响,随着沥青用量的增加,矿料表面的沥青膜增厚,自由沥青比例增加。在高温条件下,这部分沥青在荷载作用下发生明显的流动变形,从而导致混合料抗高温变形能力的降低。

2.沥青混合料的低温抗裂性

当气温降低时,沥青面层将产生体积收缩,而在基层结构与周围材料的约束作用下,沥青混合料不能自由收缩,将在结构层中产生温度应力。由于沥青混合料具有一定的应力松弛能力,当降温速率较慢时,所产生的温度应力会随着时间增加逐渐松弛减小,不会对沥青路面产生较大的危害;但当气温骤降时,所产生的温度应力来不及松弛,当温度应力超过沥青混合料的容许应力值时,沥青混合料就会被拉裂,导致沥青路面出现裂缝,造成路面的损坏。因此,要求沥青混合料具备一定的低温抗裂性能,即要求沥青混合料具有较高的低温强度或较大的低温变形能力。

目前用于研究和评价沥青混合料低温抗裂性的方法可以分为三类：预估沥青混合料的开裂温度；评价沥青混合料的低温变形能力或应力松弛能力；评价沥青混合料断裂能。相关的试验主要包括：等应变加载的破坏试验（如间接拉伸试验、直接拉伸试验），低温收缩试验，低温蠕变弯曲试验，受限试件温度应力试验以及应力松弛试验等。

3. 沥青混合料的疲劳特性

沥青混合料的疲劳破坏是指在重复应力的作用下，在低于静载一次作用时的极限应力时发生破坏。沥青路面在使用过程中，受到车辆荷载的反复作用，或者受到环境温度交替变化所产生的温度应力作用，长期处于应力应变反复变化的状态。随着荷载作用次数的增加，材料内部缺陷、微裂纹不断扩展，路面结构强度逐渐衰减，直至最后发生疲劳破坏，路面出现裂缝。

目前，试验室内沥青混合料试件的疲劳试验方法众多，可以分为旋转法、扭转法、简支三点或四点弯曲法、悬臂梁弯曲法、弹性基础梁弯曲法、直接拉伸法、间接拉伸法、三轴压力法、拉—压法和剪切法等。而在国际上开展较为普遍的试验方法有劈裂疲劳试验、梯形悬臂梁弯曲法、矩形梁四点弯曲法。美国 SHRP A-003A 研究项目对这三种试验方式进行了影响因素敏感性、试验可靠性及合理性三个方面的评价与分析，并综合考虑试件制作和试验操作等方面的要求，最终确定了矩形梁四点弯曲疲劳试验作为沥青混合料疲劳性能研究的标准试验。

4. 沥青混合料的耐久性

耐久性是指沥青混合料在使用过程中抵抗环境因素及行车荷载反复作用的能力，它包括沥青混合料的抗老化性、水稳定性、抗疲劳性等综合性质。

（1）抗老化性

在沥青混合料使用过程中，受到空气中氧、水、紫外线等介质的作用，促使沥青发生诸多复杂的物理化学变化，并逐渐老化或硬化，致使沥青混合料变脆易裂，从而导致沥青路面出现各种与沥青老化有关的裂纹或裂缝。

沥青混合料老化取决于沥青的老化程度，与外界环境因素和压实空隙率有关。在气候温暖、日照时间较长的地区，沥青的老化速率快。沥青混合料的空隙率越大，环境介质对沥青的作用就越强烈，其老化程度也越高。在沥青路面工程中，为了减缓沥青的老化速度和程度，除了应选择耐老化沥青外，还应使沥青混合料含有足量的沥青。在沥青混合料的施工过程中，应控制拌和加热温度，并保证沥青路面的压实密度，以降低沥青在施工和使用过程中的老化速率。仅从耐久性考虑可选用细粒密级配的沥青混合料，并增加沥青用量，降低沥青混合料的空隙率，以防止水分渗入并减少阳光对沥青材料的老化作用。

（2）水稳定性

沥青混合料的水稳定性不足表现为：由于水或水汽的作用，促使沥青从集料颗粒表面剥离，降低沥青混合料的黏结强度，松散的集料颗粒被滚动的车轮带走，在路表形成独立的大小不等的坑槽，即所谓的沥青路面的"水损害"。当沥青混合料的压实空隙率较大、沥青路面排水系统不完善时，滞留于路面结构中的水长期浸泡沥青混合料，加上行车引起的动水压力对沥青产生剥离作用，将加剧沥青路面的"水损害"程度。

本章第三节中所述的水煮法和水浸法等试验仅仅可以初步评价沥青与集料的黏附性，还应结合沥青混合料的水稳定性试验结果给出综合评价。评价沥青混合料水稳定性的试验有浸水试验和冻融劈裂强度试验。

浸水试验是根据浸水前后沥青混合料物理、力学性质的降低程度来表征其水稳定性的一类试验,常用的方法有浸水马歇尔试验、浸水车辙试验、浸水劈裂强度试验和浸水抗压强度试验等。在浸水条件下,由于沥青与集料之间黏附性的降低,最终表现为沥青混合料整体力学强度损失,以浸水前后的马歇尔稳定度比值、车辙深度比值、劈裂强度比值和抗压强度比值的大小评价沥青混合料的水稳定性。

目前,使用较为广泛的试验是冻融劈裂强度试验。该试验名义上为冻融试验,但其真正含义是检验沥青混合料的水稳定性,且试验条件较一般的浸水试验条件苛刻一些,试验结果与实际情况较为吻合。

5. 沥青路面的抗滑性

沥青路面的抗滑性对于保障道路交通安全至关重要,而沥青路面的抗滑性能必须通过合理地选择沥青混合料组成材料、正确地设计与施工来保证。

沥青路面的抗滑性与所用矿料的表面构造深度、颗粒形状与尺寸、抗磨光性有着密切的关系。矿料的表面构造深度取决于矿料的矿物组成、化学成分及风化程度;颗粒形状与尺寸既受到矿物组成的影响,也与矿料的加工方法有关;抗磨光性则受到上述所有因素加上矿物成分硬度的影响。因此,用于沥青路面表层的粗集料应选用表面粗糙、坚硬、耐磨、抗冲击性好、磨光值大的碎石或破碎砾石集料。通常,坚硬耐磨的矿料多为酸性石料,与沥青的黏附性较差。为了保证沥青混合料的水稳定性,应采取有效的抗剥落措施。

四、沥青混合料组成材料的技术要求

沥青混合料的技术性质在很大程度上决定于其组成材料的质量品质、用量比例及沥青混合料的制备工艺等因素,其中组成材料的质量是首先需要关注的问题。

1. 沥青路面使用性能的气候分区

沥青混合料的物理力学性质与使用环境,如气温和湿度关系密切。因此,在选择沥青结合料等级、选择沥青混合料级配类型、进行沥青混合料配合比设计、检验沥青混合料的使用性能时,应考虑沥青路面工程的环境因素,尤其是温度和湿度条件。所以,应按照不同的气候分区的特点对沥青混合料的技术性能提出相应要求。

(1)气候分区指标

采用工程所在地最近30年内年最热月份平均最高气温的平均值作为反映沥青路面在高温和重载条件下出现车辙等流动变形的气候因子,并作为气候分区的一级指标,按照设计高温指标,一级区划分为3个区。

采用工程所在地最近30年内的极端最低气温作为反映沥青路面由于温度收缩产生裂缝的气候因子,并作为气候分区的二级指标,按照设计低温指标,二级区划分为4个区。

采用工程所在地最近30年内的年降雨量的平均值作为反映沥青路面受水影响的气候因子,并作为气候区划的三级指标,按照设计雨量指标,三级区划分为4个区。

(2)气候分区的确定

沥青路面使用性能气候分区由一、二、三级区划组合而成,以综合反映该地区的气候特征,见表7-5。每个气候分区用三个数字表示:第一个数字代表高温分区,第二个数字代表低温分区,第三个数字代表雨量分区。每个数字越小,表示气候因素对沥青路面的影响越严重,如我国上海市属于1-3-1气候分区,为夏炎热冬冷潮湿区,对沥青混合料的高温稳定性和水稳定性要求较高。

沥青路面使用性能气候分区(JTJ 036—98) 表7-5

气候分区指标		气 候 分 区			
按照高温指标	高温气候区	1	2	3	
	气候区名称	夏炎热区	夏热区	夏凉区	
	七月平均最高温度(℃)	>30	20~30	<20	
按照低温指标	低温气候区	1	2	3	4
	气候区名称	冬严寒区	冬寒区	冬冷区	冬温区
	极端最低气温(℃)	<-37.5	-37.5~-21.5	-21.5~-9.0	>-9.0
按照雨量指标	雨量气候区	1	2	3	4
	气候区名称	潮湿区	湿润区	半干区	干旱区
	年降雨量(mm)	>1 000	1 000~500	500~250	<250

2. 组成材料的技术要求

(1) 沥青结合料

沥青是沥青混合料中最重要的组成材料,其性能直接影响沥青混合料的各种技术性质。沥青路面所用沥青等级应根据气候条件、沥青混合料类型、道路等级、交通性质、路面类型、施工方法以及当地使用经验等,经技术论证后确定。

一般来说,在夏季温度高、高温持续时间长的地区,应采用黏度高的沥青;而在冬季寒冷的地区,则宜采用稠度低、低温劲度较小的沥青。对于日温差较大的地区,还应考虑选择针入度指数较高的低感温性沥青。对于重载交通路段、高速公路等实行渠化交通的路段、山区及丘陵区上坡路段、服务区、停车场等行车速度慢的路段,为了提高沥青混合料的强度和承载能力,应选用黏度大的沥青。

(2) 粗集料

用于沥青混合料中粗集料,可以采用碎石、破碎砾石、筛选砾石、矿渣等,破碎砾石应采用粒径大于50mm的颗粒轧制,破碎前必须清洗,含泥量不得大于1%,破碎砾石的破碎面积应符合设计要求。

粗集料应该洁净、干燥、表面粗糙、形状接近立方体且无风化、不含杂质,并具有足够的强度、耐磨耗性,质量符合设计要求。用于高速公路、一级公路、城市快速道路、主干路沥青路面表层的粗集料应该选用坚硬、耐磨、抗冲击性好的碎石或破碎砾石,不得使用筛选砾石、矿渣及软质集料,该类粗集料应符合磨光值和黏附性的要求。当集料的黏附性达不到要求时,必须采取抗剥落措施。

(3) 细集料

用于拌制沥青混合料的细集料,可以采用天然砂、机制砂或石屑。细集料应洁净、干燥、无风化、不含杂质,应与沥青有良好的黏结能力,并有适当的级配范围,质量满足设计要求。在高速公路、一级公路、城市快速路、主干路沥青路面面层及抗滑磨耗层中,所用石屑总量不宜超过天然砂或机制砂的用量,即在细集料中石屑含量不宜超过总量的50%。

(4) 填料

填料在沥青混合料中的作用非常重要,沥青混合料主要是依靠沥青与矿粉的交互作用形成较高黏结力的沥青胶浆,将粗细集料结合成一个整体。用于沥青混合料的填料最好采用石灰岩或岩浆岩中的强基性岩石等憎水性石料经磨细得到的矿粉,生产矿粉的原石料中泥土杂质应清除。矿粉要求干燥、洁净,能自由地从石粉仓中流出,其质量应符合设计要求。

为了改善沥青混合料水稳定性,可以采用干燥的磨细生石灰粉、消石灰粉或水泥作为填料,其用量不宜超过矿料总量的 1% ~ 2%。

五、密级配热拌沥青混合料的组成设计

沥青混合料组成设计的目的是根据设计要求,选择合适的组成材料(见本章第四部分),确定合适的级配类型和级配范围、确定各组成材料的比例,使得所配制的沥青混合料能够满足高温稳定性、低温抗裂性、耐久性和施工和易性的要求。

1. 沥青混合料类型的选择

沥青路面各层所用沥青混合料类型应根据道路等级与所处位置的功能要求进行选择。一般来说,矿料的公称最大粒径宜从上至下逐渐增大,并与结构层的设计厚度相匹配,以保证沥青路面的压实密度,减少集料离析,便于施工和压实。根据工程经验,沥青路面一层的压实厚度不宜小于矿料公称最大粒径的 2.5 ~ 3.0 倍。

当确定了沥青混合料类型和公称最大粒径后,还要确定沥青混合料设计级配范围。沥青混合料矿料的级配组成对其使用性能影响很大,也是配合比设计的重要内容之一。在我国现行规范(JTG F40—2004)对各类沥青混合料中的矿料级配范围作出了规定。在进行沥青混合料配合比设计时,设计者或使用者应根据沥青路面的使用条件、材料特征等,在这个级配范围中选择一个合适的工程级配范围作为设计依据。

2. 配合比设计方法和设计要求

(1) 马歇尔试验和指标

马歇尔试验方法是由美国密西西比州公路局提出的,迄今已经历了半个多世纪。马歇尔试验设备简单、操作方便,被世界上许多国家所采用,也是目前我国进行密级配沥青混合料配合比设计的主要试验方法。

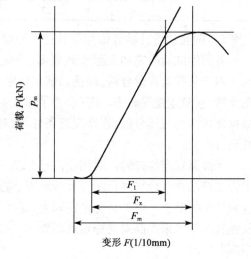

图 7-10 马歇尔试验曲线

马歇尔试验用于测定沥青混合料试件的破坏荷载和抗变形能力。将沥青混合料制备成规定尺寸的圆柱状试件,试验时将试件横向置于两个半圆形压模中,使试件受到一定的侧限。在规定温度和加荷速度下,对试件施加压力,记录试件所受压力与变形曲线,见图 7-10。由图 7-10 得到马歇尔稳定度 MS(Marshall Stability) 和流值 FL(Flow Value)。稳定度 MS 是指试件受压至破坏时承受的最大荷载,以 kN 计。流值 FL 是达到最大破坏荷载时试件的垂直变形,以 0.1 mm 计。目前,在我国沥青路面工程中,马歇尔稳定度与流值既是沥青混合料配合比设计主要指标,也是沥青路面施工质量控制的重要试验项目。

(2) 配合比设计指标及其技术要求

在采用马歇尔试验法进行沥青混合料配合比设计时,主要设计指标为沥青混合料马歇尔试件的稳定度和流值以及试件空隙率、沥青饱和度和矿料间隙率等体积参数指标。根据这些指标的技术要求,确定矿质混合料级配组成以及合适的沥青用量。

在我国现行规范(JTG F40—2004)中,对密级配沥青混合料马歇尔试件的成型条件、试件的体积参数指标、马歇尔稳定度和流值指标的要求见表7-6和表7-7。当使用改性沥青时,混合料的马歇尔试验指标要求允许适当调整,其流值可适当放宽。

密级配热拌沥青混合料马歇尔试验技术标准 表7-6

沥青混合料类型 项目	密级配热拌沥青混合料(AC)					其他等级道路	行人道路
	高速公路、一级公路、城市快速路、主干路						
	中轻交通	重交通	中轻交通	重交通		
	夏炎热区		夏热区及夏凉区				
试件每面的击实次数(次)	75	75	75	75	50	50
空隙率(%) 深约90mm以内	3~5	4~6	2~4	3~5	3~6	2~4
空隙率(%) 深约90mm以下	3~6	3~6	2~6	3~6		
沥青饱和度(%)	见表7-7的要求					
矿料间隙率(%)	见表7-7的要求					
稳定度(kN),≥	8	8	8	8	5	3
流值(mm)	2~4	1.5~4	2~4.5	2~4	2~4.5	2~5

密级配热拌沥青混合料的沥青饱和度与矿料间隙率的要求 表7-7

集料公称最大粒径/mm			4.75	9.5	13.2	16.0	19.0	26.5	31.5	37.5	50
沥青饱和度VFA(%)			70~85		60~75			55~70		
矿料间隙率VMA(%)不小于	设计空隙率VV(%)	2	15	13	12	11.5	11	10	9.5	9	8.5
		3	16	14	13	12.5	12	11	10.5	10	9.5
		4	17	15	14	13.5	13	12	11.5	11	10.5
		5	18	16	15	14.5	14	13	12.5	12	11.5
		6	19	17	16	15.5	15	14	13.5	13	12.5

(3)配合比设计验证指标及其技术要求

各国的试验研究和工程实践表明,马歇尔稳定度和流值是经验性指标,具有一定的局限性。对于某些沥青混合料,即使马歇尔稳定度和流值都满足技术要求,也无法避免沥青路面出现车辙、水稳定性等病害。因此,为了保证沥青混合料的路用性能,在配合比设计的基础上,应根据沥青路面气候分区、道路交通条件等,对沥青混合料的高温稳定性、低温抗裂性和水稳定性进行检验。

①高温稳定性检验。对用于高速公路、一级公路和城市快速路、主干路沥青路面上面层和中面层的沥青混合料进行配合比设计时,应进行车辙试验检验。沥青混合料的动稳定度应符合表7-8的要求。对于交通量特别大、超载车辆特别多的运煤专线、厂矿道路,可以通过提高气候分区等级来提高对动稳定度的要求。对于轻型交通为主的旅游区道路,可以根据情况适当降低要求。

沥青混合料车辙试验动稳定度技术要求 表7-8

气候条件与技术指标	相应下列气候分区所要求的动稳定度DS(次/mm)							
七月平均最高气温(℃)及气候分区	>30(夏炎热区)				20~30(夏热区)			<20夏凉区
	1-1	1-2	1-3	1-4	2-1	2-2	2-3	2-4	3-2
普通沥青混合料,≥	800			1 000	600			800	600
改性沥青混合料,≥	2 400			2 800	2 000			2 400	1 800

②水稳定性检验。沥青混合料应具有良好的水稳定性,在进行沥青混合料配合比设计及性能评价时,除了对沥青与石料的黏附性等级进行检验外,还应在规定条件下进行沥青混合料的浸水马歇尔试验和冻融劈裂试验,残留稳定度和冻融劈裂强度比应满足表7-9的要求。

沥青混合料水稳定性技术要求　　　　表7-9

年降雨量(mm)		>1 000（潮湿区）	1 000~500（湿润区）	500~250（半干区）	<250（干旱区）
浸水马歇尔试验的残留稳定度(%),≥	普通沥青混合料	80	80	75	75
	改性沥青混合料	85	85	80	80
冻融劈裂试验的残留强度比(%),≥	普通沥青混合料	75	75	70	70
	改性沥青混合料	80	80	75	75

③低温抗裂性检验。为了提高沥青路面低温抗裂性,应对沥青混合料进行低温弯曲试验,试验温度为－10℃,加载速率50mm/min,沥青混合料的破坏应变应满足表7-10的要求。

沥青混合料低温弯曲试验破坏应变技术要求　　　　表7-10

气候条件与技术指标	相应于下列气候分区所要求的破坏应变(μm)							
年极端最低气温(℃)及气候分区	<－37.5（冬严寒区）		－37.5~－21.5（冬寒区）		－21.5~－9.0（冬冷区）		>－9.0（冬温区）	
	1-1	2-1	2-2	3-2	1-3	2-3	1-4	2-4
普通沥青混合料,≥	2 600		2 300		2 000			
改性沥青混合料,≥	3 000		2 800		2 500			

3. 密级配热拌沥青混合料目标配合比设计步骤

全过程的沥青混合料配合比设计包括三个阶段:目标配合比设计阶段、生产配合比设计阶段和生产配合比验证阶段。后两个设计阶段是在目标配合比的基础上进行的,借助于施工单位的拌和设备、摊铺和碾压设备,在进行沥青混合料的试拌试铺的基础上,完成对沥青混合料配合比的调整。

沥青混合料目标配合比设计步骤如下:
①组成材料选择与材料性能测试;
②矿质混合料的配合比设计;
③沥青混合料马歇尔试验;
④确定最佳沥青用量;
⑤配合比设计检验。
配合比设计流程见图7-11。

六、骨架型沥青混合料的配合比设计要点

1. SMA 混合料

SMA混合料属于骨架密实结构,具有耐磨抗滑、密实耐久、抗疲劳、抗高温车辙、减少低温开裂等优点。SMA混合料适用于任何等级的道路,特别适用于高速公路、重交通道路、交叉口、机场道面、桥面铺装等工程。

(1)材料组成特点

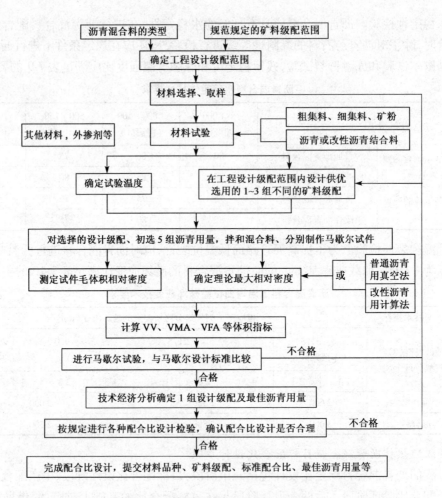

图7-11 沥青混合料配合比设计流程图

SMA混合料由相互嵌挤的粗集料骨架与沥青玛蹄脂两个部分组成。在材料组成上，粒径大于4.75mm的粗集料含量高达70%~80%，矿粉用量为10%左右，细集料较少。表7-11为SMA混合料级配范围的建议值，SMA混合料的最大粒径应与面层结构设计厚度相匹配，结构设计厚度为集料的公称最大粒径的2~2.5倍。

SMA混合料矿料级配范围（JTG F40—2004） 表7-11

级配类型		通过下列筛孔(mm)的质量百分率(%)										
		26.5	19	16	13.2	9.5	4.75	2.36	1.18	0.6	0.3	0.15	0.075
中粒式	SMA-20	100	90~100	72~92	62~82	40~55	18~30	13~22	12~20	10~16	9~14	8~13	8~12
	SMA-16	—	100	90~100	65~85	45~65	20~32	15~24	14~22	12~18	10~15	9~14	8~12
细粒式	SMA-13	—	—	100	90~100	50~75	20~34	15~26	14~24	12~20	10~16	9~15	8~12
	SMA-10	—	—	—	100	90~100	28~60	20~32	14~26	12~22	10~16	9~16	8~13

（2）配合比设计原则和关键设计指标

SMA混合料的配合比设计采用马歇尔试验方法进行。

SMA混合料的配合比设计原则体现在两个方面：一是粗集料颗粒互相嵌挤组成高稳定性的"石—石骨架"结构；二是由细集料、沥青结合料和稳定添加剂组成的沥青玛蹄脂填充"骨架"间隙,沥青玛蹄脂应略有富余,形成密实结构,以使混合料获得较好的柔韧性和耐久性。

①粗集料的"石—石骨架"嵌挤结构的保证。在压实状态下,沥青混合料中的粗集料间隙率 VCA_{mix} 必须满足式(7-35)的要求。这是检验 SMA 混合料中粗集料能否形成嵌挤骨架的关键。当不能满足式(7-35)的条件时,混合料的粗集料骨架 VCA 实际上是被所填充沥青玛蹄脂撑开了,这表明在混合料中或者沥青玛蹄脂过多、或者粗集料骨架间隙过小。对于 SMA-16 和 SMA-13,粗集料通常是指粒径大于 4.75 mm 的粗集料;对于 SMA-10,粗集料是指粒径大于 2.36mm 的粗集料。

$$VCA_{mix} \leqslant VCA_{DRC} \tag{7-35}$$

式中:VCA_{mix}——压实沥青混合料试件粗集料间隙率 VCA_{mix},见式(7-36),%;

VCA_{DRA}——粗集料骨架间隙率,见式(7-37),%。

$$VCA_{mix} = \left(1 - \frac{\gamma_f}{\gamma_{ca}} \cdot P_{CA}\right) \times 100 \tag{7-36}$$

$$VCA_{DRC} = \left(1 - \frac{\gamma}{\gamma_{ca}}\right) \times 100 \tag{7-37}$$

式中:P_{CA}——沥青混合料中粒径大于 4.75mm(或 2.36mm)的粗集料比例,%;

γ_{ca}——粗集料的平均毛体积相对密度;

γ_f——沥青混合料试件的毛体积相对密度;

γ——按捣实法测定的粗集料的相对堆积密度。

②马歇尔试件的体积参数力学指标。与普通密级配沥青混合料一样,SMA 混合料马歇尔试件的体积参数主要是空隙率、矿料间隙率 VMA 和沥青饱和度 VFA。压实后 SMA 混合料的空隙率 VV 是该混合料形成密实结构的保证,矿料间隙率 VMA 比密级配沥青混合料的 VMA 大得多,以保证能够加入足够的沥青。否则,在路面使用的压密过程中,过多的沥青会浮于混合料的表面,出现泛油或油斑等病害。

在相同的试验条件下,与密级配 AC 型混合料相比,SMA 混合料通常表现为马歇尔稳定度低,而流值高,试验结果与这两种混合料在实际路面中的表现不相符,所以马歇尔试验的稳定度和流值不是 SMA 混合料配合比设计的主要指标。马歇尔试验的目的是检测试件的各项体积结构参数,以确定 SMA 混合料的矿料级配。

(3)配合比设计的检验性指标

SMA 混合料的抗车辙能力和水稳定性评价指标同密级配沥青混合料。

采用肯塔堡飞散试验用以检验 SMA 混合料中集料与沥青结合料的黏结力,用于确定最低沥青用量,防止集料的脱落、掉粒或飞散,进而发展为坑槽,造成路面损坏。

采用谢伦堡沥青析漏试验用以检测 SMA 混合料中有无多余的自由沥青或过多的沥青玛蹄脂,用以限定 SMA 混合料的最大沥青用量。

上述 SMA 混合料配合比设计的技术指标及其相应的技术要求见表 7-12。

SMA 混合料物理力学性能指标和技术要求　　表 7-12

	技术指标与要求	使用非改性沥青	使用改性沥青
配合比设计马歇尔试验指标	马歇尔试件击实次数①	两面各击实 50 次	
	空隙率 VV②(%)	3~4	
	矿料间隙率 VMA②(%),≥	17.0	
	沥青饱和度 VFA②(%)	75~85	

续上表

技术指标与要求		使用非改性沥青	使用改性沥青
配合比设计马歇尔试验指标	压实混合料粗集料间隙率 VCAmix(%),≤	粗集料骨架间隙率 VCA_{DRC}	
	马歇尔稳定度(kN),≥	5.5	6.0
	流值(0.1 mm)	20~50	—
配合比设计检验指标	谢伦堡沥青析漏量(%),≤	0.2	0.1
	肯塔堡飞散(或浸水飞散)试验损失量(%),≤	20	15
	车辙试验的动稳定度(次/mm),≥	1 500	3 000
	水稳定性检验 残留稳定度(%),≥	75	80
	冻融劈裂强度比(%),≥	75	80
渗水系数(mL/min),≤		80	

注:①对不易击碎的坚硬集料,通行重载交通的路段,也可以将击实次数增加为双面75次。
②对于高温稳定性要求较高的重交通路段或炎热地区,空隙率允许放宽到4.5%,VMA允许放宽到16.5%,VFA允许放宽到70%。

2. OGFC 混合料

采用 OGFC 混合料铺筑的沥青面层具有迅速排除路表水、减少行车水雾、防水漂、抗滑降噪等有利于行车安全与环保的特性。OGFC 混合料适应于行驶快速、中轻型车辆的高速公路、城市快速路和高架桥、隧道铺面等工程。

(1)材料组成特点

OGFC 混合料是一种采用高黏度沥青结合料、高含量粗集料、少量细集料和填料(矿粉)组成的混合料,设计空隙率一般在 18%~25%。通常,OGFC 混合料的沥青膜厚度不宜小于 13μm,普通密级配沥青混合料的沥青膜厚度在 6~8μm,SMA 混合料的沥青膜厚度在 10μm 左右。沥青膜厚度的增加有利于延缓空气、水流、紫外光等外界环境因素对沥青的老化作用,从而使 OGFC 混合料在具有较大空隙的情况下,依然具有良好的耐久性能。

表 7-13 为 OGFC 混合料级配范围的建议值。OGFC 混合料的最大粒径应与面层结构设计厚度相匹配,结构设计厚度为集料的公称最大粒径的 2~2.5 倍。

OGFC 混合料矿料级配范围(JTG F40—2004) 表 7-13

级配类型		通过下列筛孔(mm)的质量百分率(%)									
		19	16	13.2	9.5	4.75	2.36	1.18	0.6	0.3	0.15	0.075
中粒式	OGFC-16	100	90~100	70~90	45~70	12~30	10~22	6~18	4~15	3~12	3~8	2~6
	OGFC-13		100	90~100	60~80	12~30	10~22	6~18	4~15	3~12	3~8	2~6
细粒式	OGFC-10			100	90~100	50~70	10~22	6~18	4~15	3~12	3~8	2~6

(2)对沥青结合料的要求

OGFC 混合料为骨架空隙结构,其空隙率较大、粗集料较多,为保证混合料具有良好耐久性能,应使用高黏度改性沥青作为沥青结合料,以增强对集料颗粒的裹覆能力,保持路面的整体性而不松散。表 7-14 给出了对 OGFC 混合料用高黏度改性沥青的技术要求。

高黏度改性沥青技术指标 表7-14

指标		技术要求(JTG F40—2004)	技术要求
动力黏度(60℃)(Pa·s),≥		20 000(毛细管黏度)	40 000(零剪切黏度)
针入度(25℃)(0.1mm),≥		40	40
软化点(℃),≥		80	85
延度(cm),≥		50(15℃)	20(5℃)
闪点(℃),≥		260	260
TFOT残留物	质量变化(%),≤	0.6	0.6
	针入度比(%),≤	—	70

(3)配合比设计指标

在OGFC混合料的配合比设计中,马歇尔稳定度不是主要控制指标,仅仅是检测马歇尔试件的空隙率指标。OGFC混合料为骨架空隙结构,其空隙率大小与混合料的排水、降噪等功能特性密切相关。因此,OGFC混合料以空隙率作为配合比设计的主要体积参数,而矿料间隙率及沥青饱和度并不作为配合比设计的主要体积参数。

(4)性能检验指标

OGFC混合料的高温抗车辙能力通过车辙试验进行检测。此外,OGFC混合料同样需要进行肯塔堡飞散试验、谢伦堡析漏试验、冻融劈裂试验,以保证混合料抗飞散能力和施工要求。

将上述OGFC混合料配合比设计的技术指标及其相应的技术要求见表7-15。

OGFC混合料配合比设计指标与要求(JTG F40—2004) 表7-15

	设计指标	技术要求
配合比设计	马歇尔试件击实次数(次)	两面各50
	马歇尔试件尺寸(mm)	$\phi 101.6 \times 63.5$
	空隙率(%)	18~25
	马歇尔稳定值(kN),≥	3.5
性能检测	谢伦堡沥青析漏量(%),≤	0.3
	20℃肯塔堡飞散损失(%),≤	20
	60℃动稳定度(次/mm),≥	1 500(一般交通路段),3 000(重交通量路段)
	冻融劈裂强度比(%),≥	80

(5)配合比设计方法

OGFC混合料的配合比设计采用马歇尔试验方法进行,并以空隙率作为配合比设计关键控制指标,同时考虑OGFC混合料在高温稳定性、耐久性、施工特性等方面的要求。

第五节 水泥与水泥混凝土

一、水泥

水泥属于水硬性无机胶凝材料。水泥与水混合后,经过一系列物理化学作用,由可塑性浆体变成坚硬的石状固体。就硬化条件而言,水泥不仅能够在空气中硬化,而且能够在水中更好地硬化,保持并继续发展其强度。所以,水泥材料既可用于地面工程,也可用于水中及地下工程。

按性能和用途,水泥可分为通用水泥、专用水泥和特性水泥等。通用水泥是指用于一般土木工程中的水泥,主要有通用硅酸盐水泥。专用水泥是指具有专门用途的水泥,如道路水泥等。特性水泥是指某些性能比较突出的水泥,如快硬水泥、低热水泥、抗硫酸盐水泥和膨胀水泥等。

1. 通用硅酸盐水泥的组成

(1) 原料和生料

生产硅酸盐水泥的主要原料是石灰质原料和黏土质原料两大类。常用石灰质原料为石灰石、白垩、石灰质凝灰岩等物质,它们主要提供氧化钙 CaO 成分。黏土质原料一般为黏土、黏土质页岩、黄土等物质,主要提供了氧化硅 SiO_2、氧化铝 Al_2O_3 及少量的氧化铁 Fe_2O_3 成分。

各种原料按适当的比例配合后,可同时或者分别将这些原料磨细到规定的细度,并且使其混合均匀,成为水泥的"生料"。

(2) 水泥熟料

硅酸盐水泥熟料是指将配制好的生料烧至部分熔融,所得到的以硅酸盐为主要矿物成分的水硬性胶凝物质。水泥"熟料"的中的四种主要矿物为:硅酸三钙(化学分子式 $3CaO \cdot SiO_2$),简式 C_3S;硅酸二钙(化学分子式 $2CaO \cdot SiO_2$),简式 C_2S;铝酸三钙(化学分子式 $3CaO \cdot Al_2O_3$),简式 C_3A;铁铝酸四钙(化学分子式 $4CaO \cdot Al_2O_3 \cdot Fe_2O_3$),简式 C_4AF。

在硅酸盐水泥熟料中,这四种矿物组成的质量通常占到95%以上,其中 C_3S 和 C_2S 含量占75%左右,C_3A 和 C_4AF 含量约为22%。此外,还有少量的游离氧化钙和方镁石结晶(结晶氧化镁)等含碱矿物。

(3) 混合材料

水泥混合材料有活性混合材料和非活性混合材料两类。

水泥生产中常用的活性混合材料有粒化高炉矿渣、火山灰质混合材料和粉煤灰等工业废渣。这类混合材料本身不具备水硬性,但与水泥或石灰(或石灰和石膏)拌和在一起,加水后既能在水中硬化又能在空气中硬化。

非活性混合材料主要包括活性指标不符合要求的粒化高炉矿渣、粒化高炉矿渣粉、粉煤灰、火山灰质混合材料、石灰石和砂岩等。这类混合材料与水泥成分不起化学作用或化学作用很小。在水泥中掺入非活性材料的目的是提高水泥产量、调节水泥强度等级、降低水泥的水化热等。

(4) 通用硅酸盐水泥

通用硅酸盐水泥是指以硅酸盐水泥熟料、适量的石膏、混合材料配制而成的水硬性胶凝材料。按照水泥中混合材料的品种和掺量的不同,主要有6个品种,将其代号与组分构成汇总于表 7-16。

通用硅酸盐水泥品种、代号与组分 表7-16

品种	代号	组分(质量分数)				
		熟料+石膏	粒化高炉矿渣	火山灰质混合料	粉煤灰	石灰石
硅酸盐水泥	P.Ⅰ	100	—			
	P.Ⅱ	≥95	≤5			
		≥95	—			≤5
普通硅酸盐水泥	P.O	≥80且<95	>5且≤20			
矿渣硅酸盐水泥	P.S.A	≥50且<80	>20且≤50			
	P.S.B	≥30且<50	>50且≤70			
火山灰质硅酸盐水泥	P.P	≥60且<80	—	>20且≤40		
粉煤灰硅酸盐水泥	P.F	≥60且<80			>20且≤40	
复合硅酸盐水泥	P.C	≥60且<80	>20且≤50			

2. 通用硅酸盐水泥的技术性质

（1）凝结时间

水泥的凝结时间以标准试针沉入标准稠度水泥净浆至一定深度所需时间表示，分为初凝时间和终凝时间。初凝时间是指从水泥全部加入水中至初凝状态所经历的时间；终凝时间是指从水泥全部加入水中到终凝状态所经历的时间。凝结时间按照《水泥标准稠度用水量、凝结时间、安定性检验方法》(GB/T 1346—2001)中的规定进行测试。

水泥的凝结时间对水泥混凝土的施工有重要的意义。初凝时间太短，将影响混凝土的搅拌、运输、浇捣等施工工序的正常进行。而一旦施工完毕则要求混凝土尽快硬化，并具有一定的强度，以加快模具的周转，缩短养护时间。《水泥标准稠度用水量、凝结时间、安定性检验方法》(GB/T 1346—2001)规定，硅酸盐水泥的初凝时间不小于45min，终凝时间不大于390min；普通水泥、矿渣水泥、火山灰质水泥、粉煤灰水泥和复合水泥的初凝时间不小于45min，终凝时间不大于600min。

（2）安定性

安定性用于表征水泥浆体硬化后，是否发生不均匀体积变化的性能指标。通用硅酸盐水泥的安定性按照GB/T 1346—2001中规定的方法进行检测。

引起水泥体积安定性不良的主要原因是在水泥熟料中游离氧化钙或氧化镁含量过高，或由于石膏掺量过多而导致的水泥中的三氧化硫含量偏高。这些成分在水泥浆体硬化后继续与水或周围介质发生化学反应，其生成物体积增加，引起水泥石内部的不均匀体积变化，在结构物中产生应力。当应力超过材料强度时，则会引起结构开裂、崩裂等问题。

（3）细度

细度是表示水泥颗粒粗细程度或水泥分散度的指标，它对水泥的水化硬化速度、水泥需水量、和易性、放热速率和强度都有影响。由于水泥与水的反应是从水泥颗粒表面开始的，颗粒愈细，水泥与水发生反应的表面积愈大，水化愈充分，水化速度愈快。所以，相同矿物组成的水泥，细度愈大，凝结速度愈快，早期强度愈高。

根据我国现行国标规定，硅酸盐水泥和普通硅酸盐水泥的细度以比表面积表示，要求其比表面积不小于300m^2/kg。矿渣水泥、火山灰质水泥、粉煤灰水泥和复合水泥的细度以筛析法检验，要求其80μm方孔筛的筛余量不大于10%或45μm方孔筛的筛余量不大于30%。

（4）强度

水泥强度是评价水泥质量、确定水泥强度等级的重要指标，也是水泥混凝土和砂浆配合比设计的重要计算参数。水泥强度除了与水泥熟料矿物组成和细度有关外，还与水灰比、试件制作方法、养护条件和时间等有关。

①水泥强度的测试。《通用硅酸盐水泥》(GB 175—2007)中规定，水泥强度按《水泥胶砂强度检验方法》(GB 17671—1999)进行试验。按照该规范，将水泥与ISO标准砂按照1∶3的质量比例混合后，以水灰比为0.5拌制水泥胶砂，用标准方法制作4cm×4cm×16cm的标准试件。试件在标准条件(20℃±1℃，相对湿度不小于90%或水中)下进行养护，达到规定龄期(3d、28d)时，测定其抗折强度和抗压强度。

②水泥的强度等级。水泥的强度等级是根据规定龄期测定的抗压强度和抗折强度来划分的，见表7-17。不同品种、不同强度等级的通用硅酸盐水泥，在不同龄期时的强度不得低于表7-17中的规定。

通用硅酸盐水泥在不同龄期强度要求值（GB 175—2007） 表7-17

水泥品种	强度等级	抗压强度（MPa）		抗折强度（MPa）	
		3d	28d	3d	28d
硅酸盐水泥	42.5	17.0	42.5	3.5	6.5
	42.5R	22.0		4.0	
	52.5	23.0	52.5	4.0	7.0
	52.5R	27.0		5.0	
	62.5	28.0	62.5	5.0	8.0
	62.5R	32.0		5.5	
普通硅酸盐水泥	42.5	17.0	42.5	3.5	6.5
	42.5R	22.0		4.0	
	52.5	23.0	52.5	4.0	7.0
	52.5R	27.0		5.0	
矿渣硅酸盐水泥 火山灰质硅酸盐水泥 粉煤灰硅酸盐水泥 复合硅酸盐水泥	32.5	10.0	32.5	2.5	5.5
	32.5R	15.0		3.5	
	42.5	15.0	42.5	3.5	6.5
	42.5R	19.0		4.0	
	52.5	21.0	52.5	4.0	7.0
	52.5R	23.0		4.5	

水泥分为普通型和早强型（或称 R 型）两类，早强型水泥的 3d 抗压强度可达 28d 抗压强度的 50%左右，并较同强度等级的普通型水泥 3d 强度提高 10%以上。

3. 道路硅酸盐水泥

道路硅酸盐水泥是由道路硅酸盐水泥熟料、适量石膏以及质量满足要求的混合材料磨细制成的水硬性胶凝材料，简称道路水泥，代号 P.R。

（1）道路水泥矿物组成的要求

根据道路混凝土结构的使用特征，道路水泥应具备的主要特性是高抗折强度、低干缩性和高耐磨性。在硅酸盐水泥熟料中，4 种主要矿物对这些特性的影响程度排序为：

①抗折强度：$C_3S > C_4AF > C_3A$；

②干缩性：$C_3A > C_3S > C_4AF > C_2S$；

③耐磨性：$C_3S > C_4AF > C_3A$。

为了保证道路水泥的强度、干缩性和耐磨性的要求，其矿物组成应具有"高铁低铝"的特点，我国现行国标中对道路水泥熟料矿物 C_4AF 和 C_3A 含量做了相应的规定，见表 7-18。

（2）化学品质要求

道路水泥对游离氧化钙、三氧化硫、氧化镁和碱等成分含量的限制见表 7-18。

道路硅酸盐水泥矿物组成和化学品质指标要求（GB 13693—2005） 表7-18

熟料矿物成分（%）		三氧化硫 SO_3（%）	氧化镁 MgO（%）	烧失量（%）	碱含量（%）	熟料中游离氧化钙（%）	
铝酸三钙 C_3A	铁铝酸四钙 C_4AF					旋窑	立窑
≤5.0	≥16.0	≤3.5	≤5.0	≤3.0	0.60	≤1.0	≤1.8

(3)技术性质要求

根据 3d 和 28d 的抗压强度和抗折强度,将道路硅酸盐水泥分为 32.5、42.5 和 52.5 三个强度等级,各强度等级的道路水泥的强度不得低于表 7-19 中的规定。

道路水泥的干缩性、耐磨性、细度、凝结时间、安定性等技术指标应满足表 7-20 中的规定。

凡氧化镁、三氧化硫、初凝时间和安定性中的任一项不满足要求时,均为废品。凡比表面积、终凝时间、烧失量、干缩率、磨损量中的任一项不满足要求或者强度低于强度等级规定的要求时,为不合格品。

道路硅酸盐水泥各龄期的强度要求(GB 13693—2005) 表 7-19

强度等级	抗压强度(MPa)		抗折强度(MPa)	
	3d	28d	3d	28d
32.5	16.0	32.5	3.5	6.5
42.5	21.0	42.5	4.0	7.0
52.5	26.0	52.5	5.0	7.5

道路硅酸盐水泥的技术标准(GB 13693—2005) 表 7-20

指标	细度(比表面积)(m^2/kg)	凝结时间(min)	安定性(沸煮法)	干缩率(28d)(%)	磨损量(kg/m^2)
要求	300~450	初凝≥90 终凝≤600	合格	≤0.10	≤3.0

(4)道路水泥的特点和工程应用

道路硅酸盐水泥是一种专用水泥,其矿物组成比例基本在硅酸盐水泥的范围内,只是它有着偏高的 C_3S 和 C_4AF 含量及较低的 C_3A 含量,这样就提高了水泥强度,特别是抗折强度。高 C_4AF 及低 C_3A 含量可以使水泥具有耐磨性好、干缩性小、抗冲击性好、抗冻性和抗硫酸盐性较好的特点,还可以减少水泥混凝土的裂缝和磨损等病害,减少工程维修,延长混凝土的使用年限。因此,道路水泥特别适用于道路路面、机场跑道道面、城市广场铺面等工程。

二、水泥混凝土

水泥混凝土是由水泥、水与粗、细集料(也称石子、砂)按适当比例配合,必要时掺加适量外加剂、掺和料或其他改性材料配制而成混合物。其中,水泥起胶凝和填充作用,集料起骨架和密实作用。水泥与水发生水化反应生成具有胶凝作用的水化物,将集料颗粒牢固地黏结成整体,经过一定凝结硬化时间后而形成的人造石材,简称混凝土。

水泥混凝土铺筑的路面结构具有强度高、刚度大、使用寿命长的特点,能够承受较繁重车辆的作用。混凝土的主要缺点是:自重大,抗拉强度低,韧性低,抗冲击能力差。

1. 混凝土拌和物的施工和易性

混凝土拌和物是指水泥、水与粗、细集料经搅拌后得到的混合物,是指在施工过程中从混凝土材料加水搅拌至尚未凝结硬化的水泥混凝土。

(1)施工和易性的概念与测试

混凝土拌和物的施工和易性,又称工作性,是指混凝土拌和物易于施工操作(搅拌、运输、浇筑、振捣和表面处理)并获得质量均匀、成型密实的性能,这些性质在很大程度上制约着硬化后混凝土的技术性能。

混凝土拌和物的施工和易性是一项综合技术性质,包括流动性、捣实性、黏聚性和保水性等方面。其中,流动性是指混凝土拌和物在自重或机械振捣作用下,能产生流动,并均匀密实地填满模板的性能;捣实性是指混凝土拌和物易于振捣密实、排除所有被挟带空气的性质;黏聚性是指混凝土拌和物在施工过程中其组成材料之间有一定的黏聚力,不致产生分层和离析的现象;保水性是指混凝土拌和物在施工过程中具有一定的保水能力,不致产生严重的泌水现象。

目前,测定流动性最常用的方法是坍落度试验和 VB 稠度试验等。这些方法通常只能测定混凝土拌和物和易性的某一方面,而不是全部的性能。例如,坍落度试验测定的是混凝土拌和物的流动性,辅以观察,并结合经验来综合评定混凝土拌和物和易性的其他方面的性能。

(2)施工和易性的主要影响因素

①组成材料的影响。影响混凝土和易性的主要内因是水灰比、单位用水量和砂率等。

水灰比是指水与水泥的质量比。在水泥、集料用量一定的情况下,水灰比小,则水泥浆稠度大,混凝土拌和物的流动性小。若水灰比过大,水泥浆稠度较小,虽然混凝土拌和物的流动性增加,但可能会引起混凝土拌和物黏聚性和保水性不良。

在组成材料确定的情况下,混凝土拌和物的流动性随单位用水量增加而增加。但若单位用水量过多,在混凝土拌和物流动性增加的同时,黏聚性和保水性也将随之恶化,水泥浆过多易出现泌水、分层或流浆现象,致使拌和物产生离析。此外,单位用水量过多,还会导致混凝土产生收缩裂缝,使混凝土强度和耐久性严重降低。

砂率是指细集料(或砂)质量占全部集料(砂、石)总质量的百分率。过小的砂率将使水泥砂浆的数量不足,减弱水泥砂浆的润滑作用,不仅会降低混凝土拌和物的流动性,而且会严重影响其黏聚性和保水性,容易产生离析、流浆等现象。

此外,水泥品种、集料品种和最大粒径等也对混凝土拌和物的和易性产生影响。

②外界因素的影响。影响混凝土拌和物和易性的环境因素是温度、湿度和风速。环境温度的升高会使水泥水化速度加快、水分蒸发增加,将导致拌和物坍落度减小。所以,夏季施工时,应采取措施减少混凝土拌和物流动性的损失。同样,风速和湿度因通过影响水分的蒸发速度而影响拌和物的流动性。

混凝土拌和物在搅拌后,随着时间的增长,一部分水分被集料所吸收,一部分水分蒸发,水泥水化反应也使一些水分迁移变成水化产物结合水,混凝土拌和物流动性随时间的延长而减小。

2. 硬化混凝土的强度

强度是水泥混凝土最重要的力学性质,也是评定混凝土质量的重要指标。

(1)抗压强度

①立方体抗压强度标准值 $f_{cu,k}$。混凝土的立方体抗压强度标准值 $f_{cu,k}$ 是指按标准方法制作和养护的边长 150mm 的立方体试件,在 28d 龄期,用标准试验方法测得的抗压强度总体分布的平均值减去 1.645 倍的标准差。强度标准值 $f_{cu,k}$ 的保证率不低于 95%,即在混凝土强度总体分布中强度低于 $f_{cu,k}$ 的百分率不超过 5%,立方体抗压强度标准值 $f_{cu,k}$ 由式(7-38)计算,以 $MPa(N/mm^2)$ 计。

$$f_{cu,k} = \overline{f} - 1.645\sigma \tag{7-38}$$

式中:$\overline{f}$——强度总体分布的平均值,MPa;

σ——强度总体分布的标准差,MPa;

1.645——与保证率 95% 对应的保证率系数 t 值。

②强度等级。混凝土的强度等级是根据立方体抗压强度标准值确定的。强度等级采用符

号 C 与立方体抗压强度标准值两项内容表示,如 C20 表示混凝土的立方体抗压强度标准值 $f_{cu,k}$ 不小于 20MPa。

普通水泥混凝土按立方体抗压强度标准值划分为 12 个强度等级:C7.5、C10、C15、C20、C25、C30、C35、C40、C45、C50、C55、C60。

(2) 轴心抗压强度 f_{cp}

混凝土的抗压强度是采用立方体试件确定的,但在实际工程中,大部分钢筋混凝土结构形式为棱柱体或圆柱体。为了较为真实地反映实际受力状况,在钢筋混凝土结构设计中,计算轴心受压构件时,均以混凝土的轴心抗压强度为设计指标。

轴心抗压强度是测定尺寸为 150mm×150mm×300mm 试件的抗压强度,在试验中该尺寸的试件将比立方体更好地反映混凝土结构的实际受力状况。试验结果表明,在立方体抗压强度为 10~55MPa 的范围内,轴心抗压强度与立方体抗压强度之比为 0.7~0.8。

(3) 弯拉强度 f_{cf}

在道路工程和机场工程中,混凝土结构主要承受荷载的弯拉作用,所以弯拉强度是路面混凝土结构设计和质量控制的重要指标。道路水泥混凝土的弯拉强度的标准试件为 150mm×150mm×550mm 的直角棱柱体小梁,在标准条件下养护 28d 后,按三分点加荷方式进行测试。

(4) 劈裂抗拉强度 f_{ts}

在普通钢筋混凝土结构设计中虽不考虑混凝土承受拉力,但抗拉强度对混凝土的抗裂性起着重要作用。有时,也用抗拉强度间接衡量混凝土与钢筋的黏结强度,或用于预测混凝土构件由于干缩或温缩受约束引起的裂缝。

混凝土的劈裂抗拉强度约为其轴心抗拉强度的 0.9 倍,并与弯拉强度之间存在着式(7-39)所示关系。因此,可以采用劈裂抗拉试验法间接地求出混凝土的弯拉强度。

$$f_{ts} = A f_{cf}^{m} \tag{7-39}$$

式中:f_{ts}——混凝土的劈裂抗拉强度,MPa;

f_{cf}——混凝土的弯拉强度,MPa;

A、m——试验统计参数。

(5) 影响混凝土强度的主要因素

混凝土受力破坏时,破裂面可能出现在如图 7-12 所示的三个位置上。第一是集料和水泥石黏结界面破坏,这是混凝土结构中常见的破坏形式;第二是水泥石的破坏,多发生于普通混凝土中;第三是集料自身破裂,多发生在高强度混凝土中。由此分析,普通混凝土强度主要取决于水泥石强度及其与集料的界面黏结强度,而水泥石强度及其与集料的界面黏结强度与混凝土的组成材料密切相关,并受到施工质量、养护条件及龄期的影响。

 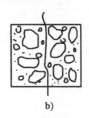 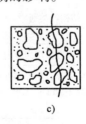

a)　　　　　　b)　　　　　　c)

图 7-12　混凝土受力破坏模式示意图

① 水泥强度和水灰比。根据大量工程实践及试验统计结果,在原材料一定的情况下,混凝土 28d 龄期抗压强度与水灰比及水泥强度之间呈式(7-40)所反映的关系;混凝土 28d 弯拉强

度同水灰比及水泥强度之间的关系如式(7-41)所示。

$$f_{cu,28} = a_a \cdot f_{ce} \cdot (C/W - a_b) \tag{7-40}$$

$$f_{cf,28} = a_c + a_d \cdot f_{cef} + a_e \cdot C/W \tag{7-41}$$

式中：　　C/W——混凝土的灰水比,%；

$f_{cu,28}$、$f_{cf,28}$——混凝土 28d 抗压强度、抗折强度,MPa；

f_{ce}、f_{cef}——水泥的实际抗压强度、弯拉强度,MPa；

a_a、a_b、a_c、a_d、a_e——统计公式的回归系数,与集料品种有关。

由式(7-40)和式(7-41)反映的关系称为混凝土的"水灰比定则",它表明水泥强度和水灰比是影响混凝土强度的最主要因素。按照"水灰比定则",可以根据所采用的水泥强度及水灰比估计所配制混凝土的强度,也可以根据水泥强度和设计混凝土强度等级计算将要采用的水灰比,所以式(7-40)和式(7-41)是混凝土配合比设计的重要依据。

②养护条件。为了获得质量良好的混凝土,混凝土成型后必须在适宜的环境中进行养护,其目的是保证水泥水化过程的正常进行。

当养护温度较高时,可以增大水泥初期水化速度,混凝土早期强度也高。如果混凝土的养护温度过低或降至冰点以下时,水泥水化反应停止,致使混凝土的强度不再发展,并可能因冰冻作用使混凝土已获得的强度受到损失。

水是水泥水化反应的必要成分,如果湿度不足,水泥水化反应不能正常进行,甚至停止,将严重降低混凝土强度,而且水泥石结构疏松,形成干缩裂缝,影响混凝土的耐久性。在混凝土养护期间,应创造条件维持一定的潮湿环境,从而产生更多的水化产物使混凝土密实度增加。

在标准养护条件下,混凝土强度与龄期之间的相关性较好,通常在对数坐标上呈线性关系。

3. 硬化混凝土的耐久性

耐久性是指混凝土在使用过程中,抵抗周围环境介质作用保持其使用质量的能力,如抗渗性、抗冻性和抗化学侵蚀性等。

混凝土的抗渗性、抗冻性和抗化学侵蚀性之间是相互关联且均与混凝土的密实度及孔隙结构特征有关。混凝土的密实在很大程度上取决于混凝土的水灰比和水泥用量。《普通混凝土配合比设计规程》(JGJ 55—2000)中对混凝土的最大水灰比和最小水泥用量作出了规定,见表 7-21。

当混凝土的设计强度等级大于或等于 C15 时,混凝土的配合比中的水灰比和水泥用量应满足表 7-21 的规定。配制 C15 级以及 C15 级以下等级的混凝土时,可不受表 7-21 的限制。

混凝土的最大水灰比和最小水泥用量(JGJ 55—2000)　　表 7-21

环境条件		结构物类别	最大水灰比			最小水泥用量(kg/cm)		
			素混凝土	钢筋混凝土	预应力混凝土	素混凝土	钢筋混凝土	预应力混凝土
干燥环境		正常的居住或办公用房屋内部件	不作规定	0.65	0.60	200	260	300
潮湿环境	无冻害	高湿度的室内、室外部件;在非侵蚀性土和(或)水中的部件	0.70	0.60	0.60	225	280	300
	有冻害	经受冻害的室外部件;在非侵蚀性土和(或)水中且受冻害的部件;高湿度且经受冻害的室内部件	0.55	0.55	0.55	250	280	300

续上表

环境条件	结构物类别	最大水灰比			最小水泥用量(kg/cm³)		
		素混凝土	钢筋混凝土	预应力混凝土	素混凝土	钢筋混凝土	预应力混凝土
有冻害和除冰剂的潮湿环境	经受冻害和除冰剂作用的室内和室外部件	0.50	0.50	0.50	300	300	300

注:当用活性掺和料取代部分水泥时,表中的最大水灰比以及最小水泥用量即为替代前的水灰比和水泥用量。

4. 普通水泥混凝土的组成材料

(1)水泥

水泥是影响混凝土施工性质、强度和耐久性的重要材料。硅酸盐水泥、普通硅酸盐水泥、矿渣硅酸盐水泥、火山灰硅酸盐水泥、粉煤灰硅酸盐水泥以及复合硅酸盐水泥等均可用于配制普通水泥混凝土。可以根据不同混凝土工程性质、所处的环境及施工条件的特点选择水泥。

(2)粗集料

集料的公称最大粒径不得超过结构截面最小尺寸的1/4且不得超过钢筋间最小净距的3/4;对于混凝土实心板,集料的公称最大粒径不宜超过板厚的1/3且不得超过40mm。混凝土用集料的颗粒组成应满足设计要求。

粗集料在混凝土中起骨架作用,必须具有足够的强度和坚固性。粗集料技术等级与混凝土的强度等级的关系见表7-22。粗集料中含泥量、有机物含量、硫化物及硫酸盐含量、针片状颗粒含量等不得超过(GB/T 14685—2001)中的规定。

混凝土强度等级与碎石、卵石技术等级的关系 表7-22

卵石、碎石的技术等级	I级	II级	III级
混凝土的强度等级	≥C60	C30~C60	<C30

注:粗集料的技术等级规定见《建筑用卵石、碎石》(GB/T 14685—2001)。

(3)细集料

混凝土用细集料应采用级配良好、质地坚硬、颗粒洁净的河砂或海砂。当工程所在地没有河砂或海砂资源时,也可使用符合要求的山砂或机制砂。各类砂的技术指标必须合格才能使用。细集料中有害物质的含量应限制在GB/T 14684—2001规定的范围内。

细集料也应具备一定的强度和坚固性,混凝土强度等级与细集料技术等级的关系见表7-23。细集料的级配应符合设计要求。

混凝土强度等级与细集料技术等级的关系 表7-23

细集料的技术等级	I级	II级	III级
混凝土的强度等级	≥C60	C30~C60	<C30

注:细集料的技术等级规定见《建筑用砂》(GB/T 14684—2001)。

(4)拌和用水

混凝土拌和用水水源包括饮用水、清洁的天然水、地下水、海水、经适当处理后的工业废水。

(5)外加剂与掺和料

外加剂是在混凝土拌和前或拌和时掺入,掺量不超过水泥质量5%(特殊情况下除外),并能按照某些要求改善混凝土性能的物质。在混凝土中,外加剂掺量虽然很小,却能显著改善混凝土的某些性能。

掺和料在混凝土中的作用是改善混凝土拌和物的施工和易性、降低混凝土水化热、调节凝结时间等。混凝土用掺和料有:粉煤灰、粒化高炉矿渣粉、佛石粉、硅粉及复合型掺和料等。这些掺和料在混凝土搅拌前或搅拌过程中与混凝土组成材料一样直接加入,所以它不同于生产水泥时与熟料共同磨细的混合材料。

5. 普通水泥混凝土的配合比设计内容

普通水泥混凝土配合比设计是根据原材料性能及对混凝土的技术要求,确定水泥、砂、石子和水之间的质量或体积比例关系,有时还需注明外加剂用量。

混凝土配合比的表示方法有两种:一种以 $1m^3$ 混凝土中各种材料的质量表示,如水泥 330kg,水 185kg,砂 598kg,石子 1 281kg;另一种以水泥质量为 1 来表示其他各项材料用量的相对关系,如水泥比例为砂:石子 = 1:1.81:3.88,水灰比 = 0.56。

混凝土配合比设计的主要内容为:根据经验公式和试验参数计算各种组成材料的比例,得出"初步配合比"。按初步配合比在试验室进行试拌,考察混凝土拌和物的施工和易性,经调整后得出"基准配合比"。再按"基准配合比",对混凝土进行强度复核,如有其他要求,也应作出相应的检验复核。最后确定出满足设计和施工要求且经济合理的"设计配合比"。在施工现场,还应根据现场砂石材料的含水率对配合比进行修正,得出"施工配合比"。

三、路面水泥混凝土的组成设计

根据《公路水泥混凝土路面施工技术规范》(JTG F30—2003)的定义,路面水泥混凝土是指满足混凝土路面摊铺工作性(和易性)、弯拉强度、耐久性与经济性要求的水泥混凝土材料。根据材料组成,路面水泥混凝土分为普通路面混凝土(也称素混凝土)、钢筋混凝土、预应力混凝土、钢纤维混凝土和碾压混凝土等。本节介绍路面普通混凝土的组成设计方法。

1. 组成材料的技术要求

(1)水泥

特重、重交通等级的水泥混凝土路面,应优先采用旋窑道路硅酸盐水泥,可使用旋窑硅酸盐水泥或普通硅酸盐水泥。中、轻交通的路面,也可采用矿渣硅酸盐水泥。表 7-24 为《公路水泥混凝土路面施工技术规范》(JTG F30—2003)对各级交通等级路面混凝土用水泥的强度要求。

各交通等级路面水泥各龄期的强度要求(JTG F30—2003) 表 7-24

交通等级	特重交通		重交通		中、轻交通	
龄期(d)	3	28	3	28	3	28
抗压强度(MPa),≥	25.5	57.5	22.0	52.5	16.0	42.5
抗折强度(MPa),≥	4.5	7.5	4.0	7.0	3.5	6.5

(2)粉煤灰

在路面混凝土中,可以掺用Ⅰ、Ⅱ级干排或磨细低钙粉煤灰。Ⅲ级粉煤灰需经过试验论证后,才可以用于路面混凝土中,不得使用高钙粉煤灰。不得使用湿排或潮湿粉煤灰,严禁使用已经结块的湿排粉煤灰。

(3) 粗集料

粗集料应使用质地坚硬、耐久、洁净的碎石、碎卵石。高速公路、一级公路、二级公路以及有抗(盐)冻要求的三、四级公路混凝土路面使用的粗集料技术等级不应低于 II 级。没有抗(盐)冻要求的三、四级公路路面及贫混凝土基层可使用 III 级粗集料。

粗集料公称最大粒径为：卵石 19.0mm，碎卵石 26.5mm，碎石 31.5mm。为了保证施工质量，防止集料离析，路面混凝土中不得使用没有级配的统货粗集料。应按照公称最大粒径的不同，采用 2~4 个粒级的集料进行掺配。

(4) 细集料

细集料可采用质地坚硬、耐久、洁净的天然砂、机制砂和混合砂。高速公路、一级公路、二级公路及有抗(盐)冻要求的三、四级公路混凝土路面应使用 II 级以上的砂，无抗(盐)冻要求的三、四级公路混凝土路面以及贫混凝土基层可使用 III 级砂。特重和重交通混凝土路面宜使用河砂，砂的硅质含量不应低于 25%。路面普通混凝土用砂的细度模数宜在 2.0~3.5。

(5) 外加剂

在路面混凝土中，所使用的高效减水剂的减水率应达到 15%；引气减水剂的减水率应达到 12%。高温施工使用引气缓凝减水剂；低温施工使用引气早强减水剂。在有抗冰(盐)冻要求地区，各交通等级路面、桥面、路缘石、路肩及贫混凝土基层必须使用引气剂；在无抗冰(盐)冻要求地区，二级及二级以上公路路面混凝土中应使用引气剂。

2. 路面普通混凝土配合比设计指标

(1) 混凝土的设计强度

在《公路水泥混凝土路面设计规范》(JTG D40—2002) 中，按设计基准期内设计车道所承受的标准轴载累计作用次数，将路面所承受的交通轴载作用分为 4 个交通等级，见表 7-25。各交通等级的路面混凝土设计弯拉强度 f_{cm} 不得低于表 7-25 中的要求。

水泥混凝土路面的交通分级和弯拉强度标准值(JTG D40—2002)　　表 7-25

交通等级	特重交通	重交通	中交通	轻交通
设计车道标准轴载累计作用次数($\times 10^4$)	>2 000	100~2 000	3~100	<3
设计弯拉强度*f_{cm}(MPa)	5.0	5.0	4.5	4.0

注：* 在特重交通的特殊路段，通过论证，可使用设计弯拉强度 5.5 MPa。

路面水泥混凝土的强度以 28d 龄期的弯拉强度控制，当混凝土浇筑 90d 内不开放交通时，可采用 90d 龄期的弯拉强度。混凝土弯拉强度标准值 f_{cm} 按其概率分布的 0.85 分位值确定。

(2) 施工和易性要求

路面混凝土拌和物的施工和易性要求取决于摊铺时的施工方式，混凝土拌和物的坍落度要求及最大用水量要求见表 7-26 和表 7-27。

混凝土路面滑模摊铺坍落度及最大单位用水量(JTG F30—2003)　　表 7-26

集料品种		卵石混凝土	碎石混凝土
坍落度(mm)	设超前角的滑模摊铺机	20~40	25~50
	不设超前角的滑模摊铺机	10~40	10~30
	允许波动范围(mm)	5~55	10~65
振动黏度系数(N·s/m²)		200~500	100~600
最大单位用水量(kg/m³)		155	160

不同路面施工方式混凝土拌和物的坍落度及最大单位用水量（JTG F30—2003） 表7-27

摊铺方式	轨道摊铺机摊铺		三辊轴机组摊铺		小型机具摊铺	
出机坍落度（mm）	40~60		30~50		10~40	
摊铺坍落度（mm）	20~40		10~30		0~20	
最大单位用水量（kg/m³）	碎石156	卵石153	碎石153	卵石148	碎石150	卵石145

注：表中最大单位用水量是采用中砂、粗细集料为风干状态时的取值，若采用细砂，应使用减水率较大的（高效）减水剂。使用碎卵石时，最大用水量可取碎石与卵石中值。出机坍落度可根据施工气温、运距等适当增大。

（3）耐久性要求

为了提高路面混凝土的抗冻性，在不同环境条件下使用的路面混凝土中的含气量应在表7-28推荐的范围内。当含气量不符合表7-28的要求时，应使用引气剂。路面混凝土的最大水灰比或水胶比以及最小水泥用量应符合表7-29的规定。

路面混凝土适宜含气量及允许偏差（JTG F30—2003）（单位：%） 表7-28

集料公称最大粒径（mm）	无抗冻性要求	有抗冰冻性要求	有抗盐冻要求
19.0	4.0±1.0	5.0±0.5	6.0±0.5
26.5	3.5±1.0	4.5±0.5	5.5±0.5
31.5	3.5±1.0	4.0±0.5	5.0±0.5

混凝土满足耐久性要求的最大水（胶）灰比和最小水泥用量（JTG F30—2003） 表7-29

公路技术等级			高速公路、一级公路	二级公路	三、四级公路
最大水灰比（或水胶比）*	无抗冻性要求		0.44	0.46	0.48
	有抗冰冻性要求		0.42	0.44	0.46
	有抗盐冻性要求		0.40	0.42	0.44
最小单位水泥用量（不掺粉煤灰时）（kg/m³）	无抗冻性要求	42.5级水泥	300	300	290
		32.5级水泥	310	310	305
	有抗冰（盐）冻要求	42.5级水泥	320	320	315
		32.5级水泥	330	330	325
最小单位水泥用量（掺粉煤灰时）（kg/m³）	无抗冻性要求	42.5级水泥	260	260	255
		32.5级水泥	280	270	265
	有抗冰（盐）冻要求	42.5级水泥	280	270	265

注：* 计算水（胶）灰比时，砂石材料以饱和面干状态为准。

3. 配合比设计步骤

路面普通水泥混凝土配合比设计步骤为：

①配制弯拉强度 f_c 的计算与确定；
②水灰比 W/C 的计算、校核及确定；
③选取砂率 β_s；
④计算单位用水量 m_{w0}；
⑤单位水泥用量 m_{c0} 的确定；
⑥单位粉煤灰用量的确定；
⑦确定砂石材料用量 m_{s0} 和 m_{g0}。

重要的路面工程或桥面工程混凝土应采用正交试验法进行配合比优选。

思考与练习

1. 压碎值、磨耗值、磨光值等指标分别表征集料的什么性质,对路面工程有何实用意义?
2. 什么是集料的级配?如何确定集料的级配?用哪几项参数表示集料的级配?
3. 简述研究矿质混合料级配的意义。连续级配类型与间断级配类型有何差别?
4. 什么是沥青的黏滞性?表征沥青黏滞性的指标和试验方法有哪些?
5. 什么是沥青的感温性?沥青的感温性最常采用哪些指标来表征?
6. 为什么要对沥青进行改性?常用的聚合物改性沥青有哪几种?改性沥青的技术指标有何特点?
7. 沥青混合料按其组成结构可分为哪几种类型?各种结构类型沥青混合料的路用特性如何?
8. 符号 AC-13、AM-20、SMA-13、OGFC-13 分别表示哪种类型的沥青混合料?
9. 简述沥青混合料应具备的路用性能及其主要影响因素。
10. 简述沥青混合料高温稳定性的评定方法和评定指标。
11. 采用马歇尔法设计沥青混凝土配合比时,为什么由马歇尔试验确定配合比后,还要进行沥青混合料的车辙试验、冻融劈裂强度试验或者浸水稳定度试验?
12. 通用硅酸盐水泥的强度等级是如何确定的?
13. 试述混凝土拌和物施工和易性的含义、影响混凝土拌和物和易性的主要因素及改善措施。
14. 试述"水灰比定则"的意义。简述影响混凝土强度的主要因素及提高混凝土强度的主要途径。

第八章 道路结构设计

路基和路面是道路的主要工程结构物。路基是在地表按道路的线形(位置)和断面(几何尺寸)的要求开挖或填筑而成的岩土结构物。路面是在路基顶面的行车部分用各种不同的混合料铺筑而成的层状结构物。

路基路面应根据公路功能、公路等级、交通量,结合沿线地形、地质及路用材料等条件进行设计,保证其具有足够的强度、稳定性、耐久性,面层还需满足平整和抗滑的要求。本章分别对道路一般路基设计、沥青混凝土路面结构设计以及水泥混凝土路面结构设计三部分作介绍。

第一节 概 述

一、对路基路面的使用要求

现代的汽车运输不仅要求道路能全天候通行,而且要求车辆能以一定的速度安全、舒适、经济地在道路上行驶。这就要求道路提供良好的行驶条件和服务水平。为此,对路基和路面结构物的使用性能提出多方面的要求。

1. 对路基的要求

路基结构物为实现车辆在道路上行驶提供了基本的条件。同时,它也是路面的支承结构物,对路面的使用性能有重要的影响。因而,对路基的使用要求主要有下述两方面。

(1) 整体稳定

在地表上开挖或填筑路基,必然会改变原地层(土层或岩层)的受力状态。原先处于稳定状态的地层,可能由于填筑或开挖而引起不平衡,导致路基失稳。例如,在软土地层上填筑高路堤,或者在岩质或土质山坡上开挖深路堑时,有可能由于填土的附加应力超出了地基的承载能力,或者使上侧坡体失去支承而出现路堤沉落或坡体坍塌破坏。路线如选在不稳定的地层上,则填筑或开挖路基会加剧滑坡或坍塌等病害的产生。路基的失稳会导致交通阻断,乃至引起交通事故。因而,为保证道路畅通和行车安全,必须采取有关排水、防护和加固或支挡等工程措施,以确保路基在不利的环境(地质、水文和气候)条件下具有足够的整体稳定性。

(2) 变形小

路基和路基下的地基,在自重和车辆荷载作用下会产生变形。地基软弱、填土疏松或过分潮湿时,所产生的沉陷或固结变形和不均匀变形会导致路面出现过量的变形和应力增大,促使路面过早损坏。为此,应采取选择合适填料,进行充分压实,改善水温状况,加固软弱地基等措施,以控制路基和地基的变形量,给路面以坚实的支承,保证其使用寿命和服务水平。

2. 对路面的要求

路面直接承受行车和自然因素的作用。设置路面结构的目的在于改善道路的行驶条件,提高其服务水平,以满足汽车运输的要求。为实现这个目的,路面应具有下述三方面使用要求。

(1) 平整

不平整的路表面会使行驶的车辆产生附加振动,造成车辆额定荷载增大。它一方面使行驶速度和舒适性下降,车辆的运行费用增加;另一方面又反过来对路面施加冲击力,从而加速路面的损坏。不同等级的道路,对行驶速度和舒适性提出不同的要求。因而,对路面平整度也相应提出于不同程度的要求。

平整的路面,首先靠性能优良的施工机具、精细的施工工艺、严格的施工质量控制以及经常而及时的养护来实现。同时,路面在使用过程中会由于行车荷载和自然因素的反复作用而逐渐出现损坏,路面的平整度也随之变差。路面结构和面层材料的强度和抗变形能力影响着路面平整度的衰变速率。

(2) 抗滑

路面要平整,但不应光滑。光滑的表面,车轮和路面间缺乏足够的附着力,在雨天行驶需紧急制动时,车辆的制动距离要比粗糙表面上的大得多,车轮也容易产生空转或打滑,由此会造成严重的交通事故。

抗滑的路面,可以通过采用坚硬、耐磨、表面粗糙的集料组成面层(主要是面层的表层)材料来达到,有时也可采用一些工艺性措施来实现。

(3) 承载能力

行驶在路面上的车辆,通过车轮把荷载传给路面,使路面结构内产生不同量的应力和应变。如果路面结构的整体或某一组成部分的强度或抗变形能力不足以抵抗这些应力和变形,则路面便会出现开裂或较大的变形(沉陷、车辙等),使路况恶化,服务水平下降。因此,路面结构整体及其各组成部分必须具有同行车荷载相适应的承载能力。

路面结构袒露在大气中,无时无刻不感受到温度和湿度的影响,而路面材料对气候因素的影响敏感,其性能伴随着发生变化。这些变化使路面结构的承载能力也发生变化。因而,路面结构所具有的承载能力应同当地的气候条件相适应,即使在最不利的情况下也能满足要求。

路面结构要承受行车荷载和气候因素的多次反复作用,由此而逐渐出现疲劳损坏和塑性变形积累,在使用一定年限后,路面的损坏发展到不符合使用要求时,便需进行改建或重建。过短的使用年限,将增加养护工作量和费用,并严重干扰路上的正常交通。为此,所设计和修建的路面必须经久耐用,在预定的使用期内具有足够的抗疲劳和塑性变形的能力。

在高速行驶的道路上,除了上述三方面基本要求外,还要考虑噪声小、雨天车轮不溅水和美观等要求。

二、路基路面结构及其层次的划分

1. 路基的断面形式

路基由土质或石质材料组成。路基的构造通常用横断面图来表示。按路基填挖的情况,其断面形式可分为路堤、路堑和半填半挖三种类型。

(1) 路堤

路基顶面高于原地面的填方路基称为路堤。其断面由路基顶宽、边坡坡度、护坡道、取土坑、边沟、支挡结构、边坡防护等部分组成,见图 8-1。低矮路堤的边坡采用单坡形式。高路堤和沿河浸水路堤的边坡,则采用上陡下缓的折线形式,或者台阶形式,必要时在边坡中部设宽 1m 以上的平台。低矮路堤的两侧设置边沟,以拦截和排除流向路堤的地表径流。路堤由两侧取土坑取土填筑时,路基边缘与取土坑底的高差应大于2m,在路堤坡脚处设置宽1m以上的护坡道。高路堤或浸水路堤的边坡,为防止水流侵蚀和冲刷其坡面,须采取适当的边坡防护和加固措施,如铺草皮、砌石等。为收缩高路堤的坡脚以减少填方数量或少占用土地,稳定路基边坡及处理边坡病害可设置支挡结构物。横坡较陡的地面上填筑的路堤,必要时也需设置支挡结构物,以防止路堤下滑。

(2)路堑

全部由地面开挖出的路基称为路堑。它有全路堑、半路堑(又称台口式)和半山峒三种形式,见图8-2。挖方边坡可视高度和岩(土)层情况设置成直线或折线。挖方边坡的坡脚处设置边沟以汇集和排除路基范围内的地表径流。路堑的上方应设置截水沟以拦截和排除流向路基的地表径流。挖方弃土可堆在路堑坡顶一定距离外。边坡坡面易风化或有碎落物时,在坡脚处设置0.5~1.0m的碎落台;坡面一般应采用防护措施。坡体因开挖而可能失稳时,须采用支挡结构物。

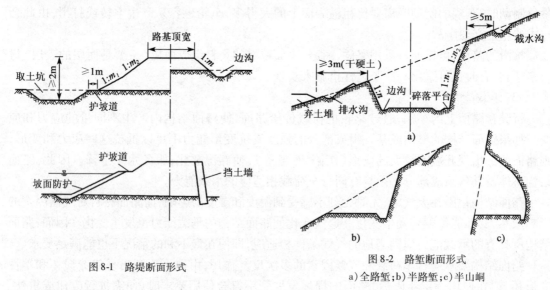

图8-1 路堤断面形式

图8-2 路堑断面形式
a)全路堑;b)半路堑;c)半山峒

(3)半填半挖

横断面上部分为挖方部分为填方的路基称为半填半挖路基,通常出现在地面横坡较陡处。它兼有上述路堤和路堑的构造特点和要求,见图8-3。

2.路面的结构层次

行车荷载和自然因素对路面的影响,随深度的增加而逐渐减弱。对路面材料的强度、抗变形能力和稳定性等要求,也随深度的增加而逐渐降低。为适应这一特点,通常路面的结构是多层次的,按使用要求、受力状况、土基支承条件和自然

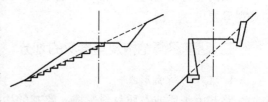

图8-3 半填半挖断面形式

因素影响程度的不同,在路基顶面采用不同规格和要求的材料分别铺设垫层、基层和面层等结构层,见图8-4。

(1)面层

面层是直接同行车和大气相接触的表面层次,承受行车荷载较大的竖向力以及水平力和冲击力的作用,同时又受到降水的侵蚀作用和温度变化的影响。因此,与基层和垫层相比,面

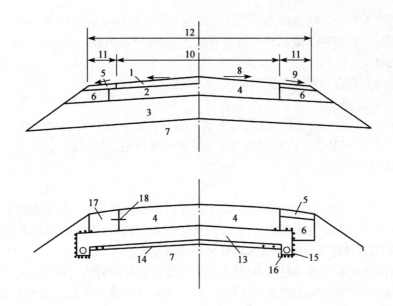

图 8-4 路面的结构层次

1-面层;2-基层;3-垫层;4-水泥混凝土面层板;5-路肩面层;6-路肩基层;7-路基;8-路拱横坡;9-路肩横坡;10-行车道宽度;11-路肩宽度;12-路基顶宽;13-透水基层;14-反滤层;15-纵向排水管;16-土工织物;17-水泥混凝土路肩;18-拉杆

层应具有较高的结构强度和抗变形能力,温度稳定性好,耐磨,透水性小,并且其表面还应有良好的平整度和抗滑性能。

组成面层的材料,可分为下述4种类型:

①水泥混凝土。这类面层具有较高的强度和刚度,能承受较繁重的车辆荷载的作用。水泥混凝土面层板体性强,抗变形能力好,常称为刚性路面。此外,水泥混凝土面层抗滑性好,造价相对较低,常做高等级公路面层。但是,水泥混凝土材料需要较长时间养护,开放交通较慢。

②沥青混合料。以碎石为集料,沥青作结合料的各种沥青混合料,如沥青混凝土、沥青碎石、沥青贯入碎石和沥青表面处治等。这类材料修筑的面层柔性好,行车舒适度好,通常称为柔性路面。沥青混合料具有较好的使用品质,可用作高级路面的面层。它们通常分多层铺筑,上层采用较细的集料,沥青用量较多,混合料密实而透水性小;下层则采用较粗集料,空隙率较高。沥青混合料无需长时间养生,铺筑后几个小时便可通车,对交通影响较小。目前,大多数高等级路面均采用此类材料。

③碎(砾)石混合料。以各种碎石或砾石组成的混合料,如级配砾石。其顶面宜设置砂土磨耗层和松散保护层。这类面层只能承受中等和轻交通,属中级和低级路面。

④水泥混凝土预制块料,整齐或半整齐块石。这类面层能承受较重的荷载,但平整度较差,且对材料要求较高,施工工艺烦琐,进度慢,行驶质量差,大范围内很少采用。

(2)基层

基层是路面结构中的主要承重部分,并把由面层传下来的应力扩散到垫层或路基,故基层应具有足够的强度和扩散应力的能力。基层受自然因素的影响虽不如面层强烈,但仍应有足够的水稳定性,以防基层湿软后变形增大而导致面层损坏。水泥混凝土面层下的基层则还应具有足够的耐冲刷性。

用作基层的材料主要有:

①各种结合料(如石灰、粉煤灰、水泥或沥青等)稳定土或碎(砾)石混合料;

②各种工业废渣混合料,如化铁炉溶渣(简称水淬渣)、煤渣或粉煤灰等同石灰(或石灰类渣等)组成的混合料(俗称二渣),或外掺碎石或土的混合料(俗称三渣或二灰土);

③贫水泥混凝土;

④各种碎(砾)石混合料或天然砂砾;

⑤片石、块石或圆石。

起承重作用的基层有时选用二层,其下面一层称作底基层。对底基层材料(包括集料和结合料)的要求可低于基层。设置的目的在于分担承重作用,以减薄上基层厚度,同时充分利用地方材料,降低工程造价。

(3)垫层

垫层是介于基层和路基之间的层次,其主要作用为改善路基的湿度和温度状况,以保证面层和基层的强度稳定性和抗冻胀能力;扩散由基层传来的荷载应力,以减小路基产生的变形。因此,通常在季节性冰冻地区和路基水温状况不良时设置。

垫层材料的强度要求不一定高,但其水稳定性要好。常用的垫层材料,一类是由松散的颗粒材料如砂、砾石、炉渣等组成的透水性垫层,另一类是水泥或石灰稳定砂砾或稳定土等稳定类垫层。

第二节 一般路基设计

一般路基是指在工程地质和水文地质条件良好的地段修筑的填挖不大的路基。其设计可直接参照现行规范的规定或者标准图,结合当地实际条件进行,而不必进行个别验算分析或采用特殊处理。一般路基设计的内容包括:

①结合路线几何设计要求和当地地形条件选择路基断面形式;

②选择路堤填料和压实标准;

③确定边坡形状和坡度;

④路基排水系统布置和排水结构物设计;

⑤边坡防护和加固设计;

⑥附属设施设计等。

其中,路基排水系统布置和排水结构物设计将在道路排水设计中详细介绍。本章将分别介绍其他各项设计内容的具体要求和措施。

一、路堤设计

1. 地基

路堤应坐落在具有足够承载力和低压缩性的地基上,以免基底出现剪切破坏而危及路堤的稳定,或者出现过量的压缩沉降而影响路面的行驶质量。根据经验,基岩、砾石土或一般砂性土和黏性土地基,基本上符合支承路堤的要求。而对于比较潮湿的黏性土地基,其黏结力小于 $20 \sim 40 \text{kPa}$ 时,往往会出现承载力不足的问题。这时,应对地基进行钻探取样,确定软弱地基的层厚及其物理力学性质,据此判断对路堤的支承能力和沉降量。关于软弱地基上路堤稳定性和沉降分析,这里不作详细介绍。

满足承载力要求的地基,其顶面仍应酌情给予适当处理,以保证路堤底部干燥、稳定和沉陷小。地基顶面有草根和树根、耕作物或杂物存在时,填筑路堤前应予清除。冬季施工时,顶面的雪、冰或冻土必须清除,以免地基与路堤之间的接触面因碾压不实而形成软弱面。

地基顶面有滞水,特别是路堤经过水田、池塘或洼地时,应根据积水深和水下淤泥层厚度等具体情况,采取排水疏干、挖除淤泥、抛填片石或砂砾石等处理措施。水田地段的表层淤泥种植土一般不厚,修筑路堤时,可先排干田中水,再全部挖除基底范围内的淤泥,然后用适宜的填料填筑路堤。路堤通过大面积池塘或洼地时,在基底淤泥层较薄的情况下,可在两侧修筑土围堰,排干围堰内积水并挖除淤泥再填筑路堤;而在淤泥层较厚的情况下,则采用抛填砂砾、卵石或块片石的措施把基底的淤泥挤向两侧。

地基为斜坡,其坡度陡于1:5时,原地面应开挖台阶,以防止路堤沿斜坡下滑。台阶的高度宜为路堤分层填土厚度的2倍(40~60cm)。在横坡陡于1:2.5的斜坡上修筑的路堤,应进行滑动稳定性验算。稳定性不足时,应采取增加稳定性的支挡措施。

2. 填料

填筑路堤的理想填料为水稳定性好、压缩性小,便于施工压实以及运距短的土、石材料。在选择填料时,一方面要考虑料源和经济性,另一方面要顾及填料的性质是否适宜。

为了少占用耕地,应尽量利用附近路堑或附属工程的弃方作为填料,或者把取(借)土坑布置在荒地、空地或不适宜耕种的土地上。从山坡上取土时,应考虑取土处坡体的稳定性,不得因取土而造成路基病害,出现水土流失现象,危及路基和附近建筑物的安全。

根据填料性质和适用性,可将路堤填料分为下述几类:

①砾石、不易风化的石块。渗水性很强,水稳定性极好,强度高,为最好的填料;石块空隙间用碎石填塞密实时,路堤的残余下沉量很小,车辆荷载作用下的塑性变形小。

②碎石土、卵石土、砾石土、粗砂、中砂。渗水性强、水稳定性好,是性能良好的一类优质填料,但其中黏性土含量过多时,水稳定性变差。

③砂性土。含有一定数量的粗颗粒,具有足够的强度和水稳定性,又含有一定数量的细颗粒,把粗颗粒黏结在一起,为修筑路堤的良好填料。

④黏性土。渗水性很差,干燥时较硬而不易挖掘,浸水后水稳定性变差,强度低,变形大;在给予充分压实和良好排水设施的情况下,可用作路堤填料。

⑤极细砂、粉性土。毛细现象严重,在季节性冰冻地区易产生水分积聚而造成冻胀和翻浆,水饱和时有振动液化问题,是稳定性较差的填料,应采取一定措施改善其性质。

⑥易风化的软质岩石块。为稳定性较差的填料,浸水后易崩解成土或砂,强度显著降低,变形量大,一般不宜用作路堤填料。

⑦重黏土。渗水性差,干时坚硬,难以挖掘,湿时膨胀性和塑性都很大,不宜用作路堤填料。此外,含有较多有机质或特殊有害物质的土类,如泥炭、腐殖土或含有石膏等易溶盐类,均不宜用来填筑路堤。

3. 边坡

路堤边坡的形状,可采用以下三种形式。

(1) 直线

堤顶到坡脚采用一种坡度,这是最常用的一种,适用于矮路堤和中等高度路堤。但按堤身的受力条件,边坡应为上部陡下部缓,因而,对于直线形边坡来说,上部偏安全,下部偏危险。路堤高度大时,直线形边坡显得不经济。

(2) 折线

采用上陡下缓的折线形边坡,符合路堤的受力状况,上部减小下滑力,下部增加抗滑力。

但变坡不宜多,否则施工不易控制,坡面也易受水冲刷。变坡点宜设在使上部坡度的潜力充分用足的高度处。

(3) 台阶形

每隔一定高度设置宽度不小于 1~2m 的护坡道,护坡道具有 3% 外向横坡。这种形式适用于高路堤;设置护坡道可以减缓流经较长坡面的地面水流速,防止坡面受冲刷。必要时,也可在护坡道上设置排水结构物,拦截和排除上方来水。此外,护坡道可增加路堤的稳定性,并成为维修坡面的通道。

路堤边坡的陡缓,影响到堤身的稳定和工程量。设计坡度可根据填料的力学性质指标,通过力学验算确定。但对于一般路基,通常都不进行验算,而直接参照规范规定的坡度数值。表 8-1 所列即为规范规定的路堤边坡坡度值。这些数值是根据填料的性质、施工所能达到的压实程度和选定的坡度形状,经过力学分析、统计调查和经验总结综合而成的。

路堤边坡坡度　　　　　表 8-1

填料种类	边坡最大高度(m)			边坡坡度		
	全部高度	上部高度	下部高度	全部坡度	上部坡度	下部坡度
黏性土、粉性土、砂性土	20	8	12	—	1:1.5	1:1.75
砂石土、粗砂、中砂	12	—	—	1:1.5	—	—
碎石土、卵石土	20	12	8	—	1:1.5	1:1.75
不易风化的石块	20	8	12	—	1:1.3	1:1.5

注:粉土边坡可根据情况适当放缓。

路堤受水浸淹部分的边坡,在设计水位以下视填料情况一般应采用 1:1.75~1:2.0,在常水位以下部分可采用 1:2.0~1:3.0,并应视水流情况采取边坡防护与加固措施。

路堤用直径大于 25cm 的石块填筑时,其边坡宜采用码砌。这时,其坡度可参照表 8-2 中所列的数值。当填料为易风化的石块,则边坡坡度按风化后的土质边坡坡度确定(表 8-1)。

填石路堤边坡坡度　　　　　表 8-2

石块尺寸	路堤高度(m)	边坡高度
直径大于 25cm	<15	1:1
直径大于 40cm	<5	1:0.5
	5~10	1:0.67
	10~15	1:0.75

当路堤高度超过上述表列范围时,应进行个别设计。

4. 压实

路堤土需经分层压实,使之具有一定的密实度,以消除大部分因水分干湿作用引起的自然沉陷和行车荷载反复作用而产生的压密变形,由此保证路面的使用性能和寿命。

(1) 压实土的特性

土的压实效果同压实时的含水率有关。存在一最佳含水率 w_0,在此含水率时压实填料,可以获取最经济的压实效果——达到最大密实度。此最佳含水率是一相对值,随压实功能的大小和土的类型而变。所施加的压实功越大,压实土的细粒含量越少,则最佳含水率越小,而最大密实度越高。这是从压实经济性的角度考察得到的。如果对不同含水率时压实到不同密实度的填料进行物理力学性质试验,则可进一步探知压实土的工程特性。

压实土浸湿后抗变形能力的变化情况,可参考图8-5中的试验结果。用三种压实功在不同含水率时压实的试件,浸湿后的抗变形能力(以产生5%应变所需的应力计)同压实时含水率的关系曲线,表现出类似密实度—含水率曲线的特征——在最佳含水率附近存在一峰值,低于w_0值时,压实土浸湿后的抗变形能力有较大幅度的下降,而高于w_0值时,则变动不大。因而,在w_0时压实的土可望得到最高的浸湿后刚度(或强度)。同时,增加压实功能,提高密实度,可以得到较高的浸湿后刚度。

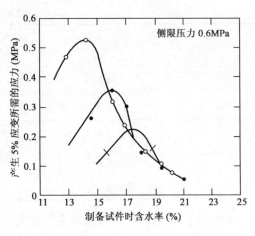

图8-5 压实时含水率同浸湿后刚度的关系

综合上述分析可以得知,采用压实措施,特别是保持在接近w_0值时进行压实,可以获得在湿度和荷载(自重及行车荷载)作用下沉陷变形和累积变形小以及水稳定性好的路堤。

(2)压实标准

路堤压实的目的是预先消除路堤在荷载和自然因素作用下可能出现的过量的变形,而压实程度越高,可能出现的变形量便越小。因而,路堤压实的标准便可根据下述两方面考虑来制订:一方面是路堤的实际工作状况,即所承受的荷载和自然因素的影响程度,由此评价可能出现的变形程度;另一方面则是路面对路堤的变形量方面的要求,即容许的变形量大小。

路堤顶面约80cm范围内的土层,较强烈地受到行车荷载的反复作用以及水温的反复干湿和冻融作用。在路堤的下部,上述影响因素均很小,而代之以土体的自重应力和地下水或地面滞水的毛细浸湿作用。在高路堤的中部,各种因素的影响均较轻微。因此,对于不同层位的路堤,应视其所受荷载和水文条件的差异,提出不同的压实度要求。上层和下层的压实度应高些,中层的则可低些。当然,还应同路基的填挖情况结合起来考虑。同时,即便对于上层,位于不同自然区划时所受到的自然因素影响程度存在差异,也应提出不同要求。例如,在季节性冰冻地区,为减少湿度积聚现象以缓和冻胀和翻浆的产生,压实度应高些,并且重冰冻区要高于轻冰冻区;而在干旱地区,由于路堤受潮的程度较轻,压实度可低于潮湿地区。

压实后的路堤上层,在荷载和自然因素的影响下,仍然会产生塑性变形,只是压实度高时产生的变形小,压实度低产生的变形大。因此,可以根据路面的等级,即各级路面所容许产生的变形量来决定路堤的压实度。路面等级越高,行车平稳性的要求越高,压实度的要求也越高。

根据上述考虑,制订了路基压实标准,见表8-4。由于最佳含水率和最大密实度值随土的类型和性质而异,不可能为每一种土相应地规定一个要求的压实标准值。通常采用相对指标,以密实度的绝对值同标准击实法得到的最大密实度的比值(称作压实度)来表征对压实的要求。表8-3中所列即为压实度值。使用时,应首先对填料进行标准击实试验,求得该填料的最大密实度,然后根据情况查取表8-3中相应栏的压实度,两者相乘后便可得到该填料的压实要求(密实度绝对值)。

路基压实度标准   表8-3

填挖类别		路床表面以下深度（cm）	压实度(%)	
			高速公路、一级公路	二级公路
填方路堤	上路床	0~30	≥96	≥95
	下路床	30~80	≥96	≥95
	上路堤	80~150	≥94	≥94
	下路堤	150以下	≥93	≥92
零填及路堑路床		0~30	≥96	≥95

标准击实试验分轻型和重型两种方法。重型击实试验方法的压实功能相当于12~15t压路机的碾压效果，表8-4中所列的压实度标准为采用重型击实试验法得到的。对于特殊干旱地区，土的天然湿度远低于最佳含水率。一方面，由于路堤受潮的机会较少和程度较轻，压实度要求可低些；另一方面，由于缺水而很难（也很不经济）运水浸湿填料以达到要求的压实度。因而，其压实标准可比表8-4中所列的数值低2%~3%。对于特殊潮湿地区，土的天然湿度又高于重型击实标准的最佳含水率，其压实标准也可比表8-4所列要求降低2%~3%。这一方面是由于当地降雨多，很难找到其天然湿度同最佳含水率相近的填料，而晾干则既费工时，又往往难以实施；另一方面是由于该地区路基的平衡湿度往往接近于天然湿度，在低于这个含水率时压实的土往往会吸湿而趋近于平衡湿度，从而增加膨胀变形。

击实试验方法   表8-4

试验方法	类别	锤底直径（cm）	锤质量（kg）	落高（cm）	试筒尺寸			层数	每层击数	单位击实功（MJ/m³）	最大粒径（mm）
					内径（cm）	高（cm）	容积（cm³）				
重型（Ⅱ）	Ⅱ-1	5	4.5	45	10.0	12.7	997	5	27	2.687	25
	Ⅱ-2	5	4.5	45	15.2	12.0	2 177	5	59	2.687	19
	Ⅱ-3	5	4.5	45	15.2	12.0	2 177	5	98	2.677	38

二、路堑设计

路堑是从天然地层中开挖出来的路基结构物。路堑设计的中心问题是结构物的整体稳定性。设计路堑时，首先须从地貌和地质构造上判断天然地层是否稳定。在遇到工程地质或水文地质条件不良的不稳定地层时，应尽量使路线避绕它；而对于稳定的地层，则须考虑路堑开挖后会不会由于减少支承或坡面外露风化加剧而引起失稳。这时，设计内容主要为路堑边坡、路堑排水和边坡防护设计。本节主要讨论边坡设计。排水和防护问题在后面章节阐述。

根据地层性质的不同，可把路堑边坡分为岩质、土质和碎（砾）石土三类。

1. 岩质路堑边坡

（1）影响稳定性的因素

①结构面的产状。结构面对坡体稳定性的影响程度，取决于结构面的延展性及其规模、结构面的形状和密集程度、结构面的胶结和充填情况、结构面的产状和组合等。但其中首先是结

构面的产状和组合。根据调查和经验,当结构面的走向同路线的夹角小于35°~45°,倾向路线而倾角大于10°时,如果胶结情况差或者含有薄层夹泥或软弱夹层,并有地下水浸润,则很容易产生顺层滑坍。因而,在遇到结构面的产状不利时,应对结构面的其他特征进行调查和测试,通过稳定性分析来判断其稳定性。这种情况属受结构面控制的岩质路堑边坡,应进行单独设计。

当走向同路线的夹角较大,或者倾向背离路线,或者倾角很小时,结构面产状对边坡稳定性的影响很小。

②岩体破碎程度。岩体破碎程度是指岩体被多组结构面切割成碎块的程度。这里起主要作用的是构造结构面。可以按结构面的发育程度,即岩体不连续(破碎)情况,划分为4等:节理不发育、节理较发育、节理发育、节理极发育。

③岩石风化程度。可按风化程度的不同分为4等。各个等级的特性、对岩石性质和强度的影响见表8-5。

岩石风化程度分等　　　　　　　　　　　　　　　　　表8-5

等级	颜色	矿物成分	破碎程度	物理力学性质	开挖
轻微风化	沿节理面略有变色	未变	除构造节理外,一般风化裂隙不易察觉	几乎不变,强度略有减弱	爆破
中等风化	表面或沿节理裂隙面大部变色,断面仍新鲜	沿节理裂隙面出现次生风化矿物	具风化裂隙,沿节理裂隙风化较剧	物理性质明显减弱,强度降低1/3~2/3	爆破为主
严重风化	大部分变色,仅中心断口尚保持新鲜	除石英外矿物大部分风化	风化裂隙发育	物理力学性质显著减弱,力学性质极不均一	镐、风镐
极度风化	完全改变	已大部分风化成次生黏土矿物	已风化成碎屑,仅外观上保持原岩结构	浸水崩解,用手可捏碎	镐、锹

④岩石性质。通常,岩浆岩的强度大于沉积层。由沉积岩变成的变质岩,其强度高于原岩石,而由岩浆岩变成的变质岩,其强度可能低于原岩石。岩石组分中石英或硅质含量多的,其强度和抗风化能力要高些。结构致密,结晶颗粒细的岩石一般不易风化。强度高和抗风化能力强的岩石,边坡稳定性较好。

⑤施工方法。采用大爆破施工方法,将使坡体受到剧烈的震动作用,增加岩体的破碎程度和裂隙的张开程度,不利于坡体的稳定。因而,路堑陡坡不宜采用爆破法施工。

(2)边坡坡度参考值

通过对部分地区已成路堑边坡的调查,按照上述影响因素分析和分级,可以编拟出岩质路堑边坡坡度的参考值表,《公路路基设计规范》(JTG D30—2004)参考值见表8-6。使用时,应先对设计路堑的工程地质条件进行调查和分级。当然,设计人员也可根据所在地区的具体条件和设计经验,通过调查分析得出适合该地区的经验设计坡度表。

岩质路堑边坡坡度参考数值表　　　　　表8-6

边坡岩体类型	风化程度	边坡坡率	
		$H<15\mathrm{m}$	$15\mathrm{m}\leqslant H<30\mathrm{m}$
Ⅰ类	未风化、微风化	1:0.1~1:0.3	1:0.1~1:0.3
	弱风化	1:0.1~1:0.3	1:0.3~1:0.5
Ⅱ类	未风化、微风化	1:0.1~1:0.3	1:0.3~1:0.5
	弱风化	1:0.3~1:0.5	1:0.5~1:0.75
Ⅲ类	未风化、微风化	1:0.3~1:0.5	
	弱风化	1:0.5~1:0.75	
Ⅳ类	弱风化	1:0.5~1:1	
	强风化	1:0.75~1:1	

注:1.有可靠的资料和经验时,可不受本表限制。
　　2.Ⅳ类强风化岩石包括各类风化程度的极软岩。

(3)边坡形状选择

路堑边坡的形状可采用直线、折线和台阶形三种。

对于单一岩层、风化和破碎程度相差不大的坡体,可以采用直线形边坡。若在坡高范围内上下的破碎程度有显著差别,则宜采用适应于各自稳定性要求的折线形,或者采用台阶形,在不同层的分界面处设置边坡平台。

对于软硬岩层交互层的情况,若交互层次多且薄,或软层厚而硬层薄,则可按软层岩石的性质设计为直线形边坡;若软层薄而硬层厚,则按硬层岩石的性质设计成直线形边坡,而对软岩层采取边坡防护加固措施。当交互层均很厚时,采用台阶形,在不同岩层的分界面处设置平台。

2.碎(砾)石类土路堑边坡

碎(砾)石类土路堑,包括各种由块(漂)石、碎(卵)石或角砾(圆砾)石同砂、土的混合物(粒径大于2mm的颗粒含量超过50%)组成的路堑。

这类路堑边坡有下述特点:

①碎(砾)石类土的特性同其成因密切相关。随着成因的不同,其颗粒组成、胶结情况和密实程度等性质的差异很大,因而,路堑边坡的坡度和稳定性的变化幅度很大。

②碎(砾)石类土,特别是中等密实或松散的,浸水后强度和稳定性降低很多,往往会出现坍塌或溜坡等病害。因此,边坡设计应特别注重排水设施,正确做好地表水的拦截和土中水的疏干等排水工程,以保证坡体干燥。否则,即使采用平缓的边坡,也不能确保其稳定性。

碎(砾)石类土路堑边坡的坡度,应根据地层成因、颗粒大小和组成、密实程度、地面水和地下水作用等条件,参照当地稳定的人工边坡和自然山坡的坡度进行设计。

上述影响碎(砾)石类土边坡稳定性的因素中,密实程度的影响较大。因而,通常按密实程度的不同,把碎(砾)石类土路堑边坡划分为不同等级,通过对已有稳定边坡的调查分析,拟订边坡坡度的参考数值(表8-7)。

碎(砾)石类土路堑边坡坡度参考数值表　　　　　　　　　　表 8-7

密实程度	边坡高度(m)	
	<20	20~30
	坡度值	
胶结	1:0.3~1:0.5	1:0.5~1:0.75
密实	1:0.5~1:0.75	1:0.75~1:1.0
中等密实	1:0.73~1:1.0	1:1.0~1:1.5
松散	1:1.0~1:1.5	1:1.5~1:1.75

注:高度较小或土质较干的边坡,可采用较陡的坡度;反之,取较缓的坡度。

表中碎(砾)石类土密实程度的野外鉴别方法和标准见表 8-8。

碎(砾)石类土密实程度的野外鉴别　　　　　　　　　　表 8-8

密实程度	骨架及填充物状态	开挖情况
密实	骨架颗粒含量超过总质量的70%,呈交错排列,连续接触;或虽只有部分骨架颗粒连续接触,但充填物呈密实状态(孔隙比 $e<0.55$)	锹镐挖掘困难,用撬棍方法松动,井壁一般较稳定
中等密实	骨架颗粒交错排列,部分连续接触;充填物包裹骨架颗粒,且呈中等密实状态($0.55 \leqslant e \leqslant 0.70$)	锹镐可以挖掘,井壁有掉块现象。从井壁取出大颗粒处,能保持凹面形状
松散	骨架颗粒含量小于总质量的60%,排列混乱,大部分不接触,充填物包裹大部分骨架颗粒,且呈疏松状态或未填满($e>0.70$)	锹可以挖掘,井壁易坍塌,从井壁取出大颗粒后,砂性土立即塌落

碎(砾)石类土边坡的形状,也可采用直线、折线和台阶形;选择的依据和考虑同岩质路堑边坡类似。

3. 土质路堑边坡

土质路堑边坡的稳定性,随土层的生成原因、土质、密实程度和水文条件等因素而异。对于土质均一的黏性土或砂性土路堑,可以根据其原状土的物理力学试验数据,进行稳定性验算(与路堤相同)后确定其坡度。然而,自然界很少有均匀一致的土层,有时其中不免夹有各种薄层;同时,有的土层受到局部新构造运动而产生节理裂缝,破坏了土层的整体性;地表水和地下水的作用时常被忽略;原状土采样方法和剪切试验时含水率的决定方法等还存在不少问题,这些因素在稳定性分析时均难以考虑周全。因而,即使按力学验算方法确定了边坡坡度,还应考虑其成因、有无构造裂缝和水文条件等具体情况,参照当地已成边坡或自然山坡的坡度,进行对比分析和综合考虑。

下面简单介绍路基稳定性验算的过程。稳定性验算的目的是为可能的破坏面确定其安全系数,以此来判断路基坡体是否稳定和是否要采取相应的措施。进行稳定性验算的过程大致为:

①选择可能破坏面的形状和位置;
②选择合适的分析方法;
③将破坏面上的土体划分为若干土条;
④计算作用在土条上的各项力;
⑤选择抗剪强度参数的试验方法,由试验确定参数值;
⑥计算破坏面上土体的安全系数;

⑦分别为几个可能破坏面进行验算后确定最危险破坏面的安全系数值,并同要求的安全系数值相比较,以判断路基的稳定性。

三、防护工程设计

防护工程包括边坡防护和岸坡防护两方面。

1. 边坡防护

路堤和路堑边坡的坡面暴露在大气中,受到自然因素(水、温、风)的反复干湿、冻融、冲刷和吹蚀等作用。在这些因素的作用下,路基坡面有时会出现病害。例如,由易风化的岩石或黄土类土组成的路堑边坡易产生坡面剥落;土质或严重风化的软质岩石边坡坡面较高时,由于地表径流的冲刷作用,坡面易被冲成"鸡爪"沟等;严重破碎的岩石路堑边坡则会产生碎落现象;黏土质边坡在干燥时易崩裂,随后在长期阴雨或暴雨下,雨水沿裂隙下渗并使表层土饱和,这时易失去稳定而造成溜坍。

边坡的剥落、碎落、冲刷或表层土溜坍等损坏现象,起初可能很轻微,对路基的危害不大,但任其发展则日积月累,会逐步由小变大而发展到影响路基的稳定性,导致坍塌等严重病害的产生。因此,为防患于未然,对于易受自然因素作用而破坏的土质或岩质边坡,应及时进行边坡防护。

常用的边坡防护措施有以下几种类型。

(1) 植物防护

在边坡上种草或铺草皮,既可阻止地表水对坡面的冲刷和风对坡面的吹蚀,又可绿化边坡,增加美观。在冲刷不严重的较缓而不高的土质坡面上,可选择适合于当地土壤和气候条件的草籽,直接播种于其上。在冲刷较严重的较陡(但不陡于1:1)和较高的土质坡面上,则可采用满铺草皮(平铺或竖铺)。如果草皮来源困难,则可把草皮铺成方格状,在方格内种上草籽。植物防护是一种经济有效的防护措施,特别是在气候潮湿、植被易于生长的地区,但采用时必须注意保证其成活。对于岩质边坡,这种方法一般不适用。在不利于生长的边坡上(如碎石类土等),若要采用植物防护,则可采用客土喷播的办法。客土喷播是以团粒剂使客土形成团粒化结构,加筋纤维在其中起到了类似植物根茎的网络加筋作用,从而造就有一定厚度的具有耐雨水、风侵蚀,牢固透气,与自然表土相类似或更优的多孔稳定土壤结构。

(2) 砌石护坡

对于较陡的土质边坡(1:0.75~1:1)和易风化或破碎的岩石边坡,可采用砌石护坡。砌石有干砌和浆砌片石两种。前者适用于边坡坡度较缓或经常有地下水渗出坡面的情况。干砌片石厚度一般不少于0.2~0.3m,片石下设厚度不少于0.1m的垫层,由碎石或砂砾材料组成。护坡的基础应选用较大的石块砌筑,其顶宽不少于0.5m,并深埋至边沟底部。浆砌片石护坡的厚度,视边坡高度和陡度而异,一般为0.3~0.4m。为防止不均匀沉陷和收缩引起过大的内应力,每隔10~20m设伸缩缝一道,缝隙宽2cm,缝内填塞沥青麻筋或沥青木板。每隔2~3m,交错设置孔径0.1m的泄水孔。对于土质边坡,为防止淤塞,护坡背后应设置反滤层,或仅在泄水孔后面0.5m×0.5m范围内设置。

护坡施工前,应将边坡表面松散的土、石清除掉。

(3) 抹面

在夹有易于风化的软质岩层的路堑坡面上,由于软质岩层风化较快,常常剥蚀而成凹坑,引起上部具有节理的硬质岩层的崩塌和落石等病害。对此,可采用抹面的措施,防止开挖后软质岩层的继续风化。抹面的混合料可有石灰—炉渣(体积比 1:5~1:2)、水泥—石灰—炉渣(质量比约 1:1:8)、水泥—砂—炉渣(质量比 1:3:2 或 1:2:3)和水泥砂浆等几种。其厚度为 3~5cm。抹面不宜在严寒季节和雨天施工。

(4)护墙(图 8-6)

护墙由浆砌片石组成,用以防护坡度较陡的土质边坡或易风化剥落和节理发达的岩石路堑边坡,避免进一步风化而出现崩塌和剥落等病害。护墙不承受墙后的侧压力,故所防护的边坡坡度应符合稳定坡度的要求,一般不陡于 1:0.3。护墙断面可分等截面和变截面两种。边坡高度不大时,可采用等截面的护墙。一般情况下,边坡坡度为 1:0.3~1:0.5 时,不宜超过 6m;边坡坡度为 1:0.5~1:1 时,不宜超过 10m。墙厚一般为 0.4~0.5m。墙高时,宜采用变截面护墙,顶宽一般为 0.4m,底宽随墙高和坡度而定。边坡陡于 1:0.5 时,底宽为顶宽加墙高的 1/10;边坡坡度为 1:0.5~1:0.75 时,为顶宽加墙高的 1/20。护墙的垂直高度少于 10~15m 时,可采用单级式;超过此高度时,宜采用双级或多级式,每级最大高度为 10~12m,各级之间设宽度不小于 1.0m 的平台,平台厚度均为 0.4m。护墙的基础应置于冰冻线以下,基底承载力小于 0.3MPa 时应采取加固措施。伸缩缝和泄水孔的布置与浆砌片石护坡相同。

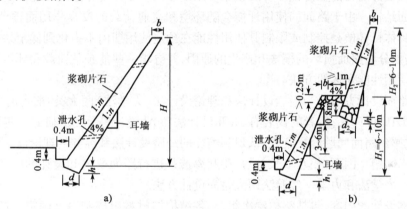

图 8-6 浆砌片石护墙
a)单级式;b)双级式

2. 岸坡防护

沿河路堤的边坡属河岸边坡,简称为岸坡,易遭受流水的冲刷和淘刷作用。对于岸坡,应根据河流特性(水流方向和流速大小)采取不同防护措施。

常用的防护措施有植物防护、片石防护、抛石、石笼和浸水挡土墙等。

(1)植物防护

铺草皮或种植树木,适用于水流方向与路线平行,不受洪水主流冲刷的季节性浸水的岸坡。植物防护的不冲刷(容许)流速为 1.2~1.8m/s。

(2)干砌片石护坡

可按流速大小分别采用单层或双层铺砌。单层干砌厚度一般为 0.25~0.35m;双层干砌上层厚 0.25~0.35m,下层厚 0.25m。砌石下设垫层。这种措施适用于水流方向较平顺的河岸滩地边缘或不受主流冲刷的岸坡。容许流速为 2~4m/s。

(3)浆砌片石护坡及挡墙

受主流冲刷和波浪作用较强烈的岸坡,可采用浆砌片石,厚 0.3~0.6m。容许流速可达

4~8m/s。流速更大及存在土压力时可设挡土墙。

(4) 抛石及石笼

适用于水流方向较平顺,无严重局部冲刷而已被水浸的岸坡。所抛石块的尺寸,根据流速和波浪大小确定,一般为 0.3~0.5m;抛石的厚度不应小于石块尺寸的 2 倍。容许流速为 3m/s。

当流速大或有洪水侵扰时,可设石笼,即将铁丝、尼龙绳或竹条编织的笼内培石抛入岸坡下,形成放水屏障。

(5) 浸水挡土墙

在峡谷急流、水流冲刷严重地段,可采用挡土墙防护。容许流速可达 5~8m/s。

各种护坡工程的高度应在确定了路基的洪水位加壅水高度、波浪侵袭高度和安全高度(0.5m)后确定。为防止淘刷,冲刷防护工程应加强基础处理。

第三节 沥青混凝土路面结构设计

路面结构设计的目的是提供一种在预定使用期内同所处环境相适应并能承受预期交通荷载作用的路面结构。由于路面的使用性能会随环境和交通荷载的反复作用而逐渐劣化,路面结构设计的具体目标便是控制或限制其使用性能在预定使用期内不劣化到低于某一规定的水平。为此,需要分析路面损坏的模式和产生的原因,并寻求一些能预估荷载和环境作用下各种损坏出现和使用性能变坏的方法。

传统的路面设计方法分为经验设计法和理论设计法(力学法)两大类:前者的代表有 CBR 设计法、AASHTO 设计法;后者的代表有 Shell 设计法和 AI 设计等。随着研究和实践的不断深入,人们愈发感到路面问题的复杂性,认识到纯粹的经验设计法和纯粹的理论设计法都不能解决实际的技术问题。因而,相互取长补短、相互渗透是进行路面研究和设计的明智选择,因此出现了经验—力学法和力学—经验法两大路面设计方法。

路面结构设计的内容,包括结构层次组合、各结构层材料组成和厚度确定、方案的经济分析和比较等。各结构层的材料组成属于路面材料组成设计的范畴。虽然如此,由于不同组成材料具有不同的性状,它必然影响路面的结构特性和使用性能,因而在结构设计时仍要密切联系并考虑材料的组成及其性状,以期得到使用性能最佳的路面结构。

本章着重介绍我国现行的沥青混凝土路面设计方法,同时也简要介绍目前国际上常用的设计方法,讨论沥青路面的结构设计。

一、损坏模式、设计标准和设计方法

1. 损坏模式

沥青路面在行车荷载的反复作用和自然因素的不断影响下会逐渐出现损坏,使其使用性能逐步恶化。由于荷载、环境、材料组成、结构层组合、施工和养护等条件的变异,损坏的形态是多种多样的。在表象上,有各式各样的裂缝,如横向或纵向裂缝、块状裂缝和网状裂缝(龟裂)等,也有各种类型的变形,如沉陷、车辙、搓板、推移和拥起等,表层可能还有露骨、松散、剥落、坑槽和泛油等现象。这些损坏现象,有时单独出现,有时则几种形态同时出现,显得错综复杂。然而,如果透过表象进一步分析造成这些损坏的原因,便可发现其中存在着一定的规律性。各种损坏现象的产生,都是行车和自然因素作用的结果,随着路面工作特性和外界因素影

响程度的不同而变化。

根据这些损坏现象的肇因、危害性和对路面使用性能的影响,可以把沥青路面的损坏划分为:

(1)裂缝类——路面结构的整体性受到破坏;
(2)变形类——路面表面的形状改变;
(3)表层损坏类。

其中,最常见的有下述几种。

(1)沉陷

路基由于水文条件差或翻浆而变得湿软,通过路面传给路基的轮载应力超过了土的抗剪强度,车轮轮带处的路面出现较大的竖向变形,甚至在轮带两侧伴随出现隆起现象。路面结构的变形能力不能适应这样大的弯曲变形,便会产生裂缝,并逐渐发展成网裂。

(2)车辙

路面在行车荷载反复作用下,在轮迹处(特别在渠化交通的情况下)出现较大的变形,从而在纵向形成车辙。车辙的出现,是行车荷载多次重复作用下路基和路面塑性变形(包括压密和剪切变形)逐步积累和结果。即使路基和路面具有足够的刚度,每一次行车荷载作用下产生的塑性变形量级小,但多次重复作用后累计而达到的量还是相当可观的,特别是在高温和轮压大时,沥青层因蠕变而积累的塑性变形量大,甚至达到或超过30mm。

(3)疲劳开裂

疲劳开裂是指路面无显著永久变形情况下沿轮边带出现的裂缝。行驶在路上的轮载使沥青面层受到反复的弯曲作用。面层底面产生的弯拉应变(或应力)超过材料的疲劳限度,便在底面处发生开裂,并逐渐扩展到表面。初期是一串细微的纵向平行裂缝,随着行车的反复作用,裂缝连片而发展成网状或龟背状裂缝。

(4)反射裂缝和低温开裂

采用无机结合料稳定类基层时,由于湿度、温度变化而产生的横向收缩裂缝会反映到面层上来,使面层相应出现横向反射裂缝。在寒冷地区,面层材料本身在低温时的收缩受到阻碍会产生较大的拉应力,当拉应力超过材料的抗拉强度时,面层便会出现横向断裂。这些横向裂缝虽然在初现时不会影响行车,但在水分不侵蚀下,其边缘会出现碎裂而使缝隙扩大,并在其周围逐步发展成网状裂缝。

(5)松散和坑槽

由于面层材料组合不当或施工质量差,结合料含量太少或黏结力不足,面层混合料的集料间失去黏结而成片散开,称为松散。松散的材料被车轮以及风和雨水等带离路面,便形成大小不等的低坑或凹槽。网裂的后期,碎块被行车继续碾碎,并疲带离路面,也会形成坑槽。

(6)泛油和推移(拥包)

面层混合料中沥青含量偏多或空隙率太小(低于3%)时,沥青会在夏天受行车的作用而溢出路表面,形成一层有光泽的沥青膜,称为泛油。这种沥青混合料的抗剪强度往往过低,在车辆经常启动和制动而承受较大水平力作用的路段上,面层材料会沿行车方向发生剪切或拉裂破坏而出现推移和拥起。

2.设计标准

鉴于损坏模式的多样化,各种损坏对路面使用性能有不同性质和程度的影响,沥青路面设计不能像其他结构物的设计那样,仅选用一种损坏模式作为临界状态,选用单一的设计指标和标准,而是多种临界状态和多项设计标准。

在上述各项损坏模式中,有些损坏是面层材料的组成不当或者施工和养护质量欠佳所引起的(如松散和泛油等),不属于结构设计考虑的范围;有些损坏(如沉陷)在通常情况下,通过提高路基填筑质量等措施,完全可以避免出现;还有些损坏(如反射裂缝)通过适当的材料组成设计和结构措施,可以避免或减轻其危害程度。通常认为,疲劳开裂、车辙(永久变形)和低温开裂是路面结构破坏的三种主要模式,在设计中应着重考虑。

(1)疲劳开裂

路面材料在出现疲劳开裂前所能承受的荷载重复作用次数,称为疲劳寿命。疲劳寿命的大小,同组成材料的特性、环境条件(温度)以及路面所受到的重复应变(或应力)级位的大小有关。因为路面设计年限内不同荷载和温度条件的疲劳损耗可采用线性累加假设予以总和。因而,根据预定设计年限内的荷载和温度条件以及材料的疲劳方程,可以分析设计年限末路面结构的累计疲劳损耗,以此判断路面是否会出现疲劳开裂。或者,可以利用等效疲劳损耗的概念,将不同轴载和不同温度条件下的疲劳损耗换算成标准轴载和当量疲劳温度的等效损耗。由此,以疲劳开裂作为临界状态的设计,可以选用沥青层底面的拉应变(或拉应力)作为设计指标,以标准轴载在当量疲劳温度时产生的沥青层底面拉应变 ε_{r_1} (或拉应力 σ_{r_1})不大于该材料在该温度条件下的容许疲劳拉应变 $[\varepsilon_{r_1}]$ (或拉应力 $[\sigma_{r_1}]$)作为设计标准,即:

$$\varepsilon_{r_1} \leqslant [\varepsilon_{r_1}]$$

或
$$\sigma_{r_1} \leqslant [\sigma_{r_1}] \tag{8-1}$$

无机结合料(水泥或石灰)稳定类基层,由于相对刚度较大而易出现较大的径向拉应变(或拉应力),应控制其底面的最大拉应变 ε_{r_2} (或拉应力 σ_{r_2})不大于基层材料的容许疲劳拉应变 $[\varepsilon_{r_2}]$ (或拉应力 $[\sigma_{r_2}]$),以免产生疲劳开裂而诱发面层的断裂,即:

$$\varepsilon_{r_2} \leqslant [\varepsilon_{r_2}]$$

或
$$\sigma_{r_2} \leqslant [\sigma_{r_2}] \tag{8-2}$$

(2)车辙(永久变形)

车辙是路基和路面各结构层在荷载反复作用下产生的塑性变形的累积。辙深同重复应力的大小、作用次数、路基和路面各结构层材料的刚度以及温度状况有关。车辙的出现,一方面使路面平整度变坏,从而影响行驶质量;另一方面,使高速行驶的车辆在雨天易出现漂滑而造成交通事故。以车辙作为临界状态的设计方法,选用车辙深或永久变形量为指标,限定设计年限内的累积车辙深或永久变形量 D_r 不超出行驶质量和行车安全所容许的车辙深或永久变形量 D_r,即:

$$D_r \leqslant [D_r] \tag{8-3}$$

(3)路表回弹弯沉

路表面在荷载作用下的回弹弯沉量,反映了路基路面结构的整体刚度。许多试验观测资料表明,它同路面的使用状态(疲劳开裂和塑性变形量)之间存在着一定的内在关系:回弹弯沉量越大,相应的塑性变形量也越大,而出现疲劳开裂的几率越高(能承受的轴载作用次数越小)。根据路面使用状态和使用年限的要求,可以确定一次荷载(标准轴载)作用下路面的容许回弹弯沉量。路面以回弹弯沉作为设计指标时,便以轴载作用下的路表面回弹弯沉量 l_s 小于容许回弹弯沉量 l_R 作为设计标准,即:

$$l_s \leq l_R \tag{8-4}$$

(4)低温开裂

这是一项同荷载因素无关,适用于寒冷地区的设计标准。温度下降时,面层材料因收缩受阻而产生的温度应力 σ_t 不大于该温度下沥青材料的抗拉强度 $[\sigma_{rt}]$,即:

$$\sigma_t \leq \sigma_{rt} \tag{8-5}$$

上述设计标准反映了对路面结构性能方面的要求。路面的结构性能同路面的功能性能(如抗滑和平整度等)有一定的联系,但没有确定的关系。因而,除了上述设计标准外,还在抗滑性和平整度方面另外提出了设计标准。然而,这些设计标准主要同面层的材料和施工等因素有关,并不涉及路面结构设计,所以不放入本章阐述。

3. 设计方法

路面结构设计方法种类繁多,下面简要介绍目前国际上具有代表性的设计方法概况。

(1)基于经验的设计方法

①CBR 设计法。CBR 是美国加州交通部于 1928~1929 年提出的表征道路材料抗力的指标,以材料的贯入抗力与标准碎石贯入抗力的百分比值表示。根据当时的调查,路面破坏主要类型是:路面因吸水而导致路基材料的侧向位移;路面下的材料不均匀沉降;路面下材料的过大弯沉。根据这些调查结果,提出了 CBR 设计法,给出了适用于美国加州交通状况的设计曲线,以控制路基的剪切破坏。

CBR 设计法是一种经验性的方法,设计过程简单,概念明确,适用于重载、低等级的路面设计;所提出的 CBR 指标已被作为路面材料的一种参数指标得到了广泛应用。

②AASHO 法。AASHO(现为 AASHTO)设计方法产生于 1958~1962 年间的 AASHTO 道路试验,是一个产生了重大影响的设计方法。试验工作于 1961 年底完成,1962 年 5 月作出总结,并发表了 7 本研究报告,提供了大量关于路面设计、施工的宝贵资料。

AASHTO 法提出了路面现时服务能力指数 PSI 的概念,以反映路面的服务质量。通过对相同路段的主观评价和客观评价,建立了 PSI 与路面状况的关系,如式(8-6)所示。主观评价指组成评分小组,由评分小组成员对路面分别进行评分(0~5),所得到的评分值即表示 PSI 值;客观评价指量测路面的坡度变化、车辙深度、裂缝面积等状况。

$$PSI = 5.03 - 1.91\lg(1 + \overline{SV}) - 1.38\,\overline{RD^2} - 0.01\sqrt{C + P} \tag{8-6}$$

式中:PSI——路面现时服务能力指数(Present Serviceability Index),是一个无量纲,反映了道路使用者对路面服务质量的平均评价,其数值在 1~5;

$\overline{SV}$——平均坡度变化;

$\overline{RD}$——车辙深度平均值,cm;

C——已发展成网状的裂缝面积;

P——修补的面积。

该设计方法最初的基本设计方程是:

$$\lg W_{18} = 9.36\lg(SN+1) - 0.2 + \frac{\lg[\Delta PSI/(4.2-1.5)]}{0.40 + 1094/(SN+1)^{5.19}} \tag{8-7}$$

式中：$\lg W_{18}$——累计标准单轴荷载(ESAL)作用次数；

ΔPSI——PSI 从路面新建至使用年限末的差值[4.2-(使用年限末的路面服务能力指数)]，依道路等级确定；

SN——路面结构数，表征路面结构的等效厚度。

$$SN = a_1 D_1 + a_2 D_2 + a_3 D_3 \tag{8-8}$$

式中：a_1、a_2、a_3——第 1、2、3 层材料的系数；

D_1、D_2、D_3——第 i 层的厚度。

路面结构数是 AASHTO 方法中特别定义的，用以反映路面各层（除路基外）的等效厚度。式(8-8)中的 a_1、a_2、a_3 与材料的类型和强度有关，可根据该材料的弹性模量、马歇尔稳定度、CBR 值、三轴试验结果或无侧限压缩试验结果换算而得。根据预测得设计年限内的累计等效单轴荷载作用次数，利用式(8-7)可以计算出需要的最小路面结构数 SN，再根据所采用的路面各结构层材料，利用式(8-8)可以确定路面各层的厚度。

式(8-7)中的 ΔPSI 是路面初始 PSI 与使用年限末 PSI 的差值。在 AASHTO 设计方法中，假定新路面的 PSI=4.2，使用期末的 PSI=1.5。

AASHTO 的设计方法表明，不同的路面结构，不管其结构组合如何，只要其结构数相同，则其使用寿命和使用性能是相同的。

1986 年，AASHTO 出版了新的路面设计指南，设计中引入了结构可靠度和路面排水条件的影响，设计方程见式(8-9)。

$$\lg W_{18} = Z_R S_0 + 9.36\lg(SN+1) - 0.2 + \frac{\lg[\Delta PSI/(4.2-1.5)]}{0.40 + 1094/(SN+1)^{5.19}} + 2.32\lg M_R - 8.07 \tag{8-9}$$

式中：Z_R——路面的可靠度系数；

S_0——该方程的综合标准差，S_0 的大小与路面的变异性有关，在通常情况下，沥路面的 S_0 值可取 0.4~0.5；

M_R——基础回弹模量，psi(1psi=6894.76Pa)，受冰冻等气候因素的影响很大，在设计时应予仔细考虑。

在结构数 SN 的计算中，则考虑了结构层的排水条件：

$$SN = a_1 D_1 + a_2 D_2 m_2 + a_3 D_3 m_3 \tag{8-10}$$

式中：m_1、m_2、m_3——路面结构第 1、2、3 层的排水系数，其数值和范围随季节变化而变化。

如果路面不透水，且具有良好的路边排水设施，这将使路面内的水位保持在垫层以下，此时 m_1、m_2、m_3 的值在 1.0~1.4。而当水位的变化使粒料垫层处于饱和状态时，其相应的排水系数只有 0.4 左右。

与 AASHO 初始的设计方程相比，上面的这种改进无疑是合理的。一方面，AASHO 的原设计方程仅考虑了路面性能的平均变化趋势，当按该方程设计时，仅有 50% 的保证率，此处增加了可靠度系数，可以提高设计方程的可靠性；同时，方程中考虑了结构的变异性，对不同的道路可以采用不同的保证率系数。另一方面，考虑环境（排水）因素的影响，使设计结果的针对性和可靠性更高。

经过多年的研究和补充,1993年出版的AASHTO指南进行了多方面的改进,包括改进了可靠度的考虑、推荐采用T274作为确定土的承载值的标准试验方法、推荐采用回弹模量值确定结构层系数、进一步考虑排水和冻融等环境因素的影响、给出了路面临界使用性能值高达PSI=3.0时的荷载等效值以及低流量道路设计等。实际上,1993版的AASHTO的主要工作是增补了旧路面重建的设计方法,而对新路面,其核心设计方程并无实质性变化。

AASHO设计法第一次提出了路面现时服务能力指数PSI的概念,提出了轴载换算的概念和公式,考虑了路面的可靠度。它以使用年限末的路面服务能力指数 P_t 作为设计控制标准,使路面结构设计和路面使用期末的性能联系起来。这些思想对后来世界各国的设计思想产生了很大的影响。但该设计方法是依据短期试验结果得出的,试验时选用的路面材料十分有限,路基土类型少,环境因素单一。研究结果由试验时两年的加速试验外延至10~20年,未考虑环境和荷载综合作用导致的PSI损失。试验时选用的试验车队车型及轴型固定,与实际情况中的混合交通情况不一致。由于仅以SN表示路面结构,确定厚度时在考虑施工时的最小压实度和最小经济厚度的同时,还需要大量经验,导致结构设计结果不唯一,各层次之间存在可替换关系,难以真正保证路面的使用寿命。

鉴于该设计方法的诸多不足,AASHTO正在研究制订新的设计指南AASHTO 2000和AASHTO 2002。2000/2002修订版至今尚未完成,修订的主要指导思想是:

①采用力学—经验法,设计中引入各种力学—经验模型;

②主要设计参数采用多级输入;

③提供一套完整的设计软件。

AASHTO 2002的设计流程如图8-7所示。

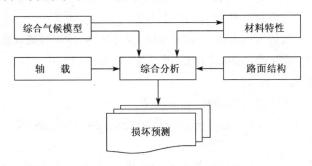

图8-7　AASHTO 2002设计流程

(2)基于力学的设计方法

①Shell设计法。Shell设计方法是由英、荷壳牌石油公司研究所提出的基于力学分析的设计方法,1963年发表了设计计算图解法,1978年提出了较为完善的壳牌路面设计手册(SP-DM),现已发展为基于计算机的Shell法。

Shell法把路面当作一种多层线弹性体,各层材料以动态模量与劲度之比表征,以厚度 h_i、模量 E_i 和泊松比 u_i 表示路面特征。混合料的黏弹性性质以其劲度模量体现,其值取决于沥青含量、沥青劲度和沥青混合料的空隙率。路基模量受应力影响,路基动态模量在现场可用动态弯沉仪测定。测定模量时,所施加荷载及土基含水率须能代表实际土基工作状态。无结合料基层模量依赖于它的受力状态,其值取决于路基模量和基层厚度。

在环境方面,该方法仅考虑温度对沥青混合料材料特性的影响,采用图8-8所示关系把月平均气温转化为加权年平均气温,依据沥青层厚和加权年平均气温则可求得路面沥青层温度 $T_{\min}$。

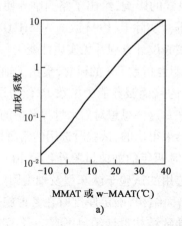 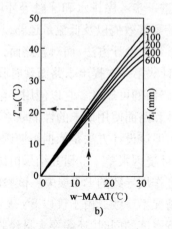

图 8-8 Shell 设计法中关于温度的考虑
a)月平均气温加权系数曲线;b)加权月平均气温与沥青面层等效温度的关系

Shell 设计法考虑了两项主要设计标准和两项次要设计标准。两项主要设计标准是沥青层底面的容许水平拉应变 ε_r 和路基顶面的容许竖向压应变 ε_z,控制标准如式(8-11)和式(8-12)所示。

$$\varepsilon_r = CN^{-0.25} \tag{8-11}$$

$$\varepsilon_z = 0.018(\text{或} 0.021) \cdot N^{-0.25} \tag{8-12}$$

式中: N——累计标准荷载作用次数;

C——与沥青层模量有关的系数;

0.018(或 0.021)——保证率为 95% 时取 0.018,保证率为 85% 时取 0.021。

根据上述关系式,可以确定路面结构层的厚度,其流程如下:

a. 拟订沥青层厚 h_1。

b. 通过回归方程式计算沥青层的等效温度 $T_{\min}$。

c. 依据当地气候环境和道路等级选定合适的沥青及材料组成,求出沥青层、基层和土基模量。

d. 用 BISAR 程序计算沥青层底面的水平拉应变 ε_t 及基层顶面的竖向压应变 ε_c。

e. 依据 ε_t 计算路面的使用寿命 N_t,依据 ε_c 计算路面的使用寿命 N_c。

f. 比较 $N = \max\{N_t, N_c\}$ 与设计寿命 N_r 值;如果两者差值在 5% 内,则采用 h_1 值作为沥青层设计值,设计结束;否则依据差值大小调整 h_1 大小,重新计算应变,回至 d。

Shell 的两项次要标准是水泥稳定类材料底面的弯拉应力和路表面的永久变形。水泥稳定类材料底面的弯拉应力采用式(8-13)控制:

$$\sigma_{r_2} = \sigma_{r_1}(1 - 0.075\lg N) \tag{8-13}$$

式中: σ_{r_2}——容许弯拉应力;

σ_{r_1}——材料的极限弯拉强度。

为了控制新建路面不产生过量的车辙,提高路面的平整度,保证新建路面的使用质量,SPDM建立了基于静态蠕变试验的车辙预估模型——沥青层厚度、层内的平均应力和沥青混凝土劲度的函数,如式(8-14)、式(8-15)所示。

$$\Delta h = kh \frac{\sigma_0}{S_{\text{mix}}} \tag{8-14}$$

$$k = C_m Z_0 \tag{8-15}$$

式中:Δh——车辙深度;
　　　h——沥青厚度;
　　　σ_0——标准轮载作用下的应力;
　　　S_{mix}——沥青混合料的劲度;
　　　C_m——动态因子;
　　　Z_0——构造因子,用以调整试验室的单轴静态蠕变试验与实际路面侧向为受约束状态不一致而造成的结果误差。

该方法设计过程简单,容易操作。在考虑温度影响时,提出了加权年平均温度概念,考虑了一年不同时期的温度对材料特性的影响程度。但该方法对路面模型作了许多假定,和实际情况有一定的差异,并且设计方法的完善,需依赖于力学理论的发展。SPDM 车辙预估模型无法说明使用改性沥青对减少新建路面车辙的效果。轴载的换算以等量的轮胎接触压力为基础,因此无法解释轴载不同、构型不同而接触压力相同的情况下,路面产生的车辙量不同的现象。作为理论法的典型代表,该方法没有考虑湿度(水)对路面设计的影响。

②Superpave 设计法。1987 年,美国启动了历时 5 年、投资 1.5 亿美元的战略公路研究计划(Strategic Highway Research Program),以改善美国道路的使用性能和耐久性。SHRP 的主要目的是:进一步研究确定影响路面使用性能的沥青混合料特性及沥青结合料的物理化学特性;研究在基于使用性能的设计规范中所需要的试验标准和规范。SHRP 中最重要的成果之一即为 Superpave™(Superior Performing Asphalt Pavement)——高性能沥青路面设计和分析系统。Superprave™ 的术语于 1991 年提出,是泛指基于性能的规范、试验方法、试验设备、试验规程和混合料设计系统等一系列成果。

Superpave 的设计流程如图 8-9 所示。从这个流程可知,Superpave 的指导思想是按照路面的使用性能进行路面和材料的设计,以达到路面抗车辙、抗疲劳、抗低温的目的,并同时考虑老化、水损坏以及黏附性损失。

Superpave 分析设计体系给出了基于使用性能的路面设计方法。该方法以流变学理论为基础,应用 Maxwell 模型模拟材料特性。它制订了路面损坏标准,通过损坏预测模型把材料设计和路面结构设计联系起来,体现了基于使用性能的基本设计思想。与传统路面设计方法不同的是,Superpave 将结构参数作为材料设计的基础,以材料设计作为路面设计的最终归宿。

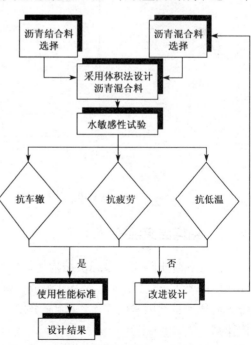

图 8-9　Superpave 设计流程

Witczak M W 等对 Superpave 进行的全面评价认为,Superpave 的设计软件和加速路面试验中仅考虑了一种单轴构型(8.2t ESAL、单轮、平均轮压力 0.56MPa),大多数普通的车辆构型则无法应用其分析结果。方法给出了路用性能的控制标准,但未能给出疲劳裂缝扩展和车辙增长过程的模式,因而无法解释不同结构组合对损坏发展的影响。

另外,SHRP 的指导思想是建立基于路面使用性能的方法,而实际上,Superpave 的主要指标和标准都仅是建立在流变学基础上的。沥青和沥青混合料的流变学指标是否反映了路面的使用性能? 或者说,Superpave 中使用的流变学指标是否比传统的指标更恰当地反映了路面的使用性能? 迄今为止这个问题并没有得到证实。

近几十年,世界各国的道路工作者在路面设计和分析领域进行了不懈的努力和艰苦的探索,在不同时期产生了不同设计方法和设计思路,而且随着计算方法和技术的迅速发展,路面结构分析的理论和方法也取得了很大的进展。同时,有关荷载、环境(温度和湿度)、路基支承条件、材料性状和经济等因素对路面结构的影响,也已累积了丰富的经验。但是由于路面问题的复杂性,如材料和结构性质的变异性大,对荷载和环境的影响认识得还很不充分,结构分析和使用性能之间尚未建立起定量的内在联系等,还需对设计理论作进一步研究。

本章以力学法为主线来阐述路面结构设计问题。然而,由于采用力学法设计路面结构还存在着许多不足,需要依赖经验予以补充,力学—经验法路面结构设计方法的基本分析框架见图 8-10。

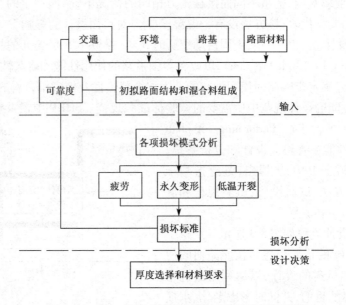

图 8-10 力学—经验法路面结构设计方法的基本分析框架

二、结构层次组合

沥青混凝土路面是多层次结构物。作为路面结构设计的第一步,既要结合当地的具体条件和使用要求,选择结构层次及其组成材料,按因地制宜、就地取材的原则,组合成既能经受住行车荷载和自然因素的作用,又能充分发挥各结构层材料最大效能的经济合理的路基路面结构体系。

1.组合的原则和方法

不同的路面结构组合,在经济上和使用性能上会产生都不尽相同的效果。组合的层次和厚度要适宜,以求得良好的使用效果,避免出现过早损坏和浪费。根据实践经验和理论分析,结构层次的组合宜遵循下述原则。

(1) 按交通要求选择面层等级和类型

面层直接经受行车和自然因素的作用,要求强度高、耐磨和温度稳定性好,因而通常选用黏结力强的结合料和高强耐磨的集料作为面层材料。交通量越大,轴载越重,面层的等级应越高。表8-9为沥青混凝土路面设计规范所规定的各类路面面层适应的交通范围。

各类面层适应的交通范围 表8-9

公路等级	路面等级	面层类型	设计年限(年)	设计年限内累计标准轴次(万次/每车道)
高速公路一级公路	高级路面	沥青混凝土	15	>400
二级公路	高级路面	沥青混凝土	12	>200^4
	次高级路面	热拌沥青碎石混合料 沥青贯入式	10	100^4~200^4
三级公路	次高级路面	乳化沥青碎石混合料 沥青表面处治	8	10^4~100^4
四级公路	中级路面	水结碎石、泥结碎石、级配碎(砾)石、半整齐石块路面	5	≤10^4
	低级路面	粒料改善土	5	

(2) 按各结构层的功能选择结构层次

作为高级路面的沥青面层,宜采用三层或双层结构。上层为磨耗层,采用中粒式或细粒式沥青混凝土(视上层厚度而定);中层为抵抗水平力产生的剪应力,可采用中粒式或粗粒式沥青混凝土;下层为联结层,抵抗汽车荷载的疲劳(弯曲)作用,可采用粗粒式沥青混凝土或热拌沥青碎石。出于排水和降低噪声的需要,上层可采用空隙率大的开级配磨耗层(OGFC)。

采用沥青贯入碎石作为面层时,需在其上加设沥青表面处治或沥青砂作为封层,以减少水分的渗入。

作为中级路面的各种粒料路面,宜在其上铺设砂土磨耗层和松散保护层。

基层是主要承受竖向应力的承重层,它要有足够的强度、刚度和水稳定性。常用的基层类型有沥青类、水泥稳定类、石灰稳定类和各种碎(砾)石混合料。交通繁重时,应选用强度和刚度较高的前两类基层,并采用双层式(下层称作底基层)。底基层可充分利用地方材料,选用强度和刚度较低的碎石或砾石混合料。

要使路面有足够的整体强度和良好的使用性能,还应保证路基具有一定的抗变形能力和水稳定性。否则,单纯依靠加强或增厚面层或基层,并不能收到良好的效果,同时也很不经济。稳定路基的一般措施,主要是加强排水和达到要求的压实度。在路基水文条件较差的潮湿路段,抗变形能力过低,应采用低剂量石灰稳定路基上层土,或者加设垫层以疏干或隔离路基上层的水,扩散由路面传下的应力,并便于基层的修筑。在季节性冰冻地区,依据防冻的要求,路面结构应达到一定的厚度。为此,需设垫层以满足此要求。垫层一般采用天然砂砾料,或者其他隔温材料。

(3) 按各结构层的应力分布特性

轮载作用于路面,其应力和应变随深度的增大而递减。因此,对各层材料的强度和刚度的要求也可随深度的增大而相应降低。路面各结构层如按强度刚度自上而下递减的方式组合,既能充分发挥各结构层材料的能力,又能充分利用当地材料充当底基层或基层,从而降低造价。

采用上述递减规律组合路面结构层次时,还须注意相邻结构层之间的刚度不能相差过大。上下两层的相对刚度比过大时,上层底面将出现较大的弯拉应力(或弯拉应变)。此值一旦超过上层材料的抗拉强度(或抗拉应变)时,上层将产生开裂。根据应力分析和设计经验,面层同相邻基层的回弹模量比保持在 3~5 以内,基层同垫层的回弹模量比保持在 5 以内,垫层同路基的回弹模量比保持在 2~4 以内,则所组合的路面结构层在一般情况下不会出现过大的弯拉应力(或应变)。当然,上述比例只是一个大致的参考值,它随各结构层材料的抗拉强度而变。例如,采用水泥稳定类材料做基层时,由于其刚度很大,抗拉强度较高,就可不受上述比例的约束。

(4)要顾及各结构层本身的结构特性

各结构层材料具有各自的特性,在组合时应注意相邻层次的相互影响,采取措施限制或消除所产生的不利影响。例如,在水泥(或石灰)稳定类基层上修建面层时,基层材料的干缩或温缩开裂,会导致面层相应地出现反射裂缝。这时,宜适当加厚面层,或者选用开级配沥青混合料作为面层下层,或者在其间加设一层由延性(弹性)较好的材料(如橡胶沥青)组成的应力吸收层。又如,在潮湿的粉土或黏性土路基上,不宜直接铺筑碎石等粗颗粒材料基层,以防止细粒土挤入而污染基层,或导致过大的变形而使面层加速损坏。

(5)要考虑水温状况的不利影响

有许多原先使用情况尚好的泥结碎石或级配砾石面层,在加铺沥青表面处治层后反而迅速出现损坏,这种现象大都发生在潮湿路段上。分析其原因,主要是由于沥青面层不透气,路基和基层中因温度和湿度坡差作用自下而上移动的水分(或水汽)不能通过面层蒸发出去而凝结(集)在邻近沥青层的粒料层内,使该层的湿度增大。如果粒料层的水稳定性不好(含泥量多、塑性指数大),便会发软而导致损坏。因此,沥青面层下的基层要慎重选择,严格控制基层内的细料含量。在潮湿路段,应采用水稳定性好并透水的基层,如沥青贯入碎石等。

在冰冻深度较大的季节性冰冻地区,对中湿路段或和潮湿路段,还要考虑冻胀和翻浆的危害。路面结构除了要满足有关设计标准的要求外,其总厚度还要满足防冻层厚度的要求,以避免路基内出现较厚的聚冰带,从而产生导致路面开裂和过量的不均匀冻胀。根据经验,路面防冻的最小厚度可参照沥青混凝土路面设计规范中所列的数值确定(表 8-10)。路面设计厚度小于表列数值时,应增加路面的总厚度。通常为加设垫层,以垫层厚度补足其差值。垫层可用水稳定性好的地方材料(如砂砾)或隔温性好的材料(如炉渣)等。

沥青路面结构层最小防冻厚度(单位:cm)　　　　　　表 8-10

路基类型	土 质 基、垫层类型 道路冻深(cm)	黏性土、细亚砂土			粉 性 土		
		砂石类	稳定土类	工业废渣类	砂石类	稳定土类	工业废渣类
中湿	50~100	40~45	35~40	30~35	45~50	40~45	30~40
	100~150	45~50	40~45	35~40	50~60	45~50	40~45
	150~200	50~60	45~55	40~50	60~70	50~60	45~50
	>200	60~70	55~65	50~55	70~75	60~70	50~65

续上表

路基类型	土质 基、垫层类型 道路冻深(cm)	黏性土、细亚砂土			粉性土		
		砂石类	稳定土类	工业废渣类	砂石类	稳定土类	工业废渣类
潮湿	60~100	45~55	40~50	35~45	50~60	45~55	40~50
	100~150	55~60	50~55	45~50	60~70	55~65	50~60
	150~200	60~70	55~65	50~55	70~80	65~70	60~65
	>200	70~80	65~75	55~70	80~100	70~90	65~80

注:1. 在《公路自然区划标准》(JTJ 003—86)中,对潮湿系数小于0.5的地区,Ⅱ、Ⅲ、Ⅳ等干旱地区防冻厚度应比表中值减少15%~20%。
   2. 对于Ⅱ区砂性土路基防冻厚度应相应减少5%~10%。

(6)适当的厚度和层数

各类结构层,按所用材料的规格(最大颗粒的粒径)和施工工艺(摊铺、压实和整修)的要求,有一最小厚度的规定,低于此厚度就不能形成稳定而平整的结构层。常用结构层的最小厚度见表8-11。

各类结构层的最小厚度　　　　　　　　　　表8-11

结构层类型		最小厚度(cm)
沥青混凝土热拌沥青碎石	粗粒式	5.0
	中粒式	4.0
	细粒式	2.5
沥青石屑		1.5
沥青砂		1.0
沥青贯入式		4.0
沥青上拌下贯式		6.0
沥青表面处治		1.0
水泥(或石灰)稳定类、石灰工业废渣类		15.0
级配碎、砾石		8.0
泥结碎石		8.0
填隙碎石		10.0

为了保证路面使用质量,我国规范规定各级公路在半刚性基层上沥青层的推荐总厚度为:高速公路12~18cm,一级公路10~15cm,二级公路5~10cm,三级公路2~4cm,四级公路1~2.5cm。

碎(砾)石类混合料面、基层,一般单层厚度为8~15cm;水泥或石灰稳定类基层,其单层厚度一般不超过15~20cm。

为改善路基水温条件而设置的垫层厚度,一般不应小于15cm,在路面厚度计算中,应计入其强度。

2. 路面结构组合示例

我国目前习惯采用半刚性基层(水泥稳定粒料或石灰—粉煤灰稳定粒料)和底基层(水泥稳定土、石灰稳定土等)。下面以I_1区为例,介绍规范推荐的高速公路和一级公路推荐结构,见表 8-12 所示。

我国公路半刚性基层沥青路面常用结构层组合　　　　表 8-12

类型	结构与厚度(cm)	设计年限内一个行车道上的累积标准轴次(万次)		
		400~800	800~1 200	>1 200
I_1	面层(cm)	AC12	AC15	AC16~18
	基层(cm)	CGA20~30	CGA20~34	CGA20~38
	底基层	LS*(或 CS)(或 CLS)	LS*(或 CS)(或 CLS)	LS*(或 CS)(或 CLS)

注:1. 各结构层材料名称代号:AC 为沥青混合料;CGA 为水泥稳定集料;LS 为石灰土;CS 为水泥土;CLS 为水泥石灰土。
　2. CGA 为水泥稳定集料,包括水泥稳定级配碎石(CCR)和水泥稳定砂砾(CSG)。
　3. 高速公路、一级公路的面层由 2~3 层组成,应根据规范要求,结合各地具体情况选用各沥青混合料的级配。
　4. 基层、底基层的材料应本着因地制宜、就地取材、保证质量、节约投资的原则选择结构类型,特别是底基层材料,更应注重当地材料的选用。
　5. 各结构层原材料及混合料的配合比、力学指标应符合规范的有关规定。
　6. 表中赋有"*"的基层或底基层为设计层,应考虑交通量、土基状况按专用设计程序进行厚度计算。

三、我国现行沥青路面结构设计方法

路面厚度设计是在结构组合设计的基础上,通过结构分析确定各结构层所需的厚度,同时,利用结构分析也可了解路面结构的应力和位移状况,从而判断结构层组合的合理性,并进行相应的调整。

1. 设计标准和计算图式

我国现行沥青路面设计规范采用以下三项设计标准确定路面结构所需的厚度:
①路面结构表面在双轮荷载作用下轮隙中心处的弯沉值不大于设计(容许)弯沉值;
②沥青面层底面的最大拉应力不大于该层混合料的容许拉应力;
③半刚性基层或底基层底面的最大拉应力不大于该层材料的容许拉应力。

弯沉和应力计算分析时,路面结构计算模型为多层弹性体系,体系顶面作用有相当于双轮组($P=100kN$)的双圆均布荷载(图 8-11),各层面间的接触条件按完全连续处理。弯沉计算点的位置选在轮隙中心处。层底面拉应力计算点的位置选在单圆中心点 B、单圆半径的 $1/2$ 点 D、单圆内侧边缘点 E 和双圆轮隙中心点 C(图 8-11),取其中的最大值作为层底最大拉应力。

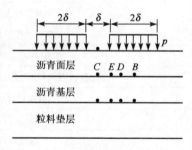

图 8-11　多层弹性体系计算图式

国外的沥青路面设计方法(如壳牌方法、美国沥青协会方法等)大多采用以下两项或三项主要设计标准确定路面结构所需的厚度:
①沥青面层底面的最大拉应变不大于该层混合料的容许拉应变;
②路基顶面的竖向压应变不大于容许压应变;
③采用半刚性基层时,水泥稳定类基层底面的最大拉应力不大于该层材料的容许拉应力。

应力计算分析时,将路面结构看作三层弹性体系(沥青面层、基层和路基)或四层弹性体系(沥青面层、沥青基层、粒料基垫层和路基),体系顶面作用有相当于双轮组的双圆均布荷载,各层面间的接触条件按完全连续处理。

2. 路表弯沉计算及设计(容许)弯沉值

双轮轮隙中心点的路表回弹弯沉值,可按式(8-17)利用计算机软件求得。

对计算结果进行试验验证后发现,按上述层状体系理论弯沉公式算得的弯沉值,与实测弯沉值之间存在一定的偏差,此偏差呈现出一定的规律性。当路基刚度较低时,由理论公式算得的面层厚度偏大;当路基刚度较高时,由理论算得的面层厚度偏薄。出现这种现象,主要是因为路基路面材料并非线性弹性体,而所采用的评定材料刚度(回弹模量)的测定方法并不能反映它们在结构层内的真实工作状态。为使理论计算和实测结果相符,目前在规范中引入了一个综合修正系数 F,即:

$$F = \frac{l_s}{l_e} = \frac{\overline{\omega}_s}{\overline{\omega}_e} \tag{8-16}$$

式中:l_s——实际弯沉值,设计时,实际弯沉取容许弯沉,即 $l_s = l_R$;

l_e——理论计算弯沉;

$\overline{\omega}_s$——弯沉系数;

$\overline{\omega}_e$——理论计算弯沉系数。

由大量试验验证资料得知,修正系数 F 同实际弯沉系数 ω_s 的关系较密切。其回归方程为:

$$F = 1.63 \left(\frac{l_s}{2\delta}\right)^{0.38} \left(\frac{E_0}{p}\right)^{0.36} \tag{8-17}$$

由此,路表回弹弯沉的计算公式便修正为:

$$l_s = \frac{2p\delta}{E_0}\overline{\omega}_e F \tag{8-18}$$

轮载作用下双轮轮隙中心处的路表回弹弯沉值大小反映了路基路面结构的整体刚度。回弹弯沉值大的结构,其整体刚度小,在经受了轮载不太多的重复作用后,路面即呈现出某种形态的损坏;而回弹弯沉小的结构,其整体刚度大,在经受轮载很多次重复作用后才出现损坏。因而,在达到相同程度的损坏时,回弹弯沉的大小同该路面结构的使用寿命(累计轴载重复作用次数)呈相反关系。如果通过试验或调查能够找到二者之间的关系,那么就可以根据对该类路面结构所要求的使用寿命,确定它必须具有的回弹弯沉值(超过此值时路面即达到损坏状态),并依此进行路面结构设计。这个回弹弯沉值便是容许弯沉值 l_R。

容许弯沉值同使用寿命的关系,可通过对已使用多年的路面进行弯沉测定,并调查该路面的损坏状况和已承受的累计交通,经分析整理后得出。这期间,应首先明确的是以怎样的损坏类型和损坏程度作为临界状态。对不同损坏状况的路面进行弯沉测定后,须按同一个临界状态确定相应的容许弯沉值,并将此容许弯沉值同该路面在使用期间的标准轴载累计作用次数相关联,由此建立容许弯沉关系式。不同基层类型的沥青路面具有不同的损坏状况和临界状态,须分别建立相应的关系式。设计规范依据调查分析结果提出了下述设计(容许)弯沉计算式:

$$l_d = l_R = 600 A_c A_s A_b N_e^{-0.2} \tag{8-19}$$

式中:l_d——路面结构的设计弯沉值(0.01mm);

N_e——设计年限内设计车道的累计标准轴次;

A_c——道路等级系数,高速公路和一级公路为1.0,二级公路为1.1,三、四级公路为1.2;

A_s——面层类型系数,沥青混凝土面层为1.0,热拌沥青碎石、乳化沥青碎石、上拌下贯或贯入式路面为1.1,沥青表面处治为1.2,中、低级路面为1.3;

A_b——基层类型系数,对半刚性基层、底基层总厚度等于或大于 20cm 时,$A_b=1.0$,若面层与半刚性基层间设置等于或小于 15cm 级配碎石层、沥青贯入式碎石、沥青碎石的半刚性基层结构时,A_b 可取 1.0,柔性基层、底基层 $A_b=1.5$,当柔性基层厚度大于 15cm、底基层为半刚性下卧层时,A_b 可取 1.6。

3. 拉应力和容许拉应力

面层或基(垫)层底面各计算点的拉应力值,可利用计算机软件求得。比较各点的应力值,取最大值作为最大拉应力。

沥青面层或半刚性基(垫)层在轮载反复作用下会因疲劳开裂而损坏。因为面(基、垫)层材料在出现疲劳开裂前可能承受的轮载反复作用次数 N_f(疲劳寿命),同该结构层所受到的反复应力级位 σ_r、材料的性质和所处的环境条件(主要指沥青面层)有关,它们可用下述关系式表示:

$$N_f = A\left(\frac{1}{\sigma_r}\right)^b \tag{8-20}$$

式中:A、b——试验确定的系数。

采用式(8-20),可以确定在设计年限内累计标准轴次 N_e 的作用下,结构层不出现疲劳开裂的容许拉应力。此容许拉应力以相对值(相对于该材料的抗弯拉强度)表示,则式(8-20)可写为:

$$\sigma_R = A N_e^{-b} f_r \tag{8-21}$$

A 和 b 主要与材料的性质和试验条件(温度和加荷速率等)有关,可通过室内小型试件的疲劳试验确定。但路上的车辆荷载不会像在试验室中加载那样连续重复作用,而实际间隙时间的增大,将会延长材料的疲劳寿命(据观测分析,可为室内试验的 5 倍)。同时,室内试验是以试件底面出现裂缝作为疲劳破坏的标准;而路上,从结构层底面出现裂缝到它沿层厚逐渐扩展到表面,还可经受轮载多次重复作用(据估计约可增多 7 倍)。因此,不能完全按照室内试验的结果确定系数 A 和 b 的数值,而应在考虑上述因素后给予适当的调整,并通过对现有路面实际使用状况的观测调查进行验证和修改。

我国沥青路面设计规范采用劈裂强度 f_{sp} 代替抗弯拉强度 f_r。通过调查和试验,提出下述容许应力关系式:

沥青面层
$$\sigma_R = 11.11 \frac{A_c}{A_a} N_e^{-0.22} f_{sp} \tag{8-22}$$

无机结合料稳定粒料
$$\sigma_R = 2.857 A_c N_e^{-0.11} f_{sp} \tag{8-23}$$

无机结合料稳定土
$$\sigma_R = 2.222 A_c N_e^{-0.11} f_{sp} \tag{8-24}$$

式中:A_a——细粒、中粒式沥青混凝土为 1.0,粗粒式沥青混凝土为 1.1;

A_c——见式(8-19)。

沥青混凝土的劈裂强度选用温度为 15℃ 时进行测定。水泥稳定类材料的劈裂强度选用龄期为 90d 时的测定结果;石灰或石灰—粉煤灰类材料则选用龄期为 180d 的测定结果。

4. 轴载换算

路上行驶的车辆不会是同一种类型,因此,在进行轴载累计作用次数计算时,须选定一种标准轴型,把各种不同类型的轴载换算成这种标准轴载。一般情况采用重力为 100kN 的双轮组单轴轴载为标准轴载。

各种轴载换算为标准轴载,应遵循以下两项原则:

①以达到相同的损坏状态为标准,即同一种路面结构,甲轴作用了 N_1 次后,路面达到某种损坏状态,乙轴作用了 N_2 次后,路面也达到同样的损坏状态,则此时甲轴和乙轴的作用是等效

的。按此等效性建立两种轴载作用次数间的换算关系。

②对于同一个交通组成,无论以其中哪一种轴载作为标准进行等效换算,所得到的路面厚度计算结果应当是相同的。

根据上述原则,可以利用不同损坏状态的疲劳方程和轴载与设计指标间的关系,建立相应的轴载换算公式。

以容许弯沉作为临界损坏状态时,由式(8-19)可知,甲和乙两种轴载行驶在同一个路面结构上的容许弯沉关系分别为:

$$N_1^{0.2} = \frac{A}{l_{R_1}} \text{ 和 } N_2^{0.2} = \frac{A}{l_{R_2}}$$

它们各作用一次所引起的疲劳损耗 D_1 和 D_2 分别为:

$$D_1 = \frac{1}{N_1} = \left(\frac{A}{l_{R_1}}\right)^5 \text{ 和 } D_2 = \frac{1}{N_2} = \left(\frac{A}{l_{R2}}\right)^5$$

由于达到相同的损坏状态,故两种轴载作用次数之间的关系为:

$$\frac{N_2}{N_1} = \left(\frac{l_{R_1}}{l_{R_2}}\right) \tag{8-25}$$

因系在同一个路面结构上同一种损坏状态时测到的弯沉,故:

$$\frac{l_{R_1}}{l_{R_2}} = \frac{l_{s_1}}{l_{s_2}}$$

由大量弯沉测定结果可整理得到,不同轴载作用在同一个路面结构上的弯沉值之间存在下述关系式:

$$\frac{l_{s_1}}{l_{s_2}} = C_1 C_2 \left(\frac{P_1}{P_s}\right)^{0.87} \tag{8-26}$$

式中:C_1——轴数系数,$C_1 = 1 + 1.2(m-1)$,其中 m 为轴数;

C_2——轮组系数,单轮组为 6.4,双轮组为 1.0。

以式(8-26)代入式(8-25),便可得到以容许弯沉作为设计指标时的轴载换算公式:

$$\frac{N_s}{N_1} = C_1 C_2 \left(\frac{P_1}{P_s}\right)^{4.35} \tag{8-27}$$

式中:P_s、N_s——标准轴载和作用次数;

P_1、N_1——被换算的轴载和作用次数。

以半刚性基层底面容许拉应力为设计指标时,可应用同样方法,利用式(8-23)和式(8-24)以及轴载—应力关系式,推演出相应的轴载换算关系式:

$$\frac{N_s}{N_1} = C_3 C_4 \left(\frac{P_1}{P_s}\right)^8 \tag{8-28}$$

式中:C_3——轴数系数,$C_3 = 1 + 2(m-1)$,其中,m 为轴数;

C_4——轮组系数,单轮组为 17.5,双轮组为 1.0。

5.路基和路面材料参数

按弹性层状体系理论求解路表弯沉或面层和基、垫层底面的弯拉应力(应变)时,必须知道路基土和各层路面材料的弹性模量值。无论是路基土,还是路面材料,其应力应变关系都或多或少呈非线性性状,因而表征其性状的模量值都是应力状态(应力级位和作用时间)的函数。同时,它们又是材料组成、压实状态及环境(温度和湿度)的函数。

(1)路基土回弹模量值

路基土的回弹模量值可以采用重复加载的三轴试验来确定,或者在路床顶面采用承载板试验确定。

各类路基土的回弹模量值除了受加荷方式和应力状态等因素影响外,还主要取决于土的湿度和密实度状态。由于路基土的湿度在年内发生季节性变化,因而各时期有不同的模量值。路面设计时,可按一年内不同时期(如每个月)的湿度状态测定相应的弹性模量值后,通过加权平均确定其设计回弹模量;或者按一年内最不利季节的湿度状态试验确定路基土的设计回弹模量值。

各类土的回弹模量值随其湿度和密实度状态的变化,可以在大量试验测定结果的基础上建立起经验关系。

(2)粒料的回弹模量

无机结合料的粒料的回弹模量值,采用重复加载的三轴试验进行测定。试验时,须按基层或垫层所受到的实际应力状况施加侧限应力,以确定相应的回弹模量值。

沥青路面设计规范中给出了常用粒料基层和垫层的回弹模量值范围供参考,这里不作详述。

(3)半刚性材料的回弹模量

无机结合料稳定粒料或土的回弹模量值,可采用圆柱体或小梁试件进行压缩或弯曲试验,测定各级应力作用下的压缩应变或弯拉应变后计算确定。

沥青路面设计规范依据各种无机结合料稳定类材料的大量试验结果,提出了相应的回弹模量和强度参考值,这里也不赘述。

(4)沥青混合料的回弹模量

沥青混合料的回弹模量值,可采用圆柱体或小梁试件,在一定的温度和加荷频率条件下进行重复加载的三轴压缩、间接拉伸(劈裂)或弯曲试验,量取轴向回弹应变、径向回弹应变或回弹挠度后,按相应公式计算确定。

沥青路面设计规范依据静态单轴压缩试验的测定结果,提出了沥青混合料在15℃和20℃时的抗压回弹模量和强度建议值,见表8-13。

沥青混合料模量和劈裂强度参考值 表8-13

材料名称		抗压模量(MPa)		劈裂强度(MPa)	备注
		20℃	15℃	15℃	
细粒式沥青混凝土	密级配	1 200~1 600	1 800~2 200	1.2~1.6	AC-10、AC-13
	开级配	700~1 000	1 000~1 400	0.6~1.0	OGFC
沥青玛蹄脂碎石		1 200~1 600	1 200~1 500	1.4~1.9	SMA
中粒式沥青混凝土		1 000~1 400	1 600~2 000	0.8~1.2	AC-16、AC-20
密级配粗粒式沥青混凝土		800~1 200	100~1 400	0.6~1.0	AC-25
大粒径沥青碎石	密级配	100~1 400	1 200~1 600	0.6~1.0	LSm25-35
	半开级配	600~800	—	—	Am25-35
沥青贯入式		400~600	—	—	—

(5)泊松比

各类材料的泊松比变化范围和代表值见表8-14。

各类材料的泊松比　　　　　　　　　表8-14

材　　料		一　般　范　围	代　表　值
水泥混凝土		0.15~0.25	0.20
密级配沥青混合料	<-17.8℃	<0.15	0.15
	-17.8~4.4℃	0.15~0.20	0.2
	4.4~21.1℃	0.20~0.30	0.25
	21.1~37.8℃	0.30~0.40	0.35
	37.8~54.4℃	0.40~0.48	0.45
	>54.4℃	0.45~0.48	0.48
开级配沥青处治碎石排水基层	<4.4℃	0.30~0.40	0.35
	4.4~37.8℃	0.35~0.40	0.40
	>37.8℃	0.40~0.48	0.45
水泥稳定类材料		0.15~0.30	0.20
粒料		0.30~0.40	0.35
路基	饱和黏土	0.40~0.50	0.45
	未饱和黏土	0.10~0.30	0.20
	粉土	0.30~0.35	0.325
	砂	0.20~0.40	0.30
基岩		0.10~0.40	0.24

6. 设计过程

沥青路面结构层所需的厚度设计,可参照下述步骤进行:

①根据交通调查和预测数据,计算设计年限内设计车道的标准轴载累计作用次数 N_e;

②根据道路等级和交通繁重程度,确定路面等级和面层类型;

③按路基土质和干湿类型,将路基划分为若干路段,分别确定各路段的路基回弹模量;

④遵守路面结构组合设计原则,并参考设计和使用经验,拟定几种路面结构层组合和厚度方案;

⑤对所选的各结构层材料类型进行混合料配合比设计和试验,并测定其强度(抗压强度和劈裂强度)和回弹模量,以确定相应的设计值;

⑥由设计轴次 N_e 和劈裂强度 f_{sp} 值,利用式(8-19)、式(8-22)~式(8-24)计算确定容许弯沉值和容许拉应力值;

⑦应用层状体系结构分析软件及各结构层材料的设计参数,对各路面结构层组合和厚度方案进行标准轴载作用下各计算点的表面弯沉和层底面拉应力计算;

⑧对比计算值和相应的容许值,分析结构层组合和厚度方案的合理性,并进行相应的调整(厚度、层次组合或材料组成)和方案选择。

通常,设计时根据使用要求和经验确定某些结构层厚度,对高等级沥青路面,常是确定沥青层厚度,再选择某一结构层次作为厚度设计(待定)层,一般是基层或底基层,然后计算路面结构的设计指标(表面弯沉或层底拉应力)达到容许值时该结构层所需的厚度。计算厚度不合适时,可进行相应的调整(层次组合或材料组成),并对调整后的方案重新计算该结构层所需的厚度。

第四节　水泥混凝土路面结构设计

水泥混凝土路面包括素混凝土（普通混凝土）、钢筋混凝土、连续配筋混凝土、预应力混凝土、钢纤维混凝土和混凝土块料等类型。除了混凝土块料路面外，其余各种混凝土路面的结构设计方法基本相同。

同沥青路面一样，水泥混凝土路面结构设计方法有解析法和经验法两大类。目前应用较为广泛的是解析法。本章着重介绍这类方法。

混凝土路面结构设计的主要内容包括以下6方面：

①面层材料组成设计。选择合适的组成材料和配合比，以获取强度高、耐磨和耐久的面层板。

②路基、基层和垫层设计。采取适当措施，为面层和基层提供能给予均匀支承的路基；酌情合理选用基层类型，以减轻或防止板底脱空、唧泥和错台等损坏的出现。

③板厚确定。使轮载所产生的最大弯拉应力保持在混凝土强度所容许的范围内。

④板平面尺寸确定。按照减小温度翘曲应力的要求，确定面层板的平面尺寸。

⑤接缝构造和配筋设计。合理选择接缝类型和布置接缝位置，设计接缝构造；确定板内的配筋量及钢筋布置。

⑥路肩和排水。设计路肩结构和排水设施。

这里仅讨论后5方面设计，第1方面"面层材料组成设计"在有关建筑材料书中有所阐述。

一、损坏模式和设计标准

1. 损坏模式

水泥混凝土路面在行车荷载和环境因素的作用下出现的损坏可以分为断裂、变形、接缝损坏及表层损坏四类。

（1）断裂

面层板由于板内应力超过混凝土强度而出现纵向、横向、斜向或板角隅断裂裂缝。严重时，裂缝交叉而使面层板破碎成碎块。过量应力的原因是多方面的：板太薄或轮载过重，板的平面尺寸过大，地基不均匀沉降或过量塑性变形使板底失去支承，施工养生期间收缩应力过大等。断裂的出现，破坏了板的结构整体性，使板丧失大部分乃至全部承载能力。因而，断裂可看作混凝土路面结构破坏的临界状态。

（2）唧泥

唧泥是车辆行经接缝时，由缝内喷溅出稀泥浆的现象。在重轮载的频繁作用下，板边缘和角隅下的基层由于塑性变形累积而同面层底面脱离接触；沿接缝或外侧边缘下渗的水分积聚在上述脱空区的空隙内，板在轮载作用下的弯沉变形使空隙内的水成为有压水，其高速流动冲刷基层表面而形成泥浆，并沿接缝缝隙喷溅出来。唧泥的产生，扩大了脱空区，使板边缘角隅更大范围地失去支承。

（3）错台

错台是指接缝或裂缝两侧面层板端部出现的高差（竖向相对位移）。唧泥发生和发展过程中，带有基层被冲蚀材料的高压水把这些材料冲积在后方（驶近）板的板底脱空区内，从而使该板抬高,而前方(驶离)板由于板下基层材料被冲蚀而下沉,由此形成了错台。错台的出现,降低了行车的平稳性和舒适性。

(4)接缝裂碎

接缝碎裂是指邻近横向和纵向接缝数十厘米(约60cm)范围内,板边缘混凝土开裂、断裂或成碎块(碎屑)。碎裂通常并不扩展到整个板厚。胀缝内滑动传力杆排列不正或不能正常滑动,缝隙内落入坚硬杂物而阻碍板的膨胀变形等,可使混凝土在膨胀时受到较高的挤压应力而裂成碎块。

(5)拱起

在春季和炎热夏季,混凝土面层板在热膨胀受到约束时,横缝两侧的数块板块突然出现向上拱起的屈曲失稳现象,并伴随出现板块的横向断裂。接缝缝隙增大,坚硬碎屑落入缝隙内,阻碍板的膨胀变形,从而产生较大的热压应力。这是板出现纵向失稳的一个主要原因。

此外,还有沉陷、纹裂和起皮等表面损坏模式。

2. 设计标准

水泥混凝土为脆性材料,其面层板的结构性损坏大都表现为断裂。从保证路面结构承载能力的角度,混凝土路面结构设计应以防止面层板出现断裂作为主要的设计标准。然而,形成断裂的原因是多方面的。有的断裂是在施工期间形成的,这种断裂可以通过控制施工质量(水灰比、水泥品质、缩缝锯切时间等)予以防止。有的断裂则是由于地基不均匀沉降或基层受冲蚀而使面层板底面出现脱空,板内应力增大而引起的。对于脱空现象,主要通过对路基、垫层和基层采取适当的结构措施以提供足够的刚度、耐冲刷和排水条件而予以减轻或避免。有的断裂是由于板块尺寸过大,所产生的温度翘曲应力超过混凝土的抗弯拉强度而导致横向裂缝。通过设置纵向和横向接缝、缩小板块的尺寸,可以降低温度翘曲应力。车辆荷载的重复疲劳作用,积累到一定程度后,可引起面层板出现横向或纵向疲劳裂缝。这类疲劳断裂被选作确定混凝土面层厚度所需考虑的主要损坏模式。

混凝土路面在经受行车荷载重复作用的同时,还经受周围气温周期性变化的影响。也就是说,混凝土面层的疲劳损坏不仅是荷载重复作用的结果,还是周期性变化的温度翘曲应力重复作用的结果。因而,为考虑疲劳断裂这种损坏模式而制订的设计标准可以选为:荷载应力和温度翘曲应力之和不超过混凝土的疲劳强度,即:

$$\sigma_p + \sigma_t \leqslant f_{rr} \tag{8-29}$$

或者,荷载疲劳应力和温度疲劳应力之和不超过混凝土的抗弯拉强度,即:

$$\sigma_{pr} + \sigma_{tr} \leqslant f_r \tag{8-30}$$

式中:σ_p——标准轴载所产生的荷载应力;

σ_t——等效疲劳温度梯度所产生的温度翘曲力;

f_{rr}——在荷载和温度应力共同作用下的混凝土疲劳强度;

σ_{pr}——考虑轴载累计疲劳作用的荷载应力;

σ_{tr}——考虑温度翘曲应力累计疲劳作用的温度应力;

f_r——混凝土的抗弯拉强度。

有些设计方法通过限制板块尺寸(限制缝距)控制温度翘曲应力,而在设计标准中略去温度翘曲应力的疲劳影响,仅限制荷载应力不超过混凝土的疲劳强度,即:

$$\sigma_p \leqslant f_{rr} \tag{8-31}$$

通过限制荷载和温度应力以控制疲劳断裂,并不能防止唧泥和错台这类损坏的出现。因为唧泥和错台是行车荷载(特别是重车)多次反复作用,水沿接缝、裂缝下渗和基层及路肩材料不耐冲刷等多种因素综合作用的结果。除了从结构上采取措施,如采用排水基层、耐冲刷基层和增强接缝传荷能力等以减轻唧泥和错台的出现外,可以通过增加板厚和基层刚度以减小板边缘和角隅处的挠度量,从而降低该处的塑性变形量和相应的板底脱空量,以达到减轻唧泥和错台损坏的目的。为此,有的设计方法除了应力控制标准外,对于高等级和重交通道路还补充提出了挠度控制标准——轴载在板边和板角隅处产生的挠度量不大于容许挠度量。

二、结构层组合

水泥混凝土路面结构组合的原则与沥青路面基本相同,可参考沥青路面的结构层次组合。

1. 面层

水泥混凝土面层应具有足够的强度和耐久性,表面抗滑、耐磨、平整。主要通过板块尺寸、厚度、材料组成、表面构造等指标控制。

水泥混凝土面层有多种类型。

(1)普通混凝土面层

普通混凝土面层,也称素混凝土面层,是指除接缝处和一些局部范围(如角隅和边缘)外,板内不配置钢筋的水泥混凝土面层。这是目前应用最为广泛的一种面层。通常采用整体(整层)式浇筑,厚度大时也有采用分层(双层)浇筑方式,上层采用较小粒径的混合料。

普通混凝土通常采用常规的振捣方法进行铺筑。近年来,出现了采用新的碾压工艺铺筑混凝土的方法(类似于铺筑水泥稳定粒料的方法),这种混凝土称作碾压混凝土。

(2)钢筋混凝土面层

为防止混凝土板产生的裂缝缝隙张开,在板内配置纵向和横向钢筋的混凝土面层称为钢筋混凝土面层。它仅在下述情况下采用:

①板的长度较大,如 10~20m;

②板下埋有设施和路基有可能产生不均匀沉降;

③板的平面形状不规则或有孔(如窨井、排水井)等。

(3)连续配筋混凝土面层

除了在与其他路面交接处或邻近结构物处设置胀缝以及视施工需要设置施工缝外,路段长度内不设置横缝的一种纵向连续配置钢筋的混凝土面层,称为连续配筋混凝土面层。纵向钢筋的配筋率通常为 0.6%~0.8%。面层产生的横向裂缝平均间距为 1.0~4.5m,平均缝隙宽为 0.2~0.5mm。连续配筋混凝土面层的厚度为普通混凝土面层厚度的 80%~90% 或相等。

(4)预应力混凝土面层

预应力混凝土是指混凝土或钢筋施加预应力的无筋或钢筋混凝土面层。目前,这种面层尚未推广应用。

(5)钢纤维混凝土面层

在混凝土内掺入低碳钢或不锈钢纤维,形成均匀而多向配筋的混凝土面层。

(6)混凝土块料路面

由混凝土预制块铺砌而成的面层,依靠块料间的嵌锁作用承受荷载。其结构设计方法接近于沥青混凝土路面。

2. 路基

水泥混凝土的弹性模量为$(25\sim40)\times10^3$MPa。因此,混凝土面层板具有很高的刚度和扩散荷载的能力,通过面层板传到路基顶面的荷载应力值很小,一般情况下小于0.05MPa。所以,水泥混凝土路面不要求有强度很大或承载力很高的路基。然而,如果路基的稳定性较差,在周围水温变化的影响下出现较大的变形,特别是不均匀变形,则仍会因不均匀支承而给面层带来损坏。

路基产生不均匀支承,可能由于以下三方面原因:

①不均匀沉陷。湿软地基未达到充分固结,填料不均匀,压实不均匀,新老路基交接等都可能产生不均匀沉降。

②不均匀冻胀。季节性冰冻地区土质不均匀(对冰冻敏感性不同的土类)和路基潮湿条件变化。

③膨胀土。在过干或过湿(相对于最佳含水量)时压实或排水设施不良等,会促使膨胀土产生不均匀变形。

为了保证路基支承的均匀性,遇有上述情况时,宜分别采取相应的处理措施。这些措施包括:

①选择低膨胀性土(塑性指数在10以下)或对冰冻不敏感的土作填料;将膨胀性较高或对冰冻较敏感的土放在路堤的下层,而在上层用良好填料填筑;对不同来源和性质的填料进行适当的拌和等。

②控制压实度和压实时的含水率。在气候潮湿地区压实时,含水率宜略高于最佳含水率值。这时压实,其渗透性、浸水后的膨胀量和冰冻都可减小,从而提供体积变化小而支承均匀的路基。

③尽可能提高路基设计高程或加深边沟底部深度,以增加路面同地下水位之间的距离。

④对路基上层土采用低剂量石灰或水泥等结合料稳定处理。

⑤设置路基排水设施,拦截透水层流向路基的渗透水或降低地下水位。

在可能有不均匀支承的路基上,除了采用上述有关措施外,应加设垫层以缓和可能产生的不均匀变形对面层的不利影响。

3. 基层和垫层

水泥混凝土面层具有较大的刚度和承载能力,因而往往不需要设置具有承重层性质的基层。混凝土面层下设置基层和垫层的作用有下述三方面:

①防止或减轻唧泥和错台现象的出现。由前面的分析可知,唧泥的产生是荷载、水、地基刚度和侵蚀多方面因素综合作用的结果。设置基层或垫层,可以减少唧泥的产生。而要达到这一点,必须对基层或垫层在刚度、细粒土含量、耐冲刷和排水等方面有一定的要求。同时,交通越繁重,降水量越大,对基层或垫层的上述要求便越高。

②有助于控制或减少路基不均匀冻胀或体积变形对混凝土面层的不利影响。

③为面层施工提供稳定而坚实的工作面。面层施工时,需在基层或垫层顶面设立侧模,供混凝土摊铺和振捣机械在上面行驶。基层或垫层的刚度不足,会使侧模跟随变形而影响浇筑混凝土面层的平整度。同时,运送混凝土的车辆或其他车辆需在基层或垫层顶面行驶。因而,基层或垫层必须有承受施工车辆作用的能力。

基层和垫层的材料有粒料类(碎石、砂砾等)、稳定类(水泥、石灰、沥青或工业废渣稳定粒料或土)和贫混凝土(或经济混凝土)三大类,分别具有不同的刚度、耐冲刷能力和透水性。

在交通繁重的道路上,选用水泥或沥青稳定粒料或者贫混凝土作为混凝土路面的基层,具有下述优点:

①可以为混凝土面层提供均匀而坚实的支承;

②可以增加路面结构的整体刚度,从而减小面层板的挠度,而挠度量的减小可以降低板底的脱空量和增加接缝传荷能力的耐久性;

③可以减少基层和垫层在重复荷载作用下的累积变形,从而减少板底脱空量,改善接缝的传荷能力;

④可以增加抗冲刷能力,从而减轻唧泥和错台等损坏的程度;

⑤为侧模和摊铺机械提供坚固的支承,并保证施工活动不受天气影响。

然而,水泥稳定粒料或贫混凝土基层的刚度较大,混凝土面层会由此而产生较大的温度翘曲变形和应力,使板底易出现同基层顶面的脱空现象。同时,在未采取隔离措施(如铺设薄沥青层、塑料薄膜等)时,由于混凝土板同基层的黏结,水泥稳定砂砾或贫混凝土基层的收缩裂缝会反射到面层上来。

粒料类基层和垫层,包括碎石、砂砾、轧碎或粒状矿渣或者上述材料的不同组合。粒料类基层和垫层也能满足混凝土面层对基层和垫层的要求,但材料必须符合下述要求,以控制唧泥的出现:

①最大粒径不超过基层或垫层厚度的1/3;

②小于0.075mm的细料含量不超过15%;

③塑性指数不大于6,液限不大于25。

粒料基层和垫层可采用密级配或开级配。前者接近于不透水,后者则为透水基层或垫层。其级配组成应符合密级配或开级配混合料的级配要求。

为了保证混凝土面层下的基层和垫层结构具有足够的刚度,以限制板的挠度量和减少唧泥及错台的出现,除了上述基层和垫层类型选择的考虑外,在路面设计规范中还按交通等级分别提出了基层顶面当量回弹模量 E_t 的最低要求,见表8-15。

交通等级和设计要求 表8-15

交通分级	特 重	重	中 等	轻
设计使用周期(年)	30	30	20	20
使用初期设计车道标准轴载作用次数(次/d)	>1 500	1 500~201	200~6	≤5
基层顶面当量回弹模量 E_t 要求值(MPa)	≥120	≥100	≥80	≥60
荷载安全系数	1.45	1.35	1.20	1.05
设计抗弯拉强度(MPa)	5.0	5.0	4.5	4.0

一般情况下,混凝土面层下仅设置基层;在交通特别繁重、路基湿软或季节性冰冻地区,除基层外,还需设置垫层。季节性冰冻地区路面结构的总厚度应达到一定的数值,以防止或减轻路基不均匀冻胀对混凝土面层的不利影响。表8-16所列为根据使用经验总结出的混凝土路面最小防冻层厚度要求。当路面结构的总厚度低于表列数值时,应设置垫层补足。垫层通常采用砂砾,也可采用隔温性能良好的材料(如炉渣等)。

为防止唧泥,所需的基层或垫层厚度一般为10~15cm。然而,其厚度的确定还要满足表8-15中对基层顶面当量回弹模量的要求。同时,在季节性冰冻地区则要考虑满足表8-16中防冻层厚度的要求。

水泥混凝土路面最小防冻层厚度(单位:cm)　　　　　表8-16

冰冻深度(cm) \ 干湿条件 土质	中湿路段		潮湿路段	
	黏性土 细亚砂土	粉性土	黏性土 细亚砂土	粉性土
50～100	30～50	40～60	40～60	45～70
100～150	40～60	50～70	50～70	55～80
150～200	50～70	60～85	60～90	70～100
>200	60～95	70～110	75～120	80～130

注:1.冻深大或挖方及地下水位高的路段,取高限;冻深小或填方路段,取低限。
　　2.冻深小于50cm的地区,一般可不考虑防冻胀要求。
　　3.采用隔温性能好的材料作垫层时,其垫层厚度可减少30%左右。

基层和垫层的宽度应大于面层的宽度,以便有足够的位置供立侧模用和满足混凝土摊铺的要求。同时,较宽的基层和垫层也有利于改善面层板边缘的受荷条件和给路肩以额外的加强。通常,垫层可修筑成与路床顶同宽的全宽式,基层宽度按摊铺机械或侧模要求比面层宽出30cm(一侧)以上。采用开级配的混合料作透水性基层或垫层时,其宽度可修筑成全宽式,或者结合排水系统的设计要求确定(图8-12)。稳定类基层和密级配粒料基层也可修筑成全宽式,以支承路肩、保护路基(膨胀性土时)和为施工期间的车辆提供行驶条件。

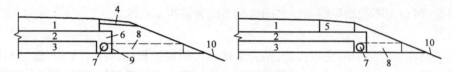

图8-12　透水基层排水系统

1-面层;2-透水基层;3-不透水底基层(垫层);4-沥青路肩面层;5-水泥混凝土路肩面层;6-集水沟;7-集水管;8-横向排水管;9-反滤织物;10-边坡防护

4.内部排水系统

通过混凝土面层接缝、裂缝和外侧边缘下渗的水量比人们预料的要多,特别是在降水量大而接缝填封料失效的情况下,对于路面采用槽式结构,下渗到基层或垫层内的水常积滞在路槽内,从而侵蚀基层、垫层和路基,促使唧泥和错台的出现。

为迅速排除渗入路面结构内的水,可设置路面内部排水系统。一般有两种方案:一种是在面层下设置透水基层排水系统;另一种是在路面结构边缘设置边缘排水系统。

(1)透水基层排水系统

透水基层排水系统是在面层下设置由多孔材料组成的透水基层,并在路肩下设置纵向集水沟和集水管以汇集透水基层流来的水,并通过间隔一定距离设置的横向排水管将水排离路基(图8-12)。

透水性材料可由不含细料的级配碎石集料、沥青或水泥稳定开级配碎石集料组成,其空隙率为15%～25%。透水基层的厚度按所需排放的水量和透水材料的透水性(空隙率)而定,通常变动在8～12cm范围内。

集水沟设在路肩下,其内边缘应距面层外边缘至少30cm,其宽度按沟内集水管孔径外加两侧至少各5cm透水填料确定,一般不小于25～30cm。集水沟底面的深度,应使集水管的顶面低于透水基层的底面,通常可与基层(或上基层)底面齐平;季节性冰冻地区,须考虑冰冻深度,集水管应尽可能设在冰冻线以下。集水管可采用带孔的PVC管,管径10～15cm。集水管埋在集水沟底部,沟内回填与基层相同的多孔隙材料。集水沟与路肩基、垫层材料相接触的外侧,须围以反滤织物(土工布),以防周围细粒土侵入而堵塞透水填料的空隙或集水管管孔。集水沟和集水管的纵坡与路线纵坡相同,但不得小于0.25%。在路肩采用水泥混凝土面层时,集水沟也可设在路肩外侧边缘外。

横向排水管采用不带孔的PVC管,管径与集水管相同。排水管间距可为30~50cm,视排水量和集水沟的纵坡而定,排水管的纵坡不小于3%~5%。

透水基层下应设置不透水垫层,可由稳定类或密级配材料组成,以防止透水基层内水分下渗,并保护透水基层免受下卧层中细粒土的迁入而遭堵塞。

(2)边缘排水系统

沿路面结构的外侧边缘须设置纵向集水沟和集水管(图8-13)。渗入路面结构的水分,先沿结构层的层面间空隙或某一透水层次横向流入由透水性填料组成的纵向集水沟,并汇流入沟中的带孔集水管内,再由间隔一定距离布设的横向排水管排引出路基。这种方案由于在路面结构内的渗流路径长,其排水效果不及透水基层排水系统,常用于排水不良的旧水泥混凝土路面,可以在不扰动原路面结构的情况下改善其排水状况。

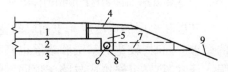

图8-13 纵向边缘排水系统
1-面层;2-基层;3-垫层;4-路肩面层;5-集水沟;6-集水管;7-横向排水沟;8-反滤织物;9-边坡防护

5.路肩

混凝土路面板同路肩的交界面处,路表水易渗入而侵蚀板边缘下的基层、垫层和路基,造成板边缘底部脱空,导致唧泥和断裂等损坏现象的出现。可以采用加宽外侧车道宽度(0.70m以上)的措施,以避免车辆沿板边缘行驶,从而减小板边应力;或者设置带拉杆的混凝土路肩,以减少板边挠度和应力。

路肩的层次结构和材料选择,除了考虑承载力外,还应结合路面排水系统的布置和要求,使渗入路面的水能有排水通道,迅速排离出路面结构。

路肩路面可采用水泥混凝土面层或沥青面层。

采用水泥混凝土面层时,其厚度可与行车道面层厚度相同或者比行车道混凝土面层薄些(如15cm)。其材料组成和强度与行车道面层相同。路肩与行车道面层的纵向接缝,在混凝土一次浇筑时,采用锯切缩缝形式;而在混凝土分别浇筑时,可采用平缝或企口缝形式,缝内应设置拉杆。路肩面层的横缝间距和布置与行车道面层一致。行车道面层的横缝内设传力杆时,路肩面层内也相应设传力杆,但其间距可大些。

三、公路水泥混凝土面层厚度设计

混凝土面层板的厚度,主要取决于预定使用年限内标准轴载的累计作用次数和混凝土的疲劳强度。确定板厚的方法有多种,所依据的设计标准也不尽相同。目前,应用较广泛的有两种:一种是以使用年限末混凝土板出现疲劳开裂为临界状态;另一种是以混凝土面层的使用性能(以现时服务能力指数PSI表征)在使用期末下降到最低可接受的程度为标准。我国水泥混凝土路面设计规范采用前一种标准。

为减小收缩应力和翘曲应力,混凝土面层由纵、横向接缝划分为有限尺寸的矩形板。板宽通常按车道宽设置,一般为3.5~3.75m,最大为4.5m。板长(即缩缝间距)应短些,使翘曲应力减小;但过短,接缝数量增多,会影响行车平稳,增加施工的不便。根据使用经验,通常取板长为板厚的 25 倍左右较合适,一般为 5m 左右,这时所产生的翘曲应力不致使板开裂。为判断所选的板块尺寸是否合适,可进行温度翘曲应力及其疲劳损耗分析,并同荷载应力的疲劳损耗相叠加,验算其综合疲劳应力是否低于混凝土的抗弯拉强度。

水泥混凝土路面结构设计以行车荷载和温度梯度综合作用产生的疲劳断裂作为设计的极限状态,其表达式采用式(8-32)。

$$\gamma_r(\sigma_{pr} + \sigma_{tr}) \leq f_r \quad (8-32)$$

式中:γ_r——可靠度系数,依据所选目标可靠度(表8-17)及变异水平等级(表8-18)确定;

f_r——水泥混凝土的设计抗弯拉强度,MPa;

σ_{ps}——行车荷载疲劳应力,MPa;

σ_{tr}——温度梯度载疲劳应力,MPa。

可靠度设计标准表　　表8-17

公路技术等级	高速公路	一级公路	二级公路	三、四级公路
安全等级	一级	二级	三级	四级
设计基准期	30	30	20	20
目标可靠度(%)	95	90	85	80
目标可靠指标	1.64	1.28	1.04	0.84
变异水平等级	低	低—中	中	中—高

可靠度系数　　表8-18

变异水平等级	目标可靠度(%)			
	95	90	85	80
低	1.20~1.33	1.09~1.16	1.04~1.08	—
中	1.33~1.50	1.16~1.23	1.08~1.13	1.04~1.0
高	—	>1.23	1.13~1.18	1.07~1.11

注:变异系数在表8-19所示的变化范围的下限时,可靠度系数取低值;上限时,取高值。

变异系数 C_V 的变化范围　　表8-19

变异水平等级	低	中	高
水泥混凝土弯拉强度、弯拉弹性模量	$C_V \leq 0.10$	$0.10 < C_V \leq 0.15$	$0.15 < C_V \leq 0.20$
基层顶面当量回弹模量	$C_V \leq 0.25$	$0.25 < C_V \leq 0.35$	$0.35 < C_V \leq 0.55$
水泥混凝土面层厚度	$C_V \leq 0.04$	$0.04 < C_V \leq 0.06$	$0.06 < C_V \leq 0.08$

1. 荷载疲劳应力分析

荷载疲劳应力为一当量应力,它使混凝土面层产生的疲劳损耗,相当于标准轴载在临界位置上所产生的应力在设计使用期内引起的累计疲劳损耗。用计算式表示为:

$$\sigma_{pr} = k_r k_f k_c \sigma_{ps} \quad (8-33)$$

式中:σ_{pr}——标准轴载 P_s 在临界荷位处产生的荷载疲劳应力,MPa;

σ_{ps}——标准轴载 P_s 在四边自由板的临界荷位处产生的荷载应力,MPa,按式(8-34)计算确定;

k_r——考虑接缝传荷能力的应力折减系数,纵缝为设拉杆的平缝时,$k_r = 0.87 \sim 0.92$(刚性和半刚性基层取低值,柔性基层取高值),纵缝为不设拉杆的平缝或自由边时，$k_r=1.0$，纵缝为设拉杆的企口缝时，$k_r=0.76\sim0.84$；

k_f——考虑设计基准期内荷载应力累计疲劳作用的疲劳应力系数，按式(8-35)计算确定；

k_c——考虑偏载和动载等因素对路面疲劳损坏影响的综合系数，按公路等级查表8-20确定。

综 合 系 数 k_c 表8-20

公 路 等 级	高速公路	一级公路	二级公路	三、四级公路
k_c	1.30	1.25	1.20	1.10

标准荷载 P_s 在四边自由板临界荷位处产生的荷载应力按式(8-34)计算：

$$\sigma_{ps} = 0.077 r^{0.60} h^{-2} \tag{8-34}$$

$$r = 0.537 h \left(\frac{E_c}{E_t}\right)^{1/3} \tag{8-35}$$

式中：σ_{ps}——标准轴载 P_s 在四边自由板的临界荷位处产生的荷载应力，MPa；

r——混凝土板的相对刚度半径，m，按式(8-35)计算；

h——混凝土板的厚度，m；

E_c——水泥混凝土的弯拉弹性模量，MPa；

E_t——基层顶面当量回弹模量，MPa，按式(8-38)计算确定。

设计基准期内的荷载疲劳应力系数按式(8-36)计算确定：

$$k_f = N_e^{\gamma} \tag{8-36}$$

式中：k_f——设计基准期内的荷载疲劳应力系数；

N_e——设计基准期内标准轴载累计作用次数；

γ——与混合料性质有关的指数，普通混凝土、钢筋混凝土、连续配筋混凝土，$\gamma=0.057$，碾压混凝土和贫混凝土，$\gamma=0.065$，钢纤维混凝土，γ按式(8-37)计算确定。

$$\gamma = 0.053 - 0.017 \rho_f \frac{l_f}{d_f} \tag{8-37}$$

新建公路的基层顶面当量回弹模量可按式(8-39)计算确定。

$$E_t = a h_x^{b} E_0 \left(\frac{E_x}{E_0}\right)^{\frac{1}{3}} \tag{8-38}$$

$$E_x = \frac{h_1^2 E_1 + h_2^2 E_2}{h_1^2 + h_2^2} \tag{8-39}$$

$$h_x = \left(\frac{12 D_x}{E_x}\right)^{1/3} \tag{8-40}$$

$$D_x = \frac{E_1 h_1^3 E_2 h_2^3}{12} + \frac{(h_1+h)}{4} \Big/ \left(\frac{1}{E_1 h_1} + \frac{1}{E_2 h_2}\right) \tag{8-41}$$

$$a = 6.22 \times \left[1 - 1.51\left(\frac{E_x}{E_0}\right)^{-0.45}\right] \tag{8-42}$$

$$b = 1 - 1.44 \left(\frac{E_x}{E_0}\right)^{-0.55} \tag{8-43}$$

式中:E_t——基层顶面的当量回弹模量,MPa;
E_0——路床顶面的回弹模量,MPa;
E_x——基层和底基层或垫层的当量回弹模量,MPa,按式(8-39)计算;
E_1、E_2——基层和底基层或垫层的回弹模量,MPa;
h_x——基层和底基层或垫层的当量厚度,m,按式(8-40)计算;
D_x——基层和底基层或垫层的当量弯拉刚度,MN·m,按式(8-41)计算;
h_1、h_2——基层和底基层或垫层的厚度,m;
a、b——与E_x/E_0有关的回归系数,分别按式(8-42)和式(8-43)计算。

底基层和垫层同时存在时,可先按式(8-39)～式(8-41)将底基层和垫层换算成具有当量回弹模量和当量厚度的单层,然后再与基层一起按上述各式计算基层顶面当量回弹模量。无底基层和垫层时,相应层的厚度和回弹模量分别以零值代入上述各式进行计算。

在旧柔性路面上铺筑水泥混凝土面层时,原柔性路面顶面的当量回弹模量可按式(8-44)计算确定。

$$E_t = 13\,739\omega_0^{-1.04} \tag{8-44}$$

式中:ω_0——以后轴重100kN的车辆进行弯沉测定,经统计整理得到的原路面设计回弹弯沉值,0.01mm。

2. 温度疲劳应力分析

混凝土面层内的温度梯度经历着年变化和日变化,其内温度梯度的日变化可近似地用半正弦曲线表征。最大温度梯度同日太阳辐射热之间存在密切的关系,因而,各地区的日最大温度梯度的年变化规律可利用日太阳辐射热的年变化规律得到。利用上述规律,可以按各地的太阳辐射热年变化规律推演出温度梯度的变化,进而为不同地区的路面结构分析出相应的温度应力变化。

依据等效疲劳损耗的原则,可以寻求一温度疲劳应力值,它所产生的疲劳损耗量与年变化的温度应力所产生的累计疲劳损耗量相等。经计算分析,此温度疲劳应力σ_t可用式(8-45)表示:

$$\sigma_{tr} = k_t \sigma_{tm} \tag{8-45}$$

$$\sigma_{tm} = \frac{\alpha_c E_c h T_g}{2} B_x \tag{8-46}$$

$$k_t = \frac{f_r}{\sigma_{tm}} \left[a\left(\frac{\sigma_{tm}}{f_r}\right)^c - b \right] \tag{8-47}$$

式中:σ_{tr}——临界荷位处的温度疲劳应力,MPa;
σ_{tm}——最大温度梯度时混凝土板的温度翘曲应力,MPa,按式(8-46)确定;
k_t——考虑温度应力累计疲劳作用的疲劳应力系数,按式(8-47)确定;
α_c——混凝土的线膨胀系数,1/℃,通常可取为1×10^{-5}/℃;
T_g——最大温度梯度;
B_x——综合温度翘曲应力和内应力作用的温度应力系数,可按l/r和h查图8-14确定,l为板长,即横缝间距,m;
a、b、c——回归系数,按所在地区的公路自然区划查表8-21确定。

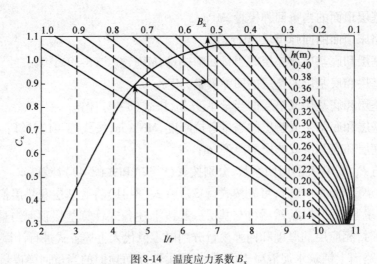

图 8-14 温度应力系数 B_x

回归系数 a、b 和 c 表 8-21

系　数	公路自然区划					
	II	III	IV	V	VI	VII
a	0.828	0.855	0.841	0.871	0.837	0.834
b	0.041	0.041	0.058	0.071	0.038	0.052
c	1.323	1.355	1.323	1.287	1.382	1.270

3. 材料参数

计算面层板应力和确定厚度时,须事先确定水泥混凝土的模量和强度值以及地基的模量值,它们均应由试验测定确定。

(1) 混凝土的模量和强度

水泥混凝土的弹性模量值是在小梁试件($15cm \times 15cm \times 55cm$)上通过三分点加载测试确定。一般情况下,模量值变化在$(2 \sim 5) \times 10^4$ MPa 范围内。在无试验条件时,可利用弹性模量与弯拉强度之间的经验关系式估计。

水泥混凝土的设计弯拉强度,一般采用 28d 龄期的数值,在混凝土浇筑后 90d 内不开放交通时,可采用 90d 龄期的数值,其值约为 28d 龄期的 1.1 倍。公路各交通等级所要求的设计弯拉强度不得低于表 8-15 中的规定。机场道面水泥混凝土的设计弯拉强度不得低于 5.0MPa(飞行区等级指标 II 为 C、D、E 的机场)或不低于 4.5MPa(飞行区等级指标 II 为 A、B 的机场)。

(2) 地基回弹模量

地基回弹模量可在基层顶面通过承载板试验确定。

由于地基回弹模量值是荷载级位的函数,上述方法得到的只是一种代表该种加载条件的平均模量值。而混凝土面层下基层顶面的挠度和压力值要比柔性面层下的小得多,并且压力分布图形和范围同刚性承载板或双轮组车轮下的情况不同。因此,采用上述方法得到的模量值并不能代表混凝土面层下地基的真实数值,而模拟混凝土板下压力分布图形的加载方法又难以实现。目前的办法是在混凝土板表面实测荷载—挠度关系,利用弹性地基板的理论挠度公式反算地基的模量值,并以此同基层顶面用承载板法实测得到的数值相对比,由此而得到两者间的统计相关关系。按此关系便可把由承载板法得到的模量值转换为混凝土板下基层顶面的回弹模量值。式(8-48)为由大量加荷试验资料汇总而成的结果:

$$E_{tc} = nE_t$$

$$n = 1.718 \times 10^{-3} \times \left(\frac{hE_c}{E_t}\right)^{0.8} \tag{8-48}$$

式中：E_{tc}——基层顶面计算回弹模量，MPa；

E_t——基层顶面由承载板测到的回弹模量值，MPa；

E_c——混凝土弹性模量，MPa；

h——面层厚度，cm。

计算温度应力时，n 取 0.35。

除了承载板法外，还可以采用弯沉测定法。但弯沉测定得到的计算弯沉值 l_d 须转换成基层顶面的当量回弹模量值 E_t。此转换关系不是一个定值，它随基层顶面以下结构（或旧路面地基）的结构状况（相对刚度和厚度）而变化，可以在弯沉测定的同时，选择若干测点进行承载板测定，以实地建立这种转换关系。式(8-49)为根据一些实测结果回归出的经验关系式，可供转换时参考。

$$E_t = 13\,739 l_d^{-1.04} \tag{8-49}$$

式中：l_d——轴重 100kN 测定的计算回弹弯沉值，以 0.01mm 计。

实测条件不具备时（如设计新路面），可先按土基、垫层和基层的材料组成和湿度、密度条件，通过查表确定其回弹模量值后，应用层状体系理论将多层结构转换为均质半无限体，得到基层顶面的当量回弹模量。

4. 水泥混凝土板厚计算流程

根据相关的设计依据和行车道路面结构的组合设计（初拟路面结构，包括路床、垫层、基层和面层的材料类型和厚度），依据交通等级、公路等级和所选变异水平等级初选混凝土板厚度。然后，参考图 8-15 所示的混凝土板厚度计算流程，分别按式(8-33)和式(8-45)计算荷载疲劳应力和温度疲劳应力。当荷载疲劳应力同温度疲劳应力之和与可靠度系数的乘积小于且接近于混凝土弯拉强度标准值，即满足式(8-32)的要求时，则初选厚度可作为混凝土板的计算厚度。否则，应改选混凝土板厚度，重新计算，直到满足式(8-32)为止。设计厚度依计算厚度按 10mm 向上取整。

四、接缝设计

水泥混凝土面层需设置各种类型的接缝，把面层划分为较小尺寸的板，以减少伸缩变形和挠曲变形受到约束而产生的内应力，并满足施工的需要。接缝的设计要能实现以下三方面的要求：

①控制温度收缩应力和翘曲应力引起的裂缝及出现的位置；

②通过接缝提供一定的荷载传递；

③防止坚硬的杂物落入接缝缝隙内和路表水渗入。

为此，设计时要考虑接缝设置位置、构造（传荷机构）和缝隙的填封。

水泥混凝土面层的接缝可分为横向缩缝、横向胀缝、横向施工缝和纵缝 4 种类型。

1. 横向缩缝

横向缝缩的作用是控制由于混凝土的初期收缩和翘曲变形所产生的裂缝。

（1）缩缝间距和布置

缩缝间距，即混凝土面层板块的长度。随着板长的增加，混凝土的收缩应力增大，特别是温度翘曲应力迅速增大。对现有路面的大量使用调查表明，当板长控制在 5~6m 以下时，出现横向断裂的断板率(断裂板块数占总板块数的比例)很小;而当板长超过此范围时,横向断裂的断板率急剧增高。同时,板长越短,温度变化引起的板长伸缩量越小,因而缝隙的变化量也越小。此外,对于保证接缝的传荷能力可以起重要作用,特别是靠集料嵌锁作用传荷的假缝作用更大。因此,目前都倾向于采用短板,缩缝间距为4~5m。

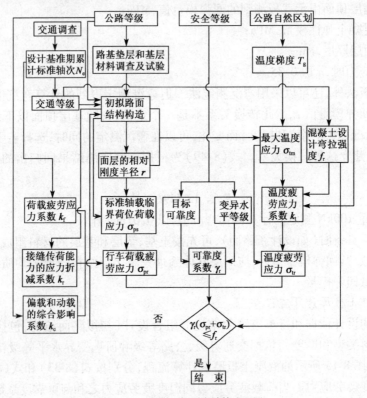

图 8-15 混凝土板厚度计算流程图

缩缝通常垂直于行车方向等间距布置。为改善行驶质量,也有采用变间距缩缝及倾斜于行车方向的缩缝。后者的优点是车辆的两侧车轮不同时作用在横缝上,可减少接缝不平整(错台等)对行车的影响;前者可避免等间距布置时可能出现的车辆共振现象。

(2)缩缝构造

横向缩缝有假缝和设传力杆假缝两种形式,见图8-16。前者依靠接缝槽口下混凝土断裂面处集料的嵌锁作用传递荷载;后者则除了嵌锁作用外,主要依靠传力杆传荷。在缝隙较宽和行车荷载多次作用下,假缝的传荷能力逐渐下降,以致丧失传荷能力。因而,在特重和重交通的道路上,应采用设传力杆假缝的形式,以减少可能出现的错台损坏。

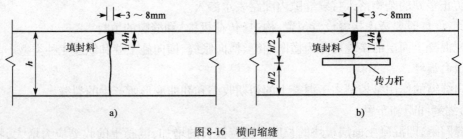

图 8-16 横向缩缝
a)假缝;b)设传力杆假缝

缩缝内设传力杆时,传力杆的尺寸见表 8-22。为防止钢筋同混凝土完全黏结在一起而妨碍板的收缩,其长度的一半以上应涂以沥青或覆以塑料套等。同时,为防锈蚀,钢筋应经过防锈处理。传力杆保持正确的定位(平行于道路中线和板顶面),其容许偏差约为 6mm(40cm 长的传力杆)。为实现此要求,应设置钢筋支架以固定传力杆位置。最外侧的传力杆距纵缝或自由边的距离不应小于 15cm。

传力杆尺寸和间距　　　　　　　　表 8-22

板厚(cm)	直径(mm)	长度(cm)	间距(cm)
≤20	20～25	40	30
21～25	26～32	45	30
28～30	33～38	50	30

接缝的槽口可采用锯切或压入的方式形成。槽口深度设置传力杆时应为板厚的 1/4～1/3,不设传力杆时为板厚的 1/5～1/4。槽口深度不足,则该处混凝土截面的强度削弱得不够,从而难以保证混凝土板在该预定位置处断开。槽口的宽度一般为 3～8mm,视所采用的施工方式而定。

槽口断面为深而窄的形状。这种形状的槽口容纳填封材料后,当缩缝缝隙因板的伸缩而稍有变化时,填封料便会在深度上出现较大的升落,引起填封料被挤出槽口或者槽口内填封料不足。同时,过大的体积变形也会使填封料容易失效。因此,容纳填封料的槽口部分应具有合适的形状(深宽比为 1.5:1～3.0:1)。采用二次锯切,第一次用薄锯片进行深锯切,到达要求深度;第二次用厚锯片作浅锯切,以加宽上部槽口,如图 8-17 所示。

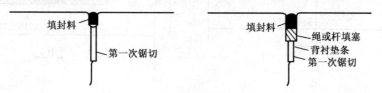

图 8-17　接缝槽口

2. 横向施工缝

每天工作结束或因临时原因而中断施工时,需设置施工缝。前者设在横向缩缝或胀缝处;后者可能设在缩缝处,也可能设在两条缩缝的中间。设在缩缝处的施工缝做成平缝形式。为保证接缝的传荷能力,应设置传力杆。设在两条缩缝间的施工缝做成企口缝形式,并设拉杆以保证接缝缝隙不张开,其构造见图 8-18。关于拉杆,将在纵缝节中叙述。

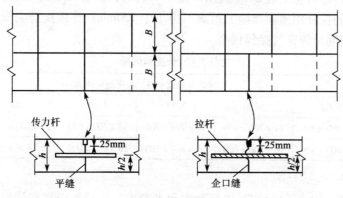

图 8-18　横向施工缝

3. 横向胀缝

在邻近桥梁或其他固定结构物和不对称交叉口处须设置胀缝。

胀缝构造如图 8-19 所示。传力杆的一半以上长度需涂以沥青或套上塑料套,以免同混凝土黏结。钢筋需作防锈蚀处理。传力杆的一端加一金属或塑料套,内留空隙(其中填以弹性材料),以便板伸长时传力杆有向前移动的余地。传力杆的尺寸和间距,见表 8-22。与缩缝中的传力杆一样,必须保持正确的定位。

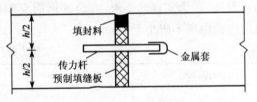

图 8-19 胀缝构造

4. 纵缝

纵向接缝的布设应视路面宽度和施工铺筑宽度而定。

一次铺筑宽度小于路面宽度时,应设置纵向施工缝。纵向施工缝采用平缝形式,上部应锯切槽口,深度为 30~40mm,宽度为 3~8mm,槽内灌塞填缝料,构造如图 8-20a)所示。一次铺筑宽度大于 4.5m 时,应设置纵向缩缝。纵向缩缝采用假缝形式,锯切的槽口深度应大于施工缝的槽口深度。采用粒料基层时,槽口深度应为板厚的 1/3;采用半刚性基层时,槽口深度应为板厚的 2/5。其构造如图 8-20b)所示。

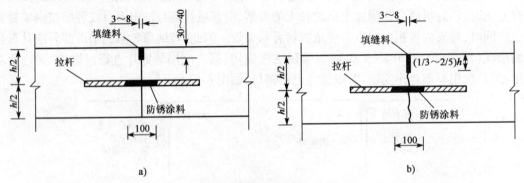

图 8-20 纵缝构造(尺寸单位:mm)
a)纵向施工缝;b)纵向缩缝

纵缝应与路线中线平行。在路面等宽的路段内或路面变宽路段的等宽部分,纵缝的间距和形式应保持一致。路面变宽段的加宽部分与等宽部分之间,以纵向施工缝隔开。加宽板在变宽段起终点处的宽度不应小于 1m。

拉杆应采用螺纹钢筋,设在板厚中央,并应对拉杆中部 100mm 范围内进行防锈处理。拉杆的直径、长度和间距可参照表 8-23 选用。施工布设时,拉杆间距应按横向接缝的实际位置予以调整,最外侧的拉杆距横向接缝的距离不得小于 100mm。连续配筋混凝土面层的纵缝拉杆可由板内横向钢筋延伸穿过接缝代替。

拉杆直径、长度和间距　　　　表 8-23

面层厚度 (mm)	到自由边或未设拉杆纵缝的距离(m)					
	3.00	3.50	3.75	4.50	6.00	7.50
200~250	14×700×900	14×700×800	14×700×700	14×700×600	14×700×500	14×700×400
260~300	16×800×900	16×800×800	16×800×700	16×800×600	16×800×500	16×800×400

5. 接缝填封料

各类接缝的槽口均需予以填封,以免杂物和水渗入。填封料应富有弹性,缝隙缩小时,能压缩而不被挤出;缝隙张开时,又能充分恢复而仍填满缝隙。填封料还应不透水、耐疲劳、能同混凝土表面黏附牢。此外,还要便于施工。因而,对材料性能的要求很高。

填封材料有接缝板和填缝料两类。

接缝板用于胀缝内。可用杉木或软木条板,或者橡胶、泡沫树脂类材料。

填缝料按施工温度的不同,可分为加热式和常温式两种。前者有沥青橡胶类、聚氯乙烯胶泥和沥青玛谛脂类等;后者有聚氨酯焦油类、氯丁橡胶类、乳化沥青橡胶类等。各类材料的技术要求,可参见设计规范。

五、钢筋混凝土和连续配筋混凝土面层

1. 钢筋混凝土面层

在板长过大、地基有不均匀沉降或板平面形状不规则时,混凝土面层板有可能出现断裂裂缝。为防止所产生的裂缝缝隙张开,可在板内配置纵横向钢筋或钢丝网。设置钢筋的主要目的并不是增加板的弯拉强度,以避免板块断裂,而是把开裂的板拉在一起,使板依靠断裂面上的集料嵌锁作用而具有结构强度。因而,钢筋混凝土面层所需的厚度同普通混凝土面层的相同。而配筋量则按混凝土收缩时将板块拉在一起所需的拉力确定。最大的拉力出现在断裂发生在板长的中部时,它等于由该处到最近的板边缘范围内面层和基层之间的摩阻力,即每延米板宽所需的配筋量 $A_s(\text{cm}^2)$ 为:

$$A_s = \frac{Lh\gamma f}{20 f_s} \tag{8-50}$$

式中:L——计算纵向钢筋时,为横缝的间距,m,计算横向钢筋时,为不设拉杆的自由边或纵缝间的距离,m;

其余符号同前。

为使板内的应力尽可能分散,宜采用小直径的钢筋。钢筋直径的最小值和最大间距,见表8-24。最小间距应为集料最大粒径的 2 倍。根据经验钢筋的搭接长度宜为直径的 24 倍以上。由于钢筋的主要作用是使裂缝密闭,它在板内的竖向位置并不太重要,只要有足够的保护层以防锈蚀即可。通常,设在顶面下 1/3~1/2 板厚的范围内。

钢筋的最小直径和最大间距(单位:cm)　　　　表8-24

钢筋类型	普通钢筋	螺纹钢筋
最小直径	8	12
纵向钢筋最大间距	15	35
横向钢筋最大间距	30	75

钢筋混凝土面板的长度大,缩缝缝隙的张开宽度较普通混凝土面板的大,假缝断裂面上集料的嵌锁作用极微弱。因而,为保证接缝具有传荷能力,所有缩缝均需设置滑动传力杆。其他接缝设计,与普通混凝土面层的情况相同。

2. 连续配筋混凝土面层

在混凝土内连续配置纵向和横向钢筋的面层一般不设横向接缝,但是在温度和湿度变化引起的内应力作用下会产生许多横向裂缝。由于配置了纵向钢筋,这些横向裂缝不致于张开而使杂物侵入或使裂缝边缘的混凝土剥落,并且也不会使面层结构达到破坏的程度。

确定纵向钢筋用量的控制因素是裂缝的间距和缝隙的宽度。缝隙过宽易使杂物和水侵入。配筋量多,可使缝隙宽度减小,裂缝间距也减小。由于裂缝间距同缝隙宽度直接关联,钢

筋用量可按希望得到的裂缝间距来确定。虽然有好几种理论公式可用以计算钢筋用量,但通常都是根据试验路上的经验数据来确定。钢筋的最小间距应为集料最大粒径的2倍,并不得小于10cm;最大间距为25cm。钢筋的最小直径须满足规定的钢筋间距;最大直径不大于19mm。钢筋的搭接长度为钢筋直径的25~30倍或40~50cm(取其大值)。钢筋的埋置深度为顶面下1/3~1/2板厚范围内,保护层最小厚度为5cm。

横向钢筋的用量很少,主要目的是保持纵向钢筋的间距。其配筋率约为纵向钢筋的1/10~1/5,或者截面积的0.08%。纵横向钢筋均需采用螺纹钢筋,以保证混凝土同钢筋之间有足够的黏结力。横向钢筋的直径和间距,取决于纵向钢筋的直径和钢筋支座的布置间距,但最大间距不得大于150cm。

面层内的钢筋并不是按承受荷载应力进行设计的。因此,连续配筋混凝土面层的厚度可仍采用普通混凝土面层的计算方法确定。由于不考虑同温度翘曲应力的组合,可适当减小其厚度。

连续配筋混凝土面层在浇筑中断时需设置施工缝。施工缝采用贯通纵向钢筋的平缝型式,并用用量为纵向钢筋1/3的拉杆增强。拉杆的直径和间距与纵向钢筋相同,长度为100cm。

思考与练习

1. 道路结构设计中对路基路面有哪些要求?
2. 常见的路基断面形式有哪几种?其设计分别包括哪些内容,有何异同?
3. 沥青路面的损坏模式有哪些?与其对应的设计标准是什么?
4. 目前常用的沥青路面设计方法有哪几种?试比较并分析其异同。
5. 沥青路面结构层组合的原则是什么?试从功能层面和结构层面分析各原则所代表的意义。
6. 我国现行的沥青路面设计标准是什么?试查阅相关资料分析现行标准对于路面实际力学状况的反映有什么不足和需要改进的地方。
7. 水泥混凝土路面的损坏模式有哪些?与其对应的设计标准是什么?
8. 水泥混凝土路面结构层组合的原则是什么?试分析水泥混凝土路面结构层组合中对于各层的力学要求和功能性要求。
9. 试比较沥青路面和水泥混凝土路面的损坏模式有何不同。由此导致的设计方法有哪些差别?

第九章 道路排水设计

本章简要介绍了道路排水的类型,道路排水设计的一般原则、内容和步骤,着重介绍了路界排水、横向穿越排水、地下排水、路面结构内部排水等内容。

第一节 概 述

一、排水设计原则

1. 迅速排水

设计道路排水设施的目的是为迅速排除降落在道路路界内的地表水,排除、拦截地下水或降低地下水位等,以防止道路路基和路面结构遭受地表水和地下水的浸湿、冲刷等损害作用。而这些排水设施在实现其功能时,不应造成不适当的涌水或阻水,不应产生冲刷流速,也不应影响道路上车辆的安全运行。

2. 标准合理

排水设计的标准应同所设计道路的重要性以及水对结构物允许产生危害与否和程度相适应。排水设计的目标是提供功能完善、维修便利和造价合理的最佳排水设施方案。

3. 协调配合

排水设计应同当地的自然水系、已有的或规划的水利设施(灌溉排水、河川治理或水土保持等)、公共下水道、地下管线等协调配合。

4. 环境保护

各项排水设施应重视流水处理,防止排泄水冲毁农田及水利设施,防止冲刷地表引起水土流失或者污染水源。

5. 维修方便

各项排水设施的设计断面尺寸,应满足排泄设计流量的要求。同时,还应符合在使用过程中检查、维护和修理的要求。

二、道路排水的类型(图9-1)

1. 路界表面排水

排除道路用地范围内的地表水,包括由落在路界范围内的降水形成的地表径流,可能进入路界的道路毗邻地带的地表水以及由相交道路流入路界内的表面排水等。

2. 横向穿越路界排水

道路跨越溪沟、河流、渠道、洼地时,将道路上游侧的地表水流穿过路基引排到道路下游侧。

3. 地下排水

拦截、排除、降低、疏干可能危及路基稳定或影响路基路面结构强度和抗变形能力的含水层地下水。

4.路面结构内部排水

排除通过裂缝、接缝、面层空隙下渗到路面结构(面层、基层和垫层)内部或者由路基或路肩渗入并滞留在路面结构内部的自由水。

5.道路构造物排水

排除道路构造物(桥梁、隧道、支挡结构物等)的表面径流或者渗入其内部的自由水。

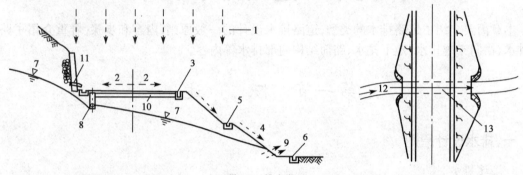

图 9-1 排水类型

1-降水;2-路面排水;3-边沟;4-坡面排水;5-排水沟;6-坡脚排水沟;7-地下水位;8-地下排水渗沟;9-涌水;10-排水基层;11-挡土墙墙背排水;12-溪流;13-横断面排水

三、排水设计的内容和步骤

排水设施的设计内容和步骤主要包括:调查和采集数据、排水设施布设、水文分析、水力计算、结构设计和冲刷防护设计等。

1.调查和采集数据

查阅有关文献,实地调查道路沿线地区的自然生态环境及社会经济状况,必要时进行适当的测量、钻探和试验分析。自然生态环境资料包括:

①道路沿线汇水区的特性、地形、地貌、河川水系;

②道路沿线汇水区的地质特性、土类型和性质;

③道路沿线汇水区的地表覆盖情况,植物生态分布;

④道路沿线汇水区的地下水类型和补给来源,地下水水位、流向和流速,涌水或泉水出露位置和流量;

⑤当地的气象资料(降雨强度、时间分布和延时、温度等);

⑥道路沿线汇水区水系的水位和流量,河道冲淤情况等。

社会经济状况资料包括:

①道路沿线汇水区内的土地利用情况;

②道路沿线汇水区和附近地区的水土保持措施及水利设施;

③道路沿线汇水区和附近地区的有关防洪排水、河道整治、土地开发或城市发展规划等。

2.排水设施布设

选取各种排水设施,如沟渠、管道、涵洞、急流槽、跌水、拦水带、进(出)水口、集水井、渗沟、透水管等,以拦截、汇集、拦蓄、输送或排除地表水或地下水,并进行平面和纵断面布置,形成合适的排水系统。

3.水文分析

依据汇水区内的气象、水文和地形地貌植被资料,或参考邻近既有排水构造物的有关资料,分析水文特性,估算各项排水设施需排泄的设计径流量。

4. 水力计算

依据各项排水设施的设计径流量,进行水力计算,以确定各项排水设施所需的设计断面,并检验其流速是否在最大和最小允许值范围内。

5. 结构设计

根据水力条件和计算结果、地质和土质情况、维护要求等,进行各项排水设施的材料选用和结构设计。

6. 冲刷防护

进行出水口处的流水冲刷检查,提出相应的冲刷防护措施和结构。

四、设计降雨重现期和设计频率

降雨重现期为某一强度的降雨预期重复出现的平均周期。例如,10 年重现期为平均 10 年出现一次该强度的降雨。频率为重现期的倒数。公路排水设施应以适当降雨重现期或频率的流量作为设计流量。设计重现期应根据道路等级、设施的重要性以及经济性和安全性综合选定。《公路排水设计规范》(JTJ 018—1997)和《城市道路设计规范》(CJJ 37—90)对降雨重现期的规定见表9-1 和表9-2。

《公路排水设计规范》(JTJ 018—1997)规定的路界表面排水设施的设计降雨重现期 表 9-1

公 路 等 级	路面和路肩表面排水	路界内坡面排水
高速公路及一级公路	5	15
一级公路及以下	3	10

《城市道路排水设计规范》(CJJ 37—90)规定的道路排水设施的设计降雨重现期 表 9-2

城市级别	快 速 路	主 干 路	次 干 路	支 路	广场停车场	立 体 交 叉
大城市	2~5	1~3	0.5~2	0.5~1	1~3	2~5
中、小城市		0.5~2	0.5~1	0.33~0.5	1~3	

第二节 路界表面排水

一、排水设施类型和布设

按降水在路界内降落的范围,可将地表排水划分为路面表面排水、中央分隔带排水、坡面排水和相邻地带排水 4 部分(图 9-2)。路面表面排水范围包括行车道和路肩。中央分隔带排水,视其宽度和表面横向坡度坡向,可以包括中央分隔带和左侧路缘带排水,或者仅为中央分隔带排水;而在设超高路段,它还包括上侧半幅路面的表面水。坡面排水包括路堤坡面、路堑坡面和倾向路界的自然坡面的排水。

路界表面排水的目的是把降落在路界范围内的表面水有效地汇集并迅速排除出路界,同时把路界外可能流入的地表水拦截在路界范围外(但不包括横穿路界的自然水道内的水流),以减少地表水对路基和路面的危害以及对行车安全的威胁。路界表面排水设施主要由各种沟和管组成,它们承担一定汇水面积内地表水的汇集和排泄。表面排水设计的内容为:

①按排水的功能要求选择沟、管的类型,布置在合适的位置上,并将各项设施组合成一个

将地表水顺畅地汇集、拦截和排引到路界外的排水系统；

②确定各项表面排水设施的汇水面积并计算其设计径流量；

③选择出水口(泄水口)的位置、间距和构造；

④计算满足排泄设计流量要求的沟、管断面形状和尺寸；

⑤分析沟渠和出水口周围地面冲刷和侵蚀的可能性，并考虑采取相应的有效防护措施。

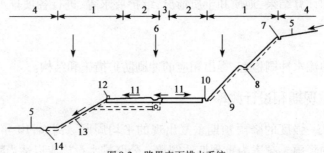

图9-2 路界表面排水系统

1-坡面排水;2-路面排水;3-中央分隔带排水;4-相邻地带排水;5-路界;6-降雨;7-坡顶截水沟;8-边坡平台排水沟;9-竖向排水管;10-边沟;11-路面横坡;12-拦水带;13-竖向排水沟;14-坡脚排水沟

1.路面表面排水方案

(1)横坡

通过在行车道和路肩上设置的横向坡度，使表面水流向路基边缘。无中间带或采用分离式路基的公路，在未设超高路段上，行车道路面应沿路中心线设置向两侧倾斜的双向横坡；在设超高路段上，应设置向曲线内侧倾斜的单向横坡。设中间带的公路，各个行车方向的行车道路面应分别设置单向横坡；但单向车道数超过3个的高速及一级公路上，为了避免汇水区过大，使流量和流速太大，也可为每个行车方向设置双向横坡(但超高路段仍为单向横坡)。此时，中央分隔带将汇集和排除内侧车道的路面表面水。

横坡大，有利于迅速排水，但不利于行车安全。路肩的横坡值应较行车道横坡值大1%~2%。右侧硬路肩边缘设拦水带时，其横向坡度宜采用5%；也可在邻近拦水带内边缘0.5~1m宽度范围内将路肩铺面的横向坡度增加到5%或5%以上。六车道、八车道的高速公路宜采用较大的路面横坡。

(2)路堤坡面漫流

在路线纵坡平缓、汇水量不大、路堤较低边坡坡面不会受到冲刷的情况下，可采用让路面表面水以横向漫流形式向路堤坡面分散排放。

(3)路堤坡面集中排水

在路堤较高、边坡坡面未作防护而易遭受路面表面水流冲刷，或者坡面虽已采用防护措施但仍有可能受到冲刷时，可沿硬路肩外侧边缘设置拦水带常用沥青混凝土，由拦水带和路肩铺面组成的浅三角形边沟汇集路面表面水，并通过间隔一定距离设置的出水口(进水口)和沿路堤坡面设置的竖向排水沟(吊沟)排出路堤(图9-3)。在硬路肩外侧设有U形混凝土排水沟时，汇集在拦水带内的表面水，可通过

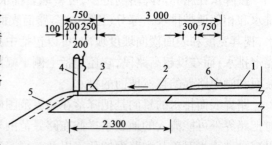

图9-3 拦水带(尺寸单位:mm)

1-行车道;2-硬路肩;3-拦水带;4-护栏;5-草皮铺砌;6-标线

间隔一定距离设置的出水口和泄水槽引排到排水沟内(图9-4)。

(4)路堤边沟

在上述路堤较高,边坡坡面易遭受路面表面水流冲刷的情况下,也可沿硬路肩外侧边缘设置三角形或碟形水泥混凝土边沟,以汇集路面表面水(图9-5)。

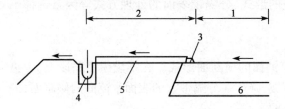

图9-4 拦水带和混凝土排水沟

1-硬路肩;2-土路肩;3-拦水带;4-U形排水沟;5-泄水槽;6-基层

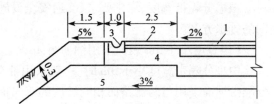

图9-5 路堤混凝土边沟(尺寸单位:m)

1-行车道;2-硬路肩;3-碟形混凝土边沟;4-基层;5-垫层

(5)路堑边沟

在挖方路段,可沿硬路肩边缘或者在无铺面路肩内或边缘处设置边沟,以汇集路面表面水和路堑边坡坡面水(图9-6、图9-7)。边沟可采用三角形、碟形、梯形或矩形横断面,按公路等级、所需排泄的设计流量、设置位置和土质或岩质选定;高速及一级公路,宜采用三角形或碟形边沟;受条件限制而需采用矩形横断面时,应在顶面加盖格栅或者带槽孔的混凝土盖板。二级及二级以下公路,可采用梯形横断面(土质)或矩形横断面(岩质)。路堑边坡坡面汇水面小时,也可采用由沥青混凝土拦水带构成的边沟(图9-8)。

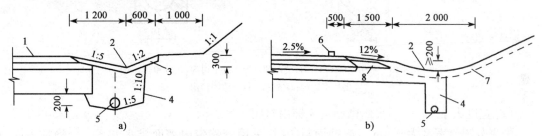

图9-6 路堑边沟(尺寸单位:mm)

1-硬路肩;2-三角形或皿形边沟;3-沟底铺砌;4-排水沟透水性回填料;5-排水管;6-标线;7-沟底和坡面铺砌;8-沙砾

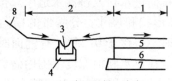

图9-7 路堑混凝土边沟

1-硬路肩;2-土路肩;3-碟形混凝土边沟;4-基础;5-面层;6-基层;7-底基层;8-边坡

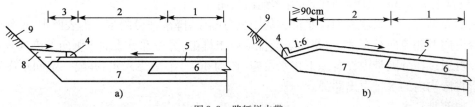

图9-8 路堑拦水带

1-行车道;2-硬路肩;3-土路肩;4-拦水带;5-面层;6-基层;7-底基层;8-草皮;9-边坡

(6)缘石边沟(街沟)

行车道外侧设有人行道时,可沿其边缘设置路缘石(侧石),由它和平石组成 L 形边沟(或称街沟),以汇集路面和人行道铺面的表面水。

2. 中央分隔带排水方案

根据分隔带宽度、绿化要求、交通安全设施的形式、分隔带表面的处理方式等因素选择不同的排水方案。

(1)宽度小于 3m 表面采用铺面封闭

中央分隔带宽度小于 3m 时,一般采用带有铺面的横断面形式。在不设超高路段上,中央分隔带铺面采用与两侧路面相同坡度的双向横坡,降落在分隔带上的表面水流向两侧路面,进入路面表面排水设施。在超高路段上,上侧半幅路面的表面水流向中央分隔带。在高速及一级公路上,不允许上侧半幅路面的表面水横向漫流过下侧半幅路面。因而,须在分隔带上侧边缘处设置汇集和排泄上侧半幅路面表面水的排水设施,如碟形或三角形混凝土边沟(图 9-9),或者带格栅的 U 形或带缝隙的圆形混凝土边沟(图 9-10)。

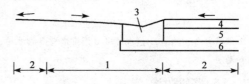

图 9-9 中央分隔带混凝土边沟
1-中央分隔带;2-行车道和左侧路缘带;3-三角形混凝土边沟;4-面层;5-基层;6-底基层

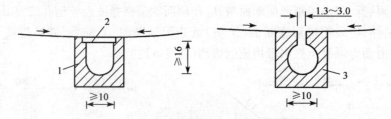

图 9-10 带格栅的 U 形和带缝隙的圆形混凝土边沟(尺寸单位:cm)
1-U 形边沟;2-格栅;3-带缝隙圆形沟

(2)宽度大于 3m 采用表面微凹且无铺面封闭

中央分隔带宽度大于 3m 且未铺面封闭时,采用分隔带内表面排水方案。分隔带表面可做成向内微凹的横断面形式,降落在分隔带上的表面水横向流向分隔带的低洼处,汇集在分隔带的中央部位,并利用纵向坡度排向进水口或桥涵水道中。按照汇水量和流速的大小,分隔带过水断面可以采用不同的横断面形状和尺寸。分隔带的横向坡度不得陡于 1:6;分隔带的纵向排水坡度,在过水断面无铺面时不得缓于 0.25%,有铺面时不得缓于 0.12%。当水流速度超过地面土的最大允许流速时,应在过水断面宽度范围内做成三角形或碟形断面的水沟,并对地面土进行防冲刷处理。防冲刷层可采用石灰、水泥稳定土、浆砌片石或混凝土预制板块铺砌,层厚 10~15cm。

(3)宽度大于 3m 采用表面凸起且无铺面封闭

表面无铺面且未采用表面排水措施的中央分隔带,降落在分隔带上的表面水,一部分形成表面径流向两侧流向行车道,由路面表面排水设施排走;另一部分表面水则向下渗入分隔带土体内。可通过在分隔带内设置地下排水设施(渗沟和管)汇集渗入水,并隔一定间距设置横向排水管将渗沟内的水排引出路界。

3. 坡面排水方案

坡面有自然坡面、路堑边坡坡面和路堤边坡坡面。

(1) 自然坡面截水沟

路堑或路堤边坡上方自然坡面流入路界的地表水径流量大时,须设置拦截地表水的截水沟(图9-11)。在汇流长度大的坡面上,应酌情设置一道以上大致平行的截水沟。在坡体稳定性较差或有可能形成滑坡的路段,应在滑坡体的周界外设置拦截地表水的截水沟。截水沟设在路堑坡顶5m或路堤坡脚2m以外,如土质良好、路堑边坡不高或沟壁进行铺砌时,前者也可不小于2m。截水沟应结合地形和地质条件沿等高线布置,将拦截的水顺畅地排向自然沟谷或水道。沟渠需转弯时,其曲率半径不得小于3倍水面宽度或10倍水深。截水沟一般采用梯形横断面。

(2) 路堑边沟和排水沟

路堑边坡坡面水流向设在坡脚的边沟内(图9-6和图9-7)。边沟同时接纳路面表面水。深路堑边坡为增加坡体稳定而做成台阶形(设边坡平台)时,在坡面径流量大的情况下可设置平台排水沟,以减少坡面冲刷。

(3) 路堤边沟和排水沟

路堤边坡坡面水流向设在坡脚的边沟(低矮路堤)或排水沟(高路堤)内。边沟或排水沟同时接纳路面表面水。高路堤边坡设边坡平台时,在坡面径流量大的情况下可设置平台排水沟,以减少坡面冲刷。

(4) 竖向排水沟(吊沟)

在高路堤和深路堑的坡面上,从坡顶或者坡面平台向下竖向集中排水时,须设置竖向排水沟(或称吊沟),如图9-12所示。吊沟采用由浆砌片石铺砌成或水泥混凝土构件组成的矩形或梯形断面沟槽,或者混凝土或金属管。

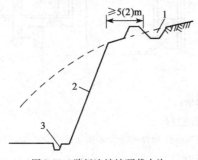

图9-11 路堑边坡坡顶截水沟
1-截水沟;2-路堑边坡;3-边沟

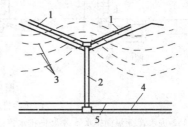

图9-12 竖向排水沟(吊沟)
1-截水沟;2-吊沟;3-等高线;4-边沟;5-行车道

4. 桥面排水

桥面上的积水会使交通阻滞,行车出现飘滑事故等。同时,积滞在桥面上的含氯化物的冰雪融水会促使桥面板混凝土内的钢筋锈蚀,降低桥梁的使用寿命。因而,应采取桥面排水措施,力求排水通畅、养护方便。

桥面表面水首先靠桥面横坡和纵坡组成的合成坡排向行车道两侧。因而,桥面应有足够的横向和纵向坡度,使落在桥面上的降水迅速排向桥面行车道两侧。在桥面行车道两侧采用缘石的情况下,表面水汇集于由缘石与桥面组成的过水断面内,为了减少此过水断面的漫流宽度,或者使进水口间距不至于太密,宜适当增加桥面横坡坡度,使之比路面横坡坡度大0.5%。

进水口一般设置在桥面行车道边缘处。进水口间距,一方面随降雨强度和汇水面积而定,另一方面也随桥面横向和纵向坡度、进水口排水能力以及允许过水断面漫流的宽度而定。可以按确定路面拦水带或缘石进水口间距的相同方法考虑桥面的进水口间距。奥地利的经验是,当桥面横坡为2.5%、纵坡为0.1%时,进水口的最大间距为25m;当纵坡为0.5%时,进水口最大间距为 10m;但最低限值为每 400m² 桥面至少应设置一个进水口。日本的规定是进水口的间距不大于 20m。我国排水设计规范规定了进水口间距不宜超过 20m。

在桥梁伸缩缝的上游方向约 1.5m 处,应增设进水口,以减少流向伸缩缝的水量。在凹形竖曲线的最低点及其前后 3~5m 处各设置一个进水口,以防止最低点处的进水口被杂物堵塞而招致积水。进水口可采用圆形或矩形。圆形进水口的直径一般为 150~200mm;矩形进水口的宽度一般为 200~300mm,长度为 300~400mm。进水口顶部采用铸铁格栅盖板,其顶面比周围路面低 5~10mm,以利于桥面水向进水口汇流并增加其截流率。进水口周围的桥面板应配置补强钢筋网。进水管通常采用铸铁管,其横截面面积一般按排泄 3 倍设计径流量考虑,最小内径为 150mm。

跨越公路、铁路、通航河流的桥梁以及高架桥,落在桥面上的降水通过桥面横坡和纵坡排流入进水口后,汇集到纵向排水管(或排水槽),并通过设在墩台处的竖向排水管(落水管)流入地面排水设施或河流中[图 9-13a)],以避免桥下的行人、车辆或船只受到桥面水的冲淋。跨越一般河流、水沟的桥梁,在桥下无行人或车船通行时,桥面水排流入进水口后可通过泄水管直接向下排放,但仍须注意避免排放的水冲刷或侵蚀邻近的上部结构或墩台构件[图 9-13b)]。

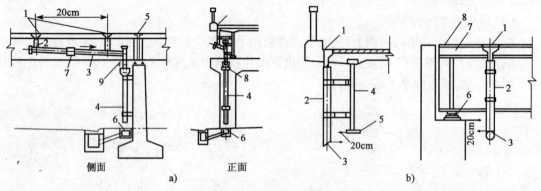

图 9-13 桥面排Ⅱ(方案)
a)桥面排水管的设置;b)桥面直接排水
1-进水口;2-进水管;3-纵向排水管;4-竖向排水管;5-伸缩缝;6-地面进水口;7-可伸缩接头;8-支托;9-主梁伸缩留的空隙

排水管和排水槽的架设位置应考虑与桥梁外观融为一体,一般设置在悬臂板外侧。当有景观要求时,可采取遮盖或装饰处理措施予以遮掩。排水管一般可采用铸铁管、塑料管(聚氯乙烯或聚乙烯)或钢管,其内径应大于或等于进水管的内径。排水槽宜采用铝质或钢质材料,也可采用水泥混凝土预制件,其横截面为矩形或 U 形,宽度和深度均为 20cm 左右。纵向排水管或排水槽的坡度不得小于 0.5%。排水管或排水槽的支托一般为高度可调节的不锈钢制品,支托装置应牢固地附着在桥梁构件上。排水管接头应考虑桥梁和排水管二者在纵向伸缩上的差异。桥梁伸缩缝处的纵向排水管或排水槽应设置可供伸缩的柔性套筒。寒冷地区的竖向排水管,其末端宜距地面 500mm 以上。

二、排水设施设计

1. 沟渠

地表排水沟渠包括边沟、截水沟、排水沟等。这些沟渠可由土质、石质、水泥混凝土、沥青混合料等材料组成。其形状有 L 形(图 9-14)、三角形、碟形(图 9-15)、矩形、梯形、圆形、U 形(图 9-16)等。

(1)设计要求

①沟渠所提供的泄水断面尺寸应能满足排泄设计流量的要求;设计流量由水文分析得到,所需断面尺寸可由水力计算确定。

②沟渠纵坡坡度和出水口间距的设计,应使沟渠内水流的流速不超过沟壁的允许最大流速,超过时应对沟壁采取防冲刷措施。

③沟渠纵坡坡度一般不宜小于0.5%,土质沟渠的最小纵坡为0.25%,沟壁铺砌的沟渠的最小纵坡为0.12%。

④沟渠的顶面高度应高出设计水位0.1(水深0.4m以下时)~0.2m(水深0.4~0.6m时)。

⑤设在硬路肩边缘的拦水带边沟或缘石边沟内的设计水位水面,对高速公路和一级公路不得漫过右侧车道外边缘,二级及二级以下公路不得漫过右侧车道中心线;设在行车道边缘的缘石边沟内的设计水位水面不得漫过右侧车道宽度的一半。

(2)土质或石质沟渠

土质或石质沟渠为就地开挖的边沟、截水沟或排水沟。土质沟渠可采用三角形、碟形或梯形断面;石质沟渠可采用矩形或梯形断面。三角形沟渠的内侧边坡坡度一般为1:2~1:3,外侧边坡坡度一般为1:1~1:2。梯形边沟的边坡坡度一般为1:1~1:1.5。路堑边沟的外侧边坡坡度可与路堑边坡坡度相同。边沟的纵坡坡度应结合路线纵坡、地形、土质、出水口位置等情况选定,应尽可能与路线纵坡坡度保持一致。当路线纵坡坡度小于沟底最小纵坡坡度时,应采用沟底最小纵坡坡度,并缩短边沟出水口的间距。高速及一级公路的土质边沟,均应进行坡面防护。边沟出水口的间距,一般地区不宜超过500m,多雨地区不宜超过300m,三角形和碟形边沟不宜超过200m。边沟出口水的排放应结合地形、地质条件以及桥涵水道位置,排引到路基范围外,使之不冲刷路堤坡脚。截水沟长度以200~500m为宜。超过500m时,可在中间适宜位置处增设泄水口,由竖向排水沟(吊沟)或管分流排引。土质沟渠的沟壁,在流速较大而可能出现冲刷时,须按流速大小分别采取相应的加固防护措施:

①草皮加固。其允许最大流速为1.3~1.6m/s。

②稳定土加固。以100~250mm厚的水泥稳定碎(砾)石土加固沟壁,并用10mm厚水泥砂浆抹面。

③干砌片石加固。在100~150mm碎(砾)石垫层上铺砌100~250mm厚片石加固,其允许最大流速为1.7~2.0m/s。

④浆砌片石加固。在沟壁用M7.5(高速或一级公路)或M5(二级及二级以下公路)砂浆铺砌250~300mm浆砌片石,其允许最大流速为2.5~3.0m/s。

(3)水泥混凝土沟渠

①L形沟。主要用作缘石边沟,其中图9-14a)和图9-14b)为侧石和平石浇筑成一体;图9-14c)和图9-14d)为侧石和平石分别预制后砌筑而成;图9-14e)和图9-14f)为设在支挡结构物下部的路堑边沟,用于汇集由墙背排出的自由水以及路面表面水。

②三角形沟。用于路堤边沟或路堑边沟;路面采用混凝土面层时,边沟可与面层浇筑成一体。

③碟形沟。用于设在中央分隔带内的边沟,或者用作路堑边沟,如图9-15所示。

④U形沟。主要用作排水沟,也可用作路堑边沟,但此时须加盖板,依据车辆荷载作用情况和断面尺寸,沟身构件和盖板酌情予以配筋,如图9-16所示。

⑤带缝隙的圆形沟。主要用作中央分隔带边沟,以汇集超高路段上侧路幅路面表面水。

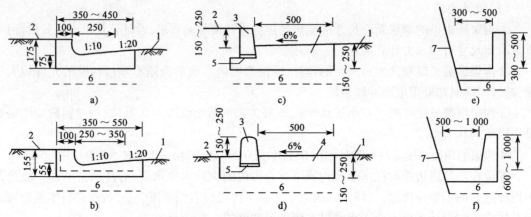

图 9-14 L 形水泥混凝土沟渠（尺寸单位：mm）
1-行车道；2-人行道；3-缘石（侧石）；4-平石；5-砂浆；6-基础；7-挡土墙

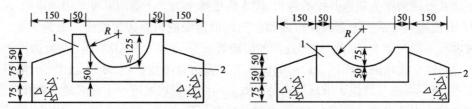

图 9-15 碟形水泥混凝土沟渠（尺寸单位：mm）
1-碟形混凝土边沟构件；2-基础

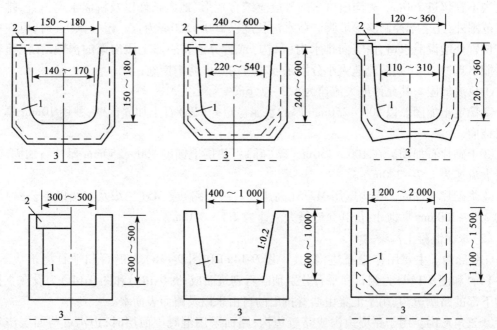

图 9-16 U 形水泥混凝土沟渠（尺寸单位：mm）
1-沟身构件；2-盖板；3-基础

（4）沥青混合料边沟

由沥青混凝土拦水带和沥青铺面构成的路堤或路堑边沟，拦水带设在硬路肩外侧边缘，可分别做成高、中、低 3 种不同形式：

244

①高拦水带。带高150mm,顶宽125mm,正面边坡1:0.5,背面边坡1:0.5或直立,用于边坡坡脚接上路肩的路堑边沟以及设在金属防护栏下的路堤边沟。

②中拦水带。带高100mm,其正面采用缓坡(1:4),用作路堤边沟,车辆以中等速度驶越拦水带时不会失去控制。

③低拦水带。带高50mm,用于雨量小(汇水量少)、纵坡陡于0.5%的低路堤边沟,汇水量大时,可通过带顶溢流方式向路堤边坡漫流。拦水带尺寸见图9-17。

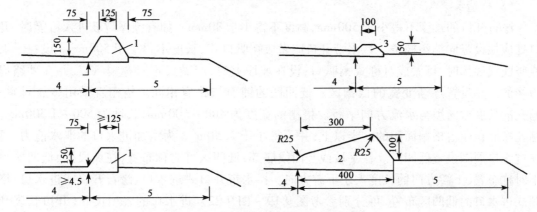

图9-17 沥青混凝土拦水带(尺寸单位:mm)
1-高拦水带;2-中拦水带;3-低拦水带;4-硬路肩;5-土路肩

2. 进水口

(1)形式

进水口共有以下3种形式(图9-18):

①开口式进水口。在缘石或拦水带竖面上开口,让边沟内水流侧向流入。

②格栅式进水口。边沟底面开口,以格栅覆盖,使边沟内水流向下流入。

③组合式进水口。由缘石开口式和格栅式组合成的进水口。

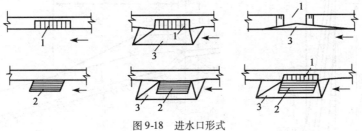

图9-18 进水口形式
1-开口式;2-格栅式;3-低凹区

每一类进水口可由单个或多个并列的进水口组合而成。开口式进水口的泄水能力低于格栅式,特别在道路纵坡大时,因而在设计流量相同的情况下,开口式进水口的结构断面尺寸要大于格栅式。然而,由于开口式进水口位于缘石或拦水带竖面处,它对道路交通的干扰较小,同时受漂浮垃圾堵塞的影响也较少。在路上车辆不靠近路缘石行驶,纵坡较大(3%以上)以及漂浮垃圾较少的情况下,可采用格栅式进水口。复合式进水口适用于设计流量较大的情况,在路上漂浮垃圾较多时,也优于格栅式。

(2)位置及间距

进水口的位置应在低处,通常设置在:

①竖曲线的最低点及其前后约3m处或前后高差0.6m处;
②弯道内侧及反向曲线的路面横坡方向转换处;
③交叉口的路面最低点;
④下穿道路的入口处。

进水口的间距,在直线段上视地形、汇水面积、道路纵向和横向坡度、进水口形式、边沟容量等条件而异,可通过水力计算确定,一般为30~50m。

(3)构造

缘石开口的长度不得小于500mm,高度不得小于80mm。如有漂浮垃圾进入可能时,开口处应加设竖向挡污栅条。拦水带开口应做成喇叭口式,长度不得小于500mm。设在平坡或竖曲线底部时,可做成对称式喇叭口;设在坡段上时,应做成不对称喇叭口,并在硬路肩边缘的外测设置逐渐变宽的低凹区。低凹区的铺面与路肩相同。格栅宜采用金属材料。栅孔的长度方向须与水流方向平行。格栅的宽度为400~600mm,长度为500~1300mm。栅孔净面积应占格栅面积的一半以上,并不得小于2.50m²。为增加进水口的泄水能力,可在进水口周围设置低凹区。在平坡或竖曲线底部,低凹区可对称布置;在坡段上,低凹区呈不对称布置,上游方向的长度大于下游方向。拦水带开口式进水口、缘石开口式进水口、格栅式进水口的低凹区布置,可分别参考图9-19~图9-22。进水口的各项尺寸(开口长度和高度、格栅面积和栅孔净面积、下凹深度、低凹区宽度等)及进水口间距一起,可通过水力计算确定。

3.集水井

进水口下设置集水井,流入进水口的水通过集水井内的排水管汇流排引到指定地点。集水井的尺寸视进水口泄水量和排水管尺寸而定,但长度和宽度的最小尺寸为400mm;其底部高程应至少低于排水管管底150mm,以便淤积和清理水中的泥沙(图9-23)。

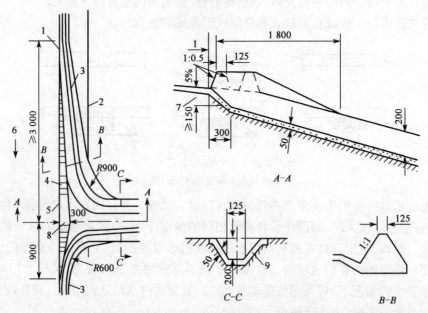

图9-19 拦水带开口式进水口布置(尺寸单位:mm)

1-硬路肩边缘;2-路堤边缘;3-拦水带顶;4-有铺面的边沟低凹区;5-坡谷线;6-水流方向;7-下凹深;8-低凹区宽;9-槽壁

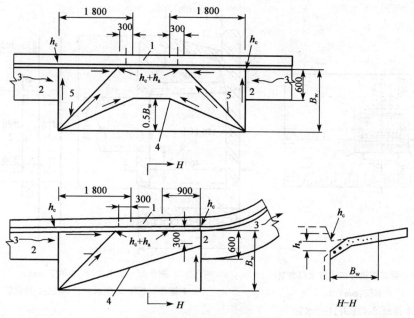

图 9-20 缘石开口式进水口布置(尺寸单位:mm)
1-缘石开口长度;2-边沟;3-水流方向;4-变坡线;5-坡谷;B_w-低凹区宽;h_a-下凹深度;h_c-缘石高度

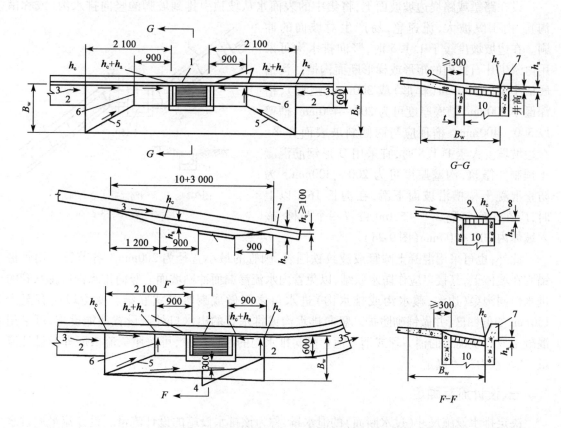

图 9-21 格栅开口式进水口布置(尺寸单位:mm)
1-格栅长度;2-边沟;3-水流方向;4-变坡线;5-坡骨;6-与边沟横坡相同;7-缘石;8-拦水带;9-路肩横坡;10-集水井

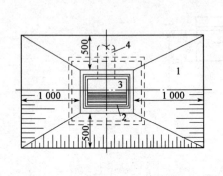
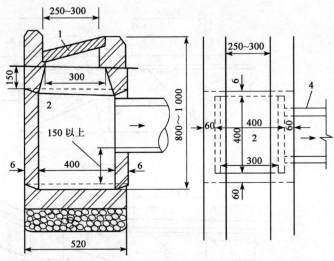

图 9-22 中央分隔带栅格开口式进水口布置
（尺寸单位：mm）
1-低凹区；2-格栅；3-集水井；4-排水管

图 9-23 集水井（尺寸单位：mm）
1-进水口格栅；2-集水井；3-基础；4-排水管

4. 竖向排水沟（吊沟）

设在路堑或路堤边坡坡面上，将集中的表面水从坡顶引排到坡脚的竖向排水沟（或称吊沟）。由于纵坡大，流速急，易产生对坡面的冲刷。在边坡坡度缓于 1∶1.5 时，竖向排水沟可采用由浆砌片石铺砌的矩形或梯形断面沟槽。沟槽底最小宽度 250mm（梯形）或 300mm（矩形），槽深最小 200mm，槽底厚度可为 200～400mm，槽壁厚 300～400mm。槽顶应与两侧斜坡表面齐平。在边坡坡度大于 1∶1.5 时，宜采用 U 形钢筋混凝土预制件修筑，沟壁厚度可为 200～300mm。为防止混凝土构槽沿坡面下滑，在沟长 16m 以上时，应在沟底每隔 2.5～5.0m 设置一个凸榫，嵌入坡体内 300～500mm（图 9-24）。

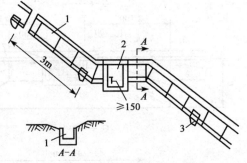

图 9-24 U 形钢筋混凝土竖向排水
1-U 形沟；2-集水井；3-凸榫

此外，也可采用混凝土圆管或波纹铁圆管，圆管的最小直径为 200mm。各节管子用管桩锚固在坡体上，其接口应作防水联结，以免管内水流渗漏而冲刷坡面。竖向排水沟或排水管的进水口同沟渠（边沟、截水沟或排水沟）进水口之间做成喇叭口式联结。变宽段应有至少 150mm 的低凹区，并做铺砌防护。竖向排水沟或排水管的出水口处应设置消能设施，可采用混凝土或石块铺筑的消力坪或消力池。竖向排水沟的断面尺寸，可按照急流槽原理及设计流量，通过水力计算确定。

三、设计流量确定

决定排水设施尺寸（过水断面）的泄水量，称为该排水设施的设计流量。设计流量通过水文分析确定。水文分析是依据道路沿线相关汇水区内的水文、气象、地形、植被等资料，或者参考邻近既有排水构造物的有关资料，分析水文特性，确定排水设施在设计降雨重现期的设计流量。不同设计降雨重现期的设计流量的推算,在有流量记录时,可由历年流量资料推算;仅有雨量记录时,由雨量资料依据雨量与径流的关系间接推算;在无记录地区,则由经验公式推算。

路界表面排水设施的设计径流量,按所选设计降雨重现期的降雨强度,采用推理法或其他经验方法推算。

1. 推理公式

路界内各项排水设施在所考虑设计地点需排泄的设计径流量可按降雨强度由式(9-1)确定:

$$Q = 16.67CqF \tag{9-1}$$

式中:Q——设计径流量,m^3/s;

C——径流系数;

q——在设计重现期和降雨历时内的平均降雨强度,mm/min;

F——汇水面积,km^2。

(1)降雨强度

不同设计降雨重现期和降雨历时的降雨强度可选用下述三种方法得到:

①附近区域有适用的降雨强度公式时,选用相应的公式推算。

②无适用公式,但有10年以上自记雨量记录的雨量站时,可整理雨量资料推求降雨强度,公式如下:

$$q = \frac{a}{b+t} \tag{9-2}$$

式中:t——降雨历时,min;

a、b——地区性参数。

③缺乏自记雨量计资料时,由标准降雨强度等值线图和有关转换系数推算,按式(9-3)计算降雨强度:

$$q = c_p c_t q_{5,10} \tag{9-3}$$

式中:$q_{5,10}$——5年重现期和10min降雨历时的标准降雨强度,mm/min,按公路所在地区按表9-3查取。

c_p——重现期转换系数;

c_t——降雨历时转换系数。

重现期转换系数 c_p 表9-3

地　　区	重现期 p(年)			
	3	5	10	15
海南、广东、广西、云南、贵州、四川、山东、湖南、湖北、福建、江西、安徽、江苏、浙江、上海、台湾	0.86	1.00	1.17	1.27
黑龙江、吉林、辽宁、北京、天津、河北、山西、河南、山东、四川、西藏	0.83	1.00	1.22	1.36
内蒙古、陕西、甘肃、宁夏、青海、新疆(非干旱区)	0.76	1.00	1.34	1.54
内蒙古、陕西、甘肃、宁夏、青海、新疆(干旱区)	0.71	1.00	1.44	1.72

(2)降雨历时

降雨历时一般按设计控制点的汇流历时确定。汇流历时为由汇水区内最远点(按水流时间计)流至排水设施处所需要的时间。它由坡面汇流(或地面汇流)历时和沟渠或管内由入口到控制点的沟管汇流历时组成。表9-4为降雨历时转换系数表。

降雨历时转换系数 c_t 表9-4

c_{60}	降雨历时 t(min)										
	3	5	10	15	20	30	40	50	60	90	120
0.30	1.40	1.25	1.00	0.77	0.64	0.50	0.40	0.34	0.30	0.22	0.18
0.35	1.40	1.25	1.00	0.80	0.68	0.55	0.45	0.39	0.35	0.26	0.21
0.40	1.40	1.25	1.00	0.82	0.72	0.59	0.50	0.44	0.40	0.30	0.25
0.45	1.40	1.25	1.00	0.84	0.76	0.63	0.55	0.50	0.45	0.34	0.29
0.50	1.40	1.25	1.00	0.87	0.80	0.68	0.60	0.55	0.50	0.39	0.33

注:c_{60} 为降雨历时60min的转换系数。

(3)径流系数

径流系数 C(表9-5)受降雨强度、降雨历时、地面(坡面)坡度、地表覆盖状况、土类和湿度等多种因素的影响,可通过实地试验确定,或者按汇水区域内的地表种类参照有关图表确定。当汇水区域内有多种类型的地表时,应分别为每种类型选取径流系数后,按相应的面积大小取加权平均值。

径流系数 C 表9-5

地表种类	径流系数	地表种类	径流系数
沥青混凝土路面	0.95	陡峻的山地	0.75~0.90
水泥混凝土路面	0.90	起伏的山地	0.60~0.80
透水性沥青路面	0.60~0.80	起伏的草地	0.40~0.65
粒料路面	0.40~0.60	平坦的耕地	0.45~0.60
粗粒土坡面和路肩	0.10~0.30	落叶林地	0.35~0.60
细粒土坡面和路肩	0.40~0.65	针叶林地	0.25~0.50
硬质岩石坡面	0.70~0.85	水田、水面	0.70~0.80
软质岩石坡面	0.50~0.75		

2. 计算步骤

设计径流量的计算过程可参照下述步骤进行:

①明确流向设计进水口的水流方向,划定分水线和汇水区,计算汇水面积 F。

②调查汇水区内地表覆盖物的类型和面积,参照有关表格选取相应的径流系数,并计算汇水区的加权平均径流系数 C。

③根据公路等级、设施的重要性以及经济性和安全性,参照上述表格选定设计降雨重现期 p。

④按汇水区内的坡面(或地面)覆盖情况(类型)、平均坡度和坡长,参照有关公式计算坡面汇流历时。

⑤确定沟管的分段、各段的长度和纵坡,假设过水断面,计算沟管内水流的平均流速;或者估算平均流速,然后计算沟管内汇流历时。

⑥叠加坡面汇流历时和沟管汇流历时,得到降雨历时 t。

⑦选用适当的方法推算设计降雨重现期和降雨历时的降雨强度 q。后者可由降雨强度参考公式、整理雨量资料推求降雨强度公式或由标准降雨强度等值线图推算。

⑧计算设计径流量 Q。

⑨按设计径流量复核计算沟管汇流历时假设的过水断面是否合适,并在不相符合时作相应的调整。

由标准降雨强度等值线图推算降雨强度的设计径流量计算过程,可参照图9-25所示的框图进行。

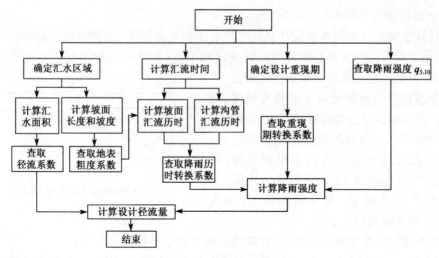

图9-25　设计径流量计算过程框图

四、水力计算

1. 沟管等速流水力计算

沟和管,包括各种断面形状的明沟(如边沟、排水沟、截水沟、街沟以及由拦水带或缘石同路肩或行车道铺面构成的过水断面等)和不同材料的圆管(如排水管和出水管等)。进行水力计算的目的是确定为排泄设计流量所需的沟或管的断面形状和尺寸,同时检查其流速会否引起冲刷或造成淤积。沟或管的泄水能力应大于设计流量。

无回水影响的均匀断面(包括尺寸、粗糙度和纵坡度)沟管内的水流,可假设为等速流,应用连续方程式和谢才公式或曼宁公式计算流量和流速。连续方程式为:

$$Q_c = v \cdot A \tag{9-4}$$

式中:Q_c——沟或管的泄水能力,m^3/s;
　　　v——沟或管内的平均流速,m/s;
　　　A——过水断面面积,m^2,各种沟管过水断面的面积计算式可参考有关图表。

沟内或管内的平均流速计算为谢才(Chezy)公式:

$$v = C\sqrt{Ri} \tag{9-5}$$

式中:R——水力半径,m,各种沟管的水力半径计算式可参考有关表格;
　　　i——水力坡度,无旁侧入流的明沟,水力坡度可采用沟的底坡,有旁侧入流的明沟,水力坡度可采用沟段的平均水面坡降;
　　　C——流速系数,$m^{0.5}/s$。

2. 浅三角形沟的水力计算

浅三角形沟主要指由拦水带或缘石同路肩或行车道铺面构成的过水断面(边沟),或者城市道路的街沟。对于这类排水沟,由于过水断面的水面宽度远大于水深,水力半径不能充分反映这种断面的特性,因而需对曼宁公式进行修正,采用式(9-6)计算其泄水能力:

$$Q_c = 0.377 \frac{h^{8/3}}{i_h n} \cdot i^{1/2} \tag{9-6}$$

式中：i_h——边沟或过水断面的横向坡度，$i_h = h/B$；
$\quad\quad h$——边沟或过水断面的水深，m；
$\quad\quad B$——边沟或过水断面的水面宽，m。

水力计算主要关心边沟排泄设计流量时的水深和水面宽度，前者影响到路缘带或缘石的高度，后者用于检验沟内水面是否超过设计规定的限值（硬路肩内侧边缘或右侧车道中线）。同时，它往往也是决定进水口间距的主要参数。

在行车道和路肩铺面采用不同横坡坡度、而水面侵入行车道铺面时或者在接近拦水带或缘石一定宽度的路肩范围内采用较陡的横坡坡度时，过水断面的底边为折线。遇到这种情况时，图9-26可采用下列步骤用式(9-6)进行水力计算。

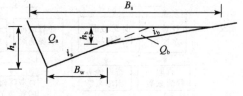

图9-26　折线形底边的过水面积

①先按设计流量 Q_c 和外侧横坡 i_a，由式(9-6)计算得到水深初值 h_a；

②由此 h_a 值，按外侧坡段宽度 B_w 计算确定横坡转变点处的水深 h_b；

③按 h_b 和 i_a，再利用式(9-6)计算图中虚线三角形面积内的流量，减去这部分流量便得到外侧坡段的流量 Q_a；

④按 h_b 和内侧横坡 i_b，利用式(9-6)计算得到内侧坡段的流量 Q_b；

⑤叠加 Q_a 和 Q_b，便可得到边沟的泄水量 Q_c；

⑥如果此值与设计流量相同或相近，则 h_a 初值便成立，否则调整 h_a，直到计算泄水量与设计流量一致为止。

3. 冲淤检验

沟和管内的平均流速应使水流在设计流量条件下不产生冲刷和淤积。为此，应保证设计流速在最大和最小允许流速范围内。

①明沟的最小允许流速为 0.4m/s；暗沟和管的最小允许流速为 0.75m/s。

②管的最大允许流速为：金属管 10m/s；非金属管 5m/s。

③明沟的最大允许流速参照有关图表选用。

4. 进水口的水力计算

进水口水力计算的主要内容为确定进水口的截流量（用以选定其尺寸）和布设间距。影响开口式进水口截流率（截流量占边沟泄水量的比率）的主要因素是开口的长度以及低凹区的宽度和下凹深度。影响格栅式进水口截流率的主要因素是格栅的宽度和格栅孔口的有效泄水面积。组合式进水口的泄水能力并不比格栅式的大多少，因而计算时忽略开口的作用，仅按格栅的泄水能力计算。

(1) 格栅式进水口

格栅式进水口通过格栅的孔口宣泄边沟内的水流。因而，格栅的孔口间隙应至少占格栅宽度的一半以上。同时，孔口还应有足够的长度，使水能自由落入，以保证格栅的泄水效率。格栅孔口所需的最小净长度按式(9-7)确定：

$$L_g = 0.91 v_g (h_i + t_b)^2 \tag{9-7}$$

式中：L_g——格栅孔口的最小净长度，m；
$\quad\quad v_g$——格栅宽度范围内水流的平均流速，m/s；
$\quad\quad h_i$——格栅上面的水深，m；
$\quad\quad t_b$——格栅栅条的厚度，m。

水力计算分别按连续坡段上和竖曲线底部两种情况进行。

①连续坡段上。在纵坡坡段上,格栅式进水口会拦截所有流经该格栅宽度范围内的水流,而流在宽度范围外的水流则溢流到进水口的下方,汇同下方的径流流向下一个进水口。因而,格栅的泄水量可利用边沟或过水断面的流量计算公式,确定其过水断面后,按格栅宽度所截取的过水断面面积确定。

②竖曲线底部。在凹形竖曲线底部,边沟水由前后两个方向流入进水口,其水流状态同格栅上面的水深有关。当水深小于0.12m时,进入泄水口的水流为堰流状态,堰顶的长度大致等于格栅进水周边的边长(靠缘石或拦水带一侧的周边不计入内);当水深超过0.43m时,进入进水口的水流呈孔口流状态,其泄水量同格栅的孔口净面积有关;而当水深处于0.12~0.43m时,由于紊流和其他干扰,进入进水口的水流呈不确定状态,其泄水量在两种状态的泄水量之间,可按水深通过直线插值近似确定。考虑到格栅孔口的空隙有可能被杂物堵塞,进水周边边长和孔口净进水面积的有效值均按实际数值除以安全系数2后取用。

(2)开口式进水口

①连续坡段上。在纵断面坡段上的开口式进水口,其泄水量随开口长度、低凹区的宽度和下凹深度以及过水断面的纵向坡度和横向坡度而变化,从而确定泄水量。

②竖曲线底部。在凹形竖曲线底部,表面水由前后两个方向流入进水口。水流进入进水口的状态,与该处的水深有关。当水深低于进水口的孔口高度(拦水带或缘石高度)时,水流呈堰流状态;而当水深淹没开口,超过1.4倍孔口高度时,水流呈孔口流状态;水深在这两者之间时,水流处于中间状态。

(3)进水口间距

在纵坡坡段上,进水口的布置间距主要按过水断面或沟内的水面宽度限制在允许范围内的要求,或者流速不超过最大允许流速的要求确定。设计时,先从坡段的上方开始,按上述要求确定第一个进水口的位置。随后的进水口,主要排泄进水口之间的表面径流量加上由上一个进水口溢流来的流量,而总泄水量仍受水面宽度范围或最大允许流速的限制。因而,可按每一个进水口的泄水能力来确定其间距。坡段上最后一个进水口的溢流量则流向竖曲线底部的进水口排泄。因而,底部进水口的泄水量便为从前后进水口溢流来的流量以及前后进水口之间的表面径流量。

5.变速流水力计算

(1)单位能量

在单位时间内,水流经过任一过水断面,并从任一基准水平面算起的单位质量的液体所具有的能量,称为水流单位能量 E_0。它由位能和动能两部分组成,通常以式(9-8)表示:

$$E_0 = P + h + \frac{av^2}{2g} \tag{9-8}$$

式中:P——由基准水平面到过水断面最低面的距离,m;

h——过水断面的水深,m;

v——过水断面的平均流速,m/s;

a——流速不均匀系数,通常取1;

g——重力加速度,m/s²,取9.81。

(2)临界水深

在同一流量时,过水断面的单位能量达到最小值时的水深称作临界水深 h_k。水力计算

时,以临界水深作为判断水流状态的标准:
①当水深小于临界水深时($h < h_k$),称为急流状态;
②当水深大于临界水深时($h > h_k$),称为缓流状态;
③当水深等于临界水深时($h = h_k$),称为临界状态。

(3)收缩水深

水流经过各种不同形式的堰顶溢流或跳坎跌落时,其深度逐渐减小。当水流深度达到最小时,此时的水深称为收缩水深 h_c,见图9-27。

收缩水深可利用断面比能公式通过试算确定:

$$E_0 = h_c + \frac{\alpha Q^2}{2g\varphi^2 A_c^2} \tag{9-9}$$

式中:E_0——以下游沟底为基准的跳坎前断面的单位能量,m;
φ——流速系数,可根据跌水坎壁的高度确定;
A_c——收缩水深处的断面面积,m^2。

(4)共轭水深

从急流状态转变为缓流状态时,这一过渡段的水流特性称为水跃。跃前断面水深 h_1 和跃后断面水深 h_2,称为共轭水深,其水深差称为水跃高度,见图9-28。

6. 急流槽水力计算

设在路堤或路堑坡面上的竖向排水沟(吊沟)为一种人工水槽,通常称作急流槽。急流槽由进口、陡坡槽身、消能设施和出口4部分组成。其水力计算的主要内容为:按设计流量确定槽身宽度、陡槽起点和终点断面的水深、槽内水面降落曲线长度,判别槽后是否需要设置消能设施等,见图9-28。

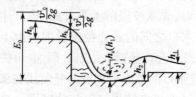

图9-27 收缩水深和共轭水深

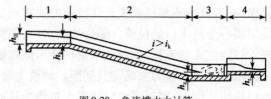

图9-28 急流槽水力计算
1-进口部分;2-陡坡部分;3-消能设施;4-出口部分

7. 跌水水力计算

设置带消力池或消力坎的跌水,是使水流在该消能设施中产生淹没式水跃以消耗水流的动能,防止水流在出水口外产生严重冲刷。设消力池的跌水由进水口、池身和出水口三部分组成。进口部分可做成斜插式或跌坎式。前者为在急流槽末直接设置消力池。在水平向长度受限制无法布置斜插式时,可采用跌坎式,见图9-29。

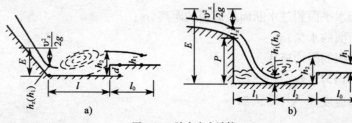

图9-29 跌水水力计算
a)斜插式;b)跌坎式

第三节 道路横向排水

为将路界(或路基)上侧的地表水横向穿越路基引排到路界(或路基)的下侧,可设置小型排水构造物——涵洞。

一、涵洞的结构形式、构造和布置

1. 结构形式

涵洞结构形式可分为钢筋混凝土圆管涵、钢筋混凝土或石盖板涵、钢筋混凝土或石拱涵、钢筋混凝土箱涵及圆形或方形倒虹吸管 5 类。各类涵洞的适用性,优、缺点和常用孔径见表9-6,应依据洞顶填土高度、设计流量、地基状况、车辆荷载、上下游现有水路情况、经济性等因素选用涵洞的结构形式。

各类涵洞的适用性,优、缺点和常用孔径　　表9-6

结构形式	适 用 性	优、缺 点	常用孔径(cm)
圆管涵	有足够填土高度、流量较小	适应性及受力性能好、不需墩台、造价低	75、100、125、150
盖板涵	低路堤明涵、高路堤暗涵、流量较大	构造简单、维护方便	75、100、125、150、200、250、300、400
拱涵	跨越深沟、高路堤	可用大跨径、承载力大、施工较繁	100、150、200、250、300、400
箱涵	地基软弱	整体性强、造价高、施工困难	200、250、300、400、500
倒虹吸	两边水位等于或高于路基标高	含砂多时避免使用	

2. 洞身构造

涵洞由进水洞口、洞身和出水洞口三部分组成。洞身为涵洞的主体部分,圆管涵和倒虹吸管的洞身由分段圆管节及支承管节的基础组成。盖板涵的洞身由涵台(墩)、钢筋混凝土或石盖板及基础组成。拱涵由圆弧形或卵形拱圈、涵台和基础组成。箱涵由长方形或方形断面的钢筋混凝土薄壁结构组成。

3. 洞口构造

洞口应与洞身和路基衔接平顺,使水流顺畅地进出涵洞,形成良好流态,并不使洞身、洞口、两侧路基及上下游河床遭受冲刷。洞口由端墙、翼墙或锥形护坡、洞口铺砌组成。洞口建筑形式有:八字翼墙式、端墙(一字墙)式、端墙加锥形护坡式、直墙翼墙式、平头式(领圈式或护坡式)、走廊式及进水洞口端墙升高的流线形式。各类洞口的特点参见表9-7。洞口形式的选定还直接影响涵洞的泄水能力及沟床加固类型。

各类洞口的适用性及优、缺点　　表9-7

洞口形式	适 用 性	优、缺点
八字翼墙式	平坦顺直、纵断面高差不大的河沟	水力性能好、施工简单、工程量小
端墙式	流速小、流量不大的河沟	构造简单、造价低、水力性能差
锥形护坡式	对水流约束较大的河沟	水力性能较好、稳定路基、工程量大
直墙翼墙式	沟宽与涵洞孔径相近	水力性能良好、工程量小
平头式	侧向挤压不大、流速不大的河沟	节省材料、施工复杂、水力性能差
走廊式	需扩散水流、流量不大	水力性能较好、施工麻烦、工程量大
流线式	流量和流速大的河沟	水力性能较好

4. 布置

涵洞位置应依照上下游水流线形,考虑排水功能要求、水流稳定、施工维护方便、与公路整体的配合、地质条件、交通安全以及经济性等因素确定。在凹形竖曲线底部、天然河沟、排水沟槽、农田灌溉渠、低洼地等处,通常需设置涵洞。

涵洞的方向应尽量与水流方向一致,使水流顺畅。同时,也应尽可能与路线正交,使涵身长度为最短。两者不能兼顾时,可采用将弯曲河沟取直,整流改沟或移位等措施,使之成为正交涵洞;或者,采用斜交布置,洞身斜交斜做(盖板涵、箱涵)或斜交正做(圆管涵、拱涵)。涵洞洞身应有足够的底坡,使水流顺畅地流经涵洞,不产生砂土淤积。

5. 进出水口沟床处理

涵前沟床纵坡较大时,应视流速大小选择相应的沟床加固类型。水流在进水口处产生水跃时,应在进水口前设置一段缓坡,其水平距离约为涵洞孔径的1~2倍。如须在进水口处产生强迫式水跃以消能减速,则可在涵前设置跌水或消力池。

出水口水流超过土的允许冲刷流速时,下游洞口的沟床须视流速大小采取相应的铺砌加固。铺砌长度为涵洞孔径的1~3倍。沟床纵坡大的陡坡涵洞,须采用急流槽或跌水、消力池等设施以消能、减速。

二、设计流量确定

横向穿越路界的排水构造物(涵洞)在不同设计频率时的设计流量可采用下述方法推算:

1. 形态调查法

建立形态断面,确定沟壁粗糙系数和平均沟坡等参数,进行洪水位及其相应频率调查,推算形态断面的流速和洪峰流量,进而求得设计频率时的设计流量。

2. 推理法

由雨量资料依据雨量与径流的关系间接推算设计流量,可采用前面所述的方法,或者采用本节所介绍的暴雨推理公式和经验公式。

对于小流域暴雨洪峰流量一些研究单位根据暴雨资料,考虑产流和汇流过程,采用设计暴雨频率与形成洪峰流量的频率相等的同频率概念,间接推求出设计洪峰流量,给出不同的公式。由于产流和汇流等计算方法的不同,各公式形式和参数略有差异,计算结果也有些差别。有关公式和参数选用及计算可参考《公路排水设计手册》等书籍。

3. 径流形成法

依据影响径流产生和汇流的因素推算设计流量。

径流形成法也是以雨量资料为主,依据影响径流产生和汇流的因素推算设计流量。根据各地降雨量资料,并参考山脉、地形、风向等情况将全国划为18个暴雨分区,按不同的设计频率、汇流时间和地表土壤的吸水程度,制订相应的径流厚度值表,有关图表参考《公路排水设计手册》。

设计频率为 p 的设计流量 Q_p 按式(9-10)计算确定:

$$Q_p = \psi(h-z)^{1.5}F^{0.8}\beta\gamma\delta \tag{9-10}$$

式中:h——径流厚度,mm,按暴雨分区、土壤吸水类属、汇流时间和设计频率 p 确定;

z——被植物或坑洼滞留的径流厚度,mm,参考《公路排水设计手册》;

F——汇水面积,km²,参考《公路排水设计手册》;
ψ——地貌系数,根据地形、汇水面积、主河沟平均坡度,参考《公路排水设计手册》确定;
β——洪峰传播的流量折减系数,参考《公路排水设计手册》;
γ——汇水区降雨量不均匀系数,当汇水区的长度或宽度(以小者计)大于5km时,参考《公路排水设计手册》,小于5km时可不予考虑;
δ——考虑湖泊或小水库调节作用对洪峰流量的折减系数,参考《公路排水设计手册》。

三、水力计算

1. 水力性质

按涵洞上下游的水位高低、进水口建筑形式、进口洞高与涵前水头的关系,涵洞的水力性质或水流状态可分为无压力式、半压力式和全压力式三类。

(1) 无压力式

进水口水深低于该处涵洞净高,水流流经涵洞的全部长度上都保持自由水面。其中,涵洞进口处的收缩断面不被淹没者为无压自由流,见图9-30a);收缩断面被淹没者为无压淹没流,见图9-30b)。

(2) 半压力式

涵洞进水口被水淹没,呈有压状态,但涵洞内仍为自由水面,呈无压状态,见图9-30c)。

(3) 有压力式

涵洞进水口被水淹没,且水流充满全涵,无自由水面,涵洞出口一般被下游水淹没,见图9-30d)。

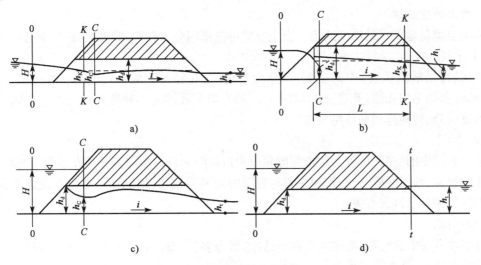

图9-30 涵洞的水流状态
a)无压自由流;b)无压淹没流;c)半压式;d)全压式

2. 计算内容

涵洞水力计算的内容为:

①按设计流量、所选涵洞类型、水流流经涵洞时允许的水流状态,计算其所需的孔径;

②验算涵前壅水深度是否符合孔径计算所要求的条件,是否影响路基或附近农田、房屋等;

③验算涵内最大流速是否超过允许流速；

④涵底纵坡大时，验算涵洞出口水流的流速，以确定出口和下游是否需要采取防护措施。

3. 基本计算式

（1）水流状态判别式

区别涵内水流状态，须计算涵内临界水深 h_c、临界坡度 i_c、涵内正常水深 h_0 和下游天然水深 h_t。涵内正常水深 h_0 和下游天然水深 h_t 可根据已知流量和过水断面参数，按均匀流流量公式计算确定。

（2）无压自由流基本计算式

由涵前水深断面 O-O 与临界水深断面 K-K 或收缩水深断面 C-C 的断面比能公式可推算有关流量和流速计算式。

为保证水流自由流入涵洞，涵前水深 H 应高于涵洞口水深，并留有足够的安全净空。通常采用下述关系式：

$$H = 1.15(h_d - \delta) \tag{9-11}$$

式中：h_d——涵洞进水口处的净高，m，无升高管节时即为涵洞净高；

δ——涵洞进水口处水面以上的最小净空高度，m。

第四节 地下排水设计

一、地下水的性状

1. 岩土的空隙性

岩土空隙是地下水运动的通道。岩土空隙可按成因分为孔隙、裂隙、溶隙和混合四类。

（1）孔隙

碎屑岩（松散沉积物）中的空隙，可分为大孔隙（孔径 > 0.5mm）、毛细孔隙（孔径 0.5～0.002mm）和亚毛细孔隙（孔径 < 0.002mm）三种。影响孔隙大小和数量变化的主要因素是岩土的粒度成分、结构排列和胶结程度。

（2）裂隙

坚硬岩层中的空隙，可分为构造裂隙和非构造裂隙两种。裂隙发育具有不明显的均匀性，其大小隙数量、张闭性质、分布规律主要与裂隙的成因、岩石所处的构造部位以及裂隙在形成过程中的各种自然因素有关。

（3）溶隙

可溶性岩层中的空隙，溶隙大小相差悬殊，形态多样，分布极不均匀，具体表现为溶孔、溶洞、暗河、天然井、落水洞等形态。

（4）混合类

上述三类的不同组合。

2. 岩土中水的存在形式

岩土孔隙中的水，按存在形式可分为：气态水、吸着水、薄膜水（弱结合水）、毛细管水、重力水以及固态水。

3. 地下水的类型和特征

地下水可分为包气带水、潜水和承压水三种基本类型。

(1) 包气带水

存在于包气带(地面以下潜水面以上的地带)中的地下水,主要以气态水、吸着水、薄膜水和毛细管水的形式存在。当降水或地表水下渗时,可暂时出现重力水。

(2) 潜水

埋藏在地面下第一个稳定隔水层之上的地下水,具有自由表面,大气降水和地表水可渗入地下补给潜水。

(3) 承压水

充满于上下两个隔水层之间的含水层中,具有承压性质的地下水。

4. 泉水的类型和特征

泉是地下水涌出地表的天然水点。按泉水的补给来源和成因,可将泉水分为下降泉和上升泉两大类。

(1) 下降泉

由上层滞水或潜水补给,泉的流量、水温、水质随季节而变化,且多与气象要素变化一致。下降泉可再分为悬挂泉、侵蚀泉、接触泉和溢出泉4种。

(2) 上升泉

由承压水补给,上升泉的流量、水温、水质较稳定,随季节变化小。上升泉可再分为自流斜地泉、自流盆地泉、断层泉和接触上升泉4种。

5. 地下水渗流运动

地下水渗流运动可分为稳定流和非稳定流两类。前者为在渗流场中任意点的水头变化与时间无关,后者则为水头随空间和时间而变化。水流质点的运动形态可有:层流(水流流束不相混杂);紊流(水流流束彼此混杂而无序地运动);混合流(层流和紊流同时存在的运动状态)。

二、地下水调查和测试

1. 地下水调查

地下排水设计前,应通过野外调查收集有关地貌和地质资料,必要时配以坑探和钻探,以获取和确定下述情况:

①地下水的类型和补给来源,含水层和不透水层的性质、层位和厚度;

②泉水出露的位置、类型、补给泉水的含水层、流量及其变化幅度;

③地下水位及其变化幅度和规律;

④地下水的流向、流速和水力坡度;

⑤当地地下水的利用和已有地下排水设施的使用情况。

2. 地下水流向和实际流速的测定

(1) 地下水流向的测定

地下水的流向可采用三点法测定。沿等边三角形(或近似的等边三角形)的顶点布置钻孔,量测孔内地下水水位高程,按各孔水位的高程差绘制等水位线图。垂直等水位线并由高处向低处的方向,即为地下水的流向。三个钻孔间的距离一般取50~150m。

(2) 地下水实际流速的测定

地下水实际流速可利用指示剂(或示踪剂)进行测定。确定地下水流动方向后,在上下游钻取投剂孔和观测孔。投剂孔和观测孔的间距按岩土透水性的大小确定。为防止指示剂绕过观测孔,在观测孔两侧0.5~1.0m处各布置一辅助观测孔。

在投剂孔内投入指示剂,观测观测孔内指示剂的浓度随时间的变化,并绘制浓度随时间变化曲线。选取指示剂浓度高峰值出现的时间,作为指示剂由投剂孔流至观测孔的时间 t,据此计算地下水的实际流速 v_s。

$$v_s = l/t \qquad (9\text{-}12)$$

式中: v_s——地下水实际流速(平均),m/h;

l——投剂孔与观测孔之间的距离,m;

t——自指示剂投放入投剂孔起到观测孔内指示剂浓度出现峰值所需的时间,h。

地下水的渗流速度可按式(9-13)确定:

$$v = n_e v_s / 100 \qquad (9\text{-}13)$$

式中: n_e——含水层的有效孔隙率,%。

3.渗透系数测定

地下水的流速和流量也可通过测定含水层的渗透系数和水力坡度计算得到。含水层介质的渗透系数,可采用室内或野外试验方法确定:

①按含水层岩土的颗粒组成和密实程度,参照经验数值粗略地估计得到。

②在含水层内钻取岩土试样,进行常水头或变水头室内渗透试验。前者适用于透水性高的粗粒岩土,后者适用于透水性中等或低的细粒土。试验时,试件的直径应为岩土颗粒最大粒径的 8 倍或 12 倍。试验方法可参照《公路土工试验规程》(JTG E40—2007)。

③在野外对含水层进行抽水试验,测定抽水量和水位随时间变化的数据,通过计算确定。

④在野外对包气带非饱和松散岩土层进行渗水试验,测定其渗透系数。

(1)抽水试验确定渗透系数

在含水层内钻孔数个(主孔一个,其他为观测孔),通过主孔内抽水量测主孔涌水量与各孔水位变化的关系,由计算确定含水层介质的渗透系数。为获取较准确的渗透系数值,以小流量、小降深抽水试验为宜。抽水孔的半径一般不宜小于100mm。观测孔一般不少于 3 个,布置在与地下水流向垂直的方向上。各观测孔距抽水孔的距离可参考表9-8选定。观测孔的孔径不宜小于50mm,孔深应深入试验层厚度的一半。

观测孔距抽水孔的距离(单位:m)　　　表9-8

含水层土类	第1观察孔	第2观察孔	第3观察孔	第4观察孔
砂质黏土	1~3	4~8	7~15	—
砂	2~5	7~15	12~20	20~30
沙砾	4~8	12~25	20~40	50~100

抽水试验前,观测孔内的自然水位。一般每小时测定一次,三次测定水位值相同,或者4h内水位差不超过20mm时,即为静止水位。抽水试验一般进行三个落程,每次降深的差值宜大于1m。最大降深为潜水层厚度的1/3~1/2,或者降到含水层的顶板(承压水)。精度要求不高时,也可用两个落程或者一次最大落程。

抽水达某一预定降深,相应的流量和动水位趋于稳定的延续时间一般为 8~12h。在稳定时段内,涌水量波动值不超过正常流量的5%,主孔水位波动值不超过水位降低值的1%,观测孔水位波动值不超过 20~30mm。抽水试验结束后应进行恢复水位观测,按1min、3min、5min、10min、15min、30min 的顺序观测水位,直到水位完全恢复为止。水位观测精度与静水位观测相同。

(2)渗水试验确定渗透系数

对于包气带非饱和岩土层的渗透系数,可通过渗水试验确定其渗透系数。渗水试验可采用试坑法、单环法或双环法,其中双环法的测定精度较高。在表层干土中挖一试坑,坑底离潜水位3~5m以上。在试坑底嵌入两个高约200cm的铁环(外环直径约为0.5m,内环直径约为0.25m)。试验时,向内外环内注水,并使外环和内环内的水都保持在同一高度上(如100mm),量测单位时间内注入内环的水量(渗入量)。通过连续记录一定时间段(如每30min)内的渗入量,求得各个时间段内的平均渗入量,绘制渗入量历时曲线,渗入量随时间逐渐减少,并趋于稳定。此时的渗入量即为所求的渗入量值。由此可计算得到平均渗透速度:

$$\mu = Q/F \tag{9-14}$$

式中:μ——平均渗透速度,m/s;
Q——平均渗入量,m³/s;
F——内环的面积 m²。

三、地下排水设施

1. 设置场合

在地下水危及路基稳定(包括整体稳定和局部稳定)或者严重影响路基强度的情况下,应根据具体情况采取拦截、排引含水层地下水,降低地下水位或者疏干坡体内的地下水等措施。

①路堑开挖截断坡体内的含水层。或者山坡路堤的基底范围内有含水层出露时,可沿挖方或填方边坡坡脚设置纵向地下排水沟,将含水层内的地下水拦截在路基范围外,并排引出路堑或路堤。

②填挖交替路段,接近路堑的路堤基底遇有含水层出露时,须在填挖交替处设置横向地下排水沟,以拦截含水层内的地下水并排引出路界。

③地下水位高而路堤填土高度又受到限制时。或者路堑开挖后路床顶高程离地下水位很近时,可沿两侧边沟设置地下排水沟,以降低地下水位,减小路基湿度,提高其承载能力。

④土质路堑边坡坡体含水率很大而易产生坡体滑动时,可在坡体内设置条形、分岔形或拱形边坡渗沟以疏干坡体,或者设置水平排水孔以降低坡体内的静水压力。

⑤为拦截地下水或上层滞水的毛细上升阻止其进入路面结构或者排除因负温差作用而积聚在路基上层的自由水,可直接在路床顶部设置排水层,并在其两侧配置纵向集水管。

2. 地下排水沟设计

地下排水沟是应用最多的一种地下排水设施。地下排水沟设计的一般要求为:

①排水设施应具有渗滤能力,防止渗流携带细粒堵塞多孔隙透水材料,致使排水设施失效。

②排水设施埋在地下,应具有足够的耐久性;设在路床内的设施,其服务年限应不低于50年;设在路床外的设施,其服务年限可为25年。

③地下排水设施与地表排水系统须分开,表面水不允许通过地下排水设施排放;地下水可以排入路界地表排水系统或涵洞,但出水口的水不能具有压力。

④为便于检查、疏通和维修地下排水沟管,在上游端头、中间段的汇流点和适当间距处,应设置检查和疏通井管(入孔)。

⑤进行地下排水设施设计时,应同时考虑采取措施减轻或防止因地表水下渗而造成对地下水的补给。

地下排水沟可有管式和洞式两种,由透水管(管式)、排水洞(洞式)及沟槽内回填的透水性材料组成。

(1) 透水管

透水管可采用带槽孔的水泥混凝土管、钢筋混凝土管或(聚氯乙烯或聚乙烯)塑料管等。带孔的排水管,其圆孔的内径为 5~10mm,纵向间距为 75mm,按 4 或 6 排对称地排列在圆管断面的下半部分。带槽的排水管,其槽口的宽度为 3~5mm(沿管长方向),沿圆周方向的长度和槽、口的间距应满足表 9-9 的要求。槽口分两排,间隔 165°对称排列在圆管断面的下半部分。在沟槽内安设透水管时,槽孔须向下。

带槽孔透水管的槽孔布置尺寸(单位:mm) 表 9-9

管径	圆孔			槽口	
	排数	H	L	长度	距离
150	4	70	98	38	75
200	4	94	130	50	100
250	4	116	164	50	100
300	6	140	195	75	150
380	6	175	244	75	150
460	6	210	294	75	150

(2) 石砌排水洞

在盛产石料地区,可采用片石浆砌成矩形的排水槽,槽顶覆盖水泥混凝土条形或者石条盖板,形成排水洞。板条间留有小于 20mm 宽的缝隙,间距不超过 300mm,供渗入沟槽内的地下水流入排水洞。盖板顶面覆盖透水性土工布,以免回填料随渗流水落入排水洞内。

(3) 沟槽

透水管或排水洞设在沟槽底部,沟槽内回填透水性材料。透水管管底铺设 150mm 厚的填料,管两侧的回填料宽度不小于 300mm。为避免透水管的孔槽被堵塞,回填料在通过率为 85%时的粒径应比孔口直径或槽口宽度大两倍。透水性回填料可采用粒径为 5~40mm 的碎石或砾石,但粒径小于 2.36mm 的细粒含量不得大于 5%。含水层内的细料有可能随渗流进入沟槽内堵塞排水沟时,应在排水沟的迎水面沟壁处设置反滤层或反滤织物。排水沟位于路床范围外时,透水性回填料顶部应覆盖 150mm 厚的不透水封闭层(黏土或浆砌片石),以防止地面水渗入。

(4) 反滤层

透水性回填料的级配不满足反滤要求时,须在沟壁迎水面处设置反滤层。

(5) 反滤织物

反滤织物(土工布)可选用由聚酯类、尼龙或聚丙烯材料制成的编织或无纺织物。织物的性能应符合下述三方面要求。

①在有透水要求时,其渗透能力应高于邻近粒料或土的渗流能力。反滤织物的透水能力与织物的渗透性(渗透系数)和厚度有关,其渗透系数通常在 0.1~0.001cm/s 范围内。

②阻挡细粒透过。反滤织物阻挡细粒的能力以其视孔径(AOS)大小表征,而计算时以最接近的视孔径筛子尺寸的相应值 O_{95} 表示。按所需阻挡的细粒的粒径大小,选用不同的 O_{95} 要求值。

③具有一定的强度,包括刺破强度、握持强度和梯形撕裂强度等,以承受邻近粒料或其他物体的破坏作用。

3. 其他地下排水设施

(1) 边坡渗沟

为疏干潮湿的土质路堑边坡坡体或者引排坡体内的上层滞水,可采用边坡渗沟。边坡渗沟垂直嵌入边坡坡体内,其平面形状可采用条带形布置;对于范围较大的潮湿坡体,可采用增设支沟的分岔形或拱形布置。主沟的间距可采用 6~10m,渗沟的宽度一般不小于 1.3~1.5m。其基底应设置在较干燥而稳定的土层内,并修筑成阶梯状。基础采用浆砌片石,台阶做成 2%~4% 外倾的坡度。渗沟内回填透水性粒料,其底部选用大粒径的碎石或砾石,而上部可采用较小粒径的砂砾。粗回填料与坡体相接触的侧壁,须设置反滤层或反滤织物,以防止坡体内细粒渗入渗沟。反滤层材料的级配要求与上节中所述的相同。渗沟顶部采用干砌片石铺砌,其表面与边坡坡面大致齐平。下部出水口宜采用干砌片石垛支撑。由坡体内渗出的水流,直接进入边沟。

(2)水平排水管

为引排山坡土体内的地下水以释放坡体内的静水压力,增加坡体的稳定性,可采用水平排水管插入含水层内。应用钻孔直径 75~150mm、钻深可达 180m 的钻机,在挖方边坡平台上水平向钻入含水层,而后在钻孔内推入直径 50mm 的带孔塑料排水管(聚氯乙烯或聚乙烯管);或者,将塑料管放在钻杆内一起钻入,随后抽出钻杆。钻孔的仰坡可为 0~25%,一般采用平均仰坡 10%~15%。带孔排水管的圆孔孔径为 10mm,纵向间距 75mm,沿管周分三排均布排列,一排在管顶,其他两排分别在管的两侧,顶排的圆孔位置与侧排的圆孔交错排列。在靠近出水口 1~10m 长度范围内,应设置不带孔的塑料排水管,并在靠近出水口至少 600mm 长的范围内,用黏土堵塞钻孔与排水孔之间的空隙。

四、地下排水沟流量计算

地下水渗入排水沟内的流量计算,主要采用渗流定律。依据公路上拦截或降低地下水位可能出现的情况,可分别采用三种渗流量计算公式。三种情况的差别在于不透水层的坡度和排水沟(相对于不透水层)的深度。

1. 不透水层横向坡度较大的情况

不透水层的横向坡度较陡(>25°)时,假设地下水位的平均坡降与不透水层的横向坡度相同,按式(9-15)计算单位长度排水沟由沟壁一侧流入沟内的流量(图9-31)。

$$q = K i_h H_g \tag{9-15}$$

式中:q——单位长度排水沟的排水量,$m^3/(s \cdot m)$;

i_h——不透水层横向坡度;

K——渗透系数,m/s;

H_g——排水管埋设位置处的地下水位降低量,m。

2. 不透水层横向坡度平缓的情况

排水沟底部挖至或挖入不透水层,而不透水层的横向坡度较小(<25°)时,可采用地下水自然流动速度接近零的假设,按下列公式计算单位长度排水沟由沟壁一侧流入沟内的流量(图 9-32)。

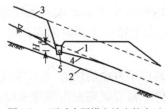

图 9-31 不透水层横向坡度较大时

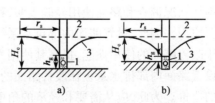

图 9-32 不透水层横向坡度平缓时

$$q = \frac{K(H_c^2 - h_g^2)}{2r_s} \tag{9-16}$$

式中：q——每延米长排水沟由一侧沟壁渗入的流量，$m^3/(s \cdot m)$；
H_c——含水层内地下水位的高度，m；
K——含水层材料的渗透系数，m/s；
h_g——排水沟内的水流深度，m。

3. 不透水层很深的情况

不透水层很深时，位于含水层内的单位长度排水沟的流量按式(9-17)计算确定（图9-33）。

$$q = \frac{\pi K H_g}{2\ln[2r_g/r_s]} \tag{9-17}$$

式中：r_g——两相邻排水沟间距的一半，m
H_g——排水沟位置处地下水位的下降幅度，m。

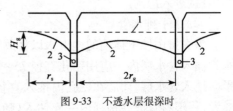

图9-33　不透水层很深时

第五节　路面内部排水

一、设置场合

降落在路面上的水，大部分通过路表面的横向和纵向坡度流向路肩和路基外，而总有相当一部分会沿路面接缝和裂缝的缝隙、路面混合料的孔隙、路面和路肩的接缝以及无铺面的路肩渗入路面结构内。在地下水位高时，地下水会通过毛细渗流进入路面结构下部；在季节性冰冻地区，积聚在路床上部的自由水也会进入路面结构下部。进入路面结构内的自由水，在路基路面为透水性体系时，可通过向路基和两侧路肩结构渗流而逐渐排走。当遇有下述情况时，进入路面结构的这部分自由水向外渗流的速度很慢，需要数周或数月才能慢慢排除，整个路面结构或者部分结构层（面层或上面层）便类似于被安置在封闭的槽式"浴盆"内。

①路基和路肩基（垫）层由低透水性的材料组成；
②基层或底基层由密实型混合料组成（如水泥稳定碎石、石灰、粉煤灰稳定碎石、密级配粒料等），而路肩基（垫）层仍由低透水性的材料组成；
③上（表）面层由透水性混合料组成（如多孔隙沥青面层或多孔隙水泥混凝土面层等），而两侧有不透水的侧石约束。

被围封在路面结构内的水分，会浸湿各结构层材料和路基土，使其强度下降，变形增加，从而使路面结构的承载力降低；而积滞在层间结合处空隙内或结构层孔隙内的自由水，在行车荷载的作用下，形成高孔隙水压力和高流速的水流，冲刷层面材料，并从缝隙处向外"唧泥"，促使沥青面层出现剥落、松散和坑槽，水泥混凝土面层出现错台、板底脱空和断裂等病害。大量路面损坏状况调查和路面使用经验表明，积滞在路面结构内的自由水是造成或加速路面损坏的主要原因。因此，设置路面内部排水系统，将这部分积滞水迅速排除到路面和路基结构外，有利于改善路面的使用性能，提高其使用寿命。

设置路面内部排水系统在改善路面的使用性能，延长其使用寿命的同时，也相应地要增加路面的造价。为此，应从需要和经济的角度考虑在什么条件下需设置路面内部排水设施。

美国联邦公路局在1973年的路面结构排水系统设计指南中建议，除下述情况外，所有重要的路面结果都要考虑设置内部排水系统：

①地下水位深,年降水量在 200~250mm 以下,无大量融雪或冰水进入路面结构；

②路基土渗透系数大,无冰冻作用；

③轻交通,标准轴载(80kN)作用次数小于 150~200 次/d。

国际道路会议常设委员会(PIARC)在 1987 年提出的建议为：

①交通等级为中等(设计车道标准轴载为 100kN 的货车每天 400~2 000 辆)以上,而年降雨天数在 150d 以上时,或者交通等级繁重(设计车道标准轴载为 100kN 的货车每天 2 000 辆以上)而降雨天数为 50~150d 时,采用排水基层或路面边缘排水系统；

②交通等级繁重而降雨天数少于 50d,或者交通等级为中等而降雨天数为 50~150d 时,采用路面边缘排水系统。

美国陆军司令部在 1992 年颁布的《军用铺面地下排水设计技术指南》中指出：

①在所有的水泥混凝土铺面的面层下均须设置排水层,以消除唧泥、冲刷和基地软弱；

②在面层厚度大于 20cm 的沥青铺面结构中均应设置排水层,以利于结构排水；

③在排水层和路基之间建议设置粒料隔离层,以防细粒由路基进入排水层,并为排水层压实提供坚实的施工平台。

我国在 1998 年发布的《公路排水设计规范》(JTJ 018—97)中则建议在下述条件下考虑设置路面内部排水系统：

①年降水量 600mm 以上的湿润和多雨地区,路基由透水性差的细粒土(渗透系数 $\leqslant 10^{-5}$ cm/s)组成的高速公路、一级公路或重要的二级公路；

②路基两侧有滞水,可能渗入路面结构内；

③严重冰冻地区,路基为由粉性土组成的潮湿、过湿路段；

④现有路面改建或改善工程,需排除积滞在路面结构内的水分。

按上述建议,考虑设置路面结构内部排水系统的主要依据是：

①道路等级——设计使用年限和使用性能要求；

②交通繁重程度——促成路面出现唧泥和错台等各种病害的可能性和严重程度；

③路基路面结构组合状况——是否为不透水的结构体系；

④气候和地形条件——路面渗入水的来源。

二、内部排水系统组成和布置方案

为迅速排除滞留在路面结构内的自由水,可沿路面边缘设置边缘排水系统,或者在路面结构层内设置排水基层或排水垫层排水系统。

1. 边缘排水系统

沿路面结构的外侧边缘设置纵向边缘排水系统。渗入路面结构内的水,先沿路面结构层中某一透水层次或者层间空隙横向流入由透水性材料组成的纵向排水沟,再由间隔一定距离布设的横向出水管排引出路基(图 9-34 和图 9-35)。

边缘排水系统常用于基层透水性小的水泥混凝土路面。水泥混凝土面层板的边缘和角隅处,由于温度和湿度梯度引起的翘曲变形以及地基的沉降变形,常出现板底面同基层顶面的脱空,下渗的自由水易积聚在这些脱空区内。设置边缘排水系统,便于将面层、基层、路肩界面空隙处积滞的自由水及时排除,避免唧泥的发生。

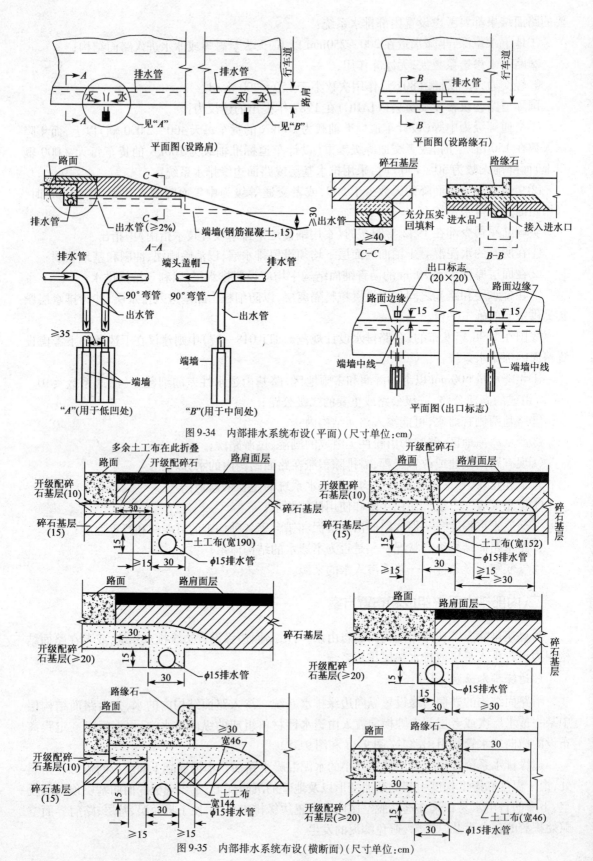

图 9-34 内部排水系统布设(平面)(尺寸单位:cm)

图 9-35 内部排水系统布设(横断面)(尺寸单位:cm)

对于路面结构排水状况不良的旧水泥混凝土路面或旧沥青路面,采用边缘排水设施方案,可以在不扰动原路面结构的情况下改善其排水状况,从而改善原路面的使用性能并延长其使用寿命。

路面结构内含有透水性的层次(如多孔隙面层、排水基层或排水垫层),并有不透水的下卧层时,可在路面结构两侧配置纵向边缘排水系统,以汇集和排除透水层内的自由水。

纵向排水沟主要采用以下两种形式:

①管式排水沟——由带孔排水管、透水性回填料和反滤织物组成;

②板式排水沟——由复合土工排水板(塑料芯板包土工织物)和透水性回填料或者鳍状排水板(塑料芯板连接带孔或者不带孔排水管外包土工织物)和透水性回填料组成。

排水沟内回填透水性材料。在级配和透水性符合要求的情况下,也可采用沟渠开挖的材料回填。回填料分层捣实,每层厚度不大于20cm,并须注意避免挤压土工板。

一些多年使用效果的观测调查表明,板式排水沟的排水量不及管式排水管,并且复合土工排水板在使用数年后易于被细粒土堵塞而失效。

对边缘排水系统所作的使用效果观测结果表明,设置排水设施后,路基湿度可降低,模量可提高,路面的寿命也随之增加。但纵向排水沟容易被细粒堵塞而降低排水效率,特别是在旧混凝土面层有可能仍被封闭在路面结构内。因而,采用边缘排水系统时,渗流时间较长,路面结构处于潮湿状态,即强度或承载能力降低的时间相应较长。

2. 排水层排水系统

路面结构采用透水性材料做基层或垫层时,渗入路面结构内的水分,先通过竖向渗流进入排水层,然后由横向渗流进入纵向排水沟和排水管,再由间隔一定距离布设的横向出水管排引出路基(图9-36)。直接设置在面层下的排水基层,由于自由水进入排水层的渗流路径短,在透水性材料中渗流的速率快,排水效果较好。在高速和一级公路新建路面时可采用此方案。排水基层也可修筑成全宽式,渗入排水层内的自由水横向排流到路基边坡坡面外。然而,这种方案存在排放出的水极易冲刷路基边坡表面,或者排水层外侧坡面的孔隙易被植物或其他杂物堵塞而无法排水的弊病。因而,较可靠的方案还是设置由纵向排水沟和排水管以及横向出水管等组成的边缘排水系统。

为阻断地下水的毛细上升,或者排除因负温差作用而积聚在路基上层的自由水,可在路床顶面设置由开级配粒料组成的全宽式排水垫层,并酌情配置纵向排水沟和排水管、横向出水管等组成排水系统(图9-37)。

图9-36 全宽式排水基层

1-面层;2-排水基层;3-不透水垫层;4-路肩面层;5-透水性坡面防护;6-不透水性坡面防护

图9-37 排水垫层排水系统

1-面层;2-基层;3-排水垫层;4-反滤层或反滤织物;5-排水沟;6-排水管;7-边沟

三、排水材料

1. 透水性粒料

用于排水基层和垫层以及排水沟回填料的透水性粒料,可采用碎石、砾石或粗砂(排水垫层)。

(1)粒料的透水性

对透水性粒料的性质要求,主要是透水性和稳定性(施工碾压时的稳定性和使用过程中的变形稳定性)。

(2)粒料的渗透系数

透水性粒料的渗透系数是排水系统设计最重要的设计参数。影响粒料透水性的主要因素为粒径、级配和孔隙率。各种透水材料的渗透系数,变动范围很大,须通过室内渗透试验确定。通常,采用常水头标准渗透试验方法测定,测定时的水力梯度维持在2%~3%。

2. 多孔隙沥青稳定碎石

粒料排水基层在施工时,较难以压实平整且抗变形能力较差。采用沥青稳定透水性粒料,可以改善这种状况,获得较稳定、平整并具有一定抗变形能力的基层。而少量沥青涂敷在集料表面,对集料孔隙率的影响并不很大。一些试验测定结果表明,经结合料处治后混合料的透水性下降不多。用作排水基层的多孔隙沥青稳定碎石混合料,应满足下述三方面的性质要求:

①必须具有足够的透水能力(以渗透系数表征),以迅速排除渗入排水层内的自由水;

②应具有一定的承载能力——抗变形能力(以抗压回弹模量表征),以支持沥青面层承受行车荷载的作用;

③具有足够的水稳定性(耐久性),以抵抗水浸湿作用下的沥青剥落损坏。

3. 多孔隙水泥稳定碎石

在多孔隙粒料中掺加少量水泥,也可使排水基层在施工时较易于压实平整,并提高其抗变形能力或强度。由于水泥细料占据少量空隙,经水泥处治后的混合料的透水性略有下降,并低于沥青稳定碎石。用作排水基层的多孔隙水泥稳定碎石混合料,应满足下述两方面的性质要求:

①必须具有足够的透水能力(以渗透系数表征),以迅速排除渗入排水层内的自由水;

②应具有一定的承载能力(以抗压强度表征),以支持面层承受行车荷载的作用。

4. 复合土工排水板

复合土工排水板包括塑料芯板和土工布两部分。鳍状排水板还包括带孔或不带孔排水管。

(1)塑料排水芯板

塑料排水芯板由高密度或低密度聚乙烯制成,具有不同构形的剖面,以提供排水通道。芯板应具有一定的抗压强度和足够的排水能力。

(2)土工织物

土工织物常采用聚丙烯(PP)或聚酯类无纺布。它应具有足够的渗水能力和一定的强度,并能阻挡土粒通过。

四、水文分析和水力计算

水文分析和水力计算的目的是确定排水设施的设计流量和所需的结构尺寸,检验自由水在设施内的渗流时间和速度。

分析计算时应符合下述原则和要求:

①路面内部排水系统中各项设施的排水能力足以排除渗入路面结构内的自由水;并且,由于渗入量的估计和透水材料渗透系数的测定精度较低,设施的排水能力应有较大的安全度,通常可对设计排水量采用两倍以上的安全系数。

②系统中各项设施的排水能力从上游到下游逐项增加。例如,对于排水基层排水系统,排水基层的排水能力要大于路表水渗入量,排水沟和排水管的排水能力要大于排水基层的排水

能力,出水管的排水能力要大于排水沟和排水管的排水能力,出水口的排水能力要大于出水管的排水能力。

③自由水在路面结构内的渗流时间不能太久,渗流路径不能太长,以免自由水滞留时间过长,而使路面结构处于浸水状态的时间过久,或者在冰冻地区使水在排水层内结冰。美国联邦公路局设计指南中建议的标准为:最大渗流时间不超过0.5h(冰冻地区)、1h(其他地区)或1~2h(宽而厚的机场道面)。我国公路排水设计规范的建议标准为:渗入水在路面结构内的最大渗流时间不超过1h(冰冻地区),2h(其他地区,重交通)或4h(其他地区,轻交通),渗流路径长度不宜超过45~60m。

④各项排水设施采取反滤措施以防止细料随渗流水进入而堵塞失效,以保证系统的排水效率不随时间的推移而很快丧失。

思考与练习

1. 什么情况下才设锯齿形街沟,其目的是什么?
2. 明渠均匀流的特征是什么?
3. 试列举常用的涵洞形式及其用途。
4. 试列举纵向排水沟的主要形式,并分析其优、缺点。
5. 渗透系数的确定有哪三种方法?
6. 已知某设计管段的设计流量 $Q=367.8$L/s,管底纵坡 $i=0.002$, $n=0.013$(满管),求管道直径 D 和设计流速 v。
7. 如题图1所示,在锯齿形街沟设计中,已知 $i=0$, $h_g=0.18$m, $h_w=0.10$m。
(1) 已知 $l=40$m, $l_1=16$m,求 i_1 和 i_2;
(2) 已知 $i_1=i_2=0.4\%$,求 l_1 和 l。

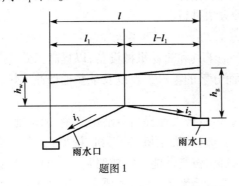

题图1

第十章 道路工程施工

图纸上的设计路线只有通过工程施工才能变成与原野山谷浑然一体的蜿蜒壮观的道路。然而,作为一种巨大的人工构造物,道路(特别是高等级道路)的建筑需要耗费大量的人工、材料、资金,需要大量机械作业甚至工厂化生产的配合才能完成。并且,同一般房屋土建工程相比,道路工程还有占地多,施工几乎全部野外作业,施工条件极不均衡,受地形、地物、地质和气候等自然因素的影响等特点。因此,道路建设一定要因地制宜,结合当地的地形、地质和气候等条件,合理安排机械并组织施工,只有这样,才能以尽可能少的资金建成优质的工程。

本章首先介绍道路工程施工的方法及基本程序、施工的准备工作;然后依次讲述路基土石方施工、基层和垫层施工、沥青路面施工、水泥混凝土路面施工和道路工程中其他工程结构物施工。限于篇幅,各种结构(层)的施工以基本内容为主进行介绍,相似结构(层)或材料的工程施工仅作简要介绍。

第一节 概 述

一、施工方法及基本程序

1. 施工方法

道路施工包括土石方作业、路基和路面铺筑、排水与挡土墙等构筑物施工等。通常采用人工、机械、水力、爆破等多种方法进行。

(1)人工和简易机械施工

主要依靠人力,使用手工工具和简易机械设备,以提高工效,减轻劳动强度,适用于缺乏筑路机械的工地和工程量小而分散的零星工点以及某些辅助性工作,如整修边坡等。

(2)机械施工

使用筑路机械建造路基可以极大地提高劳动生产率,加快施工进度,确保工程质量。常用的路基土方机械有松土机、平地机、推土机、铲运机、挖掘机(配以自卸汽车运土)和装载机以及压实机械等。各种土方机械,按其性能可完成路基土方的部分或全部工作(表10-1)。对于劳动强度大、技术要求高和有危险性的工序,主要采用机械作业。为了充分发挥机械(特别是主要机械)的效能,应根据工程内容和施工条件等具体情况,对施工机械进行合理地选择和组合,以便协调、均衡地综合完成施工任务,这就叫综合机械化施工。例如,近距离取土填筑路基,划段分层以推土机和铲运机担任挖运和铺填工作,用平地机进行填土层的整平工作以及最后路基顶面和边坡的整修工作,另外配以洒水车完成土的润湿,再用压路机压实。机械的配备数量,应视需完成的工程量、工期和设备的能力而定,以最大限度地满足机械产量的要求。路基工程应推行机械化施工,逐步实现路基施工现代化。对于高等级道路,要达到高质量沥青路面标准,必须采用专用摊铺设备施工。表10-2列出了路基、路面施工主要机械。

常用土方机械的适用范围　　　　　　　　　　　　　　　　　　　　　　表 10-1

机械种类	适用的作业项目	
	施工准备作业	基本土方作业
推土机	修筑便道、拔除树根、铲草皮、平整场地	高度 3m 以内的路堤和路堑土方铺填与压实
铲运机	铲除草皮、移运孤石、平整场地	运距 60~700m 的土方挖运、铺填与压实(高度不限)
平地机	铲草皮、除积雪、平整场地	高度 0.75m 以下路堤、0.5~0.6m 的路堑
松土机	清除树根、翻松旧路面	可以凿裂硬土、黏土、页岩和层理发达的岩石
挖掘机	清除建筑垃圾、平整场地	半径 7m 以内的挖土,装土供汽车远运
装载机	清除建筑垃圾、平整场地	运距短的土方挖运,铲土装车以远运

路基路面施工主要机械　　　　　　　　　　　　　　　　　　　　　　表 10-2

施工内容	施工机械及其类型
稳定土基层	稳定土拌和机械:①路拌机械;②厂拌设备
沥青类路层	沥青洒布机:①手动式沥青洒布机;②自行式沥青洒布机 沥青混凝土拌和机:①间歇(循环)作业式;②连续作业式;③综合作业式 沥青混合料摊铺机:①轮胎式;②履带式;③复合式
水泥混凝土面层	水泥混凝土摊铺机械:①轨道式摊铺机;②滑模式摊铺机
各类路基、路面	压路机:①轻型、重型;②轮胎式、光轮式、振动式、羊足碾;③双轮、三轮、多轮

(3)水力施工

主要用于路基与埋管施工。运用水泵、水枪等水力机械,喷射强力水流,把土冲散并汇流到指定地点沉积。这种方法可用来挖掘比较松散的土层和堆填土方,或者进行软土地基加固的钻孔等工作,但需要有充足的水源和动力。对于砂砾填筑路堤或回填基坑,还可起到密实作用(称为水夯法)。

(4)爆破施工

主要用于路基石方开挖等作业。爆破是开挖岩石路基的基本方法,也可用来松动冻土或硬土、排除淤泥、挖掘树根、开采石料等。定向爆破可将挖方直接抛填到指定的地方。挤压和扩孔爆破可用来处理软土地基。为了不影响边坡稳定,土质路堑只有在距边坡 3m 以外,才可采用爆破法施工。

路基施工中,为便于选择施工方法和确定施工定额,通常将路基土石按其开挖难易程度,划分为六级。表 10-3 为各级(各类)土石的划分与施工(开挖)方法。

路基土石的工程分级　　　　　　　　　　　　　　　　　　　　　　表 10-3

等级/类别	代表性土、岩石名称	钻头钻 1m(min)时间	爆破 $1m^3$ 需炮眼深度(m)	开挖方法
I/松土	砂类土,种植土,中密的砂性土及黏性土,松散的水分不大的黏土,含有 30mm 以下的树根或灌木根的泥炭土			用铁锹挖,脚蹬锹一下到底
II/普通土	水分较大的黏土,密实的砂性土及黏性土,半干硬的黄土,含有 30mm 以上的树根或灌木根的泥炭土,碎石类土			部分须用镐刨松再挖,连蹬锹数次才能挖动

续上表

等级/类别	代表性土、岩石名称	钻头钻1m(min)时间	爆破1m³需炮眼深度(m)	开 挖 方 法
Ⅲ/硬土	硬黏土,密实的硬黄土,含土较多的块石土及漂石土,各种风化成土块的岩石			必须全部用镐松才能用锹挖
Ⅳ/软石	各种松软岩石,胶结不紧砾岩,泥质页岩、砂岩,较坚实的泥灰岩,块石土及漂石土,软而节理多的石灰岩	<7	<0.2	部分用十字镐及大锤开挖,部分需爆破
Ⅴ/次坚石	硅质页岩,硅质砂岩,白云岩,石灰岩,坚实的泥灰岩,软玄武岩,片麻岩,正长岩,花岗岩	7~20	0.2~0.4	用爆破法开挖
Ⅵ/坚石	硬玄武岩,坚实的石灰岩,白云岩,大理岩,石英岩,闪长岩,未风化的花岗岩,正长岩	>20	>0.4	用爆破法开挖

2.施工的基本程序

施工单位从投标中标接受施工任务到竣工验收,大致要经过如图10-1所示的几个阶段。

二、施工准备工作

施工单位通过投标中标获得工程任务后,即可着手进行施工的准备工作。准备工作分为技术准备、劳动组织准备、物资准备和施工现场准备等几个方面。

其中,劳动组织准备主要任务是:根据签订的施工合同的要求,迅速组建符合本工程实际的施工管理机构,组织施工队伍进场施工。同时,为保证工程按设计要求的质量、计划规定的进度和低于合同价的成本,安全、顺利地完成施工任务,还应针对施工管理工作复杂、困难的特点,建立一整套完善的施工管理制度。物资准备的主要内容包括:

①路基、路面工程所需的砂石料、石灰、水泥、工业废渣、沥青等材料的准备;

②沿线结构物所需的钢材、木材、砂石料和水泥等材料的准备;

③施工设备的准备;

④其他各种小型生产工具、小型配件等的准备等。

以下介绍技术准备和施工现场准备。

1.技术准备

(1)熟悉和核对设计文件

组织有关人员学习设计文件。对设计文件、图纸及资料进行了解和研究,使施工人员明确设计者的设计意图,熟悉设计图纸的细节,掌握设计人员收集的各种原始资料,对设计文件和

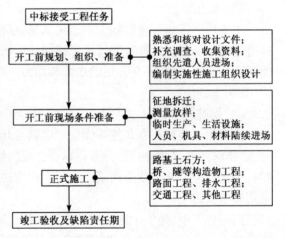

图10-1 道路施工程序

图纸进行现场核对。其主要内容是：

①各项计划的布置、安排是否符合国家有关方针政策和规定；

②设计文件所依据的水文、气象、岩土等资料是否准确、可靠、齐全；

③对水土流失、环境影响的处理措施；

④路基平、纵、横断面、构造物总体布置等是否合理，相互之间是否有矛盾；

⑤核对路线中线、主要控制点、水准点等是否准确无误；

⑥路线或构造物与农田、水利、航道、铁路、电信、管线、文物等的互相干扰情况；

⑦对地质不良地段采取的处理措施；

⑧主要材料、劳动力、机械台台班等计算（含运距）是否准确无误；

⑨施工方法、料场分布、运输工具、道路条件等是否符合实际情况；

⑩临时便桥、便道、电力线、房屋布设是否合理，桥梁吊装方案场地布置等是否恰当；

⑪各项协议文件是否齐备、完善；

⑫工程验算以及采用的定额是否合理。

如现场核对时发现设计不合理或错误之处，应做好详细记录并拟订修改意见，待设计技术交底时提交。

（2）补充调查资料

进行现场补充调查，是为编制实施性施工组织设计收集资料。调查的内容主要有：

①工程地点的水文、地形、气候条件和地质情况；

②自采加工料场、当地材料、可供利用的房屋情况；

③当地劳动力资源、工业加工能力、运输条件和运输工具情况；

④施工场地的水源、电源，以及生活物资供应情况；

⑤当地风俗习惯等。

（3）设计交桩和设计技术交底

工程正式施工之前，应由勘测设计单位向施工单位进行交桩和设计技术交底。

交桩应在现场进行，设计单位将路线测设时所设置的导线控制点和水准控制点及其他重要点位的桩志逐一移交给施工单位，施工单位在接受这些控制点后，要采取必要措施妥善加固保护。

设计技术交底一般由建设单位主持，设计、监理和施工单位参加。交底时设计单位应说明工程的设计依据、设计意图和功能要求，并对某些特殊结构、新材料、新技术以及施工中的难点和需注意的方面详细说明、提出设计要求。施工单位则将在研究设计文件中发现的问题及有关修改设计的意见提出，由设计单位对有关问题进行澄清和解释，对于合理的修改设计的意见，经过讨论认为确有必要，可在统一认识的基础上，对所讨论的结果逐一记录，并形成纪要，由建设单位正式行文，参加单位共同会签，作为与设计文件同时使用的技术文件和指导施工以及进行工程结算的依据。

（4）建立工地实验室

公路工程施工过程中，必须进行各种材料试验，以便选用合适的材料及材料性能参数，并及时掌握各种材料的施工质量指标。特别是高等级道路对路面的性能及耐久性能提出很高的要求，相应地要求路基更为稳定，路面材料应具有更高的力学性能、耐磨蚀性和气候稳定性等。而路用建筑材料大多是就地取材或现场加工，及时了解材料特性对工程质量和进度具有重要意义。同时，随着经济体制改革的深化，要求不断改善道路工程的投资效益，工程质量问题已从一般化的要求变成了衡量工程施工单位技术质量水平的标志。因此,从某种意义上说,一项工程的质量如何,关系到该道路施工单位的诚信和以后的业务前景。基于上述情况,为加强质量管理和施工质量检验,建立并充分发挥工地实验室的作用,是施工单位必须做的一项十分重要的工作。

工地实验室是为施工现场提供直接服务的实验室,主要任务是配合工程施工对工地所用的各种原材料、加工材料及结构性材料的物理力学性质以及施工结构体的几何尺寸等技术参数进行检测。

①工地实验室的人员组成。工地实验室可根据规模大小安排3~6名试验人员,其中主任1人,试验员2~5名。

②工地实验室的设备配置。一个正规的工地实验室,至少应有100m^2的试验用房,才能布置好不同项目所需要使用的仪具设备和办公、保管用房。除道路施工常规试验项目及主要专用试验仪具之外,工地实验室还必须配置一些通用仪具设备,如加热设备、测温仪器、计量衡器、计时仪表、玻璃仪器、量具等。表10-4列出了沥青材料主要试验项目及仪器(具)配置。

沥青材料主要试验项目及仪器(具)配置 表10-4

序号	试验项目	主要试验仪器(具)		
		名　　称	规　　格	数量
1	沥青针入度试验	沥青针入度仪		一套
2	黏度试验	沥青标准黏度计		一套
3	延度试验	试验延度机	标尺100cm	一套
4	软化点试验	沥青软化点试验仪		一套
5	沥青混合料试件物理试验	盘架天平、浸水天平	称量1 000g,感量0.5g	各一套
6	马歇尔稳定度试验	击实成型及脱模装置、马歇尔试验机	电动或手动	各一套
7	石料压碎值试验	压力机	1 000kg	一台
		压碎筒	内径150mm及75mm	各一个
		标准筛	筛孔40~0.02mm	一套
8	沥青含量试验	双筒式抽提仪或快速测定装置		一套

(5)编制施工组织设计

道路施工组织设计是指导道路施工的基本技术经济文件,也是对施工实行科学管理的重要手段。编制施工组织设计的目的在于全面、合理、有计划地组织施工,从而实现设计意图,按质、按量、按期完成施工任务。

(6)编制施工预算

施工预算是在施工图预算的基础上,根据施工图纸、施工组织设计或施工方案、施工定额等文件进行编制的,是企业内部控制各项成本支出、考核用工、签发施工任务单、限额领料和进行经济核算的依据。

2.施工现场准备

(1)路线复测

路线复测是在现场按设计图纸把决定路线位置的各桩点加以确认、恢复和核对,必要时可以增改,对主要控制桩点还应保护和固定。其内容有:导线、中线复测,水准点、中桩水准复测,横断面检查与补测等。

当道路中线由导线控制时,施工单位先要根据设计资料进行导线复测。原有导线点不能满足施工要求时,应进行加密,保证在道路施工的全过程中,相邻导线点间能互相通视。复测导线时,必须与相邻施工段的导线闭合,以免引起各施工段交接处路线错位。对有碍施工的导线点,施工前应采用交汇法(又称交点法)或其他方法予以固定。所设护桩应牢固可靠,常用带钉木桩、牢固岩石或永久性建筑物上的点,桩位要便于架设测量仪器和观测,并设在施工范围以外。

中线复测是全面恢复与补测路线中桩,并固定其中主要控制桩,如交点、转点、圆曲线和缓和曲线的起讫点等。恢复中线时,可按施工要求增加部分标桩。如发现原设计中线长度丈量错误或需局部改线时,应作断链处理,相应调整纵坡,并在设计图表的有关部位注明断链距离和桩号。中线复测时,应注意与桥隧结构物中心、相邻施工段的中线闭合,发现问题应及时查明原因,并报告有关部门。

水准复测工作,分为校对及增设水准点、复核及补测中桩地面高程两部分。水准点是施工过程中控制高程的依据,使用前应仔细校核,并与国家水准点闭合。为满足施工需要,在水准点间距超过1km、高填深挖及地形复杂地段,应增设临时水准点。临时水准点必须符合精度要求,并与相邻水准点闭合。发现个别水准点受施工影响时,应将其移出影响范围之外,其高程应与原水准点闭合。

对路线中线和水准进行复测或恢复的同时,应对路基施工横断面原地面的特征点作检查与核对,发现问题应复测和更正。

施工单位通过路线复测,可以结合当地具体条件熟悉设计文件,检查、复核、补充和完善工程设计。对原设计中不合理部分,应提出修改方案,编制变更设计文件并报有关部门批准后施工。

(2)建造临时设施

临时设施包括工地临时房屋设施及仓库。

临时房屋设施包括办公用房、宿舍、文化福利用房及作业棚等。其需要量根据职工与家属的总人数和房屋指标确定。临时房屋修建的一般要求是:布置要紧凑,充分利用非耕地;尽量利用施工现场或附近已有的建筑物,必须修建的临时房屋,应以经济、实用为原则,合理选择形式(如装拆式、移动式建筑),以便重复使用。

仓库是为了存放施工所需要的各种物资器材,按物资的性质和存放量要求其形式,可以是露天、敞棚、房屋或库房。仓库物资储存量应根据施工条件通过计算确定,一方面,保证工程施工需要,有足够的储量储备;另一方面,不宜储存过多,以免过分增加库房面积造成积压浪费。为了保证物料及时顺利地卸入库内和发放使用,仓库必须设计有足够的卸装长度。在保证安全的条件下,应设于交通方便的地点,并利用天然地形组织装卸工作,材料使用量很大的仓库,应尽量靠近使用地点。

(3)临时交通便道

临时交通便道是施工过程中满足场内外的交通运输通道。布设时应遵循下列原则:

①以工程协调管理部门(如指挥部)为中心,尽可能以最短距离通往主体工程施工场所;
②充分利用原有道路,对不满足使用要求的原有道路,应尽量在原有基础上改建;
③尽量避开洼地和河流,不建或少建临时桥梁;

④因地制宜,就地取材,充分利用现场地形、地物。

对于有大量预制桩和梁等大型构件运输的临时便道,路面结构层应有足够的强度,必要时还可加铺沥青罩面,以保证运输安全和减少维护。

(4)工地临时用水、供电

工地用水包括生产用水、生活用水和消防用水。

施工现场用电,包括生产用电和生活用电。其中,生活用电主要是照明用电;生产用电包括各种生产设施用电、主体工程施工用电、其他临时设施用电。

工地临时用水量和供电量可按有关公式估算,或凭以往相当规模工程的经验确定。

(5)安全设施

无论是交通繁忙的城市道路,还是远离城镇的公路,施工现场均必须设有消防灭火器材,并加强防火管理。特别是易燃、易爆物资储存仓库,要求采取有效措施,做好防范工作。工地、居住区要有消防车道,各种设施建筑布置必须符合有关规定。

山区公路施工,不可避免地要进行爆破作业,因此,建筑物、高压电线、施工机具的设置等都必须符合有关规定。除此之外,工地内应禁止非工作人员随便出入,要设有标志,必要时,可设置栅栏、铁丝网隔离危险区。与原有道路交叉处,要设置标志,夜间需设警告标志及信号灯。

第二节　路基土石方施工

路基是形成道路主体形状的基础,也是支撑路面的基础。路基工程建筑主要是指路堤和路堑的土石方施工。当然,它还可以包括为保持边坡稳定而采用的支挡结构(如挡土墙)施工,为加固地基而采用的各种结构性措施的施工等,这些将在本章最后一节介绍。本节仅介绍路基的土石方施工。路基施工是道路施工的第一项工程,因此,除了前文所述的施工前准备工作之外,路基土石方施工前还需要进行路基放样和原地面的清理等工作。

一、施工前的准备工作

1. 路基放样

路基放样是根据路线中桩、设计图表、施工工艺和有关规定,在实地标出道路用地界线和路堤坡脚、路堑坡顶、边沟、截水沟、排水沟、取土坑、护坡道、弃土堆等的具体位置,并且定出路基轮廓,作为施工的依据。

路线复测之后,应按设计要求进行道路用地放样,订立界桩,由业主办理征用土地手续。施工单位还可根据施工需要提出增加临时用地计划,并对增加部分进行用地测量,绘制用地平面图及用地划界表,送交有关单位办理拆迁及临时占用土地手续。

路基边桩(填方坡脚桩或挖方坡顶桩)可根据横断面图所示(或按填挖高度等计算)至中桩的距离,在地上直接量得,用小木桩、铁杆或油漆标出。地面倾斜时,从中桩向左右分别量出图上注明的水平距离,求得边坡线上的点(不一定在边桩处,如图 10-2 中 a 和 a' 所示),再用边坡样板定出边坡和地面的交点(边桩)。将相邻横断面上的边桩,用拉绳打灰线或挖槽痕等方式连起来,即得路基基身的边线。另外,在距路中心一定安全距离处设立控制桩,其间隔不宜大于 50m,桩上标明桩号与路中心填挖高,以便在施工期间随时复核路基的尺寸。

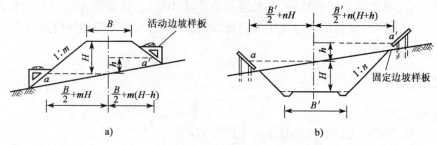

图 10-2 山坡上的路基放样
a)路堤;b)路堑

在放完路基边桩后,应进行边坡放样、设立填挖标志,以控制路基的外形尺寸。边坡放样可采用竹竿挂线法、边坡样板法或直接用坐标计算放样(高速公路等)。对高填深挖地段,每填挖 5m 应复测中线桩,测定其高程及填挖宽度,以控制路基边坡的大小。一般路段可 20m 测一断面。路基的施工高程与路线纵断面图上设计高程不同,前者应计入铺筑路面的校正值和必要的抛高值(如土路堤的预留沉降量,挖方路床压实的下沉量等)。放样时,考虑边坡整修和路基沉实等因素,每层填挖的宽度也要留有一定的余量。

边沟、截水沟和排水沟放样时,可每隔 9~20m 在沟内外边缘钉木桩并注明里程及挖深;在施工过程中,可用水准仪和样板架检查沟底高程和尺寸。

2. 场地清理和预压

划定路界后,即可按照设计文件和有关规定进行施工场地的清理工作。

路基施工范围内原有的房屋、道路、沟渠、通信电力设施、上下水道、坟墓及其他建筑物,均应协助有关部门事先拆迁或改造;对沿线受路基施工影响的危险建筑,应予以适当加固;对文物古迹,应妥善处理和保护。

凡妨碍路基施工和影响行车安全的树木、灌木丛等,均应在施工前砍伐、移植或清除。高速公路、一级公路和填方高度小于 1m 的其他公路应将路堤范围内的树根全部挖除,并将坑穴填平夯实。

在填方和借方地段的原地面,应根据表层土质情况进行清理。表层耕植土清除厚度不少于 15cm,清除的种植土要集中堆放,作为种植草皮的备用土。填方地段在清理完地表面后应整平压实到规定要求,才可进行填方作业。

路基施工前应切实做好场地排水工作,并注意维修排水设施,保证水流通畅。

3. 复查试验

路基施工前,施工单位应对路基工程范围内的地质、水文、材料等情况进行详细调查,并了解当地有关的施工经验,必要时修建试验路段。如发现原设计有不符合实际的地方,可报请修改设计。

施工人员应根据设计文件提供的资料,对取自挖方、取土坑、料场的路基填料进行复查和取样试验,确定其性质和适用性。若填料不足时,可自行勘查寻找。为了能够对填土的压实度进行评价验收,事先应对沿线具有代表性的若干种土的最大干密度进行试验检测。

使用新材料(如工业废渣等)填筑路堤时,除应按相关规范作有关试验外,还应做对环境卫生有害成分的试验,同时提出报告,经批准后方可使用。

高速公路、一级公路以及在特殊地区或采用新技术、新工艺、新材料进行路基施工时,应先做试验路段,从中找出合适的路基施工方案以指导全线施工。试验路段的位置应选择在地质条件、断面形式均具有代表性的地段,其长度不宜小于100m。试验所用的材料和机具应当与将来全线施工时相同。试验路段施工中及完成以后,应加强对有关指标的检测,及时写出试验报告,并报有关部门审批。

二、土方作业

1. 一般规则

路基土方作业可分为以下几种基本的工作类型:

①挖取边沟和路侧取土坑(单侧或双侧)的土填筑路堤;

②挖取上侧半路堑的土填筑下侧半路堤(半填半挖路基时);

③挖取集中取土坑或路堑的土运到填土处填筑路堤;

④挖取路堑的土运至弃土地点,或者把台口式路堑的土弃至路堑下侧。

各种工作类型,由于填挖要求、地形和运距的不同,所用的施工方法和施工组织也就不完全相同。施工时可以根据各自的特点,对填挖工作沿路基各个方向的推进顺序,采用不同的方案。这些方案的选择,还应考虑当地的自然条件、具体的填挖情况、采用的施工机具和规定的完工期限等因素,使所选方案尽可能满足下列各项要求:

①创造良好的工作条件,使工人和机具的生产效率得以充分发挥;

②具有足够的工作面,便于布置为如期完工所需的全部工人和机具,并能正常工作;

③能兼顾质量、进度和安全生产,并符合设计文件、施工技术规范及操作规程。

2. 路堑开挖

开挖路堑可根据现场施工条件采用不同的方案,如横挖法、纵挖法和混合法等。

(1) 横挖法

横挖法是从路堑的一端或两端,按整个横断面的宽度和深度进行挖掘,逐步沿路中线向前推进的施工方法(图10-3)。这种开挖方式,可以获得的挖土工作面较窄(只有路堑的宽度),适合于用人工或正铲挖掘机开挖较短的路堑,而挖出的土方用运输机具由掘进的相反方向送出。对于较深的路堑,如果受到机具挖掘高度的限制不宜全断面(单层)掘进,工期紧迫时,可采用分台阶(多层)掘进,即在不同深度处,分为几个台阶,上层在前,下层在后,同时掘进。台阶的高度视工作效率和安全要求而定,手工操作时一般取 1.5~2.0m;使用挖掘机时,可增加到 3~4m,以保证铲斗装满。每一台阶均应有单独的运土通道和排水出路,以免相互干扰而影响工作。

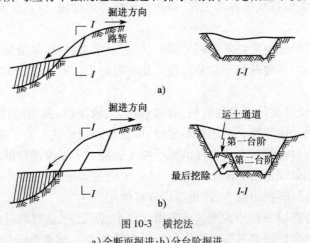

图10-3 横挖法

a)全断面掘进;b)分台阶掘进

另外,路堑横挖法还可用其他机械进行。如用推土机横向全宽开挖路堑,将土堆送至两侧,但路堑深度在2m以内为宜。

(2)纵挖法

有分层挖掘、通道挖掘和分段挖掘之分,见图10-4。分层纵挖法是沿路堑全宽以深度不大的分层进行纵向挖掘。每层应向外倾斜,以利排水和挖运。通道纵挖法是先沿路堑纵向挖一通道,然后将通道向两侧拓宽,并利用通道运土和排水,如路堑较深,再向下逐层开挖。分段纵挖法是沿路堑纵向选择一个或几个适宜处,将较薄一侧堑壁横向挖穿,使路堑分成数段,各段再纵向挖掘。该法适用于很长的路堑,弃土运距过远的傍山路堑,其一侧堑壁不厚的路堑。

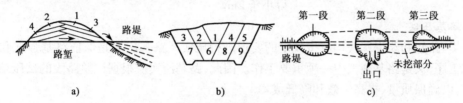

图10-4 纵挖法(图中数字为挖掘顺序)
a)分层挖掘;b)通道挖掘;c)分段挖掘

(3)混合法

横向和纵向挖掘法可以混合使用。在开挖特别长而深的路堑时,为加快进度,可逐层先沿路堑纵向挖通道,然后沿横向同时挖掘,以增加开挖坡面,每一坡面应能容纳一个施工小组或一台机械正常工作,而在较大的挖土地段,还可沿横向再挖通道以运土(图10-5)。

在开挖半路堑进行横向运填或弃土时,可以采用分层或分块的掘进方案(图10-6)。

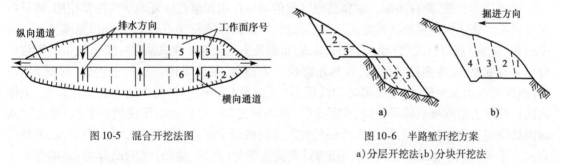

图10-5 混合开挖法图　　图10-6 半路堑开挖方案
　　　　　　　　　　　　a)分层开挖法;b)分块开挖法

选择路堑开挖方案时,若利用挖方填筑路堤,则应按不同的土层分别进行挖运,以满足路堤填筑规则的有关要求。

3.路堤填筑

填筑路堤一般有下列几种方式。

(1)分层填筑法

按照路堤横断面全宽,从原地面逐层向上铺填与压实。分层的松铺厚度随填料性质、压实方法和要求而定,一般可取20~50cm。此法易于保证压实质量,可使不同性质的土按规定层位填筑。路堤应按水平分层填筑,如原地面不平,则由最低处分层填起。

(2)竖向填筑法

竖向填筑法是从路堤的纵向或横向按照断面高度逐步倾填。竖向填筑路堤,由于填料过厚而难以压实,又容易产生不均匀下沉,因此使用受到限制。路线跨越深谷和在陡峻山坡地段及泥沼地区施工特别困难或大量爆破以挖作填时,如果不铺设高级路面,可将开山石块倾填于路堤下部,并用高效能压实机械压实,而在路堤上部(路床顶面下不小于1.0m范围内)仍应分层铺填压实(图10-7,称为混合填筑法)。

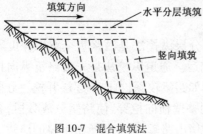

图 10-7　混合填筑法

填筑路堤时,对不同性质的岩土,应分别分层或分段填筑,但高填方路堤,应分层填筑,不应分段或纵向分幅填筑,以防在连接处产生过大的不均匀下沉。填方分几个作业段施工时,若相邻两段采用不同性质的填料或不在同一时间填筑,则先填地段应按1:1坡度分层留台阶;若两段同时填筑,则应分层相互交叠衔接,其搭接长度不得小于2m。

4. 路基压实

路堤、路堑和路堤基底均应按规定的要求进行压实。路基压实是保证路基强度和稳定性的关键工序,又是路基施工中一项重要工作。因此,路基压实应根据试验路段的试压结果来组织施工,以确保质量、提高工效和降低成本。

路基压实的效果受多种因素的影响,主要有土的性状、压实的方法及地基或下卧层的强度(刚度)等因素。为使压实工作能经济有效地进行,应根据土的种类、压实要求、机械性能和工地条件,合理地选配压实机械,控制压实土层的厚度和湿度,确定相应的压实遍数和操作规则,并分层做好压实质量的检查。

(1) 压实机械的选择

目前,压实机械的种类很多,按照压实作用原理,基本上可划分为静碾、夯击和振动三大类。选择压实机械时,应考虑机械的工作特性和适用场合。

静碾压实机械,简称路碾。它靠路碾自重的静压作用和碾轮往复滚动的推移作用,将材料挤压密实。碾压作业需要有较宽而长的工作面,一般碾压段长度不小于100m。路碾又可分为牵引式(拖式)或自行式(自动)的光面碾、轮胎碾及羊足碾等。拖式路碾一般由履带式拖拉机牵引。自动路碾,特别是光面碾,常称压路机。光面碾,通常采用空心的光钢轮(滚筒)作碾轮,内部可注水或灌砂,以增加碾轮的线压力(单位为 kN/m)。在光钢轮的静力作用下,土体内的轮载应力沿深度衰减得较快,表层土(一般不超过25cm)易被碾压成较密实的"硬壳",从而阻妨碍应力往深处传递,所以光面碾只宜压实较薄的土层或路床顶层,可获得密实、平整的表面。羊足(凸块、条式)碾,碾轮(钢滚筒)表面为羊足(凸块、肋条)状的凸起物,其端部的承压面积小,压强大,可伸入土内自下而上进行压实,并能捣碎土块,但拔出时会将上部土翻松。羊足凸块、条式碾的压实效果比相同吨位的光面碾要好,压实深度大而密实度也较一致,不过表层土(其厚度视凸起物的形状和压入深度而定,一般为4~6cm)仍是松的,在路基顶面及雨前或收工时,需要用光面碾进行整平压实。对于无黏性的土,碾压时凸起物下土体的侧压力,容易引起松动,压实效果较差。轮胎碾,又称气胎碾,它利用充气轮胎的弹性及其悬挂装置的可变性,使得碾压时土体的承压面积大致不变,还受到轮胎揉压作用,气胎轮下的压应力分布又比光钢轮来得均匀(图10-8),加之承压面积大,应力作用时间长,因而压实效果好。此外,用铲运机、推土机和自卸汽车运土分层铺填路堤时,也可同时对填土进行初步压实。

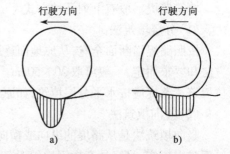

图 10-8　碾轮下土表面竖向应力的分布
a)光钢轮;b)气胎轮

夯击压实机械,是利用夯具多次下落时的冲击作用而将材料压实的,包括夯锤、夯板及夯实机等。夯具对地表产生的冲击力比其静压力大得多,并可传至较深处,压实效果也好,适用于各种性质的土。一般夯具较轻,底面积不大,使用方便,可不受施工场地大小的限制,但其生产率低,很少用于大面积压实。夯板和夯锤需用起重设备提升到一定高度,然后下落夯击土体,其压实能力主要取决于它的质量和落距。夯板常用 1~3t 的钢板,底面积为 $1m^2$ 左右,落距为 1~3m,压实深度可达60cm 以上。夯锤通常采取截头的圆锥体形状,底面需用钢板,可做成2.5t 以上的重锤,以便夯实填石路堤和松软地基。夯实机可分为内燃式火力夯、气动夯和蛙式打夯机等,常用于桥头或涵洞缺口填土、零星分散而狭长及边角地区填土的压实。

振动压实机械,是通过激振器(振源)的振动作用,使被压材料的颗粒产生相对位移而重新排列紧密。振动压实对粒径大、级配良好、黏性很差的土特别有效。通常将激振器装在钢碾轮(包括光面、凸块、羊足等形状)上使用,成为振动路碾,它兼有振动和静压作用,压实效能高。振动路碾大多设有调频调幅装置,可根据需要调节振动强度,以适应不同被压材料和各个阶段的压实工作。手扶式轻便型振动压路机,特别适宜于压实路肩、沟槽及墙背填土。振动夯均为手扶式,所用的激振器能发出较大振幅的振动,而形成快速连续冲击作用,压实效果较好,常用来取代夯实机。振动平板夯,系将较大振幅的激振器装在夯板上,其机械质量可达2t,适宜于压实非黏性土。

路基压实工作大多是由碾压机械(各种路碾)来完成,夯实机械常用于路碾无法压实的地方。一般来说,重型压实机械的压实能力(自重、线压力、落距、振幅和频率等)大,压实效果好,生产率高,单位压实功小,费用低。但它容易引起土体破坏或对邻近结构物产生危害。因而,压实机械常要配套使用,才能保证工程的质量和充分发挥机械的效力。表10-5 列出了各种压实机械的使用场合,以供选配时参考。

各种压实机械的使用场合 表10-5

机 械 名 称	巨粒土	粗粒土	细粒土	适合使用的条件
6~8t 两轮光面压路机	A	A	A	用于预压整平
12~18t 三轮光面压路机	B	A	A	常用于路基上层
25~50t 轮胎碾	A	A	A	压实要求高时最宜使用
羊足(凸块、条式)碾	C	C 或 B	A	粉、黏土质砂可用
振动路碾	A	A	B	压实要求高时最宜使用,巨粒土宜用12t 以上的重碾
振动凸块碾	A	A	A	最宜使用于含水率较高的细粒土
手扶式振动压路机	C	A	B	用于狭窄地点
振动平板夯	B 或 C	A	B	用于狭窄地点,机械质量0.8t 以上的可用于巨粒土
手扶式振动夯	B	A	A	用于狭窄地点
夯锤或夯板	A	A	A	夯击影响深度最大,巨粒土宜用2.5t 以上的重锤
推土机、铲运机	A	A	A	仅用于摊平土层和预压

注:1. 表中符号 A 代表适用,B 代表无适当的机械时可用,C 代表不适用。
2. 土的类别按《公路土工试验规程》(JTG E40—2007)的规定划分,其中巨粒土包括石块在内。
3. 自行式路碾(压路机)宜用于一般路堤和路床换填等的压实,并按直线式进退运行。
4. 羊足(凸块,条式)碾应有光面压路机配合使用。

(2)铺层厚度和压实遍数

对路基进行分层压实时,适宜的铺层厚度和所需的压实遍数,应通过现场压实试验确定。

压实土层的最大厚度由机械所能压实达到要求的有效深度来控制,它取决于压实机械的类型和功能、土的性状和压实要求。图10-9表示几种不同路碾压实粉土测得的干密度沿深度变化的曲线。由图可知,若要求达到的干密度为1.77g/cm^3,则相应A、B和C三种路碾的压实有效深度分别为50cm、20cm、40cm;但随着压实要求的下降,压实有效深度就增加。因此,如压实机械的能力大或压实要求低,则可压实的土层就厚或所需压实遍数就少。此外,土的黏性差和含水率接近最佳值,压实土层也可厚或所需压实遍数少。

一定厚度的土,在压实机械的重复作用下,土层压实变形,表面下沉量的累积过程(或干密度的增大过程)大致服从对数规律(图10-10),即开始几遍的压实效果较高,随着压实遍数的增加,每遍的效果就迅速降低,超过一定遍数后,实际上不再有效。通常,若所需压实遍数超过10遍,应考虑减小压实层厚。

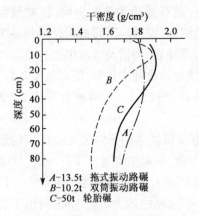

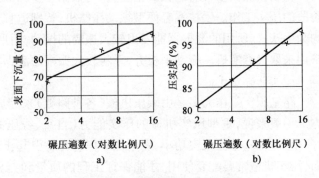

图10-9 不同路碾对压实层厚的影响

图10-10 碾压遍数同密实度的关系
a)表面下沉量;b)压实度(ρ_d/ρ_c)

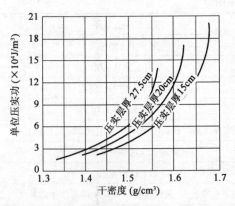

图10-11 压实层厚同密实度和压实功的关系

压实土层厚时,虽然可以减少填土层次及相应的铺层整平工作,但为达到要求的密实度,往往需要压实很多遍,消耗的单位压实功就增加(图10-11),而且压实的均匀性也差。因此,压实要求高时,压实层厚取小一些将是较为经济合理的。

适宜铺层厚度的选择,不仅要使整个压实层能较均匀地达到规定的密实度,而且施工费用也要最少。一般规定,压实土层的松铺厚度在采用小型压实机具时不宜超过20cm;采用振动路碾或重型轮胎碾时,不应超过30cm(高速公路和一级公路)或不超过50cm(其他情况);采用重型振动路碾或重锤压实巨粒土时,可增加到1.0m。

用路碾(包括振动路碾)压实土层时,碾压速度(路碾行驶速度)过快,应力作用时间很短,压实效果明显下降,为达到要求的密实度,碾压遍数就要增加很多;碾压速度过慢,随着应力作用时间的进一步加长,其密实度的增长幅度也会明显减小。因此,存在一个最佳的碾压速度,在此速度下可获得最高的生产率。各种路碾的最佳(适宜)碾压速度随土的压实难易性、层厚和压实要求而异,可通过压实试验确定,一般取2~4km/h。

为保证工程质量和提高压实效果,在组织压实操作时,一般应遵循下列规则:

①压实机械。宜先轻后重,用振动路碾压实时,第一遍应不振动,然后由弱振至强振。
②碾压速度。应先慢后快,以免松土被机械推走。
③压实路线。应由两侧向中间,超高路段则应由内侧向外侧,以保持路拱横坡。
④相邻行程。碾压时,横向轮迹一般重叠0.4~0.5m,对三轮压路机则重叠后轮宽的一半;前后相邻两区段应重叠1.0~1.5m,以达到无漏压、无死角,确保压实均匀。

使用夯锤压实时,首遍各夯位宜紧靠,如有间隙,则不得大于15cm,次遍夯位应压在首遍夯位的缝隙上,如此连续夯实。

(3)土层湿度

土在最佳含水率时进行压实,可以用最低的压实功能达到规定的压实要求,但实际上很难办到。一般控制在土的最佳含水率±2%范围内进行压实。

压实土层的最佳含水率与土质和压实要求等有关,它不是实验室所得到的最佳值,而是通过现场压实试验确定的。为达到规定压实要求的最佳含水率(此时所需的压实遍数为最少,又称最佳施工含水率),施工时可适当增加压实遍数,只要土的含水率控制在某一范围内,均能达到规定的要求。但土的含水率超过最大容许值时,就不可能压实到规定的密实度。

三、石方开挖

山区岩石路堑的开挖,除软石和强风化岩石外,大都采用爆破方法。

1. 爆炸材料

爆破施工使用的爆炸材料有炸药和起爆材料两大类。

(1)炸药

炸药是一种化学不稳定的物质,在外界能量作用下会发生急剧的化学反应,同时放出巨大热量,生成大量高压气体,对周围介质产生短暂而猛烈的冲击和挤压,使其遭到破坏或移位。这种能量释放过程称为爆炸。

炸药的种类繁多,常用的主要炸药有铵梯炸药、铵油炸药、胶质炸药和黑火药等。

铵梯炸药是我国目前工业炸药中生产最多、使用最广的一种炸药。它由硝酸铵、三硝基甲苯(梯恩梯)和木粉等配成,呈黄色粉末状。铵梯炸药的敏感性较低,火花或摩擦不易引爆,使用比较安全;但易受潮结块,以致降低爆炸威力,甚至产生拒爆现象。

铵油炸药是20世纪50年代发展起来的一种硝铵类炸药。它是硝酸铵和柴油(或加木粉)的混合物。这种炸药因其爆炸威力接近露天铵梯炸药,还具有取材方便、配制简单、成本低廉、使用安全等优点,目前在路基石方爆破中应用较多。其主要缺点易吸湿失效。

胶质炸药属于硝化甘油类炸药,为黄色塑性体。它一般可分为耐冻、非耐冻两种。常用的耐冻胶质炸药(耐冻-20℃以下)的特点是,对冲击、摩擦和火星都很敏感;因容易分解、渗油和挥发而敏感性较高;受冻后触动即可爆炸,使用较危险。但胶质炸药威力大,不吸湿,有较大的密度和可塑性,适用于水下爆破和坚石爆破。

黑火药,又称黑色炸药,是一种古老而在民间广泛使用的土炸药。好的黑火药为质地均匀不含粉末的小颗粒状,呈深蓝色或灰色,微带光泽。这种炸药爆速较低(不到1 000m/s),爆炸时所生成的气体对四周介质主要产生静压力,使岩石破裂。黑火药对火星和撞击极敏感,吸湿性强,威力小,一般用于制造导火索、爆破软岩和开采石料(大块料石)。

(2)起爆材料

常用的起爆材料有:导火索、雷管、导爆索和导爆管等。

导火索,又称引火线,可用来传递火焰直接使黑火药起爆或者引爆火雷管再使主要炸药(如铵梯炸药)起爆。导火索按燃烧速度分为普通(燃速100~120s/m)和缓燃(燃速180~210s/m或240~350s/m)两种。导火索使用简便,但要人工点火,较为危险。一次引爆的炮数不能太多,也难以同时起爆,常用于作业量少而分散的爆破工点。

雷管,主要由管壳、正副起爆药和加强帽三部分组成。正副起爆药均采用爆速极高的烈性炸药。正起爆药的敏感性高,可用火花或电力直接引爆;副起爆药的威力大,可提供较高的起爆能量。雷管分火雷管和电雷管。火雷管一端开口并留有空位,以备插入导火索。电雷管的品种较多,有即发电雷管和迟发(包括延期及微差)电雷管。

导爆索,或称传爆线,其外形与导火索相似,但索芯是用高级烈性炸药制成,表面涂成红色或红黄色相间等(以与导火索区别),爆速达6 800~7 200m/s。导爆索起爆法与电力起爆法相比,具有不怕雷击和杂电影响等优点。导爆索本身着火较困难,使用时,需缚上雷管来引爆。因导爆索的爆速快,常用于深孔和洞室爆破以及水下爆破,还可提高爆破效果。

导爆管,是高压聚乙烯制成内外径分别约为1.4mm和3mm的软管,内涂有以黑索金(或其他高级烈性炸药)为主的混合炸药,爆速为1 600~2 000m/s,需用雷管等能产生冲击波的器材激发引爆。它使用安全可靠,成本较低,常用来替代导爆索起传爆作用。

2. 药包计算原理

(1)药包的爆破作用

为了爆破,在介质(如岩石等)内部或表面放置一定数量的炸药,称为药包。

药包(呈圆球状)在无限均匀介质内部(相当于地下很深处)爆炸时,所产生的静压力和冲击波会向四周等量地扩散,使周围介质受到不同程度的破坏。按照破坏程度的不同,可以分成几个区域,如图10-12所示。由内向外各区域依此为:压缩圈(岩石极度压缩而粉碎)、抛掷圈(若处在临空的自由条件下,能将这些碎块加以抛掷)、松动圈(能使岩石结构出现破碎、开裂和松动)、振动圈(微弱的爆炸力只能使岩石产生振动现象)。在振动圈外,介质中的爆炸能量几乎完全消散。以上爆破作用圈的界限,可采用相应的半径来表示。

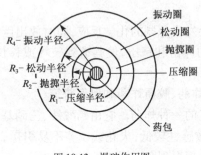

图10-12 爆破作用图

药包在有限介质内爆炸时,因介质具有一个或数个临空面(与空气或水接触的界面),爆破作用首先沿介质阻力最小的地方(称最小抵抗线)发生。在介质均匀时,最小抵抗线长度 W 等于药包中心至临空面的最短距离。当临空面为水平时,如果药包的埋置深度(药包中心至地表的距离 W)大于松动半径 R_3 [图10-13a)],则爆炸后地表没有破坏迹象,称为内部爆破(内部药包);当药包埋深小于 R_3 但大于抛掷半径 R_2 时[图10-13b)],爆炸后会沿最小抵抗线方向产生漏斗状破坏,表面的岩石只破碎和松动,并隆起形成鼓包,这就称为松动爆破(松动药包);如果药包埋深小于 R_2 [图10-13c)],则爆炸后部分碎块会被抛出,表面形成漏斗状爆破坑,称为抛掷爆破。这种在有限介质内所产生的漏斗状破坏范围,称为爆破漏斗。抛掷爆破漏斗的形状,通常采用爆破作用指数 n 来表征:

$$n = \frac{r}{W} \tag{10-1}$$

式中:r——漏斗口半径,n 大,则爆破漏斗浅而宽,n 小,则漏斗深而窄。

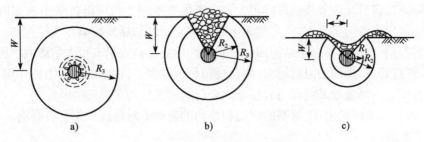

图 10-13 药包埋置深度不同时的爆破情况
a) 内部爆破；b) 松动爆破；c) 抛掷爆破

通常根据 n 值的大小，对抛掷爆破和药包进行分类。当 $n=1$ 时，爆破漏斗的顶角为直角，称为标准抛掷漏斗，或标准抛掷药包(爆破)；当 $n>1$ 时，漏斗顶角为钝角，此时，称为加强抛掷爆破(漏斗)和加强抛掷药包；当 $n<1$ 时，顶角为锐角，相应称为减弱抛掷爆破(漏斗)和减弱抛掷药包。当 $n<0.75$ 时，药包爆炸后只能形成隆起的岩块堆，而无岩块抛掷出去，故可看作松动爆破和松动药包。

除了药包的埋置深度(最小抵抗线 W)，爆破漏斗的形状还取决于药包的装药量。由于药量的多少影响到爆破作用圈半径的大小，在 W 不变的情况下，增加炸药用量就会使漏斗口半径变大。因此，爆破作用指数 n 的大小反映了炸药用量的多少。

(2) 药量的计算方法

爆破的药量是按药包的装药量与所需爆破岩土的体积成正比这一关系推算的：

$$Q = qV \tag{10-2}$$

式中：Q——药包装药量，kg；

V——该药包所需爆破的岩土体积，m³；

q——比例系数，即爆破单位体积岩土所消耗的炸药数量，称单位耗药量，kg/m³。

在标准抛掷爆破中，设爆破漏斗为正圆锥体，这时 $V \approx W^3$，装药量 Q 可按式(10-3)计算：

$$Q = q_0 W^3 = eKW^3 \tag{10-3}$$

式中：q_0——形成标准抛掷漏斗时的单位耗药量，可通过工地试爆确定；

W——最小抵抗线，标准抛掷漏斗的 W 等于漏斗口半径 r；

K——标准炸药(采用2号岩石铵梯炸药)的 q_0 值，kg/m³，一般工程爆破时 K 可取：1.2~1.4(硬土、软石)，1.4~1.7(次坚石)，1.7~2.1(坚石)；

e——炸药换算系数，取决于炸药的威力，不同炸药 e 一般可按下述取用：0.86(梯恩梯)，1.0(2号岩石铵梯)，1.05~1.1(铵油)，1.7(黑火药)。

松动爆破的单位耗药量一般为标准抛掷爆破单位耗药量的 20%~60%。

(3) 影响爆破效果的因素

实际运用时多种因素，如地形和地质条件、炸药性能和施工情况等，均会对爆破效果产生很大影响。其中，尤以地形和地质条件的影响为大。

在地形平坦时，抛掷爆破漏斗中部分上抛的碎块仍会回落到漏斗内，称爆破漏斗内抛出部分所占的百分率为抛掷率 E。通常，标准抛掷药包的 $E=27\%$。根据经验，土的最佳抛掷率为 80%~95%，岩石的最佳抛掷率为 70%~85%。因此，在平坦地形条件下，为了获得较经济合理的抛掷效果，常需采用加强抛掷药包，取较大的爆破作用指数值。而在地面倾斜时，爆破的作用方向与岩土的重力方向斜交，故岩土的实际抛掷量可增加，或者用药量可减少。

临空面的数目对爆破效果的影响很大。由于爆破作用力指向阻抗最小的方向,多临空面的出现将使作用力指向多个方向,形成多个爆破漏斗而增加爆破数量。

岩土的类别、状况以及岩层结构面的产状和性质对爆破效果有很大的影响。例如,岩石越坚硬,整体性越好,对爆破的阻抗越大,单位耗药量也越多。再如,药包的爆破作用方向与岩层的走向垂直相交的爆破效果要比与岩层走向平行的情况好得多。

此外,施工时装药的密度、堵塞的情况和炸药的防潮等对爆破效果都有影响。

3. 爆破方法

根据地形地质条件、所需爆破的岩石体积、路基断面的形状和施工要求的不同,可综合分析采取不同爆破方法,如炮孔法、扩孔法和洞室法等。

(1) 炮孔法

炮孔爆破法是指在被爆破的岩石内钻凿直径小于 300mm 的炮孔(又称炮眼),然后装药和堵塞,再进行起爆的爆破方法。炮孔爆破法多为松动爆破,按炮孔直径和深度可分为浅孔和深孔两种。

浅孔爆破,又称小眼炮,属于小爆破。它的炮孔直径(孔径)一般为 25~50mm,深度不超过 5m,单孔爆破的石方量不大(不超过 $10m^3$)。特点是操作简单,不受地形限制。

深孔爆破,指孔径大于 75mm、深度在 5m 以上、采用延长药包(高度或长边超过直径或短边 4 倍的柱状药包)的爆破方法。特点是爆破的效率较高。

光面和预裂爆破,都是沿着开挖限界处(如路堑边坡坡面)按适当间隔排列炮孔,装药爆破后能形成平整的界面。光面爆破是在主体爆破完成后,具有侧向临空面的条件下进行的;而预裂爆破是在主体爆破之前,没有侧向临空面的条件下进行的。

(2) 扩孔法

扩孔爆破法是将炮孔先用少量炸药轰膛等办法进行扩孔,然后装药成集中药包进行爆破。它有药壶法和猫洞法两种。

药壶法,又称葫芦炮,是将炮孔(直径常取 35~40mm)底部扩大成葫芦状(称为药壶),可以集中装入较多的炸药(一般为 5~60kg)的一种爆破方法。此法适用于结构均匀致密的硬土、次坚石、坚石。当炮孔深度小于 2.5m 时,不宜采用。

猫洞法,将集中药包直接放入孔径为 0.2~0.5m、深度为 2~6m 的水平或略有倾斜的炮洞(俗称猫洞)中的一种爆破方法。此法适用于硬土、软石和节理发育的次坚石,坚石可利用裂隙修成炮洞,对大孤石、独岩包等爆破效果更好。

(3) 洞室法

洞室法是指在先用小炮在山体内开挖导洞(竖井或平洞)和药室(其断面边长一般不小于 1m),然后在药室内放置炸药进行爆破的施工方法。特点是生产率高,工期短。但其用药量大,容易引起山体失稳,洞室开挖困难,爆炸后岩石大块也较多,仅在特殊要求时采用。

4. 爆破安全技术与作业程序

①爆破作业的有关人员必须通过专业培训,持证上岗,操作时按规定穿戴防护用品。

②选择炮位时,炮孔口应避开正对的电缆线、路口和结构物。

③钻孔时,应注意清理坡面上的浮岩危石。严禁在瞎炮的残孔内重新钻孔。

④炸药和雷管等爆炸材料应安全运送、专门加工、妥善储存、严格取用、失效不用。

⑤轰膛扩孔时,孔口的碎石等必须清除干净。多次轰膛时,确保两次爆破间隔时间。

⑥装药前,应对炮孔或导洞和药室进行验收和清理。装药不可使用铁器,轻放轻压。
⑦爆破应有专人指挥,施爆前必须派驻警戒人员,禁止人、畜进入。
⑧划定的危险区边界应设立明显的标志,预告、起爆与解除警戒等应有明确信号。
⑨必须在确认现场人员全部撤离和机具设备妥善安置后方可点火起爆。
⑩爆破后如有瞎炮,应由原施工人员参加处理,按规定采取安全措施排除。
⑪爆破后必须确认已经解除警戒、炮烟排除或已稀释到安全浓度方准进入现场操作。
爆破作业必须严格按图10-14的程序进行。

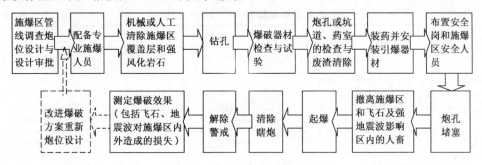

图10-14 爆破法施工的作业程序

5.石方开挖的其他方法
（1）松土法开挖

松土法是充分利用岩体自身存在的各种裂面和结构面,用推土机牵引的松土器将岩体翻碎,再用推土机或装载机与自卸汽车配合,将翻松了的岩块搬运出去。松土法避免了爆破法所具有的危险性,而且有利于开挖边坡的稳定及附近建筑物的安全。一般来说,松土法的作业效率比较高。随着推土机和松土器的大型化,能够采用松土法施工的范围也越来越广,从国外的实践和发展趋势看,只要能够使用松土法施工的场合,就应尽量不用爆破法施工。

砂岩、石灰岩、页岩等沉积岩是比较容易松开的岩石,因为这些岩石都有沉积层面,层厚越薄者越容易松开。花岗岩、玄武岩、安山岩等岩浆岩不成层状或带状,松开比较困难。片麻岩、片岩、石英岩等变质岩,松开的难易程度视岩体破裂面情况而异。

松土法的作业效率与岩体的裂面和风化程度有关。岩体被裂面分隔成较大块时,松开效率较好;岩体已裂成小块或粒状时,只能劈成沟槽,效率不高。

不同型号松土器适用于不同岩石。例如,多齿松土器适于松动破碎而薄的岩体,单齿松土器适于松动较坚硬较厚的岩体。可以根据岩石的室内试验（抗压强度、抗拉强度）来判断各种型号松土器的劈开性能,或通过现场松土器进行松劈操作试验以选择合适的松土器。

松土作业方向应尽可能顺着岩层的下坡方向。松土间隔一般为1.0~1.5m。遇到较坚硬的岩石,松土器难于贯入,或引起机械后部翘起及履带打滑,这时可用另一台推土机在后面顶推。若岩石较为完整与坚硬,也可以先进行适当的浅孔松动爆破,然后进行松土作业。

（2）破碎法开挖

这种方法是用破碎机凿碎岩块。凿子装在推土机或挖掘机上,利用活塞的冲击作用,使凿子产生冲击力,因此,其破碎岩块的能力决定于活塞的大小。破碎法宜用于岩体裂缝较多,岩块体积较小,抗压强度低于100MPa的岩石。破碎法的工作效率不高,不宜作为开挖岩石的主要方法,仅用于不能使用爆破法或松土法施工的局部场合。

四、质量检查和验收

在路基施工过程中,应按照有关规定对工程质量进行控制和检查。遇到隐蔽工程(如地基处理、渗沟设置、基坑开挖等),还要进行中间验收。凡中间检查验收不合格者,不得进行下一道工序,并应及时分析原因,采取补救措施或返工。如填筑路堤时,需基底处理好再填土,对填土层的宽度、松铺厚度、平整度和含水率经检查符合要求后方可进行碾压,并经压实度检验合格后才能转入上一层填土。路基压实检查验收的要求见表10-6。

路基压实度要求(JTG F10—2006) 表10-6

填挖类别	路床顶面以下深度 (m)	路基压实度(%,重型击实试验法)		
		高速公路、一级公路	二级公路	三级公路、四级公路
零填及挖方	0~0.30	—	—	≥94
	0~0.80	≥96	≥95	—
填方	0~0.80	≥96	≥95	≥94
	0.80~1.50	≥94	≥94	≥93
	>1.50	≥93	≥92	≥90

注:1. 特殊干旱或特殊潮湿地区时,表列数值可适当降低。
2. 三级公路修筑沥青混凝土或水泥混凝土路面时,路基压实度按二级公路标准要求。

路基工程基本完工后,必须进行全线的交工测量(包括中线测量、横断面测量及高程测量,以作交竣工验收的依据),并按规定的项目进行检查。根据检查结果编制整修计划,对路基进行全面整修。路基整修完后,应通过交工验收(初验),才可铺筑路面。在全部道路工程完工后,经过一个阶段的使用考验,再组织有关人员进行竣工验收(终验)。路基工程检查验收的项目和要求见表10-7。

路基工程允许偏差(JTG F10—2006) 表10-7

工程名称	压实度(%)	表面弯沉(0.01mm)	纵断高程(mm)	中线偏位(mm)	宽度(mm)	平整度(mm)	横坡(%)	边坡坡度
路基	不低于规定值	不大于设计值	土方:+10,-20(-15) 石方:+10,-30(-20)	100(50)	不小于设计值	土方:20(15) 石方:30(20)	±0.5 (±0.3)	不陡于设计值

注:1. 压实度质量需对照施工记录检查:是否按规定的分层厚度及碾压遍数施工(JTG F80/1—2004)。
2. 括号内的数值是指高速公路、一级公路的要求。
3. 平整度用3m直尺量测。

第三节 底基层和基层施工

道路底基层和基层通常分为粒料类和结合料稳定类。粒料类结构层由松散颗粒,包括天然砂砾、嵌锁型碎石(填隙碎石)、级配碎石和级配砾石等压实而成。结合料稳定类结构层是在松散颗粒或土中加入无机结合料,如水泥、石灰、石灰—粉煤灰等(加沥青情况本节不作讨论)使之成为有形的板体,因此也称为整体型基层或半刚性基层。

一、施工准备

底基层或基层正式施工前的技术准备工作,主要包括下承(下卧)层准备、施工放样和备料工作。通常,应按规定铺筑试验段,以研究决定合适的施工工艺或某些技术要点。

(1)下承层准备

底基层或基层正式施工前,应检查其下承层(路床或垫层)的准备情况,即上一道工序的完成是否符合要求。

下承层的表面应平整、坚实,无松散或软弱处。可利用12~15t三轮压路机通过碾压进行检验。若出现表层松散、低洼、坑洞或"弹簧"现象时,需采取相应措施进行处理。

下承层的压实度、弯沉、平整度、高程、路拱横坡等满足验收要求方可进行下道工序。

(2)施工放样

施工放样是在通过验收的下承层上恢复中线(直线段每15~20m设一桩,曲线段每10~15m设一桩),并在两侧路肩边缘外设指示桩。进行水准测量时,在两侧指示桩上标出铺筑层边缘的设计高,供施工时厚度和高程控制用。

(3)备料

应根据铺筑层的宽度、厚度、预计的平整度、材料组成,计算各组成材料所需的数量。按要求的质量和数量,准备好所需的材料。

二、嵌锁型碎石

用粒径较单一的轧制碎石作主骨料,通过碾压形成嵌锁作用,并以石屑嵌缝后组成嵌锁型碎石层。将碎石材料撒铺后直接碾压而成的结构层,称作干压碎石,相应的施工方法称为干法。为了提高压实效果,可在碾压前适量洒水,以降低碎石颗粒间的摩阻力,这种做法称为水结碎石,相应的施工方法称为湿法。水结碎石在碾压过程中会产生一部分碾碎的石粉,它可起少许黏结作用。干压碎石或水结碎石也称作填隙碎石。嵌锁型碎石依靠粗碎石的嵌锁作用和石屑的填充孔隙,使其获得强度和稳定性。因此,施工时首先要保证碎石的规格和质量。同时,要达到要求的强度,关键是要充分压实,使石屑填隙料填满粗碎石孔隙,但应注意防止让它在碎石层表面自成一层。碎石和石屑嵌缝料的颗粒组成见表10-8和表10-9。碎石应带有棱角,具有一定的强度,压碎值应不大于26%(用作基层时)或不大于30%(用作底基层时),较弱或扁平细长颗粒的含量不应大于15%。

填隙碎石类集料的颗粒组成 表10-8

编号	标称尺寸(mm)	通过下列圆孔筛(mm)的质量百分率(%)							
		80	60	50	40	30	25	20	10
1	40~80	100	25~60	—	0~15	—	0~5	—	—
2	30~60	—	100	—	25~50	0~15	—	0~5	—
3	25~50	—	—	100	35~70	—	0~15	—	0~5

石屑嵌缝料的颗粒组成 表10-9

圆孔筛尺寸(mm)	10	5	2	0.5	0.075	塑性指数
通过百分率(%)	100	85~100	60~80	30~50	0~10	<6

干法的施工工序为:

①摊铺粗碎石——粗碎石运到路上后,卸置于下承层上;用平地机将粗碎石按预定的宽度、厚度和横坡要求均匀地摊铺,表面应力求平整。

②初碾——用8t两轮压路机碾压3~4遍,使粗碎石稳定就位,表面平整。

③摊铺填隙料——用石屑撒布机将石屑均匀地撒铺在碎石层上,松厚2.5~3.0cm。

④复碾——用振动压路机将填隙料振入粗碎石的孔隙中。

⑤再次摊铺石屑填隙料,松厚 2.0~2.5cm。

⑥再次用振动压路机碾压,并在碾压过程中找补填隙料不足处,铲除或扫除多余的填隙料。

⑦终碾——碎石层表面孔隙全部填满后,用 12~15t 三轮压路机再压 1~2 遍,碾压前在表面先洒少量水(3kg/m² 以上)。

湿法的施工工序与干法的前 6 步相同。在碎石层表面孔隙全部填满后,立即用洒水车洒水,直到饱和。再用 12~15t 三轮压路机紧跟在洒水车后进行碾压,直到细料和水形成粉浆为止。碾压完成后须等待水分蒸发,使碎石层干燥。

嵌锁型碎石的施工工序流程见图 10-15。

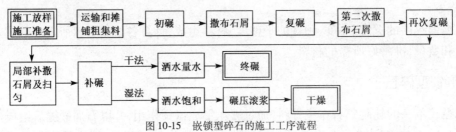

图 10-15 嵌锁型碎石的施工工序流程

注:图中双线框表示开始和结束。

三、级配碎(砾)石

由粗、细碎石集料和石屑或者粗、细砾石集料和砂按一定比例组成的混合料称作级配碎石或级配砾石。这种结构层的抗变形能力,取决于粗、细集料的颗粒组成、小于 0.075mm 细料的性质和含量以及混合料的密实度。

混合料如仅含有少量细料或者不含细料时,主要依靠集料颗粒间的摩阻力获得其稳定性,故其密实度较低。混合料含有适量细料以填充集料间的空隙时,仍主要依靠集料颗粒间的摩阻力获取其稳定性,但施工时易于压实,密实度得到提高,其抗剪强度也相应提高。混合料中细料含量过多时,集料悬浮于细料中,彼此失去接触,抗剪强度下降,水稳定性也较差。因此,粗、细集料具有良好的级配时,可提高混合料的密实度和抗变形能力。表 10-10 列出了规范建议的级配碎石和级配砾石混合料的颗粒组成。

碎石或砾石集料应具有一定的强度,当用于一级公路和高速公路的基层时,其压碎值应不大于 26%;用于一级公路和高速公路的底基层及二级公路的基层时,其压碎值应不大于 30%;用于二级公路底基层和二级以下公路的基层时,其压碎值应不大于 35%;用于二级以下公路的底基层时,其压碎值应不大于 40%。

级配碎(砾)石类混合料的颗粒组成　　　　表 10-10

编号	通过下列圆孔筛(mm)的质量百分率(%)								
	50	40	30	20	10	5	2	0.5	0.075
碎 1		100	90~100	75~90	50~70	30~55	15~35	10~20	4~10
碎 2			100	85~100	60~80	30~50	15~30	10~20	2~8
砾 1	100	90~100		65~85	45~70	30~55	15~35	10~20	4~10
砾 2		100	90~100	75~90	50~70	30~55	15~35	10~20	4~10
砾 3			100	85~100	60~80	30~50	15~30	10~20	2~8

级配碎(砾)石的施工关键是均匀拌和和充分压实。拌和有路拌和厂拌两种方法。一般,厂拌混合料要比路拌混合料均匀。

路拌的施工工序为:

①用人工或平地机等机具摊铺集料。人工摊铺时,松铺系数为1.40~1.50;平地机摊铺时,松铺系数为1.25~1.35。

②采用稳定土拌和机或平地机拌和,拌和过程中洒水至含水率超过最佳值的1%左右。

③采用平地机对拌和均匀的混合料按规定路拱横坡进行整平和整形。

④用12t以上的三轮压路机、振动压路机或轮胎路碾进行碾压,一般须压6~8遍,使表面无明显轮迹为止。

厂拌法施工时,由拌和中心站用机械(如强制式、自落式或卧式拌和机等)对混合料进行集中拌和。拌和均匀的混合料运到工地后,进行摊铺、整平和碾压。

四、无机结合料稳定粒料或土

将一定剂量的无机结合料(水泥、石灰、石灰-粉煤灰)掺入碎(砾)石混合料或土,在合适的含水条件下经拌和、摊铺、压实和养生后,可成为具有较高后期强度,整体性和稳定性均较好的路面结构层。这类用无机结合料稳定集料或土筑成的结构层也称为半刚性结构层。

1. 材料组成

土和工业废渣掺加石灰(水泥)后,其工程性质会引起变化而得到改善,这是依靠组成材料发生的物理化学和化学反应。通常认为主要有以下两个方面:

①离子交换。这类离子交换作用在初期进展迅速,一般在数小时内即可见效。

②凝结硬化。该结硬反应比较缓慢,使石灰稳定类材料的强度随龄期的增加而逐渐增长。

为了使上述反应能充分进行,保证结构层的强度和稳定性,在施工中首先必须做到合理选料、准确配料。

(1)土

一般说来,黏土颗粒含量多,易与石灰等稳定料结合产生离子交换和胶结作用,稳定效果好。但重黏土不易破碎及拌和,稳定效果反而差些,并且还容易缩裂。因此,塑性指数为15~20的细粒土(最大粒径不超过10mm的土)以及含有一定数量黏粒的其他土(如天然砂砾土和碎石土等)均适宜于用石灰稳定,但对土中的颗粒组成,要求当用于基层和底基层时最大粒径分别不超过40~50mm和50~60mm,采用方孔筛取小值,采用圆孔筛取大值。

(2)碎(砾)石

无机结合料稳定集料中对碎(砾)石的颗粒组成,要求满足表10-11所列标准,并要求碎(砾)石的强度(压碎值)满足表10-12所列标准。

高速公路、一级公路二灰碎石(砂砾)混合料中碎石(砂砾)的级配范围 表10-11

材料	层位	通过下列方筛孔(mm)的质量百分率(%)								
		37.5	31.5	19.0	9.50	4.75	2.36	1.18	0.6	0.075
砂砾	基层	—	100	85~100	55~75	39~59	27~47	17~35	10~25	0~10
	底基层	100	85~100	65~85	50~70	35~55	25~45	17~35	10~27	0~15
碎石	基层	—	100	81~98	52~70	30~50	18~38	10~27	6~20	0~7
	底基层	100	90~100	72~90	48~68	30~50	18~38	10~27	6~20	0~7

注:二级及二级以下公路的基层可采用表列级配范围,底基层的最大粒径不应超过53mm。

石灰(水泥)稳定土的集料压碎值　　　　　　　　　　　　　表10-12

公路等级	结构层位	压碎值(%)	
		水泥稳定类	石灰和石灰工业废渣稳定类
高速、一级	基层	≤30	≤30
	底基层	≤30	≤35
二级和二级以下	基层	≤35	≤35
	底基层	≤40	≤40

(3)石灰和水泥

石灰宜采用Ⅲ级以上的生石灰粉或消石灰。如使用存放较久的石灰以及石灰类渣(如电石渣、漂白粉渣、石灰下脚等),其中有效(活性)CaO + MgO含量较低时,应通过试验决定使用方法。

普通硅酸盐水泥、硅酸盐水泥、矿渣水泥或火山灰质水泥都用作稳定材料,但宜选用终凝时间较长(如在6h以上)和强度等级较低(如32.5)的水泥,以利施工。

稳定土和稳定砂砾(碎石)土中的石灰和水泥的合理用量见表10-13和表10-14。

石灰稳定土和石灰稳定砂砾(碎石)土中石灰剂量参考值(单位:%)　　表10-13

结构层位	砂砾土、碎石或土的分类		
	塑性指数>12	塑性指数<12	砂砾土、碎石土
基层	6~14	9~16	4~8
底基层	6~12	8~14	—

注:以路拌法计算,当采用集中厂拌法时可适当下降0.5%~1.0%。

各类水泥稳定土中水泥剂量参考值(单位:%)　　　　　　　表10-14

结构层位	土 类		
	中粒和粗粒土	塑性指数<12	其他细粒土
基层	4~8	6~12	9~17
底基层	4~8	5~9	7~13
水泥最小剂量值	4	5	5

注:以路拌法计算,当采用集中厂拌法时可适当下降0.5%~1.0%。

(4)工业废渣

用于筑路的工业废渣,除石灰类渣外,主要有粉煤灰、煤渣、水淬渣等。

粉煤灰是火力发电厂燃烧煤粉产生的粉状灰渣。粉煤灰与石灰混合后俗称二灰,具有一定的水硬作用,但初期强度较低。铺筑二灰基层时,宜选用较粗的粉煤灰有利于碾压稳定。

煤渣是煤燃烧后的残渣,粗细颗粒均有,孔隙较多。它的化学成分与粉煤灰相近。石灰煤渣基层宜采用具有一定级配的煤渣。煤渣的烧失量不宜超过20%。

水淬渣是冶金矿渣(如化铁炉渣等)在热熔状态下经水骤冷而成无定形玻璃体的松散颗粒材料,粒径一般不超过10mm。CaO含量较多,活性也较高。但长久堆置会自行胶结。

各地废渣的来源和成分各不相同,其混合中废渣比例的变动范围较大。根据上海地区各种废渣的路用经验,各种混合料的配比可大致参照表10-15。

上海市三种废渣混合料的配比和性质 表10-15

类　型	配比(质量比)	石灰渣中活性CaO的最低含量(%)	28d无侧限抗压强度(MPa)	最佳含水率(%)
石灰煤渣(二渣)	20:80(粗渣) 30:70(细渣)	>20	2~3	19~23 23~27
石灰水淬渣(水淬二渣)	10:90	>10	3~6	18~22
石灰粉煤灰土(二灰土)	12:35:53 1:2:2(体积比)	>20	0.7~2.6	22~25

(5)混合料的强度标准

水泥、石灰和石灰工业废渣混合料7d浸水抗压强度应符合表10-16的规定。

水泥、石灰和石灰工业废渣混合料的抗压强度标准(单位:MPa) 表10-16

混　合　料	高速公路和一级公路		二级公路和二级以下公路	
	基层	底基层	基层	底基层
各类水泥稳定土	3~5	1.5~2.5	2.5~3	1.5~2.0
石灰稳定土和稳定砂砾(碎石)	—	≤0.8	≤0.8	0.5~0.7
石灰工业废渣混合料	0.8~1.1	≤0.6	0.6~0.8	≤0.5

2. 施工方法

与级配碎石一样,其施工关键是均匀拌和与充分压实,但由于掺入结合料,施工时还须注意结合料的特性和要求,如水泥的水化和硬化、石灰的消解以及养生等。

无机结合料稳定粒料或土的施工工序与其他密实型混合料的工序基本相同:①摊铺,②拌和(厂拌时为拌和和摊铺),③整平,④碾压,⑤养生。

拌和可采用路拌(稳定土拌和机或平地机)或厂拌(强制式、卧式拌和机),但厂拌的效果(均匀性)要优于路拌,故应尽可能采用厂拌。拌和时,要控制混合料的含水率,使之略大于最佳值,以保证混合料碾压时的含水率不低于最佳值。

路拌混合料可采用平地机进行摊铺和整平,而厂拌混合料则应采用摊铺机进行摊铺、整平。混合料的松铺厚度为压实厚度乘以松铺系数。每层的压实厚度,用12~15t三轮压路机碾压时,不应超过15cm;用18~20t三轮压路机碾压时,不应超过20cm(采用大功率新型压实机时可适当加厚碾压厚度)。结构层设计厚度超过上述规定时,应分层铺筑;每层的最小压实厚度为10cm。松铺系数(又称压实系数)为材料的压实干密度与松铺干密度的比值,随材料种类和施工条件而异,应事先通过试验确定。表10-17所列的数值可供参考。

石灰(水泥)稳定类混合料松铺系数参考值 表10-17

材料名称	施工方法	松铺系数
水泥稳定砂砾	现场人工摊铺砂砾和水泥	1.30~1.35
水泥土、石灰土	现场人工摊铺土和水泥或石灰,机械拌和,人工整平	1.53~1.58
石灰土	路外集中拌和,运到现场人工摊铺	1.65~1.70
石灰土砂砾		1.52~1.56
二灰土	用机械路拌	1.50~1.70
二灰粒料		1.30~1.50
石灰煤渣(土)	用机械路拌,人工摊铺	1.60~1.80
石灰煤渣粒料		1.40
石灰煤渣类	用机械拌和,机械整型	1.20~1.30

碾压应紧接整平后进行,在混合料含水率等于或略大于最佳值时,用12t以上的三轮压路机、重型轮胎压路机或振动压路机碾压6~8遍。

对于水泥稳定类混合料,由于水泥浆凝固较快,应掌握施工速度,缩短从水泥撒布到碾压结束之间的延续时间。通常规定这一延续时间应少于水泥的终凝时间。在不能满足这一要求时,可掺加缓凝剂以延长终凝时间。

分层施工时,可在下层碾压完毕后,立即铺筑上层,不需专门的养生期。但在铺筑上层之前,应始终保持表面湿润。

无机结合料稳定类基层或底基层在碾压结束后应进行保湿养生,养生期一般不少于7d。养生可采用不透水的塑料薄膜、潮湿的麻布或草帘覆盖,也可在表面洒布乳化沥青进行养生,或者直接洒水养生,以始终保持表面湿润。养生期间,在未采用覆盖措施的表面,除洒水车外,应封闭交通;在采用覆盖措施的表面,应限制重车通行。养生期结束,应立即喷洒透层沥青,或者做沥青下封层。

无机结合料稳定类底基层或基层常会出现因水分变化而引起干缩裂缝,这些裂缝会反映到沥青面层而产生反射裂缝。为减少或延缓反射裂缝的出现,施工时应注意采取措施以减少混合料的收缩量和减缓收缩速率,如严格控制用水量、降低压实时的最佳含水率值、压实后立即洒布沥青乳液封层,以防止或延缓混合料中水分蒸发等。

石灰(水泥)稳定类基层和底基层宜在夏季将至或夏季组织施工,应尽量避免在雨季施工。工期的最低气温应在5℃以上,并在第一次重冰冻(-5~-3℃)到来之前一个月左右完成。

五、质量检查和验收

为了使所施工的工程达到规定的质量标准,并确保施工质量的稳定性,在施工的各阶段应对工程的质量进行检查、控制和评定。施工质量的管理及检查验收包括施工前的材料检查和测试、施工过程中的质量管理以及各工序间和施工结束后的质量检查与验收三部分。

1. 材料检查和测试

材料质量是工程质量的基本保障,不少铺面工程早期损坏严重,基层和底基层材料质量差是主要原因之一。在施工前应对拟采用的材料进行规定的基本性质试验,以评定材料质量是否符合要求。在施工过程中发生材料来源或规格变化时,必须对材料来源和质量等重新进行检查和测试。

各种基层和底基层材料的性质试验项目见表10-18,其试验方法应符合有关试验规程的规定。

底基层和基层材料的测试项目　　　　　表10-18

材　料	试　验　项　目
土	含水率、塑限、液限、有机质和硫酸盐含量
粒料	颗粒分析、含水率、塑限和液限(粒料中0.5mm以下的细料)、压碎值、相对密度、吸水率
石灰	有效钙、氧化镁含量
水泥	水泥强度等级、终凝时间
粉煤灰	烧失量
混合料	击实(最佳含水率和最大密实度)、抗压强度、加州承载比

2. 质量检查

在施工过程中，施工单位应对施工质量随时进行自检；监理单位则应进行抽检，并对施工单位的自检结果进行检查、认定。

施工过程中的质量检查包括外形尺寸和工程质量两部分。检查的内容和质量标准，应分别符合表 10-19 和表 10-20 的要求。

路基、底基层（垫层）和基层外形的质量标准（JTG F80/1—2004）　　　　表 10-19

工程类别		高程 (mm)	厚度(mm)		宽度 (mm)	横坡度 (%)	平整度 (mm)
			代表值	合格值			
基层	高速公路或一级公路	+5, -10	-8	-15	不小于设计值	+0.3, -0.3	8
	其他公路	+5, -15	-10	-20		+0.5, -0.5	12
底基层（垫层）	高速公路或一级公路	+5, -15	-10	-25	不小于设计值	+0.3, -0.3	12
	其他公路	+5, -20	-10	-30		+0.5, -0.5	15

底基层和基层的质量合格标准（JTG F80/1—2004）　　　　表 10-20

底基层和基层材料类别	检查项目	代 表 值		极 值	
		基层	底基层	基层	底基层
级配碎（砾）石	压实度(%)	98(98)	96(96)	94(94)	92(92)
	颗粒组成	规定级配范围			
填隙碎石	固体体积率(%)	85	83(85)	82	80(82)
水泥土、石灰土、二灰、二灰土	压实度(%)	95	93(95)	91	89(91)
	水泥或石灰剂量(%)	设计值		水泥：-1.0；石灰：-2.0	
水泥或石灰稳定粒料（碎石、砂砾或工业废渣等）	压实度(%)	97(98)	95(96)	93(94)	91(92)
	颗粒组成	规定级配范围			
	水泥或石灰剂量(%)	设计值		设计值 -1.0%	

注：1. 检查项目应包括弯沉值（或强度），均应按规范规定方法检测并符合设计要求。
　　2. 括号内数值均为高速公路和一级公路的规定取值。

各个工序结束及工程完工后，应检查工程质量，进行交工验收。检查内容也分为外形尺寸和工程质量两部分，其质量合格标准见表 10-19 和表 10-20。检查的频率按规范规定的要求进行，具体见有关规范。

第四节　沥青面层施工

沥青面层分为沥青表面处治、沥青贯入碎石和热拌沥青混合料三种，它们分别采用不同的施工方法铺筑。沥青表面处治是沥青和碎石分层洒布（撒布），或拌和摊铺后通过碾压成型的，沥青贯入碎石是将沥青贯入压实碎石层的孔隙内形成的，而热拌沥青混合料则是将沥青和碎石拌和后摊铺、碾压而成。

一、透层沥青和下封层

沥青面层施工前应检查其表面是否平整、坚实、干净，横坡和高程是否符合要求。

基层为粒料或者无机结合料稳定粒料时，沥青面层施工前必须浇洒透层沥青，以避免面层铺筑前和铺筑时施工车辆损害基层,以保护基层免受气候影响,防止基层同面层间出现层面滑动。

透层沥青可采用慢裂的洒布型乳化沥青,也可采用中、慢凝液体石油沥青或者煤沥青,其稠度宜通过试洒确定。半刚性基层的表面较致密,宜采用渗透性好的、较稀的透层沥青;粒料基层则可采用较稠的透层沥青。透层沥青宜在基层施工结束、表面稍干后采用沥青洒布车进行喷洒。洒布量可通过试洒确定,不宜超出表10-21要求的范围,洒布后应能透入基层一定深度,表面不出现流淌或形成油膜。在半刚性基层上浇洒透层沥青后,宜立即撒布石屑或粗砂,其用量为$2 \sim 3m^3/1000m^2$。在粒料基层上,如果透层沥青浇洒后不能及时铺筑面层,并有施工车辆通行时,也应撒布适量的石屑或粗砂。撒布后,应采用6~8t压路机碾压一遍。透层沥青洒布后,应尽早铺筑沥青面层。

常用透层及黏层沥青的规格和用量　　　　　　　　　表10-21

用途	下卧层类型	乳化沥青		液体石油沥青	
		规格	用量(L/m²)	规格	用量(L/m²)
透层	粒料基层	PC-2;PA-2	1.0~2.0	AL(M)-1、2或3;AL(S)-1、2或3	1.0~2.3
	半刚性基层	PC-2;PA-2	0.7~1.5	AL(M)-1或2;AL(S)-1或2	0.6~1.5
黏层	各类沥青层	PC-3;PA-3	0.3~0.6	AL(R)-3~6;AL(M)-3~6	0.3~0.5
	水泥混凝土	PC-3;PA-3	0.3~0.5	AL(M)-3~6;AL(S)-3~6	0.2~0.4

按两层或三层铺筑的热拌沥青混合料路面的沥青层之间,或者在水泥混凝土面层或旧沥青面层上铺筑沥青层时,必须在下层顶面浇洒黏层沥青。黏层沥青宜采用快裂或中裂的洒布型乳化沥青,也可采用快、中凝液体石油沥青或煤沥青。材料的规格和用量应符合表10-21中的要求。沥青层之间兼作封层的黏层油宜采用改性沥青或改性乳化沥青,其用量不少于$1.0L/m^2$。

在基层铺筑后,须隔较长时间才能铺筑面层,期间须开放交通时,可在基层顶面铺设下封层。在沥青面层孔隙较大、须防止水分下渗到基层时,也可在基层顶面铺设下封层。

下封层可采用单层式沥青表面处治(厚1.0~1.5cm),或者乳化沥青稀浆封层(厚3~6mm),也可采用1.0cm厚的砂粒式沥青混凝土(AC-5)。

二、沥青表面处治

沥青表面处治的施工有层铺法和拌和法,本节以层铺法为主介绍沥青表面处治的施工。

①在透层沥青充分渗透,或者已作透层或封层并已开放交通的基层清扫干净后,浇洒第一层沥青。洒布的温度为130~170℃(石油沥青)、80~120℃(煤沥青)或常温(乳化沥青)。

②紧接着用集料撒布机撒布第一层集料,并应及时扫匀,达到全面覆盖一层,集料不重叠,也不露出沥青。

③撒布集料后,不必等全段撒布完,立即用6~8t双轮压路机碾压3~4遍。

④铺筑双层式或三层式表面处治时,第二层或第三层的施工方法与第一层相同,但它可采用8~10t压路机。

表面处治层系按嵌挤原则修筑而成的,为了保证集料间有良好的嵌挤作用,同一层集料的颗粒尺寸要均匀;为了防止集料松散,所用的沥青须有必要的稠度。表面处治层在施工完结后,须经过行车、特别是夏季的行车作用,使集料取得最稳定的嵌挤位置,并同沥青黏结牢,这一过程称作"成型"阶段。这时,集料的孔隙通常为总体积的20%左右,而沥青的用量以能填充集料孔隙的60%~70%为宜。沥青表面处治层的沥青可采用石油沥青、乳化沥青和煤沥青。乳化沥青表面处治层的材料规格(方孔筛)和沥青用量,见表10-22。

乳化沥青表面处治层材料规格和用量　　　　表10-22

类型	厚度(cm)	集料(m^3/1 000m^2)						乳化沥青乳液用量(kg/m^2)			
		第一层		第二层		第三层		第一次	第二次	第三次	合计用量
		粒径规格	用量	粒径规格	用量	粒径规格	用量				
单层	0.5	S14	7~9					0.9~1.0			0.9~1.0
双层	1.0	S12	9~11	S14	4~6			1.8~2.0	1.0~1.2		2.8~3.2
三层	3.0	S6	20~22	S10	9~11	S12 S14	4~6 3.5~4.5	2.0~2.2	1.8~2.0	1.0~1.2	4.8~5.4

注:1. 表中乳化沥青的乳液用量适用于乳液中沥青含量约为60%的情况,否则应予折算。
　　2. 在高寒地区及干旱、风沙大的地区,可超出高限5%~10%。

表面处治层应加强初期养护,及时扫回被行驶车辆带开的集料,在泛油初补撒与最后一层规格相同的集料,并扫匀。

三、沥青贯入碎石

沥青贯入碎石的施工工序按下述步骤进行:

①撒布主层集料;

②采用6~8t双轮压路机进行初碾,至集料无明显推移为止,再用10~12t压路机碾压4~6遍,至集料嵌锁稳定无显著轮迹为止;

③浇洒第一层沥青,浇洒温度根据沥青标号和气温情况选择;

④均匀撒布第一层嵌缝料,并立即扫匀;

⑤用8~12t压路机碾压4~6遍,直到稳定为止;

⑥浇洒第二层沥青,撒布第二层嵌缝料,然后碾压,再浇洒第三层沥青;

⑦撒布封层料;

⑧最后采用6~8t压路机碾压2~4遍。

沥青贯入碎石层的强度主要靠碎石集料间的嵌锁作用。因而,集料应选择有棱角的坚硬石料,主层集料的最大粒径宜与贯入层厚度相同。贯入碎石层的沥青可采用石油沥青、乳化沥青和煤沥青。采用石油沥青时,材料规格(方孔筛)和沥青用量,见表10-23。

沥青(石油沥青)贯入碎石层材料规格和用量(单位:集料:m^3/1 000m^2,沥青:kg/m^2)　　表10-23

厚度(cm)	4		5		6		7		8	
规格和用量	规格	用量	规格	用量	规格	用量	规格	用量	规格	用量
封层料	S14	3~5	S14	3~5	S13(14)	4~6	S13(S14)		S13(S14)	
第三遍沥青		1.0~1.2		1.0~1.2		1.0~1.2		1.0~1.2		1.0~1.2
第二遍嵌缝料	S12	6~7	S11(S10)	10~12	~1(S10)	10~12	S10(S11)	11~13	S10(S11)	11~13
第二遍沥青		1.6~1.8		1.8~2.0		2.0~2.2		2.4~2.6		2.6~2.8
第一遍嵌缝料	S10(S9)	12~14	S8	16~18	S8(S6)	16~181	S6(S8)	18~20	S6(S8)	20~22
第一遍沥青		1.8~2.1		2.4~2.6		2.8~3.0		3.3~3.5		4.0~4.2
主层石料	S5	45~50	S4	55~60	S3(S2)	66~76	S3	80~90	S1(S2)	95~100
沥青总用量		4.4~5.1		5.2~5.8		5.8~6.4		6.7~7.3		7.6~8.2

注:在高寒地区及干旱、风沙大的地区,可超出高限5%~10%。

四、热拌沥青混合料

热拌沥青混合料面层的施工过程包括混合料的拌制、运输、摊铺和压实成型四个阶段。

1. 拌制和运输

沥青混合料在沥青拌和厂内采用拌和机械拌制。拌和厂可以是固定式的或移动式的。前者采用的设备较完善,拌制质量好,生产率高,其供应的范围不宜超过40km;后者采用易装拆或者本身可移动的设备,其设备较简单,使用较机动,供应的范围不宜超过20km。

拌和设备可分为间隙式拌和机(分批拌和)或连续式拌和机(滚筒式拌和机)两种。间隙式拌和机厂的生产过程(图10-16)为集料掺配→加热烘干→称量→加入沥青拌和→形成沥青混合料。连续式拌和机厂的生产过程如图10-17所示。集料按粒级分别存放在冷料仓内,由传送带将经过自动称重系统准确称量的冷集料按配比送入滚筒式拌和机内;称重系统同时也控制沥青从储罐泵入滚筒内,并在滚筒转动的过程中同集料相拌和;拌和好的热混合料从滚筒内输出后,由传送带送到热混合料料仓,并装入载料货车,整个过程由一控制车监控。

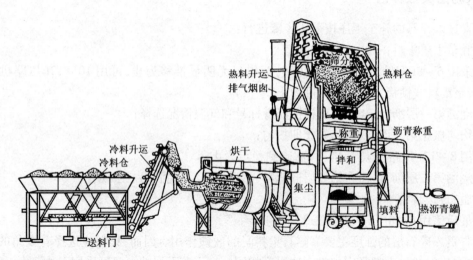

图 10-16　间隙式拌和机厂生产过程示意图

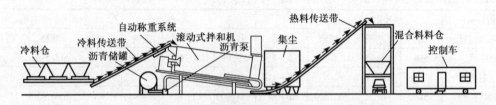

图 10-17　连续式拌和机厂生产过程示意图

间隙式拌和机每拌的拌和时间为30~50s(其中干拌时间不得少于5s)。连续式拌和机的拌和时间由上料速度和拌和温度调节。拌和的沥青混合料应均匀一致,无花白料、无结团成块或粗、细料分离的现象。

沥青混合料需在一定温度下才能拌得均匀。确定拌和温度时,既需保证沥青对矿料能良好涂覆,又应尽量减少因加热引起沥青性状的变化。温度的掌握因沥青和混合料的类型而异。各类沥青混合料的加热温度、拌和温度以及混合料储存和出厂温度见表10-24。

热拌沥青混合料的施工温度(单位:℃)　　　　表10-24

施工工序		石油沥青的标号			
		50号	70号	90号	110号
沥青加热温度		160~170	155~165	150~160	145~155
矿料温度（填料不加热）	间隙式拌和机	集料比沥青加热温度高10~30			
	连续式拌和机	矿料加温比沥青加热温度高5~10			
沥青混合料出厂正常温度		150~170	145~165	140~160	135~155
混合料贮料仓储存温度		储料过程中温度降低不超过10			
混合料废弃温度,高于		200	195	190	185
运输到现场温度,不低于		150	145	140	135
混合料摊铺温度,不低于	正常施工	140	135	130	125
	低温施工	160	150	140	135
开始碾压的混合料内部温度,不低于	正常施工	135	130	125	120
	低温施工	150	145	135	130
碾压终了的表面温度,不低于	钢轮压路机	80	70	65	60
	轮胎压路机	85	80	75	70
	振动压路机	75	70	60	55
开放交通的路表温度,不高于		50	50	50	50

注:130号、160号及30号沥青的施工温度由试验确定。

热拌沥青混合料采用自卸汽车运输到摊铺地点。运送路途中,为减少热量散失、防止雨淋或污染环境,应在混合料上覆盖篷布。混合料运送到摊铺地点的温度应符合表10-24规定的要求。为防止沥青同车厢黏结,车厢底板上应涂薄层掺水柴油(油:水=1:3)。运送到工地已结经成团块、温度不符合要求或遭受雨淋的沥青混合料,应予废弃。

2. 摊铺

混合料摊铺可分为机械摊铺和人工摊铺两类。除了局部范围的摊铺、或者较低等级的一般道路或小规格工程可采用人工摊铺外,一般均采用机械摊铺。

机械摊铺采用轮胎式或履带式沥青混合料摊铺机。摊铺时,热混合料由自卸汽车卸入摊铺机的料斗内,由传送机经流量控制门送至螺旋分配器;随摊铺机向前行进,螺旋分配器自动将混合料均匀摊铺在整个宽度上;附在摊铺机后面的整平板整平混合料的表面,调节和控制层厚和路拱,并由夯板或振动装置对摊铺层进行初步压实,见图10-18。

混合料摊铺时要注意以下几点:

①保证混合料的摊铺温度符合表10-24中的规定;

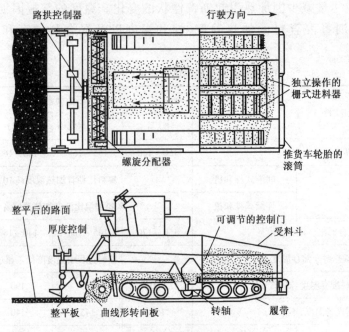

图 10-18 履带式沥青混合料摊铺机

②摊铺混合料在表观上应均匀致密,无离析等现象;

③摊铺层表面应平整,没有摊铺速度变化、摊铺操作不均匀或集料级配不正常所引起的不平整;

④摊铺层厚度和路拱符合要求;

⑤横向和纵向接缝的筑做正常,接头处无明显不平。

横缝可采用平接缝和斜接缝(图 10-19);纵缝可采用热接缝和冷接缝两种方式筑做。热接缝是在由两台摊铺机用梯队作业摊铺时采用的方式;冷接缝则是在不同时间分幅摊铺时采用的方式。为提高接缝质量,表层沥青摊铺中常用切缝方法施工,见图 10-19c)。

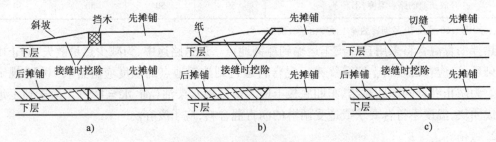

图 10-19 横缝的筑做方式
a)用木挡板;b)用包装纸;c)切割方法

3. 碾压

碾压是保证沥青混合料使用性能的最重要的一道工序。沥青混合料需要在一定的温度和一定的压实方法下才能取得良好的压实度。若施工时压实不足,沥青面层表层以下部分在施工后就难以取得要求的密实度,从而降低材料的使用寿命。影响沥青混合料压实效果的因素有沥青混合料的性质(如沥青的稠度和含量,矿料的尺寸、形状和级配,矿粉含量等),沥青混合料的温度,基层的状况,压实层厚,压实机具和方法等。其中,最重要的是沥青混合料的温度。

若温度过低,混合料压实不易充分,面层材料的耐久性将受到很大的影响;若温度过高,则混合料会出现发丝状裂纹或推移。压实时的合适温度随混合料的性质、气温和压实机具的类型等因素而异,需根据具体条件确定,可参见表10-24中的规定。

宜采用光轮压路机和轮胎压路机或振动压路机组合的方式来压实混合料。光轮的好处是施压后表面平整,但易将矿料压碎;轮胎压路机对路面的压力虽不大(0.3~0.7MPa),但对材料起搓揉作用,可促使混合料均匀、紧密和构成一平整表面。

压实作业可分为初压、复压和终压三个阶段。先用双轮光轮压路机(60~80kN)进行初压,从横断面低的一侧逐步移向高的一侧,每处经过两遍碾轮即可;紧接着在初压之后进行复压,复压改用150kN以上的轮胎压路机或120kN以上的三轮光轮压路机,每处经过4~6遍,至稳定和达到要求的压实度为止;最后,终压应紧随在复压后进行,可选用双轮光轮压路机或关闭振动的振动压路机碾压不宜少于两遍,至无明显轮迹为止。碾压时,压路机应保持慢而均匀的速度,并应以压路机的驱动轮先压,以免从动轮先压时可能使混合料出现推移现象。压路机的碾压速度应符合表10-25的规定。碾压后要求达到的密实度可根据实验室所做试验得到的标准密实度定出,一般不应低于标准密实度的96%。

压路机碾压速度(单位:km/h) 表10-25

压路机类型	初 压		复 压		终 压	
	适宜	最大	适宜	最大	适宜	最大
钢筒式压路机	2~3	4	3~5	6	3~6	6
轮胎压路机	2~3	4	3~5	6	4~6	8
振动压路机	2~3（静压或振动）	3（静压或振动）	3~4.5（振动）	5（振动）	3~6（静压）	6（静压）

对于沥青混凝土面层,在碾压工作结束后,可撒少量石粉,待面层温度达到一般温度(不高于50℃)后便开放交通。

4. SMA沥青混合料的施工特点

SMA(Stone Mastic Asphalt)是一种新型沥青混合料,即沥青玛蹄脂碎石混合料,它最早由20世纪60年代联邦德国的浇筑式沥青混凝土的基础上发展而来的。

人们在研究能抵抗新型轮胎磨损的新铺罩面层时发现,通过采用木质素纤维或矿物纤维稳定剂、增加矿粉用量、沥青改性等技术手段,组成沥青玛蹄脂后,可以使沥青感温性变小,沥青用量增加,由它来填充基本上是由单一粒径碎石组成的集料骨架的大孔隙,从而使混合料既能保持开级配沥青混合料表面功能好的优点,又能克服耐久性差的缺点,尤其是使高温抗车辙能力、低温抗裂性能、耐疲劳性能和水稳定性等各种路用性能大幅度提高。

综合SMA的特点,可以归纳为三多一少,即粗集料多、矿粉多、沥青多、细集料少。由于掺入纤维稳定剂,材料要求高,使用性能全面提高。但同时对施工的要求较高,造价也较高。

SMA路面宜在较高的气温(>10℃)条件下施工,其施工具有以下特点。

(1)温度控制

SMA混合料的施工对温度控制要求较高,特别是采用改性沥青时更是如此。表10-26列出了SMA路面的正常施工温度范围。实际应用时应注意,较稠的沥青、改性剂剂量高、厚度较小时宜选高值,并建议通过试验段具体确定各施工环节的控制温度。

SMA 路面的正常施工温度范围(单位:℃)　　　　　表 10-26

施工工序	不使用改性沥青	使用改性沥青			测量部位
		SBS 类	SBR 类	EVAPE 类	
沥青加热温度	150~160	160~165			沥青加热罐
改性沥青现场制作温度		165~170		165~170	改性沥青车
改性沥青加工最高温度		175		175	改性沥青车或储油罐
集料加热温度	180~190	190~200	200~210	185~195	热料提升斗
SMA 混合料出厂温度	155~170	170~185	160~180	165~180	运料车
混合料最高温度(废弃温度)	190	195			运料车
混合料储存温度		储料过程中温度降低不超过 10			储存罐及运料车
摊铺温度	≥150	≥160			摊铺机
初始开始温度	≥140	≥150			摊铺层内部
复压开始温度	≥120	≥130			碾压层内部
开放交通的路表温度	≥50	≥50			路表面

(2)拌和

SMA 与普通密级配沥青混凝土的最大不同之处是 SMA 为间断级配,粗集料粒径单一、量多,细集料很少,矿粉用量多,这给混合料的拌和带来很多困难。因此,生产 SMA 应采用间隙式沥青拌和机,并配备有专用的纤维稳定剂投料装置、材料配比和自动测温设备。

SMA 中含有纤维,一般需增加干拌时间 5~10s,喷入沥青后的湿拌不再增加时间,但不得少于 5s,因拌和时间和投放矿粉时间的加长及废弃回收粉尘等原因而降低拌和机生产率,应在计算拌和能力时予以充分考虑。

改性沥青拌和及施工温度较高,如使用改性沥青时集料加温可达到 190~210℃。

由于 SMA 的沥青用量较大(常用的 SMA16 油石比为 5.8%~6.1%),所以拌和后不宜长时间存放,要求必须当天使用完。

(3)摊铺

由于改性沥青的原因,混合料较黏,摊铺温度高,摊铺的阻力也较大,当下层洒布有黏层沥青时,一般的轮胎式摊铺机将顶不动运料车而产生打滑现象,故必须使用履带式摊铺机进行作业。

SMA 全幅摊铺时的离析无法避免(这是间断级配混合料的通病),各部位的温度也不均匀,容易造成压实度不均匀,因此应限制摊铺宽度,一般控制在 8m 以内。

因拌和速度的影响,摊铺机作业时供料不足的问题比较突出,以致很难保证摊铺机不间断、均匀地进行摊铺作业。等料时间过长,不仅影响摊铺,还会使混合料温度降低而得不到及时压实,直接影响到路面平整度的质量。用两台摊铺机成梯队摊铺时,要注意不使距离太远,以免造成热接缝变成冷接缝。

(4)碾压

SMA 路面的初压宜采用光轮压路机。高速公路宜采用两台压路机同时进行,初压 1 遍即可进入复压。复压宜采用重型的振动压路机,碾压 3~4 遍;也可用光轮压路机,复压不少于 6 遍。终压采用光轮压路机,通常碾压 1 遍。允许采用振动压路机初压、复压、终压一气呵成。振动压路机碾压 SMA 应遵循"紧跟、慢压、高频、低幅"的原则。SMA 具有嵌挤结构的特点,因此,能否在高温状态下用振动压路机碾压而不产生推拥是鉴别是不是真正的 SMA 的重要标志,如产生推拥现象,说明粗集料没有充分嵌挤,就不是真正的SMA。

轮胎压路机碾压易造成沥青玛蹄脂被挤到表面而达不到压实效果,不推荐使用。

(5)接缝

SMA混合料的铺筑应避免产生纵向冷接缝,横向施工缝应采用平接缝。平接缝切缝应在混合料尚未完全冷却之前进行,切缝后必须用水冲干净,待干燥后涂刷黏层油,方可铺筑新混合料。应特别注意横向接缝处的平整度,刨除端部的切缝位置应通过3m直尺测量确定。

五、质量检查和验收

沥青面层施工应在施工前和施工过程中进行认真的质量管理和控制,并在各施工工序结束和工程完工后进行质量检查和验收。

在工程开工前,应对材料(粗集料、细集料、矿粉和结合料)的规格和质量、料场的堆放和储存条件等进行检查。材料试样的取样数量和频率以及试验方法按试验规程的规定进行,其质量应符合规范的规定。在施工过程中,施工单位必须对材料进行抽样检验,检查的项目和频度应不少于规范的规定,其质量应符合规定的质量指标要求。

施工过程中,施工单位和监理单位应对工程质量进行自检和抽检。检查内容分外形尺寸和工程质量两部分。外形尺寸包括厚度、宽度、横坡、平整度和高程。工程质量包括外观、接缝、矿料级配、沥青用量、施工温度、混合料性质(稳定度、流值、孔隙率)、压实度等。检查的频度和质量指标应符合规范规定的要求。

表10-27列出了热拌沥青混合料路面和沥青表面处治交工检查及验收质量标准。

工程完工后应对沥青面层全线自检,并与表10-27所列标准相比较,计算合格率。然后计算一个评定路段的平均值、极差、标准差及变异系数,申请交工验收。

公路热拌沥青混合料路面和沥青表面处治交工检查及验收质量标准(JTG F80/1—2004) 表10-27

项次	检查项目		规定值或允许值(沥青混凝土)		规定值或允许值(沥青表面处治)
			高速公路、一级公路	其他公路	
1	外观		表面平整,不得有明显轮迹、裂缝、推挤、油汀、油包等缺陷,且无明显离析		密实,不松散
2	面层总厚度	代表值(极值)	设计值的-5%(-10%)	设计值的-8%(-15%)	-5(-10)(mm)
3	上面层厚度	代表值(极值)	设计值的-10%(-20%)		
4	压实度代表值(%)		实验室标准密实度的96(SMA路面98) 最大理论密实度的92(SMA路面94) 试验段密实度的98(SMA路面99)		—
5	平整度	σ(mm)	1.2	2.5	4.5
		IRI(m/km)	2.0	4.2	7.5
		3m直尺最大间隙H(mm)	—	5.0	10.0
6	路表渗水系数,不大于		300mL/min(普通路面) 200ml/min(SMA路面)		
7	宽度(mm)	有侧石	±20	±30	±30
		无侧石	不小于设计值		不小于设计值
8	纵断面高程(mm)		±15	±20	±20
9	中线平面偏位(mm)		20	30	—

续上表

项次	检查项目	规定值或允许值（沥青混凝土）		规定值或允许值（沥青表面处治）
		高速公路、一级公路	其他公路	
10	横坡度(%)	±0.3	±0.5	±0.5
11	弯沉值(0.01m)	≤图纸允许值		≤图纸允许值
12	构造深度	符合设计对交工验收要求	—	—
13	摩擦系数		—	—
14	横向力系数		—	—
15	沥青用量(矿料用量)	—	—	±0.5%(±5%)

注：σ 为平整度仪测定的标准偏差；IRI 为国际平整度指数。

第五节　水泥混凝土面层施工

水泥混凝土面层的施工包括下列主要工序：拌和；运输；摊铺；振捣或压实；表面修整；养生；接缝锯切、填封；筑做表面构造。

按混凝土摊铺和压实所采用的方法和机械的不同，混凝土面层的施工可分为5种方法：

①小型机具摊铺和振实；

②轨道式摊铺机摊铺和振实；

③滑模式摊铺机摊铺和振实；

④平地机摊铺和压路机碾压，采用类似于铺筑水泥稳定粒料的方法施工；

⑤摊铺机摊铺和初步振实，压路机进一步碾压。

后两种施工方法铺筑的水泥混凝土，称作碾压混凝土。

一、施工方法的比较和选择

小型机具施工方法是采用人工摊铺，插入式和平板式振捣器振实、振动梁整平，需使用大量劳力，施工进度较慢（每日约100延米以内），施工质量难以严格控制（特别是强度和厚度的均匀性以及平整度）。因而，这种方法适用于在小范围内不能使用机械铺筑的路段或在较低等级的道路。

在高等级道路上，为严格控制施工质量标准，特别是平整度，应采用专用机械摊铺、振实和修整。轨道式摊铺机铺筑方法，是由摊铺机摊铺混凝土，振动梁振实，修整梁整平，接缝钢筋安置，机械放置传力杆和拉杆。各种机械的组合见图10-20。这种施工方法的优点是所用机械比较简单，对操作和维修人员的技术要求较低。其施工进度为每日100~150延米，并需较多的劳力配合。

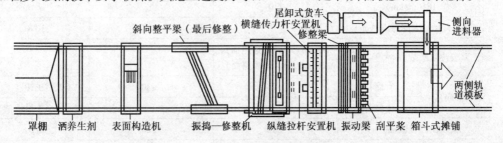

图10-20　轨道式摊铺机铺筑混凝土

轨道式摊铺机铺筑方法需大量模板和立模板工作,从而影响这种方法的施工速度。滑模式摊铺机铺筑方法取消了侧模,采用导向和传感器系统自动控制铺筑方向和高程,并且应用一台机械完成摊铺、振实、修整及传力杆和拉杆的安置工序。这种方法大量减少了劳动力和机械,铺筑速度较快(每天可达 400 ~ 500 延米)。然而,由于铺筑速度快,需要较大规模的材料供应、混合料拌和和运输设备,故建筑费用较高。同时,其操作和维修的技术也要求较高。

碾压式混凝土铺筑方法也不采用侧模。它应用平地机或沥青摊铺机摊铺混凝土,而后用振动路碾和轮胎路碾压实混凝土。这种方法的铺筑速度也较快,每天可完成 200 ~ 250 延米,它具有可在铺筑后较快开放交通和可用粉煤灰掺代部分水泥的优点。然而,其表面特性(平整度)低于采用振捣方法施工的混凝土面层,因此,目前应用于较低等级道路上,或者在其上面加铺沥青层。

二、混凝土的拌和与运输

混凝土拌和物通常是在设于道路沿线的混凝土搅拌站进行拌和,而后用车辆运送到摊铺工地。

搅拌站附近应辟出场地堆放集料,存放水泥。集料和水泥通常按质量称量配料,水和外加剂则通常按容量计量。计量的容许误差为:水和水泥 1% ,集料 2% ,外加剂 1% ,二级或二级以下公路可再放宽 1% 。集料所含的水分、外加剂稀释或溶解用水在计量用水量时应考虑在内。

拌和物可采用强制式或自落式拌和机进行拌和;经过称量的各部分材料按一定顺序投入拌和机内。充分搅拌所需的时间,随每次搅拌量、材料投入顺序和稠度等因素而变,应通过试拌确定。自落式拌和机的最小搅拌时间为 90s,强制式拌和机为 60s,搅拌时间不能超过规定时间的 3 倍。

搅拌站的产量按路面施工进度要求及铺筑每延米路面所需的混凝土体积来确定。例如,对于轨道式摊铺机施工方法,从摊铺地点到喷洒养生剂处的距离约为 50m。如果全部混凝土施工作业要求在拌和后 2h 内完成,则搅拌站的产量至少应能提供向前推进 30m/h 所需的混凝土;如果铺筑宽度为 7.5m 和厚度为 0.30m 的混凝土面层,则每小时应提供的产量便为:

$$30 \times 7.5 \times 0.30 = 67.5 (m^3)$$

搅拌站依据这一要求产量选择拌和机的类型和数量。

搅拌好的混凝土通常用自卸汽车运往摊铺地点。为防止水分蒸发和混凝土离析,搅拌站同摊铺地点之间的距离不能过远,最多不能超过 20km。同时,从搅拌机出料到运输、铺筑完毕的时间不应超过表 10-28 的规定。运输中,要用帆布等将混合料表面覆盖,以减少蒸发。

混凝土拌和物出料到运输、铺筑完毕允许最长时间(单位:h)　　表 10-28

施工气温(℃)	5 ~ 9	10 ~ 19	20 ~ 29	30 ~ 35
到运输完毕允许最长时间	2.0(1.5)	1.5(1.0)	1.0(0.75)	0.75(0.5)
到铺筑完毕允许最长时间	2.5(2.0)	2.0(1.5)	1.5(1.25)	1.25(1.0)

注:当采用小型机具时,应按括号内值控制;使用缓凝剂时,本表数值可增加 0.25 ~ 0.5h。

三、混凝土的摊铺与振捣

小型机具和轨道式摊铺机铺筑时,在摊铺混凝土之前均需在基层上安装两侧模板。采用钢制模板,按预先标定的位置用铁钉固定在基层上。模板的顶面应与设计高程一致,其底面同基层顶面之间的空隙可用砂浆填实。模板的位置可用设置放样板的方法予以控制;模板顶面的高程用水准仪进行检查。在模板位置、高程和接头等都正确无误后,在模板内侧涂刷一薄层机油等,以便利拆模。

拌好的拌和物运到工地后,可直接卸在摊铺地点,或者卸到侧向卸料机或纵向卸料机的料斗内,而后由电传送带送入摊铺机的箱斗内(图10-21)。

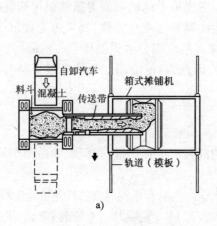
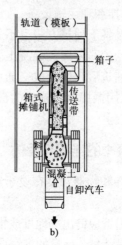

图 10-21　卸料机
a)侧向卸料机；b)纵向卸料机

摊铺机有箱式、刮板式和螺旋式等类型(图10-22)。摊铺机将混凝土连续而均匀地摊铺在整个宽度上,并将超过松铺厚度所需的混凝土推向前方。松铺系数一般在1.15~1.30,它主要同拌和物的坍落度有关,应通过工地试验确定。

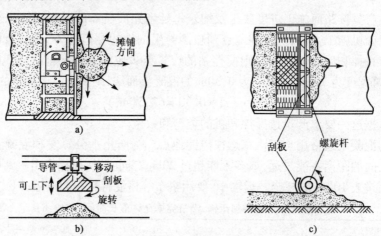

图 10-22　摊铺机
a)箱式摊铺机；b)刮板式摊铺机；c)螺旋式摊铺机

拌和物摊铺后,由振捣—修整机对混凝土进行再次整平、振捣和粗修整。整平工作可由装在机械前侧、有独立调平螺旋以调节路面横坡的旋转刮平浆叶进行；振捣则由对混凝土表面施加3 500~4 000次/min频率的振动梁进行；修整梁通常为悬挂在机械后侧的一个简单振荡的整平器。

采用小型机具施工时,拌和物一般直接卸在基层上,用铁锹粗摊平,随后用插入式振捣器和平板式振捣器分别沿模板边缘和整个表面均匀地振实混合料。全面振捣后,再用振动梁在混凝土表面缓慢而均匀地拖拉,以初步整平表面。振动梁是将附着式振动器安装在焊接成的钢梁或木梁上。整平后再用平直的滚杠(无缝钢管)进一步滚揉表面,使表面进一步提浆并调匀。

采用碾压式铺筑时,混合料卸在基层上后用平地机摊铺在路面的全宽上,或者由侧向卸料机送到沥青摊铺机料斗内后均匀摊铺在全宽上。采用摊铺机摊铺、附带振捣梁进行初步振捣,混凝土可达到90%的最大压实度,其表面平整度也可比平地机摊铺的改善很多。摊铺结束后,用重型振动路碾进行碾压,先碾压1~2遍不附带振动,再碾压几遍带振动;最后用轮胎路碾或光路碾再碾压1~2遍。

四、接缝施工

接缝施工包括传力杆和拉杆的设置及接缝槽口的筑做。横向和纵向缩缝内的传力杆和拉杆,通常采用在混凝土振捣—修整之后用振动插入机按规定位置和间距插入拌和物内,而后对因插入而扰动的混凝土再次进行振捣和修整。

纵向施工缝中的拉杆,可预先弯成90°。其一端按预定位置绑在模板上(用穿过模板上预留小孔的铁丝),待混凝土结硬而拆模后,将外露在混凝土侧面的该端拉杆拉直。

胀缝传力杆须放在钢筋支架上,连同压缩性填缝板条一起按预定位置固定在基层上。支架应能经受混凝土摊铺和振捣作用而不出现传力杆的偏转或倾斜,故可先在胀缝处倒入少量拌和物,用插入式振捣器振实,仔细地铺筑好胀缝附近的混凝土并保证传力杆的正确定位后,再由摊铺机铺筑。

接缝槽口可采用锯缝和压缝两种方式筑做。锯缝为在初步硬化的混凝土上用切缝机锯切槽口。锯缝不扰动混凝土,可以得到很平整的接缝,但必须掌握好锯缝的时间——过早,混凝土的强度不足,锯切时槽口边缘易产生剥落;过迟,因板太长而出现的过大的温度收缩应力有可能使混凝土板出现横向裂缝。合适的时间,应视当地气候条件而定,一般为完成混凝土修整后的8~18h以内。昼夜温差小于10℃时,最长时间不得超过24h;炎热多风的天气,或者早晚气温有突变,会产生较大的温度差或湿度差时,锯缝不宜超过6h。此外,可采用部分压缝的办法,先缩短板的长度。例如,每4条缩缝加作一条压缝。

压缝是在新鲜混凝土中,用振动刀片振出一条槽口,而后放入一薄嵌条或压缝条,它们也可随振动刀一起振入。待混凝土收水抹面后,再用木条压住接缝两侧混凝土,然后轻轻抽出压缝条,并用抹缝瓦刀抹平混凝土表面。这种做法容易扰动混凝土,并使接缝出现不平整。

五、表面修整

表面修整是为了获得平整而粗糙的表面。修整可用机械或手工进行。

机械修整有纵向修整机或斜向修整机两种。纵向表面修整机为用整平梁在机械纵向移动时进行横向往返移动,以除去纵向小波浪;斜向表面修整机则用斜向整平梁在机械纵向移动时修整表面。

手工修整时,可用大木抹在表面进行抹面,至表面无泌水为止。抹面沿横向进行,低洼处用混凝土补平。

表面修整后,可采用机械或人工方法进行拉槽(或拉毛)。人工方法是用由塑料丝、钢丝或棕丝制成的刷子在混凝土表面拉出横向细沟槽或人工压槽;机械方法是在硬化混凝土上用刻槽机刻成深度较大的槽口(粗构造)。

六、混凝土的养生

表面修整完毕后,应进行养生,以防止水分从表面迅速蒸发和减少太阳辐射的影响。蒸发和辐射都有可能在混凝土板中产生过大的湿度和温度变化,从而导致混凝土板出现收缩裂缝,同时也影响到混凝土的强度增长。

通常,养生采用在混凝土表面洒布养生剂。养生剂是树脂基的化合物,并包含铝粉,可用机械或手工洒布在表面;也可采用洒水湿养,方法是用湿草帘或麻袋等覆盖在混凝土表面,并在其上每天洒水喷湿至少2~3次。

养生初期,为减少水分蒸发,避免阳光照射和防风雨等,可搭活动的三角形罩棚将混凝土遮盖。

养生时间按混凝土弯拉强度增长情况而定,不宜小于设计弯拉强度的80%,应特别注重前7d的保湿(温)养生。一般养生天数为14~21d,高温天不宜少于14d,低温天不宜少于21d;使用早强水泥时约为7d,掺粉煤灰的混凝土为28d,低温天应适当延长。

模板可在浇筑混凝土60h后拆除;而当交通车辆不直接在混凝土板上行驶、气温不低于10℃时,可缩短到20h后拆除;当气温低于10℃时,可缩短到36h后拆除。

七、防止早期裂缝

混凝土板浇筑完成以后几天内出现的裂缝,称为早期裂缝。这些裂缝大多是由于温度和湿度变化引起混凝土收缩而造成的。

为防止混凝土出现早期裂缝,可采取下述措施:

①尽量减少单位水泥用量,并使用发热量和收缩小的水泥;减少混凝土的单位用水量,可通过使用减水(塑化)剂和级配好的集料来保证施工的和易性。

②减少基层顶面的摩阻力(垫纸或铺塑料薄膜);基层顶面在浇筑混凝土前要充分洒水润湿。

③控制混凝土浇筑温度(<35℃),炎热夏季应选择早、晚时间施工。

④控制好锯缝时间,并注意按气候变化情况及时进行调整,必要时增设压缝。

⑤表面修整过程中,要避免阳光直射,并尽早养生,覆盖薄膜或洒水。

八、质量检查和验收

水泥混凝土面层施工的质量检查和验收要求,与底基层和基层、沥青面层施工相同,检查的内容也分外形尺寸和工程质量两部分。

外形尺寸包括面层板的宽度、长度、厚度、平整度、纵向和横向接缝的顺直度、接组相邻板的高度差、板边的垂直度以及高程。工程质量主要为混凝土的强度及表面的构造深度。各项质量指标均应符合规范规定的要求。

表10-29列出了水泥混凝土面层检查项目及检验标准。同时,还应符合外观鉴定的要求:

①混凝土板表面脱皮、印痕、裂纹、露石、蜂窝、麻面、缺边、掉角等有缺陷的面积不得超过受检面积的2%;

②混凝土的断裂块数不得超过评定路段混凝土板总块数的2%;

③路面边线顺直、曲线圆滑;

④接缝填缝料饱满密实、黏结牢固、缝缘清洁整齐。

各级公路混凝土路面铺筑检查项目及检验标准(JTG F80/1—2004)　　表10-29

项次	检查项目		允许值	
			高速公路、一级公路	其他公路
1	弯拉强度*(MPa)		在合格标准之内(JTG F80/1—2004中附录C规定)	
2	板厚度(mm)		代表值≥-5,极值≥-10,c_v值符合设计规定	
3	平整度	σ(mm)	1.2	2.0
		IRI(m/km)	2.0	3.2
		3m 直尺最大间隙 h(mm)	—	5
4	抗滑构造深度(mm)	一般路段	0.70~1.10	0.50~1.00
		急弯、陡坡、交叉等特殊路段	0.80~1.20	0.60~1.10
5	相邻板高差(mm)		2	3
6	连接摊铺纵缝高差(mm)*		平均值≤3;极值≤5	平均值≤5;极值≤7
7	接缝顺直度(mm)		10	
8	中线平面偏位(mm)		20	
9	路面宽度(mm)		±20	
10	纵断高程(mm)		±10	±15
11	横坡(%)		±0.15	±0.25
12	断板率(‰)		≤2	≤4
13	脱皮、印痕、裂纹、露石、缺边掉角(‰)		≤2	≤3
14	路缘石顺直度和高度(mm)		≤20	≤20
15	灌缝饱满度(mm)*		≤2	≤3
16	切缝深度(mm)*		≥50	≥50
17	胀缝表面缺陷*		不应有	不宜有
18	胀缝板的连浆、倾斜、弯曲和位移(mm)*		≤20、≤20、≤10	≤30、≤25、≤15
19	传力杆偏斜(mm)*		≤10	≤13

注:路面钻芯劈裂强度应换算为实际面板弯拉强度进行质量评定。其中"*"为《公路水泥混凝土路面施工技术规范》(JTG F30—2003)标准。

第六节　道路工程中其他工程的施工

一、软土路基地基加固处理

软土地基处理主要是要达到两个基本要求,即保证路基的稳定性和控制路基的沉降。常用的方法有:

①表层处理法,包括表层排水法、砂垫层法、稳固剂表层处治法等;
②换土法,包括开挖换填法、抛石挤淤法、爆破排淤法等;
③侧向约束法,包括反压护道法、侧向约束法等;
④排水固结法,包括水平排水法、竖向排水法等;
⑤预压法,包括自重预压法、超载预压法、真空预压法等;
⑥挤密法,包括砂(碎石)桩法、生石灰桩法等;

⑦化学加固法,包括高压喷射(挤压)注浆法、深层搅拌等;

⑧动力固结法,主要是强夯法(锤夯或板夯)等。

作为示例,这里简要介绍常用的两种化学加固法——深层搅拌法和挤压注浆法。后者因兼有挤密与化学加固作用而效果更优。

深层搅拌法是利用水泥、石灰等材料作为固化剂的主剂,通过专用的深层搅拌机,在地基深处就地将软土和固化剂(浆液或粉体)强制搅拌,利用固化剂和软土之间产生的一系列物理化学反应,使软土凝结成具有整体性、水稳定性和一定强度的桩体,多个一定间距的桩体构成符合要求的地基。其加固深度通常大于5m,最大可达60m。

深层搅拌法的施工工艺流程如图10-23所示。

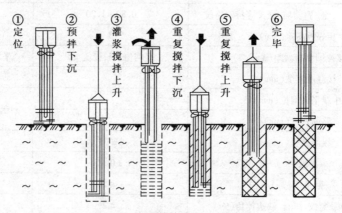

图10-23 深层搅拌法施工工艺流程

①定位。按设计现场放样,确定加固范围并用竹片等定出各桩的桩位;起重机(或用塔架)悬吊深层搅拌机到达指定桩位并对中。当地面起伏不平时,应使起吊设备保持水平。

②预搅下沉。待深层搅拌机的冷却水循环正常后,启动搅拌机电机,放松起重机钢丝绳,使搅拌机沿导向架搅拌切土下沉并预搅。

③制备浆(粉)。待深层搅拌机预搅下沉到一定深度时,即开始按设计确定的配合比搅拌浆(粉),待压浆(粉)前,将浆(粉)倒入集料斗中。

④提升喷浆(粉)搅拌。深层搅拌机下沉到达设计深度后,开启浆(粉)泵将浆(粉)压入地基中,并且边喷浆(粉)、边旋转。输浆管道不能发生堵塞,同时严格按设计确定的提升速度提升深层搅拌机,其误差不得大于±10cm/min。

⑤重复上下搅拌。深层搅拌机提升至设计加固深度的顶面高程时,集料斗中的浆(粉)正好排空。为使软土和浆(粉)搅拌均匀,可再次将搅拌机边旋转边沉入土中,至设计加固深度后,再将搅拌机提升出地面。

⑥清洗。向集料斗中注入适量清水,开启浆(粉)泵,清洗全部管路中残存的浆(粉),直至基本干净,并将黏附在搅拌头的软土清洗干净。

⑦移位。重复上述①~⑥,进行下一根桩的施工。

目前,对深层搅拌法加固质量的检验尚缺少简便可靠的方法,因此严格按照深层搅拌法施工工艺操作尤其重要,包括固化剂质量和实际单桩用量、搅拌深度和提升速度等。

挤压注浆法的原理是利用机械压力将混合砂浆(通常采用水泥、石灰、粉煤灰、砂、添加剂和水等组成)压到地基某一深度的土层内,压注料经高压压出后,在喷嘴的出口附近很快泌水,浆体流动性变差。由于连续不断的压力浆体对周围土体产生推挤形成空间。此空间被压力砂浆填充固化后形成密实的球串状桩体"糖葫芦串"。同时,桩体周围的土体因压力砂浆的推挤导致空隙水压力提高,并在空隙水压力消散后固结,从而达到挤密桩间土体的效果(图10-24)。挤压注浆法加固路基具有成本低、加固效果好的特点,可用于引桥高路堤的地基加固。

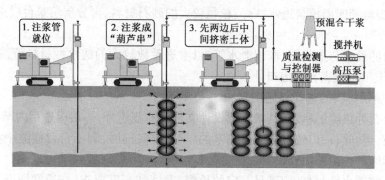

图 10-24　挤压注浆法施工示意图

挤压注浆法的施工主要环节如下:

①钻机定位。将钻机安放在设计孔位,使钻头对准孔位中心。

②注浆管就位。根据地质条件、孔深和机具设备等条件选择钻孔机,钻孔后将注浆管垂直插入基础,倾斜度不大于 1.5%。

③注浆。通过专用高压注浆设备,根据注浆压力变化缓慢提升钻杆,边提升边压浆,把搅拌均匀的混合浆液连续不断地按自下而上的顺序逐步注入地基土体内,形成连贯的"葫芦串"形桩体。注浆时,应做好压力、流量、冒浆量的记录,并防止水泥浆沉淀,使浓度降低。应禁止使用受潮或过期的水泥。

④冲洗。当喷射口提升到设计高程后,注浆即完成,需要将注浆管冲洗干净。

⑤循环作业直至完成。采用先周边,后内部的顺序提升挤密效果。

二、桥、涵台背填土

桥、涵台背处路基由于沉陷而导致跳车是高等级公路中常见的一种病害,其原因主要有:路基本身的压缩沉降;地基沉降;路基与台背接头处常发细小缩裂缝,在雨水渗入缝后,产生路基病害而引发路基沉降。台背路基沉陷导致"跳车"已成为公认的道路常见病害。为此,必须采取正确的工程措施和适宜的施工方法。

(1)设置横向泄水管或盲沟

台、背路基填筑前,在原地基土拱上设置泄水管或盲沟,如图 10-25 所示。

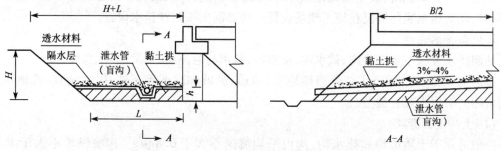

图 10-25　桥、涵台背填土基底的处理

在基底上,先对基底作必要的处理,然后填筑横坡为3%~4%的夯实黏土土拱,再在土拱上挖一条成双向坡的地沟(地沟尺寸一般宽40~60cm,深30~50cm)。然后,在台背后全宽范围内满铺一层隔水材料(可用油毡或下垫尼龙薄膜上盖油毡)。在地沟内四周铺设有小孔的硬塑料管(管径一般不小于10cm,其上小孔的孔径为5mm),塑料泄水管的出口应伸出路基外,然后在硬塑料管四周填筑透水性好、粒径较大的砂石材料,再分层填筑台后透水性材料,直到路基顶面。

横向盲沟的设置与上相同,取消泄水管,以渗透系数较大的透水性材料填筑地沟(如大粒径碎石)。用土工布包裹盲沟出口处。

(2)台背填筑材料的选择与施工

为保证台背处路堤的稳定,其填土除设计文件另有规定外,一般应选用内摩擦角较大的透水性材料,如石屑、碎石,以较好地减少路基的压缩沉降,同时,利于台背缝隙中渗入的雨水沿盲沟或泄水管顺利排出路堤外。

台背后填筑透水性材料,应满足一定的长度、宽度和高度要求,在通常情况下,台背填料,顺路线方向长度,顶部为距翼墙尾端不小于台高加2m,底部距基础内缘控制长度不小于2m,拱桥台背填土长度不应小于台高的3~4倍,涵洞填土长度每侧不应小于2倍孔径长度。透水性材料的填筑高度,从路堤顶面起向下计算,在冰冻地区一般不小于2.5m,无冰冻地区填至高水位处。在与路基衔接处,为保证连接质量,一般路基留1:1的斜坡或做成台阶。

台背的填筑施工应注意以下几点:

①控制填料的质量,填料的细料含量不宜过大。

②填筑前,应在土拱上设置泄水管或盲沟。

③台背填筑透水性材料前,桥、涵的台前防护工程及桥梁上部结构均应完成。

④涵洞缺口回填土,应在两侧对称均匀分层回填压实。如使用机械回填,则涵台胸腔部分及检查井周围应先用小型压实机械压实填好后,方可用机械进行大面积回填,涵顶填土压实厚度必须大于50cm,方可通过重型机械和汽车。对桥梁构造物,也应做到两端对称施工,桥台背后填土与锥坡填土同时施工。

⑤应严格按有关施工规范施工,控制每层填筑厚度20cm。碾压遍数一般不少于10遍,并对每层填筑质量实施检测,透水性材料以干密度或空隙率控制施工质量。

如果台背填筑非透水性土时,对土质不好、含水率高的填料要进行处理,必要时可以换土或掺低剂量石灰、水泥或粉煤灰等。对高路堤软基,还须采用软土路基加固处理的方案加固。

三、路基排水设施

在施工中,首先应校核全线路基排水系统的设计是否完备和妥善,必要时予以补充或修改,同时,还应根据实际情况在施工现场设置一些必需的临时性排水设施。

1. 地面排水设施

地面排水设施主要有边沟、截水沟、排水沟、跌水与急流槽、蒸发池、拦水带等。

排水沟渠施工(加固)应结合当地地形、地质、纵坡和流速等条件,因地制宜,就地取材。目前常用的有以下几种类型。

(1)土沟表面夯实

一般适用于土质边沟和排水沟,沟内平均流速不大于0.8m/s。沟底纵坡不大于1.5%(断面为0.4m×0.4m)或0.6%(断面为0.6m×0.8m),见图10-26。

施工时,水沟沟底及沟壁部分应少挖 0.05m,并随挖随夯,将沟底沟壁夯拍坚实,使土的干密度不小于 $1.66 \times 10^3 kg/m^3$,以免土中水分消失,不易夯拍坚实。

(2)三合土或四合土加固

三合土是指水泥、砂及炉渣组成的混合料,其配合比一般可采用水泥:砂:炉渣 = 1:5:1.5(质量比)。在无炉渣地区,可使用石灰:土:碎(卵)石 = 1:3.3:2.3(体积比)。

四合土是指水泥、石灰、砂、炉渣组成的混合料,配合比一般采用1:3:6:24(质量比)。

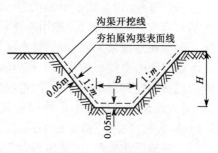

图 10-26 土沟表面夯实

三合土或四合土一般用于加固无冻害、无地下水、水流平均速度在 1.0~2.5m/s 地段的水沟。混合土厚视沟内流速或沟底纵坡而定,一般取 0.1~0.25m;加固常流水的水沟表面时,如加抹厚 1cm 的 M7.5 水泥砂浆,效果更佳,如图 10-27 所示。其具体施工方法如下:

①施工前两周,将石灰水化,使用前 1~3d,将土或炉渣(粒径不超过 5mm)掺入拌匀,使用时将碎(卵)石或水泥(低强度等级)及砂掺入,反复拌和均匀。

②沟渠开挖后趁土质潮湿立即加固。如土质干燥,则宜洒水湿润后再行加固。

③铺混合土前,应将沟壁夯拍整平,并每隔 2m 左右设一模板,以保证加固厚度一致。

④沟渠铺混合土后,应拍打排浆,然后再抹水泥砂浆护层,待稍干后,用大卵石将表面压紧磨光,最后用麻袋或草垫覆盖,洒水养生 3~5d。

(3)单层干砌片石加固

一般用于无防渗要求,土质沟渠沟底纵坡在 5% 以上,流速大于 2m/s,或砂土质沟渠沟底纵坡在 3%~4% 以上的沟渠加固,如图 10-28 所示。当沟壁沟底为细颗粒土时,应加设卵(碎)砾石垫层,其厚度在 0.10~0.15m 范围内选用,5~50mm 粒径的石料应占总质量的 90% 以上。片石间隙应用碎石填塞紧密,片石大面应砌向表面,以减少表面粗糙度。

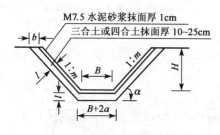

图 10-27 三合土或四合土加固层

注:$a = b - mt$;$b = t/\sin\alpha$。

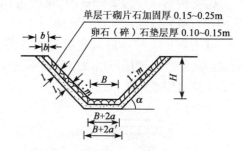

图 10-28 单层干砌片石加固

注:$a = b - mt$;$a' = b' - mt'$。

(4)单层栽砌卵石加固

用于无严格防渗要求,且容许流速在 2.0~2.5m/s 以内沟渠,如图 10-29 所示。

(5)浆砌片石加固

浆砌片石边沟有梯形与矩形两种(图 10-30、图 10-31),一般用于沟内水流速度较大(平均流速大于 4m/s)及防渗要求较高的地段。沟底纵坡一般不受限制,沟壁需预留泄水孔。

2. 地下排水设施

常用的地下排水结构物有明沟与排水槽、暗沟、渗井和渗沟等,以下仅介绍渗沟的施工。

渗沟是一种常见的地下排水沟渠。其作用是为了切断、拦截有害的含水层水和降低地下水位,保证路基经常处于干燥状态。渗沟按构造分有三种形式,如图10-32所示。图10-32a)为填石渗沟,也称盲沟,一般用于流量不大、渗沟不长的路段,是目前公路上常用的一种渗沟。施工时应注意淤塞失效,由于排水层阻力较大,其纵坡不应小于1%,一般可采用5%,盲沟深度不超过3m,宽度一般为0.7~1.0m。图10-32b)为管式渗沟,设于地下引水较长的地段,但渗沟过长时应加设横向泄水管,将纵向渗沟内的水流,分段迅速排除。沟底纵坡取决于设计流速,最大流速应考虑到水管的构造及其使用寿命,且不致冲毁管下垫枕材料,一般以不大于1.0m/s为宜,也不应低于最小流速,最小纵坡为0.5%。图10-32c)为洞式渗沟,当地下水流量较大或缺乏水管时,可采用石砌沟洞,洞孔大小依设计流量而定。沟底纵坡最小为0.5%,有条件可适当采用较大纵坡,以利于排水。

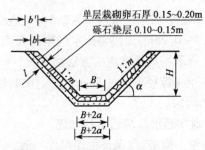

图10-29 单层栽砌卵石加固

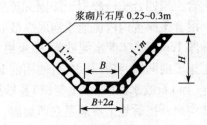

图10-30 浆砌片石梯形加固

渗沟的施工质量是保证其能否发挥作用的关键。如质量控制不严,造成渗沟淤塞,不但起不到汇流、排水作用,反而会给工程留下隐患。因此,在施工中,必须注意以下几点:

①渗沟的布置应尽可能与地下水流向互相垂直,使之能拦截更多的地下水。

②渗沟的深度为2~3m时,宽度为0.8~1.0m。沟内砂石填料应经过筛选和清洗。

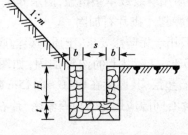

图10-31 浆砌片石矩形加固

③为防止土粒落进填充石料的孔隙,渗沟顶部应设封闭层。封闭层可用双层反铺草皮或其他材料铺成隔层,并在其上夯填厚度不小于0.5m的黏土防水层或用浆砌片石筑成。

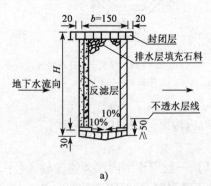
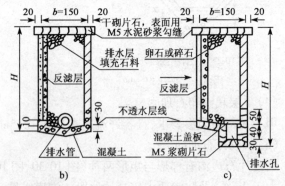

图10-32 渗沟构造(尺寸单位:cm)
a)填石渗沟(盲沟);b)管式渗沟;c)洞式渗沟

④为防止含水层中砂土淤塞渗沟,应设反滤层。反滤层用筛选过的中砂、粗砂、砾石、碎石等渗水材料分层填筑,其层数和颗粒级配、比例,视坑壁土质和排水层材料而定。一般相邻层

的粒径比不小于1:4,层厚不小于0.15m,砂石料颗粒小于0.15mm的含量不应大于5%。禁止用粉砂、细砂及风化石料填筑。

⑤填石渗沟的排水层,应采用石质坚硬的较大颗粒填筑,并保证排水孔隙度。其透水材料的填充高度,应不低于未设渗沟前的地下水位,并不低于0.3m。

⑥管式渗沟的泄水管,可用陶土、混凝土或石棉等材料制成,管径视设计流量而定,一般为0.1~0.3m,管壁应设渗水孔眼。在冬季管内流水结冰的地段,为防止堵塞,可采用直径大一些的水管。管式渗沟的高度,应使填料顶面高出原地下水位,而且不低于沟底至管顶之间高度的2~4倍。渗水管基座宜用片石干砌,当基座底部砌入隔水层时,应用浆砌。

⑦洞式渗沟的底部孔洞,排水能力较强,应用浆砌片石筑成,上加混凝土盖板。洞式渗沟所要求的高度与管式渗沟相仿。

⑧渗沟的施工与暗沟一样,宜由下游向上游施工,并应随挖随撑随填,支撑渗沟应间隔开挖。渗沟反滤层施工时,可用木板将各层反滤材料组成垂直层,填筑完后再将木板抽出。

⑨为了检查、维修渗沟,每隔30~50m或在平面转折和坡度由陡变缓处,宜设置检查井,检查井一般采用圆形,内径不小于1.0m,在井壁处的排水管管底应高出井底0.3~0.4m,井底铺筑一层0.1~0.2m的混凝土,以免漏水,井基如遇不良土质,应采取换填、夯实等措施。兼起渗井作用的检查井壁,应在含水层范围设置渗水孔和反滤层。深度大于20m的检查井,除设置检查梯外,还应设置安全设备。

四、路基坡面防护

坡面防护,主要是保护路基边坡表面免受雨水冲刷,减缓温差及湿度变化影响,防止和延缓软弱岩土表面的风化、碎裂、剥蚀演变过程,从而保护路基边坡的整体稳定性,在一定程度上还可兼顾路容美化和协调自然环境。常用的坡面防护施有植物防护和工程防护。

①植物防护——种草、铺草皮、植树等。植物防护,可美化路容,协调环境,调节边坡土的湿度,起到固结和稳定边坡的作用。它对于坡高不大、边坡比较平缓的土质坡面,是一种简易有效的防护设施。

②工程防护——抹面(3~10cm)、捶面(10~15cm)、喷射混凝土(浆)(5~8cm)、局部处置(勾缝、灌缝)、石砌护坡(干砌、浆砌)、护面墙、土工织物防护等。

工程防护,适用于不适宜于草木生长的较陡的土质和岩石边坡的防护。本节简要介绍常用的石砌护坡和新型的土工织物防护。

1. 石砌护坡

石砌护坡有干砌和浆砌两种,可用于土质或风化岩质路堑或土质路堤边坡的坡面防护,也可用于浸水路堤及排水沟渠,作为冲刷防护。

干砌片石虽有一定的支撑能力,但主要作用是防止水流冲刷边坡,故要求被防护的边坡自身应稳定,坡度一般为1:1.5~1:2。在严重潮湿或有冻害的路段一般不宜使用。干砌片石防护有单层铺砌、双层铺砌和编格内铺石等几种形式。图10-33是单层铺砌石砌护坡。

采用干砌片石防护时,为防止水流将铺石下面边坡上的细颗粒土带出来冲走,施工时应在铺砌层的底面设0.1~0.2m的碎砾石或砂砾混合物垫层,以增加整个铺石防护的弹性,使其不易损坏。同时,干砌片石最好用砂浆勾缝,防止水分侵入过多,以提高其整体强度。

浆砌片石护坡,适用于防护流速较大(4~5m/s)的沿河路堤或采用干砌片石不适宜或效果不理想的其他路基坡面防护。浆砌片石护坡宜用0.3~0.5m以上的块(片)石砌筑,其厚度

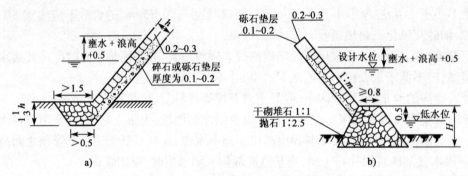

图 10-33 单层铺砌片石护坡(尺寸单位:m)
a)片石铺砌基础;b)干砌抛石、堆石垛基础

一般为 0.2~0.5m,用于冲刷防护时,最小厚度一般不小于 0.35m,护坡底面应设 0.10~0.20m 厚的碎石或砂砾垫层(严禁用石块抛填)。基础要求坚固,底面宜采用 1:5 向内倾斜的坡度,如遇坚石可挖成台阶式,在近河地段基础则应埋置于冲刷线以下 0.5~1.0m。浆砌片石护坡每长 10~15m,应留宽约 2cm 的伸缩缝。护坡的中、下部应设 10cm×10cm 的矩形或直径为 10cm 的圆形泄水孔(间距一般为 2~3m),泄水孔后 0.5m 的范围内应设置反滤层。路堤边坡上的浆砌片石护坡,应在路堤沉实或夯实后施工,避免工后沉降引起护坡的破坏。

2. 土工织物防护

土工织物是由高分子合成纤维制成的一种新型建筑材料,在公路工程中已广泛应用。

土工织物的产品分为编型土工纤维(由单股线或多股线编织而成)、织型土工纤维(机织物)和无纺型土工纤维以及由前三类组合而成的各种土工纤维,如土工网、土工垫、土工格栅等。各种土工织物的性能有一些差异。无纺型土工纤维的抗拉强度大多为 10~30kN/m,高的达 30~100kN/m;编织型土工纤维为 20~50kN/m,特高的达 100~1 000kN/m。

土工织物的优点是质量轻、整体连续性好(可做成较大面积的整体,目前在长度上可特制成数百米到上千米长),施工方便,抗拉强度较高,耐腐蚀性和抗微生物侵蚀性好。无纺型的当量孔隙直径小,渗滤性好,质地柔软能与土很好地结合。其缺点是在未经处理的情况下抗紫外线能力低,但如不直接暴露,抗老化及耐久性能仍较高。

(1)土工织物复合植被防护坡面

土工织物(网)复合植被防护是综合了土工织物和植被这两大类防护方法的特点产生的。它兼顾了两者的优点,而且还能相互补充完善,是一种有效的边坡防护方法(图 10-34)。

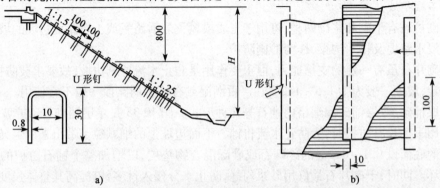

图 10-34 土工织物复合植被坡面防护(尺寸单位:mm)
a)断面图;b)平面图

三维土工网(垫)植草防护是土工织物复合植被防护坡面的一种典型形式,主要适用于边坡坡度缓于1:1、边坡高度小于3m的土质边坡。三维网(垫)铺设时搭接宽度一般不小于100mm,并用锚钉固定在坡面上,在坡顶和坡脚均需埋入土中。锚钉一般采用长20~30cm、ϕ6mm的U形钢筋,其间距不大于1m。三维网(垫)内回填土可采用当地耕植土,并视土壤肥力情况,加入适量的肥料和保水剂。

土工织物复合植被防护坡面的主要施工作业程序为:施工前的准备工作,对坡面进行削坡平整,施氮:磷:钾=15:8:7的底肥,然后铺土工织物(网),并固定(加固)坡顶与坡脚,再后覆土、播种、养护。

土工织物复合植被防护坡面施工注意事项如下:

①必须根据本地区的土壤及气候条件,选择草种和播种期,使植被尽快覆盖坡面。

②土工织物复合植被防护坡面,主要是防止降雨对坡面的冲刷,并不能代替如顶沟、坡面排水槽等排水辅助设施。只有在护坡工程和排水辅助设施同时完成后(植被覆盖率达80%以上),该方法才能控制暴雨冲刷,保护坡面完好。

③土工织物复合植被防护,如果能与浆砌片石骨架配合应用,防护效果会更佳。

(2)土工织物在公路坡面防护中的其他应用

①挂网式坡面防护。适用于风化碎落较严重的岩石边坡。沿边坡悬挂的土工网能截住落石,引导其进入边沟或其他可控制地区。土工网通常拴在边坡背上的销或链上,并沿坡面覆盖其上,网的底部保持开口,以保证落石尽量不停留在网内。

当落石直径较大、边坡倾角大于40°时,网不再适用。这是由于在这些边坡上滚落石块的冲击将会使网破裂。这时可设置锚钉,并将网拴在其上,从而岩石往下滚落时遏制了动能的增大。可是到最后石块可能积聚起来,质量太大,使网破裂,所以应注意随时清除积聚的石块。

②草坪植生带。草坪植生带是近年来推广使用的一种草坪种植新技术,植生带由两层无纺布构成,中间夹有草籽。植生带在工厂预制、成批生产,运输时可成卷装运。使用时先整平边坡,然后像铺地毯一样将植生带铺于坡面上,上面盖有细土,用木(铁)牙钉牢,保持植生带与坡面密贴,浇水保湿,草籽即可发芽生长。浇水后30d左右即可出苗,三个月后可形成草坪,是高等级公路边坡快速绿化防护的新技术、新方法。但造价较高,施工管理也比较细致。

③锚杆挂高强塑料网格喷浆或喷射混凝土。适用于破裂的或易于风化破碎的岩石路堑边坡,其作业方法与锚杆挂钢筋网喷浆或喷射混凝土相似。

五、挡土墙

挡土墙是支撑陡坡以保持土体稳定的一种构造物。按结构形式划分,挡土墙的形式有:重力式、半重力式、衡重式、悬臂式、扶壁式、加筋土式、锚杆式、锚定板式和土钉式等。

1.石砌挡土墙

石砌挡土墙是最常见的重力式挡土墙,其基本构造及各部分名称如图10-35所示。

(1)材料要求

①石料。石砌挡土墙石料按开采方法与加工程度分为片石、块石和料石三种。应尽量选用质地均匀无裂缝、不易风化、较大的石料。块石应大致方正,其厚度不小于15cm,宽度和长度为厚度的1.5~2.0倍和1.5~3.0倍较合适。片石应具有两个大致平行的面,其厚度不宜小于15cm,其中一条边长不小于30cm,体积不小于0.01m³。用于垫平垫稳的小片石不受此

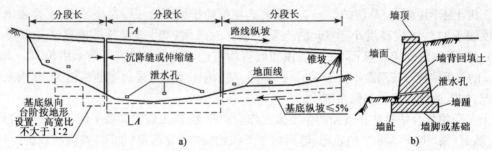

图 10-35 挡土墙的基本构造及各部分名称
a)正面;b)侧面($A-A$)

限。石料的抗压强度不低于 25MPa。在冰冻地区,还应具有耐冻性。

②砂浆。砂浆一般用水泥、砂和水拌和而成,即为水泥砂浆,也可用水泥加石灰的混合砂浆。

砂浆用砂一般为中、粗砂,若中、粗砂缺乏,可在增加适量水泥后采用细砂。拌和砂浆砌筑片石砌体时,砂的粒径不应超过 5mm,块石、料石砌体不应超过 2.5mm。强度等级大于 M10 的砂浆,含泥量不应超过 5%;强度等级小于 M10 的砂浆,含泥量则不应超过 10%。

(2)施工

砌筑工艺分浆砌、干砌两种。浆砌多用于排水、导流构筑物及挡土墙;干砌多用于河床铺砌、护坡或干砌挡土墙等。以下仅介绍浆砌石料施工。

①工艺方法。浆砌是利用砂浆胶结砌体材料,使之成为整体而组成人工构筑物,一般有坐浆法、抹浆法、灌浆法和挤浆法多种。

坐浆法,又叫铺浆法。砌筑时先在下层砌体面上铺一层厚薄均匀的砂浆,压下砌石,借石料自重将砂浆压紧,并在灰缝上加以必要的插捣和用力敲击,使砌石稳定在砂浆层上。

抹浆法,即用抹灰板在砌石面上用力涂上一层砂浆,尽量使之贴紧,然后将砌石压上,辅助以人工插捣或用力敲击,使浆挤后灰缝平实。

挤浆法,即综合坐浆法与抹浆法的砌筑方法。除基底为土质的第一层砌体外,每砌一块石料,均应先铺底浆,再放石块,经左右轻轻揉动几下后,再轻击石块,使灰缝砂浆被压实。

灌浆法,即把砌石分层水平铺放,每层高度均匀,空隙间填塞碎石,在其中灌以流动性较大的砂浆,边灌边捣实至砂浆不能渗入砌体空隙为止。

②浆砌砌体。浆砌前应做好准备工作,包括:工具配备;按设计图纸检查和处理基底;放线;搭脚手架、跳板等施工设施;清除砌石上的尘土、泥垢等。

砌筑的顺序以分层进行为原则。较长的砌体除分层外,还应分段砌筑,两相邻段的砌筑高差不应超过 1.2m,分段处宜设置沉降缝或伸缩缝的位置。

浆砌片石常以挤浆法为主,浆砌块石多用坐浆法和挤浆法。

③施工注意事项。施工前应做好地面排水和安全生产的准备工作,滨河等地段宜在枯水季节施工。在松软地层或坡积层地段,基坑宜采用跳槽开挖的方法,以免发生土体坍滑。在基础施工完成后应及时回填夯实墙趾部分的基坑,并做成外倾斜坡,以免积水。挡土墙的外墙应用规格块、料石砌筑,采用丁顺相间的方法,并应保证砂浆饱满。注意泄水孔和排水层(反滤层)的施工操作,保证排水通畅。浆砌挡土墙需待砂浆强度达 70% 以上时,方可回填墙背填

料。同时,墙背填料应符合设计要求,避免采用膨胀性土和高塑性土,并做到逐层填筑,逐层夯实。不允许向着墙背斜坡填筑,夯实时应注意勿使墙身受较大冲击影响。墙后地面横坡陡于1:3时,应作基底处理(如挖台阶),然后再回填。墙顶可用2cm厚M5砂浆抹平(干砌挡土墙墙顶50cm厚度内,用M2.5砂浆砌筑)。

2. 加筋土挡土墙

加筋土挡土墙是利用加筋土技术修建的一种支挡构造物,它利用拉筋与土之间的摩擦作用,改善土体的变形条件和提高土体的工程特性,以达到稳定土体的目的。加筋土挡土墙具有构件预制装配化施工块、对地基变形适应性和抗振性好、用地节约、材料消耗少造价低和造型美观等优点,在道路工程中得到广泛应用,主要用于地形较为平坦且宽敞的高填方路段。由于在挖方路段或地形陡峭的山坡不利于布置拉筋,一般不宜使用。

(1)加筋土挡土墙的构造

加筋土挡土墙由填料、拉筋、墙面板和基础四个组成部分,基本结构如图10-36所示。

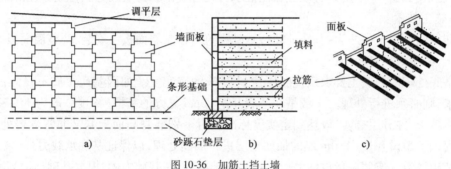

图10-36 加筋土挡土墙
a)外立面;b)断面;c)构造

①填料。填料为加筋土结构的主体材料。选择填料的原则是要保证填料与加筋之间有足够的摩擦力,并在结构中不产生孔隙水压力。因此,加筋土的填料在就地取材的原则下,以砂性土(透水性材料)较优。此外,填料还应满足一定的化学标准和电化学标准,以保证金属类加筋不受严重腐蚀。如采用土工合成材料加筋时,填料中不能含有铜、镁等化学物质。

②拉筋。拉筋是与填土产生摩擦力并承受水平作用而维持结构物内部稳定的重要构件,为此,要求拉筋具有足够的抗拉强度,不易脆断,柔性好,延伸率低,同时与填土能产生较大的摩擦力,而且抗老化、耐腐蚀问题也容易处理。常用拉筋有:镀锌钢带(宽≥30mm,厚≥3mm)、钢筋混凝土带(宽100~250mm,厚60~100mm)、聚丙烯土工带(p.p带,宽≥18mm,厚≥0.8mm)、钢塑复合带(宽≥30mm,厚≥1.5mm)。

③墙面板。墙面板的作用是防止筋带间填土侧向挤出、便于拉筋固定布设,并保证填料—拉筋—墙面板构成具有一定形状的整体。墙面板通常为混凝土或钢筋混凝土构件,其截面有槽形、L形和矩形等几种。矩形截面墙面板最常见的平面形式是十字形板。表10-30列出了三种墙面板的尺寸范围和特点。

典型墙面板的尺寸范围和特点 表10-30

类型	示意图	尺寸范围(cm)	特点
矩形 (十字形)		$h=50\sim150$ $b=50\sim150$ $t=10\sim25$	面板受力合理,拼装时面板相互嵌接,自身稳定性好,面板与拉筋连接方便,适合填料分层夯实,组成的墙面外形美观

续上表

类型	示意图	尺寸范围(cm)	特点
槽形		$h = 30 \sim 50$ $b = 100 \sim 150$ $t = 14 \sim 25$	面板施工简单,但在翼缘处的土体难以夯实,影响整个墙体的质量,有时出现面板外突,使面板翼缘应力集中,导致面板破坏
L形		$h = 30 \sim 50$ $b = 100 \sim 200$ $t = 30 \sim 50$	受力合理,整体稳定性好,能够承受拼装时土的侧向压力。采用地模预制省工、省料、安装方便。拉筋与面板能牢固连接,并便于铺设。靠近面板处的土体能较好地夯实。纵缝、横缝顺直,拼装后十分美观

④基础。加筋土挡土墙基础的主要作用是便于安砌墙面板。因此,这种基础可以做得小,其断面视地基、地形条件而定,一般用宽大于0.3m、高度大于0.15m的条形基础即可。此外,近年来,在软弱地基上采用碎石砂桩和低桩承台处理基础取得成功并获得显著经济效益。

（2）施工技术

加筋挡墙的施工程序为:基底处理→基础浇筑→预制墙面板→安装、调整墙面板→铺设拉筋→填土、碾压→护脚与帽石。

①基底处理。基底土要求反复碾压达到95%的密实度。如因基底土质不良无法满足密实度要求,则必须进行处理。一般是在基底开挖60cm见方的基槽(深度一般为1.0～1.5m),换上合格填土,并分层夯实,以达到密实度标准。对个别墙身高而地基又非常软弱处,则需在基底高程以下增设0.5～1.0m厚的加筋土层进行加固处理,以保证基底承载力。

②基础浇筑。按照测量放线的位置安装基础横板,在基础内侧,根据基础顶面高程画出墨线,按此墨线钉上塑料三角条。现浇混凝土时,用此三角条控制基顶高程。条形基础一般为C20混凝土。

③预制墙面板。预制墙板采用专用钢模板(一般十字形墙板采用钢模板,L形墙板采用木模板)。墙板外侧花纹,由具有花纹面的聚丁橡胶模垫预先铺于模板内形成。预制时要求配合比准确,振捣密实,无裂纹,墙板外侧平整,花纹清晰,墙板内侧要粗糙。

④安装墙板。基础混凝土强度达到70%以上时,即可安装第一层墙板。采用5t吊车和大平板车各一辆,首先在条形基础上铺以砂浆垫层,起吊底层墙板安置定位,墙板内外侧均支以撑木,以防倾倒。然后,在底层墙板的预留孔中插入长度为120cm的传力杆,将标准板安置于底层板之间。所有墙板在安装前必须仔细检查,有裂纹、缺陷者,一律弃之不用。

⑤调整墙板。墙板安装就位后,其竖向应符合设计边坡要求,横向应使每层墙板均在同一水平线上。因此,必须对墙板进行调整。在放样支架上定出墙板设计边线,依据该边线,控制每块墙板上边沿两端点至边坡的距离为2cm(预留2cm是为抵消由于逐层填土碾压产生的墙板向外位移量)。如每块墙板两端与相邻墙板不在同一水平线上时,可用厚度不同的树脂黏结软木进行调整。墙板外侧面垂直缝用三角形木模塞紧,每缝两处,相邻上、下墙板用木夹板夹紧固定。

⑥铺设拉筋。待填土达到一定位置时,即可铺设第一层拉筋。拉筋铺设时,应水平散开成扇形,筋条之间不要重叠,以防减少拉筋与填料之间的摩擦力。

⑦填土碾压。每层筋条的填料一般分两层填铺,用平地机整平,每次松铺厚度一般为20～30cm,碾压后的密实度应达到95%。距离墙板2m内的填土采用1.5t小型压路机碾压,2m以

外用12~15t压路机碾压。

⑧护脚与帽石。加筋与填土完成后,应及时修筑护脚和帽石。护脚宜用块石或混凝土预制块浆砌防护,帽石一般采用混凝土预制块浆砌。帽石安砌应使顶面平整,顺适美观。

(3)施工注意事项

①加筋土挡墙的关键问题是排水和防水,一定要防止水浸入挡墙,尤其对黏性土来说更为重要。同时,对所有与填土接触的部件均应采用严密的防水措施。例如,对拉筋的表面进行聚氯乙烯防护处理;拉筋的断头用沥青胶封口;对墙板内侧面涂刷防水剂等。

②铺设拉筋时务必拉紧,这是保证墙板稳定在设计位置、确保墙板安装质量的重要一环。填土时,装运填土的自卸汽车经常在距离墙板2~4m内作业,机械压力和振动对墙板向外推移影响很大,极易引起墙板向外位移。在施工中,一经检查发现,应立即纠正。

③填土过程中,宜先在整个挡墙内普遍夯实,然后将下层距离板1.0m处的填土挖出再进行分层填筑务实,这样可以使距面板1.0m处的土挤不到面板上,避免使面板向外鼓。

④面板要用钢模板浇筑,以保证尺寸的准确性,这样在面板拼装时纵、横缝才能符合标准,使面板之间接缝处受力均匀,拼出的挡墙使用寿命长且美观。

⑤加筋挡墙成败关键是加筋的强度与耐久性,加筋质量不过关,不仅会影响结构的寿命,而且更重要的是容易引发工程质量事故。施工中,对拉筋和拉环接头等要严格检查,加强施工现场监管,使这种安全、经济、实用、美观的工程得以完满实现。

思考与练习

1. 常用的道路施工方法有哪四类?为什么要将路基土和石进行工程分级,应如何分级?
2. 压路机有何作用?请分别列举三种类型压路机的各种机型。
3. 在正式开工之前,施工现场的准备工作主要有哪些?
4. 轮胎式压路机和光轮式压路机在碾压效果方面有何不同,碾压土层厚度是否有区别?
5. 路基施工主要质量检查指标有哪些,标准应如何确定?
6. SMA沥青路面的施工有哪些特点?为什么不推荐采用轮胎压路机?
7. 为什么会产生混凝土板的早期开裂,应如何预防?
8. 请比较沥青路面与水泥混凝土路面在平整度要求方面的技术指标及标准的差异。
9. 简述软土路基加固的常用方法。
10. 简述软土常用的两种化学加固法,即深层搅拌法和挤压注浆法的加固原理和效果。

第十一章 交通安全与环境保护工程

目前,道路交通安全和环境保护已成为全世界共同关注的重大课题。虽然其中涉及大量人、车等非道路工程的因素,但是如果道路建设不能通过专用设施等技术手段尽可能消除使用中可能发生的安全和环保隐患,那么无疑等于在所建的道路中埋下交通事故和环境污染的隐形缺陷,将后患无穷。

本章先介绍我国道路交通安全与环境保护的概况,然后依次介绍道路护栏、隔离与防眩设施、标志与标线、公路绿化及环境保护等设施的设置与施工。

第一节 概 述

一、道路交通安全问题与道路交通安全设施

1. 我国道路交通安全现状

近20年来,我国公路交通运输基础设施系统得到了前所未有的发展,公路路网逐渐形成并不断完善,国、省道干线公路逐渐由高等级公路组成,2007年我国二级以上高等级公路占全部公路里程的比例已超过10%。高等级公路带来高速高效运输的同时,也带来交通事故的增长。

与道路安全状况较好的国家相比,中国的道路交通事故有以下特点。

(1)事故死亡人数高

我国的交通事故死亡人数高不仅表现为绝对数字较高,而且单位事故的死亡人数也高。例如,美国1992年发生道路交通事故225多万起,按绝对数为世界第一,死亡3.92万人,约每57起事故死亡1人。而我国,2008年每3.6起事故就死亡1人,死亡率非常高。

(2)高速公路事故率大大高于普通公路

国外高速公路发生的交通事故数量平均为普通公路的30%~51%,高速公路交通事故死亡人数平均为普通公路的43%~76%。而中国的情况正相反,以1997年为例,全国高速公路每百公里事故数是普通公路的8倍,事故死亡率是普通公路的5倍。

2. 道路交通事故"因素链"与道路交通安全设施

道路交通系统是一个由人、车、路、环境构成的动态系统。在该系统中,驾驶员从道路交通环境中获取信息,这种信息综合到驾驶员的大脑中,经判断形成动作指令,通过驾驶操作行为,使汽车在道路上产生相应的运动,汽车的运行状态和道路环境的变化又作为新的信息反馈给驾驶员,如此循环往复,完成整个行驶过程。因此,人、车、路、环境被称为道路交通系统的四要素,人、车、路、环境构成了道路交通事故因素链。

四要素必须协调地运动,以达到整个系统安全、快速、经济、舒适的要求。安全是基础,只有保证了安全,才能实现快速、经济和舒适。然而作为一个动态系统,绝对的安全是没有的。

如果将交通事故看作是系统的"故障",道路安全工程的任务是对"人、车、路、环境"系统做好日常"维护",尽可能减少"故障"和降低"故障"的严重性。

道路交通安全系统就是对"人、车、路、环境"系统在运行中的安全性、可靠性作出系统的分析评价和提出保证措施的系统工程。

在道路安全系统分析中,美国的威廉·哈顿(William Haddon)曾将人、车、路在交通事故中的相关关系用矩阵形式表示,成为著名的哈顿矩阵,见表11-1。

哈 顿 矩 阵　　　　　　　　　　　表11-1

因素	事故前	事故中	事故后
人	培训、安全教育、行车态度、行人和骑车人的着装	车内位置和坐姿	紧急救援
车	主动安全(制动、车辆性能、车速、视野)、相关因素(交通量、行人等)	被动安全(防撞结构、安全带等)	抢救
路	道路标志标线、几何线形、路表性能、视距、安全评价	路侧安全(易折)柱、安全护栏	设施的修复

哈顿矩阵中9个单元中的每一个都会对事故或伤亡有直接或间接的影响,成为主要或次要肇事原因。反之,其中的任何一个或几个环节的改善也可以打断"事故因素链",从而减少事故或降低事故伤害。

对于三者在事故中的作用问题,美国的 Treat 和英国的 Sabey 经过对大量事故的深入研究认为:与道路有关的原因是28%~34%,与人有关的原因是93%~94%,与车有关的是8%~12%。但前苏联的 O·A·季沃奇金对取自前苏联各地区的 I~V 级公路的约13 000个道路交通事故进行分析,并仔细对照事故地点的道路特征后,得到的结论是不良道路条件影响是70%交通事故的直接或间接原因。虽然两种结论相差很大,但都说明道路条件是造成交通事故的主要原因之一。同时,完善的道路设施可有效减少交通事故的产生或事故的损害程度。

改善道路交通安全状况的对策包括各种技术与政策措施。不少研究表明,对道路安全有较大影响的措施涉及四方面:道路交通设施方面的措施、车辆方面的措施、规范道路用户(驾驶员、骑车人和行人)行为方面的措施以及环境方面的措施。

其中,道路交通安全设施方面的措施是应当使道路满足车辆行驶的物理、力学要求,不至于使汽车发生滑移、倾覆等事故。道路交通安全设施的另一个重要要求是使道路用户能作出正确的决策和对事故受害人作适当保护。例如,一方面,道路的线形和交通标志标线应当保证驾驶员能迅速、正确地对前方的道路情况作出判断;另一方面,也要保证一次给驾驶员的信息不能太多、太快,否则会超出驾驶员的接受能力。此外,一旦肇事,道路交通安全设施应能减轻受害人的伤害程度。这里涉及道路的护栏、隔离与防眩设施、标志与标线等交通设施,它们是高等级道路的重要组成部分,其修建费用可占工程造价的5%~15%。这些设施将是本章后面要讨论的重点,有关道路安全分析与评价等技术请参考相关专著。

二、道路环境问题与道路环保设施

我国道路交通进入高速发展时期的同时,一方面出现交通事故激增的现象,另一方面也产生了严重的环境问题。道路交通环境问题是多方面的,如空气污染、噪声污染、水环境污染、对自然景观破坏和行车振动污染等,但最主要的是空气污染和噪声污染。

1. 空气污染

车辆排放的空气污染物主要有一氧化碳（CO）、氮氧化物（Nq）、碳氢化合物（HC）、微粒物质（TSP）等。它们造成城市大气污染，危及人们的身体健康。美国20世纪70年代对城市空气污染物来源和分类统计分析表明，城市空气污染物主要来自车辆排气（占总排放的污染物55%）。30年后，我国统计资料也证明，汽车尾气已成为许多大城市空气的最主要污染源。显然，道路交通引起的空气污染根源在汽车。

2. 噪声污染

根据20世纪80年代调查统计，我国城市环境噪声增加约10dB，平均每年增加1dB，进入21世纪后，城市噪声增加的幅度更大。道路交通噪声是城市环境噪声的主要来源。据有关省1996年的公众环境意识问卷调查结果（图11-1）显示，影响居民日常生活的主要环境问题是噪声干扰，其中交通噪声是其主要污染源（图11-2）。

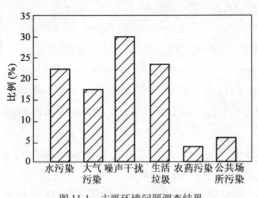

图11-1 主要环境问题调查结果

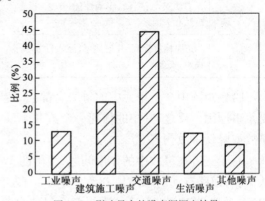

图11-2 影响最大的噪声源调查结果

道路交通引起的噪声污染既有汽车原因，也有道路原因。因此，治理噪声污染也应从多方面入手，可以通过对行车过程中的发动机、车身和车轮—路面系统的减噪来减小噪声，也可通过设置道路声屏障来降低噪声对周围环境的干扰。其中，声屏障可以是工程设施也可以是绿化带，还可修筑低噪声路面来降低噪声。

第二节 护 栏

一、护栏的分类与设置

1. 分类

护栏是一种是尽可能阻止车辆意外越出路界的道路设施，它能最大限度地减少越界车辆可能造成的事故损失。按刚度的不同，护栏可分为刚性护栏、柔性护栏和半刚性护栏三类。

（1）刚性护栏是一种基本不变形的护栏结构，一般是指混凝土墙式护栏。

（2）柔性护栏是一种具有较大缓冲能力的柔性护栏结构，一般是指缆索护栏。

（3）半刚性护栏通常是一种连续的梁柱式结构，具有一定的刚度和柔性，如钢板护栏。

按横梁的不同结构可分为波形梁护栏、管形梁护栏、箱形梁护栏等。其中，W形波形梁护栏最为常用。

护栏又常以设置地点分为路侧护栏和中央分隔带护栏。

此外，还可从结构特征来划分护栏类型。如从构造特征上区分，波形梁护栏有"有防阻块"和"无防阻块"之分、"圆形立柱"和"槽形立柱"之分等。

我国道路防撞护栏划分：路侧 A、B、SB、SA、SS 五级；中央分隔带 Am、SBm、Sam 三级。

各级护栏的碰撞条件和性能见表11-2。表11-3列出了常用波形护栏的构造。

护栏防撞性能（JTG D80—2006） 表11-2

护栏防撞等级		碰撞条件			碰撞加速度* (m/s^2)	碰撞能量 (kJ)	护栏性能评价条件
路侧	中央分隔带	碰撞速度 (km/h)	车辆质量 (t)	碰撞角度 (°)			
B		100	1.5	20	≤20	70	乘员安全性
		40	10	20			护栏强度
A	Am	100	1.5	20	≤20	160	乘员安全性
		60	10	20			护栏强度
SB	SBm	100	1.5	20	≤20	280	乘员安全性
		80	10	20			护栏强度
SA	SAm	100	1.5	20	≤20	400	乘员安全性
		80	14	20			护栏强度
SS		100	1.5	20	≤20	520	乘员安全性
		80	18	20			护栏强度

注：*指碰撞过程中，车辆重心处所受冲击加速度10ms间隔平均值的最大值，为车体纵向、横向和铅直加速度的合成值。

常用波形梁护栏结构 表11-3

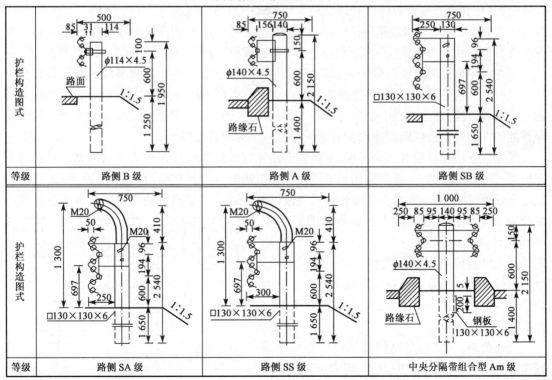

| 等级 | 路侧B级 | 路侧A级 | 路侧SB级 |
| 等级 | 路侧SA级 | 路侧SS级 | 中央分隔带组合型Am级 |

注：表中图尺寸单位为mm。

2. 形式选择与设置原则

(1) 形式选择

道路护栏形式的选择,应针对公路的具体情况,充分比较各种护栏形式的性能,满足经济合理、安全可靠、美观大方等要求。选择因素包括:性能、安全性、美学及对驾驶员的心理影响、当地的气象条件、建设费用与养护费用等。每种护栏有其本身的特点和适用条件,美国和日本缆索护栏应用较普遍,我国和西欧国家则以波形梁护栏为主,其他形式护栏应用较少,大都应用于特殊场合。各种护栏的适用场合见表11-4。

本节仅介绍我国采用最为普遍的波形梁护栏的结构与施工。

各种护栏适用的场合　　　　表11-4

适用场合 护栏型式	小半径弯道	需要视线诱导的地方	要求美观的地方	冬天积雪处	窄中央分隔带	估计有不均匀沉陷的路段	需要耐腐蚀的地方	长直线路段
波形梁护栏	最适用	最适用	能适用	能适用	能适用		能适用	能适用
管梁护栏	能适用		能适用	能适用			能适用	能适用
箱梁护栏			能适用	能适用	最适用			能适用
缆索护栏			最适用	最适用		最适用	能适用	最适用
混凝土护栏		能适用					最适用	能适用

(2) 设置原则

高速公路和一级公路一般均应设置中央分隔带护栏,但是仅当中央分隔带宽度大于12m时,可灵活掌握;或者当上、下行路基高差大于2m时,可只在路基较高一侧设置。另外,在中央分隔带开口处,必须设置活动护栏。

根据《公路交通安全设施设计规范》(JTG D81—2006)规定:

①在以下情况必须设置路侧护栏:如果路侧有江、河、湖、海、沼泽等水域,或者二级及以上公路符合图11-3中Ⅰ区条件且车辆驶出路外有可能造成单车特大事故或二次特大事故的路段。

②在以下情况应设置路侧护栏:车辆驶出路外有可能造成单车重大事故的路段且符合下述情况——高速公路、一级公路在路侧安全净区设有车辆不能安全穿越的照明灯、可变信息标志等设施的路段;二级及以上公路符合图11-3中Ⅱ区条件或路侧边沟无盖板或车辆无法安全穿越的挖方路段;三、四级公路路侧有悬崖、深谷、深沟等的路段。

③在以下情况宜设置路侧护栏:车辆驶出路外有可能造成单车重大事故的路段且符合下述情况——高速公路、一级公路用地范围内存在粗糙的石方开挖断面、高出路面30cm以上的混凝土基础、挡土墙或大孤石等障碍物的路段以及互通式立交出口匝道的三角地带及匝道小半径圆曲线外侧;二级及以上公路符合图11-3中Ⅲ区条件,或纵坡大于等于公路工程技术标准规定的最大纵坡值的下坡路段和连续长下坡路段,或平曲线半径小于等于公路工程技术标准规定的最小半径的路段外侧;三、四级公路符合图11-3中Ⅰ区条件的路段。

高速公路、一级公路路侧波形梁护栏最小设置长度为70m,混凝土护栏36m,缆索护栏300m。对于二级公路、三级以下公路分别为:48m、24m、120m和28m、12m、120m。

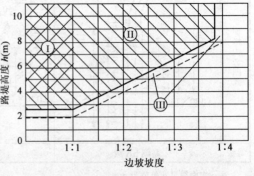

图11-3　边坡、路堤高度与设置护栏的关系

二、波形梁护栏构造要求

1. 路侧波形梁护栏

（1）横断布设

路侧波形梁护栏的横断布设，不应使护栏面侵入公路建筑限界以内，并不得使护栏立柱外侧的侧向土压力明显减少。立柱外边缘到路肩边缘的最小距离为：当土路肩宽度为75cm时，不应小于25cm；当土路肩宽度为50cm时，不应小于14cm。

（2）端头处理

路侧波形梁护栏的起、讫点应进行端头处理。端头可采用圆头式或地锚式。我国高速公路修建初期常用圆头式端头。护栏起点与标准段通过渐变段连接。渐变段一般设计成抛物线形，立柱位置逐渐外移，立柱高度不变，其间距在端头附近加密为2m，采用混凝土基础，加索端锚具，这种处理办法称为端部斜展，端梁为圆头。这种端头制造容易，安装方便，在碰撞角度小的情况下有较好的导向功能。如果失控车辆与端头正面相碰，有可能发生护栏穿透车厢的事故。因此，后来有的改用地锚式端头。这种端头通过斜角梁逐渐伸向地面，在端部用混凝土基础锚固。地锚式端头在失控车辆正面碰撞时，车辆会沿斜置波形梁爬上而吸能。侧面碰撞时，同样具有较好的导向功能。

顺行车方向的下游端头一般均按圆头端梁处理，并与标准段护栏成一直线布设。

典型地锚式端头和顺行车方向的下游圆头端梁的结构如图11-4所示。

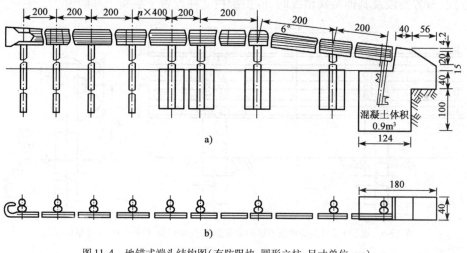

图11-4 地锚式端头结构图（有防阻块、圆形立柱，尺寸单位：cm）
a）立面图；b）平面图

（3）防阻块构造

路侧波形梁护栏的防阻块是波形梁与立柱之间的承力部件，可分为A型、B型两种。A型适用于圆形立柱，是一种六角形的结构，如图11-5所示；B型适用于槽形立柱或其他型钢立柱。

波形梁与立柱之间加防阻块具有以下功能：

①防阻块本身就是一个吸能机构，可以使护栏在受到碰撞后逐渐变形，减少事故伤亡；

②使波形梁从立柱上悬置出来，失控车辆碰撞时，能有效避免前轮被立柱绊阻；

③防阻块参与护栏整体作用后，使护栏受力更加均匀，有利于车辆的导向；

④在有路缘石路段，可减轻由于失控车辆碰到缘石后跳起产生对护栏的不利影响。

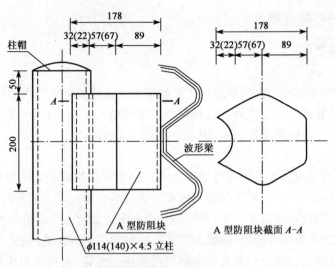

图 11-5　A 型防阻块构造示意图(尺寸单位:mm)

(4)立柱安装

路侧护栏立柱应安装于坚实的土路肩中,车辆碰撞时,立柱与路基土作用,使立柱弯曲变形,路基土压缩变形,这是护栏的吸能过程。设置于土中的路侧波形梁护栏的典型构造如图11-6所示。但是,当护栏立柱遇到立柱置于桥梁、通道、涵洞等无法打入地方,立柱下方遇有地下管线、石方路段及其他特殊情况时,应把护栏立柱设置于混凝土基础中。

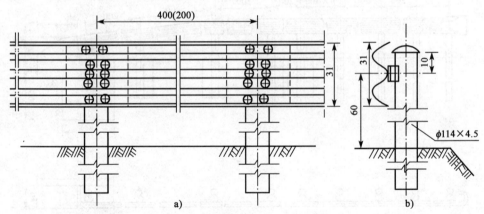

图 11-6　设置于土中的路侧波形梁护栏构造图(无防阻块、圆形立柱,尺寸单位:cm)
a)立面图；b)侧面图

2.中央分隔带波形梁护栏

设置于中央分隔带的波形梁护栏,按构造可分为分设型和组合型两种。分设型护栏适合于中央分隔带较宽、分隔带内构造物较多并埋有管线的路段。组合型护栏适合于中央分隔带宽度较窄、中央带内构造物不多或埋设管线较少的路段。

(1)横断布设

中央分隔带波形梁护栏的横断布设应根据中央分隔的宽度、断面形式及地下通信管线布设来确定。当按分设型布设时,不宜使护栏面侵入到公路建筑限界以内。若分设型护栏设置在有路缘石的中央分隔带内,波形梁护栏应有防阻块。如设在布设有通信、电力等管线的中央分隔带内,波形梁护栏到缘石面的最小值 c 可减少到25cm,一般情况下 $c=50$cm,如图 11-7 所示。

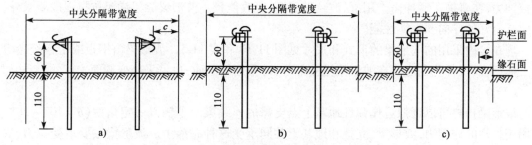

图 11-7 分设型护栏的横断面布设图(尺寸单位:cm)
a)无缘石时;b)有缘石时;c)护栏面与缘石较近时
(c 应满足公路建筑限界的规定)

（2）端头处理

设置于中央分隔带起、终点及开口处的护栏应进行端头处理。

车辆可能迎面碰撞时，端头处理的防撞装置不能带刺、产生拱起或使车辆翻滚。当失控车辆在端头和标准段之间发生碰撞，端头结构应具有与中央分隔带标准段护栏相同的改变车辆方向的性能。

端头形式可分分设型和组合型两种情况考虑。分设型波形梁护栏，其端头应与中央分隔带线形相一致。在一定长度(如16m)范围内，波形梁护栏从两条平行线逐渐按一定比例往分隔带内缩窄，一般呈抛物线形，立柱间距为2m，圆端头的半径应与分隔带开口处的线形相一致，一般为25cm。分设型波形梁护栏的端头布设如图 11-8 所示。组合型波形梁护栏的端头布设如图 11-9 所示。图中均为圆形立柱和无防阻块型，也可设置为槽形立柱或有防阻块的类型。

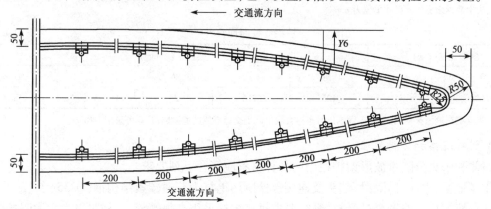

图 11-8 分设型护栏的端头构造图(无防阻块、圆形立柱,尺寸单位:cm)

三、构件的标准和材料要求

1. 波形梁护栏组成构件的标准

波形梁、立柱、防阻块、横隔梁、端头等构件应符合有关产品标准的规定。

（1）波形梁

波形梁是与失控车辆首先接触的构造，通过波形梁的传递，把碰撞力分散给多根立柱，通过立柱把力传递给地基土。失控车辆与护栏的作用将随着时间的推移，不断改变着作用位置，波形梁主要承受的

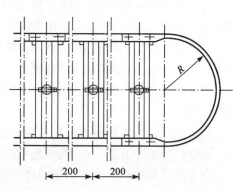

图 11-9 组合型护栏的端头构造图(尺寸单位:cm)

是拉伸力,在碰撞车辆冲击作用下,波纹被展开,吸收能量。波形梁除了满足抗拉强度要求外,还应具有好的导向和吸能性能。

现在国内采用的波形梁的形式和尺寸见图 11-10 和表 11-5。波形梁由钢板或带钢经冷弯加工成型,一次冲孔完成。在波形梁搭接部分,可采用等截面,也可采用变截面。

（2）立柱

波形梁护栏可以近似看作弹性地基上点支撑的连续梁。车辆以一定角度($\theta = 10° \sim 20°$)作用于护栏的碰撞力,波形梁、立柱和地基土共同承受这种碰撞力。波形梁主要承受拉力,立柱主要承受弯矩。在碰撞过程中,立柱起着非常重要的支撑作用。要想提高立柱强度,可以通过增大惯性矩的办法实现。我国护栏立柱主要采圆形和槽形见图 11-11 和表 11-6。

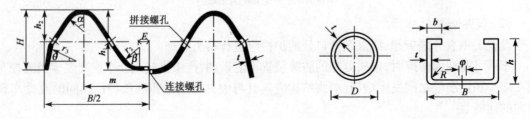

图 11-10　波形梁的断面图　　　　　　　图 11-11　立柱的断面图

波形梁截面参数　　　　　　　　　　　　表 11-5

代号	B	m	H	h_1	h_2	E	r_1	r_2	r_3	α	β	θ	t
尺寸	310	96	85	83	39	14	27	24	10	55°	55°	10°	3

注：表中数据未标注者尺寸单位为 mm。

护栏立柱断面尺寸　　　　　　　　　　　　表 11-6

圆形立柱(mm)		槽形立柱(mm)				
D	t	B	h	b	t	φ
114	4.5	125	62.5	25	5	18

注：当重型车辆占有率高、失控车辆越出行车道会发生严重交通事故的危险路段,D 可采用 140mm。

2. 材料规格和防腐要求

路侧和中央分隔带波形梁护栏用的各种材料应符合下列要求。

①波形梁、立柱、横隔梁、端头及连接螺栓所用钢材为普通碳素结构钢(Q235)。

②拼接螺栓。波形梁是受拉构件,要求拼接螺栓采用高强螺栓,这样可以大大增强接头处的强度。高强螺栓建议采用 45 号钢、20MnTiB 钢,并符合国家标准的规定:屈服点 >990MPa,抗拉强度 >1 100MPa,伸长率 ≥10%,收缩率为 42%。

高强度螺栓的头部成型,可以采用冷加工,或采用热加工、滚压法成型螺纹,并经盐浴炉或辐底炉进行淬火,以提高其强度和硬度。

为了增强高强度螺栓连接副的防锈能力,改善螺栓螺母之间的润滑状态,对其表面应做好润滑处理。

③防阻块。防阻块材料可用型钢来制造,钢材应符合国家标准的规定。

④立柱埋置于混凝土中时,混凝土强度等级不应小于 C15。

所有波形梁护栏的冷弯型钢部件均应作防腐处理,一般可采用热浸镀锌处理。

螺栓、螺母等紧固件在采用热浸镀锌后,必须清理螺纹或进行离心分离处理。在条件允许的情况下,螺栓、螺母等紧固件也可采用粉镀锌钵技术。

对钢材有严重磨蚀作用的地区,可采用热浸镀铝、浸塑、喷塑等方法。

在腐蚀特别严重的地区,或出于对美观上的要求,护栏钢构件可在镀锌后再涂塑或油漆。

四、施工

1. 一般要求

护栏施工前应预先做好施工组织设计及施工准备。

护栏施工常用工具有:打桩机、开挖工具、夯实工具、钳子、榔头及经纬仪、水准仪、卷尺等测量工具。

立交桥、小桥、通道和涵洞等顶部放有护栏立柱时,应预先准确设置预埋件。

护栏施工时,应准确掌握各种设施的资料,特别是埋设于路基中各种管道、电缆的位置。在施工过程中要谨慎操作,不允许对地下设施造成任何损坏。

2. 放样和安装

立柱放样应以固定道路设施如桥梁、通道、中央分隔带开口等为主要控制点,进行测距定位。立柱放样时,可利用调整段调节间距。通过调整段调整后,立柱间距可能有不大于25cm的间距零头数,可通过分配法将其调整至多根立柱。

立柱放样后,应调查每根立柱位置的地基情况,如遇地下通信管线、泄水管等,或涵洞顶部埋土深度不足时,调整某些立柱的位置,改变立柱固定方式。

通常,立柱可用打入法施工。施工时应精确定位,将立柱打入土中至设计深度。当打入过深时,不得将立柱部分拔出加以矫正,须将其全部拔出,待基础压实后再重新打入。无法采用打入法施工时,可采用开挖法或钻孔法埋设立柱。埋设立柱的回填土应采用良好的材料并分层夯实(每层厚不超过15cm),回填土的压实度不应小于相邻原状土。

护栏立柱设置于构造物中时,应做好混凝土基础。采用预留孔基础的,应先清除孔内杂物,吸干孔内积水。将化好的沥青在孔底涂一遍,然后放入立柱,控制好高程,即可在立柱周围注砂。灌砂时一定要保持立柱的正确位置和垂直度。砂振实即可用沥青封口,防止雨水进入孔内。采用法兰盘基础时,应将下法兰盘和地脚螺栓、螺母清理干净,安装立柱时应控制立柱的方向和高程,调整其位置,经检查合格后方可拧紧法兰盘地脚螺栓。

沥青路面段设置立柱时,柱坑从路基至面层下5cm采用与路基相同的材料回填并充分夯实,余下部分采用与路面相同材料回填并夯实。立柱位置、高程在安装时应严格控制。

考虑到护栏结构对景观及对驾驶员视线的诱导作用,立柱就位后其水平方向和竖直方向应形成平顺的线形。渐变段及端部是护栏施工中需重点注意的部位。施工中应严格控制其立柱位置,注意形成抛物线线形。

波形梁通过拼接螺栓相互拼接,并由连接螺栓固定于立柱或横梁上。波形梁的搭接方向是安装的关键,搭接方向应与行车方向一致。否则,即使是轻微的擦碰,也会造成较大的损失。

波形梁在安装过程中应不断进行调整。不可过早拧紧其连接螺栓和拼接螺栓,否则将无法发挥板上长圆孔的调节作用。待调节完成后,需按规定拧紧拼接螺栓和采用高强螺栓,严格控制扭矩。调整后的波形梁应形成平顺的线形,避免局部凹凸。

波形梁顶面应与道路竖曲线相协调。当护栏的线形认为比较满意时,方可最后拧紧螺栓。但应注意连接螺栓不宜拧得过紧,以便由长圆孔调节温度应力。

3. 质量验收

安装后的护栏,一般取 500m 为验收单位,任取 10 跨护栏进行验收。其检查方法、频率和允许偏差见表 11-7。

波形梁护栏检查项目及允许偏差(JTG F80/1—2004) 表 11-7

项次	检查项目	规定值或允许偏差	检查方法和频率
1	波形梁板基底金属厚度(mm)	±0.16	板厚千分尺:抽检 5%
2	立柱壁厚(mm)	4.5±0.25	测厚仪、千分尺:抽检 5%
3	镀(涂)层厚度(μm)	符合设计	测厚仪:抽检 10%
4	拼接螺栓(45 号钢)抗拉强度(MPa)	≥600	抽样做拉力试验:每批 3 组
5	立柱埋入深度	符合设计规定	过程检查,直尺:抽检 10%
6	立柱外边缘距路肩边线距离(mm)	±20	直尺:抽检 10%
7	立柱中距(mm)	±50	直尺:抽检 10%
8	立柱竖直度(mm/m)	±10	垂线、直尺:抽检 10%
9	护栏顺直度(mm/m)	±5	拉线、塞尺:抽检 10%
10	横梁中心高度(mm)	±20	直尺:抽检 10%

第三节 隔离与防眩设施

一、隔离设施

1. 分类及设置原则

1)分类

隔离设施也称隔离栅,是用于阻止人、畜进入公路或其他禁入区域,以及防止非法侵占公路用地。它可有效地排除横向干扰,避免由此产生的交通延误或交通事故。

隔离栅按构成材料分为金属网、钢板网、刺铁丝网和常青绿篱几类,见表 11-8。

隔离设施的分类 表 11-8

序号	构造形式		埋设条件	支撑结构
1	金属网	编织网	混凝土基础或直埋土中	钢支撑
		焊接网		
	钢板网			
	刺铁丝网		混凝土基础或直埋土中	钢筋混凝土支柱、钢支柱、烧制圆木
2	常青绿篱		植于土中	

2)形式选择与设置原则

(1)形式选择

隔离栅的形式选择需考虑隔离栅的性能、经济性、美观、与公路周围环境的协调、施工与养护维修的条件等因素。

①金属网型和钢板网型的隔离栅的适用条件是:靠近城镇人烟稠密地区和担心有人、畜等进入的路段;配合道路景观,要求选择美观大方的隔离形式的风景区、旅游区、著名地点等路段;简单立交、通道的两侧等。其中,金属网型比较适合于地形起伏不平的路段,钢板网型适用于地形平坦地段。

②刺铁丝网型隔离栅可在人烟稀少的地带、山岭地区、郊外地区的公路保留地、郊外地区高架结构物的下面、跨越沟渠而需封闭的地方使用。

③其他,如互通式立体交叉范围和服务区、停车区、收费站、管理所等处,隔离栅可考虑与之相配合,选择合适的小乔木或灌木,在管辖地界范围与刺铁丝配合形成绿篱。

(2)设置条件

高速公路、一级公路两侧均应设置隔离设施。但是,路侧有水渠、池塘、湖泊等天然屏障,或路侧有高度大于 1.5m 的挡土墙或砌石等陡坎等人、畜不能进入的区段,可不设隔离设施。另外,桥梁、隧道等构造物,除桥头、洞口需与路堤隔离栅连接封死,其他区段也不必设置隔离设施。

(3)设置要求

隔离栅的中心线一般设在沿公路用地界线以内 0.2~0.5m 处,应尽量避免侵占农民用地。公路两侧隔离栅围合的封闭难点在桥梁、通道等处,需下工夫围实围死(图11-12)。

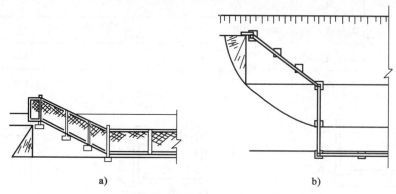

图 11-12 隔离栅端头围封和拐角处理
a)侧面图;b)平面图

流水量很小的涵洞、沟渠,隔离栅也可以考虑直接跨过。但在跨沟的地方,须作一定的围封处理,以防人、畜随意钻入。跨越沟、涵处立柱可适当加强、加深。当受地形限制(如陡坎、湖泊、河流、深沟等)隔离栅不能连续设置时,需要做好隔离栅的端部处理,一定要围死。

当沿隔离栅中心线地形起伏较大时,它可以做成斜坡形或阶梯形。

2. 构造要求

隔离栅主要由立柱、斜撑、隔离网、连接件和基础等组成,采用整网连续铺设或组合式施工安装完成。隔离栅的结构应便于野外施工和维修,外形美观,并具防偷盗性。

(1)整网连续铺设隔离栅的构造

整张隔离网在其连续铺设工作完成后,需用专用张紧设备将其绷紧。网与立柱的传统连接为挂钩。这种连接方式的主要优点是:上网、下网工艺简单,加工精度要求不高,成本低。图 11-13 为通用的槽钢立柱挂钩部位大样图。

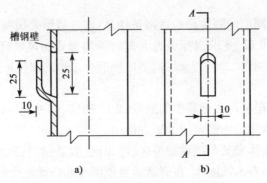

图 11-13 槽钢立柱挂钩的构造(尺寸单位：mm)
a)A-A；b)正面

隔离网的立柱可以采用型钢或钢筋混凝土柱两种,间距2~3m,采用混凝土基础埋设。其断面尺寸、斜撑的连接方法及基础埋置深度应根据不同情况由计算确定(按风压验算),以求在最小断面尺寸下获得最佳的稳定效果。常用立柱的规格见表11-9。

金属立柱和斜撑、钢筋混凝土立柱的规格   表11-9

序号	冷弯等边槽钢			冷弯等边内卷边槽钢						钢筋混凝土立柱	
	h	B	d	h	b	e	f	g	d	a	b
1	40	50	2.5(或3.0)	40	40	5	11	14	2.5(或3.0)	100	100
2	56	50	2.5(或3.0)	50	50	8	12	18	2.5(或3.0)	120	120
3	80	50	2.5(或3.0)							150	150
图例											

型钢立柱可采用加斜撑的办法保证其稳定性,一般每隔100m应在型钢立柱两侧加斜撑,每隔200m或在隔离网改变方向的地方,在型钢立柱的三个方向加斜撑。钢筋混凝土立柱则采用扩大和加深混凝土基础的方法达到加固效果。

隔离栅的高度一般以成人高度为参考标准,取值1.6~1.8m。在大都市人口密度很大的地方,特别是青少年较为集中的地区,应取上限。根据实际需要还可在此基础上加高到使人无法攀越的程度。图11-14是金属网连续铺设并用刺铁丝网加高的隔离栅构造。

(2)组合式施工安装隔离栅的构造

组合式上网安装,是指隔离网在工厂按尺寸剪裁好,并镶嵌在外框中,可分散运输,零散安装。工程上应用较多的是框架式钢板网(图11-15)。框架式钢板网由工厂预制的带框网片和立柱组成。由于带框网片的刚度大,工厂制作精度高,现场安装方便快速,使得这种组合式施工安装隔离栅具有造型美观、形式多样、整体性结构强度高、灵活装配,只是工程造价较高。组合式施工安装隔离栅的立柱构造要求与整网连续铺设隔离栅相同。

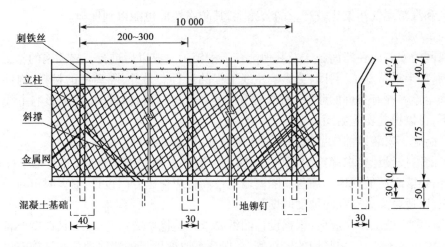

图 11-14 金属网连续铺设,加刺铁丝的隔离栅构造(尺寸单位:cm)

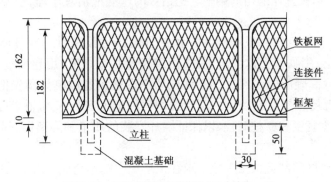

图 11-15 框架式钢板网的构造(尺寸单位:cm)

(3)网孔尺寸

隔离栅网孔尺寸的选择,主要考虑下面几个因素:不利于人攀越;结构整体的配合要求;网面的强度(绷紧程度)。

实际应用中,金属网的网孔尺寸一般均不宜大于 150mm×150mm,编织网和焊接网宜用 10 号或 12 号线(2.8~3.5mm),钢板网的基底金属钢板厚度以 2m 或 2.5mm 为宜。

刺铁丝宜用直径(线号)×刺间距来表示规格,常选用的刺铁丝主要是(2.2~2.8mm)× 100mm 或(2.2~2.8mm)×125mm。结构设计时,上下两道刺铁丝的间距不宜大于 250mm,一般以 150~200mm 为宜。

3. 材料及防腐要求

隔离栅所用的材料宜选用标准产品,并应符合交通部标准《公路交通安全设施设计规范》(JTG D81—2006)的有关要求。

隔离栅的设计年限应与高速公路的设计年限相适应,为此要求其具有防腐性能,尤其是金属隔离栅,其防腐要求就显得更加重要。常规的油漆和电镀处理方法其耐候年限一般在 1~5 年,因而用油漆或电镀的方法来处理隔离栅的金属构件显然是不适宜的。

目前,国内外高等级公路金属设施的防腐处理方法主要是热浸镀锌所用的锌应为国家标准规定的 0 号或 1 号锌。镀锌量:立柱、斜撑、连接件为 $600g/m^2$;螺栓、螺母、垫圈、刺铁丝为 $350g/m^2$。

热浸镀锌的镀锌层与基底金属的结合牢固、均匀,不易剥离,工艺技术成熟,即使在酸雨、沿海地区和汽车尾气污染比较严重的公路上,其防腐性能也能得到保障。

4. 施工

隔离网的安装应在路面施工及其他配套工程施工完成以后进行。隔离网的施工是在公路用地范围,如果过早施工、封闭,会影响主线工程的进行。另外,隔离网的材料、构件主要也依赖主线来运输。在有条件的路段,如可利用辅道来运送材料、构件时,在不影响主线工程施工的情况下,可以提前实施封闭。

在开始施工安装以前先要做好施工组织设计,协调好各部门的关系。

施工前需按设计要求确定隔离网的中心线,测量立柱的准确位置,并在每个柱位定出标记,测量出经清理后的原地面高程。隔离墙立柱高程应作出专门设计,必要时可对设计高度作现场修正,以适合隔离网纵向坡度的变化。

在放样和定位工作完成后,根据设计图纸要求开始挖坑或钻孔。挖、钻深度要符合设计要求。在特殊环境条件下,如坚硬的岩石等,在保证不改变地界的法律地位和设施布设整体美观的情况下,允许对坑基位置作适当的调整。挖钻好的基底应清理干净,以便验收合格后,下道工序的正常施工。

立柱坑基混凝土施工分为现场浇灌和预制件现场埋设两种。现场浇灌施工要求立柱放入坑内,正确就位,用临时支撑固定立柱,用靠尺量其垂直度,用卷尺量其高度,在确认符合设计要求后,进行混凝土的浇灌。预制件现场埋设是指通过模具预先把立柱和混凝土基础制成整体结构,现场直接安装到位。不管选用何种施工安装方式,在施工过程中都应严格检查立柱就位后的垂直度和立柱高程,以保证网片安装的质量和隔离网安装完毕后的整体美观效果。

整体式框架隔离网的制造加工一般要求在工厂集中制作完成。由于工厂机械设备较为齐全,生产效率高、成本低、工艺完善,批量流水生产能保证加工制作的质量。

钢筋混凝土立柱可在施工现场制作,也可在工厂事先预制。其几何尺寸和强度都应符合设计要求。经抽检合格后,方能成批使用。

运输和装卸是工程组织流序中的一个重要环节,也是产品质量保证的关键。在工程管理中应对不同的材料产品制订出相应的运输装卸规定。钢筋混凝土立柱的运输及装卸应避免立柱折断或摔坏棱角,装车时码高不宜超过 5 层。金属构件和网片在装运、堆放中避免损坏。

为了保证上网安装立柱的强度,要求现场浇筑的基础混凝土强度达设计强度 70% 以后,方可安装网片。

金属编织网安装可分为无框架整网安装和有框架安装两种。无框架整网安装要求从端头立柱开始,先将金属网挂在立柱挂钩上扣牢,然后沿纵向展开,边铺设边拉紧。展网要求自如,挂钩时保证网不变形。有框架的网片安装,要求框架与立柱连接牢固,框架整体平整性良好。

刺铁丝安装时要求从端头立柱开始。刺铁丝之间要求平行、平直;绷紧后用 11 号铁丝与混凝土立柱或钢结构立柱上的铁钩绑扎固定,横向与斜向刺铁丝相交处用 11 号铁丝绑扎。

钢板网安装要求网面平整,无明显凹凸现象,框架与立柱应连接牢固,整体连接平顺。

以上各类形式的隔离栅网片安装完毕后,立柱基础均应进行最后压实处理。

安装完毕的隔离设施,应以 2km 为一验收单位,连续取 10 跨隔离栅进行检查验收,或以通道间长度为一验收单位,至少连续检查 5 跨。其检验方法及允许偏差见表 11-10。

隔离栅质量检验方法及允许偏差(JTG F80/1—2004)　　表 11-10

项　次	检 查 项 目	规定值或允许偏差	检查方法与频率
1	高度(mm)	±15	钢卷尺:每100根测2根
2	镀(涂)层厚度(μm)	符合设计	测厚仪:抽检5%
3	网面平整度(mm/m)	±2	直尺、塞尺:抽检5%
4	立柱埋入深度	符合设计规定	过程检查,直尺:抽检10%
5	立柱中距(mm)	±30	卷尺:每100根测2根
6	混凝土强度(MPa)	在合格标准内	每工作班1组3件,抽检10%
7	立柱竖直度(mm/m)	±8	直尺、垂线:每100根测2根

二、防眩设施

1. 分类及设置原则

1)分类

防眩设施是指防止夜间行车不受对向车辆前照灯眩目的构造物,通常设于中央分隔带。

按构造特征区分,防眩设施主要分为防眩网、防眩板和防眩植树三类。按埋设条件则可分为单独埋设于土(混凝土)中、设置在混凝土护栏上和设置在波形梁护栏上三类。

2)形式选择

在世界各国使用最广泛的防眩板及防眩网两种形式中,防眩板因其经济、美观、对风阻挡小、积雪少、对驾驶员心理影响小等优点(尤其是宽度适当的防眩板与混凝土护栏配合使用效果更佳),成为我国道路上防眩的两种基本形式之一(另一种是植树形式的防眩设施)。不同防眩设施的综合性比较见表 11-11。

不同防眩设施的综合性比较　　表 11-11

特　点	美观与景观效果	对驾驶员心理影响	对风阻力	积雪	防眩效果	经济性	施工难易	养护工作量	横向通视	阻止行人穿越
密集型植树	好	小	大	严重	较好	差	较难	大	差	较好
间距型植树	好	小	大	严重	较好	好	较难	大	较好	差
防眩板	好	小	小	好	好	好	易	小	好	较好
防眩网	较差	较小	大	严重	较差	较差	难	小	好	好

就防眩板和植树(灌木)两种形式的具体布设而言,在中央分隔带较窄时,应以防眩板为主进行防眩;而在中央分隔带较宽,地形富有变化,对自然景观有要求且适宜植树时,宜采用植树(灌木)防眩。但是中央分隔设置缆索护栏时,因缆索护栏与防眩板结合设置,给人以头重脚轻之感,景观效果不好。这种情况最好是采用植树防眩,因植树与缆索护栏结合景观效果极佳。单纯从经济上对比,防眩板的经济性优于植树防眩,但随着人们对绿化景观要求越来越高,在有条件时,应优先考虑采用植树防眩。

3)设置原则

(1)宜设置防眩设施的路段

高速公路及一级公路符合下列条件之一者宜设置防眩设施:

①夜间交通量大,大型车混入率较高的路段。
②平曲线半径小于一般最小半径路段。
③设置竖曲线对驾驶人员有严重眩目影响的路段;从互通式立交、服务区、停车场的匝道或连接道进入主干线时,对向驾驶人员有严重眩目影响的路段。
④无照明的大桥、高架桥上、长直线路段或地形起伏变化较大的路段。

但如符合下列条件之一者,可不必设置防眩设施:
①中央分隔带宽度大于7m或相会车辆横向间距大于14m时;
②路基横断面为分离式断面,上下行车道高差大于2m时;
③有连续照明设施的路段。

(2)连续性要求

防眩设施的设置应考虑连续性,避免在两段防眩设施之间留有短距离的间隙,因为这种情况会给毫无思想准备的驾驶员造成很大的潜在眩目危险,易诱发交通事故。

(3)色彩要求

在中央分隔带设置防眩设施会影响横向通视,使驾驶员视野变窄,并将其注意力引诱到防眩设施上。如防眩设施过于单调,长距离设置时,其形式或颜色应适当变化,可把植树和防眩板交替设置,段长在5km以上为宜。

(4)渐变过渡要求

防眩设施的设置高度原则上应全线统一。不同防眩结构的连接应注意高度的平滑过渡,避免出现突然的高低变化。设置在凹形竖曲线路段的防眩设施高度需根据竖曲线半径及纵坡,在一定长度范围(渐变段)内逐步过渡,渐变段的长度一般宜大于50m。

2. 构造要求

(1)结构设计要素

防眩设施结构设计要素中影响防眩效果的最主要指标是防眩遮光角和防眩高度。

防眩设施既要有效地遮挡对向车辆前照灯的眩光,也应满足横向通视好,能看到斜前方,并对驾驶员心理影响小的要求。相会两车非常接近时,光线不会影响视距,但当达到某一距离时(与车型有关),眩光会对视距产生较大的影响,使驾驶员视觉机能或视力降低,并产生烦恼和不舒适。图11-16为防眩遮光角示意图。图11-16中β为防眩遮光角,显然它取决于防眩板宽b和防眩板间距L。问题是如何确定合适的遮光角和高度,以获得良好的防眩效果。

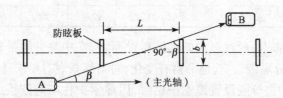

图11-16 防眩遮光角示意图

据研究,当车速为70km/h时,对向车的前照灯光线只有与驾驶员的视线呈20°角射入眼睛,才是有害的眩光(视角锥的一半,15°~20°)。据此,美国等一些国家规定高速公路防眩设施的遮光角为15°~20°。根据英国一项研究结论,两车相距约50m时,驾驶员受眩光的影响最大。据此可推算出,双向车均在超车道行驶时(横向间距按8.25m计算)所要求的遮光角为9.4°。我国的研究认为,平直路段上防眩设施的遮光角以8°为宜,最小7°。由于植树树枝稀疏漏光,其遮光角则以10°为宜。我国不同高速公路的防眩板遮光角采用了7.5°和8.0°,效果良好,能够有效防止对向车前照灯的眩光。

防眩板高度与车辆的前照灯高度、驾驶员视线高度、前照灯的最小几何可见角、前照灯配光性能、道路状况和车型组合等诸多因素有关。理论计算时,车辆的前照灯高度,大型车取1.0m,小型车取0.8m;驾驶员视线高度,大型车取2.0m,小型车取1.3m。而现阶段,载货汽车驾驶员的视线高度还在不断增高,小汽车驾驶员的视线高度有逐渐降低的趋势。我国通过试验研究、调查和验证分析,得出了不同车辆组合时平直路段防眩设施的最小高度理论值,提出平直路段适宜的防眩设施高度为1.60~1.70m,见表11-12。

不同车辆组合时的防眩设施最小高度 表11-12

超车道—主车道	防眩设施高度(m)	超车道—主车道	防眩设施高度(m)
小型车—小型车	1.09~1.16	大型车—大型车	1.50~1.68
小型车—大型车	1.27~1.40	大型车—小型车	1.62

在具有平曲线或竖曲线的路段,防眩设施的遮光角和高度需作适当调整。

在平曲线路段,弯道内侧车道行驶车辆的前照灯较直线路段更容易射向对向的外侧车道,使外侧车道上车辆驾驶员的眼睛暴露在眩光区内,因而弯道上需适当增大防眩设施的遮光角(可取8°~15°)。但当曲线半径较小且中央分隔带较窄时,设置防眩设施可能会影响曲线外侧车道的视距。因此,在设置之前应进行停车视距的分析,保证设置防眩设施后不会减小停车视距。防眩设施对停车视距的影响是随中央分隔带宽度和曲线半径的减小而趋于严重,所以对在弯道上设置防眩设施可能引起的视距问题应予以足够的重视。

在凸形竖曲线路段,驾驶员可在一定范围从较低的角度看到对向车前照灯的眩光,随着两车驶近,视线上移,眩光才被防眩设施遮挡。因此,在凸形竖曲线路段,防眩设施的下缘应接近或接触路面,以消除这种眩光的影响。其设置的范围至少为凸形竖曲线顶部两侧各120m。因为汽车远射灯光的照距一般在120m左右。

在凹形竖曲线路段,驾驶员显然可从较高的角度看到对向车前照灯的眩光,因而宜根据凹形竖曲线的半径和前后纵坡度的大小,适当增加凹形竖曲线路段防眩设施的高度。但为使防眩设施的高度能与道路的横断面比例协调,不使防眩设施受冲撞后倒伏到车道上,并减少行驶的压迫感,防眩设施的高度一般不宜超过2m。显然,在凹形竖曲线路段种植足够高的树木防眩是比较理想的形式,它可为驾驶员提供优美的视觉环境。

防眩板各结构设计要素,如遮光角、防眩高度、板宽、板间距等,应符合表11-13的要求。

防眩板设计要素 表11-13

结构设计要素	遮 光 角(°)	防眩高度(cm)	板 宽(cm)	板的间距(cm)
一般路段	8	160~170	8~25	50~100
平纵线形组合路段	8~15	120~180		

(2)防眩板的设置及结构处理

防眩板的设置主要有三种情况:一是防眩板单独设置,二是防眩板设置在波形梁护栏的横梁上,三是防眩板设置在混凝土护栏上。例如,防眩板与波形梁护栏结合,可在分设型护栏立柱上加横梁(槽钢),防眩板固定在横梁上,如图11-17所示。

防眩板应以一定长度的独立结构段为制造和安装单元,其长度一般在4~12m,视采用材料、工艺情况而定。

防眩板设置在道路的中央分隔带上,免不了要遭受失控车辆的冲撞而损坏。为减轻损坏的严重程度,方便更换维修,设计时应每隔一定距离前后相互分离,使各段互不相接。独立段的长度可与护栏的设置间距相协调,可选择4m、6m、8m、12m或稍长一些。

防眩板一般可不进行力学计算,只要满足构造上的要求。但在经常遭受台风袭击的沿海地区和常年风力较大、风刮倒树木或破坏道路设施的地区,防眩板单独埋设基础时,在设计上应对防眩板的连接部件或基础进行抗倾覆等力学验算。

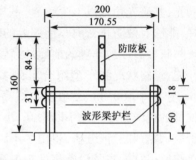

图11-17 设置于护栏上的防眩板(尺寸单位:cm)

(3) 几何构造

防眩板的基本结构实际是把方形型钢作为纵向骨架,把防眩板条按一定间隔固定在方形型钢上。防眩板及其连接件的尺寸应结合结构和景观等因素确定。一般板条厚度2.5~4.0mm,板宽8~25cm。方形型钢的外形尺寸40mm×40mm~65mm×65mm,壁厚2~3mm。

3. 材料要求

(1) 材料技术要求

防眩板的各部件可采用钢材、塑料或其他不易变形、耐久的材料加工制作。防眩板条采用薄钢板或钢带制造时,其性能应符合国家现行普通碳素结构钢薄钢板或钢带的有关规定;纵向构件采用方形型钢制造时,应符合国家现行冷弯型钢的有关规定;非承重的板条应选用在自然条件下不易老化、不易褪色和不易变形的塑料板加工制作。

(2) 表面防腐处理

钢制防眩板构件应采用下列三种方式中的一种进行表面防腐处理:

一是热浸镀锌处理,用于镀层的锌不应低于国家标准规定的 0 号或 1 号锌的要求,镀锌量应大于$350g/m^2$;有螺纹的连接件在镀锌后,应清理螺纹或作离心分离处理。

二是涂塑处理,采用涂塑法或喷塑工艺进行防眩板、方型钢等金属构件涂塑处理时,其涂塑层的厚度一般在0.3~0.5mm。

三是涂刷油漆,即在金属构件表面涂刷两道防锈漆,之后再涂刷两道以上油漆。外层漆干燥后的颜色应符合设计要求。

4. 施工

(1) 施工前的准备

防眩设施的施工应根据其设置方法在路面工程或护栏工程施工完成后进行,或者与护栏工程同步进行。在施工前应做好各项准备工作,并作出详细的施工组织设计。

作为施工的第一道工序,清理场地,确定控制点(如桥梁、立交、中央分隔带开口及防眩设施需变化的路段),在控制点之间测距定位、放样。

(2) 施工操作方法

施工中应按设计要求处理好路段与桥梁上的防眩设施的设置位置及高度,并随时检查、校正,不得出现高低不平甚至扭曲的外形。

防眩板单独埋设立柱时,应在基础混凝土达到设计强度后,安装上部构件。同时,应注意不要损坏通信管道等地下设施,并注意与道路线形协调一致。

施工中应注意不要损伤金属涂层。由于镀锌制品的镀锌层与一般钢铁相比,硬度较低,易受机械损伤。镀层的表层之下为铁锌的合金层,其抗弯曲、冲击等机械性能较差,易剥离和脱落,因而施工中必须特别小心。镀锌层受损伤后,须在24h之内用高浓度锌进行涂补,必要时应予更换。另外,由于带汗水的手或盐水等会促进钢铁构件的涂层氧化,因而防眩设施的安装应戴手套进行。

(3) 质量验收

防眩设施一般以每200m长度为一验收单位,其检验方法及允许偏差见表11-14。

防眩设施质量检验方法及允许偏差(JTG F80/1—2004) 表11-14

项次	检查项目	规定值或允许偏差	检查方法和频率
1	安装高度(mm)	±10	钢卷尺:抽检5%
2	镀(涂)层厚度(μm)	符合设计	测厚仪:抽检5%
3	防眩板宽度(mm)	±5	直尺:抽检5%
4	防眩板设置间距(mm)	±10	钢卷尺:抽检10%
5	竖直度(mm/m)	±5	垂线、直尺:抽检10%
6	顺直度(mm/m)	±8	拉线、直尺:抽检10%

第四节 标志、标线

高速公路、一级公路上的交通标志、标线是为道路使用者提供信息而设置的,应确保所传递的信息能最大限度地为道路使用者接受和理解,从而减少交通事故的发生和避免在道路上迷失方向。交通标志、标线是交通安全管理必不可少的设施,对交通安全起着重要的作用。

交通标志、标线的有效性决定于目标显示度、公认度和易读程度。原则上要求标志、标线在夜间能具有和白天一样的可见性。标志、标线的施工质量,不仅影响道路环境的美观,而且对其能否充分发挥出使用功能起着决定性的作用。

一、视线诱导标

1. 分类及设置原则

1) 分类

视线诱导标是指沿车道两侧设置的、用以指示道路线形、方向、车行道边界及危险段位置,诱导驾驶员视线的设施的总称。车辆在道路上行驶有一定的通视距离,以便掌握道路前方的情况。尤其是在夜间行驶时,仅依靠照明范围有限的前车灯光来弄清楚道路前方的线形、明了行驶的方向是有一定难度的,想要让车辆快速安全地通行,就要依赖于视线诱导标。

视线诱导标按功能可分为:用以指示前方道路线形轮廓的轮廓标,用以指示前方交通流分合走向的分流、合流诱导标和用以指示或警告改变行驶方向的线形诱导标三类。

按视线诱导设施的设置方式可分为直埋式和附着式两种。

2) 设置原则

(1) 轮廓标的设置

高速公路、一级公路上车辆行驶速度很高,为提高行车的安全性和舒适性,指示道路前方线形非常重要。连续设置轮廓标就是诱导驾驶员视线,标明道路几何线形的有效办法。一般,在下列情况下应设轮廓标：

①主线以及互通式立交、服务区、停车场等的进出匝道或连接道，应全线连续设置轮廓标（有道路照明设施的路段可省略）；

②车道数及车道宽度或路肩宽度发生变化的路段；

③从直线段过渡到曲线段，尤其向小半径曲线过渡、急弯及与急弯连接的区间等应连续设置视线诱导标，使其能平顺圆滑地过渡，清晰地显示出道路轮廓，能有效地预防事故发生；

④竖曲线路段，应根据竖曲线的不同半径，在保持轮廓标诱导连续性的前提下设置。

轮廓标的设置间隔应根据道路线形而定，直线段设置间隔为50m；主线曲线段或匝道上的设置间隔可按表11-15选用；竖曲线上的设置间距可按表11-16选用。

轮廓标平曲线段的设置间隔（单位：m）　　　　表11-15

曲线半径	小于30*	30~80*	90~179*	180~274	275~374	375~999	1 000~1 999	≥2 000
设置间隔	4	8	12	16	20	30	40	50

注：带*号的一般指互通式立交匝道曲线半径。

轮廓标在竖曲线上的设置间隔（单位：m）　　　　表11-16

曲线半径	800以下	800~1 500	1 500~3 000	3 000~4 000	4 000以上
设置间隔	5~16	16~21	21~31	47~50	50

（2）分流、合流诱导标的设置

分流、合流诱导标原则上应在有分流、合流的互通式立交进、出口匝道附近设置。分流诱导标设在减速车道起点和分流端部，合流诱导标设在加速车道终点和合流端部。

（3）线形诱导标地设置

指示性线形诱导标一般在改变行车方向的曲线路段设置，如曲线半径在一般最小半径以下，或曲线路段通视较差，或在曲线路段有下坡等对行车安全不利的地方设置。

警告性线形诱导标一般在道路因局部施工或维修作业等而需临时改变方向，或提请注意前方作业的路段前方设置。

线形诱导标一般在曲线外侧或中央分隔带上设置，至少在150m远处能看见。其设置间距最好能使驾驶员至少能见到两块以上诱导标，这样有利于对线形的诱导。

2.构造要求

1）轮廓标的构造

轮廓标的构造与路边构造物情况有关。当路边无构造物时，轮廓标为柱体，独立设置于路边土路肩中。当路边有护栏、桥梁栏杆、侧墙等构造物时，轮廓标附着于构造物的适当位置上。

（1）柱式轮廓标

柱式轮廓标由柱体、反射器和基础组成。柱体为三角形，顶面斜向车行道，主体部分为白色，在距路面55cm以上部分有25cm的黑色标记，在黑色标记的中间镶嵌一块18cm×4cm的反射器，反射器为定向反光材料（如有机玻璃类、聚甲基丙烯酸树脂等）制造。

轮廓标采用混凝土基础，柱与基础的连接可以采用装配形式，一旦轮廓标被碰撞损坏，能方便更换。柱式轮廓标的构造如图11-18所示。

（2）附着式轮廓标

附着于各类建筑物上的轮廓标由反射器、支架和连接件组成。可根据建筑物的种类及设置部位采用不同形状的轮廓标和连接方式。

附着在波形梁护栏上的轮廓标,安装在护栏中间的槽中,反射器为梯形,与后底板连接在一起,后底板固定在护栏与立柱的连接螺栓上。安装好的轮廓标反射器应与汽车前照灯光大致保持垂直。经常有雾、阴雨、暴雨等地区,可采用增大反射器的面积或提高反射性能来提高视认性,也可将轮廓标安装在护栏立柱顶上,或通过专门加工的支架把轮廓标固定在波形梁的上缘,以增加轮廓标的醒目度。

附着于隧道壁、桥墩、台侧墙及混凝土护栏侧墙上的轮廓标的形状可采用圆形、长方形或者梯形;附着于缆索护栏上的轮廓标可采用夹具直接将其固定在缆索上,其反射器形状为圆形,中央分隔带可采用两面反射的结构。各类轮廓标的设置高度应大致相同。

2)分流、合流诱导标的构造

分、合流诱导标由反射器、底板、立柱、连接件和基础等组成。反射器与底板可采用黏结或用螺栓连接,底板与立柱用抱箍、滑动槽钢通过螺栓连接,基础采用混凝土。

(1)立柱式诱导标。采用单柱式结构,路侧安装。可根据风力大小确定立柱截面和基础尺寸。

(2)附着式诱导标。其结构与埋置于土中的相同,只是将其立柱直接用抱箍与护栏立柱连接,如图 11-19a)所示。

分、合流诱导标为绿色底、白色符号。

3)线形诱导标的构造

线形诱导标由反射器、底板、立柱、连接件和基础等组成。反射器可用黏结剂贴在底板上,也可采用螺栓连接;其结构形式、连接方式和分流诱导标、合流诱导标相同。线形诱导标的基本单元符号如图 11-19b)所示。在计算行车速度大于 100km/h 的公路上采用 $A = 60$cm、$B = 80$cm;否则,$A = 22$cm、$B = 60$cm。基本单元可单独使用,也可组合使用。线形诱导标的颜色为:指示性线形诱导标为白底、蓝图案,警告性线形诱导标为白底、红图案。

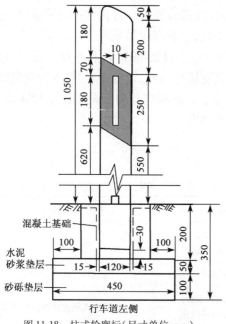

图 11-18 柱式轮廓标(尺寸单位:mm)

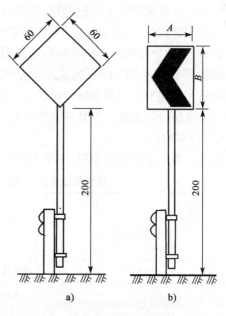

图 11-19 附着式诱导标(尺寸单位:mm)
a)分、合流诱导标;b)线形诱导标

3. 施工

(1) 一般要求

视线诱导设施属最后装饰性设施，一般在路面施工完成后进行；附着于护栏上的视线诱导设施，可在护栏安装过程中或在护栏安装完成后进行；但立柱安装的混凝土基础也可提前施工，但必须注意控制好高程。

附着于护栏或其他构造物上的视线诱导设施，一般是在最后安装。安装太早，特别是在公路尚未全封闭、正式移交给管理部门以前，这种设施很容易遭到破坏。

施工安装前应对全线视线诱导设施的埋设条件、位置、数量进行核对，并作出详细的施工组织设计。

(2) 放样

轮廓标应按设计图要求定位，附着于护栏上的轮廓标，可按立柱间距定位。分、合流诱导标和线形诱导标均应按设计图量距定位。

(3) 混凝土基础

埋设于土中的轮廓标或诱导标，均应浇注混凝土基础。混凝土基础的施工，应先定位，挖基，达到规定尺寸后，先浇筑一层片石混凝土，厚度不应小于20cm。接着在片石混凝土上支模板，测定模板顶部的高程。当立柱与混凝土基础浇在一起时，则可将立柱放入模板中，固定就位后即可浇筑混凝土。有关混凝土材料、拌和物的质量等要求应符合有关规定。混凝土浇筑完成后应采取正常的养护措施，直到混凝土达到规定的强度。

若轮廓标柱体或立柱为装配式，则应预留柱体插入的空穴，或采用法兰盘连接。

(4) 安装

柱体式轮廓标，可在混凝土基础的预留空穴中安装，轮廓标柱体应垂直于地平面，三角形柱体的顶角平分线应垂直于道路中心线。在曲线上安装时，三角形顶角平分线应对向圆心。柱体与混凝土之间用螺栓连接。

附着于各类构造物上的轮廓标，按照放样确定的位置进行安装。可根据不同构造物，选择合适支架和紧固件。反射器应尽可能与驾驶员视线垂直，安装高度尽量统一。

分、合流诱导标和线形诱导标在基础混凝土达到设计强度的80%以上方可进行安装，当诱导标附着于护栏立柱上时，应先对立柱的位置、垂直度进行检查，达到要求后，才能安装诱导标的面板。采用抱箍和滑动螺栓把诱导标固定在立柱上。面板应与驾驶员视线尽量垂直，安装高度应满足设计要求。安装过程中应保持面板的平整度。

(5) 质量验收

标志安装的质量检查项目、频率和允许偏差见表11-17。

标志安装检查项目及允许偏差（JTG F80/1—2004） 表11-17

项次	检查项目	规定值或允许偏差	检查方法和频率
1	标志板外形尺寸(mm) 标志底板厚度(mm)	±5。当边长大于1.2m时允许为边长±5%，板厚不小于设计	钢卷尺、万能角尺、卡尺：抽检10%
2	字体及尺寸(mm)	符合规定字体，字高不小于设计	钢卷尺：检查10%
3	标志反光膜等级及逆反系数	不低于《公路交通标示板》（JT/T 279—2004）的规定	目测、便携式测定仪：检查100%
4	板净高及距路边缘净距(mm)	+100,0	卡尺、经纬仪：检查100%

续上表

项次	检查项目	规定值或允许偏差	检查方法和频率
5	立柱竖直度(mm/m)	±3	垂线、直尺：检查100%
6	镀(涂)层厚度(μm)	金属柱、横梁≥78,紧固件≥50	测厚仪：检查100%
7	标志基础尺寸(mm)	−50,+100	钢尺、直尺：检查100%
8	基础混凝土强度(MPa)	在合格标准内	每工作组1组3件：检查100%

二、交通标志

1. 分类及设置原则

1) 分类

交通标志是指明道路情况和对交通要求的设施。其目的是为了避免行驶在道路上的车辆和行人发生危险。

按道路类别可分为一般道路标志和高速公路标志两类。高速公路上车速高、车道数多，标志牌尺寸比一般道路上的要大得多。

按功能区分，交通标志有主标志和辅助标志两大类，其中主标志又分为4类：

(1) 指示标志。通常为圆形或矩形、蓝色底、白色图案，是指示车辆和行人按规定方向、地点行进的标志，如直行、左转、右转、单向行驶、步行街等。

(2) 警告标志。通常为等边三角形或菱形、黄色底、黑边、黑图案或白色底、红边、黑(或深蓝色)图案。用于警告驾驶人员注意前方路段存在的危险及应采取的措施，如交叉口、急弯、铁路道口、易滑、路面不平、傍山险路等。

(3) 禁令标志。通常为圆形，白色底、红边、红斜杠、黑色图案，是根据道路和交通量情况，为保障交通安全而对车辆行为加以禁止或限制的标志，如禁止通行、禁止停车、速度限制等。

(4) 指路标志。除里程牌、百米桩和公路界碑外，通常为矩形，蓝色底、白色字符(一般道路)或绿色底、白色字符(高速公路)，用来指示市镇村的境界、目的地方向、距离、高速公路的出入口、服务区、地名等。

辅助标志为附设于主标志下起辅助说明作用的标志，为长方形，白底、黑字、黑边框，可分为表示车辆种类、表示时间、表示区域或距离、表示禁令、警告理由4种。辅助标志不能单独设立。

交通标志按设置形式不同，可分为单柱式、双柱式、悬臂式、门式和附着(附架)式，各种形式的设置图式如图11-20所示。

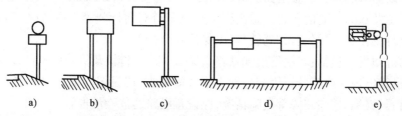

图11-20 设置形式

a) 单柱式；b) 双柱式；c) 悬臂式；d) 门式；e) 附架式

2)设置原则

(1)一般原则

交通标志的设置在考虑标志的视认性同时,还要考虑道路构造、交通状况及沿路的具体情况等。道路的一切附属设施均不应该妨碍对交通标志的视认性。

为保证驾驶员能按照交通标志的指示安全平顺地行驶,应考虑到驾驶员对标志的视认距离、判读距离及行动距离等。对重要的信息,应给予重复显示的机会。

标志的设置应通盘考虑,整体布局,应做到连贯性、一致性,给道路使用者提供全面的咨询,应以不熟悉周围路网新驾驶员为对象,满足各种道路交通信息的需要。

在充分提供道路交通信息的同时,要注意防止信息过载。例如,为避免在交叉口标志林立,令驾驶员目不暇接,交叉口的指路标志可采用前置预告的方法,把位置错开;交叉口的禁令标志可采用组合方法或增加辅助标志的办法,以减少标志数量。

设置的交通标志不能侵入道路建筑限界(净空),标志板的内侧边缘距行车道的边缘应不小于25cm;悬臂式、门式标志应满足道路净空高度要求。

(2)警告标志的设置

警告标志各部尺寸及警告标志到危险点的距离见表11-18,一般安装在道路的右侧,与道路垂直方向呈0~10°角。警告标志通常起到"预告"的作用,有以下几种:

表11-18 警告标志各部尺寸及标志至危险点距离(单位:cm)

设计速度(km/h)	120、100	80	60、40	30、20
三角形边长 a	130	110	90	70
黑边宽度 b	9	7	6	5
黑边圆角半径 R	6	5	4	3
标志至危险点距离	200~250	100~200	50~100	20~50

①交叉点预告。视认上有困难的交叉点通视差的情况下,在有必要提醒驾驶员注意处设置。

②道路平面形状预告。在等级较低的双向行驶的单车道支线、辅线公路上,有必要向驾驶员预告平面线形的情况。一般在设计行车速度大于60km/h、平曲线半径等于或小于规定的视距时,应设置向左或向右急转弯标志。在两相邻反向平曲线的距离等于或小于规定的最短缓和曲线长度时,应设置反向弯路标志。在有三个或三个以上的反向平曲线时,应设置连续弯路标志。

③道路纵断形状的预告。在道路陡坡的前方应对驾驶员给予预告。

④路面变窄及双向交通的预告。路面变窄及单车道双向行驶等交通情况,都会使交通流发生变化。这种变化必须预先告知驾驶员,以保证安全行驶。

⑤沿路情况预告。包括:当沿线出现铁路交叉口、学校、村镇及信号灯等处,均应设置沿路设施预告;当沿线出现一些特殊原因容易发生事故的地方,应设置路面状况预告;当沿线道路上可能出现落石、堤坝、横向路障等危险情况,应设置沿路的危险预告等。

(3)禁令标志的设置

禁令标志尺寸根据设计行车速度确定,见表11-19。

禁令标志各部尺寸(单位:cm)　　　　　　　　　　　　　表11-19

设计速度(km/h)	120、100	80	60、40	30、20
标志直径 D	120	100	80	60
红圈宽度 a	12	10	8	6
红杠宽度 b	9	7.5	6	4.5

①禁止各类车辆及行人通行的标志,应设在禁止通行路段的入口处;
②禁止各种车辆转弯、掉头、超车、停车等标志,应设置在禁止路段的起点之前;
③对机动车进行高度、宽度、总质量、轴载质量、车速限制而设置的标志,应在禁止标志板上标明所规定的限制数值,并应设置在限制路段的起点之前;
④其他禁止标志,如停车检查标志、停车让行标志、减速让行标志、会车让行标志等,均应在实行路段之前设置。

(4)指示标志的设置

指示标志设置原则与前两种标志相同,其尺寸根据不同车速按表11-20选取。

不同形状的指示标志的尺寸(单位:cm)　　　　　　　　表11-20

设计速度(km/h)	120、100	80	60、40	30、20
圆形(直径)	120	100	80	60
正方形(边长)	120	100	80	60
长方形(边长)	190×140	160×120	140×100	—
单行线标志(长方形)	12×60	100×50	80×40	60×30
会车先行标志(正方形)	—	—	80	60

(5)指路标志的设置

最佳的指路标志尺寸应该满足在规定速度下对信息获取的要求。指路标志板的尺寸,首先根据道路的计算行车速度确定汉字大小,再根据汉字的字数及板面要求确定板面尺寸。汉字高度与行车速度应满足的关系见表11-21。

汉字高度与设计速度应满足的关系　　　　　　　　　　表11-21

设计速度(km/h)	120、100	80	60、40	30、20
汉字高度 h(cm)	60~70	50~60	35~50	25~30

英文或少数民族文字的字高按表11-21汉字高的 $h/3 \sim h/2$ 取用。阿拉伯数字字高为 h,字宽为 $h/2 \sim 4h/5$。

公路起点标志、公路终点标志、停车场标志、收费处标志、服务区预告标志、紧急停车带标志、紧急电话标志等,设在该目标的前端(匝道口等)和目标所在位置;入口(出口)标志,设在高速公路加速(减速)车道起点。

这些标志一般应加设"预告"。例如,入口(出口)预告,设在一般道路的交叉路口(或匝道)前;下一出口预告,设在通过某立交后的适当位置;服务区预告,设在距服务区2km、1km处;停车场预告和收费处预告,设在距目标1km附近。

高速公路、一级公路上的大部分标志为指路标志。对于驾驶员来说,出口尤为重要,为了避免因看不清楚标志而走错路,必须重复设置出口预告。

(6)辅助标志的设置

用于补充说明禁行的车辆种类、时间、区域或距离以及说明警告理由等的辅助标志,通常不单独设置,仅安装在主标志(警告和禁令标志)的下面。

2. 构造、材料及施工

交通标志在构造、材料与施工上与视线诱导标基本相似。不同的是交通标志(特别是指路标志)尺寸大且无统一规格,采用悬臂式、门式和附架式设置时应作专门设计,并对基础结构、立柱和框架构造、材料和施工等提出相应要求。

标志安装的质量检查项目、频率和允许偏差见表11-17。

三、道路标线

1. 分类及设置原则

1)分类

道路标线是交通设施的重要组成部分,它是引导驾驶员视线、管制驾驶员驾车行为的重要设施。道路标线可按所使用的材料、设置方式、功能、形态等分类。

(1)按标线的材料分类

路面标线涂料按施工温度可分为常温型(冷用)、加热型和熔融型三类。常温型和加热型(50~80℃)属于溶剂型涂料,呈液态供应。加热型涂料固体成分略多一些,黏度也高。熔融型涂料呈粉末状供应,需加高温(180~220℃)使其熔融才可涂敷于路面。这种涂料也称热塑涂料。

除涂料用作标线材料外,还有各种粘贴材料,如贴附成型标带、突起路标、分离器等。路面标线材料的分类见表11-22。

路面标线材料的分类   表11-22

序号	分类(施工条件)		
1	涂料	溶剂型	常温涂料(常温施工);加热涂料(加热施工)
		熔融型	热熔涂料(熔融施工)
2	贴附材料		贴附成型标带(粘贴施工);铝箔标带(粘贴施工);热融成型标带(加热施工)
3	标线器		突起路标(粘贴或埋入施工);分离器(螺栓固定施工)

(2)按设置方式分类

沿道路行车方向的纵向标线、与行车方向成角度的横向标线、字符标记或其他形式标线。

(3)按功能分类

引起驾驶员警觉的警告标线、提供信息的指示标线、告示禁止与限制等规定的禁止标线。

(4)按形态分类

线条、字符标记、地面突起路标、路边线轮廓标(安装于道路两侧,用以指示道路的方向、车行道边界轮廓的反光柱或反光片)。

2)设置原则

(1)指示标线

常用的指示标线有:

①双车道路面中心线为黄色虚线,用于分隔对向行驶的交通流。在保证安全的情况下,允许车辆越线超车或向左转弯。

②车道分界线为白色虚线,用来分隔同向行驶的交通流,设在同向行驶的车行道分界线上。在保证安全的情况下,允许车辆越线变换车道行驶。

③车行道边缘线为白色实线,用来指示机动车道的边缘,或用来划分机动车道与非机动车道的分界。

④左转弯待转区线为白色虚线,用来指示左转车辆可在直行时段进入待转区,等待左转。左转时段终止,禁止车辆在待转区内停留。

⑤人行横道线为白色平行粗实线,表示准许行人横穿车行道的标线。

⑥车距确认标线为白色平行粗实线,为车辆驾驶人员保持行车安全距离提供参考,设于经常发生超车、易肇事或其他有需要的路段。车距确认标线应与车距确认标志配合使用。

⑦高速公路出入口标线为白色,是为驶入或驶出匝道车辆提供安全交汇、减少与突出部缘石碰撞的标线,包括出入口的横向标线、三角地带的标线。

⑧停车位标线为白色,表示车辆停放位置。可在停车场或路边空角、车行道边缘或道路中央位置设置,应与停车场标志配合使用。停车位标线可分为:平行式、垂直式、倾斜式(车辆与通道方向呈 30°~60°角停放)。

⑨港湾式停靠站标线表示公共客车通向专门的分离引道和停靠位置,包括公共客车进出引道的横向标线和斑马线。

⑩收费岛标线包括岛头标线和迎车流方向地面标线,表示收费岛的位置。

指示标线还常与地面文字和导向箭头配合使用,如表示车辆的行驶方向的左转、直行、右转导向箭头和指示或限制车辆行驶的地面文字标记,如"公交"等。

(2)禁止标线

应用较普遍的禁止标线有:禁止超车线、禁止变换车道线和禁止路边停车线。

禁止超车线包括:中心黄色双实线,表示严格禁止车辆跨线超车或压线行驶;中心黄色虚实线,一条实线和一条虚线,表示实线一侧禁止车辆越线超车或向左转弯,虚线一侧准许车辆越线超车或向左转弯;中心黄色单实线,表示不准车辆跨线超车或压线行驶。

禁止变换车道线为白色实线,用于禁止车辆变换车道,设于交通特别繁杂而同向具有多条行车道的桥梁、隧道、弯道、坡道、车行道宽度渐变路段、交叉口驶入段、接近人行横道的路段或其他认为需要禁止变换车道的路段。

禁止路边停车线为黄色实线,用于指示禁止路边停车路段。画设于禁止路边停车路段的缘石正面及顶面,无缘石的道路则可画设于距路面边缘 30cm 的路面上。

其他禁止标线还有:停止线(白色实线),减速让行线(两条白色平行的虚线和一个倒三角形),导流线(白色单实线、V形线和斜纹线,表示车辆需按规定的路线行驶,不得压线或越线行驶)等。

(3)警告标线

在接近铁路平交道口时,采用白色交叉线、"铁路"标字、横向虚线、禁止超车线和停车线组成铁路平交道口标线,用于指示前方有铁路平交道口。

其他警告标线还有:车行道宽度渐变段标线、接近障碍物标线、减速标线和立面标记。警告标线一般为画在地面的白色线条,仅立面标记为黄黑相间的倾斜线条,可设在跨线桥、渡槽等的墩柱或侧墙端面上以及隧道洞口和人行横道上的安全岛等壁面上。

2. 施工

各种标线材料的规格繁多,施工工艺各不相同,下面仅列出路面标线施工的一般要求和标线喷涂质量验收标准。路面标线施工一般要求如下:

(1)材料。必须提供足够的样品用于试验检验,检验合格后,方能使用。

(2)标线位置。应明确是以路中心线为基准线,还是以其他参照物(如护栏、大方砖边、路边等)为准。对于人字线,在划线前应用粉笔按设计图在路面放大样图。

(3)施工前应认真检查施工设备,尤其是热塑标线的施工,要保证设备不发生泄漏现象,玻璃珠要能均匀撒布。

(4)对热塑线的施工,要注意材料的加热温度,避免在已完工的路面上进行材料加热。

(5)画线前应对准备划线的区域进行路面检查,路面划线区域必须干净,否则将影响黏结。画线的当天还要注意天气情况,当有雨、风、天气潮湿或气温低于4℃时,不允许施工。

(6)对热塑线,在画人字线时,所使用的模具要平,以保证模具与路面紧紧贴住,使画出的线边缘整齐。在画虚线时,要保证画线车行走匀速、直顺,画出的线形要美观。对油漆线,要检查画线车速度,以保证喷涂油漆量、玻璃珠撒量均能符合规范要求。

(7)标线在施工完后,要对其进行保护,防止污染和破坏。

标线喷涂质量的检验方法及允许偏差见表11-23。

标线喷涂质量检验方法及允许偏差(JTG F80/1—2004) 表11-23

项次	检查项目	规定值或允许偏差	检查方法和频率
1	标线长度(mm)	6 000、4 000、3 000	±50、±40、±30	钢卷尺:抽检10%
		100~200	±20	
2	标线宽度(mm)	400~500、150~200	(+15,-0)、(+8,0)	钢尺:抽检10%
		100	+5、0	
3	标线厚度(mm)	常温型(0.12~0.2)	-0.03、+0.10	湿膜厚度计;干膜用水平尺、塞尺、卡尺:抽检10%
		加热型(0.20~0.4)	-0.05、+0.15	
		热熔型(1.0~4.50)	-0.10、+0.50	
4	标线横向偏位(mm)	±30	钢卷尺:抽检10%
5	标线纵向间距(mm)	±50	直尺:抽检10%
6	标线剥落面积	检查总面积的0~3%	4倍放大镜:目测检查
7	反光标线逆反射系数	白色≥150;黄色≥100	逆反射系数测量仪:抽检10%

第五节 绿化工程与声屏障

一、绿化工程

道路规划设计时,需利用植栽方式来改善景观效果及调和生态环境,配合道路的路侧绿化布设对使用者产生的效用甚至超过其他工程方法且更为持久。"绿化"已成为道路工程的重要组成部分。

1.道路植被绿化的功能和原则

1)道路植被绿化的功能

(1)交通安全功能,包括视线诱导功能、线形预告功能、遮光(减小眩光)功能、阻隔(控制出入)功能、缓冲功能及绿荫消暑功能等;

(2)美化景观功能,包括遮蔽等调整景观功能和形成悦目景观;

(3)环境保护功能,包括防灾、边坡保护、环境保护(吸音、吸尘、吸烟)等。

2)道路植被绿化的原则

道路植被绿化应考虑区域特性、自然环境、公路等级及沿线条件等,决定栽植的位置、范围及种类,以期发挥绿化效果,对于路旁原有的树木应尽最大可能予以保护和利用。

中央分隔带 80cm 宽以上时带应尽量考虑植被绿化,以草坪等植被类和矮灌木配合种植的整形式为主。宽度大于 4m 时,可酌情增加高树。基于行车安全的要求,狭长的分隔带可栽植花草及矮灌木。路侧快车道边缘线外 1.5~3.0m 可植花草及矮生灌木;3m 以外可考虑较高大的树木。边坡植被绿化除考虑水土保持、稳定边坡目的外,更要积极追求美化环境。

空地植被绿化,道路改线或裁弯取直后余留下的废弃道路或空地,路边的弃土堆、取土坑等,可妥善利用,规划为绿化美化的景观点,为驾驶员及乘客提供休息场所。

2. 绿化的形式与布置

1) 绿化的形式

(1) 自然式,即大小树木或树木群不等间距布置,树木群的轮廓线形成无规则的自然形态;

(2) 整形式,即不同形状尺寸和树种的树木或树木群,按有规律的等间距布置的绿化。

2) 绿化的布置

(1) 布置方式

当采用窄而分散的布置方式时,应以栽种乔木为主,其优点是护荫能力强,造价低廉管理方便,但比较单调。当采用宽而集中的布置方式时,一条绿带的宽度宜在 4m 以上,其优点是:种植品种的选配较为自由,构成景象丰富多样,因而提高道路的艺术效果且因绿带厚密,隔声防尘能力强。道路红线宽度较窄时宜采用矮墙绿篱或采用垂直绿化。

(2) 布置要求

两种绿化布置形式的分段长度宜大于 500m,且不应频繁变换。绿带宽度和条数应根据红线宽度、道路功能、地下管线等因素确定。绿化种植所需要的宽度见表 11-24。种植树木与地下管线的距离不能少于表 11-25 所列数值。与建筑物、道路边缘等距离不应少于表 11-26 所列数值。与照明电杆等距离不少于表 11-27 所列数值。

绿化种植需要的宽度(单位:m)　　　　　　　　　　　　　　　　表 11-24

绿化种类	低灌丛	中灌丛	高灌丛	单行乔木	双行乔木平列(错列)	草皮与花丛
宽度	0.5	1.0	1.2	1.25~2.0	2.5~5.0(2.0~4.0)	1.0~1.5

地下管线离树木的最小距离(单位:m)　　　　　　　　　　　　　　表 11-25

地下管线	煤气管	排水管	给水管	电缆
距乔木距离	2.0	1.5	1.5	2.0
距灌木距离	2.0	可以不必让开	可以不必让开	0.5

建筑物道路边缘离树木的最小距离(单位:m)　　　　　　　　　　　表 11-26

地下管线	房屋	车行道边	人行道边	挡土墙、陡坡、露台	高度超过 2m 的围墙	电缆
距乔木距离	5.0	1.0	0.75	1.0	2.0	1.0
距灌木距离	2.0	0.50	0.50	0.50	1.0	0.75

照明电杆等离树木的最小距离(单位:m)　　　　　　　　　　　　　表 11-27

相距的对象	从路杆到照明杆	从树干到挂线杆(裸线)	从树冠外围边缘到电杆	从树冠外围边缘到路灯
最小距离	≥2.0	≥1.0	≥1.0	≥2.0

3. 绿化种植

1) 选定植物品种

绿化种植包括种草和植树。在绿化种植之前,应充分调查绿化的位置、形状,土壤的质量,

地下水位与质量,沿线的土地利用,气象等,以决定植物的规格、数量、种类等。选定植物品种的要求是:

(1)适合绿化的目的;

(2)适合气候、土壤等条件;

(3)有较强抗病虫害能力;

(4)考虑开花、新绿、红叶等季节的变化;

(5)容易养护管理;

(6)植物的供应量有保证。

2)植草

(1)植草地表的准备

①要有足够的土层深度。草坪植物虽根系较浅,但也要具备40cm的土层,因为有80%的根系在这层中生长。在熟土层缺乏的情况下,表土层厚度也应保持在20cm以上,此时,根系数已下降到50%左右。土层过浅,能生长的根系将会减更少,直接影响草坪正常生长。

②要保证土壤的质量。一般草坪植物适合生长在pH值为6.5~7.5的中性土壤内。在pH值不大于8.5的强碱土壤条件下(如公路灰土层),草坪植物很难生长,此区域必须采取换土或调酸等措施。

③认真做好边坡植草前的处理,例如:

a.对石质边坡,可做成植沟的形式,外借改良土填平植沟(深度宜大于20cm),再在植沟内植草;

b.对土石松动经常有落石的边坡,可筑挡土墙配合防落石栅,再挂网种植。

(2)草种选择

草种应根据土壤、气候、绿化目的等多种因素选择。在工程实践中常使用混合草种,草种配比根据试验或经验要求确定。边坡绿化,一般砂质土宜铺草皮,而黏性土宜播种草籽。

(3)施肥

公路两侧绿化带生熟土混杂,质量差,在播种前需施一定数量的基肥,生长过程中要施追肥。基肥和追肥的品种、用量应根据土壤的性质确定。追肥的时间及次数宜根据季节确定。

(4)播种

传统播种,以采用撒播法为主,栽植法为辅。在边坡及护坡道等处采用撒播,播种量宜控制在$20g/m^2$左右。播种时间应避开雨季。在立交桥、涵洞等陡坡地块采用栽植法,把已经育好的成苗植入陡坡或部分缺苗地块,栽植密度视具体情况而定。

(5)水

使用的水应不含油、酸、碱、盐或任何有害苗木生长的物质。灌水量可根据土质、生长期及草种的不同而不同,原则上以湿透根系层、地面无泾流为准。浇水量以每次$65g/m^2$为宜。

(6)修剪与除草

草的修剪可以促进分泌,增加叶片密度和防除杂草。修剪次数一般为2次/年,分别在6月、8月进行,每次修剪高度以7~10cm宜。6~9月,需采用人工除草。

3)树的种植

树木处于生长期,为不损伤其根、干、枝、叶等,必须细心质量管理、工程管理与安全管理。施工时通常是按挖取、包装、搬运、挖坑、栽种的顺序实施,要十分熟练这种程序,尽可能缩短时间。为保证栽种后的树木成活,应选择好树种并在当地气象条件的适当时期栽植。为防止倒伏、倾斜,应埋设支柱支撑。栽植后要即时进行管理,如浇水、剪枝等。

路侧绿化竣工验收的实测项目和质量要求见表11-28,其他绿化施工质量要求可参照相应规范。

路侧绿化竣工验收的实测项目表(JTG F80/1—2004)　　　　表11-28

项次	检查项目	规定值或允许偏差	检查方法和频率
1	苗木规格与数量	符合设计	钢尺:每1km侧50m
2	种植穴规格、土层厚度	符合CJJ/T82的规定	钢尺:每1km侧50m
3	苗木成活率、其他植物发芽率(%)	≥85%	目测:每1km侧200m
4	草坪覆盖率(%)	≥95	目测:每1km侧200m

二、声屏障

道路声屏障是用来遮挡路线上声源直达到接收者的设施,它通过吸声和隔声来实现对交通噪声的衰减作用。

1. 分类

道路声屏障可按其形状、材质和表面特性进行分类。按形状不同可分为:直壁式、⌐形、土堤、半地下式、隧道式(地下式)及壳式几种(图11-21);按材质不同可分为:木质、砖砌、混凝土、玻璃纤维、金属板和土墙等;按表面性能不同可分为:吸声型及反射型。一些典型声屏障类型介绍如下。

(1)直壁式及⌐形声屏障

直壁式声屏障是道路声屏障中最常见的形式。声屏障的高度取决于所要达到的降噪量及防护对象的高度。车流量大而受保护的建筑物较高时,要建造较高的声屏障。当其高度较大时,有时会受到道路交通工程设施所需净空的限制或风荷载的限制。在此情况下,声屏障的上部可做成向内弯曲或倾斜的形状,以间接增大其有效高度,改善屏障的降噪效果。这种形状的声屏障即为⌐形声屏障,常用于道路两侧需防护的建筑物高度较高的场合。

吸声屏障是将声屏障朝向声源一侧的障壁贴上玻璃纤维、岩棉或其他形式的吸声材料,以避免道路另一侧接收点的声压级因声屏障反射声而升高,并可提高声屏障的降噪效果。

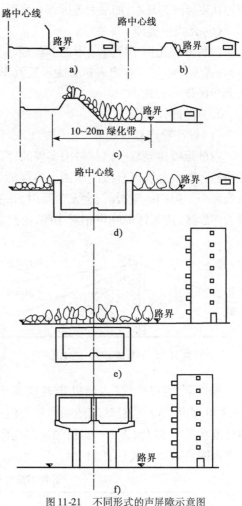

图11-21 不同形式的声屏障示意图
a)直壁式或⌐形;b)土堤;c)绿化声屏障;d)半地下式;
e)隧道式;f)壳式声屏障

(2)土堤

土堤作为一种降噪方式,可以单独使用,也可与声屏墙组合起来使用。土堤的顶部及两侧斜坡常被绿化,以便与周围景观相协调。

(3)生物型声屏障

近年来,声屏障的材料构造趋向自然生态类型。例如,采用混凝土槽砌筑屏障壁体,在槽内填土绿化种植;在路侧堆筑土堤,在土堤表面绿化种植,当土堤较高时在土堤外设砌块护面或分层梯状砌筑,在砌块间绿化种植等,以形成生物墙。生物类声屏障的优点是声学性能好,能与周围环境较好地融合,不影响景观。

(4)半地下式结构

半地下式结构在发达国家的公路建设中曾被采用。常设置于人口稠密区域的挖方路段,并配合有绿化带设计。半地下式结构中的汽车尾气污染物浓度要比地下式结构低得多。

(5)隧道式声屏障

又称掩蔽式声屏障或地下式结构,适用于城市交通干道两侧的高层建筑物的保护,造价高。隧道式声屏障在日本、加拿大等国都有采用。为了采光,顶部常用透明材料或设置采光罩。

(6)壳式声屏障

此种方式适用于穿过城市的高架桥在无法采用其他降噪措施的场合。与地下式结构相同,壳式设计也存在在出入口处噪声及汽车尾气污染物浓度增高的问题。壳式声屏障会遮挡路旁居民建筑的光线。

2. 声屏障设置

(1)设计噪声衰减量

声屏障吸声是靠吸声材料来实现的,而隔声主要是靠增加噪声的传播距离来达到的,噪声传播路径改变是噪声衰减的原因。声屏障隔声的原理与光照射一样。如图11-22所示,当声波遇到一个阻挡的障板时,会发生反射,并从屏障上端绕射,于是在障板另一面会形成一定范围的声影区,声影区的噪声相对小些,由此达到利用声屏障降噪的目的。

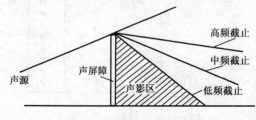

图11-22 声屏障的隔声原理图

接受点处的道路交通噪声级(实测值或预测值)与期望环境噪声级之差,称为声屏障的设计噪声衰减量。接受点处的期望环境噪声级应根据环境标准容许值和背景值来确定。当背景值(无道路时的环境噪声级)大于标准限值时,取背景值为期望环境噪声级;当背景值小于标准时,期望环境噪声级取标准容许值。我国城市区域环境噪声标准规定,道路干线、内河航道及铁路干线等两侧的背景噪声极限值白天与夜间分别为70dB和55dB(A);居住区域的噪声容许值白天和夜间为50dB和40dB(A);而各类汽车的噪声标准在82~89dB(A)。可见,紧靠居住区的干线道路降噪形势严峻。一些不同类型声屏障适用范围及效果比较见表11-29。

公路声屏障适用范围及效果比较　　表11-29

类　型	适用范围及效果
土堤结构	适用于公路与受保护对象之间有充足空间可以利用的场合,是经济、有效的降噪办法,降噪效果依土堤高度而异
混凝土砖石结构	适用于郊区和农村区域,易与周围自然环境相协调,价格便宜,且便于施工与维护。降噪效果为10~13dB(A)
木质结构	适用于农村、郊区个人住宅或院落且木材资源比较丰富的地区的噪声防护。降噪效果为6~14dB(A)

类　　　型	适用范围及效果
金属和复合材料结构	目前世界各国普遍使用的结构形式。材料易于加工,便于安装。可加工成各种形状,易于景观设计和规模化生产,降噪效果也很好
组合式结构	根据现场条件、周围环境、景观要求和经济条件因地制宜

(2)声屏障的位置、高度和长度

声屏障的位置应根据受保护对象与声源之间的地形条件综合确定。一般情况下,当地形平坦,即受保护对象与声源处于同一高度,声屏障越接近声源或接受点,其噪声衰减量越大。通常将声屏障建于道路之侧,为了行车安全,声屏障与道路应保持一定的距离。该距离依路基结构不同而异,城市高架路一般将声屏障设在防撞杆上,而郊区公路则设在路肩外,一般距路边缘应不小于2.0m。美国规定,声屏障距行车道边的最小距离(包括路肩)约为9m。日本则不同,如图11-23所示,路堤为防撞栏外1.5m,路堑为上坡顶外1m。

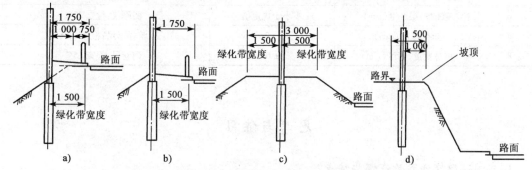

图 11-23　公路声屏障的设置位置(尺寸单位:mm)
a)建于路基边坡上;b)建于路肩上;c)建于土坡上;d)建于路堑结构的边坡上

为确定声屏障高度,需先确定声源及接受点的高度。我国公路采用的机动车声源平均高度为1m,接受点的高度为1.2m。当声屏障的位置、声源及接受点的高度确定后,它与接受点、声源三者之间的相对距离及高差便随之确定。临近居住区、学校和医院等公共社区的高速公路上的声屏障,其高度一般为2～5m。为了降低声屏障的风荷载,屏障的高度不宜超过5m。如需超过5m时,可将屏障的上部做成折形或弧形,将端部伸向公路,以增大有效高度。绿化林带的灌木不应低于0.7m,乔木不低于1.5m。

声屏障的长度应大于其保护对象沿公路方向的长度,一般声屏障的外延长度应大于受保护对象到声屏障距离的2～3倍。当声屏障超过1km长时,应设紧急疏散口。

3.声屏障结构及质量要求

(1)声屏障的材质

当要求降噪量大于10dB(A)时,声屏障的透射声衰减量一般应大于25dB(A),这就需使用密度高的材质,相应的材料要求是单位面积质量至少大于$10kg/m^2$,如GRC(玻璃钢)及20mm厚木板都可满足要求。此外,在材料的选择中还需考虑材料的造价、材料的强度及耐久性、美观及防火性能等,对桥梁上的声屏障,还需考虑其质量。

公路常用声屏障材料有砖、混凝土块和轻质材料。砖、混凝土块等材料因具有造价低、降噪效果优良的特性而早期使用较多,后来为了减少现场作业,便于工厂化生产,标准化的金属结构声屏障得到广泛应用。轻质材料的降噪效果低于砖及混凝土块,但一般情况下,与声屏障顶端绕射声引起的噪声相比,穿透声屏障噪声可忽略,所以轻质材料常被使用。

(2)声屏障结构设计

声屏障的荷载以风载和自重为主,必要时考虑冰雪载及侧向土压力等。结构形式上属悬臂结构,其设计比较简单。为了安全,结构设计时还应考虑防撞击的要求。

(3)质量要求

《公路工程质量检验评定标准》(JTG F80/1—2004)对砌块体声屏障和金属结构声屏障分别提出质量检查项目及标准。表11-30仅列出其中金属结构声屏障部分。

金属结构声屏障检查项目及允许偏差(JTG F80/1—2004) 表11-30

项次	检查项目	规定值或允许偏差	检查方法和频率
1	降噪效果	符合设计要求	按环保复查方法
2	与路肩边线位置偏移(mm)	±20	钢卷尺:检查30%
3	顶面高程(mm)	±20	水准仪:检查30%
4	金属立柱中距(mm)	10	钢卷尺:检查30%
5	金属立柱竖直度(mm/m)	3	垂线、直尺:抽检30%
6	镀(涂)层厚度(μm)	不小于规定值	测厚仪:检查20%
7	屏体厚度(mm)	±2	游标卡尺:检查15%
8	屏体宽度、高度(mm)	±10	钢卷尺:检查15%

思考与练习

1. 我国道路交通事故有哪些特点?
2. 常用的道路护栏是哪一种?它属于刚性护栏、半刚性护栏,还是柔性护栏?它适用于哪一级护栏?
3. 护栏设置的条件主要依据有哪些?请列出你认为最重要的三点因素。
4. 隔离设施(隔离栅)的质量检验有哪几项?"规定值或允许偏差"表示什么含义?
5. 简述防眩设施设置的原理。防眩板的主要设计要素有哪些?
6. 请归纳黄与白线、虚与实线在道路三种标线中的使用场合。
7. 简述道路绿化的功能。谈谈你印象最深的周围道路绿化情况。
8. 绿化种植需考虑哪些空间因素?
9. 简述声屏障的隔声原理和各种声屏障的特点。

第十二章 道路设施管理

第一节 设施管理与设施管理系统概要

一、设施管理的定义

1. 管理

管理是一个常用但难以确切定义的术语。一般认为,管理是指一种有目的的、有目标的、主动的协调和控制行为。通过对设施管理实践过程中管理特征的总结,将管理定义为:管理=管+理。"管"指行政职能,"理"指事物的客观规律。管理就是按照事物的客观规律去行使行政职能,以有效实现资源的最优配置,即系统的最优。

据此定义,管理就是行政职能与科学规律的结合,两者不可偏废。只有在了解客观规律、尊重客观规律的前提下,通过行政的手段去组织、协调或调配资源,才能提高效率,平稳和谐、顺利地实现目标。如果过于注重、甚至迷信行政职能而忽视了客观规律,就容易"瞎指挥",因蛮干、冒进、南辕北辙而受到客观规律的惩罚;如果过分纠缠、甚至沉溺于技术细节,优柔寡断,则议而不决、容易贻误良机,也难以达到最佳的效果。过于技术化的管理和过于官僚化的管理都不是一种高的境界;只有善于将两者完美地结合起来,恰到好处地加以调度的人,才是一个好的管理者,才能达到理想的管理境界。所以,与其说管理是一种技术,不如说管理是一种艺术。实际上,它可看作是技术与艺术的结合。

2. 系统

随着人类科学技术活动规模的迅速扩大和复杂程度的不断提高,科学技术内部以及和社会科学之间的整体性联系日益突出,人们迫切需要一种全新的、能够从整体角度去观察、思索、分析和解决问题的方法,这便是系统或系统分析。迄今为止,人们都能在比较正确的意义上使用"系统"这个术语,但要给出一个确切的定义似乎并不容易。这里将"系统"定义为:由复杂要素有机组合而成的、具有特定目标的整体,其内部要素和谐,外部功能明确。系统分析则是对系统的组成要素、目标、内外部关系以及系统功能进行分析的过程。

3. 设施管理系统

设施管理系统的一般定义为:应用系统分析的方法,综合考虑技术、经济、社会和政治等多方面的因素,协调设施管理的各项活动,促使设施管理过程系统化;为决策者提供分析的工具和方法,帮助决策者分析比较各项可能的策略和对策方案,定量地预估各项对策方案的效果,在预定的标准和决策约束条件下选择费用—效益(费用—效果)最佳的方案。

这个定义指出了设施管理和设施管理系统的实质,具有普遍的适用性,强调的是整个过程,不仅包括了决策支持工具,而且包括了社会实施过程。但在目前的实践中,系统的范围一般比较小,大多指一个决策支持系统。为了便于实践应用,这里给出一个相对狭义的定义:设施管理系统就是以有效的实测数据、成熟的理论模型和可靠的经验判断为基础,针对特定的目标,协助管理人员对所管辖设施的技术状况和管理需求进行技术经济分析的快速互动过程。

一个能够满足管理决策要求的系统首先强调的是有效的数据。所谓有效,这里是指数据的可比性和完备性。数据应是在统一的、经过明确定义的指南下收集或采集的,满足一定的精度要求;各年度(各时期)的数据采集口径一致,数据的定义不因人、设备或时代的变化而随意变化。这样的数据就是可比的。数据的完备性是指拥有决策所要求的关键数据信息。一方面,系统要求的信息可能很多,有些信息是一般背景信息,有些信息只是历史纪录,完备性并不是指必须拥有全部信息(若拥有当然更好),而是只要提供的信息可以满足决策,则可以认为信息是完备的;另一方面,不同系统的复杂程度不同,要求的数据信息也不相同,完备性并不是对所有系统而言,而是对某个特定系统而言。所以,数据的可比性和完备性是设施管理系统对数据的基本要求。

理论模型是进行系统分析的有力工具,是决定系统功能的关键。但模型(不管是理论模型,还是所谓的经验模型)都具有两面性:成熟的、符合实际的模型能够为决策提供强有力的分析工具和分析结果;不成熟的、未经过实践检验的模型也可能给决策者带来误导,为决策者提供错误的参考结论,且由此产生的错误往往不易发现其原因。所以,在设施管理系统中所使用的模型,不管是简单的还是复杂的,都应该是成熟的、经过检验的。

实践证明,经验同样应该看作决策的基础。当然,这里的经验判断是指可靠的经验判断,所以上面的定义中将经验判断放在了与数据、模型同等的地位上。理论分析和理论模型固然重要,但它能够分析解决的问题是有限的、有针对性的,并且往往是一些定型了的老问题,其他一些问题,尤其是一些新问题,都是理论模型所无法解决的。而可靠的经验判断可以成为理论缺陷的有力补充。实际上,许多经验判断并不仅仅是零星的经历,而是人们在长期实践的基础上对自身体会的总结,对以前理论指导实践效果的评价和修正,或是根据传统理论解决新问题时的一种创造,也是一种理性的结果,有时甚至是新理论的温床。可以说,经验是知识的低级形态,而理论则是其高级形态,经验和理论只是知识的两种不同的形态而已。主动地利用经验,并与理性的分析结合起来,有助于作出高质量的决策,对于设施管理是十分有益的。

所以,"有效的实测数据、成熟的理论模型和可靠的经验判断"是设施管理和设施管理系统的三个基石。

在上述这个狭义的定义中,实际上强调的是决策支持,是建立在计算机和网络系统中的高效决策支持工具,只能够协助而不能代替管理人员进行最终的决策,尽管一些系统也能输出所谓的决策方案,但那只是一个参考建议。

二、设施管理的过程与等级

1. 设施管理的过程

设施管理的过程可以分解为一个自上而下的过程和一个自下而上的过程,如图 12-1 和图 12-2 所示。

管理工作往往表现为一个自上而下和自下而上的反复权衡和协调的过程,这个过程也可以描述为"从群众中来,到群众中去"。首先,根据可能的预算和既有的标准,通过优化得出设施养护维修的技术经济政策,比如是采用常规的养护维修策略,还是采用预防性的养护维修策略;哪些对象采用预防性养护策略,哪些对象采用维修性养护策略;不同的设施应该维持在什么水平的技术等级上。然后,以该策略为基础进行规划,得出需要养护维修的项目,为具体的项目确定具体的养护技术措施。对这些项目和措施,逐一计算各自所需的养护维修费用和总费用,并与预算进行比较。如果与预算的出入较大,则对技术政策或预算进行调整,提出新的标准,进行再规划。最后,确定具体的养护维修项目。

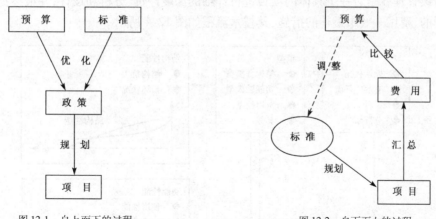

图 12-1 自上而下的过程　　　　图 12-2 自下而上的过程

显然,依据这样的过程能够得到比较理想的结果。当然,决策过程往往并不是一个纯粹的技术过程,有时会包括一些政策性或行政性的考虑。这时就更需要按照这个自上而下、自下而上的过程行事,以减少考虑不周或疏漏。

2. 设施管理的等级

从技术功能的角度,设施管理系统可以分为两个等级,即网级管理系统和项目级管理系统。

(1) 网级管理

网级管理就是根据既定的管理策略、管理要求、约束条件以及可用的技术手段,对系统中的多个项目进行综合技术经济分析和决策的管理活动。

网级管理是对多个项目的管理。这多个项目既可以是一个区域(省、市、地区、县等)内的一大批同类型或不同类型的工程项目,也可以是一个大项目中所包含的同类型或不同类型的小项目;主要目标是进行资源分配,平衡预算,实现技术经济目标。网级管理活动通常分为三个阶段,即制订原则阶段、综合分析阶段和最终决策阶段。

网级管理的一般技术流程如图 12-3 所示,该图表明了网级管理的技术组成和执行步骤。

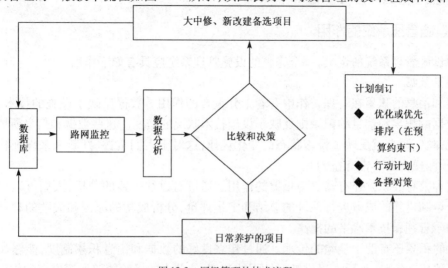

图 12-3 网级管理的技术流程

(2)项目级管理

项目级管理就是对一个具体的项目进行详细的深度评价、分析和设计,并最终提供实践中可以采用的、费用—效果最佳的措施,其技术流程如图 12-4 所示。

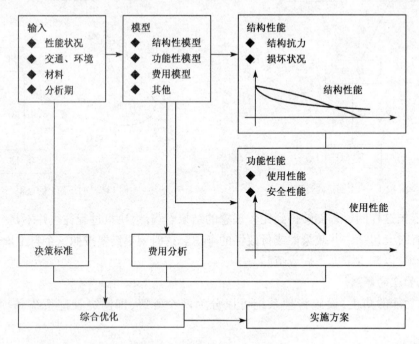

图 12-4　项目级管理的技术流程

实际上,项目级管理系统可以看作一个针对既有项目的、基于技术经济的分析设计系统。在没有特别说明的情况下,这里所说的管理系统都是指网级管理系统,而不是项目级的管理系统。

三、设施管理系统的技术结构

以路面设施为例,综合分析路面管理系统的内容和规律并加以提炼,可以得出其代表性的技术结构图,如图 12-5 所示。

四、设施管理系统的作用

按照设施管理系统的定义,一个完整的设施管理系统应具有如下作用。

1. 积累数据

数据和信息的积累在管理工作中有着十分重要的作用。数据反映了设施的技术状况,大量历史数据的积累和信息的记录则反映了设施技术状况的演变。这些数据和信息所体现出来的变化规律,实际上就反映了设施状态的变化规律,这对于人们掌握、判断未来设施状况的变化、建立预测模型是非常有益的。

数据和信息的积累还有其更为重要的作用。通过对以往实践的分析,人们可以对所采取的各种决策和措施的成败进行系统的总结和定量评价,分析成功的原因和失败的教训。这将大大有助于管理和技术水平的提高。

信息的积累还有助于经验的传承。通过建立良好的数据和信息积累制度,能够如实地记录下前人的成功经验,为后人提供针对性强的范例,使前人的经验能够发挥应有的作用。

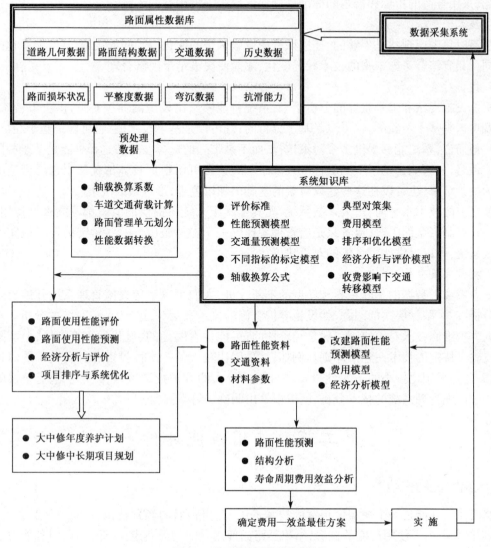

图 12-5　路面管理系统的技术结构

　　数据和信息的积累首先依赖的是管理制度,以及具有一批矢志数据采集和信息积累的专业人员;而建立在现代技术上的设施管理系统或数据库系统则为数据和信息的积累提供了强大的、便捷的手段。

　　2. 论证投资

　　管理好基础设施需要一定的资金,这是毫无疑问的;但多少资金合适,则需要认真分析、反复权衡才能决定的。一个功能完整的计算机设施管理系统则能够最大限度地帮助管理者进行投资需求分析,优化投资方案。它能够告诉管理者在不同的投资水平下设施的技术状况将如何变化,也能够给出将设施技术状况维持在特定水平上的资金需求。这些分析既可以是短期的,也可以是中期的、长期的。这个功能使得该计算机管理系统不仅是一个预算制定和资金申请的工具,也是一个在不同设施之间进行合理资金分配的工具。

　　3. 技术评价

　　进行客观的技术状况评价是掌握现状、进行决策的基础,可以说是决策分析的第一步。不同设施的结构特性、技术要求不同,评价参数和评价标准也不相同。评价中根据不同设施的技术特点,采用合适的指标和恰当的标准是确保评价结果可用性的关键。

4. 技术预测

决策时只考虑现状是不够的,还应该考虑设施未来的变化。不同的设施,其性能恶化的速度不同。只有综合考虑未来的技术状况变化,才能使决策结果经济合理。

5. 提出对策

根据设施现状和未来状况的分析结果,系统将能够给出设施的养护对策,供决策者参考。对策既可以是基于经验的,也可以是基于分析的;既可以是基于技术的,也可以是基于经济的。

一般而言,系统能够提供多个对策选择,而不是唯一的选择。这些选择可能是基于相同的标准或策略,也可能是基于不同的标准或策略。决策者可以根据具体情况从中选择合适的对策作为决策结果,也可以在这些建议对策的基础上加以改进,形成最终决策。

就目前的技术水平而言,大多数系统、尤其是网级系统所提供的对策都不能直接使用,而只是一种控制资金的手段,或者只是给管理者提供一个参考范围。一些紧密结合当地实践的项目级系统,可以提供比较具体的对策建议。

6. 技术政策分析

随着系统中数据的不断积累和模型的不断改进,人们可以采用设施管理系统开展比较深入的分析,对一些深层次的问题,如设施养护维修的技术政策等,进行深入、系统的分析。常规使用的养护维修技术对策原则一般是经验性的,可能没有明确的、显化的政策指导,但实际上依然反映了特定的技术—经济原则。例如,是采用比较大的一次性投资和日后较小的养护投资策略,还是采用比较小的一次性投资和日后比较大的养护投资策略,是一个饱受争议的课题。经过设施管理系统的技术分析,就可以给出明确的答案。

第二节 使用性能评价

一、路面使用性能

路面使用性能是一个覆盖面很宽的技术术语,泛指路面的各种技术行为。1962 年,Caray 和 Irick 首次提出了使用性能的概念,给出了路面使用性能的经典定义,即"路面服务能力的演变历程",按此定义提出了 PSI 这一使用性能指标。在很长的时间里,路面的使用性能就是指路面的服务能力。但自从 1987 年美国将"基于性能"作为 SHRP 的主要研究思想以来,路面性能的覆盖范围被不断扩大,包含了路面行驶质量、损坏状况、结构的力学反映、行驶安全性以及路面材料的疲劳、变形、开裂、老化特性等各方面的含义,成为一个泛指路面和材料各种技术行为的术语。为了规范路面使用性能的技术含义,PatersonWDO 给出了使用性能的新定义,即"路面为道路使用者提供的服务的变化趋势",该定义包括了路面为道路使用者提供的不同侧面的服务。人们对路面使用性能的理解和认识在不断变迁,迄今为止,比较一致的看法是:路面的使用性能包括 5 个方面,即行驶质量、损坏状况、结构承载能力、行驶安全性和外观。

二、路面行驶质量的评定

路面平整度是路面行驶质量评价的一个重要指标,它不仅影响驾驶员及乘客行驶舒适性,而且还与车辆振动、运行速度、轮胎摩擦与磨损及车辆运营费用等有关,是一个涉及人、车、路三个方面的指标。目前,世界各国路面平整度的测定方法与指标各异,至今都没有得到一个统一的指标与测定方法。

1.路面平整度定义

路面平整度大致可由三种剖面的竖向变形构成:纵向变形、横向变形与水平方向变形。纵向变形为路表面沿行车方向高低起伏变化;横向变形是路表面沿横断面方向的高低起伏变化;而水平方向变形是路面水平面内的高低起伏,是纵向变形与横向变形的合成。路表面的变形一般影响车辆侧向与垂直方向的加速度:侧向加速度影响车辆摇晃,摇晃的原因来自竖轴;垂直方向的加速度对使用者行驶与行驶舒适性有极大的影响,而车辆垂直方向的加速度主要是由纵向变形所引发,故目前路面平整度研究的主要对象是纵向变形。

由于路面平整度问题本身的复杂性,从不同的角度出发,对路面不平整所下的定义就有多种。《公路工程名词术语》(JTJ 002—87)及《道路工程术语标准》(GBJ 124—88)将路面平整度定义为:路表面纵向的凹凸量的偏差值。该定义比较模糊,只涉及路的特性,而对人车方面涉及得较少;由于没有设定参照高程,不利于测定。美国材料试验学会 ASTM 的定义(E867)为:道路平整度是路表面相对于理想平面的竖向偏差,而这种偏差会影响到车辆动力特性、行驶质量、路面所受动荷载及排水。这个定义合理性在于:它明确了路面平整度测量的参照系,利于测定;定义中将人、车、路三方面因素综合进行了考虑,并对其所导致的影响论述清楚;可以实现人—车—路系统的优化,进而为制订合理的路面标准提供理论基础,因此得到了广泛认可。

2.路面平整度检测方法

在半个多世纪的发展过程中,人们曾经研制过多种路面平整度测定方法和设备。这些仪器大体可以分成 3 类,即反应类平整度仪、断面类平整度仪和主观评估法。

(1)反应类平整度仪

路面的不平整引起车辆的振动(反应),通过测量车辆的振动来衡量路面的平整性,这类平整度仪称为反应类平整度仪。

早期的反应类平整度仪是美国 BPR 平整度仪,如图 12-6 所示。英国 TRRL 对这一仪器进行了改进,研制了颠簸累计仪,有拖车形式和车载式两种。车载式量测的是车身与后轴之间悬挂系的位移,如图 12-7 所示。常用的反应类平整度仪还有美国 PCA 平整度仪、Mays 平整度仪和澳大利亚的 NAASRA 平整度仪。

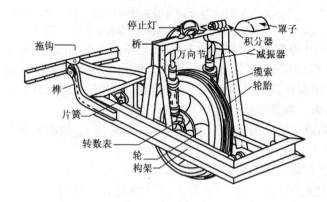

图 12-6　BPR 平整度仪

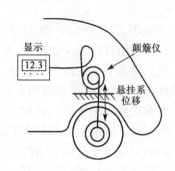

图 12-7　颠簸累计仪

反应类平整度仪的优点是价格低廉、操作简单,可用于大规模的路面平整度测定。但这类仪器只是路面平整度的间接测试系统,测试的是车辆在路面表面凹凸的激振下的反应,而不是直接测量路面表面的高程变化;测试结果的时间稳定性差,即测试结果因车辆振动特性随时间和速度的变化而变化,同一台设备在不同时期的测试结果可能缺少可比性,不同设备的测试结果更缺少可比性。为了克服这一缺点,需要定期对反应类平整度仪进行标定。

(2)断面类平整度仪

断面类平整度仪测量的是车辆行驶轨迹下路面表面的高程或高程变化量;通过对高程变化的数学分析,可以得出路面的平整度值。常用的断面类平整度仪包括:水准仪、3米直尺或梁式断面仪、惯性断面仪、纵断面分析仪和激光断面仪等。

①水准仪。采用水准仪量测沿轮迹的路表面高程,由此得到精确的路表纵断面。这是一种很普通、很简单易行的方法,所测结果稳定,不会因人、时间、地点而易,但费工费时,测量速度慢,适用于少量的平整度测量,或用于对标定路段的平整度测量。

②3米直尺或梁式断面仪。采用3米长的梁测量路面平整度是目前常用的方法之一。基于类似的原理,英国TRRL研制了一种半自动的断面测量仪,如图12-8所示。仪器为一根3m长的铝制梁,两端支撑于可进行水平调节的三角架上,用于路面(相对)高程测量的跟随轮直径250mm,安装在支架上。该支架可在梁上滑移,跟随轮沿梁长在路面表面滚过,装在支架内的仪器测出跟随轮相对于梁的竖向位移,分辨率可达1mm。

③惯性断面仪。最早的惯性断面仪由美国通用汽车研究所研制,故称GMR断面仪,如图12-9所示。在测试车身上安装一竖向加速度计,已得到惯性参照系。将测得的加速度进行二重积分,可得到车身的竖向跳动位移量。车身同路面之间的距离变化可通过沿路面表面滚动的跟随轮,利用线性电位计测得。将此相对位移同由加速度积分得到的车身跳动位移叠加,便得到路面表面高程变化。测量速度一般不超过65km/h。

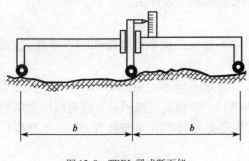

图12-8 TRRL梁式断面仪

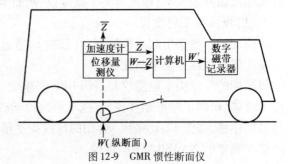

图12-9 GMR惯性断面仪

$\bar{Z}$-车身竖向加速度;Z-车身竖向跳动位移量;W-车身与路面之间的距离变化量;W'-路面表面高程变化量

④纵断面分析仪。图12-10为法国桥路中心试验室生产的一种惯性纵断面分析仪(APL)。它由自行车式的轮子、装有压载的框架、车轮支承臂和一个低频惯性摆组成测试拖车。拖车对牵引车的运动不敏感,惯性摆提供拟水平参考系。通过测量车轮支承臂相对于水平惯性摆的角位移,得到路面表面纵断面。测量速度可达15~140km/h。

⑤非接触式测量仪。目前常用的高效平整度测量仪一般采用非接触式技术,如激光断面仪。图12-11是非接触式测量仪测量原理示意图。

断面类平整度仪的主要优点是能够直接测得路面的实际纵断面高程,可以据以进行路面平整度特性指标分析。其主要缺点是大多为精密仪器,价格昂贵,操作和维修要求高。

(3)主观评估法

主观评估法就是根据评估指南和自身经验进行评估。

3.路面平整度指标

采用上述仪器进行平整度测量的最基本目的就是用一个或几个参数来评价路段的平整

度,所用参数就是路面平整度指标。该指标要能灵敏而真实地反映所测量路段的断面信息,且能通过一定的计算方法计算得到。平整度发展过程中,路面平整度测定的方法与仪器较多,采用的指标各异。国内外常用的平整度指标主要有:国际平整度指数 IRI、直尺测定最大间隙与标准差 σ、功率谱密度 PSD、行驶质量数 RN、纵断面指数 PI、平均评分等级 MPR 和竖向加速度均方根 RMSVA 等。

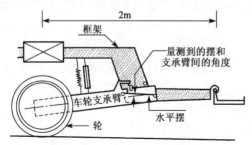

图 12-10 APL 测量原理示意图   图 12-11 非接触式测量原理

虽然反应类平整度测定系统测定快速而价格低廉,是 20 世纪 70 年代应用较广的一种平整度测定方法,但由于反应类仪器在较差路段上测量值偏高而在较好路段上测量值偏低,需要有一种标准的指标与方法对其进行标定。美国国家公路合作研究计划(NCHRP)于 1978 年在项目 1-18 中提出该问题,在随后进行的"反应类平整度系统的标定和关系"研究项目提出了国际平整度指数(IRI)的概念,而世界银行 1982 年在巴西进行的国际平整度试验则完整而系统地提出了 IRI 的计算模型与计算方法。

IRI 是综合了断面类与动态类平整度测定方法的优点而得到的一个评价指标,是静态断面高程数据经过力学模型计算后得到的动态变量。IRI 具有以下特点:IRI 与车辆振动的动态反应相关,通过 1/4 车模型建立了与车辆性能的相关性;IRI 直接与路段断面高程相关,保证结果具有时间稳定性;IRI 可以通过最广泛使用的仪器测量得到(如水准仪),结果具有有效性;IRI 可以在世界范围内进行转换(有标准计算程序),具有可移植性。由于具有以上特点,IRI 成为目前国际上广泛运用的平整度指标。

4.路面行驶质量评价方法

(1)评分试验

路面行驶质量涉及路面—汽车—人系统,影响因素主要是路面平整度、行车速度、汽车特性、人对运动(振动)的反应特征等。通常采用评分试验的方法建立相应的评价模型。评分试验的设计包括以下几个方面。

①路段选择。道路转弯等线形因素将对试验结果产生影响。为了避免道路线形的影响,突显路面的影响,试验中选择平直路段。路段要有足够长度,以控制评分人受振的暴露时间。所选路段应具有代表性,应覆盖各种平整度等级和路面损坏类型。各段内的路面状况应尽可能均匀。

②车型的选择。不同的汽车对路面平整度有不同的隔振性能。1985 年,美国印第安纳州所做出的平整度与行驶质量的试验中采用了不同的车型(客车、载货汽车等),试验结果指出了汽车影响因素的显著性。因此,试验中应选择一种代表性车型。

③行车速度的选择。行驶质量取决于路面平整度和行车速度的组合。汽车在路面上行驶时,往往可以通过加速或减速来改善行驶质量。这是因为道路断面呈一定的频波分布,在一定速度下组合的激振频率达到汽车的共振频率之一时,会产生共振而导致行车质量恶化。改变

速度则可避免共振的发生,从而改善行驶质量。因此,在行驶质量评价中对行车速度的选择和控制是进行合理评价的关键。所以,要顾及全部车速下的感受是不可能的,一般是选择道路的代表性车速作为评分车速。

④评分过程。评分前需要讲清评分时应注意的事项。评分人员应仅仅依据自己对行驶舒适性的感受进行评分,不需要考虑其他因素。评分过程中,评分人员的座位应保持不变。由坐在副驾驶位置的人负责提醒路段的起讫点,汽车以规定的速度驶过一个路段后,停于路旁,评分人根据自己乘车时的感觉独立评分。

(2)评价模型

评分试验结果即为路面行驶质量的主观评价结果,通常采用行驶质量指数RQI表征,将其汇同对应路段的平整度(如IRI)检测结果,即可通过回归分析建立行驶质量评价模型。

RQI与IRI之间若采用线性关系式可表示为:

$$RQI = a \cdot IRI + b \tag{12-1}$$

式中:RQI——行驶质量指数,五分制或百分制;

IRI——国际平整指数,m/km。

据此,利用路面平整度检测结果即可计算得到路面行驶质量。

(3)评价标准

①IRI标准。对于IRI与路面服务性能之间的关系,一般认为当IRI为零则该断面很平整,对于IRI的上限并没有任何规定。但较为一致的看法是:当IRI大于8m/km时,就不利于行驶,需要减速。国际上多家研究机构研究了IRI与路面状况之间的关系并提出其标准,较有影响力的有世界银行报告、奈米比亚报告及美国密西根大学报告,见表12-1。

IRI与路面服务性能之间关系 表12-1

世界银行的报告		奈米比亚报告		密西根大学报告	
IRI(m/km)	路面状况	IRI(m/km)	路面状况	IRI(m/km)	路面状况
0.25~1.75	机场跑道、高速公路	2	良好的沥青路面	<0.79	非常平整的路面
1.25~3.50	新路面	4	较差的沥青路面	1.58~1.97	一般路面
2.25~5.75	老旧路面	6	良好的碎石路面	1.42~2.52	重交通碾压过的路面
3.25~10.00	经常养护的无铺面道路	8	较差的碎石路面或土壤路面	>2.76	需要维修的路面
4.00~12.00	已有损坏的道路			>3.47	不堪使用的路面
>7.75	不平整的无铺面的道路				

从以上可以看出,各报告所提出的IRI评价标准并不统一,特别是对于好与良好的路面分级标准相差较大。可见,根据各地实际情况提出IRI评价标准很有必要。

②RQI标准。在前述评分试验中,评分人员不仅给出各路段的RQI评分,而且对各路段的行驶舒适性给出"不可接受"、"不确定"和"可接受"三种评价意见。汇总RQI评分值和评价意见,可以整理出不同RQI评分值和评价意见的分布比例,如图12-12所示。由分布比例为50%的水平交点,可以确定行驶质量的上、下限标准:完全可接受的最低标准和完全不可接受的最高标准,而其间则为不确定的过渡段。

从图12-12的分布曲线中可以看出,行驶质量指数RQI在2以下时,路面的行驶质量为不可接受;行驶质量指数RQI在3.6以上时,行驶质量完全可以接受。

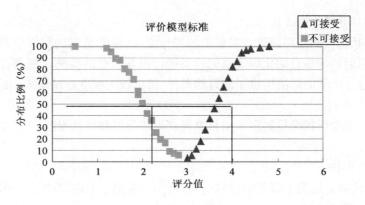

图 12-12 评价标准的确定曲线

三、路面损坏状况的评定

损坏现象是各种因素作用于路面结构的结果。各种损坏对路面结构的完好程度和路面的使用性能有着不同的影响。为了准确评估这一影响,应建立科学的路面损坏状况评价方法。

1. 路面损坏特征定量描述

总体而言,为定量描述路面的损坏特征,首先,应根据路面损坏形态、特征和肇因的不同,将路面损坏现象进行分类,分类应遵循如下原则:

①易识别辨认;
②考虑损坏原因的异同;
③注意目前和今后的普遍存在;
④简单,但应满足评价精度要求。

其次,各类路面损坏都有一产生和发展的过程。在这过程中,处于不同阶段的损坏,对路面使用性能及其变坏速率有不同程度的影响。为了便于评价其影响程度,应按损坏的严重程度和密度大小(在调查区段内出现的面积率)将各种损坏划分为若干个等级。分级数不宜过多,一般为 2～3 级,个别类型可不分级。再次,对于各损坏类型,应规定统一的量测和计量方法,将其定量化。

路面有多种类型,其损坏特征各有不同。表 12-2 所列分别为沥青路面、水泥混凝土路面和砂石路面常见损坏类型。

沥青路面、水泥混凝土路面和砂石路面常见损坏类型　　　表 12-2

沥青路面		水泥混凝土路面		砂石路面	
损坏类别	损坏类型	损坏类别	损坏类型	损坏类别	损坏类型
裂缝类	纵向裂缝、横向裂缝、龟裂、块裂	裂缝类	线状裂缝、板角断裂、D 裂缝、交叉裂缝和破碎板	缺损类	松散、扬尘、坑槽、翻浆
变形类	车辙、沉陷、波浪拥包	接缝破坏类	接缝料损坏、边角剥落	变形类	搓板、车辙、路拱不适、沉陷、拥包
表面损坏类	磨损、坑槽	表面损坏类	坑洞、表面纹裂与层状剥落	路肩类	超高、积水、杂草
其他类	泛油、补丁	其他类	错台、拱起、唧泥、修补		

2. 路面损坏状况检测方法

路面损坏状况检测是路面管理最重要的工作之一,常常是制约科学管理的瓶颈。由于损坏的复杂性,目前尚缺少自动化程度高的设备进行损坏状况的检测。视频技术和现代信息技术的发展,为这一问题的解决提供了较好的条件,可以较大幅度地减小人们的工作强度。

(1) 传统人工调查法

传统上,路面损坏状况检测多采用目测判别损坏类型和严重程度、手工丈量损坏数量的方法进行。

(2) 图片比照法

图片比照法就是借助于事先拍摄好的、并经路面养护专家审定的、若干套路况各等级的标准图片来给待评分路段打分。

(3) 图像识别法

在传统的方法中,人是识别损坏的主角。但随着科技的进步,以"机器"代"人"成为发展方向。

①路面摄影测量仪(GERPHO)。早在1972年,法国LCPC道路管理部门和Nancy区试验室分别开展了两个研究项目:一个是采用红外线技术,配上黑白显影胶片,由飞机低空航摄,来摄取路表图像,以进行后续处理和损坏评价;另一个则是采用安装在车辆上的移动式图片照相设备对路表面进行连续的拍摄,对摄得的胶片进行显影、定影后,在室内回放,再由人工判别路面损坏的类型和严重程度,并由人工输入计算机。这一套设备命名为路面摄影测量仪(GERPHO)。

②自动化路面图像分析仪(ARIATM)。1985年,美国MHM协会开展了自动化路面损坏评价系统的研究,其重点是开发自动化路面图像分析仪ARIATM。它通过对视频图像进行数字图像处理和模式识别来识别出路面损坏的类型并计算出损坏的严重程度和范围,其目的是为路面管理提供一个全自动化的路面损坏数据采集方法。ARIATM由专门装备起来的ARIATM测试车拍摄的录像带提供必需的原始数据资料,并以脱机的方式利用路表图像分析路面损坏。ARIATM系统能识别和计算"龟裂"、"纵向开裂"和"横向开裂"等类型的路表损坏。

③路面损坏图像采集仪。美国的Roadma-PCES系统采用一辆配备摄录仪器的专用车,称为路面损坏图像采集仪。它采用可控光源照明和四台线扫描方式(光栅扫描)的摄像机以高达88mile/h的速度来采集8ft宽的连续的路表图像。每个像素的实际代表面积为0.1in(纵向)×0.05in(横向)。然后所拍摄到的路面图像数据经后续处理识别出横向、纵向和其他类型的开裂,同时消除噪声。

④Komatsu系统。日本的Komatsu系统庞大复杂,有激光、红外线等多种先进感知设备,采用一台测量专用车并配备数据处理系统来实时地测量开裂、车辙以及纵向的断面。这个系统通过巨型的64个(最后达到512个)HC88020并行微处理器、采用常规图像处理技术对裂缝图像数据进行后续处理。

⑤MACADAM系统。法国的MACADAM系统也是采用常规的图像处理算法对经数字化的连续35mm胶片进行后续处理。尽管此系统的目标在于识别损坏类型,但它有两个严重的缺陷。首先,像素代表的实际长度将近9mm。这样只能给出非常粗略的识别,严重地限制了能被检测到的裂缝尺寸。其次,处理速度慢,处理一公里路面需要一个小时。

⑥同济大学沥青路面损坏自动识别系统。早在1990年起,同济大学已开始研发试验性沥青路面开裂识别系统。之后,随着计算机技术的发展,该系统软硬件不断升级、算法不断改进,

逐渐形成一整套较为成熟的识别沥青路面开裂类损坏的理论方法和软硬件系统。

3. 路面损坏状况评价方法

每个路段的路面可能出现各种不同类型、程度和范围的损坏。为了对各路段的损坏状况（或程度）进行定量比较，需要有一项综合评价指标，把这三方面的属性和影响综合起来。较常用的是综合评分法，建立客观的量测指标与主观综合评分之间的关系。选择一个损坏状况的度量指标（如路面状况指数PCI），以百分制或十分制计量。对不同的损坏类型、严重程度和范围规定不同的扣分值，按路段的损坏状况加权累计其扣分值后，以剩余的数值表征路面的完好程度，评价路面的好坏。这里介绍一种适用于各类路面、适用于多种损坏、基于权函数的分层加权评价方法。该方法模拟评分专家的思维过程，逐层加权累加得到总扣分值，即先对每种损坏类型加权累加不同严重程度的扣分值，再对每种损坏模式加权累加该模式中各种损坏类型的扣分值，最后再加权累加不同损坏模式的扣分值，得到总扣分值DP，见式(12-2)。

$$\text{PCI} = 100 - \text{DP} = 100 - \sum_m \sum_i \sum_k \text{DP}_{m,i,k} w_{m,i,k} \tag{12-2}$$

式中：PCI——路面状况指数，数值范围0~100，若出现负值，则PCI取为0；

m——损坏模式；

i——损坏类型；

k——损坏严重程度；

$\text{DP}_{m,i,k}$——损坏模式m、损坏类型i、损坏严重程度k时的单项扣分值；

$w_{m,i,k}$——损坏模式m、损坏类型i、损坏严重程度k时的权重。

采用分层加权法进行PCI的计算，必须解决两个问题，即单项损坏扣分值$\text{DP}_{m,i,k}$的确定和权数$w_{m,i,k}$的确定。

（1）单项损坏扣分值的确定

理想的方法是选择仅有单项损坏类型和密度的路段进行评分，并根据评分结果可以方便地计算单项损坏的扣分值。实践中可选择损坏现象单一、损坏密度相近的路段进行评分，并按照定义量测其损坏，则可得某种损坏的单项扣分值为：

$$\text{DP} = 100 - \overline{\text{PCR}} \tag{12-3}$$

式中：DP——某种损坏的单项扣分值；

PCR——专家对该路段的平均评分值。

采用这种方法，可以计算出各类损坏在各损坏严重程度和损坏密度条件下的单项扣分值。表12-3为沥青路面单项扣分值示例。

沥青路面单项扣分值　　表12-3

损坏类型	严重程度	损坏密度(%)					
		0.1	1	5	10	50	100
龟裂	轻	8	12	18	30	50	80
	中	10	14	22	35	55	75
	重	12	17	28	45	70	90
块裂	轻	5	8	16	25	32	40
	重	8	12	20	35	62	68
沉陷	轻	2	10	20	33	65	75
	重	4	12	27	40	75	100

续上表

损坏类型	严重程度	损坏密度(%)					
		0.1	1	5	10	50	100
车辙	轻	1	5	10	20	45	60
	重	3	10	20	30	60	80
波浪拥包	轻	3	6	12	25	47	70
	重	5	12	22	35	63	90
坑槽	轻	1	12	25	42	87	80
	重	10	17	30	52	77	100
麻面磨光	不分	1	3	6	12	18	20
露骨	不分	2	6	20	40	55	60
补丁	轻	2	8	10	15	20	35
	重	4	10	15	20	30	50
泛油	不分	1	5	10	12	12	30

		损坏密度(%)					
		0.1	0.5	1	3	5	>5
横向裂缝	轻	1	6	8	18	25	25
	重	4	9	12	24	38	38

		损坏密度(%)					
		0.1	1.0	5	10	40	>40
纵向裂缝	轻	8	10	16	32	70	70
	重	10	15	25	44	80	80

(2)权数的确定

通过研究,可用数学的方法将评分时专家心目中难以言表的权数提取出来,使其定量化。研究结果表明,各类损坏的权重不是常数,而是变数,是随该损坏在总损坏中所占比重而变化的。因此,可在不同的层次水平上将权重表示为单项损坏扣分值占总扣分值百分比的函数,简称权函数,如图12-13所示。图12-13中,所有权重都采用同一条曲线表示,此曲线既可供同种损坏类型不同严重程度加权累加时确定权重使用,又可供同种损坏模式不同损坏类型加权累加时确定权重使用,还可供不同损坏模式加权累加时确定权重使用。

四、路面结构承载能力的评定

一般而言,进行路面结构承载能力检测和评价的目的包括:掌握路面结构的服务潜力、预测路面结构的剩余寿命、寻找强度不足的路面结

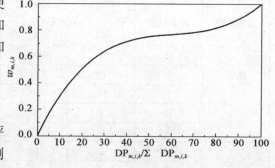

图12-13 权函数曲线

构、分析路面结构强度不足的原因或强度变化的趋势、为路面结构的加固或补强提供设计依据或参数。

1. 路面弯沉检测方法

目前,各类弯沉仪已经成为路面结构状况评价的主要手段。根据早期的技术水准,可将路面弯沉仪技术分为三类,即静态弯沉仪、稳态弯沉仪和脉冲式弯沉仪。随着技术的进步,又出现了真正意义上的动态弯沉仪和基于波分析的方法。

(1) 静态弯沉仪

这是我国使用比较广泛的弯沉仪,包括承载板法、杠杆式弯沉仪(贝克曼梁)、路面表面曲率仪和自动弯沉仪等多种类型。

承载板法虽然可以比较稳定可比地测定路面的弯沉,但其测定效率较低,难以作为大规模路面弯沉测定的手段使用。相比之下,杠杆式弯沉仪则使用得比较广泛。

杠杆式弯沉仪如图12-14所示,是一种相对简单的测量仪器,测定的是车辆以爬行速度行驶时的路面弯沉。弯沉的测点置于标准轴双轮组的中间,通常有两种加载和测定过程:一种是后退加载法,另一种是前进卸荷法。前者测定的是路面的总弯沉,后者测定的是路面的回弹弯沉。我国一般以前进卸荷法测定路面的回弹弯沉。经过季节、温度修正后,计算路段的代表弯沉值,作为路面结构强度评价的输入值。

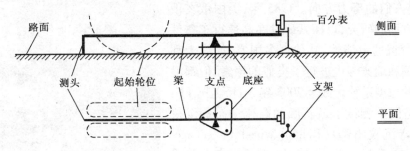

图 12-14 杠杆式弯沉仪

这类弯沉仪的主要缺陷也是比较明显的。首先,测量精度不高。杠杆的支点容易在试验荷载的作用下发生变形,后轴的两个轮组之间以及前后轮组之间都可能造成变形的叠加,影响测量精度,尤其是在我国大量使用的半刚性基层路面上。传统的弯沉仪的整个测试过程由人工操作,读数精度难以得到保证。其次,加载模式与实际行车荷载之间具有较大差异,难以模拟实际的行车荷载特性,只能得到爬行速度下的路面弯沉值。最后,测试速度慢,劳动强度大,对交通干扰大,测定人员的安全性差,不太适合于大交通量道路的路面检测。

(2) 稳态弯沉仪

利用振动设备产生一个正弦荷载,施加于路面上。在路面表面安装一组速度或加速度传感器测定路面弯沉盆,以分析路面在振动荷载作用下的刚度特性。

与杠杆式弯沉仪相比,稳态弯沉仪采用惯性基准点,而不需要固定的参考点,量测精度具有显著提高。不过,稳态弯沉仪所施加的荷载级位不高,静载的作用改变了路面的受力状态,荷载的频率特性与行车荷载也有较大差异。

(3) 落锤式弯沉仪

落锤式弯沉仪以特定质量的物体,从特定高度自由落下,从而给路面施加一种脉冲荷载。如图12-15所示,施加的荷载可以通过物体的质量和落高来控制,脉冲荷载的持续时间则可以通过缓冲物(如橡胶垫)来控制,简称FWD。通常,FWD施加荷载的能力为15~125kN,用于机场道面弯沉测量的设备则可达250kN;荷载脉冲时间一般在0.025~0.03s。

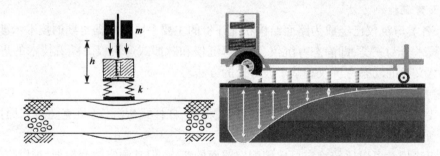

图12-15 FWD的基本测试原理

落锤式弯沉仪不仅能够测量路面在荷载作用下的最大弯沉,而且能够测得路面的弯沉盆,这为路面结构的评价提供了更多的信息。

(4)动态弯沉仪

实际上,上述各类弯沉仪,即便是FWD在弯沉测定时都必须停车,大大影响了测量速度,而且影响交通。研发一种能够在车辆正常行车速度下测量路面弯沉的设备,即真正的动态弯沉仪,一直是人们的努力方向。1985年,美国俄亥俄州开始了这方面的研究,以探索研发在高速行车条件下测量路面弯沉的可能性,其他许多国家,如澳大利亚、丹麦、英国和瑞典等也进行了类似的探索,但都没有提出完整的原型系统。截至2003年7月,美国FHWA在德州路网上测试了最新版的高速动态弯沉仪——滚轮式弯沉仪RWD(Rolling Wheel Deflectometer),如图12-16所示。图12-16中,滚轮式弯沉仪式在半挂车上安装一个7.8m长的铝制梁,梁上以2.6m的等间距携带着4只激光传感器。该梁设置在车辆的

图12-16 滚轮式弯沉仪RWD

右侧,在88km/h的行车速度下以12.2mm的间隔进行抽样,以测量外侧轮迹上的弯沉。也许在不远的将来,这种高速(真)动态的弯沉测量仪可以投入实际,这将大大方便网级路面结构状况的监测。

(5)波分析法

根据波在路面结构层中的传播特性,可以测定路面结构层的特性。在路表面施加脉冲荷载以产生表面波,表面波在多层的路面结构中传播,采用两个加速度计测量表面波经过时波的形状,根据对这两个波形历程及其差异的分析,推测路面结构层的特性参数。

2.路面结构承载能力评价方法

沥青路面结构状况的评价有多种方法,包括弯沉比法、结构指数法、简单分等法、剩余寿命指数法、TRRL剩余寿命法、结构行为分析法和反演分析法等。这里介绍简单分等法。

(1)路面结构承载能力分级

图12-17是TRRL提出的路面弯沉变化及其达到临界状态时弯沉的大小。根据图12-17所示规律以及对大量路面养护专家和路面数据的调查,首先将路面结构能力和路面恶化速率在荷载作用下的变化过程划分为三个阶段,即平稳阶段、渐变阶段和迅变阶段。

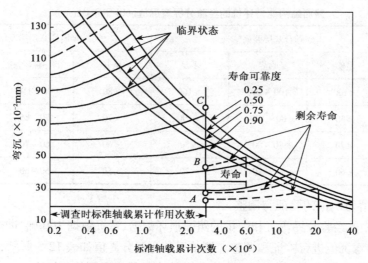

图 12-17　沥青路面弯沉变化与寿命的关系(粒料基层)

平稳阶段——相应于路面使用的初期阶段,路面弯沉值基本保持稳定或变化很小,对半刚性基层的路面结构,弯沉在最初的两年内甚至还会减小,然后增大并趋于稳定。

渐变阶段——一般情况下相应于路面使用性能的中期阶段,路面弯沉随轴载作用次数的增加而缓慢、稳定地增加。

迅变阶段——一般相当于路面使用性能的后期,路面弯沉随轴载作用次数的增加而迅速增加。

据此,可将路面结构强度划分为三个等级,即足够、临界(中等)和不足,并给出每一等级的定义如下:

足够——相应于平稳阶段。路面上的损坏多由环境因素或面层材料不当所引起,即路面上的损坏一般为环境主导型损坏,路面养护的重点是针对非荷载因素造成的损坏类型。

临界(中等)——相应于渐变阶段。路面上已经出现了少量结构性疲劳破坏,并有较快的、稳定的发展趋势,路面养护的重点是延缓损坏发展的速度。

不足——相应于迅变阶段。路面结构已经无力承担交通荷载的重复作用,路面损坏严重,难以提供满意的服务水平,路面养护的重点是增强路面结构的抗力。

(2)影响因素分级

影响路面结构强度的因素十分复杂,至少包括路面弯沉、路面结构组成、路面材料特性、交通量大小及其组成、季节因素和地区因素等。但在结构强度评价中详细考虑每一个因素的影响的必要性不大。因此,主要考虑交通量大小和路面结构两个影响因素,对其进行分级:

①根据交通状况,将交通因素分为四个等级,即轻交通(AADT<500 辆/d)、中等交通(AADT=500~2 000 辆/d)、重交通(AADT=2 000~5 000 辆/d)和特重交通(AADT>5 000 辆/d)。

②根据基层材料的不同,将路面结构分为两种类型,即碎砾石基层结构和半刚性基层结构。

(3)分界弯沉值的调查

采用调查的方法确定分界弯沉值,调查对象选择具有丰富路面养护经验和专业经历的专家,他们的看法既有一定的技术合理性,又反映了当地的经济能力,这样的调查结果具有较好的可操作性。调查结果见表12-4。

路面结构能力评价的经验分界弯沉值(60kN,0.01mm) 表 12-4

交通等级	碎砾石基层路面结构			半刚性基层路面结构		
	足够	临界	不足	足够	临界	不足
轻交通	<100	100~160	>160	<80	80~110	>110
中等交通	<80	80~100	>100	<70	70~85	>85
重交通	<70	70~80	>80	<60	60~70	>70
特重交通	<60	60~70	>70	<50	50~60	>60

(4)经验分界弯沉值的验证与调整

以表 12-4 中的经验分界弯沉和大量的路面损坏数据、弯沉数据为基础,进行理论分析,对表中的经验分界弯沉值进行验证和调整。调整后的弯沉分界值如表 12-5 所示,该分界值是理论分析与实践经验相结合的产物,可以作为路面结构承载能力评价的标准。

调整后的路面结构能力评价的经验分界弯沉值(60kN,0.01mm) 表 12-5

交通等级	碎砾石基层路面结构			半刚性基层路面结构		
	足够	临界	不足	足够	临界	不足
轻交通	<100	100~150	>150	<75	75~100	>100
中等交通	<80	80~100	>100	<60	60~80	>80
重交通	<70	70~80	>80	<50	50~65	>65
特重交通	<55	55~70	>70	<40	40~55	>55

随着交通量的增大,表 12-5 的适应性越来越差。表 12-6 是交通量较大时的强度评价标准。

路面结构能力评价的经验分界弯沉值(100kN,0.01mm) 表 12-6

交通等级(AADT)	碎砾石基层路面结构			半刚性基层路面结构		
	足够	临界	不足	足够	临界	不足
很轻(<2 000 辆/d)	<98	98~126	>126	<77	77~98	>98
轻(2 000~5 000 辆/d)	<77	77~98	>98	<56	56~77	>77
中(5 000~10 000 辆/d)	<60	60~81	>81	<42	42~59	>59
重(10 000~20 000 辆/d)	<46	46~67	>67	<31	31~46	>46
特重(>20 000 辆/d)	<35	35~56	>56	<21	21~35	>35

不过,不同的半刚性材料,其弯沉的大小也不相同。所以,简单分等法的适用性是有限的。

五、路面抗滑性能的评定

路面的抗滑性能影响着车辆行驶的安全性。采集路面抗滑数据的目的是监测路面抗滑性能的衰减,保证行车安全。

1.路面抗滑性能检测方法

(1)锁轮拖车法

装有标准试验轮胎的单轮或双轮拖车,由牵引车以要求的测定速度在洒水湿润的路面上拖行;抱锁测试轮,通过测定牵引力,量测在载重和速度不变的状态下作用在轮胎和路面间的摩阻力。将该摩阻力除以作用在轮胎上的垂直力,可以得到以滑移指数 SN 表征的路面稳态抗滑能力。

(2)偏转轮拖车法

拖车上安装有两只可自由转动的标准试验轮胎,它们对车辆行驶方向偏转一定的角度(如 7.5°~20°)。在汽车牵引下以一定速度在潮湿路面上行驶时,试验轮胎和路面间受到侧向摩阻力的作用,如图 12-18 所示。记录下的侧向摩阻力除以作用在实验轮上的载重,可得到以横向力系数 SFC 表征的路面抗滑能力。

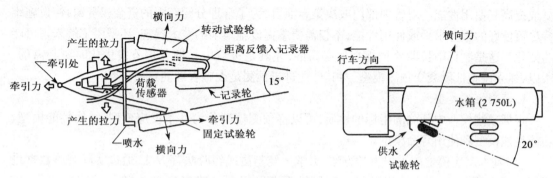

图 12-18　偏转轮拖车测试原理图

采用这种测定原理的仪器有英国研发的 Mu-Meter。另一种采用这种原理测量侧向摩擦的仪器是英国 TRRL 研发的 SCRIM,如图 12-19 所示。车上装载着试验必需的水,以洒布在试验轮前,试验轮与车辆行驶方向呈 20°角,不进行试验时可以完全提起。SCRIM 能够在高速(>40mile/h)下进行测定,并能够提供连续的记录。

(3)制动距离法

以一定速度在潮湿路面上行驶的 4 轮小客车或轻货车,当 4 个车轮被制动时,车辆减速滑行到停止时的距离,可用来表征非稳态的抗滑能力,以制动距离数 SDN 表示。

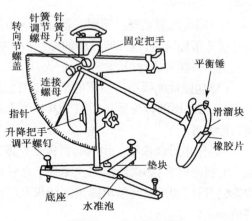

图 12-19　摆式仪示意图

(4)摆式仪

摆式仪是一种可在室内或野外量测材料或路面表面摩阻特性的方法。摆式仪的构造示意如图 12-19 所示。摆锤底面装一橡胶滑块。当摆锤从一定高度自由下摆时,滑块面同试验表面接触。由于两者之间的摩擦而消耗部分能量,使摆锤只能回摆到一定高度。表面摩阻力越大,回摆的高度越小。通过量测回摆的高度,可以评定表面的摩阻力。回摆高度直接从仪器上读得,以摆值 BPN 表示。

2.路面抗滑性能评价方法

为了保证行车安全,在不同的道路状况、测定方法和行车速度等条件下,路面应具有最低的抗滑能力。各国根据对事故率的调查和分析以及同路面实测抗滑能力间建立的对应关系,制订各自的抗滑标准。我国通常采用横向力系数 SFC 或摆值 BPN 制订抗滑标准。有的国家除了规定抗滑能力最低标准外,还对石料磨光值和构造(纹理)深度的最低标准做了规定。

第三节 使用性能预估

一、概述

随着使用时间或承受的累积轴载作用次数的增加,设施的使用性能将不断恶化或产生不同程度的损坏。当设施的性能衰减到一定程度时,人们就需要采取某种养护或维修措施,以恢复或提高其使用性能。对管理部门或决策者而言,为了合理分配有限的资金或资源,使设施维持尽可能好的服务水平或使用性能,不仅需要掌握设施当前的技术状态,还需要了解未来可能的变化。这是制订中长期养护规划所必需的,尤其是进行中长期养护方案优化时所必需的。所以,建立设施性能衰变预测模型,对其性能进行预测是设施管理的重要内容。

1.预测模型类型

根据预测模型中预测的指标的性质,可以将预测模型分为基本反应模型、结构性能模型、功能性能模型和使用寿命模型。

(1)基本反应模型。采用力学方法、力学—经验法或经验法等方法,通过实际观测数据进行标定或建模,预估设施结构在荷载和气候因素作用下的基本响应,如弯沉、挠度、应力、应变等。

(2)结构性能模型。预测的指标是设施的结构性能单项指标,如路面的开裂、车辙或桥梁的开裂等指标,也可以预测设施的综合损坏状况指标,如 PCI、BCI 等。该类模型一般采用经验法或力学—经验法建模。

(3)功能性能模型。预测的指标是与使用者的舒适性、安全性和经济性密切相关的功能性指标,如路面的行驶质量指数 RQI 或当前服务能力指数 PSI、表面抗滑性能以及桥面的车辆通行能力等。

(4)使用寿命模型。预测的指标是设施性能衰减到预定水平时的使用寿命或累积轴载次数。对路面而言,如果给出的预测结果是累积轴载作用次数,则该模型适用于路面养护或维修方案的设计;如果模型给出的预测结果是时间(年、月数),则一般用于养护、维修方案的经济评价和比较。

根据预测模型输出结果的数学表达方式,预测模型可以分为两类,即确定型模型和非确定型模型。确定型预测模型给出的预测结果是某一性能指标变化趋势的平均值或特定保证率条件下的数值,非确定型模型给出的预测结果则是某一性能指标变化趋势的状态分布或概率表达。目前使用的非确定型模型包括以下三类:

(1)残存曲线模型。指设施使用若干年(或若干作用次数)后仍不需要重大养护维修的比例随时间的变化曲线,一般在决定路网的养护维修规模时使用,可以根据管理部门保存的路网历史数据建立。

(2)马尔柯夫模型。将设施性能的衰变过程看作一个马尔柯夫过程。模型的核心内容是状态转移矩阵,它表示具有相同属性的设施在一个步长的时段内其性能从一种技术状态转移到另一种技术状态的概率。马尔柯夫过程是一种无后效性的随机过程,所以用于设施预测默认的假设前提是状态转移概率只与当前状态有关,而与以前的状态无关,即设施性能的衰减速率只与设施当前的技术状态有关,而与历史状况无关。

(3)半马尔柯夫模型。半马尔柯夫模型与马尔柯夫模型的基本过程是一样的,只是其转移概率矩阵是动态的,即随着时间的推移而变化。一般而言,这种模型更符合设施性能衰减的实际。

2. 预测模型建模方法

建立预测模型的方法通常可以分为四种类型,即力学方法、力学—经验法、回归分析法和主观经验法。

(1)力学方法。这类方法是指结构的力学分析,如应力、应变和变形的计算。

(2)力学—经验法。将力学分析与回归分析方法相结合,将实测的结构性或功能性指标与力学响应参数之间建立回归关系。

(3)回归分析法。回归分析的因变量一般是观测或实测的设施的结构性或功能性指标,自变量一般采用荷载或其作用次数、环境因素以及结构组成变量等,通过回归分析的方法建立它们之间的关系。

(4)主观经验法。根据专家的主观经验判断设施性能未来的衰减趋势。

在实际的应用中,最常用、最成熟的方法是采用回归分析法建立设施的结构性和功能性预测模型(一般为确定型模型)。此时,历史数据的积累和预测方程形式的选择十分重要。

二、方程形式选择

1. 路面使用性能的典型衰变模式

路面在使用过程中,随着时间的推移,在荷载和环境因素的影响作用下,路面状况不断恶化,使用性能逐渐下降。由于影响因素的复杂性和路面结构本身的差异导致路面使用性能的衰变会出现多种模式。综合国外路面使用性能的研究成果,结合对国内路面使用性能实际变化状况的分析,可将路面使用性能的不同衰变过程归结为 4 种典型模式,如图 12-20 所示。图 12-20 中 4 条曲线代表 4 种不同的损坏衰减模式,它们的共同特点是:随着使用时间或荷载作用次数的增加,使用性能呈下降趋势,即路况在不断恶化,所能提供的服务能力日益衰减,只是 4 种曲线反映的衰变过程有快有慢。

曲线 a 为凸形曲线(先慢后快型)。国外路面的衰变模式大多呈现这种形状。此种损坏模式在一定程度上反映出路面结构能力同

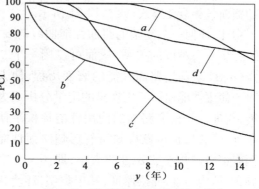

图 12-20 路面使用性能的典型衰变模式

其功能性能之间的良好的相关性。路面使用初期,由于路面结构能力较强,能有效抵御包括行车荷载、环境因素造成的损坏,损坏速度缓慢。但随着时间的推移和行车荷载作用次数的增加,路面难免产生疲劳和裂缝、变形等损坏,这些损坏降低了路面的结构能力。在荷载和环境的综合作用下,路面损坏的速率越来越快。

曲线 b 为凹形曲线(先快后慢型)。路面初期、早期的使用性能下降很快,而后期变慢。

这种形式在我国极为普遍。由于设计和施工的诸多原因,路面投入使用后,很快出现损坏,而损坏的出现会大大降低路面服务能力。养护部门不得不投入较多的资金进行路面的维护,以延缓其恶化速率,使道路在较长的时间内仅能以较低水平提供服务。

曲线 c 为反 S 形曲线。路面使用初期,由于路面结构抗力较强,路面的损坏较少,服务能力衰变较慢;而后随着荷载作用年限的增加,损坏速度有所增加;到了使用性能后期,路面的损坏又趋缓慢。这种形式可以看作是前两种形式的结合,在一定程度上也反映出整体强度对路面使用性能的影响。

曲线 d 描述的是路面投入营运后使用性能随使用年限的增加近似呈直线递减,路面早期损坏快,后期又缺乏必要的养护维修措施。

2. 路面使用性能的标准衰变方程

作为一个标准(或通用)的路面使用性能方程,应该满足下述条件:

(1)能够正确反映路面性能衰变的全过程,拟合图 12-20 所示的各种衰变模式;

(2)随着使用年数或累计轴载作用次数的增加,路面使用性能指数(包括 PCI 或 RQI)单调减小;

(3)满足必要的边界条件;

(4)方程形式简单,参数含义明确,能够为路面性能的深入研究奠定基础。

依据上述原则,可有如下衰变方程:

$$\mathrm{PPI} = \mathrm{PPI}_0\left\{1 - \exp\left[-\left(\frac{\alpha}{y}\right)^\beta\right]\right\} \tag{12-4}$$

式中:PPI——使用性能指数(PCI、RQI 或其综合);

PPI$_0$——初始使用性能指数;

y——路龄;

α、β——模型参数。

当 α、β 取值不同时,可以拟合图 12-20 所示的路面各类衰变模式,如图 12-21 所示。

由此,任何一个复杂的路面性能曲线与 α、β 存在着一一对应的关系,从而可以用一个二维点(α,β)来描述路面性能的衰变历程,使人们对于使用性能发展变化规律的定量分析成为可能,为进一步研究路面的使用性能提供了便利条件。同时,也可以推知所有影响路面性能的因素都将影响参数 α、β 的大小,即:$\alpha = f($交通轴载,结构强度,面层厚度,基层类型,环境状况,材料类型$)$;$\beta = f($交通轴载,结构强度,面层厚度,基层类型,环境状况,材料类型$)$

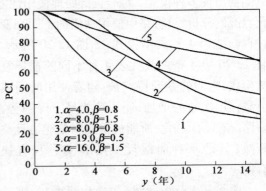

图 12-21 (α,β)不同组合时的使用性能衰变曲线

三、沥青路面使用性能预测模型

1. PCI 衰变方程

将式(12-4)中的 PPI 用 PCI 替换,即得路面状况指数 PCI 的衰变方程,如式(12-5)所示。

$$PCI = PCI_0\left\{1 - \exp\left[-\left(\frac{\alpha}{y}\right)^\beta\right]\right\} \tag{12-5}$$

式中：PCI——路面状况指数；

　　PCI_0——初始路面状况指数；

　　y——路龄。

在此基础上，再建立(α,β)与影响路面性能各因素之间的关系，如式(12-6)~式(12-10)所示。

$$\begin{cases} \alpha = \lambda[1 - \exp(-(\eta/l_0)^\zeta)] & (12\text{-}6) \\ \lambda = a_1 h^{b_1} ESAL^{c_1} & (12\text{-}7) \\ \eta = a_2 h^{b_2} ESAL^{c_2} & (12\text{-}8) \\ \zeta = a_3 h^{b_3} ESAL^{c_3} & (12\text{-}9) \\ \beta = a_4 h^{b_4} ESAL^{c_4} l_0^d & (12\text{-}10) \end{cases}$$

式中：　　　　　α——路面寿命因子；

　　　　　　　　β——形状因子；

　　　　　　　　h——新建路面面层厚度,cm,即沥青层厚度；

　　　　　　ESAL——标准轴次/(d·车道)；

　　　　　　　　l_0——初始弯沉,0.01mm；

$\lambda、\eta、\zeta、a_1\sim a_4、b_1\sim b_4、c_1\sim c_4、d$——回归系数。

通过回归分析标定上述各参数值即得 PCI 衰变方程。

2. RQI 衰变方程

类似地，将式(12-4)中的 PPI 用 RQI 替换，即得行使质量指数 RQI 的衰变方程，如式(12-11)所示。

$$RQI = RQI_0\{1 - \exp[-(A/y)^B]\} \tag{12-11}$$

其中，将参数 $A、B$ 定义为：

$$A = ah^b ESAL^c l_0^d \tag{12-12}$$

$$B = ah^b ESAL^c l_0^d \tag{12-13}$$

式中：RQI——路面行驶质量指数；

　　RQI_0——路面新建或新近一次改建后的初始行驶质量指数；

　　y——新建或改建路面的路龄；

　　$A、B$——方程的回归参数；

　　h——面层厚度,cm；

　　ESAL——日当量轴载作用次数,次/(d·车道)；

　　l_0——初始弯沉,0.01mm；

$a、b、c、d$——回归常数,在式(12-12)和式(12-13)中各不相同。

通过回归分析标定上述各参数值即得 RQI 衰变方程。

3. 路面弯沉变化规律

弯沉是表征路面结构强度的常用指标，其影响因素较多，有路面结构、路基、水温状况和荷载条件等，变化机理也很复杂。

路面材料的疲劳效应是一个难以观测的参数，其变异性也较大。当路面的疲劳达到一定程度时,路面出现损坏。因此,可以说,疲劳效应的增加和路面损坏的增加在趋势上是一致的,路面的损坏状况在很大程度上反映了结构的疲劳效应。由于路面损坏状况是一个易观测的、变异性较小的、可靠的宏观参数,所以建立路面结构强度与路面状况之间的关系相对较为容易,如式(12-14)所示。

$$l = l_0 \gamma^{(10-PCI/10)} \tag{12-14}$$

式中:l——路面弯沉;

l_0——路面初始弯沉;

γ——待定参数,与路面结构组成有关。

通过回归分析标定上述各参数值即得弯沉变化规律。

四、非确定型模型

人们在使用上述预测方程时,对荷载、结构、材料等因素的考虑仅采用其平均值或代表值,模型给出的预测因变量是一个确定的预测结果,也是相应的平均值或代表值,无法确切表达由于荷载、材料、结构和环境等因素的变异性所造成的预测结果的不确定性。非确定型模型就是考虑影响因素的变异性的影响,对预测结果的一种概率表达。在众多概率型路面预测模型中,使用较多的是马尔柯夫模型。

在马尔柯夫模型中,对路面性能的描述采用状态向量,即处于不同技术状态的路面比例所组成的向量。假设路网或路段在第 t_0 年的状态向量为 $S(t_0)$,路面性能的一步(一年)转移概率矩阵为 P,假设路面状态的变化无后效性,按照马尔柯夫过程,t 年后(或 t 步转移后)路面的状态为:

$$S(t_0 + t) = S(t_0) \cdot P^t \tag{12-15}$$

如果路面状态转移概率随时间的推移而变化,即 t 年中每年的转移概率矩阵不同,记为 $P(t_0 + t)$,则 t 年后路面的状态为:

$$S(t_0 + t) = S(t_0) \cdot P(t_0 + 1) \cdot P(t_0 + 2) \cdot \cdots \cdot P(t_0 + t)$$

$$= S(t_0) \cdot \prod_{r=1}^{t} P(t_0 + r) \tag{12-16}$$

采用马尔柯夫过程拟合路面性能衰减的建模步骤包括:选择路面使用性能指标并定义路面状态;建立相应于不同类型的路面在不同养护维修措施下的状态转移概率。据此,便可以采用式(12-15)或式(12-16)预测路面状态未来的变化。

路面状态转移概率矩阵是路面马尔柯夫预测模型的核心,目前用于确定转移概率矩阵的方法主要是经验判断法和统计分析法。实际上,在没有足够路面使用性能数据积累的情况下,获取当地专家经验并据以建模是一种捷径。但凭经验确定的结果的可靠性取决于专家,一般而言可靠性不会很高。在数据比较充足的条件下,可以充分利用统计分析这一工具作为建立转移概率矩阵的技术手段。这种方法逻辑简单明确,容易理解和接受,但数据采集工作量大,周期长,所需费用高。所得转移概率的可靠性取决于数据积累实践的长度和数据本身的精度。积累的路面监测数据时间越长,数据精度越高,则统计分析所得的转移概率越可靠。

实际上,路面使用性能检测数据的离散性很大,虽然进行了长时间的积累,往往也难以通过统计方法准确获取转移概率矩阵。为了准确获得路面性能预测的马尔柯夫转移概率矩阵,这里介绍一种基于大量检测数据获取转移概率矩阵的系统化方法。这是一种基于确定型预测模型的方法,称为回归—离散法,其步骤如下:

(1)选定路面使用性能指标,如 PCI 指标。

(2)对路网中的路段进行聚类,划分为具有某种共性参数(如相同的结构、相同的交通等级等)的子网,假定这些子网中路段的使用性能衰减规律相同。

(3)定义路面的状态,如将 PCI 离散为由 6 个状态组成的状态向量(100~91,90~81,80~71,70~51,50~31,30~0);确定状态转移的时间步长,如 1 年。

(4)建立使用性能指标 PCI 与使用年数之间的回归关系,此时使用年数的最小计量单位应不大于 1 年。

(5)如图 12-22 所示,根据回归结果,计算 t_0、t_0+1、$\cdots$、$t_0+r(r>2)$ 时的路面状态向量,记为 $S(t_0)$、$S(t_0+1)$、$\cdots$、$S(t_0+r)$。

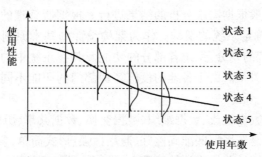

图 12-22　不同年份的路面状态向量定义

(6)假定一步转移概率矩阵为 P,则:

$$P = \begin{bmatrix} p_{11} & p_{12} & p_{13} & p_{14} & p_{15} & p_{16} \\ p_{21} & p_{22} & p_{23} & p_{24} & p_{25} & p_{26} \\ p_{31} & p_{32} & p_{33} & p_{34} & p_{35} & p_{36} \\ p_{41} & p_{42} & p_{43} & p_{44} & p_{45} & p_{46} \\ p_{51} & p_{52} & p_{53} & p_{54} & p_{55} & p_{56} \\ p_{61} & p_{62} & p_{63} & p_{64} & p_{65} & p_{66} \end{bmatrix}$$

考虑到路面的特点,在一个步长(如 1 年)的时间内,路面状态衰减 2 个状态以上的可能性很小,所以假定两个状态以外的转移概率为 0。同理,假定路面状态向前转移超过一个状态的概率为 0,则此时:

$$P = \begin{bmatrix} p_{11} & p_{12} & p_{13} & 0 & 0 & 0 \\ p_{21} & p_{22} & p_{23} & p_{24} & 0 & 0 \\ 0 & p_{32} & p_{33} & p_{34} & p_{35} & 0 \\ 0 & 0 & p_{43} & p_{44} & p_{45} & p_{46} \\ 0 & 0 & 0 & p_{54} & p_{55} & p_{56} \\ 0 & 0 & 0 & 0 & p_{65} & p_{66} \end{bmatrix}$$

(7)根据转移概率的定义,可得如下方程式:

$$\begin{cases} S(t_0+1) = S(t_0) \cdot P \\ S(t_0+2) = S(t_0+1) \cdot P \\ \quad\quad\vdots \\ S(t_0+r) = S(t_0+r-1) \cdot P \end{cases}$$

求该方程组的最小二乘解,即可得转移概率值。

第四节 设施管理系统的建立和实例

一、系统建立的步骤

1. 总体设计

总体设计的主要内容包括系统架构、数据结构、模型结构、软件结构、网络结构以及各相应的流程。

系统架构的设计一般根据需求分析的结果进行。根据所管理的范围、目标、内容、层次和网络(如果需要的话),确定系统的架构。作为架构设计的基本原则,既应该符合技术上的要求,也应该顾及管理职能的划分,系统各部分的功能及其在系统中的位置、作用与行政部门职能的划分应该有明确的关系。由于各地的设施管理部门的职能不同,所以相应的系统架构也是不完全相同的。

数据结构主要针对数据组成、数据组织、数据交换、数据共享、历史数据等内容进行设计。

模型结构设计主要是选用那些准确性好、通用性强、形式简单、参数少的模型。

在完成设施管理系统的总体设计的基础上,进行软件的系统设计。在结构上,尽量避免设计成相互依赖性强的大系统,尽量设计成独立性强的小的子系统,以增强系统的可靠性。选用的计算机语言应尽可能大众化,以便于日后用户的维护。

如果是基于网络的系统,还应进行相应的网络结构设计。

在总体设计中,还应该注意的一个重要问题,即如何使软件系统具有优良的适应性和可扩充性,以适应未来的变化。主要是根据路面管理工具系统的概念,采用结构化的软件设计技术和专家系统的思想,建立一个用于路面管理的通用软件工具,通过更新决策的准则和关键模型,达到更新或移植管理系统的目的。

2. 数据采集

根据系统用户单位的具体条件,确定与不同指标相应的数据采集方法,并制订标准化的数据采集方法,进行数据采集。

3. 模型与标准的建立

这实际上是一个长期的过程。在初始阶段,如果已经具有完整的设施使用性能数据,则可据以进行分析,建立相关模型。如果没有历史数据积累,可以根据第一次采集的数据建模。所建模型应该尽可能简单。

标准的确定不是一个纯粹的技术过程,不能一蹴而就,需要一个技术经济磨合过程。随着经济发展水平的提高,标准将随之变化。

4. 软件系统选择或设计研发

在确定了整个管理系统设计、数据结构和模型结构之后,进行软件系统的设计和研发。在满足功能需求的前提下,所设计的软件系统同样是越简单越好。所设计的软件结构应具有开放性,以便于日后的扩展。

5. 试用

对于初步完成的软件系统进行测试和试用。试用的主要目的包括两个方面:一方面是检验软件的正确性,这比较容易;另一方面是检验数据、模型和标准的正确性和合理性。根据试用结果,对数据、模型和标准进行调整或修正。

6. 组织

一个部门要持续使用设施管理系统,就需要有一个专门的组织或小组来专门负责系统的运行。这是决定系统能否持续使用的关键。

二、系统的实施及其策略

系统的实施并没有固定的过程,不同的部门因其需求不同、基础不同而不同,但是一些主要的步骤一般是不可缺少的:

(1) 决定进行设施管理系统或对现有系统进行改进的决策;
(2) 成立领导小组;
(3) 对现状进行评估;
(4) 制订实施计划;
(5) 确定方法;
(6) 实施工作计划;
(7) 监督和改进。

对于一个大型设施管理系统的建立,其主要步骤如图 12-23 所示,可供参考。

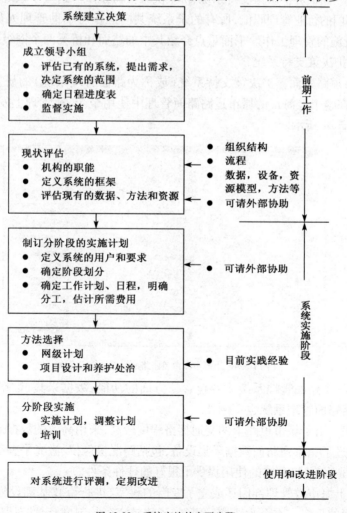

图 12-23 系统实施的主要步骤

就系统建立的策略而言,较好的策略是循序渐进,扎实推进。在系统建立之初,大部分部门往往不能准确估计系统实施的工作量和未来持续使用的困难,都制订了宏伟的目标和宏大的计划,试图建立一个包罗万象的、全面的设施管理系统,以致成为一个负担,最终导致系统不能使用下去。所以,从小做起,从建立数据库建立开始,不失为一个明智的选择。

三、设施管理系统实例

下面分别介绍北京、上海、广州三地的设施管理系统实施案例。其中,重点介绍上海的城市基础设施管理系统。

1. 北京公路路面管理系统

北京公路路面管理系统是我国第一个自主研发的路面管理系统。该系统于1985年开始研发,1989年建成投入使用,后经多次升级完善,一直使用至今,积累了大量的路面性能数据,是我国使用时间最长、最成功的管理系统之一。

2. 上海城市基础设施管理系统

上海城市基础设施管理系统共包括4个网级信息管理系统——道路信息管理系统、桥梁(含天桥和地道)信息管理系统、高架和大型桥隧信息管理系统、市政建设项目管理系统和两个网级决策支持系统——路面养护决策支持系统、桥梁决策支持系统。这些子系统较全面地涵盖了上海市市政管理部门的行业管理职能,所有的子系统共同运作可辅助管理人员较好地完成对上海市城市基础设施的管理工作。下面重点介绍其中的路面和桥梁两个网级决策支持系统。

(1)路面养护决策支持系统

上海市城市道路路面养护决策支持系统(或称为路面管理系统)的研发始于1991年,并于1999年开始在整个上海市的城市道路路面管理中使用至今,在管理上发挥了重要的作用。其主界面如图12-24所示。

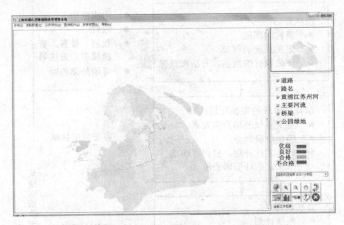

图12-24 上海市城市道路路面管理系统主界面

一般而言,一个路面管理系统主要包含三方面的功能:数据采集、数据分析和结果输出。上海市城市道路路面管理系统也不例外。

①数据采集。由于城市道路上的交通拥挤程度较高,采用高效的数据采集设备十分必要。为此,该系统引进了一系列路面数据采集设备,包括路况摄像仪、激光平整度仪、落锤式弯沉仪(FWD)和探地雷达等,为系统的使用提供了很好的硬件条件。

与此同时,上海市政管理部门还成立了专门的科室,进行市政基础设施的信息化管理,包括进行路面数据的采集。迄今为止,已经形成了比较完善的制度,定期对路面的损坏、平整度、弯沉等路面技术状况数据进行采集,将采集到的数据导入系统,供系统分析使用。

②技术分析。该系统具有完整的路面管理功能,包括使用性能的各种评价、对策建议、预测、费用分析和优化决策等。系统包括了沥青路面、水泥路面和复合式路面三种路面类型,可以进行单独或混合式的路面分析和管理。

系统的各类技术分析,展现给用户的只是一系列的计算过程。系统根据研究建立的一系列技术模型,通过计算机后台运算,得到分析结果并保存在系统中,供结果输出使用。

③结果输出。路面辅助决策系统作为人机综合系统,其输出包括可以打印的数据图表,也包括在人机交互过程中的屏幕输出以及使用者根据输出的数据进行的综合与处理。根据系统设计时人机分工的思想,把计算分析的工作留给辅助决策的分析工具去完成,而进行输出数据的综合与整理加工和再处理等人们所擅长的复杂智力工作由管理者来完成,从而最终形成有价值的辅助决策信息,提供决策参考。目前,该系统可以直接输出制作的图表(包括地理分布图形)有 11 000 余种,同时还有各类其他更为复杂的图表素材可供编辑使用。

其中,典型的结果输出包括:路面使用性能评价结果的综合统计输出、路面使用性能预测结果输出、费用影响分析结果输出、费用需求分析结果输出、大中修养护计划结果输出、中长期养护规划结果输出等,如图 12-25 ~ 图 12-28 所示。

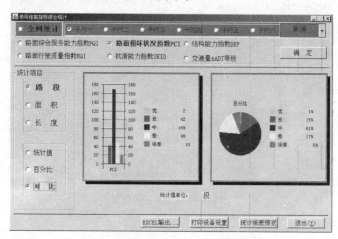

图 12-25　路面使用性能评价结果综合统计

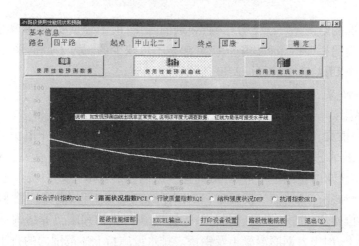

图 12-26　路面使用性能预测结果

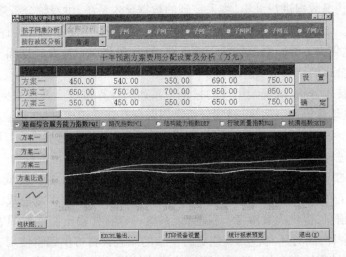

图 12-27 费用影响分析结果

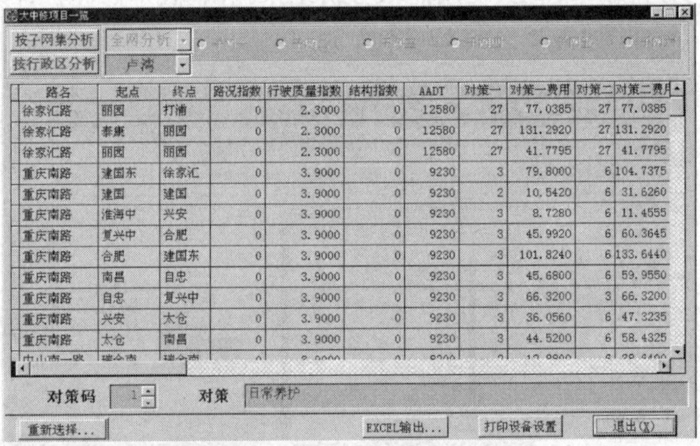

图 12-28 大中修养护计划

(2) 桥梁养护决策支持系统

上海市城市桥梁养护决策支持系统(或称为桥梁管理系统)的结构组成如图 12-29 所示。

桥梁损坏状况的监测是一项十分枯燥、烦琐的工作,但十分重要,是桥梁管理的基础。所以,进行定期、全面的桥梁损坏和缺陷状况监测是不可缺少的。为了数据采集的方便,检测过程已被设计成一个 PDA 系统,如图 12-30 所示。

3. 广州路面、桥梁、排水设施管理系统

(1) 系统的范围

广州市路面、桥梁和排水设施管理系统的系统的覆盖范围包括广州市快速路、主干道及环城高速公路以内的部分次干道、支路,预留接口以便日后考虑郊区的有关设施。具体内容包括:广州市政部门管辖的全部主干道、环城高速公路以内的区域性地面城市道路工程,涉及沥青路面、水泥路面和复合式路面。桥梁工程范围是跨江桥梁工程、高架道路和立交桥,涉及简支梁、连续梁、斜拉桥、双曲拱、板拱、桁架拱、钢管拱、T形钢构和刚架等结构,桥梁的材料类型主要是钢筋混凝土、预应力钢筋混凝土及钢桥。排水设施指上述范围内的排水系统设施,包括管渠、各类排水窨井、排水泵站、水闸、明涌等。

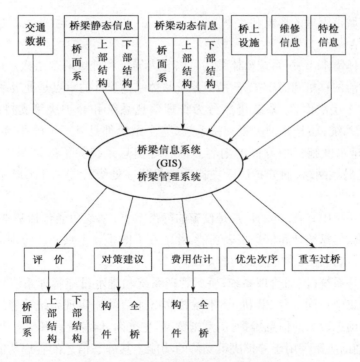

图 12-29 上海城市桥梁管理系统的结构组成

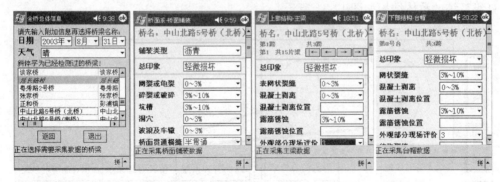

图 12-30 桥梁损坏状况采集的 PDA 系统

(2) 系统的目的

为了应用现代技术来改善目前的管理状况,以世界银行贷款项目要求较高的科技含量为契机,进行研究、设计并移植或开发一个满足广州市城域范围内路面、桥梁和排水设施管理要求的系统,以达到下述目的:

①采用现代手段和科学方法,通过大量的系统分析,协助管理人员合理使用有限的养护维修资金,使有限的资源发挥最大的经济效益,以达到资源最佳配置的目的。

②系统地积累路面、桥梁和排水设施的使用性能评价和养护维修的经验,保证技术政策的连续性、一致性和有效性。

③系统地积累路面、桥梁和排水设施的历史数据,监测使用性能的变化,验证技术规范,改进技术政策。

④提高日常管理工作的效率,分析、预测不同决策方案的技术效果,快速、准确、可靠地为各级领导提供决策依据。

⑤改善政府城市管理的形象和水平。

（3）系统的结构

从系统的总体需求出发，系统整体结构可以分为局级和处级两个层次。局级系统在功能上是处级系统功能的移植和简单扩充，所以系统整体结构设计的重点是处级系统。

对于处级这个层次而言，系统仍然分为管理信息系统和养护决策支持系统两大部分。无论是管理信息系统，还是养护决策支持系统，整个系统都是基于 GIS 平台，而且都分别包括道路、桥梁和排水设施三个方面的内容。但管理信息系统除了应该基于 GIS 平台外，还应该基于计算机局域网络，而养护决策支持系统只建在处级且需基于 GIS 平台并在单机上运行。

在管理信息系统中，所管理的信息是设施的静态数据，系统功能包括基本的信息维护、信息浏览、信息查询、信息统计和信息报表功能，并能在 GIS 平台上展示。管理信息系统中包含了道路、桥梁和排水设施三个方面的内容。

养护决策支持系统（路面管理系统、桥梁管理系统和排水设施管理系统）在单机上运行，功能软件和数据集中在同一台 PC 机上，不需要网络通信就能实现系统功能。养护决策支持系统包括静态和动态数据的信息维护、信息浏览、信息查询、信息统计和信息报表的功能，还包括评价、预测和辅助决策等用于养护决策支持的功能。其静态信息的管理功能与管理信息系统中的有关功能是重叠的。

处级系统的整体结构如图 12-31 所示。

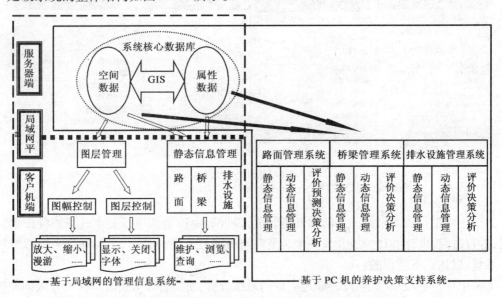

图 12-31　广州市路面、桥梁与排水设施管理系统的总体结构

局级系统只包括路面、桥梁和排水设施管理的信息系统，负责静态数据的管理，也是一个基于 GIS 和局域网的系统，在系统功能方面是处级系统的简单移植。系统的维护包括空间和属性数据维护更新均由处级系统完成，所以局级系统只需要信息浏览、信息查询、信息统计和报表输出功能。为了保证局级系统和处级系统在数据上的一致性，两级之间的通信保持畅通。

思考与练习

1. 简述"管理"、"系统"和"设施管理系统"的定义。
2. 设施管理分几个等级？试分别简述其技术流程。
3. 设施管理系统有哪些作用？
4. 什么是路面的使用性能？路面的使用性能包括哪几个方面？
5. 如何评定路面行驶质量？
6. 如何评定路面损坏状况？
7. 如何评定路面结构承载能力？
8. 如何评定路面抗滑性能？
9. 预测模型可以分为哪几类？预测模型建模方法有哪几种？
10. 简述建立设施管理系统的步骤。

参 考 文 献

[1] 中华人民共和国行业标准.JTG F30—2003 公路水泥混凝土路面施工技术规范.北京:人民交通出版社,2003.
[2] 中华人民共和国行业标准.JTG D40—2002 公路水泥混凝土路面设计规范.北京:人民交通出版社,2002.
[3] 中华人民共和国行业标准.JTJ 018—97 公路排水设计规范.北京:人民交通出版社,1997.
[4] 中华人民共和国行业标准.JTG D20—2006 公路路线设计规范.北京:人民交通出版社,2006.
[5] 中华人民共和国行业标准.JTG F10—2006 公路路基施工技术规范.北京:人民交通出版社,2006.
[6] 中华人民共和国行业标准.JTG D30—2004 公路路基设计规范.北京:人民交通出版社,2004.
[7] 中华人民共和国行业标准.JTG F41—2008 公路沥青路面再生技术规范.北京:人民交通出版社,2008.
[8] 中华人民共和国行业标准.JTJ 073.2—2001 公路沥青路面养护技术规范.北京:人民交通出版社,2001.
[9] 中华人民共和国行业标准.JTG F40—2004 公路沥青路面施工技术规范.北京:人民交通出版社,2004.
[10] 中华人民共和国行业标准.JTG D50—2006 公路沥青路面设计规范.北京:人民交通出版社,2006.
[11] 中华人民共和国行业标准.JTG D82—2009 公路交通标志和标线设置规范.北京:人民交通出版社,2009.
[12] 中华人民共和国行业标准.JTG F71—2006 公路交通安全设施施工技术规范.北京:人民交通出版社,2006.
[13] 中华人民共和国行业标准.JTG D81—2006 公路交通安全设施设计规范.北京:人民交通出版社,2006.
[14] 中华人民共和国行业标准.JTG F80/1—2004 公路工程质量检验评定标准.北京:人民交通出版社,2004.
[15] 中华人民共和国行业标准.JTG E41—2005 公路工程岩石试验规程.北京:人民交通出版社,2005.
[16] 中华人民共和国行业标准.JTG B01—2003 公路工程技术标准.北京:人民交通出版社,2003.
[17] 中华人民共和国行业标准.JTG E42—2005 公路工程集料试验规程.北京:人民交通出版社,2005.
[18] 中华人民共和国行业标准.JTG D80—2006 高速公路交通工程及沿线设施设计通用规范.北京:人民交通出版社,2006.

[19] 中华人民共和国行业标准.CJJ 37—90 城市道路设计规范.北京:中国建筑工业出版社,1990.

[20] 中国工程建设标准化协会公路工程委员会.SHC F40-01—2002 公路沥青玛蹄脂碎石路面技术指南.北京:人民交通出版社,2002.

[21] 朱照宏.道路规划与几何设计.北京:人民交通出版社,2008.

[22] 周晓青,孙立军,颜利.路面平整度评价发展及趋势.公路交通科技,2005,22(10):18-22.

[23] 周宪华.公路网规划与设计.北京:人民交通出版社,1991.

[24] 赵剑强.公路交通与环境保护.北京:人民交通出版社,2002.

[25] 张雨化.道路勘测设计.北京:人民交通出版社,1997.

[26] 张登良.沥青与沥青混合料.北京:人民交通出版社,1993.

[27] 张德勤,范耀华,师洪俊.石油沥青的生产与应用.北京:中国石化出版社,2001.

[28] 余志生.汽车理论.5 版.北京:机械工业出版社,2010.

[29] 姚祖康.铺面工程.上海:同济大学出版社,2001.

[30] 姚祖康.路面管理系统.北京:人民交通出版社,1993.

[31] 姚祖康.公路排水设计手册.北京:人民交通出版社,2002.

[32] 姚祖康.道路路基和路面工程.上海:同济大学出版社,1994.

[33] 姚祖康,孙立军,胡东明,等.沥青路面使用性能评价.土木工程学报,1989,22(3).

[34] 姚祖康,顾保南.交通运输工程导论.2 版.北京:人民交通出版社,2008.

[35] 杨晓光.城市道路交通设计指南.北京:人民交通出版社,2003.

[36] 杨涛.公路网规划.北京:人民交通出版社,1998.

[37] 杨少伟.道路勘测设计.2 版.北京:人民交通出版社,2008.

[38] 严家伋.道路建筑材料.3 版.北京:人民交通出版社,1996.

[39] 严家伋.沥青材料性能学.北京:人民交通出版社,1990.

[40] 许志军.沥青路面结构性能模拟.上海:同济大学道路与交通工程系硕士论文,1994.

[41] 王明怀.高等级公路施工技术与管理.北京:人民交通出版社,1999.

[42] 孙立军.上海城市基础设施管理系统系列研究报告.上海市政工程管理处,同济大学,2001.

[43] 孙立军.路面养护决策支持系统研究文集.北京公路局,同济大学,1993.

[44] 孙立军.沥青路面结构行为理论.上海:同济大学出版社,2003.

[45] 孙立军.广州市路面、桥梁和排水设施管理系统招标文件技术报告.广州中心区项目建设办公室,同济大学,2003.

[46] 孙立军.道路与机场设施管理学.北京:人民交通出版社,2009.

[47] 孙立军.智能型路面管理系统的建立方法.上海:同济大学博士学位论文,1989.

[48] 孙立军.沥青路面行为理论.上海同济大学出版社,2002.

[49] 孙立军.PMS-SHELL:快速建立路面管理系统的工具//全国城市建设与发展论文集.上海:同济大学出版社,1992.

[50] 宋金华.高等级道路施工技术与管理.北京.中国建材工业出版社,2005.

[51] 沈金安.沥青及沥青混合料路用性能.北京:人民交通出版社,2001.

[52] 沈金安.改性沥青与 SMA 路面.北京:人民交通出版社,1999.

[53] 申红平. 应用计算机视觉进行沥青路面开裂识别的研究. 上海:同济大学硕士论文,1994.

[54] 申爱琴,张登良. 水泥与水泥混凝土. 北京:人民交通出版社,2000.

[55] 钱学森. 论系统工程. 湖南:湖南科学技术出版社,1982.

[56] 潘玉利. 路面管理系统原理. 北京:人民交通出版社,1998.

[57] 美国交通研究委员会. 道路通行能力手册. 北京:人民交通出版社,2007.

[58] 吕伟民,李立寒. 几种聚合物改性沥青的性能评价. 石油沥青,1998,12(3):7-10.

[59] 吕伟民,孙大权. 沥青混合料设计手册. 北京:人民交通出版社,2007.

[60] 路桥集团第二公路工程局. 路基. 北京:人民交通出版社,2003.

[61] 陆鼎中,程家驹. 路基路面工程(第2版). 上海:同济大学出版社,1999.

[62] 刘朝晖,秦仁杰. 公路环境与景观设计. 北京:人民交通出版社,2003.

[63] 廖正环. 公路施工与管理. 北京:人民交通出版社,1999.

[64] 李立寒,张南鹭. 道路工程建筑材料·5版. 北京:人民交通出版社,2010.

[65] 克朗 R M. 系统分析和政策科学. 陈东威,译. 北京:商务印书馆,1985.

[66] 郭忠印,方守恩. 道路安全工程. 北京:人民交通出版社,2003.

[67] 《高速公路养护管理》编委会. 高速公路养护管理. 北京:人民交通出版社,2001.

[68] 高速公路丛书编委会. 高速公路交通工程及沿线设施. 北京.人民交通出版社,1999.

[69] 陈洪仁. 道路交叉设计. 北京:人民交通出版社,1991.

[70] 陈长. 交通基础设施管理系统的技术结构研究. 上海:同济大学博士学位论文,2005.

[71] 贝塔朗菲. 关于一般系统论. 林康义,魏宏森,译. 北京:清华大学出版社,1987.

[72] (美)赫德森,(加)哈斯,(美)乌丁. 公共设施资产管理. 苏卫国,译. 广州:世界图书出版公司,2005.

[73] Watanatada T. Vehicle speeds and operating costs. Baltimore and London:The Johns Hopkins University Press, 1987.

[74] Hucho W H. The optimization of body details-a method for reducing the acrodynamic drag of road vehicles. Warrendale PA:SAE paper 760185.

[75] Ulrich Seiffier, Peter Waliter. The future for automotive technology. London:Frances Finter,1984.

[76] Timothy CMoore, Amory B Lovins. Vehicle design strategies to meet and exceed PNGV goals. Warrend PA:SAE paper 951906.

[77] Thompson P D National highway institute bridge management training course, 2000.

[78] Thomas D G. Everything you always wanted to know about the IRI, but were afraid to ask! Road profile users group meeting. September 22-24, 1992.

[79] Spangler E B, Schell H J. Noncontact, nondestructive determination of pavement deflection under a moving load. Surface Dynamics,Inc, 1992.

[80] Randolph,B W. Laboratory study of hydraulic conductivity for course aggregate bases. TRR, 1519.

[81] Ralph Hass. Reinventing the (pavement management) wheel. Fifth International Conference On Managing pavements Seattle, Washington, Aug, 2001.

[82] Lytton R L. Concepts of pavement performance prediction and modeling, Proceedings, 2nd

North American Conference on Managing Pavements, Vol. 2, Toronto, Canada, 1987.

[83] Kennedy C K, Lister N W. prediction of pavement performance and the design of overlays. TRRL, LR NO. 832, 1978.

[84] John E Clark, Gene J Mascetti. Passenger car fuel economy Influence coefficients. Warrendale PA:SAE Paper850525.

[85] John C Hilliard, George S Springer. Fuel economy in road vehicles powered by spark ignition engines. New York:Plemum Press,1994.

[86] Institute of Transportation Engineers. Traffic engineering handbook. Englewood, New Jersey: Prentice Hall, 1992.

[87] Haas Ralph. Hudson W Ronald, Zaniewski John. Modern pavement management. Krieger Publishing Company, Malabar, Florida, 1994.

[88] Grogg M G, Hall J W. Measuring pavement deflection at 55 MPH. Public Road, Vol. 67, No. 4, 2004.

[89] FAA. Airport pavement design and evaluation. Advisory Circular AC150/5320-6C. Washington D. C: FAA, 1978.

[90] Epps J A, Monismith C L. Equipment for obtaining pavement condition and traffic loading data. NCHRP126, TRB, 1986.

[91] Cook W D, Kazokov A. Pavement performance prediction and risk modelling in rehabilitation budget planning: a markovian approach. Proceedings of 2nd North American Conference on Managing Pavements, Vol. 2,Toronto,Canada, 1987.

[92] Chong G J,Wrong G A. Manual for condition rating of gravel surface roads, the Research and Development Branch, Ministry of Transportation of Ontario, 1989.

[93] Carter, E C. Introduction to transportation engineering. Reston, Virginia: Reston Publishing Company, Inc, 1978.

[94] ASTM. Terminology relating to traveled surface characteristics annual book of ASTM standards. Vol. 04. 03, E867-97, pp. 726-730, 1999.

[95] A policy on geometric design of highways and streets. American Association of State Highway and Tansportation Officials, 2001.